구속사적 관점으로 본 내러티브 설교 형식 계발
:룻기를 중심으로

**구속사적 관점으로 본
내러티브 설교 형식 계발**

: 룻기를 중심으로

초판 1쇄 인쇄 2017년 3월 20일
초판 1쇄 발행 2017년 3월 25일

지은이 이우제 · 박영식 공저
펴낸이 장대윤

펴낸곳 도서출판 대서
등록 제22-2411호
주소 서울시 서초구 방배동 981-56
전화 02-583-0612 / 팩스 02-583-0543
메일 daiseo1216@hanmail.net

디자인 참디자인

ISBN 979-11-86595-34-3 (03230)

＊ 책 값은 뒤표지에 있습니다.
＊ 잘못된 책은 교환하여 드립니다.

이 책은 신 저작권법에 의하여 한국 내에서 보호받는 저작물이므로
무단 전재와 무단 복제를 금합니다.

구속사적 관점으로 본
내러티브 설교 형식 계발
: 룻기를 중심으로

이우제 · 박영식 공저

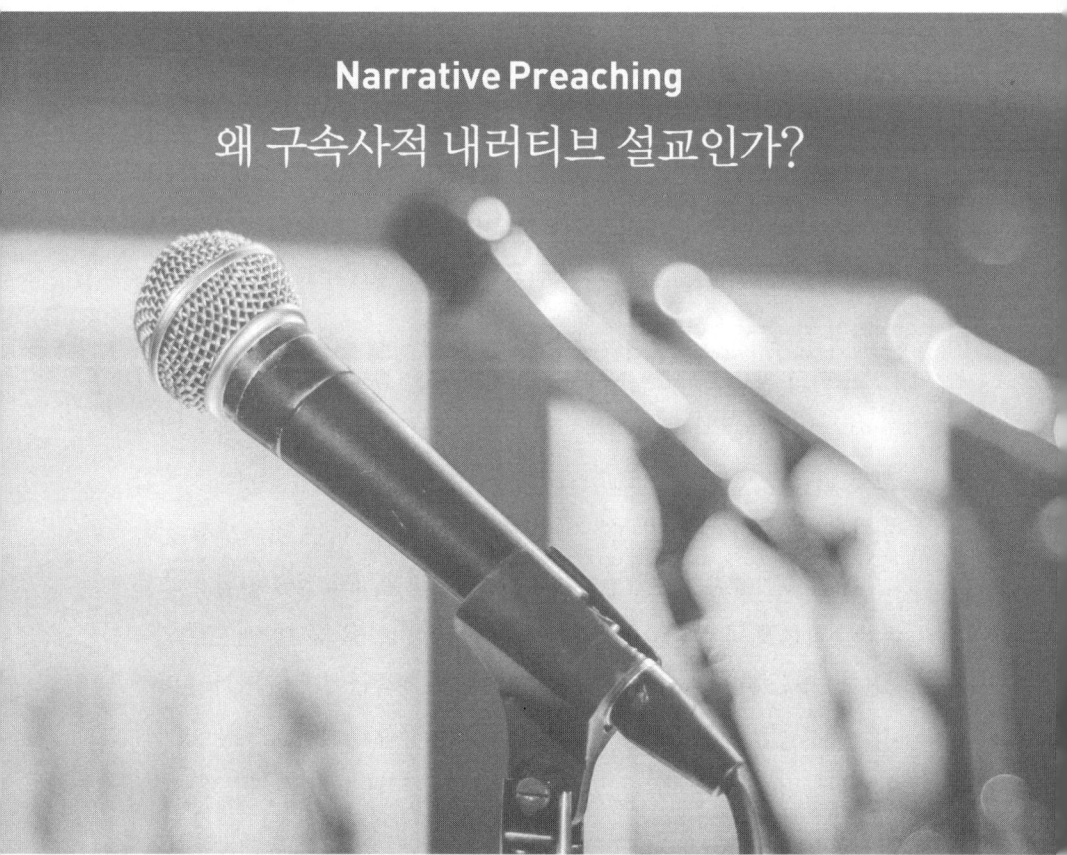

Narrative Preaching
왜 구속사적 내러티브 설교인가?

도서
출판 **대서**

머리말

　누군가 설교를 '두려운 영광'이라고 표현했습니다. 두렵고 떨리는 심정으로 해야 하는 것이 설교이고, 또한 무엇보다 영광스러운 작업이 설교라는 말일 것입니다. 이 두려우면서도 영광스런 일을 위해 부름 받은 설교자는 누구라도 한 편의 설교를 위해 늘 몸부림치지 않을 수 없습니다. 그러기에 어느 시대를 막론하고 설교자들은 설교에 대한 고민과 함께 수없이 쏟아져 나오는 설교학 서적과 설교집을 뒤적거리고, 이런 저런 설교세미나에 기웃거리기 일쑤입니다. 설교자인 저 역시 그런 몸부림 가운데 있고, 이 책은 그런 한 설교자의 몸부림에서 비롯된 작은 결과물이라고 할 수 있습니다.
　한 편의 설교로 때로는 웃기도, 울기도 하는 설교자로서 설교 한편 한편에 늘 거룩한 부담을 떨칠 수 없고, 또 설교를 잘하고 싶은 마음 역시 그렇습니다. '멋들어진 설교', '잘 하는 설교'?에 목말라 있는 것이 사실입니다. 그러나 이 책은 '잘 하는 설교'를 위해서라기보다는 '바르게 잘 전하는 설교', '잘 들리는 설교'를 위해 쓰여졌다고 말하고 싶습니다. 애초부터 '잘 하는 설교' 보다는 어떻게 하면 본문을 바르고 정당하게 다룸으로 하나님 말씀 본연의 의미를 드러내면서도 또 청중들에게 더 가까이 다가가는 설교를 할 수 있을까, 건강하면서도 다양하고 먹거리가 풍성한 설교, 잘 들리는 설교를 할 수 있을까에 원래의 목적을 두었기 때문입니다.

진부한 말이지만 영광스러운 작업인 설교를 위해 설교자는 무엇보다 말씀 본연의 맛을 제대로 내는 즉 본문의 의미를 충실히 드러내어야 합니다. 설교자는 복음의 우월성과 절대성을 강조하는 말씀 중심의 성경신학적 토대 위에서 일차적으로 하나님의 자리, 하나님 중심성을 확보하는 작업을 성실히 해야 합니다. 말씀을 도구화 하여 이용하는 것이 아니라 말씀의 도구가 되어야 합니다. 건강하고 영양가가 풍부한 영적 식탁 마련을 위해 두렵고 떨리는 마음으로 말씀 앞에 서서 말씀을 쪼개고, 뿐만 아니라 말씀으로 설교자가 쪼개어져야 합니다.

더불어 설교자는 성경의 다양한 재료(성경의 다양한 장르: 시, 내러티브, 예언, 묵시문학, 비유, 편지 등. 성경의 다양한 형태: 대화, 논쟁, 송영, 기도, 조롱, 상징, 환상 등)들을 최상의 레시피(Recipe)로 준비하여 다양하고도 건강한 그리고 신선하면서도 풍성한 설교를 만들어 청중들에게 제공할 수 있어야 합니다. 마치 실력있는 요리사들이 다양한 재료들을 최상의 레시피로 자신만의 다양하면서도 맛있고 건강하고 풍성한 요리를 만들어 손님에게 제공하듯이 말입니다.

설교자는 말씀의 요리사?로서 본문의 의미를 충분히 드러내는 영양가가 있으면서도 청중들에게 다양하고 신선하고 풍성한 말씀의 요리를 맛보게 해야 합니다. 설교의 홍수 속에서 그럼에도 '풍요 속의 빈곤'이라고 여전히 목말라 있는 성도들에게 바른 먹거리, 다양하면서도 풍성한 먹거리를 제공하여 듣고, 보고, 느끼고, 맛보고, 경험하여 그들의 삶의 변화를 꾀할 수 있어야 합니다. 거룩한 공동체에 영양분을 주는 말씀의 양식, 성경을 제대로 먹여야 합니다.

그리하면 '설교의 영광'의 시대가 조국교회에 다시 찾아오리라 확신합니다.

'두려운 영광'으로서의 설교에 대한 많은 고민과 조국교회의 강단 회복을 꿈꾸며 본 책에서는 두 마리 토끼를 포획하려고 시도하였습니다. 먼저, 포획하고자 하는 한 마리 토끼는 성경신학적 안목을 토대로 성경을 구속사적 관점에서 해석하는 구속사적 설교에 대한 이해입니다. 즉 설교에서 구속사의 주체이신 하나님 중심성(하나님 중심적-그리스도 중심적)을 확보하는 것입니다.

또 다른 한 마리의 포획하고자 하는 토끼는 성경의 중요한 장르인 내러티브 본문에 대한 설교의 갈 길을 제시하는 것입니다. 즉 청중에게 다가가는 효과적인 설교로서의 내러티브 본문에 대한 설교의 다양성을 확보하는 것입니다. 특별히 룻기 내러티브를 중심으로 다양한 목회적 상황에 맞는 내러티브 본문에 대한 다양한 설교 형식 계발에 초점을 두었습니다. 전통적 설교에서 주로 사용되고 있는 연역적 형식과 새로운 설교학에서 제시하는 귀납적으로 전개하는 설교의 다양한 형식들을 살펴보고, 나아가 내러티브 본문에 대한 또 하나의 매우 유익하면서도 효과적인 전달 방식으로 '귀납-연역의 통합적 설교 형식'(Integrated Inductive-Deductive Preaching Form)을 제시하고자 하였습니다.

2017년 봄
이우제 · 박영식

Contents 목차

머리말 · 4

제1장 서론 ——————————————————— 15

제1절 문제 제기 · 15
제2절 연구 동기와 연구 목적 · 23
제3절 연구 방법과 연구 범위 · 34

제2장 구속사적 설교에 대한 이해 ——————— 37

제1절 구속사적 설교의 정의 · 37
    1. 구속사의 정의 · 38
    2. 구속사적 설교의 정의 · 41
제2절 구속사적 설교의 배경 및 발전 · 43
    1. 구속사적 설교의 배경 · 44
    2. 구속사적 설교의 발전 · 58
제3절 구속사적 설교의 주창자들 · 88
    1. 에드문드 클라우니 · 88
    2. 시드니 그레이다누스 · 101
    3. 브라이언 채펠 · 103

제3장 구속사적 설교의 원리와 해석 방법 및 실제 요소 ─── 113

제1절 구속사적 설교를 위한 원리 · 113
    1. 역사성 · 114
    2. 통일성 · 119
    3. 점진성 · 124

제2절 구속사적 설교를 위한 해석 방법 · 128
    1. 문학적 해석 · 128
    2. 역사적 해석 · 133
    3. 유기적 해석 · 138
    4. 종합적 해석 · 142
    5. 모형(예표)론적 해석 · 145

제3절 구속사적 설교의 실제 요소 · 150
    1. 하나님 중심-그리스도 중심적 설교 · 150
    2. 본문 중심적-주제 설교 · 154
    3. 적실성 있는 적용적 설교 · 158

제4장 룻기 내러티브의 구속사적 이해 ─── 165

제1절 성경적 내러티브 이해 · 167
    1. 내러티브의 정의 · 168
    2. 내러티브의 특징 · 171

제2절 룻기 내러티브의 구속사적 이해 · 210
    1. 룻기의 저자 · 210
    2. 룻기의 저작 연대 · 211
    3. 룻기의 저작 목적 · 216
    4. 룻기의 위치 · 219
    5. 룻기의 장르 · 223
    6. 룻기의 구조 · 225

제3절 룻기 내러티브 해석에 대한 접근법 비교 · 239
    1. 모범적 접근 · 239
    2. 사회 · 징치직 접근 · 242

  3. 여성신학 · 해방신학적 접근 · 245
  4. 비평적 접근 · 247
  5. 구속사적 접근 · 255
제4절 룻기 내러티브의 신학 · 259
  1. 하나님의 주권 · 259
  2. 숨겨진 하나님의 손길 · 262
  3. 헤세드 · 264
  4. 고엘 · 269
  5. 포용적 원리 · 275

제5장 룻기 내러티브의 장별 본문 연구 및 설교 개요 — 279

제1절 본문에서 설교에 이르기까지의 과정 · 281
  1. 설교의 첫째 과정: 본문 연구 · 288
  2. 설교의 둘째 과정: 목적의 다리 · 303
  3. 설교의 셋째 과정: 설교 작성 및 전달 · 308
제2절 룻기 1장 본문 연구 및 설교 개요 · 322
  1. 설교의 첫째 과정: 본문 연구 · 322
  2. 설교의 둘째 과정: 목적의 다리 · 333
  3. 설교의 셋째 과정: 설교의 main idea및 개요 작성 · 333
제3절 룻기 2장 본문 연구 및 설교 개요 · 335
  1. 설교의 첫째 과정: 본문 연구 · 335
  2. 설교의 둘째 과정: 목적의 다리 · 345
  3. 설교의 셋째 과정: 설교의 main idea및 개요 작성 · 345
제4절 룻기 3장 본문 연구 및 설교 개요 · 347
  1. 설교의 첫째 과정: 본문 연구 · 347
  2. 설교의 둘째 과정: 목적의 다리 · 358
  3. 설교의 셋째 과정: 설교의 main idea및 개요 작성 · 359

제5절 룻기 4장 본문 연구 및 설교 개요 · 360
  1. 설교의 첫째 과정: 본문 연구 · 360
  2. 설교의 둘째 과정: 목적의 다리 · 371
  3. 설교의 셋째 과정: 설교의 main idea및 개요 작성 · 372

제6장 내러티브 본문에 대한 다양한 설교 형식 ... 375

제1절 설교 형식에 대한 이해 · 376
1. 설교 있어서 형식의 중요성 · 376
2. 형식에 대한 정의 · 380
3. 다양한 형식의 필요성 · 381
4. 내러티브 본문의 형식 · 385

제2절 연역적 설교 형식 · 389
1. 연역적 형식의 특징 · 389
2. 연역적 형식의 구조 · 392
3. 연역적 형식의 장·단점 · 394
4. 연역적 형식의 설교 실례 · 398

제3절 귀납적 설교 형식 · 406
1. 귀납적 형식의 특징 · 406
2. 귀납적 형식의 구조 · 408
3. 귀납적 형식의 장·단점 · 409
4. 귀납적 형식의 설교 실례 · 411

제4절 내러티브 설교 형식 · 417
1. 내러티브 형식의 특징 · 419
2. 내러티브 형식의 구조 · 422
3. 내러티브 형식의 장·단점 · 424
4. 내러티브 형식의 설교 실례 · 426

제5절 1인칭 내러티브 설교 형식 · 432
1. 1인칭 내러티브 형식의 특징 · 433
2. 1인칭 내러티브 형식의 구조 · 434
3. 1인칭 내러티브 형식의 장·단점 · 437
4. 1인칭 내러티브 형식의 설교 실례 · 438

제6절 네 페이지 설교 형식 · 444
1. 네 페이지 형식의 특징 · 444
2. 네 페이지 형식의 구조 · 448
3. 네 페이지 형식의 장·단점 · 452
4. 네 페이지 형식의 설교 실례 · 453

제7절 귀납-연역의 통합적 설교 형식 · 458

1. 귀납-연역의 통합적 형식의 특징 · 474
   2. 귀납-연역의 통합적 형식의 구조 · 480
   3. 귀납-연역의 통합적 형식의 장·단점 · 484
   4. 귀납-연역의 통합적 형식의 설교 실례 · 485

제7장 결 론(요약 및 제언) ———— 495

  제1절 요약 · 495
  제2절 제언 · 503

부록 · 506
  통합적 설교 · 506
  논문 · 534

참고문헌 · 592

표 목차

〈표 1〉 모범적 입장과 구속사적 입장 · 65
〈표 2〉 점진적 구속사의 길 · 97
〈표 3〉 약속과 성취의 길 · 99
〈표 4〉 모형론의 길 · 100
〈표 5〉 부당한 평행선 긋기의 오류 · 108
〈표 6〉 은혜로 이끄는 설교 · 109
〈표 7〉 그리스도 중심의 강해 · 109
〈표 8〉 하나님 나라의 역사에 대한 도식 · 117
〈표 9〉 팔머 로벗슨이 제시하는 성경의 계약적 구성 · 120
〈표 10〉 성경의 장르와 형식 사이의 연관성 · 129
〈표 11〉 플롯의 구성요소들과 기능 · 173
〈표 12〉 히브리 내러티브의 플롯 · 175
〈표 13〉 열왕기상 22:1-38의 플롯 · 175
〈표 14〉 열왕기상 22:1-38의 플롯에 대한 부연 설명 · 176
〈표 15〉 문제와 해결 양상의 두 단계(역대하 16:7-10) · 177
〈표 16〉 문제, 전환, 해결의 세 단계(욘 1:17-2:10) · 177
〈표 17〉 문제, 상승운동, 하강운동, 해결의 네 단계(창 3:8-21) · 179
〈표 18〉 문제, 상승운동, 전환점, 하강운동, 해결의 다섯 단계(창 15:7-21) · 179
〈표 19〉 아더스가 제시하는 플롯의 다섯 단계 · 179
〈표 20〉 삭개오에 관한 이야기(눅 19:1-10)의 플롯 전개 · 180
〈표 21〉 라이켄(Ryken)의 플롯 모티브 · 181
〈표 22〉 플롯의 연속적인 행동의 유형 · 183
〈표 23〉 아이러니의 세 가지 유형들 · 208
〈표 24〉 내러티브의 특징들 · 209
〈표 25〉 포로기 이후설에 대한 주장 · 214
〈표 26〉 이스라엘의 종교력과 읽혀진 성경 · 222
〈표 27〉 룻기의 대화 구조 · 227
〈표 28〉 Coats가 제시하는 룻기 구조 · 230
〈표 29〉 티쉴러의 룻기 · 231
〈표 30〉 다섯 개의 막으로 구성된 드라마틱 구조 · 231
〈표 31〉 박동현이 주장하는 룻기 구조 · 236

〈표 32〉 룻기의 대조 구조 · 237
〈표 33〉 라메쉬 리처드의 말씀 조각 과정의 일곱 단계 · 282
〈표 34〉 설교의 뼈대 · 286
〈표 35〉 설교의 3과정 7단계(설교의 나무) · 288
〈표 36〉 맥딜의 본문 구조 도해의 예 · 292
〈표 37〉 맥딜의 본문 아이디어와 설교 아이디어 비교 · 311
〈표 38〉 효과적인 개요 작성의 비결 · 316
〈표 39〉 연역적 방식 · 390
〈표 40〉 연역적 설교 형식(3대지 형식)의 구조 · 392
〈표 41〉 귀납적 방식 · 407
〈표 42〉 귀납적 설교 형식의 구조 · 409
〈표 43〉 유진 로우리의 플롯의 전개 과정 5단계 · 421
〈표 44〉 유진 로우리의 플롯의 전개 과정 네 단계 · 421
〈표 45〉 내러티브 설교 형식의 구조 · 422
〈표 46〉 1인칭 내러티브의 세 가지 구조 · 434
〈표 47〉 버트리의 1인칭 내러티브 설교 형식의 구조 · 435
〈표 48〉 네 페이지 설교 형식의 구조 · 448
〈표 49〉 유진 로우리의 설교 패러다임 이해 · 473
〈표 50〉 루시 로오즈의 설교 패러다임 이해 · 473
〈표 51〉 귀납-연역적 방식 · 476
〈표 52〉 귀납-연역적 설교 형식의 구조 · 477
〈표 53〉 귀납-연역의 통합적 설교 형식의 구조 · 480

Narrative
Preaching

제1장
서론

제1절 문제 제기

…지금도 '고부간의 문제'로 말미암아 이혼을 하는 사람도 있고, 가정에 많은 불화가 있는 것을 우리들이 보지 않습니까? 그런데 룻이 시어머니의 신앙을 계승했다는 것은 나오미와 룻이 둘 다 얼마나 훌륭했는가를 단적으로 말해줍니다. 오늘은 우리들이 잘 아는 대로 '어버이 주일'입니다. 그래서 특별히 룻의 효도와 신앙을 더 깊이 생각해 보기를 원합니다. 오르바도 나오미와 함께 있을 있는 동안 효도를 한 것은 틀림없습니다. 그러나 오르바는 신앙이 약했습니다. 그래서 신앙의 절개를 지키지 못하였던 것입니다. 우리는 이 룻과 같은 신앙절개를 지켜야 합니다.…우리는 오늘 어버이 주일을 맞으면서 시어머니를 극진히 봉양했던 룻의 신앙절개와 효행을 보았습니다. 그리고 그런 룻에게 하나님께서 행복한 가정을 이루는 축복, 좋은 자손을 두는 축복, 영원히 현숙하고 헌신적인 여인의 모델로 남는 축복을 보았습니다. 이제 바라기는 여러분 모두가 이 룻처럼 바른 선택, 신앙적 선택, 하나님을 향한 선택을 하는 생활을 하시기를 축원합니다.[1]

오늘 어버이 주일을 맞이하여 여러분에게 권하고 싶은 것은 구약을 가지지

---

[1] 이 설교는 룻기 1:1-18의 본문으로 "룻, 바른 선택을 한 사람"이라는 제목으로 행하여진 설교이다; 신성종, 『성경 속의 인물들, 그들은 이렇게 살았다』(서울: 도서출판 하나, 1993), 167-174.

못한 분은 구약을 사서 이 룻기를 읽으라는 것이다. 또한 우리는 과거의 불효한 모든 죄를 회개하고 룻을 본받아 지성의 효도를 행해야 한다. 같은 며느리였지만 오르바는 그 이름 존재가 없으나 룻은 천추에 빛나고 역사에 위대한 인물이 되었으니 세상 가치와 허영에 마음을 빼앗기지 말고 세상 연락과 안일에 유혹받지 말고 룻의 효성을 본받아 부모를 받들어 섬겨야겠다.[2]

'~처럼 살아라', '~를 본 받아라', '~처럼 행하여 복 받아라' '~처럼 살아야 성공한다' 등의 말들은 한국교회 설교자들에게나 청중들에게 매우 익숙하고 친숙한 표현들이다. 성경은 그 본문에 등장하는 족장이나 성인을 모범으로 제시하기보다는 허점투성이의 사람으로 묘사하고 있음에도 불구하고[3] 한국교회 설교에서 흔히 볼 수 있는 본문의 의도와는 상관없이 성경의 인물들을 영웅화 하고, 마치 위인전에 나오는 주인공처럼 미화하여 좋은 모범으로 삼으라는 식의 설교 내용이다. 그러나 설교가 "어떤 인간의 사상, 철학, 관점을 전하는 것이 아니라 하나님의 말씀을 전파하는 사역"[4]이라고 할 때, 설교는 하나님의 말씀인 성경을 말해야한다. 성경은 하나님의 말씀이며, 하나님에 관한 책이다. "성경은 우리가 필요로 하는 행복한 결혼이라든지, 성, 직업, 혹은 체중 조절 등과 같은 문제들에 대한 해답을 찾는데 도움을 주는 경전 같은 책이 아니다. 비록 성경이 수많은 문제들을 반영하고 있기는 하지만, 그럼에도 성경은 무엇보다 하나님이 누구이시며 하나님은 무엇을 생각하시고 하나님의 뜻이 무엇인지에 관하여 말하는 책이다."[5] 설교는 이렇게 성경에 계시된 "하나님과의 만남의 사건"이며, "인간 중심이 아니라 하나님 중심(그리스도

---

2) 이 설교는 룻기 1:15-22의 본문으로 "만고 효부 룻"이라는 제목으로 행하여진 설교이다; 유인식, 『인물 설교집』(서울: 성광문화사, 1988), 82-88.
3) Bryan Chapell, 『그리스도 중심의 설교』, 김기제 역(서울: 도서출판 은성, 2007), 361.
4) 이우제, "웰빙 시대에 삶을 변화시키는 건강한 설교를 위한 조건," 『3인 3색 설교학 특강』(서울: 두란노아카데미, 2010), 30.
5) Haddon W. Robinson & Craig Brian Larson, 『성경적인 설교와 설교자』, 전이우 외 4인 역(서울: 두란노아카데미, 2006) 17.

중심)이어야 한다.[6] 그렇다면 기독교의 설교에서는 무엇보다 우선적으로 하나님의 자리가 확보되어야 한다. 즉 설교자는 성경의 어느 본문에서든 하나님이 무슨 일을 하고 계시는지에 대한 신적 계시의 자리를 먼저 확보해야 한다. 그러기 위해서 설교자는 성경신학적 관점을 토대로 본문을 전체적인 맥락, 즉 설교 본문을 성경 전체에 흐르고 있는 구속사적 맥락에서 이해해야 한다.[7] 본문을 성경신학적 관점으로 구속사라는 전체적인 맥락에서 볼 때 성경을 인간의 영웅담이나 위인 전기식 같은 인간 중심이 아닌 하나님 중심으로 이해하고 설교할 수 있다.

그런데 한국교회 설교의 특징은 본문을 전체적인 맥락에서가 아닌 설교자의 주관적 관점에서 본문을 단편적(파편적)[8]이고 원자적[9]으로 보아 온 것이 사실이다. 이와 같은 한국교회 설교의 특징에 대하여 김운용은 다음과 같이 말하고 있다. "한국교회 설교의 특징은 본문의 배경이 고려되지 않는 문자적 해석이 많고, 알레고리칼한 해석도 자주 사용된다. 특히 본문을 전체적인 맥락에서 이해하기 보다는 설교자가 정한 설교의 주제나 명제를 위한 보조 도구화하는(proof text) 경향과 '추출식 성서해석'의 방식도 널리 사용되고 있다."[10]

그러나 설교는 기본적으로 본문의 의미를 충분히 드러내는 강해설교 이어야 한다. 그렇다면 성경적 설교로서 강해설교를 "성경 본문의 배경에 관련하여 역사적, 문법적, 문자적, 신학적으로 연구하여 발굴하고 알아낸

---

6) Billy Graham 외 11인, 『영혼을 살리는 설교』, 이승진 역(서울: 도서출판 좋은씨앗, 2008), 50-54.
7) Chapell, 『그리스도 중심의 설교』, 95.
8) 성경 본문을 '단편적' 또는 '파편적'으로 본다는 것은 본문의 사건이나 등장인물을 성경 전체의 맥락(구속사)으로부터 분리시켜 즉 성경의 통일성을 무시하고 본문의 사건이나 인물만을 독립적으로 다룸으로 성경을 여러 이야기나 교훈적인 조각들로 파편화하는 것을 말한다; Sidney Greidanus, 『구속사적 설교의 원리』, 78-79 참조.
9) '원자적'(atom or element)이라 함은 본문 안에 있는 어떤 "원자들"(예를 들면, 아브라함의 악의 없는 거짓말, 야곱의 교활함과 속임수, 모세의 성냄과 참지 못함, 도마의 의심 등 등장인물 한 사람의 일부, 또는 성격의 일부, 경험의 일부, 행동의 일부)을 본문의 중심된 흐름으로부터 분리시켜 설교에서 독립적으로 취급하는 것을 말한다; Sidney Greidanus, 『구속사적 설교의 원리』, 79-80 참조.
10) 김운용, 『설교의 새로운 패러다임』(서울: 장로회신학대학교출판부, 2007), 111.

성경적 개념, 즉 하나님의 생각을 전달하는 것"[11]이라고 할 때, 과연 작금의 '~처럼 살아라', '~본 받아라' 등 인간이 중심이 되고, 도덕적 교훈이 주를 이루는 이런 설교들을 성경적 설교라고 할 수 있는 것인가? 또 성경신학적 토대 위에서 본문을 정당하게 다루며 성경 본문의 의도와 의미를 충분히 드러내는 설교라고 할 수 있는가? 하는 문제가 제기 된다.

설교는 하나님의 말씀에 대한 선포이고, 설교자는 자신의 설교에서 본문인 하나님의 말씀을 바르게 해석하며 본문의 독특하고 고유한 메시지를 전해야 한다. 그런데 아쉽게도 많은 설교자가 너무나도 쉽게 자기 자신의 생각을 본문에다 덧붙이거나 본문을 자기 자신의 틀에다 집어넣는 오류를 범하고 있다.[12] 즉 위의 설교에서 본 바와 같이 설교자 자신의 주관적 소견에 좋은 대로 주입하거나 지나치는 결과로서[13] 본문을 정당하게 취급하지 못하고 본문을 설교자 본인의 주장을 말하기 위한 도구로 이용하는 그릇된 설교가 자행되고 있는 것이다. 피터슨(Eugene H. Peterson)의 말처럼 음식이 인간의 몸에 영양분을 주듯이 그리스도인은 거룩한 공동체에 영양분을 주는 성경을 먹고 사는데[14] 제대로 먹이지 못하는 것이 문제인 것이다. '풍요 속의 빈곤'이라고 오늘날 넘쳐나는 설교의 홍수 속에 바른 먹거리가 없거나 턱없이 부족한 것이 사실이다. 문제는 양이 아니라 질이다. 한국교회 강단의 문제점은 성경신학적 토대 위에서 본문을 성경 전체의 주제(구속사적 관점) 안에서 보기 보다는 필요에 따라 본문을 파편화시키고, 구속사의 중심인 하나님 중심적-그리스도 중심적 설교가 아닌 여전히 성경 인물을 부각시키는 도덕주의적 설교, 인간 중심적 설교, 인기 위주의 설교가 만연하고 있다는 점이다.

그러므로 이런 한국교회 강단에 넘쳐나고 있는 성경 인물을 영웅화하고, 마치 위인전의 주인공처럼 모범화하여 '~처럼 살아라', '~처럼 믿어

---

11) Haddon W. Robinson, 『강해설교』, 박영호 역(서울: 기독교문서선교회, 2011), 23.
12) Sidney Greidanus, 『구속사적 설교의 원리』, 권수경 역(서울: SFC, 2011), 200.
13) 류웅렬, "구속사적 설교," 『신학지남』 75 (2008, 9): 71.
14) Eugene H. Peterson, 『이 책을 먹으라』, 양혜원 역(서울: 생명의말씀사, 2006), 44.

라', '~처럼 행하라' 식의 인간 중심적, 교훈 중심의 도덕적 설교의 한계를 극복하기 위해서는 바른 성경적 안목의 설교가 필요하다. 즉 하나님의 말씀인 성경 본문을 성경신학적 관점을 토대로 구속사라는 전체적인 맥락에서 이해하고 본문에 충실한 하나님 중심적-그리스도 중심적 설교로서의 구속사적 설교가 요구된다 하겠다.

이와 더불어 한국교회의 강단에 제기 되는 또 다른 문제점은 강단에서 강해설교나 구속사적 설교라는 명목으로 행해지고 있는 설교들의 획일화된 전달 방식이다. 청중을 도외시한 채 연역적 방식의 일방적이고, 명령적이며, 획일적인 한 가지 방식으로 고착되어 있다는 점이다. 한 마디로 일방 통행식의 전통적 설교 방식만을 고수하고 있는 것이다. 그러나 이미 앞에서 밝힌 것처럼 성경적 설교(구속사적 설교)는 본문에 대한 문예적, 문화적, 역사적, 신학적 연구를 통하여 본문의 의미와 의도를 충분히 드러내는 강해적인 설교이어야 한다. 여기에서 강해적인 설교라 함은 단지 본문에 대한 연구와 그 결과 주해가 정당하게 이루어진 설교만을 말하는 것은 아니다. 강해적인 설교는 본문을 바르게 취급함과 함께 설교의 대상으로서의 청중을 결코 외면하거나 배제하지 아니하고 오늘의 청중에게 적실하게 선포되는 설교이다. 특히 문예적 측면에서 본문의 장르에 민감한 설교라고 할 수 있는데, 장르에 민감하다는 것은 곧 본문의 형태를 잘 반영하는 설교 형식의 다양성을 꾀한다는 말과도 같다.[15]

그럼에도 한국교회 강단에서 구속사 설교, 강해설교라는 이름으로 행해지는 설교는 장르에 민감하지 못하고, 청중을 도외시한 채 획일적인 한 가지 방식만이 주를 이루고 있다. 즉 한국교회의 목회자들은 전통적으로 연역식 논리를 따르는 3개 대지로 구성된 획일적인 설교 형식(3대지 설교, three-points sermon)만을 고집스럽게 사용하고 있다. 물론 전통적인 방식의 설교는 기독교의 설교에서 300년이 넘게 독보적인 자리를 차지

---

15) Jeffry D. Arthus, 『목사님 설교가 다양해졌어요』, 박현신 역 (서울: 베다니출판사, 2010), 15-18.

해 왔으며, 매우 유용하고, 설교사에 큰 공헌을 한 것이 사실이다. 연역적 방식의 전통적인 설교의 가치는 의심의 여지가 없고 결코 평가절하 될 수 없으며, 체계적이고 논리적이기 때문에 어떤 주제나 교리를 가르치는 데에는 매우 탁월한 장점이 있다.[16] 그러나 "연역식 3대지 설교가 오늘날 한국교회 안에서 가장 대중적인 설교 형식이라면 설교를 듣는 청중의 입장에서 설교가 지루하게 느껴지는 결정적인 이유도 이러한 획일적인 설교 형식 때문이기도"[17] 한 것이 사실이다. 주승중은 한국교회 목회자들이 취하는 설교의 천편일률적인 형식으로 3대지 설교를 꼽으며 "한국교회의 설교자는 흔히 '삼지창' 설교로 알려져 있는 '3대지 설교'를 했고 지금도 하고 있다."[18]고 말한다. 강해설교에 대한 오해(본문의 내용만을 제대로 주해하여 전달하는 것)와 본문의 장르에 대한 몰이해로 인하여 장르를 무시하거나 파괴하고 그 결과 획일적인 한 가지 형식만을 고집하게 된 것이다. 커뮤니케이션을 전공한 박영근은 이런 연역적 방식의 설교를 "성도에 대한 배려가 없는 설교"라면서 "수사학적인 관점에서 설교를 분석하면 그 방향을 중심으로 하나님과의 수직적인 커뮤니케이션과 성도들과의 수평적인 커뮤니케이션 둘로 나눌 수 있는데" 설교자들이 수직적인 커뮤니케이션을 중시하는 나머지 수평적인 커뮤니케이션에는 소홀히 한다고 지적한다. 그 결과 설교는 지루하게 되고, 효과적으로 전달되지 못하고 결국 힘을 잃은 설교로 인하여 한국교회가 쇠퇴기를 맞이했다는 것이다.[19] 한국교회 강단의 고착된 일방적인 설교 형태로 인하여 청중과의 소통이 원활하게 이루어지고 있지 않음을 집고 있는 것이다.

설교는 선포이면서 동시에 소통이다. 이승진은 의사소통이란 "메시지의 발신자와 수신자 사이에 의미를 전달하고 공유하는 활동"이라며, "메시지를 전달하는 발신자와 이를 받아들이는 수신자 사이에 소통이 원활

---

16) 김운용, 『설교의 새로운 패러다임』, 192.
17) 이승진, "성경의 문학형식과 설교 형식의 연관성," 『헤르메네이아 투데이』 45 (2008, 12): 17-18.
18) 주승중, 『성경적 설교의 원리와 실제』(서울: 예배와 설교아카데미, 2006), 123.
19) 박영근, 『오늘 대한민국을 설교하라』(서울: 생명의말씀사, 2015), 26-33.

하게 이뤄지기 위해서는 메시지 내용과 전달 형식, 의사소통의 목적 이 세 가지가 분명하게 확정되어야 한다."[20]고 말한다. 나아가 그는 이러한 의사소통의 요건을 설교의 소통에 적용하며 이렇게 주장한다.

> …신자가 자신에게 허락한 영생의 은혜를 깨닫고 하나님의 뜻에 부합하는 삶을 살게 하는 것이 성경이 기록된 목적이고, 성경과 이를 읽는 독자 사이에 진행되는 소통의 목적도 그렇다면 이 목적은 그대로 설교의 목적에 해당된다(메시지 목적의 일치). 이렇게 성경과 독자 사이에 진행되는 성경의 의사소통과 설교자와 회중 사이에 진행되는 설교의 의사소통에서 소통의 내용과 목적이 서로 일치하는 것이 바람직하다면 형식은 어떠한가? 성경과 독자 사이에 진행되는 소통에는 분명하게 본문의 문학 장르와 수사적 도구처럼 본문의 내용과 의미를 전달하기 위한 형식이 동원된다. 설교 메시지를 전달하는 데 나름의 설교 형식(예, 연역논리, 3대지 형식, 내러티브 형식)이 필요하다.[21]

설교의 원활한 소통 즉 설교가 청중과 소통하며, 청중에게 다가가고 청중의 귀에 들려지며 삶의 변화를 가져오는 성경적이면서도 풍성한 설교가 되기 위해서는 장르에 민감한 다양한 형식의 설교가 요구된다. 다양한 장르로 기록된 성경 본문의 의미를 제대로 드러내기 위해서는 본문의 장르에 민감한 즉 장르를 살리는 다양한 설교 형식이 필요한 것이다. 그럼에도 설교에서 청중을 외면하고, 장르를 무시한 채 성경의 모든 본문을 전통적 방식의 연역적이며 일방적이고 주입적인 형식(one-way-communication)을 고집스럽게 사용하고 있는 것이[22] 한국교회 강단의 현실이다. 그 결과 한 때는 '설교의 영광'의 시대를 누리기도 했지만, 급변하는 시대 상황 속에서 한국교회의 설교(구속사적 설교 포함)는 틀에 박힌

---

20) 이승진, "성경의 문학 형식과 설교 형식의 연관성," 15.
21) 이승진, "성경의 문학 형식과 설교 형식의 연관성," 16.
22) 이우제, "'커뮤니케이션'의 이슈를 통해 바라본 본문과 청중의 관계," 『3인 3색 설교학 특강』(서울: 두란노아카데미, 2010), 71.

획일화된 설교, 지루하고 생기를 잃어버린 설교, 설교의 풍성함이 없는 식상한 설교, 아쉬운 설교로 전락하게 되었다.[23] 이상의 한국교회 강단의 제기되는 두 가지 문제점을 다시 짚어보면 하나는 본문을 성경의 전체적인 맥락 즉 구속사적 관점으로 보지 않는데서 오는 하나님 중심성을 확보하지 못한 채 인간중심적, 도덕주의적 설교를 벗어나지 못하고 있다는 점이다. 그리고 또 하나는 강해설교, 또는 구속사적 설교라는 명목으로 행해지고는 있으되 장르에 대한 몰이해와 함께 모든 본문에서 일방적이고, 획일화되고, 천편일률적인 한 가지 형식만을 취함으로 인하여 청중에게 외면당하며 점점 더 그 능력과 영향력을 상실하고 있다는 점이다.

본 논문은 이렇게 제기되는 한국교회 강단의 문제 해결을 위해서는 먼저, 성경 신학을 토대로 구속사의 관점에서 성경 본문을 취급하는 구속사적 설교가 회복되어야 한다는데 강조점을 두었다. 성경의 전체적인 맥락 안에서 본문을 취급하며, 본문에서 말하고자 바를 충실히 밝힘으로 성경의 핵심인 하나님 중심성(그리스도 중심성)을 확보할 수 있기 때문이다. 설교는 무엇보다 본문의 내용을 정당하게 다루는 성경적이면서도 강해적인 설교이어야만 한다. 더불어 성경적 설교로서 강해적 설교는 본문에 대한 철저한 연구를 통하여 내용에 충실할 뿐만 아니라 필연적으로 장르에 민감한 설교이어야 한다. 장르에 민감하고 장르가 살아있는 설교[24]는 당연히 형식에 있어서 다양성을 취할 수밖에 없다. 성경 본문의 장르가 다양하기 때문에 설교의 효과적인 전달을 위해서는 설교의 형식 역시 다양성을 취해야만 한다. 특별히 내러티브 장르는 하나님께서 자신을 계시하며 인간에게 말을 걸어오시는 성경의 주된 장르이다. 성경의 많은 비중을 차지하고 있는 내러티브 장르를 살리는 설교야말로 강단을 더욱 건강하고 풍성하게 할 수 있을 뿐만 아니라 목회적 상황이 다양하고, 설교를 듣는 청중들의 삶의 현실과 필요도 다양하기 때문에 이런 목회 환경과 시대적인 정황을 고려

---

23) 김운용, 『설교의 새로운 패러다임』, 101.
24) 권호, "현대설교의 한 흐름, 장르가 살아있는 설교,"「설교한국」(2013, 봄): 145.

할 때 필연적으로 다양한 설교 형식이 요청될 수밖에 없는 것이다. 성경 본문에서 하나님 중심성(그리스도 중심성)을 확보하고 장르에 민감한 설교로서 청중들에게 들리는 설교가 되기 위하여는 다양한 형식의 설교가 요청된다.

그러므로 비록 새로운 설교학과 청중 중심의 설교가 대두되면서 많은 비판을 받아온 것이 사실이지만, 그럼에도 여전히 설교자들이 선호하고, 전성기가 끝나지 않은 전통적 방식으로서의 연역적 형식의 설교 역시 유효하다. 그리고 연역적인 방식에 반기를 들며 청중과의 소통을 강조하는 귀납적 방식의 여러 형식들을 설교에 적용할 때 더욱 풍성한 설교가 될 수 있을 것이다. 더불어 전통적 방식으로서의 연역적 형식과 새로운 설교 방식으로서의 귀납적 형식이 서로 대립적 관계가 아니라 서로의 장점은 살리고, 단점은 보완하는 상보적 관계로서 설교 효과의 극대화를 이룰 수 있는 방식으로 통합적 방식의 설교 형식이 필요하다. 특히 내러티브 장르에 있어서 다양한 형식이 요구된다. 내러티브 장르 역시 본문의 이야기성을 충분히 살리면서도 목회적 상황과 청중의 다양성에 따라 다양한 설교 형식이 요청되기 때문이다. 본 논문에서 룻기를 다루는 이유가 여기에 있다. 룻기는 내러티브로서 그리고 구속사의 관점에서 다양한 형식을 통해 설교를 시도할 수 있는 매우 적합하고 유익한 본문 중의 하나이기 때문이다. 깊이 있는 성경적 설교로서의 하나님 중심적–그리스도 중심적 설교의 정착과 청중의 변화를 수용한 설교의 신축성 즉 청중에게 다가가는 다양한 설교 형식의 수용은 한국 교회 설교가 나아가야 할 방향임이 분명하다.[25]

제2절 연구 동기와 목적

본 논문의 연구 동기와 목적은 한국교회의 위기를 진단하며, 이어서 한국교회 위기는 한국교회 강단의 위기에서 비롯되었다는 측면에

---

25) 정인교, "설교의 위기를 극복하는 설교 리모델링", 「한국교회 설교분석」(서울: 두란노아카데미, 2009), 140.

서 강단의 위기를 진단하고 이를 극복하기 위한 설교의 패러다임 전환(paradigm shift)의 필요성을 살펴볼 것이다. 이를 위하여 룻기를 내러티브 설교의 모델로 하여 구속사적 관점에서 본문을 살피고, 설교적 과정을 거쳐 내러티브 본문에 대한 설교의 다양한 형식을 제시하며 한국교회 강단의 패러다임 전환을 도울 것이다.

1. 한국교회 위기와 패러다임의 전환

오늘날 여기저기서 한국 교회에 대한 위기론이 끊임없이 제기되고 있다. 목사이면서 미래학자인 최윤식은 그의 책 『2040 한국교회 미래 지도』에서 구체적으로 여러 사회학적인 통계 자료와 현상들을 예로 들며 말하기를 "한국 교회, 잔치는 끝났다. 한국 교회는 성장이 잠시 주춤한 것이 아니라 이미 쇠퇴기에 접어들었다"고 했다. 그러면서 주장하기를 "지난 120년 찬란했던 한국 교회의 역사가 잊힐 만큼 극심한 침체기로 접어들 가능성이 크며, 뼈를 깎는 노력으로 갱신하지 않고 그냥 이대로 가면 2050-2060년경에는 400만, 아니 300만 명대로 교인 수가 줄어들 수도 있다."[26]고 경고했다. 그러나 사실 한국 교회의 위기에 대한 담론은 어제 오늘의 이야기는 아니다. 1960년대에서 1980년대 중반까지 세계 교회사에 유례없는 교회 성장의 신화를 낳았던 한국교회는 1990년대에 들어서면서부터 성장과 쇠퇴 사이를 오고가는 소위 중간 단계인 침체(stagnancy)를 경험하기 시작했다.[27] 지금은 침체를 지나 쇠퇴의 위기를 맞이하게 된 것이다.

이런 한국교회의 위기에 대하여 실천신학 교수인 은준관은 오늘날 한국 교회가 위기상황을 맞게 된 원인으로, 생존윤리에서 파생된 세속 정신과 세속 가치라고 보고 이에 대한 교회의 대응능력의 상실이라고 지적하고 있다. 그리고 이러한 대응능력의 상실은 역사의 아픔을 치유할 수

---
26) 최윤식, 『2040 한국교회 미래지도』(서울: 생명의말씀사, 2013), 35-39.
27) 은준관, 『실천적 교회론』(서울: 한들출판사, 2013), 30-31.

있는 교회의 영적 비전과 헌신의 결여에서 시작하여 목회자의 비전문성에서 오는 방향 상실감과 신자들 속에 깊숙이 뿌리내린 기복신앙, 그리고 분열에서 파생된 교단의 난립, 팽배한 보수신학과 진보신학 사이의 반목과 불신, 교계의 정치 세력화, 목회자와 평신도 사이의 골 깊은 불신, 신학교육과 목회 현장 사이가 단절되는 아픔을 경험하면서 교회 자체가 생존윤리(survival ethos)에 빠져들었다고 보고 있다.[28] 더불어 교회는 20세기 중반부터 거대한 흐름으로 기존의 모든 권위를 거부하고, 절대적인 진리를 거부하며 진리를 상대적으로 이해하려 하고, 이성주의에 근거한 합리성의 터를 무너뜨리려는 포스트모던 경향(Post-Modernism)의 거센 도전을 받고 있다.[29] 또한 과학만능주의 그리고 가상현실 세계와 인공지능(Artficial Intelligence)이 급속도로 발전하며 인간 세계를 위협하는 시대적인 흐름, 그 속에서 문화낙관주의(Kulturoptismus)의 소용돌이 속에 빠져드는 동시대인들의 경향성은 분명 기독교의 입장에서 볼 때 그 자체로 커다란 위기이고 힘겨운 도전이 아닐 수 없다.[30]

이런 위기와 도전 앞에서 한국 교회는 일시적인 처방이나 몇 가지 단편적인 프로그램 개발에 의해 탈출이 이루어질 수 있는 단순한 것이 아니기에, 한국교회 전반의 패러다임 전환(paradigm shift)의 필요성이 요구 되고 있다.[31] 변화하는 새로운 시대는 그에 걸맞는 새로운 틀을 요청하기 마련이다. 즉 패러다임의 전환을 강하게 요구한다.

2. 설교의 위기와 패러다임 전환

특별히 한국 교회 특성상 여전히 중요한 부분을 차지하고 있는 설교[32]

---

28) 은준관, 『실천적 교회론』, 36-37.
29) 김운용, 『새롭게 설교하기』(서울: 예배와 설교 아카데미, 2015), 27-28.
30) 정인교, "정보화 시대를 위한 설교적 대안," 『현대사회와 예배·설교사역』(서울: 예배와 설교 아카데미, 2002), 344.
31) 은준관, 『실천적 교회론』, 37.
32) 2013년 한국기독교 목회자협의회가 발간한 『한국 기독교 분석리포트』의 보고에 의하면 현재 다

의 패러다임 전환이 절실히 요청된다. 즉 급변하는 시대 흐름과 세속 가치의 도전 속에서 설교의 새로운 패러다임이 요구된다.

'패러다임'(paradigm)이라는 용어는 사물을 바라보는 관점, 혹은 이해의 틀이다. 패러다임은 세상을 보는 틀거리이며, 삶의 문제나 어떤 현안들을 바라보는 방식이 된다. 본래 이 패러다임이라는 용어는 토머스 쿤(Thomas Kuhn)에 의하여 과학에서 사용되었는데, 20세기 후반 시대적 격변을 경험하면서 다양한 분야에 이르러 변화에 대한 대처를 위한 개념으로 널리 사용하게 되었다. 근본적으로 패러다임의 전환에 대한 필요는 언제나 시대적 통찰과 함께 기존의 지배적인 패러다임이 그 시대에는 무기력하다는 사실을 인식하게 됨으로부터 시작된다.[33] 즉 패러다임의 전환은 언제나 변화하는 시대 속에서 위기를 경험하게 되고, 그 위기에 대한 인식으로부터 출발하게 된다.

이러한 패러다임의 이해는 모든 것이 변화하는 시대에서 행해지는 설교의 위기와 함께 설교학에서도 새로운 패러다임으로의 전환을 가져오게 된다. 즉 설교학의 다양한 영역(설교의 방법론, 성경해석, 설교자와 청중과의 관계, 설교의 언어, 설교의 목표에 대한 재이해, 문화와 설교의 현장에 대한 이해 등)에서 패러다임 전환이 여러 형태로 이루어졌고, 여전히 이루어지고 있다.[34]

한국교회의 설교는 지금까지 주로 전통적인 설교 패러다임을 따라 행해져 온 것이 사실이다. 형태적으로는 논리적이고, 명제적인 설교, 주제설교의 형태와 3대지 설교 형태를 고집스럽게 추구하고 있다. 그리고 성경해석학의 측면에서는 주로 본문의 의미와 메시지를 충실하게 전달하

니고 있는 교회 이외에 중복 출석하고 있는 교인들 가운데 중복 출석을 하는 이유로, '거리가 가까워서 새벽기도나 저녁예배에 참석'(69.1%) 그리고 두 번째로, '목회자의 설교가 좋아서'(20.2%)였다. 또 현재 다니고 있는 교회를 선택한 이유로 역시 '거리가 가깝다'(33.0%)에 이어 '목회자의 설교 내용이 좋다'(29.6%)가 두 번째 높았다. 그리고 현 교회의 담임목사에 대한 측면별 만족도를 볼 때에도 '설교를 잘한다'(88.3%)는 항목이 다른 항목에 비해서 높았다. 또한 기독교인들의 63.6%가 자신의 신앙성장을 위해 가장 크게 도움 받는 수단으로 교회예배/목사님 설교라고 답했다; 한국기독교목회자협의회, 『한국기독교 분석리포트』(서울: 도서출판 URD, 2013), 76-134
33) 김운용, 『설교의 새로운 패러다임』, 61-65.
34) 김운용, 『설교의 새로운 패러다임』, 75-81.

기보다는 설교자가 정한 주제를 위한 추출식 해석과 그것을 증명하기 위하여 성경을 보조 도구화 하는 오류도 있다. 논리를 중요시 하는 전통적 패러다임은 주로 연역적인 구조로 설교가 행해지며, 이야기는 명제를 설명하기 위한 예증으로서 예화 수준에 머물게 되는 경향이 많다. 한국 교회 설교는 주로 가르치고 전달하는 식이며, 지식과 정보를 제공하는 강의식 설교의 패러다임으로 오늘날 변화하는 환경 속에서 한계에 부딪히고 위기를 맞이하게 된 것이다.[35]

여기에서 한국교회의 위기는 강단의 위기에서 비롯되었다는 자성의 목소리와 함께 한국교회를 새롭게 하고 침체와 쇠퇴라는 위기를 극복하기 위한 출발점이 강단의 갱신[36] 즉 설교의 갱신(설교의 패러다임 전환)이 되어야 한다. 부르그만(Walter Brueggemann)의 말처럼 이런 위기 상황에서 "설교가 해독제 역할"을 수행해야 하기 때문이다.[37]

본 논문은 이러한 한국교회의 위기의식에서 비롯된 새로운 패러다임의 요구와 함께 이 시대의 청중에게 어떻게 하면 바르게 그리고 풍성하게 먹을거리를 주는 설교를 할 수 있을까 하는 고민 속에서 룻기를 중심으로 하는 구속사적 내러티브 설교를 연구하게 되었다. 그러면 왜 구속사적 내러티브 설교인가? 한국교회의 전반적인 위기 특히 강단의 위기를 극복하는 길은 설교에 있어서 구속사적 관점의 회복과 내러티브 장르를 살리는 일이 절실하기 때문이다. 기독교 설교에는 신적 요소가 들어와야 한다. 즉 하나님 중심성이 이루어져야 한다. 왜냐하면 성경은 예수 그리스도를 핵심으로 하는 하나님의 구속의 역사를 기록하고 있기에 하나님의 구원역사의 흐름으로 성경을 이해해야 하기 때문이다. 커뮤니케이션 측면에서 본다면 먼저 수직적 차원의 신적 토대가 견고하게 확보되어야 한다. 그러므로 기독교의 설교는 구속사적이어야 한다.

---

35) 김운용, 『설교의 새로운 패러다임』, 111-112.
36) 김덕수, 『삶의 변화를 일으키는 설교』(서울: 쿰란출판사, 2007), 6.
37) Walter Brueggemann, 『텍스트가 설교하게 하라』, 홍병룡 역(서울: 성서유니온선교회, 2013), 123.

또한 설교의 수평적인 측면이 요청된다. 특히 내러티브 설교에서 본문의 장르에 민감하고, 본문의 장르를 살려 설교하는 것은 커뮤니케이션 측면에서 수평적 차원으로 청중을 고려하는 청중 중심성을 확보하게 된다. 내러티브는 성경의 가장 중요한 요소이며, 성경의 장르 중 가장 많은 비중을 차지하고 있다. 구속의 역사 자체가 커다란 하나의 구속의 이야기(meta narrative)이며, 성경은 이 단일한 구속의 이야기를 기록하고 있다. 성경은 구속의 이야기책이다. 내러티브 설교의 중요성이 여기에 있으며, 내러티브 장르에 민감한 구속사적 설교의 필요성이 대두되는 이유이기도 하다. 본 논문은 구약의 내러티브 본문인 룻기를 중심으로 구속사적 내러티브 설교의 형식 계발에 대한 보다 구체적인 필요성에 대하여 다음과 같이 세 가지로 이야기 하고자 한다.

3. 논문의 세 가지 방향성

첫째, 본 논문은 인간 중심의 **모범적 설교로부터 구속사가 살아있는 설교를 향하여** 나아갈 바를 연구하고자 한다. 지금까지의 한국교회의 설교는 구속사적 설교에 대한 무지와 함께 무엇이 바른 설교인지 조차 모르는 설교자들에 의해 모범적, 인간중심적, 도덕주의적 설교가 득세한 것이 사실이다. 그러나 강단에서 선포되어야 하는 것은 바로 불변하는 하나님의 말씀이다. 성경 신학자 게르할더스 보스의 말에 의하면 설교는 하나님의 계시, 즉 하나님의 말씀에 근거한 성경적 설교이어야 한다.[38] 모든 설교는 '오직 성경으로'에 입각한 성경 신학적 토대 위에서 이루어져야 한다. 성경신학자 골즈워디는 "성경 신학은 성경의 다양한 부분들을 잘 연결시켜줌으로써 설교자가 어떤 본문을 설교할 때, 그 설교가 형식적이 되거나 도덕적인 권면으로 흐르지 않도록 해준다"[39]고 말한다. 그리고 이

---

38) Geerhardus Vos, 『성경 신학』, 원광연 역(서울: 크리스챤다이제스트, 2005), 14.
39) Graeme Goldsworthy, 『성경신학적 설교 어떻게 할 것인가』, 김재영 역(서울: 성서유니온선교

러한 성경신학적 토대 위에서 행해지는 성경적 설교는 구속사적이며, 그리스도 중심적일 수밖에 없다. 왜냐하면 기독교 신앙의 절대 규범이 되는 성경은 그리스도를 중심으로 하는 하나님의 구속적인 사역에 초점을 맞추고 있기 때문이다. 성경의 일관된 구조는 구속사적 구조이며 본문을 구속사의 전체 구조와 연결하여 보지 않으면 하나님의 구원의 손길과 계시의 음성을 놓칠 수 있다.[40] 즉 성경의 핵심이며, 구속사의 중심인 그리스도 없는 설교가 될 위험이 있는 것이다. 오늘날 많은 설교자들이 심지어 이단들까지도 '오직 성경'을 외치고 있지만 그러나 '오직 그리스도'라는 해석학적 선 이해가 없는 그래서 그리스도가 빠진 모범적이고, 도덕적이며, 인간중심적인 설교가 주류를 이루고 있는 것은 부인할 수 없는 사실이다.

그러므로 이 시대 한국교회 강단의 회복은 하나님 말씀의 회복, 즉 성경신학적 토대 위에서 행해지는 성경적 설교의 회복이다. 하나님의 계시된 말씀으로서의 성경에 대한 절대적인 권위를 강조하며,[41] 하나님 중심으로 본문이 말하고자 하는 목표와 의도 즉 본문 고유의 메시지로부터 벗어나서는 안 된다는 것을 강조하는 구속사적 설교가 회복되어야 한다. 인간중심적, 도덕주의적 설교, 인기위주의 설교에 대항하여 무엇보다 설교에서 성경의 가장 총체적이며 핵심적 사상인 구속과[42] 그 구속사의 중심인 예수 그리스도의 관점에서 성경을 해석함으로써 인류 구원을 향한 하나님의 뜻을 성경 본문으로부터 확보하고,[43] 본문을 정당하게 취급하는 구속사적 설교, 하나님 중심적-그리스도 중심적 설교가 요구된다.

둘째, 장르의 몰이해로부터 장르에 민감한 설교를 위하여 본 논문을 펼쳐가고자 한다. 장르에 민감한 설교란, "텍스트의 효과를 재현하는" 설교이다. 즉 성경 본문에 사용된 문학적 장치들을 정확히 반영하는 설교라고

회, 2002), 64.
40) Edmund P. Clowney, 『설교와 성경 신학』, 류근상 역(고양: 크리스챤출판사, 2003), 70.
41) 이승진, 『교회를 세우는 설교 목회』(서울: 기독교문서선교회, 2013), 119.
42) 문상기, "설교의 구속사적 이해와 현대 설교의 과제," 『현대 사회와 예배 설교사역』(서울: 예배와 설교 아카데미, 2002), 193.
43) 이승진, "생명을 살리는 설교-구원의 과정에 적용되는 구속사 설교," 『생명과 말씀』(2013, 7), 38.

할 수 있다.[44] 하나님은 다양한 장르들을 사용하여 성경을 기록하게 하셨다. 이를테면, 시편, 잠언, 예언서, 이야기, 비유, 기적 등등의 장르를 가지고 있으며, 이 모든 장르는 독특한 문학 패턴을 구체화하고 있다.[45] 하나님이 성경에 이렇게 다양한 장르를 통하여 커뮤니케이션을 시도하셨고, 성경은 문학적 측면과 수사학적 측면을 고려할 때 가장 잘 이해될 수 있기 때문에 설교자는 본문의 장르를 매우 신중하게 고려해야 한다.[46]

그럼에도 불구하고 대개 설교자들은 본문의 장르를 살리지 못하는 판에 박힌 설교만을 고집하고 있다. 특히 한국교회의 설교자들은 장르에 대한 몰이해로 인하여 내러티브의 독특한 가치를 살려내지 못하고 "흔히 '삼지창' 설교로 알려져 있는 '3대지 설교'를 하면서, 시도 3대지 설교로, 내러티브도 3대지 설교로, 산문이나 서간문도 3대지 설교로, 은유와 비유도 3대지 설교"로 하고 있는 실정이다.[47] 이러한 문제점을 김창훈은 다음과 같이 지적한다. "대부분의 설교자들이 장르를 고려하지 않고 설교한다. 하나님께서는 다양한 장르를 통해 다양한 방법으로 말씀하셨는데 모든 본문을 천편일률적으로 접근하고 설교한다."[48] 이처럼 성경의 모든 본문을 획일적인 방식으로 접근하고 설교하는 것은 본문의 장르를 무시하고 파괴하며, 본문의 풍성한 의미와 의도를 축소시킬 수도 있다.

예를 들면, 시편에서의 '사랑'이라는 의미와 요한복음에서의 '사랑'이라는 의미는 분명히 다르다. 문학 장르의 차이 때문에 동일한 단어나 내용이라도 다른 의미가 전달되는 것이다.[49] 롱(Thomas G. Long)은 이렇게 말하고 있다.

> 시편은 시이고, 기적 이야기는 이야기다. 그리고 이 두 본문이 각각 다른

---

44) Arthus, 『목사님 설교가 다양해졌어요』, 36.
45) Thomas G. Long, 『성서의 문학유형과 설교』, 박영미 역(서울: 대한기독교서회, 2010), 48.
46) Arthus, 『목사님 설교가 다양해졌어요』, 25-29.
47) 주승중, 『성경적 설교의 원리와 실제』, 123.
48) 김창훈, 『구약 장르별 설교』(서울: 총신대학교 출판부, 2015), 4.
49) 이승진, "성경의 문학형식과 설교 형식의 연관성," 19.

문학 형식과 수사 형식을 지니고 있으므로 이 두 본문의 형식은 독자들에게 각각 다른 방법으로 와서 닿으며, 서로 대조를 이루는 효과를 낳는다. 그러므로 설교문을 작성할 때에는 서로 다른 본문들이 지닌 미묘한 차이점을 잘 알아 볼 수 있도록 설교문을 전개하고 발전시켜 가는 과정이 있어야 하고, 또 그 미묘한 차이점을 부려서 쓰도록 하는 것이 필요하다.[50]

과일을 비유로 하자면, 어떤 과일은 껍질 채 먹을 때 그 맛이 더 깊고, 어떤 과일은 껍질을 벗기고 먹어야 제 맛이 나며, 또 어떤 과일은 갈아서 먹을 때 그 맛과 향이 더 풍성하기도 하다. 또 씨와 함께 먹을 수 있는 과일이 있고, 씨를 제거하고 먹어야 하는 과일도 있다. 과일도 그 종류에 따라 각기 먹는 방법을 달리해야 하고, 또 그 방법을 달리할 때 그 본연의 제 맛이 나고 느낄 수 있듯이 설교자는 설교에서 본문의 장르와 전달 형식 등을 필히 고려해야 한다.

설교자들은 성경 본문의 장르에 대한 고려와 함께 하나의 고정된 틀에서 벗어나 성경 본문의 장르에 민감하고 장르가 살아있는 설교를 해야 한다. 특별히 본 논문에서는 롱의 말처럼 "성경의 하부구조(narrative understructure)를 이루고 있는 이야기",[51] 즉 성경의 가장 중요하면서도 가장 많은 비중을 차지하고 있는 내러티브 장르를 연구하고자 한다. 이유는 성경 자체가 죄인된 인류를 구속하시기 위한 커다란 하나의 이야기(meta narrative) 즉 하나님의 구속의 내러티브이며, 성경 안에는 셀 수 없을 정도의 수많은 내러티브들이 기록되어 있기 때문이다. 아더스(Jeffry D. Arthus)에 의하면 성경의 60퍼센트가 내러티브 장르라고 한다.[52] 뿐만 아니라 내러티브 본문이 아닌 다른 장르의 본문 안에도 부분적으로는 내러티브가 포함되어 있고, 더 나아가서 비(非)내러티브 본문 안에서도 하부

---

50) Long, 『성서의 문학유형과 설교』, 23-24.
51) Long, 『성서의 문학유형과 설교』, 123-124.
52) Arthus, 『목사님 설교가 다양해졌어요』, 100.

구조로 내러티브성이 깔려 있으며, 성경 전체가 하나의 내러티브라고 할 수 있기에 내러티브는 성경에서 가장 중요한 장르라고 할 수 있다. 이처럼 성경의 많은 비중을 차지하고 있는 내러티브 장르에 대한 이해와 설교적 방법론을 섭렵한다면 강단의 풍성함과 더불어 성경의 다른 장르에 대한 이해와 접근에 있어서 훨씬 수월하리라고 본다.

셋째, 본 논문은 **획일화된 한 방향의 설교에서 청중과 함께 하는 통합적인 설교의 진로 모색을 위하여** 나아가고자 한다. 포스트모던 시대에 설교자들이 또 하나 놓치지 말아야 할 것은 포스트모던 환경에서 살고 있는 청중들이다. 성경 본문 그 자체는 시대의 변화에 따라 변화될 수 없는 것이지만 설교는 시대의 흐름과 변화와 청중의 기호를 결코 무시해서는 안 된다.[53] 소리를 내든 조용히 있든 청중은 설교에 적극 참여하는 자들이기 때문이다.[54] 그러므로 설교자들은 성경 본문을 구속사적 관점으로 보며 하나님의 자리를 확보한 다음, 변화하는 시대 속에 서 있는 청중으로 하여금 어떻게 복음의 말씀을 새롭게 듣게 할 것인가에도 힘을 쏟아야 한다. 크래독(Fred B. Craddock)은 "보다 효과적인 설교가 되기 위해서 설교자는 단순한 독백과 같은 설교보다는 상호 대화적인 설교 환경에 관심을 가져야 할 것이며, 설교자는 청중을 향한 자신의 말만 신뢰할 것이 아니라 말씀에 대한 청중의 반응에 대해서도 마음을 열어야 한다. 설교가 완성되기 위해서는 반드시 청중들이 필요하다는 것을 확신해야 한다."[55]고 주장한다. 설교는 하늘에 속한 성경의 세계와 더불어 땅에 속한 청중의 현실 세계에 대한 이해와 다리를 놓는(bridge-building) 작업이다.[56] 그러므로 설교자는 과거 구속 역사 속에서 말씀과 성령을 통하여 자기 백성들 가운데 역사하신 하나님의 구원의 이야기를 현재 교회로 모인 성도

---

53) 신성욱, "설교 준비의 기본, 충분한 본문 석의," 「목회와신학」 01 (2013): 38.
54) Fred B. Craddock, 「크래독의 설교 레슨」, 이우제 역 (서울: 도서출판 대서, 2012), 36.
55) Fred B. Craddock, 「권위 없는 자처럼」, 김운용 역 (서울: 예배와 설교아카데미, 2010), 74.
56) John Stott, 「현대교회와 설교」, 정성구 역 (서울: 생명의 샘, 2002,), 166-174.

들의 삶과 공동체적인 삶 속에서 구체적으로 적용해야 한다.[57] 구속사적 설교라고 해서 그 당시의 사람들에게만 갇힌 화석화된 교훈이 되어서는 안 되며, 오늘 이 시대의 청중에게 다가오고 감동을 주는데 결코 관심을 소홀히 해서는 안 된다.[58] 성종현의 주장대로 "구속사적 설교는 단순히 하나님께서 행하신 역사만을 제시함으로써 오늘의 삶과 동떨어진 시들시들한 메시지가 아니라, 그 때(then)와 오늘(now)을 철저히 연결하여 강단에서 감동을 주는 메시지가 되어야 한다. 다시 말하자면, 구속사적 설교는 성경적인 설교이면서 아울러 현대적 설교이어야 한다."[59]

여기에서 설교의 풍성함과 오늘의 청중에게 적실성 있는 효과적인 커뮤니케이션을 위해서는 설교 형식의 다양성이 필요하다. 즉 명제를 제시하고 그것을 분석해 주며, 그에 대한 정보와 논리 개념들을 제시해 주는 일방적이고 획일적인 연역적 방식만이 아니라 청중을 설교에 참여시키고 "함께 여행을 하는 방식"[60]으로 움직임을 통해 결론을 향하여 나아가는 청중 중심의 설교(listener-centered preaching)인 귀납적 방식의 형식도 적극 활용해야 한다. 청중을 고려하고, 또 목회적 정황을 고려하고, 장르를 고려할 때 소통의 다양성이 요청되기에 획일적인 한 방향의 설교는 한계를 가질 수밖에 없다. 특히 성경이 다양한 장르를 통하여 기록되었기에 그 풍성함을 청중들에게 전달하기 위해서는 설교의 디자인이 필요하다. 여기에서 설교 형식의 다양성이 깊이 고려되어야 한다. 설교를 더욱 풍성하게 하고 청중에게 들리는 설교를 위해서는 전통적인 한 가지 방식을 벗어나 새로운 설교학에서 제시하는 다양한 형식들을 적극 활용해야 한다. 더 나아가 한국교회 설교자들에게나 청중들에게 접근이 쉬우면서도 매우 효과적인 방식이 될 수 있는 대안적 방식으로서 통합적 형태의 설교 형식 계발이 요청된다 하겠다.

---

57) 이승진, 『교회를 세우는 설교 목회』, 122.
58) 정창균, 『고정관념을 넘어서는 설교』(수원: 합동신학대학원출판부, 2003), 48.
59) 성종현, 『구속사적 설교의 원리와 실제』(서울: 도서출판 대서, 2016), 126.
60) Andy Stanley, 『설교 코칭』, 김창동 역(서울: 도서출판 디모데, 2007), 46.

결과적으로 본 논문은 균형 잡힌 통합적 설교의 길을 모색하고 지향하고자 한다. 성경신학적 토대 위에서 성경을 커다란 하나의 구속의 이야기로 보는 구속사적 맥락에서 내러티브 본문(룻기를 중심으로)을 연구하고, 더불어 룻기 내러티브 본문을 중심으로 하는 설교를 통해 다양한 설교 형식 계발을 시도하고자 한다. 그리하여 성경 본문의 구속사적 근거를 확보함과 동시에 성경의 장르(내러티브)를 살리며 틀에 박힌 단일한 전통적 설교 형식을 벗어나 포스트모던 시대를 살아가는 청중에게 다가가는 다양한 설교 형식들을 제시하고자 한다. 그 결과 위기에 처한 한국교회 강단의 새로운 패러다임의 변화를 도모하고, 오늘도 생명력 있는 설교 한편을 위해 몸부림치는 설교자들에게 설교에 대한 희망과 유익을 주고자 한다.

제3절 연구의 방법과 범위

본 논문은 설교신학의 관점에서 이론적 접근 방법을 근거로 하여 연구하되, 구속사적 관점에서 룻기 내러티브를 중심으로 하여 내러티브 본문에 대한 다양한 설교 형식을 연구 계발하고자 한다. 이상의 연구 목적을 이루기 위해 다음과 같은 내용으로 전개하고자 한다.

제1장은 서론으로 문제 제기, 연구 동기와 목적, 그리고 연구 범위와 방법을 밝히고,

제2장은 구속사적 설교에 대한 이해를 다루고자 한다. 일반적인 구속사의 개념과 구속사적 설교의 정의를 알아보고, 구속사적 설교의 배경을 신학적, 성경적, 역사적으로 살펴보고자 한다. 그리고 모범적-구속사적 논쟁 속에서 시작된 구속사적 설교의 발전을 다루고, 특별히 성경적 설교로서 구속사적 설교를 주창하는 학자들의 견해를 살펴볼 것이다.

제3장에서는 구속사적 설교의 지평을 넓혀 구속사적 설교의 원리 즉 역사성, 통일성, 점진성에 대하여 살펴보고, 구속사적 설교를 위한 다양한 해석방법-문학적 해석, 역사적 해석, 유기적 해석, 종합적 해석, 모형(예표)론적 해석-과 구속사적 설교의 실제요소를 다루며 구속사적 설교의 특성을 정리할 것이다.

제4장에서는 구약의 내러티브가운데 룻기 내러티브를 구속사적 관점으로 고찰해보고자 한다. 룻기 내러티브를 고찰하기에 앞서 먼저 성경적 내러티브가 무엇인지를 정리해 보고, 구속사적 관점에서 룻기 내러티브의 일반적인 이해와 룻기 내러티브 해석에 대한 접근법, 그리고 룻기 내러티브의 신학을 전반적으로 살펴보고자 한다.

제5장에서는 앞서 연구한 제4장을 근거로 구속사적 설교를 위한 본문에서 설교에 이르기까지의 설교적 과정을 다뤄보고자 한다. 룻기 내러티브 본문의 장별 분석과 주해 그리고 설교의 개요까지 정리하면서 다음 장에서 있을 다양한 형식 제시를 위한 설교문 작성의 밑 작업을 할 것이다.

제6장에서는 제5장에서 연구한 구속사적 관점에서 본 룻기 내러티브와 설교적 과정을 중심으로 내러티브 설교의 다양한 형식-연역적 방식의 설교 형식, 귀납적 방식의 설교 형식, 내러티브 방식의 설교 형식, 1인칭 내러티브 방식의 설교 형식, 네 페이지 방식의 설교 형식-을 설교문을 통하여 각각의 형식에 관한 실례를 제시하고, 더 나아가 귀납-연역의 통합적 형식을 또 하나의 새로운 대안적 방식으로 제시하고자 한다.

제7장은 마지막 결론으로서 본문을 다시 한 번 요약정리하고, 앞으로의 설교학의 또 다른 연구 방향을 제시하는 제언을 함으로써 본 연구를 마치고자 한다.

Narrative Preaching

제2장
구속사적 설교에 대한 이해

본 장에서는 구속사적 설교를 고찰하면서, 제1장에서 제기한 오늘날 현대교회 강단에 만연하고 있는 인기위주의 설교, 인간중심의 설교, 도덕주의적 설교를 탈피하기 위한 성경적 설교로서 구속사적 설교에 대하여 논의해보고자 한다. 구속사적 설교가 무엇인지, 또 구속사적 설교의 배경이 무엇인지에 대한 고찰은 설교자가 성경 본문의 해석에 있어서 구속사적 관점으로 본문을 접근하는 것이 왜 필요한지를 분명하게 보여줄 것이다. 그리고 이러한 구속사적 해석은 필연적으로 성경적 설교, 하나님-그리스도 중심적 설교 즉 구속사적 설교를 요구하게 된다는 점에서 매우 중요하다 하겠다.

제1절 구속사적 설교의 정의

구속사적 설교에 대한 이해를 위해서는 무엇보다 먼저 구속사적 설교란 무엇인가? 라는 정의가 필요할 것이다. 설교는 하나님의 말씀 즉 성경을 선포하는 것이다. 성경은 죄인된 인간을 구원하기 위해 하나님께서 계획하고 진행하는 하나님의 구속의 책이다. 성경은 역사 속에서 예수 그리스도를 중심으로 행하시는 하나님의 구원 사역을 기록하고 있다. 즉 성경은 면면히 하나님의 구속사의 물줄기를 보여주고 있다. 이렇게 성경 전체에 흐르고 있는 구속사의 중심 주제를 생각한다면 성경적 설교는 구속사적 설교여야만 한다. 하나님 계시의 말씀인 성경을 구속사적으로 해석하여 선포하는 것이다.

여기에서는 구속사적 설교에 대한 올바른 이해를 돕기 위하여 구속사의 정의에 대하여 먼저 살펴보고, 이어서 구속사적 설교란 무엇인지 그 정의를 내려 보고자 한다.

1. 구속사의 정의

하나님은 역사의 시작이시며 중심이시고 역사의 끝이시기도 하다. 역사를 창조하신 하나님은 역사를 주관하시고, 역사 속에서 활동하시며 역사 속에서 자신을 드러내신다. 하나님의 말씀인 성경은 과거와 현재와 미래의 모든 실재를 포괄하는 전(全)우주적인 하나님 나라의 역사를 보여주고 있다.[1] 하나님은 역사 속에서 행동하시며 스스로를 드러내시는데, 성경의 창세기부터 요한계시록까지 하나님의 목적 즉 죄인된 인간의 구속을 이루기 위한 계시를 말하고 있다. 성경신학자 골즈워디(Graeme Goldsworthy)에 의하면, "하나님의 뜻은 말씀과 행동을 통해 드러난다. 하나님은 성경의 사건 속에서 말씀하셨고, 역사 가운데 인간과 함께 하신다. 완전하신 하나님이 불완전한 인간에게 계시를 통해 하나님 자신을 드러내신다."[2] 신학의 전통에서 보면 "하나님의 구속은 '하나님의 계시된 뜻'이나 '하나님의 사역'을 드러내고 있다."[3] 하나님은 창조에서보다도 구속에서 하나님 자신을 더 많이 계시하셨다. 피조물인 인간이 창조주이신 하나님을 대적하여 반역했을 때, 하나님은 인간을 멸하지 않으셨다. 오히려 구속의 계획을 세우시고 구원자(예수 그리스도)를 약속하시고, 구속을

---

[1] Sidney Greidanus, 『성경 해석과 성경적 설교』, 김영철 역(서울: 여수룬, 1998), 188.
[2] Graeme Goldsworthy, 『복음과 하나님의 나라』, 김영철 역(서울: 성서유니온선교회, 2006), 103.
[3] Albert M. Wolters & Michael W. Goheen, 『창조 타락 구속』, 홍병룡 역(서울: 한국기독학생회출판부, 2007), 44.

진행하셨다. 그 구속의 계획이 시행되는 것이 인간 역사의 중심을 이루고 있다.[4] 역사 속에서 일어난 하나님의 모든 계시와 행동은 죄인된 인간의 구속과 관련이 있다. 성경은 하나님께서 죄인된 인간을 구속하시는 역사의 흐름으로 전개되고 있으며, 그 중심에는 예수 그리스도가 있다. 이처럼 성경은 예수 그리스도를 중심으로 진행되는 하나님의 구속의 역사를 보여주고 있다. 그러므로 구속사는 성경을 바로 이해하는 열쇠이다.[5]

그렇다면 구속사란 무엇인가? 구속사라는 용어는, 독일어로는 구속(heil)이라는 단어와 역사(geschichte)라는 두개의 단어가 합해져서 구속사(Heilgeschi-chte)라는 말이 되었다. 영어로는 salvation(sacred, redemptive) history라고 할 수 있는데, 언어적으로 볼 때, "구속사는 하나님이 역사 속에서 구속을 위하여 행동하시는 사건들과 이러한 하나님의 행동에 대한 역사가의 해석이 합쳐진 역사"[6]라고 정의할 수 있다. 이 구속사에 대한 또 다른 정의들을 살펴보면, 구속사 설교를 제창하는 고재수는 말하기를 "구속사란 모든 시대를 포괄하여 하나님이 인간을 구원하시는 역사"[7]라고 했다. 정성구는 구속사에 대하여 "하나님께서 그의 뜻을 따라 모든 것을 계획했으며, 또한 하나님께서는 계획하신 것을 온전히 성취하시며, 특히 예수 그리스도 안에서 세상을 구원하실 것을 계시하고 섭리하시고 간섭하신다는 신학적 입장"[8]이라고 말한다. 더불어 "구속사란 하나님의 구원운동을 역사의 축으로 보는 것"[9]이라고 정의했다.

석원태는 그의 책에서 "구속사란 하나님께서 그의 기뻐하신 주권적 의지와 계획을 따라 죄로 인하여 타락한 그의 백성을 그 아들 예수 그리스도의 십자가 대속을 통하여 구원하실 일을 계시하시고(성경) 교회 운동

---

4) John Stott, 『설교론』, 원광연 역(고양: 크리스챤다이제스트, 2005), 97.
5) 신성종 외 19명, 『이렇게 설교해야 교회가 성장한다』(서울: 도서출판 하나, 1994), 205.
6) 강성구, 『창조와 타락으로 본 구속사』(서울: 서로사랑, 2010), 14-15.
7) 고재수, "성경의 역사적 본문에 대한 구속사적 해석," 『고려신학보』(1988년 11월): 24.
8) 정성구, 『개혁주의 설교학』(서울: 총신대학출판부, 1994), 350.
9) 정성구, 『신학과 설교』(서울: 이레서원, 2008), 96.

을 통하여 성취해 가시는 역사적 진행과정을 뜻함이다."[10]라고 말한다. 즉 하나님께서 죄인된 인간을 향한 구속의 계획을 역사 속에서 점진적으로 이루어 가시는 과정이 구속사라는 것이다. 성종현은 "구속사란 성삼위 하나님께서 인류(특히 자기 백성)를 다루시는 손길(works, activity=하나님의 활동, 하나님의 섭리, 베푸신 은혜)과 그에 대한 인간의 반응(response)을 의미하는 것이라며, 이것을 쉽게 구속사=하나님의 손길(God's Activity)+인간의 응답(Man's Response)"[11]이라고 표현한다. 골즈워디는 "구원사(구속사)는 성경신학을 하는 특정한 관점과 관련하여 사용된 용어다. 그 용어는 하나님이 역사하셨으며, 지금도 역사하고 계시며, 앞으로 역사하실 하나의 특정한 역사를 인정하는 말이다."[12]라고 했다. 그레이다누스는 구속사에 대하여 "통일된 역사 안에서 자신의 백성들을 구속하시고 자신의 창조 세계를 회복하시는 통일된 하나님의 이야기"[13]라고 말한다. 또한 그는 "구속사는 우리를 위한 하나님의 평화의 생각들이 하나님의 당신의 고정된 계획에 따라 시간 안에서 지속적으로 실현되는 것"[14]이라고 한다.

위 학자들의 견해를 정리해 보면, 구속사란 역사의 주관자이신 하나님께서 예수 그리스도 안에서 죄인된 인간을 구속하기 위하여 점진적으로 자신을 계시하시며, 섭리하시고, 진행하시는 구원의 역사라고 할 수 있을 것이다. 흐르고 있는 역사 속에서 예수 그리스도를 중심으로 인류 구원을 위하여 구속의 주체이신 하나님께서 펼쳐 가시는 역사인 것이다. 이러한 하나님의 인류의 구속에 대한 역사를 하나님은 성경을 통해 말씀하신다. 성경은 역사 속에서 행동하시는 하나님의 구원 사역에 대하여 기록한 책이며, 성경에는 하나님의 구속사가 기록되어 있다. 여기에서 성경적 설교로서의 구속사적 설교에 대한 정의와 논의가 요청된다.

---

10) 석원태, 『구속사적 설교신학원론』(서울: 경향문화사, 1991), 111.
11) 성종현, 『설교의 원리와 실제』(서울: 기독교연합신문사, 2005), 174-175.
12) Goldsworthy, 『성경신학적 설교 어떻게 할 것인가』, 61.
13) Sidney Greidanus, 『구약의 그리스도 어떻게 설교할 것인가』, 김진섭 · 류호영 · 류호준 역(서울: 이레서원, 2009), 347.
14) Greidanus, 『구속사적 설교의 원리』, 208.

2. 구속사적 설교의 정의

구속사가 하나님께서 예수 그리스도를 통하여 타락한 인간을 구속하고자 자신을 계시하시고, 역사를 주관하시며, 섭리하시는 구원의 역사라고 할 때, 이러한 하나님의 인류 구속에 대한 역사를 하나님은 성경을 통해 말씀하고 계신다. 성경 각각의 본문은 성경 전체를 이루는 한 부분이면서 동시에 그것들은 또한 구속사에 기여하고, 더불어 어떤 특별한 방법으로 그리스도를 가리키고 있다.[15] 여기에서 기독교의 설교를, "하나님의 말씀인 성경을 해석하여 선포하는 것"[16]이라고 정의할 때, 구속사적 설교란 성경적 설교라고 말할 수 있다. 성경을 하나님이 계획하시고 이끌어 가시는 통일성이 있고 일관성이 있는 하나의 구속의 이야기, 하나의 커다란 구속의 드라마[17] 즉 구속사적 관점으로 해석하여 선포하는 것이다.

좀 더 구체적으로 구속사적 설교에 대한 여러 학자들의 정의를 살펴보면 아래와 같다.

이우제는 구속사적 설교에 대하여 말하기를 "구속사적 설교는 인간의 모든 해답을 하나님에게로 찾아가는 하나님 중심적 설교이며, 인간의 모든 해답을 그리스도의 인격과 사역과 가르침 안에서 찾아가는 예수님 중심적 설교이고, 인간의 모든 해답을 적법한 절차에 따라 그리스도로 향하여 나가는 설교를 의미한다."[18]고 했다. 성종현은 구속사적 설교에 대한 정의로 "선택된 본문에서 성삼위 하나님께서 인류(자기 백성)를 다루시는 손길(activity)을 찾아내어 증거하는 것이다.…그리고 그러한 하나님의 은혜(Grace: 헤세드, 카리스)를 입은 백성이 어떻게 응답(response) 하는가를

---

15) Robinson & Larson, 『성경적인 설교와 설교자』, 전의우 외 5인 역(서울: 두란노아카데미, 2006), 335.
16) J. Daniel. Baumann, 『현대 설교학 입문』, 정장복 역(서울: 도서출판 엠마오, 1994), 129.
17) Craig G. Bartholomew & Micheal W. Goheen, 『성경은 드라마다』, 김명희 역(서울: 한국기독학생회출판부, 2009), 14.
18) 이우제, "성경신학적 설교의 미래와 진로," 「진리논단」(2006, 13호): 719-720.

찾아서 오늘의 삶에 적용하는 것"[19]이라고 말한다. 김덕수는 "구속사적 설교 혹은 기독교적 설교, 그리스도 중심적 설교는 모두 같은 맥락에서 강조되는 설교의 측면인데, 그것은 성경의 모든 기사들을 상호관계 속에서 파악하고 그들 상호간의 내적 단일성, 곧 구속사의 중심인 예수 그리스도와의 관련성 속에서 이해하고자 하는 것이다."[20]라고 정의했다. 이승진은 구속사 설교에 대하여 "설교를 위하여 특정한 성경 본문을 해석할 때 성경 전체의 맥락 속에서 해석하며(tota scriptura), 특히 창조-타락-구속-심판의 거시적인 구속 역사의 맥락에서 해석하는 구속사적인 성경 해석에 근거한 설교"[21]라고 말한다. 정창균은 말하기를 "구속사적 설교라 할 때, '구속사적'이라 함은 본문에 대한 성경신학적 관점을 반영하는 것이며, '설교'라 함은 그러한 성경신학적 해석을 오늘의 청중들에게 전달하는 필연성을 반영하는 것이다."[22]라고 했다. 그레이다누스는 구약에서 그리스도를 설교하는 방법에 대하여 구속사적-그리스도 중심적이라 말하면서 "그리스도 중심적 방법론은 하나님의 왕국을 지상에 건설하려는 하나님의 이야기가 그리스도 안에 그 초점이 모아진다. 곧 그리스도께서 구속사의 중심이며 그리스도께서 성경의 중심이라는 것이다. 그러므로 성경의 어떤 본문을 설교하려면 예수 그리스도라는 그 중심의 빛에서 그 메시지를 이해해야만 한다."[23]고 주장한다.

위 학자들의 주장을 종합하여 구속사적 설교에 대한 정의를 내려 보면 다음과 같다. 구속사적 설교란, 하나님이 구속사의 중심인 예수 그리스도 안에서 이루시는 구속 역사라고 하는 성경의 전체 주제를 통하여(구속사적 관점) 성경을 해석하고, 교회로 모인 오늘의 청중들에게 적실성 있게 선포하는 것이라고 정의할 수 있다. 구속사적 설교는 성경신학적 토

---

19) 성종현, 『구속사적 설교의 원리와 실제』, 60.
20) 김덕수, 『삶의 변화를 일으키는 귀납적 강해설교』(서울: 대서, 2010), 43.
21) 이승진, 『교회를 세우는 설교 목회』, 317.
22) 정창균, 『고정관념을 넘어서는 설교』, 39.
23) Greidanus, 『구약의 그리스도 어떻게 설교할 것인가』, 335.

대 위에서 진행되는 역사 속에 나타난 하나님의 구속 행위—그 가운데서 구속사의 중심인 예수 그리스도—를 선포하는 것이다. 성경 해석을 구속사적 관점으로 즉 예수 그리스도를 중심으로 진행되는 하나님의 구속 사역에 초점을 맞추어 그것을 오늘의 청중들에게 적실하게 적용하는 설교이다. 이런 점에서 구속사적 설교는 성경적 설교라고 할 수 있으며, 삼위일체 하나님의 구원 사역을 설교하는 하나님 중심적 설교이면서, 구원을 이루시는 구속사의 중심인 예수 그리스도에게 집중하고 그리스도를 향하여 나아가기 때문에 그리스도 중심적 설교(Christ-centered preaching)라고 말할 수 있을 것이다.

그러므로 구속사적 설교는 단순히 그리스도 일원론이나 혹은 모든 설교에서 그리스도를 이야기해야만 한다는 기계적인 그리스도 중심의 설교가 아니라 그레이다누스나 이우제 같은 학자들이 주장하는 바, 구약의 지평에서 먼저 하나님을 확보한 다음 적법한 절차를 통해 신약의 그리스도에게로 나아가는 하나님 중심적-그리스도 중심적 설교라고 할 수 있다. 예를 들어 구약에서 룻기를 다루게 될 때, 성경 신학의 해석학적 근거를 토대로 하여 하나님 중심적-그리스도 중심적으로 설교를 하되, 적법한 절차를 따라 구약에서 신약으로 넘어와야 하고, 그리스도에게까지 이르게 되는 설교를 일컬어 구속사적 설교라고 할 수 있다.

제2절 구속사적 설교의 배경 및 발전

모든 주창되는 이론과 원리에는 그 배경이 있기 마련이다. 구속사적 설교 역시 태동하게 된 배경이 있다. 구속사적 설교의 이해를 돕기 위해 그 배경을 살펴보는 것은 당연하며, 더불어 그 발전 과정에 대하여서도 살펴보면서 구속사적 설교에 대한 이해를 넓히고자 한다.

1. 구속사적 설교의 배경

가. 구속사적 설교의 배경으로서의 성경 신학 이해(신학적 근거)

성경이 죄인된 인간을 구원하시기 위한 하나님의 구속 역사를 기록하고 있는 책이라고 할 때, 성경적 설교는 구속사적 설교일 수밖에 없다. 여기에서 '구속사적'이라 함은 성경 본문에 대한 성경신학적 해석의 관점을 근거로 하는 것이다.[24] 성경 신학이란 구속사의 관점에서 구약과 신약의 계시의 통일성과 점진성과 유기성을 바탕으로 이해하는 신학이다.[25] 성경 신학은 성경을 교리적 시각으로 보면서, 표준적 주제들(예를 들면, 하나님, 인간, 죄, 율법, 구원 등)로 체계화하거나 조직화 하려는 조직신학적 입장에 대하여 선을 긋는다.[26] "조직신학은 어느 특정 주제에 대한 성경의 가르침을 요약하고, 그런 다음에 그런 주제들을 일관성 있는 구성이나 세계관으로 체계화할 뿐 아니라 그렇게 요약한 설명을 엄밀하고 정확한 교리로 공식화함으로써, 진리와 오류, 정통과 이단 사이의 경계를 그으려고 노력한다."[27] 조직신학은 성경에 담겨 있는 이야기에서 명제(주제)들을 끌어내어 그것과 관련해 이야기되는 모든 것을 고르고 모으고 분석하고 연관시킨 다음 총괄적으로 요약한다. 뿐만 아니라 성경에 담겨 있는 그런 진리를 믿고 따른다는 것이 무엇을 의미하는지 즉 진리를 오늘날 삶에 적용하기 위해서도 노력한다.[28] 조직신학은 성경의 신앙을 동시대의 범주들로 표현하며, 동시대 세계의 접근 방식, 관심사, 전제 조건들과 어떻게 상호작용하는가를 인식하고, 그 신앙이 관계된 실재들을 사람

---

24) 정창균, "구속사적 설교론의 근거와 제기되는 문제들,"「그말씀」(1998년 11월): 6.
25) Edward W. Klink Ⅲ & Darian R. Lockett,『성경신학의 5가지 유형』, 신윤수 역(서울: 부흥과개혁사, 2015), 98–100.
26) T. Desmond Alexander & Brian S. Rosner 편저,『성경 신학 사전』, 권연경 외 3인 역(서울: 한국기독학생회출판부, 2011), 165.
27) Michael Lawrence,『목회와 성경 신학』, 윤석인 역(서울: 부흥과개혁사, 2011), 185.
28) Lawrence,『목회와 성경 신학』, 186–187.

들이 유용하게 활용하도록 도와주려고 한다.[29] 분명 성경 해석에 있어서 조직신학적 입장 역시 성경의 본문을 중시하고, 개별 본문에 대한 철저한 연구를 강조한다. 그러나 그 결과 성경의 원자화 경향이 드러나고,[30] 문맥적 의미를 충분히 드러내지 못하며, 조직신학적 방법으로 분석적으로만 접근한다면 성경이 쉽게 단편화 될 수 있다. 이런 단편화는 성경의 통일성을 왜곡하게 된다.[31]

이에 반해 성경 신학은 성경 각각의 본문들을 전체와의 관련 속에서 이해하고자 다양한 개별 문서들 안에서 문학적, 역사적, 신학적 차원이 어떻게 서로 어우러져 있는지 그리고 전체 정경 안에서 각각의 본문이 어떻게 연관되어 있는지를 연구한다. 성경 신학은 의식적으로 예수 그리스도에게 초점을 맞춘다. 물론 이것은 전혀 상관없는 본문에서조차 그리스도를 찾아내려는 억지스러운 방식이 아니라 구속사의 전개 과정 속에 나타나는 하나님의 신실함과 지혜와 목적에 주의를 기울이는 방식에서이다. 성경 신학은 신구약 모두가 예수 그리스도에 관한 책으로 간주한다. 예수그리스도를 구약 예언의 성취로, 개인과 제도들이 바라보던 이상(ideal)의 구현으로, 혹은 여러 가지 유형을 통해 계시된 하나님의 활동의 절정으로 바라보는 것이다.[32] 성경 신학은 '오직 성경으로'의 교리를 배경으로 하고 있으며, 좀 더 좁은 의미에서 성경 신학은 성경 66권을 각각의 개별적인 책들로 보지 아니하고, 예수 그리스도를 통해 현시된 하나님의 영광으로 전개되는 한권의 단일한 구상으로 보는 것과 관계있다. 성경 신학은 성경의 다양성에서 통일성을 찾는 일, 그리고 성경의 거대서사(meta narrative)라고 불리우는 이야기 전개를 이해하는 일과 관계가 있다.[33]

---

29) John Goldingay, 『구약 해석의 접근 방법』, 김의원 · 정용성 역(고양: 크리스챤다이제스트, 1995), 25.
30) Alexander & Rosner 편저, 『성경 신학 사전』, 149-150.
31) Goldsworthy, 『성경 신학적 설교 어떻게 할 것인가』, 60.
32) Alexander & Rosner 편저, 『성경 신학 사전』, 29-53.
33) Lawrence, 『목회와 성경 신학』, 20-21.

성경 신학의 아버지라고 불리우는 보스는 성경 신학을 이렇게 말하고 있다. "성경 신학은 주경신학의 한 분야로서 성경에 저장되어 있는 하나님의 자기계시의 과정을 다루는 것이다."[34] 또한 그는 주장하기를 "성경 신학을 올바로 정의하면, 역사적 연속성과 다양성 속에서 초자연적 계시의 유기체적 진보(organic progress)를 보이는 것"[35]이라고 한다. 이 정의에 의하면, 하나님은 역사 안에서 말씀하시고 행동하시는 분이며, 책의 형태로 인간에게 주신 계시가 곧 성경이라는 말이다. 그렇다면 성경 신학은 죄인된 인간의 구속을 위해 역사 속에서 말씀하고 행동하시는 하나님의 구속사의 축을 따라 움직이고 진행되고 있는 것이다. 골즈워디는 "성경 신학은 성경이 전체로서 말하게 하는 것, 구원의 유일한 길에 대한 한 분 하나님의 한 말씀으로서 말하게 하는 것 그 이상도 그 이하도 아니다." 라고 말하고 있다.[36] 채펠(Bryan Chapell)은 성경 신학을 정의하기를 "성경의 모든 부분을 하나로 통합하는 성경 전체의 주제라는 관점에서 성경을 연구하는 방법"[37]이라고 했다. 클라우니(Edmund P. Clowney)는 "성경 신학은 성경의 본질적인 메시지인 예수 그리스도에 설교의 모든 초점을 맞추게 한다. 설교는 신학적이어야 한다."[38]고 주장한다. 래드는(G. E. Ladd) 성경 신학을 "인간 역사의 현장에서 인간의 구속을 이루시는 신적인 행위를 서술하고 해석하는 학문"[39]이라고 말했다. 성경 신학을 정의하는 또 다른 방식으로 카슨(D. A. Carson)은 "성경 신학은 기본적으로 성경 텍스트 자체의 범주들에 의존하여 모든 성경 텍스트의 통일성을 발견하고 그것을 명확히 설명하려고 시도하는 것이다."[40]라고 주장한다.

---

34) Vos, 『성경 신학』, 14.
35) Geerhardus Vos, 『구속사와 성경해석』, 이길호 · 원광연 역(서울: 크리스찬다이제스트, 1998), 24.
36) Goldsworthy, 『성경신학적 설교 어떻게 할 것인가』, 32.
37) Chapell, 『그리스도 중심의 설교』, 344.
38) Clowney, 『설교와 성경 신학』, 69.
39) George Eldon Ladd, 『신약신학』, 신성종 · 이한수 역(서울: 대한기독교서회, 2009), 37.
40) D. A. Carson, "Systematic Theology and Biblical Theology," in NDBT, 100; Edrd W. Klink Ⅲ & Darian R. Lockett, 『성경신학의 5가지 유형』, 129에서 재인용.

이상에서 보는 바와 같이 성경 신학은 구속사적 관점에서 하나님의 계시의 역사적 점진성에 근거하여 창조와 구속에 나타난 하나님의 성품, 뜻, 계획과 섭리와 관련해서 종합적인 주장을 펼치는 것이다.[41] 골즈워디는 "성경 신학은 성경 계시에 대한 큰 그림이나 전체적인 개관에 대한 연구를 포함한다. 그것은 성경 계시의 특성에 기인한 것으로서 성경 계시는 영구한 원리들을 추상적으로 설명하기보다는 오히려 하나의 스토리를 이야기한다."고 말하면서, "성경 신학은 하나님의 계시가 그 시대에 어떻게 이해되었으며, 전 역사 과정에 걸쳐서 어떤 그림이 그려지는지에 관심을 기울인다."[42]고 주장한다. 그러므로 "성경 신학에 대한 가장 바른 이해는 계시의 역사성 및 점진성과 그것이 선언하고 있는 하나님의 계획의 통일성을 인식하는 것"[43]이라고 할 수 있다.

이러한 성경 신학이 모든 설교의 토대가 된다. 구속사적 설교 역시 성경 신학에 근거를 두고 있다. 설교자들이 성경신학적 설교를 해야 함을 강력하게 주장하는 골즈워디는 성경의 다양한 부분들을 잘 연결시켜주는 성경 신학은 설교자가 어떤 본문을 설교하든지 그 설교가 형식적이 되거나 도덕적인 교훈으로 흐르지 않도록 해준다고 말한다.[44] 더 나아가 성경 신학이 설교자와 설교에 주는 효과에 대하여 그는 이렇게 주장하고 있다.

> 성경 신학은 성경의 메시지에 있는 다양한 차원들을 서로 유용하게 연결함으로써 각 차원의 의미를 중요한 방식으로 드러낸다. 또 성경 신학은 우리에게 하나님의 원대한 계획과 목적에 대한 안목을 제공한다.…성경 신학은 어떻게 구약 전체가 당신을 위하여 한 백성을 구속하시는 예수님의 인격과 사역에 대한 계시의 하부구조로서 서 있는지를 보여준다.…성경 신학은 설교자가 무엇을 설교해야 할지를 모르는 답답함에서 벗어나게

---

41) Lawrence, 『목회와 성경 신학』, 182.
42) Goldsworthy, 『성경신학적 설교 어떻게 할 것인가』, 53-59.
43) Clowney, 『설교와 성경 신학』, 10.
44) Goldsworthy, 『성경신학적 설교 어떻게 할 것인가』, 64.

할 것이다. 성경 신학은 설교자로 하여금 하나님의 전체 경륜을 선포하도록 도와준다. 성경 신학은 다양한 성구집을 사용하고 있는 설교자들로 하여금 각 성경구절들이 다른 성경구절들과 어떻게 연관되어 있는지를 보여줌으로써 설교의 기반을 제공한다. 성경 신학에서 얻는 큰 이득의 하나는 그리스도를 이해함에 있어서 신약에 엮여 있는 다양한 차원과 형형색색의 구조들을 보여줌으로써 기독론에 관한 설교가 측량할 수 없을 정도로 풍성해진다는 사실이다.[45]

성경 신학이 설교자에게 성경의 전체적인 안목에서 본문을 볼 수 있도록 하며, 하나님 중심적-그리스도 중심적 설교를 가능하게 한다는 것이다. 성경 신학의 필요성에 대하여 로런스는 이렇게 말한다.

> 성경 신학이 없다면, 우리는 구원을 사유화된 실존적 체험으로 단편화하고, 자기 백성 가운데서 행하시는 하나님의 활동에서 구원을 떼어 내는 경향을 보이기가 훨씬 쉽다. 성경 신학이 없다면, 우리가 새 창조로 제공되는 장래의 소망을 붙들 가능성은 그만큼 적어진다. 성경 신학이 없다면, 우리는 구원계획이 하나님의 영광보다는 오히려 자신을 위한 것이라고 이해하려는 유혹에 빠질 것이다.[46]

성경 신학은 궁극적으로 파괴적인 포스트모던적 질문, 곧 "이 본문이 내게 무슨 의미로 다가오는가?"라는 질문에서 돌이켜 좀 더 생산적인 질문 곧 "이 본문의 의미가 무엇인가?"를 묻게 만드는 효과도 있다. 본문 자체의 의미에 관한 일차적인 질문에 답을 얻었을 때라야 비로소 본문을 우리의 삶에 적용하는 데 관계된 두 번째 질문을 유익하게 다룰 수 있기 때

---

45) Goldsworthy, 『성경신학적 설교 어떻게 할것인가』, 65-66.
46) Lawrence, 『목회와 성경 신학』, 198.

문이다.[47]

　성경 신학은 설교자가 설교할 때 도덕적이고 형식적인 권면이 아니라 죄인된 인간 구원에 대한 그리스도에 초점이 맞춰지게 한다. 성경 신학은 모든 성경을 포괄하는 전체 이야기 즉 예수 그리스도를 통한 하나님의 구원의 이야기를 우리에게 들려준다. 구속사적 설교는 이러한 성경 신학의 토대위에서 행해지는 설교이다. 그러므로 구속사적 설교는 하나님 중심적-그리스도 중심적 설교로서 성경신학적 설교라고 할 수 있다. 즉 구속사적 설교는 성경 신학을 토대로 하는 성경적 설교이다.

나. 성경적 근거

　설교의 유일한 원천은 성경이며, 성경은 하나님의 계시의 말씀이다. 계시로서의 성경은 하나님께서 구속사의 중심인 예수 그리스도 안에서 이루시는 구원 역사의 점진적인 과정을 기록한 책이다. 성경은 설교에 하나님의 권위를 부여할 뿐만 아니라, 오직 성경만이 하나님의 구원 사역에 대한 규범적인 선포이며, 이에 대해 하나님이 요구하시는 반응을 제시하기 때문이다.[48] 성경은 구속사에 관한 책이요, 성경의 일관된 구조는 구속사적 구조이다. 성경은 특별계시로서 하나님이 자기 백성을 그들의 죄로부터 구원하고 회복하는데 초점을 두고 있다는 점에서 그 성격상 구속사적이다.[49] 성경은 교과서와 같은 형태로 되어 있지 않으며 구속사의 진행에 따라 점진적으로 이루어지는 계시와 함께 그리스도에 대한 증거를 전개하고 있다.[50] 그러므로 성경이 요구하는 것은 구속사적 설교일 수밖에 없고, 설교자는 하나님의 계시로서의 기록된 성경을 구속사적 의미 안에서 성령의 도우심을 바라며 대면하게 된다.[51]

---

47) Alexander & Rosner 편저, 『성경 신학 사전』, 178.
48) Greidanus, 『성경 해석과 성경적 설교』, 39-40.
49) Dan Maccartney & Charles Clayton, 『성경해석학』, 김동수 역(서울: IVP, 2001), 58.
50) Clowney, 『설교와 성경 신학』, 69.
51) 이광호, 『구약신학의 구속사적 이해』(서울: 도서출판 깔뱅, 2006), 23.

설교자가 성령의 도우심 가운데 성경을 대면하고 연구할 때, 특히 구약 본문을 다룰 때 두 가지를 염두 해 두어야 한다. 하나는, 구약의 역사적인 본문을 구속사의 점진성의 원리에서 보아야 한다. 다시 말하면, 구약의 역사는 단편적인 사건들의 모음이나 혹은 하나씩 따로 분리되어 있는 개별적 사건의 토막들이 아니라, 그리스도의 십자가 구속이라는 정점을 향해서 전진하고 있는 일관된 흐름 속에서 볼 수 있어야 한다. 예를 들면, 모세의 출생이나 이스라엘의 광야생활, 가나안 정복, 사사들의 통치, 포로 귀환 등등, 성경에 나오는 이 이야기들이 동 떨어진 개별적이고 단편적인 사건의 토막이 아니라 하나님의 구원 계획을 완성시켜 나가는 하나의 연속적인 과정으로 보는 것이다. 각각의 본문들은 구속사라는 큰 틀거리 안에서 보아야 하는 것이다. 또 다른 하나는, 구약의 어떤 사건들을 볼 때, 거기서 임의로 교훈을 얻기 보다는 하나님의 구속의 계획과 구속의 역사를 진행해 가시는 하나님의 일하심과 행동을 보아야 한다. 예를 들어, 아브라함의 신앙을 생각할 때, 아브라함이라는 인물에게 초점을 맞추기 보다는 그의 삶을 섭리하시고 간섭하시고 인도하시는 하나님을 보아야 한다. 즉 그를 무조건적으로 부르시고, 수많은 삶의 우여곡절 가운데서 인본주의적인 인간의 연약함을 보일 때도 많았지만, 그러나 참고 기다려주시고, 훈련시키시고, 약속을 여러 차례 제시해 주시고, 결국 그의 삶을 이끌어 그를 믿음의 조상으로 세우시는 하나님을 볼 수 있어야 한다. 그리고 이삭과 야곱을 믿음의 후손으로 세워 그의 후손 이스라엘을 통하여 아브라함에게 주신 약속들이 결국 성취되게 하시는 그 하나님을 보아야 한다.[52] 룻기 본문을 예로 든다면, 룻의 시어머니에 대한 인간적인 효성이 지극하나 그럼에도 룻기는 단지 룻의 효성에 대한 이야기를 하려기보다는 하나님의 구속의 역사가 어떻게 진행되는지, 그 속에서 하나님이 어떻게 역사하고 있는지를 보여주려는 것이다. 그러므로 룻의 삶

---

52) 김영산, 『성경과 구속사』(서울: 도서출판영문, 2000), 7.

속에서 보이지 않는 손길로 섭리하시는 하나님을 볼 수 있어야 한다.

　구약은 창조로부터 시작하여 그리스도의 초림 직전까지 이르는 역사 가운데 하나님의 구속 사역, 구속의 행위들을 드러내 보여 준다. 구약은 인간의 배역과 타락 이후 하나님이 자기의 백성을 어떻게 구원하고자 하셨으며, 피조 세계에 대한 하나님 자신의 다스림 곧 하나님의 나라를 어떻게 복원하시고자 했는가를 보여 준다. 구약은 하나님의 약속들과 더불어 그 약속들의 성취는 물론, 구약 역사의 수 세기 동안 행하신 하나님의 구속 행동들을 보여주고 있다.[53] 그러나 "설교자들은 구약 본문만을 고립시켜 설교할 수는 없고, 항상 성경과 구속사 전체의 맥락 속에서 본문을 이해해야 한다."[54] 골즈워디는 만약 설교자들이 구약 성경을 기독교적으로 설교하기를 원한다면, 구약이 예수님 자신에 관한 책이라고 말씀하신 예수님의 원칙을 강조하고, 묵상하고, 마음에 담고, 분석하고 실행해야 한다고 말한다.[55] 하나님의 나라, 언약, 그리고 구속과 같은 구약의 주제들은 비록 극적인 변형을 겪기는 하지만 신약과 연결되어 있고, 여전히 신약으로 이어져 나간다. 이러한 연결들은 구약과 신약의 통일성을 잘 보여준다. 이 모든 연결들은 하나님의 구속사가 단일하다는 사실에 결정적으로 그 기초를 두고 있다. 하나님이 친히 주장하시고 인도하시는 단일한 구속사가 바로 구약과 신약 사이의 통일성의 토대가 되고 기초가 된다.[56]

　신약에 보면, 예수님 자신도 성경해석을 구속사적으로 하고 있다. 예수님이 말씀하신 "너희가 성경에서 영생을 얻는 생각하고 성경을 상고하거니와 이 성경이 곧 내게 대하여 증거하는 것이로다"(요 5:39)라는 말씀은 구약 성경 전체의 흐름이 바로 예수 그리스도를 향해 증거하고 진행되고 있다는 예수님 자신의 선언이다.[57] 하나님의 계시는 신약에서 구속

---

53) Greidanus, 『구약의 그리스도 어떻게 설교할 것인가』, 63.
54) Greidanus, 『구약의 그리스도 어떻게 설교할 것인가』, 340.
55) Goldsworthy, 『성경신학적 설교 어떻게 할 것인가』, 51.
56) Greidanus, 『구약의 그리스도 어떻게 설교할 것인가』, 93.
57) 정성구, 『개혁주의 설교학』, 98.

사의 중심인 예수 그리스도로 말미암아 그 정점에 도달했다. 성육하신 그리스도는 신약에 계시된 "신비"이며 동시에 구약과 신약을 잇는 연결 고리인 것이다.[58] 예수님은 구약이 자신에 대해 증거했다고 가르치셨음은 물론, 구약 성경에 따라 삶으로 살아내셨으며, 구약을 성취하셨고, 가르침에서 자주 구약을 사용하여 가르치기도 하셨다. 복음서와 서신서들을 기록한 신약의 저자들 역시 의도적으로 자신들의 저작을 구약과 연결 짓고 있다. 신약 성경의 저자들은 구약 성경이 제시한 다양한 기대가 그리스도 안에서 성취되었다는 사실을 분명하게 보여주고자 한다.[59] 신약의 저자들은 비록 구약 시대 전체에 걸쳐서 다양한 방식으로 하나님께서 자신을 계시하셨음을 인정하면서도, 신약에 기록된 그리스도의 삶과 죽음, 부활, 그리고 승천 사건을 구속 역사의 중심적인 전환점으로 보고 있다.[60] 신약의 저자들은 자신들의 설교 본문으로 자주 구약을 인용하고 있고, 구약의 예언이 그리스도 안에서 성취되었음을 확신하며, 성경을 구속사적 맥락에서 해석하고 있음을 알 수 있다.

몇 가지 예를 들면, 마태복음 1장 1절 "아브라함과 다윗의 자손 예수 그리스도의 세계라"에서 마태는 아브라함으로부터 예수 그리스도까지 위대한 구속사의 연결을 이어주고 있다. 즉 하나님께서 아브라함을 선택하신 것은 구속의 계획 속에서 메시아이신 그리스도를 오게 하기 위함이고 또 다윗 혈통을 통해서 메시아가 올 것이라는 메시지다. 이것은 신구약 성경의 구조가 철저히 하나님 중심, 그리스도 중심이며, 그것은 곧 하나님의 구속사의 맥락이라는 것을 제시해주고 있는 것이다.[61] 또한 요한복음 1장 45절 "모세가 율법에 기록하였고 여러 선지자가 기록한 그이를 우리가 만났으니 요셉의 아들 나사렛 예수니라" 에서 빌립이 나다나엘에

---

58) Greidanus, 『구약의 그리스도 어떻게 설교할 것인가』, 93-95.
59) Peter Jensen, 『하나님의 계시』, 김재영 역(서울: IVP, 2008), 94.
60) Richard L. Pratt Jr, 『구약의 내러티브 해석』, 이승진·김정호·장도선 역(서울: 개혁주의 신학사, 2010), 418.
61) 정성구, 『신학과 설교』, 97.

게 가서 예수님에 대하여 그렇게 말한 것은 빌립의 구약에 대한 해석으로서 그가 어떻게 나다나엘에게 역사적 본문에 대해 설교를 하고 있는지가 잘 나타나 있다. 즉 구약의 핵심이 '메시아'인데 그 메시아가 바로 예수 그리스도라는 것이다. 이것은 "구약 성경을 성취하시는 자로서의 예수님의 역할을 강조하는 것으로서"[62] 구약을 구속사적 맥락에서 해석하고 있는 것이다. 이밖에도 사도행전 2장 14-17에서 구약 성경 요엘서 2장 28절 이하의 말씀과 시편 16편 8절 이하의 말씀을 인용하면서 베드로가 선포한 설교와 사도행전 7장에서의 스데반이 전한 설교, 그리고 사도행전 13장 16-41절의 바울의 설교, 빌립이 에티오피아 내시에게 이사야 53장에 나타난 그리스도를 가르치는 내용(사도행전 8:26-36) 등은 모두가 구속사적 관점에서 구약 본문을 예수 그리스도와 연결시키고 있고, 예수 그리스도에게 초점을 맞추고 있다는 것을 보여주고 있다. 신약 저자들은 약속-성취, 모형론, 구약의 주제들이라는 방식들을 통해서 그리고 때로는 구약을 인용하거나 암시함으로써 구약과 신약을 연결 짓고 있다.[63] 사도들은 복음전파에 있어서 구약으로부터 그리스도를 설교함으로써 자신들의 선생이신 예수님의 발자취를 따르고 있다.[64] 성경의 저자들은 역사에 대한 각자의 개별적인 관점을 갖고 있었지만, 그러나 그들의 관점은 모두 구속사라는 통합적인 전망에 한 부분을 담당하고 있다.[65]

결론적으로 구약과 신약은 기독교 성경을 이루는 두 부분이다. 이 둘 다 동일한 '언약을 세우시는' 하나님과 하나님의 은혜의 복음을 계시한다. 둘 다 "내가 너희의 하나님이 될 것이요 너희는 나의 백성이 되리라"는 약속과 함께 둘 다 자기 백성을 향한 하나님의 구속의 행위를 드러내 보여 주고 있다.[66] 성경은 일관되게 구속사의 주체자이신 하나님 중심과

---

62) F. F. Bruce, 『요한복음』, 서문강 역(서울: 도서출판 로고스, 1996), 110.
63) Greidanus, 『구약의 그리스도 어떻게 설교할 것인가』, 95.
64) Greidanus, 『구약의 그리스도 어떻게 설교할 것인가』, 105.
65) Pratt, Jr, 『구약의 내러티브 해석』, 414.
66) Greidanus, 『구약의 그리스도 어떻게 설교할 것인가』, 89.

구속사의 중심인 그리스도로 연결되어 있다. 또 성경은 모든 인류는 타락했으며, 타락한 인류를 구원하기 위해 하나님께서 메시아를 약속하시고, 인간의 타락 상태를 해결해 줄 구원자로 예수 그리스도를 소개하고 있다. 인간 상태에 대한 이와 같은 이해는 성경을 구속사적으로 해석할 수 있는 근거를 제시한다.[67] 그러므로 성경을 구속사적 관점으로 보고, 구속사적으로 해석하고 설교하는 구속사적 설교는 성경적 설교이다. 그리고 구속사적 설교는 모든 설교자들과 성경적 설교를 시도하는 설교자들이 사용하는 성경적 방법이라 할 수 있다. 성경에 대한 구속사적 해석과 설교는 성경의 요구이며, 성경 저자가 드러내고자 하는 진리를 보여주는 바른 안목이면서도 온당한 길이다. 그러므로 구속사적 설교의 기원을 성경에서 찾는 것은 정당하며, 성경이 구속사적 설교를 요구하고 있기에 구속사적 설교의 근거가 됨은 당연하다 할 수 있다. 구속사적 설교의 그 기원은 성경에서 찾을 수 있다.

다. 역사적 배경

구속사적 설교라는 용어는 1930년대 말 화란의 칼빈주의자들에 의하여 사용되기 시작했다. 제 1, 2차 세계대전 사이에 화란 개혁파 교회 내에서 성경해석과 설교 운동에 새로운 운동이 일어나고 있었다.[68] '새로운 사조'라 불리우는 이 새로운 흐름을 "반작용의 신학" 이라고 했으나 실상은 진정한 칼빈주의 철학을 세우려는 투쟁으로 창조, 타락 그리고 예수 그리스도를 통한 구속이라는 성경의 기초-동기를 올바르게 취급하려는 노력이었다. 또한 참된 교회 생활을 위한 투쟁이기도 한데, 거기에는 교의학과 설교학 문제점들이 포함되어 있었다.[69] 이 새로운 사조는 철학과 신학에서의 새로운 사조에 자극을 받아 그 해답을 새로운 해석 및 설교

---

67) 류응렬, "구속사적 설교," 70.
68) 정성구, 『개혁주의 설교학』, 351.
69) Greidanus, 『구속사적 설교의 원리』, 35-36.

방법에서 찾았는데 그것이 곧 구속사적 접근이다. 이 새로운 사조는 당시 확고한 전통을 갖고 있고, 존경스러운 실천자들을 보유하고 있는 전통적, 모범적 설교에 대하여 혹독한 비판을 가했는데, 이것이 바로 설교학 논쟁을 불러일으킨 그 비판이었다.[70] '구속사적 설교'가 구체적인 쟁점으로서 활발히 논의되기 시작한 것도 1930년대와 1940년대 초기에 화란개혁교회 안에서 일어난 모범적 설교와 구속사적 설교의 논쟁을 통해서였다.[71]

1) 변증법적 신학에 대한 반발

당시 화란의 개혁교회는 외부적으로 칼 바르트(Karl Barth)의 변증신학에 의한 영향으로 혼란한 상태에 있었다.[72] 20세기 초반의 설교학은 이른바 변증법적 신학 혹은 하나님 말씀의 신학이 지배했다. 두 차례의 세계대전과 자유주의 신학의 명백한 실패를 바라보며 큰 충격을 받았던 칼 바르트는 오로지 하나님께서 말씀하시게 하는 것이야말로 설교의 과제라고 생각했다. 신학과 설교에서 붙잡고 씨름해야 할 문제는 인간의 문제가 아니라 인간을 향한 하나님의 권고와 요구이며, 설교는 철두철미하게 성경의 말씀에 대한 주석이어야 한다는 것이다.[73] 바르트를 중심으로 하는 변증신학에서는 역사가 '자연'의 한 부분으로서 하나님 곧 절대타자와 대립적인 관계로 존재한다고 본다. 이러한 자연-은총의 이원론은 역사가 하나님의 구속적 행동에는 알맞지 않다고 선포한다. 변증신학의 입장에서는 구속역사를 말하는 것은 용어 자체가 모순이라고 한다. 왜냐하면 "계시가 역사의 종결을 의미하기 때문"이라는 것이다. 하나님의 계시가 역사에 들어오기는 하지만, 사실상 번개처럼 수직적으로 들어온다는 것이다.[74] 바르트가 의미하는 "구속사"는 하나님의 수직적이며 주권적 행위

---

70) Greidanus, 『구속사적 설교의 원리』, 41-42.
71) 정창균, 『고정관념을 넘어서는 설교』, 40.
72) Greidanus, 『구속사적 설교의 원리』, 43.
73) Achim Hartner & Holger Eschmann, 『다시 설교를 디자인하라』, 손성현 역(서울: 도서출판 MC, 2014), 45-46.
74) Greidanus, 『구속사적 설교의 원리』, 44-45.

들을 말하는 것이며 은익된 것이 세상 안으로 새롭게 부수어 깨뜨리는 것 곧 예수 그리스도 안에 있는 하나님의 계시를 총칭하는 것이라고 본다.[75]

그레이다누스는 이러한 바르트의 신학에 대하여 "바르트에게 있어서 계시는 언제나 교차이다' '그 수직선(하나님의 것)은 수평선(인간의 것)과 교차한다. 그것은 만남이다. 그러나 이들 두 선은 서로 만나자마자 다시금 헤어진다. 그리고 바로 그것이 비참한 상태인 것이다. 바로 이것이…바르트의 커다란 사론이다.'" 라고 주장한다. 더불어 "바르트는 언약을 부당하게 취급할 뿐만 아니라 계시역사도 부당하게 취급한다."[76]고 주장한다. 개혁주의 신학자들은 이러한 바르트 신학에 대해 활발한 논쟁을 벌이게 되는데, 그 가운데 대표적인 인물인 스킬더(K. Schilder)는 "바르트는 개혁주의의 빛나는 원리인 계시사, 곧 하나님의 (특별) 계시의 역사를 살해한 것이다." 라고 말한다. 스킬더는 "역설적인 종교적 진리의 성경은 논리적 사고의 근본법칙(A=A)을 무시한다"는 바르트의 견해를 반박하면서, 성경의 계시의 역사(啓示史)를 바로 깨닫지 못하는 한 성경해석을 바르게 할 수 없다고 주장했다.[77]

구속사에 대한 새로운 강조가 부분적으로는 변증신학의 무역사적인-반역사적이 아니라면-흐름에 대한 반작용으로 이해될 수 있듯이 구속사적 설교에 대한 요청 역시, 적어도 부분적으로는 변증신학자들이 제안한 해석학적-설교학적 해결책에 대한 반작용으로 이해될 수 있을 것이다.[78] 이렇듯 구속사적 설교는 역사적으로 변증법적 신학에 대한 반발에서 대두 되었던 것이다.

2) 화란 교회의 주관주의에 대한 반발

구속사적 설교가 태동하게 된 또 다른 이유는 1930년대를 전후해서

---

75) 박종칠, 『구속사적 구약성경 해석』(서울: 개혁주의신행협회, 1991), 28.
76) Greidanus, 『구속사적 설교의 원리』, 44-45.
77) 정성구, "구속사적 설교의 원리와 방법," 「신학지남」(1987년 12월): 21.
78) Greidanus, 『구속사적 설교의 원리』, 46.

일어난 화란교회의 주관주의(Subjectivism)에 대한 반작용에서 시작되었다.[79] 당시 화란의 개혁교회 안에는 다양한 사상들이 복잡한 신학적 상황을 이루고 있었다. 예컨대 화란 경건주의(하이젤의 표현대로는 신비주의)로 표방되는 주관주의(그리스도인의 체험을 강조)와 개인주의(언약 및 교회의 중요성을 무시하는), 신령주의(기독교적 삶을 내적 삶으로 축소시켜 버리는)이다. 또한 물질-정신, 자연-은총, 땅-하늘의 이원론으로서 주관주의 및 신령주의에 이르게 되는 재세례파의 오류의 지속과 합리주의적 의미를 지니고 있기 때문에 결과적으로는 "믿어지는 것들"을 과대평가하게 되는 객관주의, 그리고 합리주의나 신비주의를 지지하는 스피노자주의 등이다.[80]

이렇게 여러 가지 형태를 지니게 되는 이 "주관주의"는 "오직 성경"이라는 원리에 정반대되는 것으로 간주되었다. 그래서 모든 비성경적인 신앙운동에 쐐기를 박고[81] "오직 성경"으로 돌아가야 한다는 요청이 제시되었는데, 이는 곧 비기독교적 사상과의 종합이 없는 철학과 비성경적인 속박들로부터 해방된 교의학, 그리고 참으로 말씀에 대한 전파일 수 있는 선포에의 요청이었다.[82] 주관주의는 경건주의적 경향들로 나타나기도 하는데, 이것은 개인주의, 그리스도 없는 신앙생활, 비성경적인 교회관, 심리적 느낌, 인간 중심적 관점 등이다.[83] 이런 경건주의적 경향들은 성경 계시와 대립되며, 모든 시대와 역사를 통한 하나님의 창조사역 및 재창조의 사역을 경시할 뿐만 아니라 창조주이시요 구속주이신 하나님까지 경시하는 것으로 간주되었다. 이것을 배경으로 하여 하나님 중심적 관점, 하나님의 언약, 구속사 등이 더욱 두드러지게 강조되었다.[84] 주관주의는 성경과 독자를 동등한 것으로 간주한다. 그 결과 해석 방법을 본

---

79) 구금섭, 『구속사적 설교신학』(서울: 한국학술정보(주), 2007), 45.
80) Greidanus, 『구속사적 설교의 원리』, 47.
81) 신성종 외 19명, 『이렇게 설교해야 교회가 성장한다』, 205.
82) Greidanus, 『구속사적 설교의 원리』, 48.
83) 구금섭, 『구속사적 설교신학』, 46.
84) Greidanus, 『구속사적 설교의 원리』, 51-52.

문의 권위아래 둘 이유가 거의 없게 되는 것이다.[85] 이 주관주의적 경향들이 경건주의적, 혹은 신비주의적 특징을 지녔든 또는 다른 특징을 가졌든, 그 "새로운 사조"는 이런 주관주의적 경향들에 반대하며 "오직 성경"을 강조하였다. 그런데 역사적 본문에 대한 설교와 관련해서는 이것이 구속사에 대한 강조로 바뀌어진 것이다.[86]

"오직 성경"을 주장하고, 구속 역사에 대하여 강조하는 구속사적 설교는 인간 중심적이며, 성경 계시와 대립되고, 모든 시대를 통한 하나님의 창조사역 및 재창조의 사역을 경시할 뿐만 아니라 구속 사역을 행하시는 하나님까지 경시하는 것으로 간주되는 주관주의적 설교에 대한 반응으로 시작하게 되었다. 곧 하나님께서 성경의 구속사를 통해서 말씀하고자 하는 바를 분명히 제시하려는 것이 구속사적 설교의 태동 배경이 된 것이다.[87]

이상과 같이 구속사적 설교는 역사적으로 변증법적 신학에 대한 반발과 1930년대를 전후해서 일어난 화란교회의 주관주의(Subjectivism)에 대한 반작용에서 시작되었음을 알 수 있다. 곧 이런 역사적 상황에서 성경을 단지 주관주의적이거나 윤리적 요소를 강조하는데 사용하는 오류와 왜곡을 방지하고, 성경 본문의 내용을 바르게 해석하고, 하나님께서 성경의 구속사를 통해 무엇을 말씀하고자 하는지를 분명히 드러내고자 한 것이 구속사적 설교가 태동하게 된 배경이다.

2. 구속사적 설교의 발전

"새로운 사조"로서 구속사적 접근 방법은 전통적, 모범적 설교에 대해 강한 비판을 가했다. 그 결과 구속사적 설교는 모범적 설교와의 논쟁을 불러일으키게 되었다. 또한 구속사적 설교는 이와 같은 모범적 설교와의

---

85) Pratt, Jr, 『구약의 내러티브 해석』, 59.
86) Greidanus, 『구속사적 설교의 원리』, 53.
87) 정성구, 『개혁주의 설교학』, 354.

논쟁을 통하여 발전되었다. 여기에서는 구속사적 설교 운동에서 왜 모범적 설교를 비판했는지, 그리고 구속사적 설교가 모범적 설교와의 논쟁 속에서 어떻게 발전되었는지에 대한 이해를 위해서, 먼저 설교에 있어서 모범적 접근 방식이 무엇인지를 살펴보고자 한다.

가. 모범적 접근

1930년대 개혁교회 내의 많은 사람들이 교회에서 행해지는 일상적인 설교에 대해 반대를 제기했다. 그것은 설교자들이 역사적 본문을 설교함에 있어서 적실성이라는 미명하에 본문에 등장하는 인물들을 으레 본받아야 할 모본으로, 따라야 할 모범으로 제시한다는 것이었다. 그래서 "모범적 설교" 또는 "모범론적 설교"라는 말이 생겨났다.[88] 물론 이러한 모범적 설교 방법은 그 기원이 언제인지는 정확히 알 수가 없다. 다만 기독교 초기부터 중세를 거쳐 오늘날에 이르기까지 계속 이어져 왔고, 늘 있어 왔던 방법이며, 이 당시에 교회에서 일상적으로 행해지는 설교관례였다.[89]

모범적 설교는 대체로 구약을 "윤리적 귀감들을 모아 놓은 교본(教本)"으로 사용한 클레멘트(1 Clement)로부터 "구약의 이야기들이 사람들의 마음을 사로잡으며 그들의 생활을 비춰볼 수 있는 거울의 역할을 하기 때문에" 구약을 설교하기를 권장한 중세 시대에 이르기까지 계속된다. 그리고 "성경의 등장인물들"이나 또는 "인물 중심의 전기(傳記)식 설교"를 하는 오늘날의 설교자들에 이르기까지, 해석과 설교의 역사를 살펴보면 곳곳에서 얼마든지 찾아볼 수 있다.[90] 종교 개혁자 루터와 칼빈 조차도 이 전통적인 설교 방법을 취하고 있었다. 뿐만 아니라 정통 루터교인, 칼빈주의자, 청교도, 경건주의자, 감리교인, 침례교인 등 종교개혁을 따르는 후대의 모든 설교자들이 설교에 있어서 이와 같이 모범적 방식을 취하

---

88) Greidanus, 『구속사적 설교의 원리』, 20.
89) 구금섭, 『구속사적 설교신학』, 47.
90) Greidanus, 『성경 해석과 성경적 설교』, 225.

는 루터와 칼빈의 발자국을 따라 걸었다. 그들은 성경의 역사적인 본문을 '모범적' 접근으로 해석하고 적용하여 그렇게 과거로부터 현재에 이르는 부당한 평행선을 긋는 일을 그들의 권리일 뿐만 아니라 피할 수 없는 의무라고 보았다.[91] 이 모범적 접근은 그 당시와 지금과의 역사적 등식부호를 만듦으로 성경의 인물들과 오늘의 청중과의 관련성을 강조한다. 그러므로 성경의 이야기는 윤리 도덕의 차원이나 또는 교의학적 차원의 진리에 있어서 하나의 예화로서 기능할 뿐이다. 이렇게 성경을 예증적으로 사용하는 것은 성경의 이야기를 '모범'으로 만들어 성경 역사를 원자적 또는 단편적 교섭 정도로 취급하는 것이다.[92]

모범적 설교에 대한 이해를 위해서 모범적 설교가 무엇인지를 좀 더 자세히 살펴보자. 그레이다누스는 모범적 설교의 지지자 가운데 한 사람인 다우마(J. Douma)의 말을 이렇게 옮겨놓고 있다.

> 우리의 조상들은 구속사가 그리스도를 그 중심에 두는 통일된 구조라는 것을 잘 알고 있었다. 그러나 그들은 여전히 자유롭게 성경 본문에 나오는 특정 인물들을(성경의 자료들을 이용하여) 개별적으로 취급하면서 그들을 심리학적으로 묘사하고, 그들의 투쟁과 시험, 연약함과 능력을 말하며, 그리고는 성경 인물들의 경험과 오늘날 신자들의 투쟁 사이에 부당한 선을 긋는 일이었다. 우리 조상들은 조금의 주저함도 없이 성경 인물들의 미덕을 모두에게 좋은 본보기나 모범으로 제시했을 뿐만 아니라 그들의 죄악과 연약함을 본받지 말아야 할 경고로 제시하기도 하였다.[93]

이와 같은 주장에 의하면, 모범적 설교는 한 마디로 청중들에게 성경의 인물들을 본보기(긍정적이든, 부정적이든)로 삼게 하는 즉 성경 인물들

---

91) Greidanus, 『구속사적 설교의 원리』, 21–22.
92) 박종칠, 『구속사적 구약성경 해석』, 86.
93) Greidanus, 『구속사적 설교의 원리』, 57–58.

의 아름다운 미덕을 청중들에게 모범으로 추천하며, 그들의 죄악과 연약함을 경고로 제시하는 인간중심적이며, 도덕적 교훈 중심의 설교라고 할 수 있을 것이다. 이를테면, 창세기 22장의 아브라함이 아들 이삭을 제물로 바치는 사건에서 하나님의 말씀에 대한 아브라함의 신앙과 순종은 이 시대의 성도들이 본받아야 할 좋은 신앙의 본보기, 순종의 모범이 된다는 것이다. 반대로, 사사기 16장의 본문에서 삼손의 생애에 대한 설교를 할 때, 삼손은 자신의 육신의 정욕을 억제하지 못하여 실패한 사람의 모범으로 제시한다. 이런 설교의 결론은 사사 삼손과 같은 사람이 되지 말자는 부정적인 본보기로 제시하는 것이다.

모범적 설교를 지지하는 자들은 "설교가 구속사적 방법만을 배타적으로 사용할 경우에 현실적인 적용이 안 되는 적실성이 없는 설교, 객관적인 설교, 단순한 설명이나 설교가 아닌 구속사에 관한 강의, 상황을 고려하지 않는 무미건조한 설교 등이 되고 만다."[94]고 비판한다. 따라서 이런 위험을 막기 위해 모범적 접근은 모범적 "요소"의 정당성을 지지하고 싶어 한다. 모범론 진영에 서 있는 자들은 설교에 있어서 객관적인 것뿐만 아니라 주관적인 것까지 원하고, 설명뿐만 아니라 적용까지 원하며, 그리고 하나님의 행동뿐만 아니라 사람의 반응까지 원한다. 즉 적실성 있는 설교를 원한다. 설교할 때 성경 본문의 메시지가 오늘을 살아가는 청중들에게 적실성 있는 적용이 되기 위해서는 자연히 모범론을 주장할 수밖에 없다는 것이다. 그러기에 그들은 구속사적 방법 그 자체를 반대하지 않지만, 모범적 "요소"를 배제하고 사용하는 방법을 반대한다.[95] 그레이다누스는 이러한 모범적 접근 동기를 설교의 적실성에 대한 관심이라고 평가하면서,[96] 역사적 본문에 대한 전통적인 설교에서는 객관주의 및 주관주의의 약점과 경건주의 및 신비주의의 약점이 다양하게 섞여서 윤리

---

94) 구금섭, 『구속사적 설교신학』, 48-49.
95) 정성구, 『개혁주의 설교학』, 356-357.
96) Greidanus, 『구속사적 설교의 원리』, 58.

도덕적, 인간중심적인 수상한 혼합물을 만들어 낸다고 생각되는데, 그 혼합물이 바로 "모범적 설교"라고 말하고 있다.[97]

나. 구속사적 접근

구속사적 접근은 "오직 성경"이라는 기초적인 동기 아래 성경을 정당하게 취급하고자 했으며, "오직 성경"을 해석학과 설교학에 일관성 있게 적용하고자 했다.[98] 구속사적 접근은 성경을 별개의 역사들에 관한 한 묶음의 느슨한 이야기들로 보지 않고, 성경을 하나님의 이야기, 즉 그리스도를 중심으로 하는 구속의 이야기 그리고 그리스도에 의해 교회와 세상을 통치하시는 것으로 본다.[99] 구속사적 접근을 지지하는 홀버다는 이렇게 주장하고 있다.

> 성경은 많은 역사들을 담고 있는 것이 아니라 하나의 역사, 계속 진행되는 하나님의 계시의 한 역사, 늘 점진하는 하나님의 구속사역의 한 역사를 담고 있다. 그리고 성경에 이름이 기록된 다양한 인물들은 모두 이 하나의 역사에서 그들 자신의 독특한 위치를 부여받았으며, 이 역사에 대해 그들의 독특한 의미를 갖는다. 그러므로 우리는 모든 이야기를 그들이 서로 간에 갖는 그 관계 속에서, 그들이 구속사의 중심이신 예수 그리스도와 가지는 그 일관성 속에서 이해하도록 노력해야 한다.[100]

구속사적 접근을 주장하는 자들은 단지 모범적 진영에 있는 자들의 교리적 건전성을 문제 삼는 것이 아니라 그들의 역사적 본문을 취급하고 설교하는 방식이 문제라는 것이다. 그리고 그런 설교의 내용에 있어서 선포되는 진리들이 성경적인가 하는 것이 아니라 이러한 진리들이 그 성경

---

97) Greidanus, 『구속사적 설교의 원리』, 57.
98) Greidanus, 『구속사적 설교의 원리』, 55.
99) 박종칠, 『구속사적 구약성경 해석』, 86.
100) Greidanus, 『구속사적 설교의 원리』, 55-56에서 재인용.

본문에 실제로 계시되어 있는가? 라는 것에 이의를 제기한다.[101] 구속사적 접근에서는 성경 이야기에 등장하는 인물들을 본받아야 할 위인이나 경고의 본보기로서의 윤리 도덕적 모델로 제시하는 모범적 진영을 반박하면서 그것은 성경을 정당하게 취급한 것이 아니라고 주장한다. 오히려 하나님께서 성경의 인물들을 위하여 또한 그들을 통하여 하나님이 하나님의 일하심을 드러내기 위하여 그들에 대한 이야기가 성경에 포함되어 있는 것이므로 그런 목적을 위해 사용된 사람들로서 제시하는 하나님 중심적 해석을 해야 한다는 것이다.[102]

예를 들면, 앞서 보았던 창세기 22장의 아브라함이 아들 이삭을 바치는 사건에서 아브라함의 신앙과 순종이 본 받을만한 것은 맞지만, 그러나 아브라함을 그렇게 되도록 인도하신 하나님의 은혜를 먼저 강조해야한다는 것이다. 그리고 그 속에 담긴 구속의 도리를 살펴야 한다는 것이다. 또한 삼손의 이야기 역시, 단지 육신의 정욕을 제어하지 못하여 실패한 사람의 모범으로 제시하기 보다는, 사사들의 직임은 장차 오실 구원자 되시는 그리스도의 사역을 예표하는 것이고, 더욱이 삼손은 나면서부터 나실인으로 태어났고, 어릴 때 성령께서 임하신 인물이기도 하다(삿 13:25). 그러므로 여기서 구속사적으로 삼손의 생애를 통하여 연약한 한 인생을 다루시는 하나님의 손길을 볼 수 있어야 한다는 것이다.[103]

룻기에서 보아스는 기업 무를 자로서의 희생과 약자에 대한 배려 등은 분명 이 시대의 청중들이 본받을 만한 것이지만, 그러나 도덕적 교훈으로 바로 적용하기 보다는 구속사적 관점에서 하나님의 행동에 대한 인간의 반응으로서 오늘의 청중들에게 적용할 수 있을 것이다.

성경의 역사는 하나님의 구속사이므로 당연히 하나님 중심적이어야 하며, 구속사적 설교는 하나님 우선의 시각으로 성경을 접근하는 것

---

101) Greidanus, 『구속사적 설교의 원리』, 57.
102) Greidanus, 『성경 해석과 성경적 설교』, 227.
103) 성종현, "미간행물, 구속사를 드러내는 그리스도 중심적 설교 강의안," 5-6.

이다. 구속사적 설교의 특징에 대하여 류응렬은 이렇게 정리하여 말하고 있다. 첫째, 구속사적 설교는 성경이 펼쳐 보이는 진정한 역사에 기초한다. 둘째, 성경 계시의 점진적인 특징에 근거하여 성경 전체를 총괄하는 주제에 집중한다. 셋째, 하나님의 계시가 유기적으로 연결되어 있다는 사실에 근거한다. 넷째, 현재의 삶이 종말론적인 시간에 놓여있다는 것을 주시한다. 다섯째, 성경이 타락한 인류를 구원하기 위해 주신 하나님의 말씀이라는 점을 해석과 설교의 근거로 삼는다.[104] "복음 가운데 있는 예수 그리스도를 언급하지 않고서도 그 본문의 참된 뜻을 드러낼 성경 본문은 없다."[105] 그리고 "성경 본문을 설명하고 청중에게 적용하였으나, 만약 그 적용을 그리스도라는 인물과 그분의 사역과 관련 없이 하였다면, 그 본문은 성경적인 설교를 한 것이 아니다"라고 말하는 골즈워디의 주장이 구속사적 입장이라고 할 수 있을 것이다. 골즈워디는 심지어 그런 설교는 기독교적인 설교가 아니며, "기껏해야 소원이나 경건주의적 생각을 드러내고, 최악의 경우 그런 설교는 그리스도를 부인하는 율법주의라는 점에서 사단적"[106]이라고 까지 말한다. 이는 모범적 설교자들이 성경 본문의 메시지가 오늘을 살아가는 청중들에게 어떻게 적용되는가를 물을 때 모범적 설교의 타당성을 주장하는 것과는 정면으로 배치되는 것이라 할 수 있다.

구속사적 접근은 설교와 성경 해석에 있어서 모범적 진영의 윤리 도덕적, 전기적, 인간중심적이 아니라 하나님 중심, 그리스도 중심의 유기적, 종합적인 해석을 시도하고, 성경의 통일성 안에서 본문의 독특성을 고려하는 해석을 시도하며, '오직 성경'이라는 원리를 제시한다. 그레이다누스는 구속사적 접근에 대하여 "하나님의 말씀에 대한 열심에서 나온 것이며, 설교에서 성경을 정당하게 취급하고자 한 이 열망은 존중되어야

---

104) 류응렬, "구속사적 설교," 66–69.
105) Goldsworthy, 『성경신학적 설교 어떻게 할 것인가』, 198.
106) Goldsworthy, 『성경신학적 설교 어떻게 할 것인가』, 201.

한다."[107]고 평가한다. 여기에서 모범적 입장과 구속사적 입장을 간단히 표로 정리해보면 다음과 같다.

<표 1> 모범적 입장과 구속사적 입장

범주	접근 방법	
	모범적	구속사적(배타적)
주요 인물	바빙크, 데이크, 다우마, 하이젤, 스켈하우스, 스트레이프케르크	홀버다, 스킬더, 스피엘, 판 데이크, 판트 피엘, 페인호프
주장	-모범적 접근의 합리성(성경의 역사를 모범적인 방식으로 해석, 적용) -배타적인 구속사적 접근의 불합리성(적실성 없는 설교, 객관적인 설교, 설교가 아닌 단순한 설명이나 강의, 상황을 고려하지 않는 무미건조한 설교에 불과)에 대한 제기	-모범적 접근의 불합리성 제기(성경의 인물들을 본받아야 할 위인이나, 경고의 본보기로서 제시하는 것에 반대) -성경의 통일성 안에서 본문의 독특성을 고려하는 해석과 설교 -하나님 중심적, 그리스도 중심적 설교
중요한 용어	모범, 적실성	오직 성경, 구속사
장점	청중들에게 적실성 있는 설교에 관심	설교에서 성경을 정당하게 취급하고자 하는 열심
단점	인간 중심적, 도덕적 교훈 중심의 설교	객관적인 설교, 설명이나 강의 같은 설교, 적실성 없는 무미건조한 설교

---

107) Greidanus, 『구속사적 설교의 원리』, 56.

다. 모범적 접근에 대한 구속사적 접근의 반대론

모범적 접근을 시도하는 진영에서는 성경의 모든 사건과 인물을 하나의 본보기(모범, example)나 모델로 사용해서 영적, 도덕적 교훈을 취한다. 모범적 설교자들은 역사적 본문인 성경을 설교함에 있어서 단순히 설명하는 것이 아니고 적용에 있어서 적실성이 있으려면 객관성뿐만 아니라 주관성도 있어야 한다는 것이다. 이런 모범적 접근에 대해 구속사적 입장에서는 주로 해석학적인 부분과 설교학적 관점에서 반대론을 제기한다. 모범적 진영이 성경의 구속사를 고려하는 객관적 해석이 아니라 주관적인 인간 중심적 해석에 빠지는 오류를 범한다는 것이다. 구속사적 진영은 특별히 역사적 본문을 모범적으로 사용하는 일에 반대하면서, 그것이 성경 본문을 정당하게 사용하지 못하는 것일 뿐만 아니라 하나님의 구속역사를 "세속" 역사의 수준으로 전락시키는 것이라고 주장한다.[108] 모범적 접근에 대한 구속사적 접근의 반대론들을 살펴보면 다음과 같다.

1) 해석학적 관점에서의 반대

해석학은 신학이고 신학은 해석학이다. 성경을 해석할 때 성경의 어떤 구절을 이해할 수 있게 만드는 결정인 빛은 하나님, 혹은 진리에 대한 해석자의 역동적인 견해에 의해 결정된다.[109] 기독교 안에는 언제나 해석학적 문제가 있어 왔는데, 일반적으로 해석학을 기록된 본문 안에 고정된 삶의 표현에 대한 이해라고 한다면, 해석학은 성경과 성경이 지시하는바 곧 케리그마(kerygma)사이의 고유한 관계를 다룬다.[110] 성경적 설교는 설교할 때 성경을 얼마나 많이 인용하느냐와 상관없이 현재적 경험과 관련하여 얼마나 성경을 신실하게 해석하느냐에 달려있는 것이다.[111]

---

108) Greidanus, 『구속사적 설교의 원리』, 74-75.
109) Richard Lischer, 『설교신학의 8가지 스펙트럼』, 정장복 역(서울: 예배와 설교 아카데미, 2011), 289.
110) Lischer, 『설교신학의 8가지 스펙트럼』, 265.
111) Thomas G. Long, 『증언하는 설교』, 이우제 · 황의무 역(서울: 기독교문서선교회, 2007), 84.

부르그만(Walter Brueggemann)의 말을 빌리자면 해석 작업에 있어서 "설교자가 텍스트를 해석하는 방식과 회중이 텍스를 수용하는 방식은 양자의 기득권에 따라 달라질 수 있으며, 때로는 텍스트 전체 입장과 다를 수도 있다.…설교자가 텍스트의 세계를 회중에게 전달할 때 네 가지 전략을 사용할 수 있는데, 텍스트는 변혁이나 안정을 도모하는 것으로 제공될 수 있고, 회중은 변혁의 상황에 처해있거나 안정된 상황에 있을 수 있다."[112] 그리고 설교자가 어떤 해석학적 입장을 취하느냐에 따라 설교는 달라질 수 있을 것이다. 그러므로 설교자의 해석학에 대한 이해는 매우 중요하다. 구속사적 진영에서는 모범적 진영의 해석학적 입장에 대하여 다음과 같이 세 가지를 반대한다.

A. 예증적 해석에 대한 반대

예증적 해석은 성경의 본문(역사적 본문)을 어떤 진리를 예증하고 구체적으로 설명하는 예화로 사용하는 것을 말한다. 예를 들면, 사무엘상 20장, 다윗과 요나단의 이야기에서 다윗과 요나단의 우정을 오늘날 그리스도인들이 추구해야 할 이상적인 우정으로 제시하는 것이다. 또한 룻기에서 룻을 단지 효성이 가득한 크리스챤 며느리의 모델로 제시하는 것이다. 이런 예증적 해석은 자연스럽게 예증적 설교로 이어지게 되는데, 성경의 인물 가운데 성공한 모델을 통하여 그렇게 살 것을 권고하고(긍정적 모범), 반대로 실패한 인물을 통해 그렇게 하지 말 것을 설교하는(부정적 모범) 것이다. 그러나 성경의 탁월성 중 하나는 그 문학적 다양함에 있다.[113] 성경은 시편, 잠언, 기적 이야기, 비유, 예언서, 단편 이야기 등등의 다양한 장르를 가지고 있다.[114] 성경이 다양한 장르로 기록되어 있는 만큼 다양한 특징을 가지고 있고, 그것은 해석적인 측면에서 다양할 수

---

112) Brueggemann, 『텍스트가 설교하게 하라』, 197-199.
113) Daniel Akin, David Allen, Ned Mattews, 『본문중심으로 설교하라』, 김대혁 역 (서울: 이든북스, 2012), 192.
114) Long, 『성서의 문학유형과 설교』, 48.

밖에 없다는 것이기도 하다.

성경적인 설교는 본문의 장르가 무엇인지 정확하게 인식하고, 해석에 사용된 적절한 원리를 찾아내며, 잘못된 해석으로 이끄는 일반적인 실수들을 주의할 때 가능하다.[115] 시편을 설교할 때는 시편의 독특한 문학적인 특성들을 중시하는 방법(예를 들면, 히브리 시의 운율 같은 것을 염두하고)으로 시편 본문에 대한 설교를 하도록 시편에 접근해야 한다.[116] 물론 시편 설교를 한다고 해서 설교를 한편의 시로 전달해야 한다는 말은 아니다. 그 시편의 장르가 가지고 있는 주요 수사학적 효과와 이미지, 감정, 시적 구조 등을 살려서 설교를 하면 된다.[117] 잠언이라고 일컬어지는 장르는 이야기 형식과는 다르며, 간결하게 표현되어 있는 속담, 격언, 금언, 옛말 등으로 이루어져 있다.[118] 잠언에 대한 중요한 해석적 원리 가운데 하나는 언약과 일반적인 원리 사이의 차이를 이해하는 것이다.[119] 이야기 즉 성경의 내러티브들은 신화적이 아니고 역사적이다. 내러티브 해석은 문맥의 원리[120], 신학적인 원리[121], 화자의 설명에 주의를 기울여 해야 한다. 일반적으로 비유를 해석할 때 가장 중요한 원리는 비유의 주된 기능은 부차적인 점들을 세워 주는 것이라는 것을 이해하면서 본문의 주제를 찾는 것이다.[122] 서간문은 "기독교의 정전 Christian canon" 내에서 찾아볼 수 있는 지배적인 문학유형이다.[123] 서신서들은 특별한 문제를 다루기 위해 특별한 사람들과 특별한 공동체(교회)에게 보낸 것이다. 따

---

115) Robinson & Larson, 『성경적인 설교와 설교자』, 392.
116) Long, 『성서의 문학유형과 설교』, 81.
117) 권호, "현대설교의 한 흐름: 장르가 살아있는 설교," 145-146.
118) Long, 『성서의 문학유형과 설교』, 102.
119) Robinson & Larson, 『성경적인 설교와 설교자』, 389.
120) 문맥의 원리란, 본문의 인접한 문맥과 넓게는 그 본문이 속한 전체 문맥 그리고 구약이면 구약, 신약이면 신약의 문맥 더 나아가 구원에 대한 하나님의 전반적인 계획이라고 하는 큰 맥락에서 성경을 해석하는 것이다.
121) 신학의 원리란, 모든 내러티브에는 신학적인 의미와 의도가 있고, 다른 곳에서 분명하게 가르쳐진 교리를 보여준다는 것이다.
122) Robinson & Larson, 『성경적인 설교와 설교자』, 389-391.
123) Long, 『성서의 문학유형과 설교』, 204.

라서 서신서를 해석할 때는 역사적인 정황을 고려하는 것은 필수적이다. 그리고 절, 문장, 문단이 얼마나 논리적으로 연결되어 있는지 알기 위해서 연결어들을 주의 깊게 관찰해야만 한다.[124] 이처럼 성경에는 다양한 장르들이 있으며, 각각의 장르마다 나름의 해석 원리가 있다. 이승진은 성경적인 설교를 위하여 성경 본문의 문학 형식과 장르를 고려해야 하는 이유를 이렇게 제시한다.

> 단순히 소통의 다양한 상황에서 각기 다른 소통의 목적을 달성하기 위한 방법으로 형식과 장르가 필요하기 때문만은 아니다. 성경적인 설교를 위하여 본문 형식과 장르를 고려해야 하는 또 다른 이유는 구원 역사 때문이다. 창조와 타락 이후 아브라함의 선택과 출애굽 사건, 바벨론 포로, 예수 그리스도의 죽음과 부활, 재림으로 이어지는 하나님의 구원 역사는 이 구원 역사를 담아낼 그릇으로서 적합한 문학 형식을 요구한다.[125]

구속사적 진영에서는 이와 같은 성경의 각 장르마다 고유의 특별한 해석 규칙이 있음을 주장한다. 성경의 역사적 본문을 다룰 때 역사적 본문에 대한 특별한 해석 규칙을 위해서는 반드시 역사적 본문 특유의 성격을 알아야 한다는 것이다. 역사적 본문을 비유 같은 것이 아닌 역사의 사실로 다루는 것이다.[126] 만약 역사적 본문들에 대한 해석학적 접근에서 성경 이야기의 사실성에 대한 확신이 제대로 구실을 하기 위해서는, 예증적 해석은 반드시 배제되어야 한다는 것이다. 그 이유는, 설교에서는 설교 본문의 속성 및 그 본문의 고유한 목적이 정당하게 다루어져야 하기 때문이다. 본문이 만일 역사적인 것이라면, 그 본문을 해석할 때 해석의 모든 과정과 단계에서 그것의 역사적(사실적) 성격을 밝혀주는 역사적 해

---

124) Robinson & Larson, 『성경적인 설교와 설교자』, 392.
125) 이승진, "성경의 문학 형식과 설교 형식의 연관성," 20-21.
126) Greidanus, 『구속사적 설교의 원리』, 76.

석 방법을 요구할 것이라고 주장한다. 구속사적 입장에서는 역사적인 본문을 예증적 해석으로 접근하는 것은 역사적 본문의 고유성, 곧 그것의 사실적 성격을 무시하는 것이라고 한다.[127] 성경의 역사는 구속의 역사인데 성경을 예증적으로 사용하는 것은 성경의 역사를 세속사(世俗史)처럼 사용해 버리는 결과가 된다는 것이다.[128] 또 만약 역사적 본문이 예증적 해석 방식으로 "어떤 진리"를 예증하고 또 구체적으로 설명하는 것으로 사용될 경우, 그 예화는 비유나 풍유와도 같이 될 수 있기 때문에, 본문에 기록된 사건의 사실적 성격이 그리 중요하지 않게 되어버린다고 주장한다.[129] 성경을, 특별히 역사적 본문을 예화나 예증으로 사용하는 예증적 해석은 성경 본문의 장르와 형식을 무시하는 것이며, 그것은 본문을 정당하게 다루지 못한 것이 된다는 것이다.

B. 단편적 해석에 대한 반대

바른 해석 없이 좋은 설교는 있을 수 없다.[130] 설교자는 본문에 대한 해석에 있어서 먼저 본문의 원뜻이 무엇인지를 알아야 한다. 그리고 해석을 정확하게 하기 위해서는 본문의 의미를 밝히는 것뿐만 아니라 본문이 좀 더 넓은 맥락에서 어떤 역할과 기능을 하는지도 밝혀야 한다. 더 나아가 본문의 의미를 결정할 때에는 본문의 전후 맥락과 상황을 살펴보는 것뿐만 아니라 성경 전체에서 본문이 어떤 역할과 기능을 하고 있는지도 살펴보아야 한다. 즉 본문을 정확하게 해석하기 위해서는 성경 전체에 흐르고 있는 구속적인 메시지와 어떤 관련이 있는지를 보아야 한다.[131] 역사적 본문의 사실성이 해석학적 접근에 있어서 왜곡될 수 있다는 점에서 예증적 해석에 반대한 구속사적 입장은 구속사를 여러 조각들로 해체

---

127) Greidanus, 『구속사적 설교의 원리』, 78.
128) 정성구, 『개혁주의 설교학』, 358.
129) Greidanus, 『구속사적 설교의 원리』, 77.
130) Robinson & Larson, 『성경적인 설교와 설교자』, 343.
131) Chapell, 『그리스도 중심의 설교』, 91-95.

시킬 우려가 있는 단편적 해석에 대해서도 반대를 제기한다. 즉 본문을 전후 맥락이나 성경 전체적인 맥락에서 다루지 아니하고 그 자체만을 떼어 다루게 됨으로써 한 구속사의 통일성이 여러 단편적인 이야기들로 해체되고 파편화된다는 것이다.[132]

앞을 보지 못하는 장애우들이 코끼리를 만지고 난 뒤에 했다는 이야기는 좋은 유비가 될 것이다. 앞을 보지 못하는 그들은, 어떤 사람은 코끼리 몸통을 만지고는 코끼리는 담장 같다고 했다. 다른 사람은 코끼리는 기둥 같다고 했다. 그 사람은 코끼리 다리를 만진 경우다. 그러자 또 다른 사람은 다들 틀렸다면서 코끼리는 고무호스와 같다고 했다. 코끼리 코를 만진 것이다. 이 세 사람은 모두 틀린 것은 아니지만, 그렇다고 맞는 것도 아니다. 부분적으로 맞는 것이다. 이런 식으로 성경을 단편적으로 해석하다 보면, 성경 각각의 본문은 통일성을 잃어버리고, 성경의 단일한 구속사는 여러 조각들로 해체될 우려가 있는 것이다.

성경에서 예를 들면, 창세기에 나오는 요셉의 이야기를 통일된 구속사의 연속선상에서 보지 않고, 단지 요셉 개인의 이야기로만 본다면 그것은 한 개인의 성공담에 지나지 않을 것이다. 그러나 성경은 요셉의 말[133]을 통해서도 알 수 있듯이 하나님의 구원의 계획 속에서 하나님께서 미리 요셉을 애굽에 보내신 것이다. 하나님이 세우시고자 하는 한 나라 즉 하나님을 진정 왕으로 섬기는 샘플이 될 이스라엘이라는 나라를 세우기 위하여 400여년의 시간을 보내는데 있어서 애굽이라는 나라만큼 적합한 곳도 없었기 때문이다. 요셉의 이야기는 하나님이 섭리하시는 구속사의 연속선상에서 커다란 하나님의 구원의 이야기 가운데 한 부분인 것이다.[134]

---

132) Greidanus, 『구속사적 설교의 원리』, 78.
133) 창세기 45:7-8 "하나님이 큰 구원으로 당신의 생명을 보존하고 당신들의 후손을 세상에 두시려고 나를 당신들보다 먼저 보내셨나니 그런즉 나를 이리로 보낸 이는 당신들이 아니요 하나님이시라 하나님이 나를 바로에게 아버지로 삼으시고 그 온 집의 주로 삼으시며 애굽 온 땅의 통치자로 삼으셨나이다."
134) 오택현, "요셉의 화해와 하나님의 섭리," 「그말씀」 (2015, 11): 90-91.

룻기로 예를 들자면, 룻기는 사사 시대에 한 가정에 일어난 비극과 회복을 보여주고 있는 단순한 이야기가 아니라, 오히려 등장인물들과 그들의 삶에 간섭하시는 숨겨진 하나님의 일하심을 보여주고 있으며, 더 나아가 마지막에 기록된 족보를 통하여 예수 그리스도에게로 향하는 성경의 커다란 메타포인 구속사와 연결되는 것이다.[135] 룻기는 자기 백성의 삶에 개입하시는 하나님의 신실한 자비하심을 엿보게 함으로 마리아가 낳은, 다윗의 왕, 룻의 후손이며 메시아이신 예수 그리스도를 온전히 알게 한다.[136]

본문을 바르게 다루고 해석하기 위해서는 본문이 성경 전체에 흐르고 있는 구속적인 메시지와 어떤 관련이 있는지를 보아야 한다. 그렇지 않고 각각의 본문만을 떼어서 본다면 성경 각각의 본문은 통일성을 잃어버리고, 성경의 단일한 구속사는 여러 조각들로 해체되어 파편화될 우려가 있는 것이다. 이런 단편적인 해석을 경계하며 클라우니는 말하기를 "성경 신학에 대한 가장 바른 이해는 계시의 역사성 및 점진성과 그것이 선언하고 있는 하나님의 계획의 통일성을 인식하는 것"[137]이라고 주장했다. 이는 성경해석에 있어서 어느 한 부분만을 단편적으로 해석해서는 안 되고, 하나님의 구속사의 맥락에서 유기적으로 이루어져야 함을 말하는 것으로 볼 수 있다. 골즈워디도 성경의 "통일성이란 우선적으로 복음에 계시된 하나님의 자기 계시를 근거로 한 일종의 신학적 확신"[138]이라며, 구속사의 통일적인 구조를 의식하지 않는다면, 성경은 단편화되며 본문으로부터 청중에게 이르는 길은 설교자의 개인적인 직관이나 선택이나 편견에 관한 문제가 되어버린다고 말한다.[139] 그레이다누스는 "설

---

135) 김지찬, 『요단강에서 바벨론 물가까지: 구약 역사서의 문예적-신학적 서론』(서울: 생명의말씀사, 2003), 263-265.
136) Katharine Doob Sakenfeld, 『현대성서주석 룻기』, 민경진 역(서울: 한국장로교출판사, 2001), 161-162.
137) Clowney, 『설교와 성경 신학』, 10.
138) Goldsworthy, 『성경신학적 설교 어떻게 할 것인가』, 119.
139) Goldsworthy, 『성경신학적 설교 어떻게 할 것인가』, 166.

교할 본문은 한 본문을 조각낸 단편적인 부분이어서는 안 되고, 하나의 문학적인 단위를 이룬 것이어야 한다."140)고 주장한다. 그는 또한 구약에서 그리스도를 설교해야 할 필요성에 대하여 말하면서 "우리는 옛 언약으로부터 새 언약으로 점진적으로 나아가는 통일된 구속사라는 연속성을 염두에 두고 또한 구약과 신약으로 이루어진 하나의 단일한 성경을 마음에 두고 출발해야만 한다."141)고 주장한다. 즉 본문을 성경 전체의 맥락, 성경 전체의 조망에서 보아야 할 것을 말하고 있는 것이다.

구속사적 진영에서는 성경을 하나님의 특별계시에 대한 지속적이고 점진적인 한 역사를 담고 있는 통일체로 보지 않고, 성경을 일련의 영적, 교훈적 단편들로 해체시키는 모범적 접근의 단편적 해석을 반대한다. 만약 역사적 본문을 성경의 통일된 구조 안에서 보다 큰 단위의 한 부분으로 보지 않는다면, 또 만약 유기적인 연결 관계를 보지 않고 상황들을 따로 떼어 단편적으로 본다면 건전한 해석이 될 수 없고, 따라서 좋은 설교를 할 수도 없기에 단편적 해석에 대해 반대를 제기하는 것이다.142)

C. 원자적 해석에 대한 반대

원자적 해석에서 "원자적"이란 본문 속에 있는 어떤 "원자들"을 본문의 중심된 흐름 즉 본문의 내적 일관성으로부터 분리시키는 것을 말한다. 그러한 '원자'는 본문 안에 있는 한 사람의 일부나 그의 성격의 일부 또는 그의 경험의 일부나 그의 행동의 일부인 경우가 대부분이다. 모범적 접근은 설교의 적실성을 위해 본문에 등장하는 사람(들)과 오늘 이 시대의 사람(들) 사이에서 어떤 유비를 찾기 위해 원자적 해석을 함으로써 본문의 고유성을 정당하게 취급하기가 어렵다.143) 아무리 많은 유사성이 있다하더라도 특정 본문의 정확한 의미는 그 본문의 독특성에 의해 규정되어야 한

---

140) Greidanus, 『성경 해석과 성경적 설교』, 130.
141) Greidanus, 『구약의 그리스도 어떻게 설교할 것인가』, 89.
142) Greidanus, 『구속사적 설교의 원리』, 79.
143) Greidanus, 『구속사적 설교의 원리』, 79-80.

다.[144] 설교자가 성경 각각의 본문을 해석할 때, 신학적 지평과 구속사의 전체 구조 안에서 그 시대에 해당하는 구원과 계시의 단계의 관점에서, 그리고 각 본문의 가까운 문맥으로부터 출발하여 성경 전체 계시와의 관계성 안에서 본문을 해석하고 이해해야 한다. 모든 본문은 각각 고유한 내용과 고유한 의미, 그리고 고유한 메시지를 가지고 있기 때문이다.[145] 만약 본문에 나오는 원자들 가운데 그 어느 것이라도 설교에서 개별적이거나 독립적으로 취급된다면, 그 결과는 종속적인 부분을 절대적인 것으로 만드는 원자주의가 되는 것이며, 또 본문의 중심된 흐름을 놓치는 일이 발생하게 될 것이다. 예를 들면, 마태복음 11장 1-6절(세례요한의 의심)과 요한복음 20장 24-29절(도마의 의심)에 관해 '의심에서 건지시는 예수'라는 똑같은 설교를 할 수 있다고 할 때, 의심이라는 점에서 있어서는 세례요한 및 도마와 오늘날의 사람들 사이에서 발견된다. 그러나 아무도 도마가 의심했던 것과 꼭 같은 방식으로 의심할 수 없기 때문에 그들의 의심이 갖는 고유성은 필연적으로 무시될 수밖에 없는 것이다.[146]

구속사적 설교의 입장에서 보면 모범적 접근은 오늘날의 사람들에 대한 적실한 적용을 위해 본문을 정당하게 다루지 아니하고, 본문의 고유성을 왜곡한 채 일반화의 오류를 범하게 된다. 그러나 적용은 해석에 근거를 두고 있다. 적실하고 훌륭한 적용은 바르고 훌륭한 해석에 달려 있다.[147] 본문 해석을 어떻게 하느냐에 따라 적용도 달라지게 된다. 그러므로 해석이 잘못되면 적용은 필연적으로 잘못 될 수밖에 없다. 이런 이유로 성경 해석에 있어서 본문의 고유성을 주장하는 구속사적 접근은 각 본문의 고유성을 무시하고, 원자적 해석을 시도하는 모범적 접근 방식에 반기를 든 것이다.

---

144) Clowney, 『설교와 성경 신학』, 114.
145) 정창균, 『고정관념을 넘어서는 설교』, 45-46.
146) Greidanus, 『구속사적 설교의 원리』, 80.
147) Daniel M. Doriani, 『적용, 성경과 삶의 통합을 말하다』, 정옥배 역(서울: 성서유니온선교회, 2009), 212.

2) 설교학적 관점에서의 반대

기독교의 설교에 있어서 중요한 것은 보편적인 어떤 이야기들이나 성경의 인물에 관한 이야기로 만드는 것이 아니라 특정 인물 즉 예수 그리스도의 정체성을 형성하고 있는 특정한 이야기라는 것이다. 그래서 기독교의 설교는 예수 그리스도가 소유하고 있는 속성들을 잃어버리지 않고, 그 속성들의 주체로써 그리스도를 형성하고 있는 독특성 안에서 나사렛 예수가 선포되어야 한다.[148] 성경의 이야기는 그리스도를 통한 하나님의 구원의 이야기이며, 창조에서 새 창조까지의 사건을 말하는데, 이 구속사의 과정에서 인간의 타락, 아브라함의 소명, 이스라엘의 구속, 언약에 대한 약속과 성취의 기대가 포함되어 있다. 그리고 이 구속의 이야기 정점에는 예수 그리스도의 성육신 사건과 그의 삶, 고난과 죽으심, 그리고 부활과 영광스러운 승천하심이 있다. 이 이야기에서 하나님의 목적은 세상의 모든 민족들과 온 우주의 운명이 그리스도 안에서 행하신 하나님의 일하심과 관련이 있음을 보여주는 방식으로 표현되었다. 그 가운데서 그리스도의 십자가 사건은 모든 창조 세계의 구속에 대한 분기점이 되는 구속적 사건이다. 성경의 중심을 이루는 것은 하나님의 광대하고 위대하신 사역들, 즉 하나님께서 우리를 위하여 행하셨고, 행하고 계시며, 장차 행하실 일들과 예수 그리스도를 통한 우리의 구원이다.[149]

성경의 이야기가 진실이라면, 예수 그리스도는 모든 인류의 유일한 구세주이시며, 우주에 있는 모든 사실에 대하여 해석학적인 열쇠가 되시고, 성경은 그러한 사실들 가운데 하나다. 그리스도는 해석학적 원리가 되는데, 이 원리는 이해의 토대인 성경에 대하여 먼저 적용되고 그리고 또한 모든 실제에 적용된다.[150] 즉 기독교의 설교는 그리스도 중심적이어야 하며, 이것은 곧 하나님이 계획하시고 진행해 가시는 구원의 역

---

148) Charles L. Campbell, 『프리칭 예수』, 이승진 역 (서울: 기독교문서선교회, 2001), 301.
149) Greidanus, 『성경 해석과 성경적 설교』, 224.
150) Graeme Goldsworthy, 『복음중심 해석학』, 배종열 역 (서울: 기독교문서선교회, 2010), 56.

사를 드러내는 구속사적이어야 한다는 것이다. 이런 측면에서 모범적 접근은 인간중심적이고, 도덕과 교훈에 치중하며, 역사적 단절을 가져오는 설교라는 반대에 부딪히게 되었다. 모범적 설교에 대한 반대론들은 그 영역이 넓고 다양한데, 그 가운데서 설교에서 본문을 다루는 방법과 관련된 반대론들로 전기적 설교와 역사적 등식 부호가 있다.

A. 전기적 설교에 대한 반대론

성경에는 훌륭한 본이 되고 본받을 만한 위대한 신앙의 인물들이 많이 등장한다. 예를 들면, 아브라함, 요셉, 모세, 다윗, 룻, 바울 등등. 그리고 이들 신앙의 인물들의 전기는 오늘날 우리에게 줄 수 있는 교훈이 가득한 전기들이다. 분명 신앙생활을 위한 좋은 자극제가 될 수 있다. 그럼에도 불구하고 이들 모범적, 전기적 설교들에 대한 반대 입장은 그 설교들이 본질적으로 인간 중심적이라는 것이다.[151] 모범적 진영에서는 성경에는 아브라함의 전기, 다윗의 전기, 엘리야의 전기 등이 기록되어 있는데, 이것은 모두가 오늘 우리의 전기와 유사한 것이라고 하면서 성경 인물들의 미덕을 모범으로 제시하고, 그들의 죄악과 연약함을 경고로 제시한다.[152] 모범적 접근은 비록 본문이 무엇보다 그리스도를 통한 하나님의 계시와 사역에 관한 것이기에 그리스도 중심적이어야 하지만, 그러나 본문에는 특정 인물들이 등장하고 분명히 그 인물들에 대해서도 묘사되고 그려지고 그래서 본문은 그들에 관한 것이기도 하다는 것이다. 모범적 접근에서는 설교의 적실성을 모범적으로, 즉 본문에 등장하는 인물과 오늘날의 청중 사이의 유비에서 찾고자 한다.[153]

그러나 구속사적 입장에서는 아브라함, 모세, 다윗, 베드로, 또는 룻이나 마리아가 중심이 되는 설교는 결국 인간중심적인 것이 될 수밖에 없

---

151) Greidanus, 『구속사적 설교의 원리』, 83.
152) 정성구, 『개혁주의 설교학』, 359.
153) Greidanus, 『구속사적 설교의 원리』, 84.

다는 것이다. 구속사적 진영에서는 전기적 설교는 또한 역사적 본문에 대한 그릇된 평가에서 성경에 등장인물로 나오는 "성도"를 구속사의 전체 맥락에서 뽑아내 분리하고, 그렇게 해서 그저 한 사람으로 남도록 만드는 단편적 해석으로 성경을 모욕한다고 반대론을 제기한다. 만약 본문에 나오는 사람을 그 사람의 개인적 투쟁이라는 측면에서만 묘사하고, 또 그리함으로써 청중석에 앉은 사람에게 선을 더 잘 그어보려 노력하고 있는 것이라면, 그런 수고를 할 필요가 없이 그저 청중석에 있는 사람만을 묘사해도 될 것이며, 그렇다면 성경은 있으나마나 하다는 것이다.[154]

성경인물을 중심으로 삼는 전기적 설교나 인간중심적인 설교에 대하여 골즈워디는 "성경의 인물들은 중심적인 인물조차도 모범적인 가치의 측면에 있어서는 상당히 모호한 경우가 많다. 어떤 인물의 특성이나 행동들을 의식적으로 결점이나 덕으로 간주해야 하는지가 항상 분명한 것은 아니다." 그리고 "아무리 위대한 믿음의 영웅들이라고 해도 성경에 나오는 인물들은 구원사라는 좀 더 커다란 전망에 비추어서 평가되어야 한다."[155]고 주장한다. 그레이다누스도 인간중심적인 전기적 설교에 대하여 "초점의 전환, 즉 성경의 하나님 중심적인 초점에서 인간 중심적인 초점으로 바뀌는 일이 인물 중심으로 설교할 때 생기게 된다."[156]고 말한다.

그레이다누스는 또 다른 책에서 "인간 중심 설교의 대부분은 '전기적 설교' 혹은 '인물 설교'에 의해 이루어진다"고 하면서, 전기적 설교의 문제점을 이렇게 지적하고 있다.

전기적 설교는 각각의 이야기를 구속사적 문맥과 문예적 문맥에서 따로 분리시켜 개별적으로 다루는 경향이 있다. 전기적 설교는 또한 저자의 의도, 즉 이스라엘을 향한 저자의 메시지가 무엇인지를 묻지 않는 경향이 있

---

154) Greidanus, 『구속사적 설교의 원리』, 86-87.
155) Goldsworthy, 『성경신학적 설교 어떻게 할 것인가』, 224.
156) Greidanus, 『성경 해석과 성경적 설교』, 225.

다. 대신에 전기적 설교는 성경 인물과 강단 밑에 앉아있는 사람들을 동일시한 후, 성경 인물들의 예로부터 우리가 어떻게 배우고 모방해야 하는가를 묻는 그러한 해석상의 좌표를 성경 이야기에 강제로 부여한다. 전기상의 설교는 성경 이야기의 문맥과 성경 저자의 의도를 무시하기 때문에, 이 설교는 진정한 그리스도 중심적 설교를 만들어 낼 수 없다.[157]

그리스도 중심적 설교를 주창하는 채펠 또한 "구세주이신 그리스도의 사역과 상관도 없이 도덕적인 행동만 권고하는 것은 설교를 단순한 바리새주의로 전락시키는 것"[158]이라고 말하면서 도덕적 교훈에 치중하는 인간중심적, 전기적인 설교에 문제를 제기하고 있다.

물론 모범적 진영에 있는 설교자들 역시 모두가 그리스도 중심적인 설교를 주장하고 또 하고 싶어 한다는 점이다. 그러나 그럼에도 불구하고 성경의 인물들을 중심으로 하는 이들 모범적, 전기적 설교들에 대한 구속사측 반대론은 그 설교들이 그리스도 중심적이라기보다는 인간 중심적이라는 것이다.[159] 구속사적 진영에서는 설교는 하나님 중심, 그리스도 중심적이 되어야 하기 때문에 아무리 교훈적이라 할지라도 인물에게 초점을 맞추는 인물 중심의 전기적 설교에 대하여 반대론을 제기한다.

B. 부당한 평행선 긋기(역사적 등식 부호)에 대한 반대

역사는 연속성이 있는 동시에 불연속성이 존재한다. "그 때(then)"와 "지금(now)" 사이에는 엄연한 역사적 간격이 있기 마련이다. 그래서 설교자들이 직면하는 주된 해석학적-설교학적 문제들 중 하나가 역사적 간격을 어떻게 연결할 것인가 하는 문제이다.[160] 그런데 모범적 접근에서는 성경 인물들의 특징들이 시대적으로 우리와 멀리 떨어져 있다 할지라도

---

157) Greidanus, 『구약의 그리스도 어떻게 설교할 것인가』, 75-76.
158) Chapell, 『그리스도 중심의 설교』, 343.
159) Greidanus, 『구속사적 설교의 원리』, 83.
160) Greidanus, 『구속사적 설교의 원리』, 91.

그것들은 거울이 되고, 모범이 된다는 것이다. 그러나 구속사적 진영에서는 성경 본문에 나오는 사람들은 구속사에서 오늘날의 청중들과는 다른 단계를 살았고, 설교에서 이것을 무시하고, 역사적 단절을 간과함으로써 과거와 현재 사이를 "그때=지금"이 되게 하는 등식부호로 부당한 평행선을 긋는 것은 역사적 본문의 속성을 등한시 하는 것이라고 주장한다.[161] 역사적 본문을 해석하고 설교할 때, 역사적 거리 관계를 고려하지 않고 역사적 등식부호를 만들어 억지 평행을 긋는 것은 하나님 중심적인 설교가 아니라 인간 중심적인 설교에 빠지는 오류를 범하게 된다는 것이다.[162]

구속사측은 성경 본문에 나오는 인물들이 오늘 이 시대의 청중의 상황에 정확하게 들어맞는 것은 아니며, 성경의 인물들이 했던 행동을 이 시대의 청중들이 문자적으로 똑같이 할 수 없다는 것이다. 구속사측이 반대하는 모범론 진영에서 범하는 부당한 평행선 긋기는 다양한 방법으로 되어지는데 심리화, 신령화, 도덕화, 모형화 등이다.[163]

①심리화(psychologizing)

모범적 접근은 성경에 나오는 인물이 잘못했을 때는 경고적 모범으로 사용하며 '그 사람처럼 행하지 말라'고 적용을 하고, 성경의 인물이 올바르게 행동하면 그를 본받을 만한 모범으로 제시하며 그 적용으로 '그 사람처럼 행하라'는 것이다. 이 같은 방법은 심리적 차원에서도 해당이 되는데, 그때의 적용은 '그 사람이 경험하는 심리적 문제는 이 시대의 청중들의 신앙에서도 나올 수 있다'는 것이다.[164] 심리화는 소위 "심리적 석의"와 밀접하게 관련되어 있는데, 모범적 접근의 주장은 성경의 이야기들을 보면, 비록 성경의 인물들이 지금의 신자들과 오랜 기간을 사이에 두고 있음에 불구하고, 그러나 그들 역시도 지금의 신자들과 마찬가지로

---

161) Greidanus, 『구속사적 설교의 원리』, 88.
162) 박종칠, 『구속사적 구약성경 해석』, 86.
163) Greidanus, 『구속사적 설교의 원리』, 91.
164) 고재수, 『구속사적 설교의 실제』, 202.

은혜로 살아갈 수밖에 없는 죄인들이며, 오늘날 신자들이 직면하는 바로 그 싸움에 참여했던 신자들이라는 것이다. 그리고 성경의 인물들이 오늘날 신자들이 존재하는 바로 그 영적 지평에 있다는 바로 그 이유 때문에 그들은 지금의 신자들이 본받아야 할 모범이 된다는 것이다. 그러므로 설교자는 본문에 등장하는 인물들의 동기들과 성격을 헤아려야 하며, 외적인 행동을 통하여 사실들 저변에서 일어나는 심리적 과정들까지 통찰하여야 한다는 것이다.[165] 이처럼 심리화는 본문을 해석함에 있어서 본문에 등장하는 인물들의 동기나 성격, 심리 등을 헤아려 오늘의 청중에게 모범으로 제시한다. 즉 성경 인물들과 오늘의 청중들 사이에 심리적인 유사성이 있다는 것이다.

이를테면, 성경의 인물들, 사울, 헤롯, 유다, 베드로 같은 인물들은 우리와 관련된 사람들이며 우리와 똑같은 연약함을 가지고 있다는 것이다. 베드로라는 인물을 보았을 때, 그의 신앙고백이나 부인 사건, 그리고 부활의 주님을 통하여 다시금 회복하고, 복음의 증인으로 살아가는 과정을 통하여 그의 넘어짐과 일어섬에는 오늘 이 시대의 청중들에게까지 이어지는 선들이 있다고 본다. 또 많은 설교자들은 아브라함이 아들 이삭을 제물로 바치기 위해 3일 길을 여행하는 동안 느끼고 생각했던 마음의 상태나(창 22:1-19), 모세가 불타는 떨기나무를 처음 보았을 때 경험했을 느낌(출 3:1-6), 또는 엘리야가 이세벨을 피해 도망칠 때 두려워했던 마음(왕상 19:1-14) 등에 대한 장황한 설명을 하면서 성경적 근거도 없는 설교자 자신들의 공상적이고 심리학적인 명상들을 성경 이야기 안에 주입한다.[166]

그러나 구속사적 접근에서는 이 심리화의 방법은 구속사를 세속사로 전락시키는 일이라고 말한다.[167] 구속사측은 이러한 심리화는 구속사를

---

165) Greidanus, 『구속사적 설교의 원리』, 92-93.
166) Elizabeth Achtemeier, 『구약, 어떻게 설교할 것인가』, 이우제 역(서울: 도서출판 이레서원, 2010), 106.
167) 정성구, 『개혁주의 설교학』, 359.

약화시키고, 원자적 해석이 본문에서 아무런 근거를 찾지 못하는 이유로 설교자 자신의 독단적이고 주관적인 선택으로 간주될 수밖에 없다고 주장한다. 즉 모범적 설교자들은 성경의 "성도들"을 통일된 구속사로부터 분리하여 단절시키고(단편적 해석), 그럼으로써 "다윗, 아브라함, 모세, 요셉 및 우리 사이의 역사적 관계의 끈을 잃어버렸으므로, 설교의 적실성을 위해 또 다른 연결 관계를 찾게 되는데, 그 연결 관계는 종종 '심리적인 유사성' 곧 심리화라는 것이다.[168] 이런 방법으로 성경을 접근하는 모범적 방식은 성경을 온당하게 다루지 못하는 것인데, 예를 들어 베드로와 같은 경우에도 그의 심리적 성격의 한 측면을 파악하는 것은 가능하지만, 그의 모든 심리적 구조를 파악하는 것은 불가능하다. 왜냐하면 그것은 성경이 개인의 생애와 심리적 성격을 파악하는데 필요한 자료를 모두 제공하지는 않기 때문이다.[169] 이런 이유로 구속사적 접근은 모범론 측에서 행하는 심리학적 해석을 거부한다.

②신령화(spiritualizing)

신령화는 흔히 성경 시대와 오늘 이 시대와의 역사적 간격을 메꾸고 역사적 간격을 해결하기 위해서 쓰는 방법이다.[170] 신령화는 역사적 간격이라는 문제를 해결하는데 무엇보다 훨씬 흔하게 사용되는데, 그것은 본문의 사건들을 신령화 함으로써 그 때와 지금의 간격에 다리를 놓는 일이 훨씬 쉬워지고, 그럼으로써 적용의 길을 여는 일도 수월해지기 때문이다. 모범적 접근은 구속사와 언약신학에 기초한 성경 신학의 맥락에서가 아니라 이 신령화를 사용해서라도 성경의 시대와 지금 이 시대와의 역사적 간극을 메꾸고자 한다. 예를 들면, 얍복 강가에서의 야곱의 육체적인 투쟁이 우리의 영적 투쟁이 되고, 마태복음 9장에 나오는 두 사람의

---

168) Greidanus, 『구속사적 설교의 원리』, 95.
169) 고재수, 『구속사적 설교의 실제』, 196.
170) 정성구, 『개혁주의 설교학』, 359.

신체적인 소경됨이 우리의 영적 소경됨이 되고, 혈루증 앓는 여인이 예수님에게 다가가 그의 옷자락을 만지는 것이 우리가 예수님께 영적으로 다가가 만지는 것과 같이 된다는 것, 또 마태복음 8장에 등장하는 바다 위에서의 폭풍우는 종종 '인생의 바다' 위에서의 '영적' 폭풍우로 적용되는 것 등이다.[171] 이 신령화 역시 부당한 평행선 긋기이며, 이 방법은 자체가 주관적이고, 더욱이 본문에서 그것에 대한 아무런 보증을 찾을 수 없으므로 본문을 독단적으로 오늘의 청중들에게 적용하는 방법인 것이다. 이 신령화는 영해 또는 "깊은 의미"라는 말로 불리지만, 구속사 측에서는 "말씀을 위반하는 짓"[172]이라고 비판한다. 신성욱은 '영해' 또는 '영적인 해석'은 어떤 본문에서는 반드시 발휘되어야 할 성경 해석의 중요한 원리가 된다면서도 성령님의 의도가 아닌 영해를 해서는 안 되는 두 가지 이유를 말하고 있다.

> 첫째로, 성령님이 의도하신 바와는 전혀 다른 인위적인 해석으로 영적 감동과 유익을 주는 데 만족하려 한다면, 성령님에 의한 진정한 의미에서의 은혜와 능력은 결코 맛볼 수 없기 때문이다. 둘째로, 아무리 신앙에 득이 되고 덕이 되는 해석이라 할지라도, 그것으로만 만족하고 지나가 버린다면 본문에 나오는 보다 귀중한 영의 양식은 놓쳐버릴 수 있기 때문이다. 설교자는 언제나 중요한 이 두 가지 사실을 염두에 두고서 성경을 해석해야 한다.[173]

이 신령화는 풍유화와 다를 바가 없는데, 증발해 버리는 풍유이다. 성경 인물의 특수성을 간과하고 역사적 순간을 망각하는 해석인 것이다.[174] 모범적 설교자들은 역사적 간격이라는 문제를 쉽게 해결하기 위하여

---

171) Greidanus, 『구속사적 설교의 원리』, 96.
172) Greidanus, 『구속사적 설교의 원리』, 97.
173) 신성욱, 『청중을 사로잡는 설교의 삼중주』(서울: 생명의말씀사, 2009), 24-26.
174) 박종칠, 『구속사적 구약성경 해석』, 87.

이 신령화를 즐겨 사용하지만, 신령화는 위에서 언급한 약점들과 더불어 설교를 자칫 Q.T 수준의 설교 정도로 만드는 한계에 빠질 수도 있다.

③도덕화(moralizing)

도덕화는 성경 본문에 나오는 인물들의 행동에 초점을 맞추어 그들이 행한 좋은 행동이나 나쁜 행동을 본받거나 본받지 말아야 할 모범으로 삼는 것이다. 도덕적 설교의 오류는 성경이 어떤 행동에 대한 옳고 그름의 판단을 제시하지 않았음에도 불구하고 설교자가 주관적으로 어떤 규범을 만들고 그것을 명령하는 것이다.[175] 모범적 접근은 성경은 본문에 나오는 사람의 행동을 평가하는데 사용되어야 하는 일반적인 규범들을 제공해 줌으로, 오늘날 우리가 어떤 행동을 본받아야 하고 어떤 행동은 피해야 하는가를 알 수 있도록 평가할 수 있는 일반적인 규칙들을 제공해 준다고 주장한다.[176] 예를 들면, 하나님을 향한 한나의 간절한 기도는 청중들에게 긍정적인 본보기, 훌륭한 모범으로 삼고, 삼손의 실패는 부정적인 본보기로 삼는 것이다. 그러나 도덕화는 역사적 본문들을 모범적으로 취급함으로써 도덕적 교훈 중심의 설교로 전락하게 만든다.

이 도덕화에 대한 구속사적 입장은 역사적 본문은 그것 나름의 고유한 메시지를 가지고 있기 때문에 다른 곳에서 발견되는 어떤 도덕적 "진리"에 대한 예화나 구체적인 예증으로 취급되는 것은 위험하다는 것이다. 성경 본문을 어떤 도덕적 "진리"에 대한 예증이나 예화로 취급하는 도덕화의 위험성은 모든 본문은 그 본문만의 "당위"를 가지고 있다는 것과 이 고유한 "당위"가 반드시 설교의 토대가 되어야 한다는 전제에 내재되어 있다. 모범적 설교자는 이 "당위"를 대개 본문에 나오는 어떤 사람의 태도나 행동에서 발견하고자 애쓴다. 그러나 설교자가 이 모범을 그 자체로서 규범적인 것으로 제시할 수 없기 때문에 도덕화는 부당하다는 것

---

[175] 정성구, 『개혁주의 설교학』, 360.
[176] Greidanus, 『구속사적 설교의 원리』, 101.

을 깨닫게 되는 것이다. 구속사측은 선택된 설교 본문이 설교되어야 하며 그것이 아무리 성경적이라 하더라도 다른 어떤 "진리"가 설교되어서는 안 된다고 주장한다.[177] 물론 거룩한 삶을 향한 도전과 도덕적 삶을 촉구하는 것은 기독교 설교의 중요한 요소이지만, 그러나 설교가 도덕주의로 빠져서는 안 된다는 것이다. 류응렬은 "복음에 근거한 삶의 변화를 촉구하는 것이 아니라 소위 'How to'의 설교를 통해 삶의 윤리만을 강조하는 것은 기독교의 독특한 메시지인 예수 그리스도가 중심되지 않고 인간의 종교로 전락시킬 위험을 안고 있다."[178]며 도덕화 설교에 대한 위험성을 주장한다.

설교자가 지나치게 교훈들을 강조하거나, 청중들에게 행동에 대한 경계나 권면을 해야만 완전한 설교라고 생각하거나 명령들이 때를 가리지 않고 설교의 주춧돌을 이룰 때 그 설교는 도덕화의 위험에 처하게 된다.[179] 이런 도덕적 교훈 중심의 설교는 성경의 원저자이신 하나님의 의도와 성경을 기록한 저자의 의도를 간과하거나 무시하기 쉽고, 그 본문의 메시지를 삶에 적용할 때에 성경의 기록된 의도는 단지 부차적인 역할만 하게 만드는 오류를 범하게 된다. 성경은 모든 인간은 흠과 결점을 가지고 있으며, 그 결점이 얼마나 심각한지를 보여준다. 그런데, 성경의 인물들이 가지고 있는 약점을 무시하거나, 인물들의 명성만을 드러내면서 성도들에게 그들이 보인 도덕적 모범을 따르라고 교훈하는 설교는 본문의 의미를 바로 드러내지 못하는 설교이며 그것은 성경적 설교라고 할 수 없다.[180]

④모형화(typologizing)

"복음 가운데 있는 예수 그리스도를 언급하지 않고서도 그 본문의 참

---

177) Greidanus, 『구속사적 설교의 원리』, 102.
178) 류응렬, "구속사적 설교," 72.
179) Greidanus, 『구속사적 설교의 원리』, 99.
180) Chapell, 『그리스도 중심의 설교』, 356.

된 뜻을 드러낼 성경 본문은 없다."[181] 모든 설교는 본문을 그리스도와 그분의 사역과 관련하여 그리스도의 풍성함의 측면을 선포해야 한다. 그러나 구속사적 설교를 그리스도 중심적 설교라고 할 때, 이 말은 어떤 본문을 택하여 설교하든지 언제나 그리스도를 언급해야 한다는 것은 아니다. 하지만 불행하게도 그리스도중심적인 설교를 해야 한다는 정당한 요구 때문에 성경 본문으로 하여금 그리스도를 말하게 하기 위하여 설교자들은 종종 문제성이 있는 해석 방법들을 동원하게 된다.[182] 그 가운데 하나가 모형화이다. 모범론 측에서는 모든 설교에서 그리스도를 이야기해야 한다는 열심으로 모든 본문에서 십자가나 성육신에 이르는 부당한 선 긋기 즉 모형화의 오류를 범한다. 특히 이 모형화는 구약 본문을 가지고 설교하면서 그리스도에 대하여 꼭 언급해야 한다는 강박관념에서 비롯된다.[183]

예를 들면, 아담의 옆구리에서 하와가 만들어진 것은 십자가 위에서 옆구리에 창을 받으신 그리스도의 모형이다. 형님들을 찾으러 간 요셉의 순종을 그리스도의 순종에 대한 예언적 모형으로 보고, 요셉이 이스마엘 사람들에게 팔린 것은 그리스도께서 유다에 의해 팔리실 것을 예표한다. 브니엘에서의 야곱의 씨름은 갈보리에서의 그리스도의 씨름을 가리키는 것으로 모형화에서는 주장한다. 그러나 어느 본문을 택하든 언제나 그리스도나 십자가를 언급해야 한다는 강박관념은 이런 모형화의 오류를 범하게 되고, 오히려 반(反)구속사적 설교가 되게 할 위험이 있다.[184]

이런 모형화에 대해 구속사 측에서는 "모든 설교에서 그리스도를 말하고 싶은 욕망이 너무 큰 나머지 설교를 그리스도 중심적이도록 만들기 위해 이런 저런 방법 가운데 가장 쉽게 사용하는 방법이 모형화"라고 하며, 그러나 모형론은 그것 스스로가 그리스도 중심적 설교로 만들어 주

---

181) Goldsworthy, 『성경신학적 설교 어떻게 할 것인가』, 198.
182) Greidanus, 『성경 해석과 성경적 설교』, 228.
183) Greidanus, 『구속사적 설교의 원리』, 103.
184) 정창균, 『고정관념을 넘어서는 설교』, 49.

지 못한다고 주장한다. 또한 "오직 성경"의 원리를 상실할 것에 대한 염려와 역사에서의 점진적 계시를 잃어버리고, 역사의 선들을 모형론의 점들(단편적 접근)로 해체시키지 않을까 하는 염려에서 모형론에 대한 반대론을 제기한다.[185] 그레이다누스는 모형론적 해석에 대한 단점들로, 모형론은 모형론화(typologizing) 쪽으로 전락될 수 있다면서, 본문에 있는 다소 부수적인 세부 사항들 속에서 모형을 찾음으로써 모형론의 사용을 과도하게 확대할 수 있다는 위험이 있다고 했다. 그는 또한 모형론화는 결국 알레고리화로 전락될 수 있으며, 또 다른 위험성은 설교자들이 자신들의 설교가운데 모형과 대형 사이를 단순히 서로 연결 짓는다는데 있다고 주장한다.[186]

그레이다누스는 모형론적으로 그리스도를 설교하는 것에 대하여 이렇게 말한다.

> 그리스도를 설교한다는 것은 설교 가운데 단순히 예수님 혹은 그리스도라는 이름을 언급하는 일이 아니다. 또한 그리스도를 구약의 여호와, 혹은 여호와의 천사, 혹은 주님의 군대의 군대 장관, 또는 하나님의 지혜 등과 동일시하는 일도 아니다. 그리스도를 설교하는 일은 멀리서 그리스도를 가리키는 일도 아니요, 모형론을 통해 그리스도와 연결 짓는 일도 아니다.[187]

그리스도 중심적 설교를 위해 무리하게 모든 본문에서 그리스도에 대한 언급이나 또는 십자가를 이야기하려는 시도를 할 필요는 없는 것이다.

구속사적 설교 또는 그리스도 중심적 설교는 본문을 무시하고 어느 본문에서든지 무조건 예수를 말하는 설교가 아니다. "예수라는 이름이 등장한다고 구속사적 설교가 되는 것도 아니며 예수라는 이름이 나오지 않

---

185) Greidanus, 『구속사적 설교의 원리』, 104.
186) Greidanus, 『구약의 그리스도 어떻게 설교할 것인가』, 157-158.
187) Greidanus, 『구약의 그리스도 어떻게 설교할 것인가』, 37.

는다고 반드시 예수 그리스도 중심의 설교가 되지 않는 것도 아니다. 중요한 것은 예수라는 이름에 있는 것이 아니라 본문을 구속사적 문맥을 따라 이해하는가에 달려 있다."[188] 위어스비가 말하는 것처럼 "그리스도를 전하는 것은 설교 중에 단순히 예수의 이름을 언급하는 것이나 그분이 말씀하신 뭔가를 인용하는 것보다 훨씬 더 넓고 깊은 의미가 있다. 그리스도를 전하는 것은 하나님의 말씀을 선포하여 예수 그리스도께서 그분 인격의 모든 충만성과 그분 사역의 모든 위대함 가운데서 분명하게 나타나시도록 하는 것이다."[189] 그리스도 중심의 설교는 설교자가 청중으로 하여금 하나님의 구속 사역이 개인적으로 어떤 의미를 갖는지 분명하게 인식하게 하는 것이라고 할 수 있다.[190] 설교자가 해야 할 작업은 모든 본문에서 단순히 그리스도에게 선을 그어 연결하는 것이 아니라, 그리스도를 설교함으로써 사람들이 그분에게 이끌림을 받아 나아가게 되고, 그들의 믿음과 신뢰 그리고 소망을 그리스도에게 두도록 하는 데 있다.[191]

이상으로 모범적 접근에 대한 구속사측의 반대론들을 살펴보았다.

구속사적 진영은 성경 전체의 배경 속에서 본문을 해석해야 함에도 성경 본문을 정당하게 다루지 아니하고, 본문을 단편적이고 전기적으로 해석하여 설교가 단지 인간중심적이고 도덕적 수준을 벗어나지 못하는 모범적 접근에 반대한다. 성경은 단지 어떤 인간의 업적이나 전기를 부각시키기 위함이 아니라 구원의 역사 속에서 그들을 통하여 역사하시는 하나님께 초점을 맞추고 있다는 것이다. 구속사적 접근은 성경을 온 인류의 구속을 위해 역사 속에서 행동하시는 하나님의 구속사의 관점에서 해석하고, 설교는 그 구속사의 중심인 그리스도에게 초점을 맞추어야 한다고 주장한다.

---

188) 류응렬, "구속사적 설교," 71.
189) Warren W. Wiersbe, 『역동적 설교』, 고영민 · 김기원 역(서울: 엘멘출판사, 2001), 48.
190) Chapell, 『그리스도 중심의 설교』, 386.
191) Greidanus, 『구약의 그리스도 어떻게 설교할 것인가』, 159.

제3절 구속사적 설교의 주창자들

'구속사적 설교'라는 용어가 등장하기 시작한 것은 1930년대 말 화란의 개혁주의자들로 거슬러 올라간다. 이 '구속사적 설교'가 구체적인 이슈로서 활발히 논의되기 시작한 것도 당시 일어난 모범적 설교와 구속사적 설교의 논쟁을 통해서였다. 이 때, 구속사적 접근을 주장하는데 있어서 적극적이었던 사람들은 홀버다, 스킬더, 스피엘, 판 데이크, 판 트 피엘, 그리고 페인호프 등이다. 이들은 "오직 성경"의 원리를 해석학과 설교학에 일관성 있게 적용하고자 했다.[192]

이와 같은 맥락에서 –그러나 배타적인 구속사적 설교의 한계를 인정하며– 오늘날 성경신학적 안목에서 성경을 구속사의 관점으로 해석하고 선포하는 성경적 설교로서의 구속사적 설교를 주장하는 학자들의 견해를 살펴보는 것은 구속사적 설교의 지평을 넓히는데 유익하리라 생각한다. 여기에서는 대표적으로 에드문드 클라우니, 시드니 그레이다누스, 브라이언 채펠의 주장을 살펴보고자 한다.

1. 에드문드 클라우니

클라우니는 "오늘날 말씀 사역에 있어서 가장 문제가 되는 것은 바로 신학"이라고 언급하면서, 이렇게 덧붙이고 있다.

> 설교자가 진리를 붙잡고 또한 진리에 의해 붙잡혀야 한다는 것보다 중요한 것은 없다. 하나님의 사람은 하나님께서 계시하신 말씀의 의미와 구조에 대한 보다 깊은 통찰력을 가져야만 비로소 하나님의 선한 사역을 새롭게 감당할 수 있는 준비를 갖추게 되는 것이다. 오늘날 설교와 관련된 새롭고 다양한 흐름들 가운데는 소위 성경 신학이라고 지칭되는 연구 분야만

---

[192] Greidanus, 『구속사적 설교의 원리』, 54–55.

큰 유익함을 주는 것도 없다.[193]

이와 더불어 그는 성경 신학의 필요성에 대하여 다음과 같이 주장한다.

> 성경은 역사 진행과정에서 그때그때 주어지는 계시를 기록한 책이다. 이 계시는 단번에 주어지거나 신학사전과 같은 형태로 주어진 것이 아니다. 계시의 과정은 구속사와 더불어 진행되기 때문에 점진적으로 주어진다. 구속사는 획일적으로 전개되는 것이 아니라 하나님의 구속적 행위로 말미암아 구분된 시대별로 진행된다. 따라서 계시는 시대적 구조를 가지며 이러한 모습은 성경에 뚜렷이 나타난다.…성경 신학은 시대의 진행에 따라 점차 확장되어가는 신학적 지평을 바라보면서 각 시대별 계시의 성격과 내용을 체계화한다. 이렇게 볼 때 성경 신학은 합리적이고 반드시 필요한 것이다.[194]

성경 신학은 본문의 특정 구절을 해석할 때, 완전한 문맥적 상황을 제시해 줌으로써 본문의 배경적 이해와 더불어 시대별 계시의 지평적 차원의 이해도 돕는다고 한다. 그는 또한 "성경 신학은 모든 역사를 창조, 타락, 홍수, 아브라함에 대한 소명, 출애굽 및 그리스도의 오심과 같은 구속사적 사건을 중심으로 구분하는 구속사적 전개방식을 취한다."[195]고 말한다.

클라우니는 이러한 "성경 신학이 모든 설교의 토대가 된다."[196]고 말하면서, 그는 철저하게 성경신학적 설교를 주장하고 있다. 그는 성경신학적 설교를 위해서는 무엇보다 먼저 본문에 대한 성경신학적 해석이 이루어져야 할 것을 말한다. 성경신학적 관점으로 본문의 의미를 명확히 찾아내

---

193) Clowney, 『설교와 성경 신학』, 2.
194) Clowney, 『설교와 성경 신학』, 8.
195) Clowney, 『설교와 성경 신학』, 9.
196) Clowney, 『설교와 성경 신학』, 23.

고, 핵심 메시지를 강조하면서 바른 적용을 해야 할 것을 말한다. 그는 성경신학적 해석으로 첫 번째 단계는 본문을 신학적 지평과 직접 연결시키는 것으로서 문맥적 해석의 원리를 그 시대의 계시의 전체 배경에 적용하는 것이라고 한다. 그리고 두 번째 단계로 본문의 사건을 그 시대의 상황에 맞는 적절한 해석을 통해 구속사의 전체 구조와 연결하며 동일한 방법으로 말세를 만난 오늘의 청중과도 연결하는 것이라고 말한다.[197]

클라우니는 성경은 일관되게 구속사적 구조를 가지고 있으며, 설교는 그리스도에게 초점을 맞추어야 한다고 주장한다. 그는 "설교는 신학적이어야 한다."면서 "성경 신학이 성경의 본질적인 메시지인 예수 그리스도에 설교의 초점을 맞추게 한다. 구원은 하나님께 속한 것이며 복음의 메시지는 예수 그리스도 안에 있는 하나님의 구원 계획을 드러내는 신적 메시지이다. 말씀을 전하는 자라면 마땅히 그리스도를 전해야 한다."[198]고 주장한다. 그는 성경을 "역사상 가장 위대한 이야기", "하나님의 이야기", "구원 사역의 이야기"라고 하며, "성경이 가장 위대한 책으로 불리는 것은 단지 성경이 놀라운 이야기들로 가득차 있기 때문이 아니라 한 위대한 이야기, 즉 예수 그리스도의 이야기를 하고 있기 때문"이라고 말한다.[199] 그의 주장은 예수 그리스도와 성경은 항상 같이 하고, 그리스도께서는 성경의 동기요, 목적이라는 것이다. 그는 "성경이 예수 그리스도를 증거하고 있다. 그리고 예수님께서는 말씀과 행동으로 성경을 증거하고 계신다. 그리스도께서 성경에서 말씀하신 대로 자신과 자신의 사역을 아셨다.…효과적으로 설교하려면 성경을 알아야 하고 주님을 알아야 한다."[200]고 말한다. 설교자가 예수 그리스도와 본문을 구속사적 맥락에서 자세히 살피고 연구할수록 사람에게 초점을 맞추는 획일적인 권고나 훈계 또는 감상적인 설교가 아닌 하나님의 영광을 반영하는 하나님 중심적

---

197) Clowney, 『설교와 성경 신학』, 84.
198) Clowney, 『설교와 성경 신학』, 69.
199) Edmund P. Clowney, 『구약에 나타난 그리스도』(서울: 네비게이토출판사, 1993), 9-13.
200) Richard Allen Bodey, 『설교 해부학』, 권숙 역(서울: 기독교문서선교회, 1994), 79-80.

인 설교를 준비하게 된다는 것이다.

클라우니는 창세기 22장의 아브라함이 사랑하는 아들 이삭을 번제로 드리는 사건을 예로 들면서, 성경을 구속사적 점진성과 그리스도 중심적으로 설교하지 않을 때 도덕적 설교에 빠질 수밖에 없다고 말한다. 그렇게 되면, 아브라함의 이 사건은 한 위대한 인물의 신앙을 테스트하는 내용에 불과하거나, 그렇지 않으면 은유적 방법을 사용하여 그리스도를 억지로 본문과 연결시키려는 오류에 빠지게 된다고 말한다.[201] 창세기 22장의 아브라함이 아들 이삭을 제물로 바치는 사건에 대한 기록은 궁극적인 제사 즉 갈보리 십자가를 가리키며, 아브라함의 믿음에 대한 이 시험에서 예수 그리스도가 구약 성경에서 어떻게 그림자로 나타나고 있는가를 분명하게 드러내고 있다고 본다.[202] 그는 구약의 말씀은 그리스도로 말미암아 완성된 신약의 빛으로 읽어야 하는 즉 신구약을 통일적으로 읽어야 하는 해석학적 기본에 대하여 이렇게 주장한다. "우리는 본문이 말하는 그대로 그리스도를 전해야 합니다. 만일 여러분 가운데 구약의 대부분의 본문이 그리스도를 말하지 않는다고 생각한다면 성경의 일치성이란 점과 예수 그리스도의 풍성함에 관하여 생각해 보십시오. 그리스도는 성경에 주님과 구원자로서 나타나 있습니다."[203] 본문의 개념들을 구속사의 전체 구조와 연결하지 않게 되면, 하나님의 구원의 손길과 계시의 음성을 놓칠 위험이 있다는 것이다. 그러므로 그는 설교자들은 "성경 신학적 방법을 통해 모든 초점을 그리스도께 맞춤으로 특별한 시대, 특별한 계시에 대한 구속사적 의미를 연구하고 찾아내야 한다."[204]고 주장한다. 그래서 설교자들은 성경을 해석할 때, "이 특별한 진리가 계시역사에서 어떻게 진전되고 있는가?" 그리고 "그것이 그리스도 안에서 어떻게

---

201) Clowney, 『설교와 성경 신학』, 69-70.
202) Clowney, 『구약에 나타난 그리스도』, 64-66.
203) Edmund P. Clowney, Preaching Christ in All of Scripture (Wheaton: Crossway Books, 2003), 11; 류응렬, "구속사적 설교," 76에서 재인용.
204) Clowney, 『설교와 성경 신학』, 72.

성취되고 있는가?" 이 두 가지 질문을 끊임없이 물어야 한다고 말한다. 모든 성경으로부터 그리스도를 설교하는 것은 주의 깊은 해석을 필요로 하기 때문이다.[205]

그러나 그렇다고 그가 1930년대 화란의 개혁주의자들처럼 구속사적 설교에 있어서 극단적인 입장을 취하는 것은 결코 아니다. 클라우니는 말하기를 구속사적 설교를 주장해온 사람들은 설교의 도덕화를 공격했는데, 그러나 윤리적 설교와 구속사적 설교 중 하나를 선택하는 것도 아니며, "구속사적 접근과 윤리적 접근을 대립시키는 우를 범해서도 안 된다"고 한다. 구속사적 설교에는 반드시 윤리적 적용이 따라오게 되어 있고, 이것은 말씀을 설교하는 일에 있어서 본질적인 요소라는 것이다.[206] 그리스도 안에서 정점을 이루는 하나님의 구원사역은 윤리적인 요구 즉 인간의 믿음과 순종이라는 종교적인 반응이 요구된다는 것이다. 그래서 삼손의 죽음, 다윗의 승리, 마리아의 섬김 등은 모두 그리스도를 증거 할 뿐만 아니라 그리스도에 대한 신자의 복종에 관해 보다 깊은 깨달음을 준다고 한다.[207] 성경의 이야기는 수많은 사람들의 삶 속에 기록되어 있는 참 역사이며, 성경의 인물들은 사망이 지배하는 세상에서 인내하며 하나님의 신실하심을 믿었다고 평가한다. 그러면서 "우리가 구약성경의 핵심 줄거리를 잊어버리면 우리는 또한 그들의 믿음의 증언을 놓치게 될 것"[208]이라고 말한다. 그는 "구속사적 접근은 실천적인 것과 결코 대립적 관계를 이루지 않는다."면서 구속사적 설교와 윤리적 적용에 대하여 이분법적으로 분리하는 것을 경계하고 있다.[209]

이와 같은 클라우니의 구속사적 설교에 대하여 정리해 보면, 그는 성경을 인간중심적이고, 도덕적 교훈에 치중하는 모범적 접근에 대하여 비

---

205) Bodey, 『설교 해부학』, 79.
206) Clowney, 『설교와 성경 신학』, 73-74.
207) Clowney, 『설교와 성경 신학』, 75.
208) Clowney, 『구약에 나타난 그리스도』, 14.
209) Edmund P. Clowney, *Preaching and Biblical Theology* (Phillipsburg: P&R Publishing, 1961; reprint, 2002), 17; 류응렬, "구속사적 설교," 87에서 재인용.

판적이다. 클라우니는 성경에서 도덕적 이야기만 찾으려는 것은 그리스도가 빠진 도덕적 설교에 불과하다는 것이다. 더불어 그는 극단적인 구속사적 접근에 대해서도 회의적이다. 모든 본문에서 그리스도를 억지로 연결시키는 것은 알레고리나 모형화에 빠질 수밖에 없다는 것이다. 또한 성경에 등장하는 인물들의 생애가 오늘의 청중의 삶에 아무런 영향도 주지 못한 채 본받을 만한 가치도 사라지게 만든다는 것이다. 구속사에서 중요한 역할을 맡은 인물들의 삶이나 행위에 있어서 윤리적 요소들은 결코 인위적이거나 불합리 하지 아니하고, 전체 구속사적 구조에서 볼 때, 오늘의 청중과 관련이 있으며, 영향을 끼치고 본보기가 될 수 있다는 것이다. 성경을 대함에 있어서 구속사적 원리들에 입각하여 구속사적 인물들을 이해할 때, 그것이 성경적 설교라는 것이다.

결국 클라우니는 인간중심적, 도덕적 교훈에 치중하는 모범적 설교나 모든 본문에서 그리스도를 이야기해야 한다는 배타적인 구속사적 설교를 모두 거부하고 있다. 그는 본문에서 그리스도 안에 있는 구속사의 핵심에 초점을 맞추면서도, 본문에 등장하는 하나님의 백성들이 경험한 풍성한 신앙적 체험은 오늘의 청중들에게 일관된 전체 구속사적 구조에서 볼 때 본보기가 될 수 있다는 견해이다.

2. 시드니 그레이다누스

인간중심적이고 도덕적인 설교의 한계를 극복하기 위하여 누구보다도 성경적인 설교, 하나님 중심적이면서 그리스도 중심적인 설교로 불리우는 설교학 이론을 제시하는 학자는 시드니 그레이다누스이다. 그의 주장과 이론을 살펴보는 것은 구속사적 설교를 이해하는데 있어서 매우 유익할 것이다.

그레이다누스는 구속사적 설교의 집대성이라고 할 수 있는 그의 책 『구속사적 설교의 원리』에서 성경을, 특별히 역사적 본문을 설교하는 원리를 제시하면서 그의 설교학 이론을 펼치고 있다. 그레이다누스는 강단에서 무분별하게 행해지고 있는 모범적 설교에 대하여 설교의 적실성을 위한 노력이라는 긍정적인 평가와 함께 그러나 모범적 설교가 그리스도와의 역사적 단절을 가져오는 즉 구속사의 통일성을 많은 이야기들로 해체시킨다고 주장한다. 또한 모범론 측의 전기적 설교는 인간 중심적이며, 성경을 있으나마나한 책으로 만들고, 본문의 어떤 요소들을 '비역사화함'으로써 본문을 부당하게 취급한다고 비판한다. 그렇다고 그가 구속사적 설교에 대한 일방적인 지지를 보내는 것도 아니다. 그는 "구속사적 접근이 역사적 본문을 전기적으로, 도덕적으로, 예수 중심적으로, 교의학적으로, 주관주의적으로, 또는 다른 방식으로 읽어야 한다고 주장해 온 설교자들의 주장에서 역사적 본문을 해방시켰다."[210]는 것은 긍정적으로 평가하지만, 그러나 구속사적 방법 또한 모범론과 같은 잘못을 범하고 있다고 주장한다. 즉 구속사적 방법 역시 역사적 본문으로 하여금 그 말하고자 하는 바를 말하지 못하게 제한하는 틀을 제시한다는 것이다. 좀 더 구체적으로 그의 비평을 들어보면, 역사적 본문들을 반드시 구속사적 입장에서 제시하는 점진과 관련시켜 해석하는 도식주의를 비판한다. 역사적 본문들의 풍성한 다양성이 구속사의 필연적인 점진이라는 고정된 틀 안에서 해석되어야 한다는 하나의 도식에 갇혀진다는 것이다. 또한 구속사적 설교의 입장에 대하여 너무 사변적이고, 너무 억지스럽다고 주장한다. 성경 본문들을 그 본문의 문맥으로부터 뽑아내어 그것을 결합하고, 그것을 구속사의 틀에 넣고, 평행선을 긋고, 그렇게 해서 의미들을 제시하고 확립하기 때문이라는 것이다.[211] 그리고 구속사적 설교는 청중에게 적실성이 없는 객관적인 설교 즉 청중이 구속사에 관해 설교가 아닌 강의를 듣는 것과 다름없는 객관적이고 이론적인 설명이 될 수 있다는 것이다. 그레이다누스는 모범적 방법과 구속사적 방법에 대하여 역사

---

210) Greidanus, 『구속사적 설교의 원리』, 205.
211) Greidanus, 『구속사적 설교의 원리』, 206-212.

적 본문들을 해석하고 설교하는데 있어서 도식주의와 사변이라는 비판을 면할 수 없고, 그래서 결국 '오직 성경'이라는 원리에서 역시 실패했다고 주장한다.[212]

그렇다면, 그가 제시하는 설교 원리는 무엇인가? 그레이다누스는 자신의 설교학 이론과 철학을 토대로 현대 설교의 한계를 지적하며, 역사적 본문에 대한 설교 원리를 제시하고 있는데, 이에 대하여 이우제는 "Sidney Greidanus의 설교 연구: 현대 설교의 한계를 극복하는 대안을 중심으로"라는 글에서 크게 세 가지로 말하고 있다. "첫째는, 자의적 해석 혹은 원자적 해석의 한계를 극복하고자 했으며, 둘째는 인간 중심적인 설교의 한계를 넘어서려 했고, 마지막으로는 설교가 무미건조한 신학적인 논술이나 강연이 되는 것을 극복하고자 했다. 이 세 가지 한계들을 본문 중심적인 빅 아이디어 설교, 그리스도 중심적 설교, 그리고 적실한 설교로 각각 대안을 제시하고 있다."[213]

그레이다누스에 의하면 역사적 본문은 비록 역사에서의 하나님의 행동을 증거 하기는 하지만, 그 증거의 성격은 객관적 묘사가 아니라 선포이며, 역사적 본문은 문학적 구성이고, 그러한 문학적 구성으로 해석되어야 한다는 것이다. 또한 역사적 본문의 의도는 인간의 전기를 제공해 주는 것이 아니라 인간을 위한 하나님의 구속적 행동을 선포하는 것이고, 이 선포는 구속사의 다양한 단계에 있는 구체적인 교회를 지향한 곧 적실성 있는 선포라는 것이다.[214] 특히 그는 인간 중심적, 도덕주의적 설교에 대한 대안으로 하나님 중심적-그리스도 중심적 설교 즉 구속사적 설교를 제시하고 있다. 물론 그가 본문을 직접적으로 단순 적용하는 설교, 잘못된 풍유적 해석에 근거한 설교, 도덕주의를 접근으로 한 단순한 교훈 중심의 설교에 대한 대안으로 제시하는 구속사적 설교는 배타적인

---

212) Greidanus, 『구속사적 설교의 원리』, 213-223.
213) 이우제, "Sidney Greidanus의 설교 연구: 현대 설교의 한계를 극복하는 대안을 중심으로," 「복음과 실천신학」(2013, 봄호): 337.
214) Greidanus, 『구속사적 설교의 원리』, 248-251.

구속사적 설교는 아니다. 그가 협의적인 구속사적 설교를 넘어서기 위해서 강조하는 것은 구속사적 설교의 범위를 그리스도의 인격과 사역에 국한하지 않고 그리스도의 교훈으로까지 확대하고 있다는 점이다.[215]

그레이다누스는 그리스도를 설교함에 있어서 두 개의 해석적 전제를 가정한다.

> 첫째, 이것은 해석자가 본문의 메시지를 본문의 역사적인 문맥에서 이해한다는 것을 가정한다. 즉 해석자는 본문의 저자가 이스라엘로 하여금 듣기를 원했던 메시지를 구별하여 찾는다는 것이다. 둘째, 이것은 해석자가 본문의 메시지를 신약을 포함한 전 정경과 구속사의 문맥에서 이해하는 것을 가정한다.[216]

또한 그는 신약과 연결하여 나아가는 움직임에서 두 개의 해석적 원리를 제시하는데, "첫째로 한 본문이 늘 그것의 문맥에서 이해되어야 한다. 둘째로, 그리스도인 설교자들이 예수 그리스도를 설교해야 한다는 신약적 요구에 직면하기 때문이다."[217] 그는 "그리스도를 설교한다는 것은 나사렛 예수의 인성과 사역, 그리고 그의 가르침의 여러 국면들을 선포함으로써, 사람들이 그를 믿고 신뢰하고 사랑하며 순종할 수 있도록 하는 것이다."[218]라고 말한다. 그는 하나님 중심적-그리스도 중심적인 방식으로 나아갈 수 있는 방식들을 제시하고 있는데, 본문을 역사적 정황 가운데서 이해하는 즉 성경의 본문을 문학적 해석, 역사적 해석, 신 중심적 해석으로 바라보아야 한다고 제시한다. 그러나 이러한 해석은 더 나아가 문학적 해석은 정경적 해석으로, 역사적 해석은 구속 역사적 해석으로, 신 중심적 해석은 그리스도 중심적 해석으로 나아가야 한다는 것이

---

215) 이우제, "Sidney Greidanus의 설교 연구: 현대 설교의 한계를 극복하는 대안을 중심으로," 348.
216) Greidanus, 『구약의 그리스도 어떻게 설교할 것인가』, 336-345.
217) Sidney Greidanus, 『창세기 프리칭 예수』, 강정주 · 조호준 역(서울: 기독교문서선교회, 2010), 20.
218) Greidanus, 『구약의 그리스도 어떻게 설교 할 것인가』, 37.

다.[219] 그레이디루스는 이 원리에 입각해서 그리스도에게로 나아가는 길을 7가지로 설명하고 있다.[220]

1) 점진적 구속사의 길

구약 성경의 본문에서 예수 그리스도에게 도달하는 가장 넓고도 기본적인 길이 바로 점진적 구속사라는 측면에서의 방법이다.[221] 모든 본문은 하나님의 역동적인 역사적 맥락 안에서 계속해서 꾸준히 진행하고, 예수 그리스도에게서 정점에 이르는 방식이다. 구속의 역사는 창조에서 구속사의 중심인 그리스도를 향해 나아가며, 궁극적으로 새 창조를 향하여 진행한다는 것이다.[222]

그레이다누스는 이 점진적 구속사를 다음과 같이 묘사하고 있다.[223]

〈표 2〉 점진적 구속사의 길

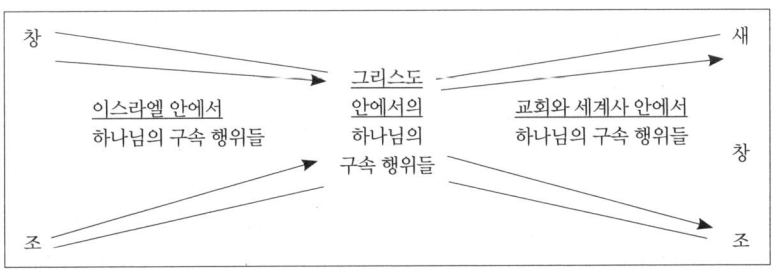

점진적 구속사의 길에 대한 예를 들면, 다윗과 골리앗의 싸움에서, 골리앗을 무찌른 다윗은 하나님의 기름부음 받은 왕으로서 이스라엘을 구하고 약속된 땅에서 그 안전을 보장한다는 것이다. 그리고 이 이야기의

---

219) Greidanus, 『구약의 그리스도 어떻게 설교할 것인가』, 442-445.
220) 이우제, "Sidney Greidanus의 설교 연구: 현대 설교의 한계를 극복하는 대안을 중심으로," 349.
221) Greidanus, 『창세기 프리칭 예수』, 21.
222) Greidanus, 『구약의 그리스도 어떻게 설교 할 것인가』, 348.
223) Greidanus, 『구약의 그리스도 어떻게 설교 할 것인가』, 349.

본질은 여호와 자신이 자기 백성의 대적을 쳐부수신다는 것이다. 이러한 주제는 이 구절을 사탄을 이기신 예수님께 연결시킨다. 이렇게 해서 다윗과 골리앗의 이야기는 한 개인의 이야기에 머무르지도 않고, 또한 이스라엘 왕이 강력한 적을 쳐부순 것 이상의 의미를 가진다. 그것은 여자의 후손과 뱀의 후손 사이의 전투, 즉 처음에는 그의 죽으심과 부활로 사단을 이기시고, 마지막으로 재림 때 '불과 유황 못에'(계 20:10) 사단을 던지심으로 사단을 이기실 예수님에게서 절정을 이루게 된다. 결국 다윗과 골리앗의 전투에서 그리스도와 사단의 전투까지 점진적 구속사의 연결을 짓고, 더 나아가 오늘날의 그리스도의 몸된 교회가 이 우주적인 전투에 여전히 관여하고 있다는 적실성 있는 설교로 나아갈 수 있다.[224]

2) 약속과 성취의 길

구약 성경의 본문에서 예수 그리스도에게로 나아가는 보다 직접적인 길이 약속과 성취라는 측면에서의 방법이다.[225] 그레이다누스는 약속-성취의 길을 사용할 때 두 가지 규칙을 명심해야 한다고 말한다. 첫째, 하나님께서는 일반적으로 자신의 약속을 점진적으로, 말하자면 분할분(installments)으로 채워 가신다는 것을 고려해야 하며, 둘째는, 본문을 해석할 때 구약의 약속에서부터 그리스도 안에 있는 성취로 나아가고, 다시 구약 본문으로 거슬러 올라가라는 것이다. 예를 들면, 선지서의 약속들 가운데 시리아와 에브라임의 위협을 받고 있는 왕 아하스에게 하나님께서 '임마누엘'의 징조(사 7:11-17)을 주시는데, 이 예언은 다음과 같이 성취된다.[226]

---

224) Greidanus, 『구약의 그리스도 어떻게 설교 할 것인가』, 350-351.
225) Greidanus, 『창세기 프리칭 예수』, 23.
226) Greidanus, 『구약의 그리스도 어떻게 설교 할 것인가』, 355-357.

<표 3> 약속과 성취의 길(사 7:11-17)

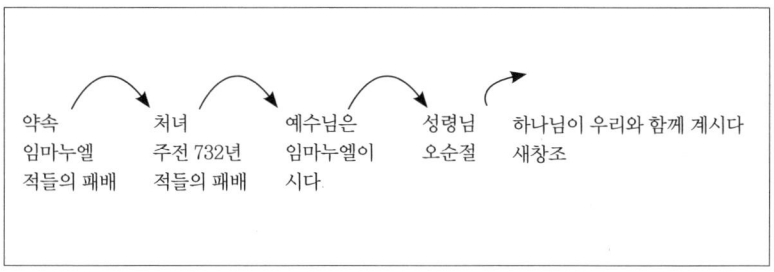

3) 모형론의 길

모형론은 풍유적 해석으로 빠질 수 있지만, 그러나 알레고리적 해석과는 다르다. 알레고리적 해석은 해석자가 해석하고 싶은 대로 무엇이든지 어떤 본문으로 하여금 말하게 할 수 있지만, 모형론은 대조적으로 성경에 드러난 대로 구속사에서 하나님의 행위들의 축을 따라 구체적인 유비를 발견하는 것으로 제한된다. 출애굽기 17장 8-16절에서 여호수아의 승리는 신약의 예수 그리스도가 십자가에서 대적 사탄을 이기는 승리의 모형이 될 수 있다.[227] 즉 "구약의 구속적 사건들, 사람들, 제도들은 위대한 예표(Antitype)인 예수 그리스도의 인격과 사역을 예시하는 모형으로 기능할 수 있다."[228] 모형론적 해석은 성경 본문 속에 기록된 사건으로 의미를 소급해서 읽어 들어가는 것이 아니라 단순히 본문 속의 사건을 구속사적 맥락에서 이해하는 것이다. 그레이다누스는 참모형과 모형론 사이를 구별하는데 도움이 될 만한 예표의 구체적인 네 가지 특성을 이렇게 말한다. "첫째, 참된 모형은 역사적이다.… 둘째, 참된 모형은 하나님 중심적인 것이다.… 셋째, 참된 모형은 그 대형(원형)과 의미심장한 유비를 보여준다.… 넷째, 그 대형에 대한 참된 모형의 관계는 확대 상승에 의해

---

227) Greidanus, 『구약의 그리스도 어떻게 설교 할 것인가』, 365-366.
228) Greidanus, 『창세기 프리칭 예수』, 23.

표시된다.229) 그레이다누스는 설교에 있어서 모형론적 해석의 단계를 이렇게 그리고 있다.230)

<표 4> 모형론의 길

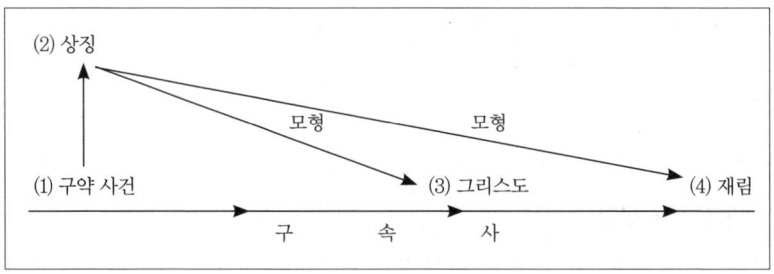

4) 유비(analogy)의 길

가장 쉽게 구약의 메시지를 신약의 그리스도 중심적 메시지로 연결할 수 있는 방법이다.231) 유비는 구속사의 통일성과 이스라엘과 오늘의 교회 사이의 연속성을 기초로 한다.232) 과거에 이스라엘 백성들에게 역사하셨던 하나님이 그와 같은 동일한 방식으로 오늘도 하나님의 백성들에게 계속적으로 일하신다는 것을 기본 전제로 한다. 여기서 하나님과 이스라엘의 관계는 하나님과 오늘날 교회의 관계와 유비를 이루게 된다.233) 예를 들면, 하나님께서 이스라엘 백성을 불과 구름을 통해 인도하시고 보호하신 것처럼(출 13:21-22), 하나님께서는 그리스도를 통해 "세상 끝날까지"(마 28:20) 주님의 교회를 인도하시고 보호하신다.234)

---

229) Greidanus, 『구약의 그리스도 어떻게 설교 할 것인가』, 369-375.
230) Sidney Greidanus, 『구약의 그리스도 어떻게 설교 할 것인가』, 378.
231) 이우제, "Sidney Greidanus의 설교 연구: 현대 설교의 한계를 극복하는 대안을 중심으로," 351.
232) Greidanus, 『구약의 그리스도 어떻게 설교 할 것인가』, 382.
233) 이우제, "Sidney Greidanus의 설교 연구: 현대 설교의 한계를 극복하는 대안을 중심으로," 351.
234) Greidanus, 『구약의 그리스도 어떻게 설교 할 것인가』, 385.

5) 통시적 주제들의 길

이 방식은 "구약에서 신약에 이르는 성경 전체를 통하여 발견될 수 있는 주제들을 언급한다. 예를 들어 하나님의 도래하는 나라, 하나님의 언약, 하나님의 구속, 하나님의 현존, 하나님의 사랑, 하나님의 신실하심, 하나님의 은혜, 하나님의 심판, 하나님의 섭리, 하나님의 회복 등의 주제들이다. 구약의 모든 주제가 그리스도로 나아가고 있기 때문에 그리스도를 설교하기 위하여 통시적 주제들의 개념을 사용할 수 있다."[235] 예를 들면, 십일조에 대한 주제(신 26:12-15)를 설교할 때, 하나님께 대한 봉헌의 주제를 신약으로까지 추적해 갈 수 있다. 고후 8장 8-9절은 주님께 드리는 선물과 관련하여 그리스도인들이 가난한 자들에게 주는 것에 대해 관대하라고 규정한다. 그러면서 덧붙이기를 "내가 명령으로 하는 말이 아니요, 오직…너희의 사랑의 진실함을 증명코자 함이라. 우리 주 예수 그리스도의 은혜를 너희가 알거니와 부요하신 자로서 너희를 위하여 가난하게 되심은 그의 가난함을 인하여 너희로 부요케 하려 하심이니라." 여기에는 십일조를 드리는 율법에서 그리스도께 이르는 연결이 명확히 보인다. 곧 우리를 구원하기 위한 그리스도의 희생 이후, 구원 받은 자의 드림은 더 이상 외적인 율법을 지키는 문제가 아니라 그리스도의 놀라운 선물 때문에 감사하는 마음에서 풍성하게 드리는 문제인 것이다.[236]

6) 신약 관련 구절 사용의 길

구약을 설교할 때 그 메시지들을 지지하기 위해 신약 성경에서 관련된 성경을 찾아서 연결하는 방식이다.[237] 이를 위한 예로, 하나님께서 아브라함에게 아들 이삭을 제물로 바치라 하는 명령, "네 아들 네 사랑하는 독자 이삭을 데리고 모리아 땅으로 가서…그를 번제로 드리라"(창 22:2)에

---

235) Greidanus, 『창세기 프리칭 예수』, 24.
236) Greidanus, 『구약의 그리스도 어떻게 설교 할 것인가』, 390-391.
237) 이우제, "Sidney Greidanus의 설교 연구: 현대 설교의 한계를 극복하는 대안을 중심으로," 351.

대하여 설교할 때, 설교자는 요한이 "하나님이 세상을 이처럼 사랑하사 독생자를 주셨으니…"(요 3:16)라고 하는 말과 연결 지을 수 있다.[238]

7) 대조의 길

이 방식은 설교할 때 구약과 신약을 대조하는 것이다. 이런 대조의 방식은 그리스도 안에 중심을 두는데, 이유는 그리스도께서 구약의 메시지와 신약의 메시지 사이의 어떤 변화에 대해서도 일차적으로 책임이 있기 때문이다.[239] 다니엘 3장 1-30절에서 다니엘의 세 친구의 구원은 일시적이었지만, 예수 그리스도 안에 있는 하나님 백성의 구원은 현재적이고 영원할 것임을 대조의 방식으로 설교할 수 있다.[240]

그레이다누스는 이런 다양한 방식으로 성경을 해석하고 적법한 절차를 따라 하나님 중심적-그리스도 중심적으로 설교해야 할 것을 주장하고 있다.

이와 같이 주장하는 그레이다누스의 구속사적 설교에 대하여 정리해 보자면, 그레이다누스 역시 인간중심적, 교훈 중심의 도덕적 설교에 대한 비판과 함께 성경적 설교, 하나님 중심적이고 그리스도 중심적인 설교를 주장한다. 즉 성경 전체를 하나님께서 예수 그리스도를 통하여 이루어 가시는 구속사를 중심으로 설교할 것을 주장한다. 그는 구속사적 관점으로 성경을 해석하고 본문의 의미를 충분히 드러내는 성경신학적 설교를 강조한다. 그레이다누스는 배타적인 구속사 설교에 대하여 비록 도덕주의적, 인간 중심적인 설교의 한계를 벗어나지 못하는 모범적 설교에 대항하여 설교에서 성경을 정당하게 취급하고자 하는 열심은 존중 받을만하지만, 그들 또한 자신들의 틀에 갇혀있는 설교로서 성경적 설교는 아니라고 지적한다. 그러면서 그는 자신만의 성경적 설교, 즉 구속사적

---

238) Greidanus, 『구약의 그리스도 어떻게 설교 할 것인가』, 393.
239) Greidanus, 『구약의 그리스도 어떻게 설교 할 것인가』, 396-397.
240) 이우제, "Sidney Greidanus의 설교 연구: 현대 설교의 한계를 극복하는 대안을 중심으로," 351-352.

(하나님 중심적-그리스도 중심적) 설교 원리를 제시하고 있다. 즉 구속사적 설교라고 해서 모든 본문에서 그리스도를 이야기하고, 또 그리스도만 이야기하는 그리스도 일원론을 경계하면서 좁은 의미에서의 구속사적 설교를 넘어 구속사적 설교의 범위를 그리스도의 인격과 사역에 국한하지 않고 그리스도의 교훈으로까지 확대하고 있다. 또한 그는 본문을 성경신학적 토대 위에서 해석하고, 다양한 방식으로 하나님 중심적이면서도 그리스도 중심적인 설교를 하되, 오늘의 청중에게 적실성 있는 설교를 제시하고 있다. 그는 성경 본문의 의도와 음성을 밝히 드러내면서도 이 시대의 청중들에게 적실한 설교의 길을 제시해 주고 있는 것이다.

3. 브라이언 채펠

우리는 또 한 사람의 구속사적 설교의 주창자를 만나게 된다. 바로 그리스도 중심의 설교를 강력하게 주장하는 브라이언 채펠이다. 물론 그는 구속사적 설교라는 말을 직접적으로 사용하고 있지는 않다. 대신 성경적 강해설교, 그리스도 중심적 강해 설교라는 말을 사용하고 있다. 그러나 그는 이렇게 말한다. "하나님의 말씀은 구속 사역의 도구가 된다. 성경의 궁극적인 목적은 인간의 타락한 측면을 영적으로 완숙한 상태로 회복시키는 것이다. 우리는 타락한 세상에서 타락한 존재로 살고 있기 때문에 구속 사역이 필요하다."[241] 즉 그에 의하면 성경은 타락한 인간에 대한 하나님의 구속 역사에 대한 책이다. 설교가 이 성경을 근거로 할 때, 그렇다면 그 구속 역사의 중심에는 그리스도가 있기에 채펠이 제시하는 성경적 설교는 그리스도 중심적 설교요, 그리스도 중심적 설교는 곧 구속사적 설교라고 할 수 있을 것이다. 또 다른 책에서 그는 "설교자는 교훈하려는 데에만 초점을 두어서는 안 된다. 하나님은 성경을 통해서 역사하

---

241) Chapell, 『그리스도 중심의 설교』, 336.

시면서 우리의 죄악을 깨닫게 하시고, 생각을 바꾸어주시고, 의지를 강하게 해주신다. 이것은 설교가 단순히 지침을 주는 강의가 아니라 하나의 구속적 사건이라는 걸 의미한다."[242] 그는 설교 자체를 구속적 사건으로 보면서 누구보다 성경적 설교를 주장하고, 성경적 설교의 능력을 신뢰하고 있다. 그는 말하기를 "그리스도의 구속의 능력과 말씀의 능력이 신약 안에서 로고스(Logos: 성육신하신 하나님) 및 로고스(logos: 하나님에 관한 말씀)와 연합하였고, 이 용어들은 개념적인 실체를 형성하는 용어가 되었다. 창조가 하나님의 말씀을 통해서 이루어진 것처럼, 새로운 창조사역(즉, 구원)도 살아 있는 말씀을 통해서 이루어진다."[243]고 하면서 설교를 하나님의 새로운 창조사역을 행하는 수단으로 본다. 채펠은 하나님의 능력을 전달하는 수단으로서 진정 성경에 근거한 설교는 구속사 설교일 수밖에 없고, 이러한 구속사 설교는 사람들의 영혼을 회복시키고 죄를 깨닫게 하며, 그 말씀에 순종하게 만들 수 있을 것이라고 주장한다.[244]

채펠은 철저하게 성경적 강해설교를 주장하면서, 설교자가 성경에서 지시하는 행동을 제시했다고 하더라도 그것이 단순히 덕행과 동정만을 주장하는 것이라면 그 설교는 반-기독교적일 수밖에 없으며, 만약 설교자가 하나의 본문 안에서 구원의 취지를 밝혀내지 못한다면, 아무리 옳은 말이라 할지라도 전적으로 잘못된 설교일 수 있음을 지적한다. 성경에 등장하는 많은 인물들은 각각 훌륭한 특성을 가지고 있기는 하지만, 그럼에도 성경은 모든 인간이 가지고 있는 결점이 얼마나 심각한지를 보여줌으로써 성경의 인물들 역시 모두 하나님의 구원과 성화, 영적 승리를 필요로 한다는 것이다. 그러기에 성경의 인물들이 갖고 있는 이런 약점을 무시하고 그들의 명성을 맹종하거나 일방적으로 성도들에게 그들이 보인 도덕적 모범을 따르라고 하는 설교는 성경적 설교, 그의 말로 강

---

242) Bryan Chapell, 『그리스도 중심 설교 이렇게 하라』, 안정임 역(서울: 도서출판 CUP, 2015), 17.
243) Chapell, 『그리스도 중심의 설교』, 23.
244) Chapell, 『그리스도 중심의 설교』, 22-23.

해설교일 수가 없다. 또한 하나님이 그리스도를 통해서 행하신 일이나 앞으로 행할 일에 토대를 두지 않는다면, 기독교와는 전혀 상관없는 인간 중심적인 신앙을 야기할 것이라고 한다.[245] 그의 주장대로라면 "예수 그리스도의 구속하고 성화하는 메시지가 없는 설교는 진정한 의미에서 기독교적 설교라고 할 수 없고, 타락한 죄인을 구원하시는 예수 그리스도의 메시지가 없는 설교는 성경의 핵심 메시지가 빠진 설교라는 말과 동일하다."[246] 채펠 역시 도덕주의적, 인간 중심적 설교를 거부하는 것이다. 채펠은 도덕적 교훈 같은 인간 중심적 설교에 대하여 이렇게 덧붙여 말하고 있다.

> 단순히 도덕적인 교훈으로만 가득찬 치명적인 메시지는 은연중에 우리가 자신의 타락한 상태를 스스로의 능력으로 변화시킬 수 있다고 말한다. 그런 설교들은 (고의적이진 않지만) 우리가 은혜로 통하는 길을 직접 개간할 수 있고, 우리의 행위를 통해서 하나님께 나아갈 수 있다고 말하는 것과 같다. 또한 이런 설교는 도덕적이고 양심적인 유니테리안이나 불교도, 혹은 힌두교도들과 전혀 다를 것이 없는 비기독교적인 신앙을 제시하게 된다.[247]

이는 교훈 중심의 도덕적 설교에 대한 강한 비판인 것이다. 그는 제이 아담스의 말을 인용하면서 "설교를 특별하게 만들어 주는 것은 그리스도의 구원과 성화의 능력이 설교 곳곳에서 배어 나오게 하는 것이다. 여러분이 전하는 설교의 중심에 예수 그리스도가 있어야 한다."[248]며 자신의 그리스도 중심의 설교를 피력한다. 그는 말하기를, 성경은 구원에 관한 계시로서 인간의 타락한 상황을 다루기 위해 영감 되었고, 성경의 계시는 하나님의 구원 사역이 필요하다는 사실과 구원자와 구원 사역을 설명

---

245) Chapell, 『그리스도 중심의 설교』, 358.
246) 류응렬, "구속사적 설교,", 63.
247) Chapell, 『그리스도 중심의 설교』, 366.
248) Chapell, 『그리스도 중심의 설교』, 340-342.

해 주고 있다고 한다. 그러므로 성경의 계시를 적절하게 설명하려면, 본문의 구절이 구속과 관련해서 어떤 내용을 가지고 있고, 어떤 정황 속에 있는지를 발견할 수 있어야 한다고 말한다. 모든 성경은 궁극적으로 하나님의 구속 사역을 드러내는 목적과 취지를 가지고 있기 때문에 설교자들은 성경의 계시를 하나님의 구속사역과 직접 연관시킬 수 있어야 성경의 계시를 적절하게 설명한 것이라고 주장한다.[249] 채펠에 의하면, 그리스도는 하나님의 구속사역의 중심이고, 구속사의 핵심이기에 모든 설교는 그리스도 중심적이어야 한다는 것이다. "십자가 이전에 존재했던 율법과 선지자들 그리고 십자가의 사역을 이어가는 사도들의 사역에서도 예수는 중심을 차지했다. 선지자들과 사도들 그리고 구세주 자신도 모든 성경은 궁극적으로 구원자에게 초점을 맞추고 있다고 증언한다. 그렇다면 그리스도에 관하여 말하지 않고 어떻게 성경을 바르게 해석할 수 있겠는가? 강해설교는 그리스도 중심 설교이다."[250] 채펠은 기독교의 모든 설교는 그리스도 중심적 설교이어야 함을 주창하고 있다. 그러나 그는 또한 모든 성경에서 그리스도를 이야기하기 위해 성경을 알레고리나 모형론으로 해석하는 것도 경계한다.

그리스도 중심의 성경 해석은 알레고리(풍유)나 예형론(typology)이라는 신비로운 방법으로 예수님에 대한 묘사를 파헤치도록 요구하지 않는다. 오히려 그리스도 중심 성경 해석은 예수님이 누구이며, 성부 하나님이 무엇을 하라고 그분을 세상에 보내셨으며, 왜 보내셨는가를 이해하기 위해 각각의 성경 본문이 어떤 역할을 하는가를 알아내는 것이다. 그리스도 중심 성경 해석의 목표는 구약의 모든 이야기마다, 혹은 구약의 시편에 있는 모든 은유마다 예수님에 대한 언급이 마법처럼 나타나게 하는 것이 아니

---

249) Chappell, 『그리스도 중심의 설교』, 345.
250) Bryan Chapell, *Christ-centered Preaching: Redeeming the Exposito-ry Sermon* (Grand Rapids: Baker Books, 1994; reprint, 2001); 류응렬, "구속사적 설교," 77-78에서 재인용.

라 모든 성경 본문이 하나님의 은혜를 보여주는 일에 얼마나 이바지하고 있는가를 보여주는 것이다.[251]

채펠 역시 협의적인 혹은 배타적인 구속사적 설교를 거부하고 있는 것이다. 그는 설교자가 성경을 해석하고 설교할 때 구속적 해석을 해야 하는데, 그것은 성경 본문에서 말씀하시는 인간의 타락한 상태(FCF: Fallen Condition Focus)에 초점을 맞추고, 그 다음에 그 상태에 대한 하나님의 해결 방법을 제시해야 한다고 말한다.[252] 성경의 어느 부분을 본문으로 취하든지 그 안에서 우리를 의롭게 하시고 불의를 용서하시고 힘을 주심으로 우리가 처한 구제불능의 상태에서 구원하시는 그리스도께서 구속사 가운데서 무엇을 하셨고, 무엇을 하실 것인가를 알아내어 설교해야 한다는 그리스도 중심적, 구속사적 설교를 강조한다.[253]

물론 그렇다고 그가 성경의 인물들이 갖고 있는 장점들이나 본받아야 할 모습들을 전혀 무시하거나 배척하는 것은 결코 아니다. 그는 성경의 의도에 충실한 설교는 성경 인물이 가지고 있는 결점을 무시해서도 안 되고, 그들의 장점만을 과시해서도 안 된다고 한다. 하나님은 하나님 자신이 바라는 행동이나 규범에 대한 긍정적, 혹은 부정적인 모범으로서 성경 속에서 사람들을 사용하시기 때문이다.[254] 그러나 인간중심적인 메시지가 되지 않기 위해서는 그리스도 중심, 즉 구속에 초점을 두는 메시지이어야 한다는 것이다. 성경에 충실한 설교는 모든 본문을 하나님의 구속사역이라는 상황에서 풀어나가야 하며, 하나님의 말씀 안에서 그리고 인간의 행위 안에서 영광을 받아야 할 분은 오직 그리스도 한 분이라는 사실을 강조하는 그리스도 중심의 설교가 이루어지지 않을 때, 결국 인간중심적인 설교, 실패할 수밖에 없는 종교로 나아갈 뿐이라고 한다. 그

---

251) Chapell, 『그리스도 중심 설교 이렇게 하라』, 23.
252) Chapell, 『그리스도 중심의 설교』, 51-56.
253) Chapell, 『그리스도 중심 설교 이렇게 하라』, 24.
254) Chapell, 『그리스도 중심의 설교』, 356-357.

는 더불어 그리스도 중심의 설교를 할 때에 설교자들이 쉽게 범할 수 있는 오류에 대해서도 말한다. 먼저는, 구속적인 주제를 전혀 제공하지 않는 것처럼 보이는 본문에 등장하는 인물이나, 교훈들이 영구적으로 타당하지 않다고 결정하는 것과 또 하나는, 본문의 내용과는 상관없이 성육하신 그리스도를 언급함으로써 모든 성경 이야기 속에 예수님을 지키려고 노력하는 것을 지적한다.[255] 곧 모범적 진영에서 취했던 부당한 평행선 긋기에 대한 오류를 지적하는 것이다. 그리스도 중심적인 설교라고 해서 반드시 골고다나 베들레헴, 감람산, 십자가를 언급해야 할 필요는 없는 것이다. 채펠은 이것을 다음과 같이 그림으로 설명하고 있다.

〈표 5〉 부당한 평행선 긋기의 오류[256]

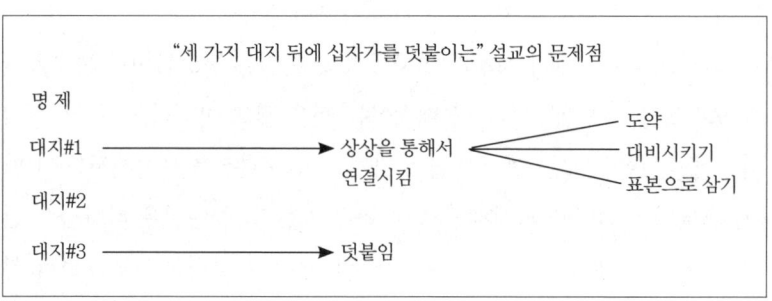

그러나 구속사적이며 그리스도 중심적인 설교는 모든 설교에서 반드시 예수님과 십자가를 언급하는 것보다 청중으로 하여금 하나님의 구속 사역이 자신에게 어떤 의미를 갖는지 분명하게 인식하게 만드는 것이라고 주장한다. 채펠은 자신의 주장을 아래의 도식으로 표현하고 있다.[257]

---

255) Chapell, 『그리스도 중심의 설교』, 375.
256) Chapell, 『그리스도 중심의 설교』, 386.
257) Chapell, 『그리스도 중심의 설교』, 387.

〈표 6〉 은혜로 이끄는 설교

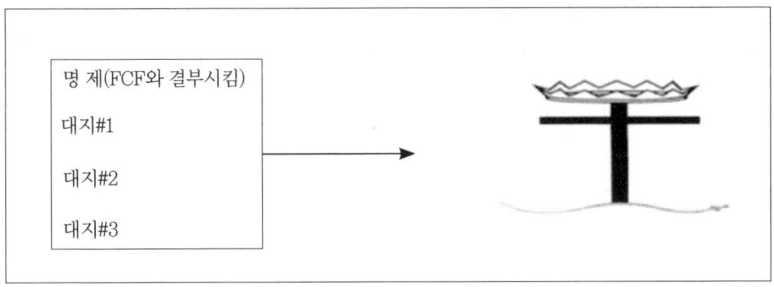

그는 "올바른 강해란, 예수님을 본문에 강제로 앉히거나 어떤 구절 속에 아무렇게 배치하는 것이 아니라, 하나님이 세우신 구원 계획과 그 계시 안에서 본문이 어떤 역할을 하고, 어떤 위치를 차지하는지를 살펴봄으로써 그리스도 중심이라는 주제를 발견해 내는 것"이라고 주장한다.[258] 그는 도식으로 자신의 주장을 묘사하고 있는데 다음과 같다.

〈표 7〉 그리스도 중심의 강해[259]

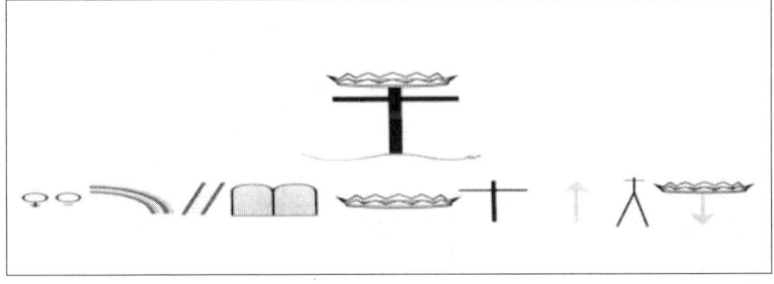

표 7에서 보는 바와 같이 성경 본문이 그리스도 중심에 초점을 맞추거나 설교가 그리스도 중심적이 될 수 있는 것은 설교자가 예수님의 인격이나 사역에 관한 구절을 설교 속에 교묘하게 넣었기 때문이 아니라 하나님

---

258) Chapell, 『그리스도 중심의 설교』, 375-376.
259) Chapell, 『그리스도 중심의 설교』, 381.

의 아들 그리스도가 뱀을 쳐부수는 위대한 구속의 드라마 안에서 본문이 어떤 기능을 담당하고 있는지를 설명하기 때문이라고 말한다. 즉 설교하고자 하는 본문이 전체적인 구속사에서 어떤 위치와 기능을 갖고 있는지를 알고, 성경 전체의 목적만 확실하게 인식하고 있다면, 어떤 설교에서든지 예수님을 구체적으로 언급하지 않고서도 그리스도 중심적인 메시지를 전할 수 있다고 말한다.[260] 그는 하나님 중심의 설교는 필연적으로 그리스도 중심의 설교가 된다고 하면서 그 이유로, 설교자들이 설교 중에 항상 예수님의 이름을 직접적으로 언급하거나 공생애 사건을 상기시켜서가 아니라, 우리 인간이 처해 있는 어려운 상황을 하나님이 해결해 주실 수 있다는 사실을 현실적으로 증명하기 때문이라고 한다.[261] 성경의 모든 교훈은 하나님의 구속 사역의 섭리와 계시 안에서만 제 역할을 할 수 있는 것이기에 그리스도 중심의 설교는 성경 전체로부터 구속적 진리를 선포하고, 그러므로 그리스도 중심적 설교를 행하는 설교자들은 구속을 그 중심 주제로 강조할 수밖에 없다는 것이다. 한 마디로 그리스도 중심의 설교는 본문을 구속사적으로 강해하며, 타락한 인간의 상태에 대한 하나님의 해결책을 제시하고 사람들이 자신을 뛰어 넘어 모든 것의 해결자이신 그리스도를 바라보게 만드는 설교라는 것이다.[262]

채펠의 그리스도 중심의 설교를 정리해 보면, 채펠은 설교는 반드시 그리스도 중심이어야 한다고 강조한다. 성경을 하나님의 구속 사역의 정점인 그리스도를 중심으로 보는 구속사적 관점으로 해석해야 한다는 것이다. 물론 그에게서는 구속사적 설교라는 표현은 발견할 수 없지만 그러나 채펠 역시 그리스도 중심의 설교와 하나님 중심의 설교라는 말을 동일한 의미로 사용하고 있으며, 그리스도 중심-하나님 중심의 설교는 필연적으로 구속사적 설교 일 수밖에 없는 것이다. 모든 성경은 궁극적으

---

260) Chapell, 『그리스도 중심의 설교』, 377.
261) Chapell, 『그리스도 중심의 설교』, 380.
262) Chapell, 『그리스도 중심의 설교』, 384-385.

로 하나님의 구속 사역을 드러내는 목적과 취지를 가지고 있고, 설교자들은 성경의 계시를 하나님의 구속사역과 직접 연관시킬 수 있어야 하기 때문이다. 채펠은 그리스도 중심의 설교를 강하게 주장하면서, 반면 모든 인간은 약점을 가진 존재이기에 단지 성경의 인물들을 본받으라고 하거나, 어떤 도덕적 모범을 따르라고 하는 것은 기독교적인 설교가 아닌 반-기독교적인 설교라고까지 말한다. 즉 인간 중심적, 도덕주의적 설교에 대하여 반대를 제기한다. 또한 모든 성경에 그리스도를 억지로 꿰어 맞추는 배타적인 구속사적 설교도 거부한다. 그는 성경에 충실한 성경적 설교는 모든 본문을 하나님의 구속사역이라는 관점에서 보며, 하나님의 은혜를 강조하고 하나님의 말씀 안에서, 그리고 인간의 행위 안에서 영광을 받아야 할 분은 오직 한 분 그리스도임을 강조하는 그리스도 중심의 강해설교를 주창하고 있다.

이상으로 본장에서는 구속사적 설교에 대한 이해로서 구속사적 설교의 정의와 구속사적 설교의 배경을 신학적, 성경적, 역사적으로 살펴보았다. 또한 모범적-구속사적 논쟁 속에서 시작된 구속사적 설교의 발전과 함께, 성경적 설교로서 구속사적 설교를 주창하는 학자들의 견해를 다루어 보았다.

이어지는 제3장에서는 구속사적 설교의 원리와 구속사적 설교를 위한 다양한 해석방법, 그리고 구속사적 설교의 실제요소와 구속사적 설교의 특성을 정리하며 구속사 설교의 지평을 넓혀 보고자 한다.

**Narrative
Preaching**

제3장
구속사적 설교의 원리와 해석 방법 및 실제 요소

신학적, 성경적, 역사적 배경을 가지고 있는 구속사적 설교는 세 가지 중요한 전제를 중심으로 하는 그 원리가 있고, 더불어 다양한 해석 방법이 있다. 또한 구속사적 설교의 실제 요소들이 있는데, 이를 살펴보는 것은 구속사적 설교에 대한 전반적인 이해의 지평을 넓히고 확립하는데 필요할 것이다.

제1절 구속사적 설교를 위한 원리

그레이다누스는 구속사적 접근의 해석학적 원리들을 세우는데 있어서 기초적 역할을 하는 세 가지 전제들을 제시하였다. 그것은 역사성, 통일성, 점진성이다.[1] 클라우니 역시 구속사적 설교의 토대가 되는 성경 신학에 대한 가장 바른 이해로 "계시의 역사성 및 점진성과 그것이 선언하고 있는 하나님의 계획의 통일성을 인식하는 것"[2]이라고 했다.

이하에서는 그레이다누스가 제시한 세 가지 전제를 중심으로 구속사적 설교에 대한 원리를 고찰해보고자 한다.

---

1) Greidanus, 『구속사적 설교의 원리』, 146-49.
2) Clowney, 『설교와 성경 신학』, 10.

1. 역사성

구속사는 역사다. 하나님의 자기 계시는 구속사적이며, 구속적 자기 계시는 역사적이다. 즉 하나님은 역사에서 자신을 나타내시고, 역사에 의해 다음 세대들에게 알려지신다.[3] 구속사는 성경계시의 역사성을 강조한다. 구속사는 하나님의 계시 역사를 말한다.[4] 하나님의 계시는 본질상 역사적인 특성을 갖는다. 하나님은 인간 역사에 객관적이면서도 구체적으로 임하시고 계획하신 자기 백성을 구속하는 행동을 하신다.[5] 또한 하나님의 말씀은 구체적인 역사적 상황에 따라 기록된 것이므로 본질적으로 역사성을 지니게 된다.[6] 구약의 이스라엘과 신약의 기독교의 신앙은 고상한 사상이나 이념에 토대를 두고 있는 것이 아니라 인간 역사에서 활동하신 하나님의 사역에 토대를 두고 있는 것이다.[7] 하나님은 역사적 인물들과 역사적 사실에 관련하여 자신을 계시하셨고, 그 역사 속에서 자신의 계획을 나타내셨고, 그 역사 속에서 자신의 계획을 진행하며 완성해 가신다. 하나님은 당신의 구속 계획을 역사의 지평선 위에서 실현하신다.[8]

벌코프(Louis Berkhof)는 "하나님의 말씀은 역사적인 방식으로 생겨났기 때문에 역사에 비추어 보아야만 이해될 수 있다."[9]고 하였다. 이승진은 구속사에 대하여 이렇게 정의한다. "삼위 하나님이 시간과 공간의 구조를 가진 인류의 역사 속에서 점진적이고 유기적으로 자신의 계획하신 인류 구원을 예수 그리스도의 죽음과 부활 사건 속에서 완성하시고 그 완성된 구속 사역을 지상의 교회에게 종말의 날까지 단계적으로 적용시키

---

3) Maccartney & Clayton, 『성경해석학』, 58.
4) 황창기, 『성경 신학이란 무엇인가』(서울: 기독교문서선교회, 1988), 20.
5) Lawrence, 『목회와 성경 신학』, 46.
6) 이우제, "성경신학적 설교의 미래와 진로," 726.
7) Greidanus, 『성경 해석과 성경적 설교』, 59.
8) C. Trimp, 『설교학 강의』, 고서희 · 신득일 · 한만수 역(서울: 기독교문서선교회, 1986), 69.
9) Louis Berkhof, 『성경해석학』, 박문재 역(서울: 크리스챤다이제스트, 2008), 121.

고 실현시켜가는 역사적인 과정"이다.[10] 그는 이러한 구속사의 정의를 통해 구속사의 역사성을 이렇게 말하고 있다. "우리는 역사와 관련 없는 말씀을 생각할 수 없고 어떤 결정적인 말씀의 의미를 강조함이 없이 성경의 역사를 말할 수 없다."[11] 성경이 보여주는 구속사는 본질적으로 역사성을 가지고 있고, 하나님께서 역사의 배후에서 역사를 진행시켜 나가신다. 즉 하나님께서 역사를 주관하시며 간섭하시고, 역사 속에서 역사와 더불어 그리고 역사를 통하여 전개되는 구원의 역사를 뜻하는 것이기에[12] 구속사를 바로 이해하기 위해서는 역사에 대한 바른 이해가 선행되어야 할 것이다.

역사를 이해하는데 있어서 반드시 살펴보아야 할 것이 있는데 하나는, 18세기와 19세기 헤겔(G. W. F. Hegel)의 역사주의와 슐라이에르마허(F. D. E. Schleiermacher)의 자유주의 감화 아래에서는 지금까지의 전통적인 방법이 거부되었다는 것이다. 이들의 역사 이해는 상대주의적이고 역사 비평적 방법이었다. 이들은 이성만능주의로서 초자연적인 것과 영적인 것은 모두 거부하여 기독교의 본질을 놓치게 하는 결과를 만들어냈다. 이런 역사 비평적 방법은 성경의 권위와 신학적 개념들을 무너뜨림으로 인하여 성경의 구속사에 대한 진정한 이해가 사실상 불가하다.[13]

또 다른 하나는, 바르트(Karl Barth)를 중심으로 한 초역사적 방법론이다. 이것은 합리주의와 자유주의 역사적 방법에 대한 반작용으로 일어난 것이다. 바르트는 구속사를 세속사와 구분하여 구속사를 거룩한 역사(Sacred history)로서 초역사 사건으로 봄으로 '히스토리'(History)와 '게시스테'(Geschichte)를 구분하였다. '히스토리'(History)가 객관적으로 실증할 수 있는 과거의 사건들을 가리킨다면, '게시스테'(Geschichte)는 실존적 역사

---

10) 이승진, 『교회를 세우는 설교 목회』, 317-318.
11) 박종칠, 『구속사적 구약성경 해석』, 51.
12) 정성구, 『개혁주의 설교학』, 364.
13) 정성구, 『신학과 설교』, 121.

를 의미한다.14) 그에 의하면 예수의 부활은 '게시스테'(Geschichte)에 속하고, '히스토리'(History)에 속하지 않으므로 '히스토리'(History)의 영역은 기독교인에게 무가치하며 예수는 '게시스테'(Geschichte)의 영역에서 믿음으로 만나야 한다는 것이다.15) 그러나 바르트의 이런 역사와 초역사라는 두 영역 사이에서의 이원론적 방법은 구속사를 역사와 분리시켜 기독교를 구름 위에 세운 공중누각 같은 초월종교로 만들어 버렸다.16)

이에 대하여 그레이다누스는 이 하나의 영역 안에서 두 종류의 역사를 구분하는 것에 대해 논하는 스킬더의 말을 인용하여 이렇게 말하고 있다.

> 모든 역사는 거룩한 역사이다. 왜냐하면 모든 역사가 실제로는 당신의 목적을 향해 일하시는 하나님의 역사이기 때문이다. 그러므로 모든 연대는 주후, Anno Domini, 곧 우리 주 예수 그리스도의 연대인 것이다. 그리스도 안에서 하나님은 세상을 구속하시고, 재창조하신다. 당신의 왕국은 이 세상 안으로, 즉 우리의 세속적이고, 타락한 역사 안으로 들어온다. 하나님의 구속 사역은 세속적인 역사와 분리된 별개의 역사를 만드는 것이 아니라, 역사에 들어와서 역사와 함께 역사를 통하여 일어난다.17)

하나님이 주관하시는 역사는 세속적 역사와 거룩한 역사가 분리되어 있지 않다는 것이다. 하나님은 역사 안에 계시기 때문이다. 하나님은 계획하신 구속 사역을 역사의 현장에서 성취한다. 계시의 과정은 역사와 공존할 뿐 아니라 역사 안에서 구체적으로 구현된다. 역사의 사실들 자체가 계시의 의의를 가진다.18) 하나님의 계시의 진리는 역사의 옷을 입고 있다.19) 하나님이야말로 창조계와 인간 역사에서 만물의 자연 질서 안의

---

14) 김의환, 『도전받는 보수주의』(서울: 생명의말씀사, 1978), 14.
15) 간하배, 『현대신학 해설』(서울: 개혁주의 신행협회, 1974), 25-26.
16) 정성구, 『신학과 설교』, 121.
17) Greidanus, 『구속사적 설교의 원리』, 147.
18) Vos, 『성경 신학』, 16.
19) 박종칠, 『구속사적 구약성경 해석』, 53.

어느 곳에나 모두 스며있는 유일한 요인(要因)이라고 말할 수 있다. 성경은 분명 하나님께서 두 가지 방법, 즉 눈에 잘 띄지 않는 자연스런 방법과 비범(非凡)한 방법으로 역사 안에서 일하고 계시다는 사실을 보여준다.[20] 그러나 한편 그레이다누스는 하나님 나라의 역사와 세상 역사를 동일한 것으로 보아서는 안 된다고 주장한다. 그는 자신의 주장을 간단한 도식으로 묘사하며 이렇게 말한다.

〈표 8〉 하나님 나라의 역사에 대한 도식

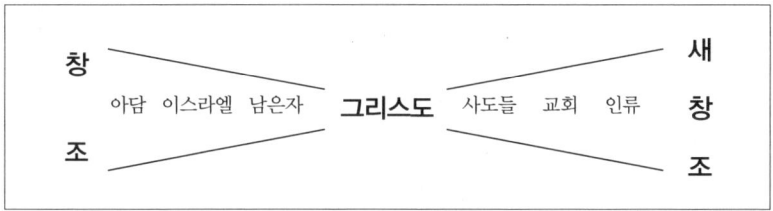

성경에 묘사되어 있는 하나님 나라의 역사는 단지 시작(창 1-11장)과 끝(계 21-22장)에서만 세상 역사와 일치할 뿐이다. 물론 하나님께서는 온 세상에서 일하시며 온 세상에 관심을 가지시며 마침내는 온 세상을 구속하실 것이지만, 창세기 12장부터 시작되는 하나님의 구원 사역의 초점은 기본적으로 한 계열(아브라함)과 한 나라(이스라엘)로 좁아지다가 마침내는 한 사람 즉 예수 그리스도에게 이르게 된다. 그러나 그리스도의 부활 이후에 성령의 쏟아 부으심과 더불어 세상의 모든 나라들이 다시 시야(視野)에 들어오게 된다. 그리고 모든 피조계가 마지막 날에는 다시 새롭게 되리라는 약속이 주어진다. (롬 8:21; 계 21-22장)[21]

---

20) Greidanus, 『성경 해석과 성경적 설교』, 84-85.
21) Greidanus, 『성경 해석과 성경적 설교』, 194.

정리해 보면, 구속사적 역사 이해는 기독교 신앙의 본질을 놓치게 만드는 이성만능주의, 즉 초자연적인 것과 영적인 것을 모조리 거부하는 역사 비평적 방법론의 이해가 아니다. 또한 역사를 객관적으로 실증할 수 있는 과거의 사건과 실존적인 역사를 나누는 이원론적 이해도 아니다. 구속사는 역사 속에서 역사와 더불어 역사를 통하여 전개되는 구원 역사이다. 구속사는 세상을 구속하시고 재창조하시는 하나님의 계시로서의 역사적 사건이며 하나님의 행동이다. "성경 전체는 역사라는 틀 안에서 성경의 메시지를 신학으로서 제시한다."[22] 그러므로 구속사는 역사적으로 해석해야 하며, 구속사의 바른 해석을 위해서는 본문이 전체 구속사의 일부로 이해되어져야 한다는 것이다. 물론 중요한 것은 그때 그들의 역사 속에서 일하셨던 바로 그 하나님께서 오늘날 우리의 역사 속에서도 하나님 나라의 최종적인 완성을 위해 동일하게 일하고 계신다는 사실이다.[23]

룻기로 말해 본다면, 룻기 이전의 시대는 역사적으로 이스라엘에 아직 왕이 있기 직전 시대로서 사사시대를 말한다. 비록 영적 암흑기이기는 하지만 그러나 역사의 주인이신 하나님은 이 사사시대에도 사사들을 통해 역사 속에서 일하시며 역사를 이끌어 오셨다. 그리고 룻기는 이후의 시대, 즉 왕정 시대를 염두에 두고 다윗 왕에 대한 족보를 언급하며 결론을 짓고 있다. 이스라엘에는 아직 왕이 없지만 분명히 왕은 등장할 것이다. 우리는 룻기를 맺는 결말부분의 족보에서 누가 그 왕이 될 것인지 예측할 수 있다. 룻기는 사사시대와 왕정시대를 잇는 가교 역할을 한다.[24] 하나님은 룻기를 통해 다윗 왕을 예비하시고 있음을 보여주고 있는 것이다. 그리고 이것은 더 나아가 역사의 분기점이 될 예수 그리스도에게까지 이르게 됨을 알 수 있다. 다윗은 오실 그리스도의 모형으로서

---

22) Goldsworthy, 『성경신학적 설교 어떻게 할 것인가』, 56.
23) Greidanus, 『성경 해석과 성경적 설교』, 198.
24) Carol M. Kaminski, 『구약을 읽다』, 이대은 역(서울: 죠이선교회, 2016), 148.

성경은 예수 그리스도를 "큰 다윗"으로 말하고 있다. 룻기는 어두운 시대의 이면에서 곧 다윗의 메시야적 구원의 왕권을 암시하고 있다.[25] 이와 같이 룻기 이전의 역사 속에서 일하신 하나님은 룻기 이후의 시대, 그리고 신약에 이르기까지 섭리의 손길로 역사를 주관하고 계시며, 구속의 계획 속에서 역사를 이끌어 가고 계심을 볼 수 있다.

2. 통일성

구속사는 통일성을 가지고 있다. 성경 계시는 하나의 스토리를 이야기한다. 성경은 꽤나 복잡하지만 동시에 탁월한 통일성을 가지고 하나님의 창조와 구원의 계획에 대한 이야기를 해주고 있다.[26] 그리고 이 구속사의 중심에는 예수 그리스도가 있다. 성경은 태초에 구원의 계획을 가지신 하나님께서 일관되게 예수 그리스도를 통한 구원의 역사를 진행하고 있음을 말하고 있다. 성경은 구속에 관한 책이다. 성경은 하나의 통일성을 가진 전체로서 그리고 현재적 의미로서 뿐만 아니라 궁극적으로 미래의 마지막 날 이루어질 성취로서의 하나님의 섭리가 담겨있는 책이다.[27]

캐롤 카민스키(Carol M. Kaminski)는 성경의 구속의 역사에 대해 말하기를 "이스라엘에서 시작하지만 온 세계를 위한 하나님의 인류 구원 계획이라는 하나의 통일된 이야기를 말하는 책"[28]이라 하였다. 정성구는 그의 책에서 성경의 통일성을 바로 볼 수 있는 방법은 구속사적 관점이라면서 "구속사는 성경의 일관된 구조로서 통일성을 가진다. 성경은 무수히 많은 역사의 조립이나 편집이 아니고 오직 하나의 역사, 즉 하나님의 구속의 역사가 있을 뿐이다."라고 주장한다. 더불어 그는 스킬더의 견해를 인용하면서 "하나님은 그의 의지로 모든 것을 계획하셨고 그 계획을

---

25) 박종칠, 『구속사적 성경해석』(서울: 기독교문서선교회, 1992), 168.
26) Goldsworthy, 『성경신학적 설교 어떻게 할 것인가』, 53-54.
27) Walter C. Kaiser, Jr, 『구약성경신학』, 류근상 역(고양: 크리스찬출판사, 2001), 15.
28) Scott M. Gibson, 『구약을 설교하기』, 김현회 역(서울: 도서출판 디모데, 2009), 70.

그리스도 안에서 성취시키고 그리스도 안에서 자신을 계시하시고 그리스도 안에서 세상을 구속하셨으므로 역사는 하나의 통일성을 가지며 그 통일성은 구속사의 통일성을 나타내는 것"이라고 설명한다.[29] 예수 그리스도를 중심으로 하는 하나님의 구속사적 통일성을 말하고 있다. 제임스 오르(James Orr)는 성경의 통일성에 대하여 다음과 같이 주장한다.

> 창세기부터 계시록까지 내용적으로 완전한 통일성을 갖고 있다. 단편적인 내용들은 단순히 주워 모은 책이 아니라 각 부분들은 서로 유기적으로 연결되어 있다. 말하자면 시작부터 끝까지 하나의 연결된 이야기로 되어 있다. 성경을 읽노라면 그 속에 무엇인가 살아 있다는 것을 깨닫게 된다. 책 속에는 하나의 뚜렷한 계획과 목적과 발전이 있다. 시작과 끝은 하나로 연결되어 있으며, 결국 이 모든 일은 하나님께서 이루셨다는 사실을 드러낸다.[30]

팔머 로벗슨(Palmer Robertson)은 대속의 죽임을 당하신 예수 그리스도의 피의 언약을 중심으로 통일성을 언급한다. 그는 주장하기를 "계약(언약)은 하나님의 주권적으로 사역되는 피로 맺은 약정"[31]이라고 설명하면서, "성경의 계약적인 구성은 놀라운 통일성을 나타낸다. 백성을 자신과 결속시키는데 있어 하나님은 변함이 없으시다. 이런 이유 때문에 하나님의 계약들은 조직적으로 서로 연관되어 있다. 아담부터 그리스도까지 계약적 사역의 통일성은 하나님과 그의 백성과의 관계에 대한 역사를 나타내준다"고 주장한다. 이 같은 원리를 그는 다음과 같이 도표화하여 제시하고 있다.[32]

---

29) 정성구, 『개혁주의 설교학』, 366.
30) Kaiser, Jr, 『구약 성경 신학』, 22-23.
31) Palmer Robertson, 『계약신학과 그리스도』, 김의원 역(서울: 기독교문서선교회, 2008), 21-23.
32) Robertson, 『계약신학과 그리스도』, 53-70.

〈표 9〉 팔머 로벗슨이 제시하는 성경의 계약적 구성

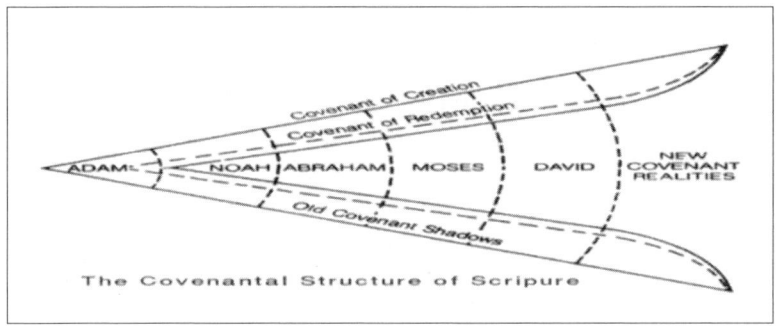

게라르드 반 그로닝겐(Gerard Van Groningen)은 성경은 하나님의 왕국 언약을 중심으로 통일성을 가진다면서 다음과 같이 말하고 있다.

성경은 하나님의 왕국에 대해 하나님께서 보여주시는 계시의 통일성이다. 하나님 왕국의 왕은 주권자이신 하나님이시다. 하나님의 통치 영역은 하나님의 모든 창조세계를 말한다. 그리고 하나님의 보좌는 통치를 실제로 수행하는 곳이다. 그러나 사람은 죄로 인하여 하나님과 사람, 그리고 창조세계와의 관계가 완전히 절망의 상태로 되어 복구가 불가능 해졌다. 하나님은 복구의 수단으로 예수 그리스도를 중심에 세우셨다. 예수 그리스도는 사람을 완전하게 세울 수 있는 모든 것을 행하셨다. 그리고 하나님 나라의 완성은 재림의 약속으로 이루어진다. 예수 그리스도는 '회개하라 천국이 가까이 왔느니라'(마 4:17) 하시면서 천국 복음에서 하나로 구원의 통일성을 제시하셨다. 그리고 사도 바울은 로마에 전한 복음이 하나님 나라를 전파한다(행 28:31)고 기록하면서 복음의 통일성을 강조하고 있다.[33]

---

33) Gerard Van Groningen, 『구약의 메시야 사상』, 유재원 · 류호준 역(서울: 기독교문서선교회, 1999), 73-74.

그레이다누스는 그의 책에서 말하기를, 하나의 단일한 구속사가 구약과 신약의 중심을 이룬다면서 "구속사는 옛 언약으로부터 새 언약으로 흘러가는 위대한 강이요 이 두 언약을 함께 붙들어 매는 강이다. 물론 구속사에는 진전이 있음이 사실이다. 그럼에도 불구하고 이 구속사는 하나의 구속사이다."[34] 라고 주장한다. 그리고서 거기에 이렇게 덧붙이고 있다.

> 하나님의 왕국, 언약, 그리고 구속과 같은 구약의 주제들은 비록 극적인 변형을 겪기는 하지만 여전히 신약으로 이어져 나간다. 이러한 연결들 모두는 구약과 신약의 통일성을 웅변적으로 잘 보여준다. 그리고 이 모든 연결들은 하나님의 구속사가 단일하다는 사실에 결정적으로 그 기초를 두고 있다. 하나님이 친히 인도하시는 단일한 구속사가 구약과 신약 사이의 통일성의 토대요 기초이다."[35]

골즈워디는 "구약성경은 참으로 예수님을 증거 할 뿐만 아니라, 이 통일성은 신구약 속에 있는 그리고 신구약 사이에 있는 진정한 다양성과 긴장관계에 있다."[36]고 말하면서, "어떠한 정경적 접근 방법에도 성경의 통일성이 전제가 되어 있고, 이 통일성 때문에 일차적 문맥이 이루어질 수 있고, 이 문맥에서부터 모든 본문이 해석될 수 있다"[37]고 주장한다.

이상을 정리해 보면, 골즈워디가 말한 바와 같이 "성경의 통일성이란 우선적으로 복음에 계시된 하나님의 자기 계시를 근거로 한 일종의 신학적 확신이다"[38] 신구약 성경은 다양성이 있음에도 불구하고 놀랄만한 단일성, 즉 통일성이 있다. 성경은 단 하나의 정확하고 일관성 있는 그림을 제시하는데 예수 그리스도를 중심으로 하는 하나님의 구속에 관한 것이

---

34) Greidanus, 『구약의 그리스도 어떻게 설교 할 것인가』, 92.
35) Greidanus, 『구약의 그리스도 어떻게 설교 할 것인가』, 92-93.
36) Goldsworthy, 『복음중심 해석학』, 289.
37) Goldsworthy, 『복음중심 해석학』, 290-299.
38) Goldsworthy, 『성경신학적 설교 어떻게 할 것인가』, 119.

다. 구속사는 성경의 일관된 통일성의 구조로 되어 있다. 구약과 신약은 하나의 언약의 통일성으로 연결되어 있으며, 하나님이 이끌어 가시는 구속사는 신구약 성경의 통일성의 토대이며 기초가 된다. 하나님께서는 예수 그리스도 안에서 구속 사역을 계획하시고, 계시하시고, 또한 실행하시고 진행하시기 때문에 구속사는 예수 그리스도를 중심으로 통일성을 이룬다.

룻기를 예로 들자면, 룻기에서 헤세드의 하나님은 중요한 신학적 주제이다. 룻기에 등장하는 이 '헤세드'는 구약에서 3분의 2이상이 하나님과 직접 연관되어 사용되고 있고, 그래서 헤세드는 하나님의 성품을 가장 잘 나타내는 개념이기도 하다.[39] 룻기의 핵심적인 주제가 바로 헤세드라는 단어로 압축된다고 할 수 있다. 하나님은 나오미와 룻에게 헤세드를 베푸신다. 그리고 등장인물들은 인간관계 속에서 서로 간에 헤세드를 베푼다. 그러나 이미 룻기 이전에도 하나님께서는 이스라엘의 역사 속에서 언약을 주시고 지키심으로 자기 백성에 대한 신실하심을 보여주셨다. 곧 헤세드의 하나님이심을 드러내 보이시고, 어떻게 백성들이 하나님의 헤세드에 반응하고, 올바르게 행하여야 하는지를 보이셨다. 더 나아가 하나님의 헤세드의 절정은 예수 그리스도이다. 예수 그리스도는 무조건적 은혜와 자비로 자기 백성을 사랑하시는 헤세드의 하나님을 가장 잘 드러내 주고 있다. 룻기를 통하여 룻의 나오미에 대한 헤세드, 그리고 보아스의 헤세드를 통하여 하나님의 헤세드가 온 이스라엘 공동체와 다윗의 집안과 그 후손 예수 그리스도를 통해 온 세상에 실현되는 것을 발견할 수 있다. 헤세드는 하나님 나라의 중심을 꿰뚫고 흐르고 있으며,[40] 시공간을 초월하여 자기 백성을 향한 하나님의 헤세드는 동일하고, 그 안에서 신구약 성경이 하나됨 즉 통일성을 이루고 있음을 알 수 있다.

---

39) 송병현, 『엑스포지멘터리 룻기 · 에스더』, 52.
40) 이문식, "설교적 관점에서 본 룻기 이해," 『사사기 · 룻기를 어떻게 설교할 것인가』(서울: 두란노 아카데미, 2009), 416-417.

3. 점진성

구속사는 점진적(progressive)이다. 하나님은 역사 안에서 또 그 역사를 통하여 당신의 목표에 점차로 접근하신다. 구속사는 시대들, 곧 세대들로 구성되어 있다. 하나의 역사가 그리스도를 중심으로 점진하고 있는 것이다.[41] 하나님의 구속사는 본질적으로 역사 가운데서, 역사의 현장 속에서 일어나고 진행되는 사건의 점진적 연속과정이다. 점진적 구속사의 진행은 역사를 바탕으로 이루어져 오고 있다.[42] 구속사는 역사적 시간 안에서 점진적으로 발전하는데, 보스(Geerhardus Vos)는 계시의 점진성에 대하여 "계시는 단 한 번의 행동으로 완결된 것이 아니라 오랜 동안 이어져 내려온 활동들 속에서 그 모습을 드러냈다."라고 말한다. 그리고 덧붙여 이렇게 주장하고 있다.

> 계시는 홀로 서 있는 것이 아니라(특별 계시에 관한 한) 하나님의 또 다른 활동, 즉 구속(救贖)이라 부르는 그것과 불가분리의 관계로 엮어져 있기 때문이다. 그런데 구속은 역사 속에서 계속 이어지는 것일 수밖에 없다. 왜냐하면, 구속이란 역사의 과정 속에 나서 존재하게 되는 인류의 각 세대들에게 적용되는 것이기 때문이다. 계시란 '구속의 해석'이다. 따라서 구속이 그렇듯이 계시도 조금씩 단계적으로 그 모습을 드러낼 수밖에 없다.[43]

구속이 점차로 전개되듯이 계시도 점진적일 수밖에 없다는 것이다. 보스는 또 다른 책에서 "성경의 초자연적 계시의 첫 번째 특징이 역사적 점진성(historical progress)"이라고 말하면서 "하나님의 자기 계시는 모든 시대에 걸쳐 있고, 계시하는 모든 행위와 말씀을 포괄하며, 긴 시간에 걸쳐

---

41) Greidanus, 『구속사적 설교의 원리』, 148.
42) 석원태, 『구속사적 설교신학원론』, 337-338.
43) Vos, 『성경 신학』, 14.

서 나타났다." "하나님께서는 하나님이 조정하신 순서대로 하나님에 대한 지식을 인간들에게 나누어 주심으로, 인간들이 점진적으로 하나님을 잘 이해하고 더욱 잘 아는 길을 제시하셨다."[44]고 주장한다.

벌코프(Louis Berkhof)는 말하기를 "신구약 성경이 가지고 있는 계시는 점진적이고 서서히 그리고 정확하게 영적 개념이 확대되어 점차적으로 아름다운 꽃을 만발케 하는 신적 약속의 꽃봉오리를 보여주는데, 이러한 발전은 예수 그리스도 안에서 죄인을 구속하기 위한 하나님의 은혜의 발전을 보여주는 것이라"[45]고 했다. 클라우니는 "성경은 역사 진행과정에서 그때그때 주어지는 계시를 기록한 책이다. 이 계시는 단번에 주어지거나 신학사전과 같은 형태로 주어진 것이 아니다. 계시의 과정은 구속사와 더불어 진행되기 때문에 점진적으로 주어진다."[46]고 주장한다. 골즈워디는 말하기를 "하나님은 피조 세계의 역사를 주관하신다. 역사는 하나님의 결심과 의지에 의해 진행되며, 어떤 실수나 오류가 없이 정확하게 진행된다. 궁극적으로 인간의 역사는 하나님의 목적을 이루기 위한 방향으로 나아간다. 구속사의 계시는 점진적 성격을 강조하며 이루어진다."[47]고 했다. 그레이다누스 역시, 계시의 점진성을 이야기하면서 설교자가 "성경 전체를 통해서 그 본문의 의미를 계속 추구하여 씨앗에서 자라나 꽃으로 활짝 피어난 메시지를 찾아야 한다."고 말한다.[48]

이우제는 구속사의 점진에 대하여 "하나님의 자기 계시는 일시적으로 주어진 것이 아니라 점진적으로 발전해 나가는 구속 역사적 계시라고 하면서, 하나님의 구원 역사는 시기별로는 구분되지만 분리되는 것은 아니며, 성경 계시의 전체 역사는 일관된 주제인 예수 그리스도 안에 있는 세상을 향한 하나님의 구원 계획이라는 통일성을 확보하게 된다."[49]고 설

---

44) Vos, 『구속사와 성경해석』, 14-15.
45) Berkhof, 『성경해석학』, 69.
46) Clowney, 『설교와 성경 신학』, 8.
47) Goldsworthy, 『성경신학적 설교 어떻게 할 것인가』, 62.
48) Greidanus, 『성경 해석과 성경적 설교』, 145.
49) 이우제, "성경신학적 설교의 미래와 진로," 727-728.

명한다. 그로닝겐은 점진성에 대하여 말하기를 "성경의 계시는 점진적으로 그 모습이 드러났다며, 외형의 형식적 측면이 급진적인 변화를 일으켰다고 하더라도 본성과 기본적인 의미는 변하지 않았다. 또한 모든 계시는 필수적으로 이전에 주어진 메시지를 반복하고 확대하는 성격을 가졌다"[50]고 주장한다. 이와 같이 여러 학자들의 주장처럼 구속사는 그 궁극적인 목표를 향해 꾸준하게 진전한다. 하나님께서는 일반적으로 자신의 약속을 점진적으로 채워 가신다.[51]

룻기의 또 다른 중요한 신학적 주제인 '고엘'(기업 무를 자)이 좋은 예가 될 수 있을 것이다. 룻기에서 보여지는 '고엘'(기업 무를 자)로서의 보아스는 죽은 친척 중 자식이 없이 홀로된 늙은 과부를 봉양하고 죽은 친척의 아내와 결혼하여 망자의 이름으로 된 땅을 무름으로 '고엘'의 전형적인 모습을 보여주고 있다. 그러나 룻기에서의 '기업 무를 자'의 역할은 이전의 율법에서 제시하는 기업 무를 자와는 차원이 다르다. 구약 성경의 율법서 여러 곳(레 25:24-34, 47-55; 민 35:12, 19-27; 신 19:6, 12)에서 '고엘'이 보여지고 있다. 이 가운데 레위기 25장에 나오는 '고엘'을 생각해 볼 수 있다. 레위기 25장에서의 구속은 땅과 사람 모두에게 적용된다.[52] 경제적으로 어려운 상황에서 자신의 땅을 팔게 되었을 때에 가까운 친족(고엘)이나 당사자는 후에 값을 치르고 그 땅을 되돌릴(구속) 수 있다(25-28절). 또 가난으로 인하여 사람이 "함께 있는 거류민이나 동거인 또는 거류민의 가족의 후손"에게 팔릴 경우에 속량(구속)받을 권리가 있었다. 그리고 만약 사람이나 땅이 속량되지 않더라도 희년이 되면 자유 할 수 있었다(47-54). 그러나 이 레위기에서 보여지는 구속의 법은 룻기의 구속에 정확하게 맞지는 않는다. 레위기의 율법대로 하면 외국인으로서 룻은 구속의 자격이 되지 않는다. 또 룻은 종(노예)의 신분으로 베들레헴에 온 것

---

50) Groningen, 『구약의 메시야 사상』, 74.
51) Greidanus, 『구약의 그리스도 어떻게 설교 할 것인가』, 347-355.
52) Philip Satterwaite & Gorden Mcconville, 『역사서』, 김덕중 역 (서울: 한국성서유니온선교회, 2011), 385.

도 아니고, 룻은 외국인이며 다른 한편으로는 룻이 자유 그 이상의 것(보아스와의 결혼)을 얻었기 때문이다. 룻기에 의하면 보아스는 단순한 구속자가 되는 것 이상이다.[53] 그리고 더 나아가 보아스는 진정한 구속자이신 그리스도의 모형이다. 진정한 기업 무를 자이신 "예수 그리스도께서 율법에 순종하여 십자가 위에서 죽으심으로 우리의 죄를 구속하시고 우리와 하나가 되셨을 때 마음껏 우리를 도우실 수 있게 되었다."[54] 이로 보건대 룻기 이전의 '고엘'(구속자)이 율법적 요구를 충족시키는 '고엘'(구속자)이었다면, 룻기에서의 보아스는 단순한 율법적 조항으로서의 구속자를 뛰어넘는, 이스라엘 공동체의 이상인 희년 공동체를 실현하는 구속자로서의 모습을 보여주고 있다. 나아가 십자가 위에서 자신의 생명을 내어 주심으로 인간의 모든 문제로부터 구속하시고 도우시는 진정한 구속자이신 예수 그리스도에게로 점진적으로 이르고 있음을 볼 수 있다. 예수님은 나사렛 회당에서 행한 첫 취임 설교에서 이사야의 예언을 인용하시며 희년을 선포하심(눅 4장)을 통해 예수님이야말로 하나님의 백성들의 진정한 '기업 무를 자', '고엘', '자유와 해방의 성취자' 그리고 '구속자'이심을 명백하게 드러내셨다.[55]

이 구속사의 점진성은 통일성과 분리될 수 없는데, 즉 그것은 통일성 안에서의 점진이며 점진성 안에서의 통일성이다. 역사는 언제나 통일성과 점진을 동시에 의미한다.[56] 하나님의 구속사는 본질적으로 그리스도를 중심으로 역사 가운데서, 역사의 현장 속에서 일어나고 진행되는 사건의 점진적 연속과정이라 할 수 있다. 하나님은 역사 속에서 점진적인 발전을 통하여 구원의 계획을 나타내고 이루어 가신다. 구속사는 하나님의 역사가 그리스도를 중심으로 나아가며, 결국 그리스도로 성취된다. 구속사는 실제 역사로서 통일된 하나의 계시의 점진이고, 성취인 것이

---

53) Victor P. Hamilton, 『역사서 개론』, 강성열 역 (서울: 크리스챤다이제스트, 2005), 258.
54) 김서택, 『주해가 있는 사사기 · 룻기 강해』(서울: (주)기독교문사, 2009), 397.
55) 이문식, "설교적 관점에서 본 룻기 이해," 410.
56) Greidanus, 『구속사적 설교의 원리』, 148.

다. 그래서 이 구속사의 점진은 통일성과 분리될 수 없는 것이다.

정리해 보면, 구속사적 설교는 하나님께서 구원의 행동을 구체적인 역사가운데서 진행하고 계시다는 것을 전제로 한다. 구속사는 본질적으로 역사성을 가지는 것이다. 또한 성경의 구속사는 통일성과 점진성을 동시에 가진다는 것을 전제한다. 구속사는 역사 속에서 구속사의 핵심인 예수 그리스도를 중심으로 점진적으로 발전되어 간다는 것이다. 즉 하나님의 영원하신 계획과 작정 안에서 점진하는 하나의 역사가 그리스도를 중심으로 진행되고 있다는 것이다. 구속사는 실제 역사이고 통일체이며, 점진적인 성격을 지니고 있다. 구속사적 설교는 반드시 이 세 가지 원리를 전제로 해야 한다.

제2절 구속사적 설교를 위한 해석 방법

설교자가 설교를 하기 위하여 가장 먼저 해야 할 작업은 본문과의 씨름이다. 즉 본문에 대한 해석 작업이다. 본문을 어떻게 해석하느냐에 따라 설교의 내용은 달라질 수 있다. 그러므로 어떤 해석의 틀을 가지고 본문을 대하느냐는 매우 중요하다. 바른 해석, 좋은 해석이 없이는 좋은 설교, 성경적인 설교를 할 수 없기 때문이다. 여기에서는 구속사적 설교를 위한 몇 가지 해석 방법론을 알아보고자 한다.

1. 문학적 해석

성경 본문에 있는 문학 형식은 성서 해석학적으로 중요하며, 그것이 성경을 해석하고 설교를 작성할 때에 위력을 발휘하여야 한다.[57] 성경은 히브리어와 아람어, 헬라어로 다양한 문학 장르를 포함하면서 1500년이

---

57) Long, 『성서의 문학유형과 설교』, 27.

라는 기간에 걸쳐 기록된 책이다.[58] 하나님께서는 다양한 문학적 형태들을 사용하여 성경을 완성하셨다. 그레이다누스는 성경의 장르와 형식 사이의 연관성을 다음과 같은 간단한 도표로 묘사하고 있다.

〈표 10〉 성경의 장르와 형식 사이의 연관성[59]

범주	성경의 문학 형식							
성경전체	선고							
장르	이야기		지혜서		복음서		묵시문학	
		예언서		시편		서신서		
형식	율법	꿈	애가		비유	기적		권면
	자서전		장송곡		소송		판결	
	보고		왕의 즉위		고난		기타	
	아래 형식들							

성경은 이렇게 다양한 문학적 형태와 장르를 가지고 있기에 성경을 해석하는 작업을 할 때에 성경 본문에 나타난 각각의 문학적인 범주에 따라 나름의 규칙을 가지고 해석해야 한다.[60] 성경적 설교를 위해서는 이처럼 다양한 본문의 문학적 형태나 장르에 충실하며 본문의 메시지와 의도, 영향력 그리고 본문의 양식에 충실해야 한다.[61]

전통적인 주해에서는 성경해석이 두 가지 주요 영역, 즉 문법적 영역과 역사적 영역으로 이루어진다고 보았다. 계몽주의 시대에 고등비평이 일어나기 전에는 성경 본문을 주로 그것에 담긴 신학(교리)을 찾아내기 위해 연구하였으나, 그 이후로는 성경 본문에서 주로 역사적 자료들을 찾기 위해서 연구하였다. 한편 최근에는 또 다른 전환이 일어났는데, 이

---

58) Goldsworthy, 『성경신학적 설교 어떻게 할 것인가』, 122.
59) Greidanus, 『성경 해석과 성경적 설교』, 57.
60) Robinson & Larson, 『성경적인 설교와 설교자』, 387.
61) Kenton C. Anderson, 『설교자의 선택』, 이웅조 역(서울: 한국성서유니온, 2009), 42.

것은 역사적 영역으로부터 문학적 영역으로 바뀐 변화이다. 이것을 로벗슨(David Robertson)은 '틀 전환'(a paradigm shift)이라고 말한다.[62]

문학적 해석에서는 일반적으로 해석자가 본문이 속한 성경의 문맥과 나아가서는 성경 전체의 문맥에서 단어들의 의미를 결정하려는 목적으로 성경 본문의 문학 장르나 수사학적 장치, 말의 표현과 문법 그리고 구문 등과 같은 것에 대한 문제를 제기한다.[63] 해석자는 문학적 해석의 범주 하에서 그것이 어떤 의미를 나타내는지를 질문한다. 즉 "이것은 문학적으로 무슨 장르인가? 그리고 나아가 저자는 어떤 하위 장르나 형식을 사용하고 있는가? 끝으로 저자는 가장 작은 형태로까지 가면서 무슨 비유적 표현을 사용했는가? 어떻게 그런 의미가 전달되는가? 하는 이러한 질문들은 그것이 무엇을 의미했느냐 하는 질문에 대한 확신 있는 답변을 제시하기 이전에 그 답변이 주어져야 한다. 왜냐하면 "어떻게"라는 질문은 "무엇"이라는 질문을 이끌어 주기 때문이다."[64] 이처럼 해석자는 본문에 대한 구체적인 분석을 시작하기에 앞서 본문의 개략적이고도 구체적인 문학적 형태를 먼저 알아야 한다. 성경 주해에 있어서 문학적 형태를 분석하는 주된 목적은 다른 유사형태와 비교해 볼 수 있고, 그 얻어진 결과를 주해를 위한 도움의 밑거름으로 삼기 위한 것이다.[65]

그 다음에 해석자는 해석 과정의 바로 이 지점에서 구체적인 책의 문맥 속에서 그것은 무엇을 의미하는가라는 문예적인 질문을 던질 수 있다. 그것이 하나의 이야기라면 갈등과 해결은 무엇인가? 그것이 논쟁이라면 그 논쟁의 흐름은 무엇인가? 저자는 자기 요점을 강조하기 위해 어떠한 수사학적 구조를 사용했는가? 더 나아가 명사나 동사의 형태들과 구문이나 절들에 대한 통상적인 문법적 질문도 해 볼 필요가 있다. 마지

---
62) Greidanus, 『성경 해석과 성경적 설교』, 106.
63) Greidanus, 『성경 해석과 성경적 설교』, 108.
64) Greidanus, 『구약의 그리스도 어떻게 설교 할 것인가』, 337.
65) Gorden D. Fee & Douglas Stuart, 『성경 해석 방법론』, 김의원 역(서울: 기독교문서선교회, 2004), 28-29.

막으로 그 구절은 이 책의 문맥에서 어떤 기능을 하고 있는가?[66]라는 질문을 던질 수 있다. 문맥을 따라 무언가를 읽는다고 말할 때 대개 이 문학적 문맥을 말하는 것인데, 이 문학적 문맥을 살피는 것은 성경 본문 해석에서 가장 중요한 문제이다. 문학적 문맥이란 본질적으로 단어는 문장 속에서만 그 의미가 있으며, 성경의 문장들도 대부분 이 앞뒤 문장과의 관계 속에서만 의미가 있다는 뜻이다. 모든 문장과 모든 단락에 대해 우리가 항상 묻고 또한 반복해서 물어야 할 가장 중요한 문맥상의 질문은 '말하려는 것이 무엇인가?' 이며, 이 질문은 곧 문학적 해석에서 빠질 수 없는 핵심질문이다.[67] 그리고 바람직한 문법적 해석을 위해서는 단어의 뜻을 어원적으로 연구하고 그 단어가 성경 본문에 쓰여 졌을 때 어떤 의도와 의미로 사용되었는지를 찾아야 한다. 즉 해석자는 성경에 나타난 단어가 문맥 내에서 어떤 의도와 의미로 사용되었는지를 연구해야만 한다.[68]

문학적 해석 방법에는 자료비평, 양식비평, 편집비평, 수사학적비평 등이 있다.[69] 이런 문학적 해석 방법들은 본문 형성 이전의 자료들, 문학적 형태와 저자의 의도, 본문의 구조적 패턴들과 주제들 그리고 정경이라는 규범적인 맥락 등을 연구하는 것이기 때문에 성경 해석과 설교에 상당한 공헌을 하고 있는 것이 사실이다. 설교자는 문학적 연구를 토대로 성경 본문을 그것의 성경적 맥락에 비추어 해석하고 설교해야 한다.[70]

그런 면에서 장르는 성경을 이해하는데 중요한 요소이다. 어떤 텍스트를 단어들의 의미와 저자의 본래의 의도에 따라 읽고 해석하기 위해서

---

66) Greidanus, 『구약의 그리스도 어떻게 설교 할 것인가』, 338.
67) Gorden D. Fee & Douglas Stuart, 『성경을 어떻게 읽을 것인가』, 오광만 · 박대영 역(서울: 성서유니온선교회, 2008), 30.
68) 박형용, 『신약 성경 신학』(수원: 합동신학대학원대학교 출판부, 2001), 170.
69) 자료비평은 성경의 저자나 편집자가 성경 각 책을 만들면서 어떠한 문서 자료들을 사용했는가, 그 문서 자료들의 저자와 역사적인 배경 및 신학적인 의도 등이 어떠한지를 살피는 방법이다. 양식비평은 자료의 문학형식, 구조, 의도 그리고 배경을 파악하는 방법이다. 편집비평은 자료의 수집, 배열, 편집, 수정에 나타난 새로운 자료를 구성하거나 새로운 문학형식을 만들어내는 데에 나타난 기록자의 신학적 동기를 연구하는 방법이다. 수사학적 비평은 내용보다는 문학 형식의 입장에서 작품의 의미와 본질을 찾으려는 방법이다.
70) Greidanus, 『성경 해석과 성경적 설교』, 115.

는 텍스트의 장르가 무엇인지를 확인하고 그에 맞는 방식을 따르는 것이 필수적이다. 그러나 설교자는 롱이 말한 것처럼 "성경 본문들은 문학 장르와 수사적인 전략에 관한 것이 아니다. 성경 본문들은 하나님께서 우리와 함께 계시는 사건을 증거 하려고 장르와 수사학을 사용한다."[71]는 점을 염두에 두어야 할 것이다. 로빈슨의 말대로 설교자는 먼저 주석가(an exegate)로서 해당 성경 구절의 객관적인 의미를 탐구하되, 각 단어의 의미 하나 하나를 밝히는 것이 목적이 되어서는 안 되고, 그보다 성경 저자가 각각의 단어들을 사용하여 말하고자 하는 의미가 무엇인지를 발견하도록 노력해야 한다.[72]

"성경의 메시지는 삼위일체 하나님의 구속 행위에 관한 것이며, 특히 예수 그리스도 안에서 명백하게 드러난 하나님의 구속 행위에 관한것"[73]이기 때문에 구속사적 설교를 위하여 설교자는 성경을 하나님의 말씀으로 믿고, 본문에서 저자가 의도했던 의미를 찾아내는 것을 목표로 삼는 '본문 지향적' 해석방법을 반드시 지켜야 한다. 그리고 신학적 주제를 담고 있는 역사적 사건은 선포적인 목적에 도달하기 위해 문학적 양식을 취하기 때문에 성경해석은 문학적 해석을 동반한다. 문학적 성경 해석은 "설교자들로 하여금 본문의 놀라운 전환점과 뉘앙스, 그리고 움직임을 더 잘 이해해서 이런 문학적인 동력들을 설교에서 효과적으로 사용하는데 많은 도움을 줄 수 있다."[74] 문학적 해석방법은 본문을 정당하게 다루며 올바른 해석을 위한 하나의 중요한 열쇠라고 할 수 있다.

룻기를 문학적 측면에서 보면, 룻기의 장르는 여러 가지 구조들(담화 구조와 극적 구조, 그리고 대칭 구조와 대조 구조)로 구성되어 있는 내러티브이다. 룻기는 등장인물들의 대화를 통해 전개되며, '텅 빔'에서 '채움'으로, '흉년'에서 '풍년'으로, '무책임과 혼돈'에서 '책임과 질서'의 대조 구조

---

71) Long, 『성서의 문학유형과 설교』, 254.
72) Haddon W. Robinson, 『강해설교』, 박영호 역(서울: 기독교문서선교회, 2011), 25-31.
73) Johan H. Cilliers, 『설교 심포니』, 이승진 역(서울: 기독교문서선교회, 2014), 199.
74) Cilliers, 『설교 심포니』, 215.

로 그리고 '오르바'와 '룻', '보아스'와 '무명의 기업 무를 자(아무개)'가 대조를 이루며 전개된다. 또한 룻기는 막들(acts)로 구성된 드라마틱한 내러티브 구조로 극적 효과를 극대화하고 있다. 그리고 각 장들은 "문제-해결" 구조로 구성되어 있다. 1장은 문제의 심각성을 묘사하고, 뒤에 나오는 세 장에서 이러한 모든 문제들에 대한 해결책을 조금씩 전개해 가다가 4장에서 결정적인 절정을 이루며 갑작스럽게 종결된다.[75] 이런 룻기의 문학적 측면이나 문학적 장치들을 고려하여 본문을 해석할 때 본문 본연의 의미를 충분하게 그리고 풍성하게 드러낼 수 있다.

2. 역사적 해석

성경은 갑자기 하늘에서 떨어진 것이 아니라 과거의 특정한 시점 즉 역사적인 배경 속에서 기록되었다.[76] 그러므로 "설교 본문은 성경 본문이 쓰일 당시의 시간과 장소, 상황 속에 놓여야 한다."[77] 그레이다누스는 "성경의 모든 본문이 역사적 기록이기 때문에 성경은 역사적으로 이해되어야 한다."며, "역사적 해석은 성경 기록이 쓰여 진 때의 문화적, 종교적, 정치적 환경을 정확히 파악하여 그 기록의 메시지를 원래의 맥락 속에서 이해하기 위하여 그 기록에 대해 자세히 역사적으로 조사하는 것"이라고 했다.[78] 즉 성경이 쓰여질 당시의 역사적 배경 가운데서 본문을 해석하여 본문의 고유한 의도를 결정한 후에 본문의 목적이라든지 저자의 특별한 목적을 발견하려는 것이다. 역사적 해석은 본문이 쓰여질 당시의 역사적 정황이나 역사적 배경 아래에서 그 본문의 본래의 의미를 파악하고자 한다.[79] 모든 성경적인 설교는 본문에 대한 문법적이고 역사적

---

75) Bill T. Arnold & Bryan E. Beyer, 『구약의 역사적 신학적 개론』, 류근상·강대홍 역(고양: 크리스챤출판사, 2009), 273-274.
76) Cilliers, 『설교 심포니』, 219.
77) Craddock, 『크래독의 설교 레슨』, 171.
78) Greidanus, 『성경 해석과 성경적 설교』, 161.
79) 정성구, 『개혁주의 설교학』, 371.

인 주해와 함께 시작되어야 하고, 본문 원래의 의미에 충실해야 하는 만큼 설교자가 성경을 해석할 때 성경의 저자가 선포했던 그 역사적 상황에 초점을 맞추어야 하며 선택된 본문의 메시지를 그 자체의 역사적, 문화적 관점에서 이해하도록 힘써야 한다.[80] 왜냐하면 어떤 본문이든지 그 쓰여진 역사적 배경을 고려하지 않고서는 그 본래의 의미를 제대로 파악할 수 없기 때문이다.[81]

역사적 해석이 필요한 이유는, 무엇보다도 우선 성경의 모든 본문들이 당시의 역사적 상황과 배경 아래에서 기록된 역사적 기록이기 때문이다. 따라서 성경의 본문들을 바르게 이해하기 위해서는, 그 본문들이 본래의 역사적 배경에서 당시의 청중들에게 전달되었던 것처럼 오늘날도 역시 그렇게 전달되어야 한다. 역사적 해석을 해야 할 또 다른 이유는, 성경의 특정한 본문에 대한 의미가 맞는지를 확인할 수 있는 객관적인 통제 수단을 이 역사적 해석 방법만이 제공할 수 있기 때문이다. 역사적 해석은 본문을 해석하는 해석자로 하여금 주관적이거나 독단적인 해석을 하지 않도록 객관적 통제수단을 제공할 뿐만 아니라 본문이 제시하는 특정한 관점을 계속 좇아갈 수 있도록 해석자를 돕는 역할을 하기 때문이다.[82] 이점에 대해 박형룡은 올바른 문법적 해석을 하려고 하면 언어가 사용되어지는 역사적 형편을 이해해야 한다면서 역사적 해석 방법은 다음 사실을 근거로 시작된다고 주장한다.

첫째, 하나님의 말씀은 역사적인 방법으로 주어졌다. 둘째, 어떤 말의 내용을 올바로 이해하기 위해서는 저자가 그 말을 쓸 때의 정신을 포착해야 하고, 셋째, 저자와 저자의 글을 바로 이해하기 위해서는 저자의 글이 쓰여진 당시의 역사적 배경을 무시 할 수 없고, 넷째, 장소, 시대, 환경 등은

---

80) Greidanus, 『구약의 그리스도 어떻게 설교 할 것인가』, 336.
81) Chapell, 『그리스도 중심의 설교』, 90.
82) Greidanus, 『성경 해석과 성경적 설교』, 162-164.

그 가운데서 기록된 글에 영향을 미친다.[83]

따라서 역사적 해석은 해석자가 사용할 수 있는 방법들을 이용하여, 본문이 그 역사적 맥락 안에서 갖는 의미를 결정하려고 애쓴다. 역사적 해석은 해석자로 하여금 역사적인 단절과 마주하게 하고, 뿐만 아니라 본문이 다른 시간과 장소, 다른 정황에서 가졌던 적실성을 이용함으로써 적실한 설교를 하도록 도와준다.[84]

여기에서 '역사'라는 용어는 여러 가지 뜻을 가지고 있지만, 그레이다누스는 크게 '역사적 사건'과 '역사기록'으로 구분하고 있다. '역사적 사건으로서의 역사'는 오직 과거의 사건들만을 뜻하는 것으로 사용하고 그 '역사적 사건'은 이미 지나갔으므로 입증할 수가 없고 다차원적인 성격을 가졌으며, 모호하지만 생길 때부터 의미 있는 것이라고 했다. '역사기록'은 그 사건들의 재구성이나 기록을 뜻하는 것으로 사용한다.[85] 그러므로 어떤 기록을 그 원래의 역사적 문화적 맥락에서 이행한다는 뜻을 가진 역사적 해석은 성경의 모든 장르에 적용되는 것이다. 따라서 우리는 성경의 역사기록이 지닌 복합적인 측면을 살펴보아야 한다. 성경의 역사 기록들은 다음과 같은 특징들을 갖는다. 첫째로, 성경에 기록된 역사는 역사 자체를 객관적으로 전달하는 보도가 아니라 계시 역사에 대한 해석적 계시라는 것이다. 둘째로, 성경에 기록된 역사의 관심은 세속적인 것, 즉 일반 정치, 경제, 사회, 문화가 아니라 구원을 발생시키는 케리그마적 목표를 의도하고 있다는 것이다. 셋째로, 성경에 기록된 역사적 사건과 그 해석은 이러한 구원사적 목표를 가지고 있으며, 이 목표는 하나님께서 의도하셨다는 의미에서 성경은 영적 권위를 갖는다. 넷째로, 기록은 고대의 일반적인 기록 양식의 기준에 부합되며, 자연히 오늘날의 기준에

---

[83] 박형용, 『신약 성경 신학』, 172.
[84] Greidanus, 『구속사적 설교의 원리』, 253-255.
[85] Greidanus, 『성경 해석과 성경적 설교』, 165-166.

부합하지 않는다. 여기서 해석의 필요가 생기는 것이다. 다섯째로, 성경 각권은 각각의 저자의 독특한 기록 목적을 가지고 있다. 따라서 성경의 역사 기록을 해석할 때에 중요한 관건은 바로 하나님 나라의 역사관을 중심으로 성경 전체의 역사관을 이해하여 한다. 그리고 성경의 저자가 어떤 메시지를 전달하려고 했는지 또 저자들은 자신의 청중들이 어떻게 반응하기를 원했는지를 물어야 한다.[86]

그레이다누스는 역사적 해석이 본문의 의미에 대하여 다음과 같은 두 가지 질문을 던지도록 한다고 주장한다.

> 첫째, 저자가 원래의 청중을 위해 의도한 의미는 무엇이었는가? 이 질문에 대답하기 위하여 저자와 원래의 청중, 대략적인 연대, 사회적이고 지리적인 배경, 그리고 기록 목적에 관해 더 이상의 질문을 제기할 필요가 있는데, 요약하면 누가, 누구에게, 언제, 어디서, 왜 이 본문을 썼는가를 묻는 것이다. "왜"라는 마지막 질문은 역사적 해석 아래 반드시 대답해야 하는 두 번째 기본적인 질문으로 인도한다. 저자는 청중의 무슨 필요에 대해 말하고자 했는가? 이 질문이 설교자들에게 특히 중요한 것은 현재의 관련성에 가교 역할을 할 그 구절이 원래 가졌던 관련성을 밝히려 하기 때문이다. 저자 원래의 메시지와 그 청중의 필요는 화살과 과녁과 같은 관계이다. 그 당시 이스라엘 백성의 필요는 구약의 저자가 자신의 메시지를 가지고 목표로 삼은 과녁이었다.[87]

오늘 이 시대의 상황과 성경이 기록될 당시의 상황과는 거리가 있기 마련이다. 또 성경이 기록될 당시의 청중들과 이 시대의 청중들 사이에도 간격이 있기 마련이다. 역사적 해석은 성경 본문이 청중들에게 처음에 계시하고 약속하고 위로하고 경계하는 하나님의 말씀으로 들려졌던

---

86) Greidanus, 『성경 해석과 성경적 설교』, 173-187.
87) Greidanus, 『구약의 그리스도 어떻게 설교 할 것인가』, 338.

그 시대적 맥락 안에서 본문의 메시지에 귀 기울이고자 노력한다. 클라우니의 주장은 역사적 해석을 할 때 염두에 둘 필요가 있다. "각 사건은 성경 계시의 보다 큰 시대를 향해 점차 확장되어 가는 신학적 지평의 흐름 속에 있으므로 설교자는 먼저 본문의 배경에서 발견되는 보다 직접적인 지평을 발견한 후 이것을 성경의 보다 큰 구조 속으로 확대해서 연결시켜야 한다."[88] 즉 본문의 사건을 그 당시의 역사적 정황에 맞는 적절한 해석을 하고 그것을 통해 구속사의 전체 맥락과 연결 지어 동일한 방법으로 오늘의 청중에게 연결하는 것이다.

룻기의 경우 룻기 2장 8절에 보면, 보아스가 룻에게 이르기를 "…이삭을 주우러 다른 밭으로 가지 말며 여기서 떠나지 말고 나의 소녀들과 함께 있으라"고 한다. 또 그는 추수하는 소년들에게 "… 명령하여 너를 건드리지 말라 하였느니라…"(2:9)며 룻에게 호의적인 권면을 제시한다. 룻기는 "사사시대"(1:1)를 시대적 배경으로 하고 있는데, 위의 보아스가 룻에게 하는 권면은 이런 시대적 배경 아래에서 해석되어져야 한다. 즉 사사시대는 종교적으로, 윤리 도덕적으로 타락의 정도가 심각한 시대이다. "자기 소견에 옳은대로 행하며"(삿 17:6; 21:25) 하나님에 대한 배교와 우상숭배, 도덕적 성적 타락(레위인의 첩 사건), 전쟁과 강포로 점철되어 있는 시대이다.[89] 율법의 본래 정신은 공동체가 힘없는 약자(고아, 과부, 나그네)들을 보호해야 하는 책임을 부여한다(출 22:21-27; 신 24:10-22). 그러나 율법의 정신을 잃어버리고 '자기 소견에 옳은 대로 행하는' 이 사사시대의 시대적인 상황에서 보아스는 힘이 없고 가난하며, 보호자가 없는 이방 여인 룻이 이곳저곳에 다니게 될 때 당할 수 있는 위험을 미리 막아주는 보호막 역할을 하고 있는 것이다. 또 남녀 일꾼들에게서 입을 수 있는 해나 성적 위협으로부터 룻을 보호해 주고 있다.[90]

---

[88] Clowney, 『설교와 성경 신학』, 84-86.
[89] 박철현, "설교자를 위한 사사기 개관," 『사사기·룻기 어떻게 설교할 것인가』(서울: 두란노아카데미, 200), 76-77.
[90] 송병현, 『엑스포지멘터리 룻기·에스더』(서울: 국제제자훈련원, 2014), 130-131.

밀러(Paul E. Miller)는 리비 그로브즈의 말을 언급하며 이 부분에 대하여 이렇게 묘사하고 있다.

> 보아스는 룻에게 이삭을 주우러 다른 밭으로 가지 말라고 했는데, 이 말은 단순히 다음과 같은 의미 이상이다. "어이, 나는 풍족하니 네 발품을 아껴 여기서 한꺼번에 다 해결하라. 나는 베푸는 걸 좋아하니 행여 부담을 주는 게 아닐까 하는 생각은 하지 않아도 된다." 보아스는 룻이 얼마나 위태로운지 인식하고 이렇게 말했다. "여기 있으면 안전하니 내 보호의 영역 안으로 들어오라. 내 밭에 있는 한 아무런 피해도 없을 것이다."[91]

이와 같이 본문을 그 당시의 역사적 정황을 고려하여 적절한 해석을 할 때 본문을 정당하게 다루는 것이며, 본문의 깊고도 풍성한 의미를 길어 올려 오늘의 청중들에게 적실성 있게 전달할 수 있을 것이다.

3. 유기적 해석

성경은 하나님으로부터 온 계시이며 하나님 자신을 드러내는 하나님에 대한 계시이기도 하다. 이 계시는 점진성을 가지며, 각 계시는 그 시대 안에서 독특한 역할과 의미를 가지고 있다. 또한 계시는 전체의 통일성과 일치성을 고려해서 해석해야 한다.[92] 구속사의 통일성 및 단일성을 구속사적 설교의 원리로 받아들였다면, 그 논리적 귀결은 바로 이 유기적 해석에 있다. "구속사의 통일성이 갖는 해석학적 의미는 각 본문은 반드시 유기적으로 해석되어야 한다는 것이며, 이것은 각 본문은 보다 큰 전체를 구성하는 부분으로 이해되어야 한다는 것을 의미한다."[93] 설교자

---

91) Paul E. Miller, 『사랑하다, 살아가다』, 윤종석 역 (서울: 도서출판 복 있는 사람, 2015), 122-123.
92) 김수영, "성경 주해의 4가지 방법," 「목회와 신학」(2015, 1월호): 68.
93) 정창균, 『고정관념을 넘어서는 설교』, 44.

는 본문 안에 있는 단위만이 아니라 그 본문의 전후문맥을 함께 다루어야 한다. 왜냐하면 성경은 흩어진 조각들을 수집한 집합체로 되어 있는 것이 아니고 구속사적 관점에서 창조주이시며 구속의 주체이신 하나님께서 죄인된 인간을 구속하시고자 하는 일관된 목적으로 통일성을 가지고 있기 때문이다. 그러므로 어떤 본문을 보든지 그것은 별개의 파편이 아니라 하나님의 계시역사의 큰 흐름 속에 있는 사건으로 보아야 한다.[94] 하나님의 구원 사역의 연속성 안에서 신구약 간의 구원의 연결은 유기적이며, 신구약의 성도들은 믿음, 즉 실현된 종말관으로 말미암아 언약의 관계를 공유하고 있다.[95]

성경 해석을 위해 본문을 살필 때 성경의 연속성 아래 본문은 확장되는 맥락 안에서 관찰되어야 한다. 즉 본문은 그 본문의 직접적인 전후 맥락 속에서 그리고 성경 각 권의 맥락 속에서, 나아가 구약과 신약의 맥락과 그리고 마지막으로는 전체 성경의 맥락 속에서 관찰되고 해석되어야 한다. 분명 성경은 통일성을 가지고 있다. 그러나 이 통일성 안에서 각각의 본문의 차이점들이 중요시 되어야 한다. 즉 그것들은 점진적인 하나님의 계시를 표현하는 것으로서 구속사의 다른 단계, 다른 시간, 다른 장소에 있는 사람들을 적실한 방식으로 대하고 있기 때문이다.[96] 이런 이유에서 성경의 본문을 해석할 때 유기적 해석이 필요한 것이다.

유기적 해석을 위한 구체적 단계에서는 신구약 신학과 관련시켜 고려해 보아야 한다. 먼저 본문 자체의 신학적 문맥에서 본문을 파악하고, 그 본문의 신학적 문맥을 확장된 시대 구조와 연결한 다음 본문과 전체 계시와의 관계 그리고 오늘의 청중에게 어떤 의미가 있는지를 파악해야 한다. 신구약의 신학이 서로 연결되어 있어야 하며, 특히 구약에 대한 신약의 관계는 종말론적임을 알아야 한다. 성경에 기록된 하나님의 모든 약

---

94) 정성구, 「개혁주의 설교학」, 373.
95) Clowney, 「설교와 성경 신학」, 97.
96) Greidanus, 「구속사적 설교의 원리」, 257.

속들은 마지막 때에 그리스도께서 다시 오심으로 완성된다. 그러므로 그리스도께 초점을 맞추고 있는 구약시대의 계시를 해석할 때에는 이러한 유기적 관점을 가져야 한다.[97] 그런데 인간 중심적 설교, 전기적 설교, 인물을 부각시키는 설교에 이르게 되는 원자적, 단편적 해석은 분명히 이 규칙을 무시하고 있다. 그러나 만약 성경의 유기적 구조와 통일성의 원리를 무시하면 설교자는 교훈 중심의 도덕적 설교를 할 수 밖에 없으며, 하나님의 구원의 손길과 계시의 음성을 놓칠 수 있다. 성경의 전체적인 연결이 무시되고, 구속의 맥락에서 흐르고 있는 한 역사가 수많은 독립된 개별적인 역사들로 해체된다면 이러한 단편화 때문에 그리스도 중심성을 잃어버리게 된다. 즉 그리스도 중심적인 설교를 할 수 없는 것이다. 구속사의 통일성을 잃어버리는 것은 그리스도 중심적인 해석이 아님을 의미하며, 과거와 현재 사이의 연속성을 보증해주는 이 통일성을 무시하지 않는 유기적 해석만이 진정으로 그리스도 중심적인 설교를 가능하게 해준다.[98]

구속사적 설교는 본문을 성경의 통일성과 연속성 안에서 해석하는 유기적인 해석을 필요로 한다.[99] 유기적 해석은 본문을 성경 전체의 맥락 안에서 보는 것이다. 그러나 유기적 해석은 본문의 문학적 맥락을 고려하며 본문을 다루는 부차적인 방법이 아니라 역사적 해석과 조화를 이룬다. 유기적 해석은 이미 역사적 해석 그 자체에 내포되어 있는 것이다.[100] 그리고 본문에 대한 해석이 하나님 중심적, 그리스도 중심적이어야 함을 역사적 해석보다 더 분명하게 보여준다. 다시 말하면 구약에서 선포된 하나님의 행동들은 신약에서 선포된 하나님의 행동들 안에서 그 절정을 이루며, 신약에서 선포된 하나님의 행동들은 구약에서 선포된 하나님의 행동들에 대한 성취로 이해되는 것이다. 이런 면에서 유기적 해석은 신

---

97) Clowney, 『설교와 성경 신학』, 95.
98) Greidanus, 『구속사적 설교의 원리』, 162-163.
99) 정성구, 『개혁주의 설교학』, 373.
100) Greidanus, 『구속사적 설교의 원리』, 256.

구약의 통일성 안에서 구약의 본문들을 신약의 성취라는 측면에서 보게 함으로써 역사적 해석을 능가한다고 할 수 있다.[101]

이렇게 본다면 유기적 해석은 한 마디로 특정 본문을 성경 전체와의 관련 아래서 해석하는, 즉 각각의 본문을 성경의 보다 큰 전체를 이루는 부분으로 이해하는 것이다. "이 때 고려되어야 할 중요한 해석의 근거들은 본문의 신학적 지평(theological horizon)과 구속사의 전체 구조(whole structure), 그리고 하나님의 전체 계시와의 관계이다. 이 과정에서 해석자는 본문을 해석할 때 본문의 근접한 문맥으로부터 시작하여 각권의 맥락, 신구약 성경의 맥락 성경의 전체 구조의 맥락으로 점차 확대해 나아가야 한다."[102]

룻기를 예로 하면, 룻기에서 보여지는 하나님은 주변인을 소중하게 여기시는 하나님이심을 볼 수 있다. 다른 말로 이방인들을 구원의 자리, 선교의 자리로 부르시는 하나님이다. 룻기는 이방인들이 여호와에 대한 신앙을 가지고 개종하여 하나님의 백성으로 살아가는 것이 가능하다는 것을 보여주고 있다.[103]

룻기는 이방 여인 룻이 하나님의 인도하심을 받았다는 사실을 통해 구원의 보편성과 우주성을 보여주고 있다. 룻기는 이스라엘 밖의 세계에서도 얼마든지 일하시는 하나님의 섭리의 손길이 있음을 보여준다.[104] 이것은 신구약 성경이 보여주는 하나님의 일관된 모습이기도 하다. 이러한 사실을 사도행전에 나타난 베드로의 설교에서도 찾아볼 수 있는데, 곧 "…하나님은 사람의 외모를 보지 아니하시고 각 나라 중 하나님을 경외하며 의를 행하는 사람은 다 받으시는 줄 깨달았도다"(행 10:34-35). 룻기는 선민과 이방인에 대한 차별을 보이지 않고 있다. 오히려 하나님의 구

---

101) Greidanus, 『구속사적 설교의 원리』, 258.
102) 정창균, 『고정관념을 넘어서는 설교』, 45.
103) Kevin J. Vanhoozer, 『구약의 신학적 해석』, 조숭희 역 (서울: 기독교문서선교회, 2011), 145.
104) 김정훈, "룻기에 나타난 구원과 효," 『사사기·룻기 어떻게 설교할 것인가』(서울: 두란노아카데미, 2009), 479-480.

속사에서 이방인들이 얼마나 중요한 역할을 하고 있는지를 보여주고 있다. 이는 이방 지역에서 복음을 선포하기 시작한 예수 그리스도의 선교의 관심과도 일맥상통하며,[105] 하나님에 관한 신구약 성경의 공통적인 관점이기도 하다.

4. 종합적 해석

구속사적 해석방법에서 종합적 해석은 해석자가 본문(사건)을 그 본문의 고유성 안에서 보는 것이다. 종합적 해석의 원리는 특정 본문의 고유한 주제와 메시지를 파악하는데 필수적인 원리이다. 그레이다누스는 모범적 설교에서 행하는 원자적 해석에 대한 반대로 '종합적 해석'을 제시하는 홀버다의 말을 인용하며 종합적 해석을 이렇게 말하고 있다. "종합적 해석이라 함은 해석자가 본문에 담겨 있는 요소들의 특별한 관계(종합)에 주의를 기울여야 한다는 것이다. 어떤 본문이 다른 본문에 있는 것과 꼭 같은 요소들을 많이 갖고 있을 수 있지만, 그러나 각각의 본문은 특별한 고유성을 갖는다. 모든 본문은 고유한 메시지를 갖고 있는 것이다."[106] 특히 역사적 본문에서 이 원리는 강조되어진다. 모든 역사적 본문은 다양한 요소들로 구성되어 있는 단위이지만, 이들 요소들은 매우 특수한 종합을 이루고 있으며, 이 특별한 종합이 모든 본문에게 성경 전체 계시 안에서의 독특한 위치를 제공해 주고 있다. 때문에 모든 본문에는 그 본문 나름의 고유한 내용과 그 본문 나름의 고유한 적용이 있다. 따라서 설교자는 설교할 때 본문을 한 단위로 해야 하며, 단편적이거나 원자적으로 독립된 요소들의 수집으로 설교해서는 안 된다.[107]

하나님의 계시가 단번에 주어지지 않고 구원 역사 속에서 수많은 세월

---

105) 김의원·민영진,『성서주석 사사기/룻기』(서울: 대한기독교서회, 2007), 702.
106) Greidanus,『구속사적 설교의 원리』, 164.
107) Greidanus,『구속사적 설교의 원리』, 164-165.

에 걸쳐 주어졌다는 계시의 점진성 때문에 모든 역사적 사건은 본질적으로 고유하다.[108] 종합적 해석은 성경 본문의 모든 요소들을 역사의 그 특정한 단계에서 구성하는 특별한 종합으로 고려함으로써 역사적 본문 하나하나를 정당하게 취급하고자 노력한다. 그리고 그 본문을 설교할 때, 해석자는 이 고유성을 처음부터 끝까지 지켜야만 한다. 그러나 종합적 해석이 본문의 다양한 요소를 무조건 배제하는 것은 아니다. 오히려 그 본문의 독특한 메시지를 부각시키고자 하는 것이다. 올바른 해석을 하기 위해 본문은 전체 구속사의 한 부분으로 이해되어야 하고, 또 각각의 본문의 고유성을 드러내야 한다. 예를 들면, '겟세마네'는 그리스도 없이는 한낱 지명에 불과할 뿐이다. 하나님과의 특수한 관계와 중보자로서의 특수한 사명을 가지신 그리스도의 독특한 사역과 관계될 때 그 의미가 분명하다. 또 브니엘에서의 야곱의 사건(창 32장)과 관련하여 모든 사람이 자기의 브니엘을 가져야 한다고 하는 것은 야곱의 브니엘이 갖는 고유성을 무시하는 일이다.[109]

룻기의 경우, 룻기는 나오미의 가정이 기근으로 인하여 베들레헴을 떠나 모압 지방으로 이주하면서 시작이 되고 있다. 여기에서 '땅을 떠남의 모티프'는 중요한 이슈가 될 수 있다. 이문식은 브루그만이 그의 저서 『성서로 본 땅』(The Land)에서 언급한 "땅은 하나님의 은총의 선물이며 약속이며 도전으로써, 성경은 크게 땅으로 이끄는 약속의 이야기(족장사와 가나안 정착사), 땅에서 쫓겨나는 이야기(왕정사와 포로기), 예수 그리스도의 십자가와 부활을 통한 새 하늘과 새 땅으로의 회복 이야기(신약)로 이루어져 있으며, 종말론적으로 '땅의 상실'은 '십자가'로, '땅의 회복'은 '부활'로 완성된다."를 인용하면서, 성경 전체에서 '땅의 모티프'는 매우 중요한 신학적 의미를 가지고 있음을 주장한다.[110] 같은 맥락에서 구속사적 관

---

108) Greidanus, 『성경해석과 성경적 설교』, 218.
109) Greidanus, 『구속사적 설교의 원리』, 165-167.
110) 이문식, "설교적 관점에서 본 룻기 이해," 411.

점에서도 '약속의 땅'은 매우 중요한 의미를 가지고 있다. 지금 룻기에서 나오미의 가정이 약속의 땅(베들레헴)을 떠나 이방(모압)으로 갔다는 것은 매우 중요한 이슈이다. 약속의 땅을 떠나는 것은 분명 하나님의 약속과 명령을 어기는 불순종이다. 사실 흉년을 극복하기 위해서 이주를 한다는 것 자체가 오늘날의 관점에서 생각하면 큰 의미가 있는 것이 아니지만, 그러나 룻기의 전체적인 문맥에서 보면 하나님은 모압 땅으로 가는 것을 원치 않으셨다. 하지만 그의 가정이 약속의 땅을 떠나 모압으로 간 것은 그 길이 흉년을 극복할 수 있는 인간적으로 최선의 방법이라고 생각했기 때문이다. 신앙적으로 하나님의 약속을 붙들고 하나님의 개입을 기다리고 체험하며 살아가기보다는 당장의 현실의 어려움을 해결하기 위해서 그곳으로 간 것이다.[111] '땅을 떠남'은 나오미와 그 가정의 신앙적 상태, 영적상태와 더 나아가 사사시대의 이스라엘 백성들의 영적 상태가 어떠한지를 보여주고 있는 것이라 할 수 있다.

이렇게 본다면, 본문에서 '땅을 떠남'에 대하여 단순히 원자적으로 고향을 떠났다거나, 지리적 장소의 이동 정도로만 해석하는 것은 본문의 원래의 의도를 정확히 파악하지 못하는 본문의 고유성을 무시하는 것이라 할 수 있다. 룻기에서의 '땅을 떠남'에 대한 의미는 본문의 전체 맥락 안에서 종합적으로 해석할 때 그 본래의 의미(고유성)를 충분히 드러낼 수 있다.

그러므로 종합적 해석은 유기적 해석과 분리할 수 없는 하나의 과정이며, 연속성과 단절 이 둘은 설명에서뿐만 아니라 적용에까지 지속되어야 한다.[112] 본문을 바르게 해석하고 본문이 드러내는 의미를 찾아내기 위하여 종합적 해석과 유기적 해석은 필수적이다.

---

111) 임세일, 『룻의 해피 엔딩』(서울: 양무리서원, 2000), 17.
112) Greidanus, 『구속사적 설교의 원리』, 165-167.

5. 모형(예표)론적 해석

구속사적 해석 방법에서 또 하나는, 모형(예표)론적 해석인데, 이 모형론적 해석은 모든 역사는 하나님의 주권적 통치하에 있고, 하나님의 계획하심을 따라 진행된다고 가정한다. 즉 모형론은 하나님의 구속 역사는 우연히 발생한 것도, 사람들에 의해서 계획된 사건도 아니며, 하나님의 구속 계획 속에서 진행되는 것으로 본다.[113] 모형론적 해석은 역사의 주관자이신 하나님께서 역사의 주인으로서 모든 역사에서 구속의 계획을 실현하신다는 사실을 기본 전제로 한다.[114] 소우어(S. Sowers)는 모형론을 이렇게 정의하고 있다. "성경 안에 있는 이전의 사건들이나 기관들이(이것을 모형〈Types〉이라고 한다) 후의 사건들이나 사람들이나 기관들을(이것들을 원형〈Antitypes〉이라고 한다) 미리 보여주는 것이다."[115]

그레이다누스는 그의 책에서 모형(예표)에 대한 아이히로트(Walter Eichrodt)의 정의를 이렇게 언급하고 있다. "모형들은 신약의 구원사속에서 일치하는 실재들의 모델들이나 예시들(prerepresentations)을 신적으로 확립하는 것으로 간주되는 구약의 인물, 제도, 사건들이다."[116] 골즈워디는 "예표론은 구약에 있는 사람들과 사건들과 제도들이 장차 있을 다른 사람들이나 사건들이나 제도들과 상응하며 또한 그 전조가 된다는 원칙을 포함 한다."[117]고 말한다. 물론 모형론은 알레고리적 해석과는 분명히 다르다. 알레고리적 해석이 해석자가 해석하고 싶은 대로 즉, 본문에 나타난 어떤 내용이 그것과는 전혀 다른 어떤 것을 의미한다는 식으로 보는 임의적이고 자의적인 해석[118]이라면, 이와는 다르게 모형론은 성경에

---

113) 김창훈, 「구약 장르별 설교」, 39.
114) Greidanus, 「구약의 그리스도 어떻게 설교 할 것인가」, 318.
115) S. Sowers, *The Hermenutics of Philo and Hebrews*(Richmond: Knox, 1965), 89; 김창훈, 「구약 장르별 설교」, 39에서 재인용.
116) Greidanus, 「구약의 그리스도 어떻게 설교 할 것인가」, 373.
117) Goldsworthy, 「성경신학적 설교 어떻게 할 것인가」, 180.
118) James W. Cox, 「설교학」, 원광연 역(고양: 크리스챤다이제스트, 1999), 80.

드러난 대로 하나님이 진행해 가시는 구속사에서 하나님의 행동들의 축을 따라 구체적인 유비들을 발견하는 것으로 제한된다.[119] 이승진은 로이 주크(Roy Zuck)가 주장한 바를 인용하면서, 특정 인물이나 사건, 또는 제도들을 모형론의 관점에서 해석하기 위해서 요청되는 다섯 가지 특징들을 다음과 같이 제시한다. 첫째, 성경 본문을 모형론적인 관점에서 해석하기 위해서는 모형(type)과 대형(혹은 원형, antitype) 사이에 상호 유사성과 닮은 점이 존재해야 한다. 둘째, 정당한 모형론 해석을 위해서는 모형론적인 인물이나 직임, 사건, 행동, 제도 등등이 역사적인 실체로 나타나거나 활용되어야 한다. 셋째, 참된 모형론은 모형이 대형을 미리 예시하는 기능을 한다는 점에 주목한다. 넷째, 참된 모형론 해석을 위해서는 모형과 대형의 관계를 비교 우위와 확대 상승의 관점에서 해석할 수 있어야 한다. 마지막으로, 참된 모형은 하나님께서 역사 속에서 구원 계획을 성취해 가는 과정에서 주권적으로 사용하신 것이어야 한다.[120] 이 모형론은 "하나님의 구속 역사를 우연히 발생하였거나 사람들에 의해서 계획된 사건으로 보지 않는다. 그렇기 때문에 신약 성경에서도 구약의 사건들과 사람들을 예수님과 예수님을 통해 이루어질 일을 예표하는 것으로 가르쳤다(롬 5:14, 고전 10:6, 히 9:24, 벧전 3:21)."[121]

그러나 그레이다누스는 불행하게도 설교자들은 성경 해석에 있어서 종종 모형론을 잘못 오용했다면서 존 골딩게이(John Goldingay)의 말을 이렇게 옮겨 놓고 있다. 골딩게이는 "자기 자체의 의미를 가진 실제적인 사람들이나 사건들을 우주적인 드라마 속의 단지 대표적인 상징이나 인형들로 바꾸는 내장된 위험"에 언급한다. 그는 또한 "청색, 자색, 홍색으로 채색된 성막 휘장을 그리스도의 거룩함과 왕권과 죽음으로 보는 (예를 들면) 보다 더 경건한 모형론이 제기한 위험에 대해서도 언급한다."[122] 일부

---

119) Greidanus, 『구약의 그리스도 어떻게 설교 할 것인가』, 365-366.
120) 이승진, 『설교를 위한 성경해석』(서울: 기독교문서선교회, 2008), 92-94.
121) 김창훈, 『구약 장르별 설교』, 39.
122) Greidanus, 『구약의 그리스도 어떻게 설교 할 것인가』, 370.

학자들 가운데는 종종 제어할 수 없을 정도의 알레고리적으로 치닫는 지나친 예표론적 해석들을 피하기 위해 예표론적 해석을 매우 제한되게 사용해야 한다고 주장하기도 한다.[123] 그레이다누스는 모형론적 해석을 다루기 위한 몇 가지 구체적인 규칙들을 이렇게 공식화하고 있다. 첫째, 모형론적 해석은 항상 문예(문법적 해석을 포함하는) —역사적 해석을 전제하라. 둘째, 모형을 세부 사항에서 찾지 말고 자기 백성을 구속하시는 하나님의 활동과 관련된 본문의 중심 메시지에서 찾아라. 셋째, 구약 시대에서 인물, 제도 혹은 사건의 상징적 의미를 결정하라. 넷째, 구약의 모형과 신약의 대형 사이의 대조점들을 기록하라. 다섯째, 구약의 상징/모형에서 그리스도께로 옮겨 갈 때, 그 의미가 점진적으로 확대하는 만큼 상징의 의미를 진전시켜라. 여섯째, 단순히 그리스도께로 모형적인 계열을 그리지 말고, 그리스도 자체를 설교하라.[124]

또 다른 모형론 해석 방법으로 이승진은 다섯 가지를 제시하고 있다.

"첫째, 본문에 대한 역사적 및 문학적 해석을 먼저 시도하라. … 둘째, 본문의 상징적 의미를 찾으라. … 셋째, 포괄적인 하나의 중심 메시지에 집중하라. … 넷째, 모형과 원형의 상호 관계를 확인하라. … 다섯째, 모형과 대형의 불연속성을 고려하라."[125]

골즈워디는 이 예표론(모형론)에 대하여 다음과 같이 평가하고 있다.

예표론은 본문이 본래 지니고 있는 역사적인 의미가 후대의 표현과 신학적으로 연결되어 있으며, 그 후대의 표현이 이전의 의미를 채워주고 대개는 완성한다고 인식한다. 점진적 계시가 어떻게 구조를 이루고 있는지에 대한 바른 이해에 의지하고 있기 때문에 이 접근 방법은 타당하다. 예표론(모형론)은 예수 그리스도의 유일하고 단회적인 구원 사건이 계시되기 전

---

123) Goldsworthy, 『성경신학적 설교 어떻게 할 것인가』, 182.
124) Greidanus, 『구약의 그리스도 어떻게 설교 할 것인가』, 376-379.
125) 이승진, 『설교를 위한 성경해석』, 98-100.

에, 하나님께서 실제로 사람들을 어떻게 "구원"하셨느냐 하는 질문들을 다루는 데도 도움을 준다.[126]

모형론적 해석은 "역사를 바라보는 실제적인 방법 가운데 하나이며,"[127] "구약 성경과 신약 성경 사이에서 진정한 연결의 증거 역할을 하는"[128] 매우 유익한 방법이기는 하지만 더불어 조심스럽게 사용해야 한다. 억지스런 모형론적 해석은 알레고리화에 빠질 수 있기 때문이다. 여기에서 설교자가 성경 신학적 안목으로 본문을 해석해야 함이 요청된다. 왜냐하면 "설교에서든, 학문적 논쟁에서든 성경 신학은 해석자가 모형론적 성취라는 수단을 동원해서 확실하게 보증된 연관성을 확보함으로써 신구약 성경 사이에서 정당하지 않은 그리고 추측에 근거해서 연결 짓지 않도록 돕기 때문이다."[129] 모형론은 조심스럽게 사용할 때 매우 유익한 해석적 도구인데 그렇게 보면, 모형론은 성경 저자들에게 맡기고 설교자들은 그들이 제시한 모형들만 설교에 사용하는 것이 안전한 방법일 것이다.[130]

룻기에서 모형론적 해석의 예를 들어보면, 룻기에 등장하는 '고엘'로서의 보아스는 구속사의 진정한 '고엘'로서의 신약의 예수 그리스도에 대한 모형이다. 룻기의 고엘로 등장하는 보아스를 통해 예표하고 있는 그리스도를 보아야 한다.[131] 보아스는 '유력한 자'(2:1)로서 군사적 배경에서 전사와 같은 용기 있는 사람, 그리고 부와 능력, 사회적 신분이나 훌륭한 평판이 있는 명예를 가진 사람이다. 즉 힘과 능력과 용기를 가진 존경받을 만한 사람으로[132] 사단의 세력에서 죄인된 우리를 충분히 구속하실

---

126) Goldsworthy, 『성경신학적 설교 어떻게 할것인가』, 135.
127) 김창훈, 『구약 장르별 설교』, 39.
128) Klink Ⅲ & Lockett, 『성경 신학의 5가지 유형』, 130.
129) Klink Ⅲ & Lockett, 『성경 신학의 5가지 유형』, 129-130
130) Cox, 『설교학』, 81.
131) Roy Hession, 『당신의 옷자락으로 나를 덮으소서』, 정갑중 역(서울: 기독교문서선교회, 2011), 69-72.
132) Piper, 『하나님의 섭리』, 68.

능력이 있으시고, 모든 것에 부요하시며, 모든 영광과 경배를 받으실만한 신약의 그리스도를 예표한다. 룻에게 조건 없는 헤세드를 베풀고, 엘리멜렉 가정의 기업을 이어 줌으로 고엘로서의 역할을 충실히 감당한 보아스는 우리에게 조건 없는 헤세드와 함께 구속자로서 사단의 권세에서 우리를 속량하시고 천국의 기업을 우리에게 주시는 진정한 보아스이시며 우리의 고엘이신 예수 그리스도를 미리 모형적으로 보여주는 인물이다.[133] 룻기는 사사시대라는 영적 암흑기에 이루어진 희년의 일시적 성취이며, 보아스는 예수님의 구원을 미리 실행한 예표적인 인물인 것이다.[134]

이상으로, 구속사적 설교를 위한 다양한 해석방법을 정리해 보았는데, 요약하면 다음과 같다. 문학적 해석은 인간적 언어로 기록된 성경의 문학 장르, 수사학적 장치, 말의 표현, 문법 등에 대한 문제를 제기함으로써 본문의 문장이 말하고자 하는 것이 무엇인가를 명확히 제시하여 준다. 성경은 다양한 문학적 형태를 띠고 있기 때문에 문학적 해석을 동반하고 본문의 올바른 해석을 위한 하나의 중요한 열쇠가 된다. 역사적 해석이 필요한 이유는, 무엇보다도 성경의 모든 본문들이 역사적 기록이기 때문이다. 역사적 본문이 드러내는 것은 역사적 사건이요, 구속사에서의 사실이다. 올바른 해석을 위해 본문(사건)은 전체 구속사의 일부로 이해되어야 한다는 것이다. 이것은 그리스도 중심성을 낳을 뿐 아니라, 이 사건이 하나의 구속사 안에서 다른 모든 사건들과 갖는 연속성도 낳는다. 유기적 해석은 특정 본문을 단편적으로 보지 아니하고, 성경 전체와의 관련 아래서 해석하는 것이며, 하나님 중심적으로 본문을 보게 한다. 종합적 해석은 본문을 그 고유성 안에서 보는 것이며, 본문 안의 모든 요소들이 역사의 그 특정한 위치에서 구성하는 특별한 종합으로 고려함으로써, 각 역사적 본문 하나하나를 정당하게 다루려 한다. 유기적, 종합적 해석은 나눌 수 없는 하나의 과정이며, 연속성과 단절은 설명에서부터

---

133) 강병도, 『호크마 종합주석, 여호수아-룻기』(서울: 기독지혜사, 2000), 945.
134) 이문식, "설교적 관점에서 본 룻기 이해," 410.

적용에 이르기까지 지속되어야 한다. 마지막으로 모형론적 해석은 역사의 하나님께서 역사의 주인으로서 역사에서 구속 계획을 실현한다는 것을 전제로, 성경에 드러난 구속사에서 하나님의 행위들의 축을 따라 구체적인 유비들을 발견하려 한다. 구속사적 설교는 이런 성경 해석 방법을 토대로 이루어져야 한다.

제3절 구속사적 설교의 실제 요소

다양한 구속사적 해석 방법에 이어서, 구속사적 설교의 실제 요소에 대하여 논하고자 한다. 구속사적 설교는 세 가지 실제적 요소로, 하나님 중심-그리스도 중심적 설교, 본문중심의 주제 설교, 적실성 있는 적용적 설교를 필요로 한다.

1. 하나님 중심-그리스도 중심적 설교

구속사적 설교 혹은 기독론적 설교라고 할 때 하나님과는 별도로 그리스도만을 따로 설교하는 '그리스도 일원론'으로 빗나가는 경향이 있다. 그러나 그리스도와 하나님은 결코 분리된 것이 아니라 하나님께서 그리스도를 세상에 보내셨고, 그리스도께서 하나님의 일을 완성하시고 하나님의 영광을 구하셨다. 그리스도 중심의 설교는 결코 하나님과 분리되지 않는다.[135] 그리스도 중심적 설교는 하나님 중심적이어야 한다. 기독교의 설교가 하나님 중심적이며, 그리스도 중심적이어야 함은 구속사적 설교의 실제 요소 중 하나이다.

성경은 단순히 어떤 인물이나 국가의 흥망성쇠를 다루는 책이 아니다. 성경은 하나님의 책이요 하나님의 말씀이며, 하나님이 계획하시고

---

135) Greidanus, 『구약의 그리스도 어떻게 설교할 것인가』, 269-271.

진행시켜 나가시는 하나님의 구속의 역사이고, 그 구속의 역사 중심에는 그리스도가 있다. 구속사적 설교는 성경을 구속사적으로 해석하여 선포하는 성경적 설교이기에 하나님 중심, 그리스도 중심적일 수밖에 없다. 구속사적 성경 해석 방법에서 유기적 해석은 성경 전체의 맥락, 즉 구속사의 조망 안에서 본문을 보는 것이기 때문에 해석이 하나님 중심적이어야 한다는 것을 분명하게 보여 준다.[136] 성경은 단순한 역사 기록물도 아니며, 어떤 인간을 부각시키거나 단순한 교훈을 주기위한 책이 아니라 구원의 계획을 가지고 역사 속에서 행하시는 하나님에 대하여 말하고 있다. 그러므로 성경 해석에 있어서 그 중심은 하나님이어야 하고, 설교 역시 무엇보다 하나님 중심적이어야 한다. 그럼에도 윤리 도덕적 설교가 난무하는 한국교회의 실정을 지적하며, 설교는 하나님 중심의 설교이어야 함을 정성구는 이렇게 주장하고 있다.

> 한국 교회의 설교자들은 하나님의 계시에 대한 인간의 반응을 중심으로 어떤 모델이나 교훈을 얻고자 하는 것이 대부분의 설교형식이었습니다. 그러나 하나님의 계시에 대한 인간의 반응을 살펴서 윤리적 교훈을 이끌어 낸다면 그것은 도덕적 설교, 율법적 설교에 머물고 맙니다. 하나님과 인간과의 관계에서 하나님은 항상 앞서 가시며 전적으로 그의 주권과 의지로 구원을 이루어 가십니다. 무엇보다 역사적 본문에서 하나님께서 계시하시고자 하는 구원의 의미를 명쾌하게 먼저 드러내야 합니다. 그 이유는 성경에 기록된 역사는 하나님의 주권과 섭리가 묘사되고 그 다음 인간적인 반응이 나타나기 때문입니다. 그러므로 우리가 성경의 역사적 본문을 가지고 설교할 때 어떤 인물의 성격이나 성경적 삶을 말하기보다는 하나님께서 그 인물을 통해서 무엇을 하셨는가에 초점을 맞추어야 합니다.[137]

---

136) Greidanus, 『구속사적 설교의 원리』, 258.
137) 정성구, 『신학과 설교』, 118-119.

구속사적 설교는 하나님 중심의 설교로서 예수 그리스도를 설교해야 한다. 즉 그리스도 중심적 설교이다. 구속사의 중심인 그리스도께서 주제가 되는 설교이다. 골즈워디는 말하기를 예수님을 언급하지 않는 기독교적인 설교는 있을 수 없음을 말한다. 그는 "성경은 그리스도와 관계가 있기 때문에 하나님의 말씀인 것이지 우리의 삶에 영적으로 적용되기 때문에 하나님 말씀인 것이 아니다. 만약 그분이(그리스도) 하나님의 살아있는 말씀이며 진리이며 만물이 그분을 위해 지음을 받았다면 그분을 떠나서는 이 우주가운데 있는 어떤 사실도 그 궁극적인 의미를 파악할 수 없을 것이다."[138]라며 모든 설교가 그리스도 중심적 설교이어야 함을 주장한다. 구약 성경과 신약 성경은 통일성을 가지고 있고, 구약 전체는 그리스도를 증거하고 있으며, 신약이 우리에게 증거하는 것은 그리스도가 태초부터 활동하고 계시다는 사실이다. 그러므로 신약의 관점에서 볼 때 하나님 중심적 해석은 곧 그리스도 중심적인 것이다. 삼위일체 하나님은 결코 분리를 허용하지 않으신다.[139] 이우제는 현대 설교의 문제점으로 설교를 행할 때 흔히 범하는 잘못된 선택을 크게 세 가지[140]로 정리하면서, 이에 대한 대안으로 하나님 중심적-그리스도 중심적 설교를 제시한다. 그리고 구체적으로 인간 중심적 해석으로부터 하나님 중심-그리스도 중심적인 방식으로 나아가는 것에 대하여 이렇게 말하고 있다. "본문을 본문이 기록되어진 그 자체의 역사적 정황 속에서 이해하는 원리들과 그것을 정경과 구속사적인 역사 안에서 이해할 수 있는 길을 통해서이다. 본문을 역사적 정황 가운데서 이해한다 함은 성경의 본문을 문학적 해석, 역사적 해석, 신 중심적 해석으로 바라보아야 하며, 이러한 해석은

---

138) Goldsworthy, 『성경신학적 설교 어떻게 할 것인가』, 185-190.
139) Greidanus, 『구속사적 설교의 원리』, 259.
140) 첫째, 직접적인 단순 적용으로 시대적인 갭을 무시한 채 과거의 본문을 그대로 현재화시키는 것, 둘째, 잘못된 풍유적 해석으로 기독교의 복음을 변증하려고 했던 동기는 이해할 수 있지만 성경의 본래의 의미를 왜곡한 채 그리스도에게로 나아갈 방식이 될 가능성이 높다. 셋째, 도덕주의적 접근으로 마치 설교가 '무엇 무엇을 하라'와 '무엇 무엇을 하지마라'로 가득 채워지는 아주 단순하고 교훈적인 메시지를 추구해 가는 것.

거기서 멈추어서는 안 되고, 문학적 해석은 정경적 해석으로, 역사적 해석은 구속 역사적 해석으로, 신 중심적 해석은 그리스도 중심적 해석으로 나아가야 하는 것이다"[141]

그러나 구속사적 설교가 그리스도 중심적이라고 해서 모든 본문에서 그리스도를 언급해야 하는 것은 아니며, 그리스도의 인격에만 국한되거나 예수 중심적으로 좁혀져서는 안 된다. 그리스도 일원론으로 흘러서는 안 된다. 이에 대하여 정창균은 이렇게 주장한다.

> 구속사적 설교가 결국 그리스도 중심적 설교라 하여 어느 본문을 택하여 설교하든지 언제나 그리스도를 언급해야 한다는 것은 아님을 유념해야 한다. 어느 본문을 택하든 언제나 그리스도를 언급해야 한다는 강박관념은 무모한 풍유와 시대를 무시하는 비약을 범하여 오히려 반 구속사적 설교가 되게 할 위험이 있다. 또한 모든 본문에서 천편일률적으로 같은 메시지가 선포되는 것은 구속사적 설교의 원리나 의도에도 반하는 것이다. 성경이 그리스도 중심적이라고 하는 것은 성경이 직접적으로 그리고 간접적으로 구속사를 통하여 그리스도가 승리하는 모든 국면과 사건들에 관한 충분히 체현된 설명을 다른 자들의 말, 행동, 그리고 규율과 같은 매개를 통해 제공한다는 점에서이다. 그러므로 그리스도 중심적 설교가 되기 위하여 언제나 어느 틈엔가 비집고 들어가 그리스도에 대한 언급이나 혹은 십자가 사건에 대한 언급을 끼워 넣으려는 무리한 시도를 할 필요가 없는 것이다.[142]

그리스도 중심적인 설교는 모든 본문에서 성육하신 그리스도에 대한 모형을 발견하는데 달려있는 것도 아니고, 또한 설교의 그리스도 중심성을 그리스도의 이름이 언급되는 횟수를 헤아림으로써 측정할 수 있는 것

---

141) 이우제, "Sidney Greidanus의 설교 연구: 현대 설교의 한계를 극복하는 대안을 중심으로," 349.
142) 정창균, 『고정관념을 넘어서는 설교』, 49.

도 아니다. 그리스도 중심적 설교는 억지로 만들어낸 모형론적인 설교와 대립되며, 사람이 본문의 주인공이 되거나 본문의 초점을 우리의 삶의 모범이나 윤리적 교훈에 두는 인간 중심적, 전기적, 윤리 도덕적 설교와도 대립된다. 그리스도 중심적인 설교는 본문에서 성육하신 그리스도에 대해 성경에서 증거하고 있는 포괄적인 증거와 신약의 관점에서 보는 그대로 그리스도를 드러내는 데 달려 있는 것이다.143)

성경을 기록한 저자들의 궁극적인 관심은 어떤 사람의 전기나 윤리적 모범, 성격 묘사를 제시하는 것이 아니다. 성경 저자들이 이 사람들을 묘사하는 것은 그 사람들이 특별히 잘나서거나 도덕적 본보기로서의 가치가 있기 때문이 아니라 하나님의 행동들을 선포하고 드러내기 위해서인 것이다.144) 설교자는 성경 본문 안에 있는 사건과 인물에서 하나님의 의도와 계획과 목표를 파악하는 것이 무엇보다 중요하고 이 하나님의 의도와 계획과 목표에 맞추어145) 하나님 중심적-그리스도 중심적 설교를 해야만 한다.

이렇게 볼 때, 하나님 중심적-그리스도 중심적 설교는 구속사적 설교의 중요한 요소이며, 자칫 인간 중심적, 모범적 설교로 떨어질 수 있는 것을 방지하고 설교자들이 바른 성경신학적 안목으로 실행해야 할 구속사적 설교의 내용이라고 할 수 있다.

2. 본문 중심적 – 주제 설교(Textual-Thematic Sermon)

그레이다누스는 자의적이고 원자적인 설교에 대한 대안으로 본문 중심적-주제 설교를 제시한다. 비록 "주제 설교"라는 용어가 가끔 "본문 설교"의 반대 개념으로 쓰이기도 하지만, 이 두 용어 자체는 상호 배타적인

---

143) Greidanus, 『구속사적 설교의 원리』, 260.
144) Greidanus, 『구속사적 설교의 원리』, 262.
145) 김창훈, 『구약 장르별 설교』, 69.

것이 아니다.[146] 문제는 이 용어들을 어떻게 정의하느냐에 달려 있는데, 이 두 용어를 정의하자면 다음과 같다. 본문 중심적 설교(Textual Sermon)라는 것은 본문을 충실하게 다루는 설교라는 말로 쉽게 이해될 수 있다.[147] 설교는 성경 본문으로부터 기원하고 발전한 것으로서 본문을 설명하고, 예증하며, 적용하는 본문 중심적이어야 한다.[148] 주제설교에 대해서는 그레이다누스의 말을 들어보자.

> 주제 설교(Thematic Preaching)라는 말은 '제목 설교'(Topical Preaching) 또는 '표어(標語) 설교'(Motto Preaching)라는 의미로 가끔씩 사용되고 있다. 그 이유는 '주제 설교'가 본문을 무시하는 설교 유형이기에 이것과 대칭이 되는 성경적 설교인 이른바 '본문 설교'와 대조하기 위함인 것이다. 그러나 위의 용어 정의에서 알 수 있듯이 '주제 설교'는 '본문 설교'의 반대말이 아니다. '주제 설교'는 설교가 어떤 특정한 주제를 발전시켜 나갔을 때 그러한 설교를 뜻하는 말이고, '본문 설교'는 어떤 설교가 성경 본문에 기초하고 있을 때 그 설교를 가리키는 말이다. 주제 설교와 본문 설교는 각기 다른 범주에 속해 있기 때문에 서로 배타적인 것이 아니라 오히려 의미 있게 결합하여 '본문 중심의 주제 설교'(Textual-Thematic Preaching)가 될 수 있다. 본문 중심의 주제 설교란 설교의 주제가 성경 본문에 근거한 설교를 뜻한다.[149]

설교에는 반드시 설교 본문이 있어야 한다. 그리고 주제를 그 본문의 중심 메시지(Big Idea)라고 할 때, 본문의 중심 주제는 그 본문의 통합적 사상을 진술한 간추림이라고 할 수 있다. 주제 설교는 하나의 중심 사상을

---

146) Greidanus, 『구속사적 설교의 원리』, 262.
147) 이우제, "Sidney Greidanus의 설교 연구: 현대 설교의 한계를 극복하는 대안을 중심으로," 339.
148) Akin 외 2인, 『하나님의 명령-본문 중심으로 설교하라』, 127.
149) Greidanus, 『성경 해석과 성경적 설교』, 235.

가지고 있다.¹⁵⁰⁾ 그레이다누스는 "설교라는 명칭을 붙일 만한 설교이려면 반드시 하나의 주제를 갖고 있어야 한다." 또 "각 설교는 반드시 하나의 주제를 가져야 하고, 그 주제는 그 설교의 토대인 성경 본문이 나타내는 주제이어야 한다."¹⁵¹⁾는 밀러의 말을 인용하면서 본문 중심의 주제 설교에서는 설교 본문마다 하나의 주제를 갖고 있다고 가정한다.¹⁵²⁾

설교자가 성경적 설교를 하기 위해서는 본문 선택에 있어서 하나의 완전한 문학적 단위를 선택해야 한다. 그렇다면 선정된 본문은 하나의 주제를 갖기 마련이다. 주제 설교에 있어서 주제는 본문에 의해 결정되어야 하며, 본문의 주 사상이 설교의 주체가 되어야 한다.¹⁵³⁾ 그러므로 주제 설교는 엄밀한 의미에서 본문 설교이다. 저자가 본문에서 선포하고 있는 그 메시지가 설교의 주제가 되기 때문이다. 본문의 속성, 본문을 통일시키는 사상, 저자의 의도, 이 모든 것이 함께 어우러져 설교의 주제가 결정된다. 본문과 주제는 이렇게 서로 결합되어 있다.¹⁵⁴⁾ 제목 설교와는 다르게 본문 중심의 주제 설교는 그 주제를 본문 외의 어떤 고전(古典) 작품이나 대중 매체에서가 아니라 설교 본문에서 얻는다.¹⁵⁵⁾ 본문 중심의 설교에서 설교의 중심 주제는 본문의 중심 주제에 근거해야 한다. 성경의 어느 한 책이나 그 책의 어느 한 부분을 설교 본문으로 선택한 다음 그곳에서 주제를 오늘날 사람들이 직면해 있는 문제와 연관시키는 것이다.¹⁵⁶⁾ 그러나 본문이 무엇을 의미했느냐만을 강조하거나 성경을 직접 현재의 세대에 그대로 적용하는 설교는 본문 중심의 주제 설교라고 할 수 없다. 설교자는 과거의 의미와 현재의 의미를 함께 붙잡을 수 있어야 한다. 설

---

150) 김종기, 『설교 준비, 이렇게 하라』(서울: 기독교연합신문사, 2002), 57.
151) Donald G. Miller, *The Way to Biblical preaching*(Nashvill: Abingdon, 1957), 53-55; Greidanus, 『성경 해석과 성경적 설교』, 252에서 인용.
152) Greidanus, 『성경 해석과 성경적 설교』, 253.
153) 박종칠, 『구속사적 구약성경 해석』, 106.
154) Greidanus, 『구속사적 설교의 원리』, 263.
155) Greidanus, 『성경 해석과 성경적 설교』, 252.
156) Bodey, 『설교 해부학』, 241.

교의 중심 주제는 지금 여기에 있는 청중들을 위한 구체적인 초점을 표현해야 한다. 이것이 본문 중심의 주제 설교에 있어서 주제를 선정하는 데 중요하게 고려해야 할 요소이다.[157]

이우제는 그레이다누스가 주장하는 설교의 중심 주제가 갖는 기능을 이렇게 요약 설명하고 있다. "올바르게 설정된 설교의 중심 주제는 올바른 궤도 안에서 설교가 유지되게 하여 설교가 빗나가지 않고, 올바른 궤도 위에 계속 머물게 한다. 그리고 설교의 통일성을 확보해 주며, 설교의 방향성을 제공해 주고, 중심 주제는 설교의 움직임을 자극해 준다. 현대 설교학에서는 설교의 움직임을 중요시 하는데, 설교는 클라이맥스를 향하여 점차로 움직여야 한다."[158]

특별히 크레독(Fred B. Craddock)은 설교에 있어서 하나의 지배적인 주제는 "설교자에게 쉽고 그 메시지를 마음에 꼭 붙들고 있도록 해주며 그렇기 때문에 원고나 노트에 덜 의존할 수 있게 해 준다. 또한 하나의 중심적인 생각이 자연히 어떤 자료가 설교에 쓰일 수 있고 어떤 자료가 쓰일 수 없는 것인가 하는 것을 통제할 수 있게 해준다."[159]고 말한다. 또한 크레독은 그의 책 『권위 없는 자처럼』에서 단일한 주제가 주는 유익을 이렇게 말하고 있다.

> 설교에 있어서 단일 주제로 제한하여 준비될 때 설교의 움직임이 효과적으로 만들어지고, 그 설교가 강력하게 된다. 단일의 주제를 중심으로 설교를 준비하는 훈련은 설교 준비나 전달, 그리고 회중이 메시지를 수용하는 데 있어서 매우 창조적이며 도움을 줄 수 있다. 설교 준비에 있어서 설교자가 한 가지 사실에 집중하여 고려할 때 상상력(imagination)이 작동되고, 설교자는 단순한 하나의 문장으로 자신의 논지를 진술할 수 있기 때문에

---

157) Greidanus, 『성경 해석과 성경적 설교』, 264-266.
158) 이우제, "Sidney Greidanus의 설교 연구: 현대 설교의 한계를 극복하는 대안을 중심으로," 343.
159) Fred B. Craddock, 『설교』, 김영일 역(서울: 컨콜디아사, 2003), 185.

설교가 이르게 될 설교의 여정의 종착지를 잘 알게 된다. 또한 전하려고 하는 설교의 주제를 한 가지로 제한하는 것은 메시지를 강력하고 효과적으로 전개하는 데 유익하고, 설교의 수용에 있어서 주제의 단일성은 흥미를 유발하며 의미를 더해 준다.[160]

윌하이트도 "설교는 산탄(buckshot)이 아니라 총탄(bullet)이어야 한다."는 로빈슨의 말을 인용하면서 설교에 있어서 보다 중요한 것은 "단일 주제를 가지고 설교하는 것이 설교에 있어서 가장 훌륭한 방법이라는 확신을 가지는 것이다."[161] 라고 주장한다. 즉 본문에서 단일한 주제를 선정하는 것이 본문 중심의 주제 설교에서 중심 주제를 선정할 때 고려해야 할 중요한 문제임을 뒷받침 하고 있다.

이와 같이 본문 중심의 주제 설교는 설교의 주제가 성경 본문에 근거한 설교로서 하나님께서 본문에서 말씀하시고자 하는 하나의 중심 주제(메시지)를 끌어낸 후에 설교를 진행해 나간다. 설교에서 중심 주제를 강조하는 본문 중심의 주제 설교는 구속사적이고 그리스도 중심적인 설교를 위한 중요한 요소이다.

3. 적실성 있는 적용적 설교

구속사적 설교는 단순히 전체 통일성과 신학적 연속성만이 아닌 종합적 해석에 보았듯이 본문의 개별성(고유성)을 존중한다. 구속사적 설교는 본문의 연속성과 더불어 모든 본문에는 그 본문 나름의 고유한 내용과 그 본문 나름의 고유한 적용(고유성)이 있는 설교이다. 즉 본문의 개별적인 메시지가 청중들의 삶에 연결되는 지점들을 논의하는 설교이다. 여기에서 본문의 고유성의 회복은 각각의 본문이 가지고 있는 청중들을 향한 적

---

160) Craddock, 『권위 없는 자처럼』, 176-179.
161) Keith Willhite & Scott Gibson, 『빅 아이디어 설교』, 이용주 역(서울: 도서출판 디모데, 2002), 13.

실성 있는 연결과 관련되어 있기에 구속사적 설교는 처음부터 적실성 없는 설교가 아니라 적실성 있는 적용적 설교라고 할 수 있다.

설교는 하나님의 말씀을 청중에게 선포하는 행위이며, 모든 설교는 주해와 적용의 두 요소가 반드시 갖추어져야 한다. 뿐만 아니라 설교의 목적은 청중에게 가르치거나 감동을 주거나 실천하게 하는 것이며,[162] 사람들의 영혼을 설득하고 움직이게 하는 것이다.[163] 즉 '청중의 변화'이다. 뉴비긴(Lesslie New-bigin)에 의하면 "설교는 하나님의 현실을 선언하는 것이고 하나님의 이야기 안에 살도록 그리스도인을 초대하는 것이다."[164] 그래서 모든 설교 메시지는 청중에게 적실한 것이어야 한다. 설교는 일반 대중에게 하는 연설이 아니라 특정한 집단 즉 특정한 시간과 장소에 모인 일정한 집단(교회 청중)을 위해서 선포되는 말씀이다.[165] 설교는 삶을 만지고 변화시키는 실제적인 적용을 요구하고, 설교의 목적 달성을 위해서 적용은 반드시 필요하다.[166] 곧 설교는 적실성이 있어야 한다. 도리아니(Daniel M. Doriani)는 그의 책『적용, 성경과 삶의 통합을 말하다』에서 성경과 삶의 통합으로서의 적용이 필요함을 주장하면서, "모든 설교에 있어서 깊고 다양하고 구체적이면서도 하나님 중심적이고, 은혜 지향적인 적용을 소망한다."[167]고 말하고 있다. 성경 해석과 삶의 적용이 어우러질 때 그 설교는 강력한 것이 된다.[168]

사실 구속사적 설교는 모범론측으로부터 구속사에 대하여 지나치게 객관적인 설명을 함으로 인하여 청중에게 구체적인 하나님의 말씀이 미치지 못하고 또한 성경을 모범으로 사용하는 것을 거부함으로 적용이 없

---

162) Long,『증언하는 설교』, 270.
163) Phillips Brooks,『설교론 특강』, 서문강 역(고양: 크리스챤다이제스트, 2001), 108.
164) Lesslie Newbigin, *"Mission,"* in Concise Encyclopedia of Preaching (ed. W. J. Willimon and R. Lischer; Louisvill: Westminster john Knox, 1999), 336; Klink Ⅲ & Lockett,『성경 신학의 5가지 유형』, 93에서 재인용.
165) Craddock,『크래독의 설교 레슨』, 36-37.
166) Robinson & Larson,『성경적인 설교와 설교자』, 442.
167) Doriani,『적용, 성경과 삶의 통합을 말하다』, 403.
168) Bill D. Whittaker,『설교 리모델링』, 김광석 역(서울: 도서출판 요단, 2002), 200.

는 설교라고 비판을 받았다. 즉 구속사적 설교는 적실성이 없는 설교라는 것이다. 그러나 모든 본문에는 그 본문만의 고유한 내용과 적용이 있음(고유성)을 존중하는 구속사적 설교 역시 본문의 현재 적실성을 드러내는 것을 목표로 한다. 구속사적 설교 역시 설교가 청중들에게 적실하게 전달되어야 함을 주장한다. 구속사적 설교를 주장하는 이들은 설교를 듣는 공동체(교회)는 설교의 과정 처음부터 설교에 참여하게 된다고 말한다. "즉 설교자로 하여금 적합한 설교 본문을 선택하도록 인도하고, 구속사에 있어서 교회의 위치는 곧 설교자가 본문을 해석하는 입장이 되며, 교회의 상황과 구성이 설교의 구조를 매우 많은 부분 결정한다. 설교자는 해석의 모든 과정에서 자신의 청중을 염두에 두게 되고, 본문이 지금 이곳의 이 교회를 향해 주고 있는 적용 가능한 적실한 메시지를 찾게 될 것"[169]이라고 말한다.

정성구는 설교에 있어서 해석과 적용이 요청되는 이유는 하나님의 말씀이 모든 시대를 향하여 주신 것이기는 하지만 그러나 우선적으로는 구속사의 어떤 특정한 단계에 있는 특별한 교회를 위한 것이기 때문이라고 한다. 그러면서도 구속사적 설교의 적용의 문제에 있어서 몇 가지 고려해야 할 부분이 있다고 말한다.

먼저, 설교자는 '그 때와 거기' 그리고 '지금과 여기' 사이에 어느 것이 연속적이고 어느 것이 불연속적인가를 잘 알아야 한다. 과거에 선포된 말씀이 지금에도 적절한 설교가 될 수 있다면 삼위 하나님이 계시므로 그때나 지금이나 같은 방법으로 구원을 이루어 가신다는 전제이다. 그 하나님은 바로 언약의 하나님이시라는 사실이다. 또 하나는, 우리 모든 성도는 예수 그리스도 안에서 구속함을 받으며 그때나 지금이나 같은 신앙, 같은 소망 중에 살아가는 믿음의 공동체란 사실이다. 이것이 하나의 연속성이라 할

---

169) Greidanus, 『구속사적 설교의 원리』, 265.

수 있다.[170]

그러나 또 한 편으로 연속성(통일성)이 있다고 해서 그 본문을 처음 전달받은 과거의 교회와 오늘날 전달받아야 하는 현재의 교회를 동일시해서는 안 된다. 구속사에서는 점진, 곧 단절이 반드시 고려되어야 한다. 불연속성(不連續性)도 존재한다. 즉 오늘 이시대의 청중과 교회들은 성경 본문을 처음으로 전달받은 청중과 교회들과는 동일하지 않다.[171] 처음에 그 기록된 메시지는 오늘 이 시대의 설교자가 설교하는 청중과 교회가 아닌 그 때 그 곳의 다른 어떤 교회와 청중을 향한 메시지이기 때문이다. 그래서 그레이다누스는 적실성 있는 설교를 위해서는 그 때 그 곳의 어떤 교회에 주어진 본문에 대하여 역사적 문화적 정황에서의 그 메시지의 의미를 충분히 파악하는 주해(註解)가 필요하고, 이 시대의 어떤 교회에 전달되어야 하기에 적실한 적용이 필요하다고 말한다. 그러므로 설교자는 주해와 적용을 어떻게 적절히 활용하여 설교 전체가 적실성 있게 오늘의 청중과 교회에 전달되도록 하느냐에 힘써야 한다고 주장한다.[172]

또한 그는 "말씀은 사람의 마음 – '종교적 중심이고 시간적 존재함의 뿌리' – 을 향하고 있기 때문에 그 적실성은 삶 그 자체만큼이나 넓다. 설교는 사람을 만나되 반드시 그가 있는 그곳에서 만나야 하고, 그에게 말을 하되 구체적으로 해야 한다. 말씀의 적실성은 삶의 어떤 영역에서도 표현될 수 있다."[173]고 말한다. 월터 카이저의 말대로 설교자는 "적용을 특수화하여 청중들에게 도전을 주고 권면하는 법을 배워야 한다. 즉 그 본문이 의도하고 강조하는 바에 따라 교인들을 권면하고 도전하며, 초청하는 등의 방법을 사용하여"[174] 적용을 구체화해야 한다. 그러나 비록 말

---

170) 정성구, 『개혁주의 설교학』, 377.
171) Greidanus, 『구속사적 설교의 원리』, 266.
172) Greidanus, 『성경 해석과 성경적 설교』, 350.
173) Greidanus, 『구속사적 설교의 원리』, 267.
174) Bodey, 『설교 해부학』, 243.

말씀이 모든 삶에 적실한 것이기는 하지만, 설교자가 청중들을 위해 본문의 메시지를 구체화시킬 때는 어떤 한계선을 반드시 지켜야 한다. 그 지켜야 할 한계선들은 다음과 같다.

> 첫째로, 설교자는 적용을 만들 때 널리 돌아다녀서는 안 되며, 본문의 특별한 요점에 충실해야 한다. 둘째로, 트로스트가 주장하는 대로, 설교의 목적은 회중을 믿음 안에서 세우는 것인데(엡 4:11-16), 이 말은 설교자의 권한 영역이 비록 모든 것을 포괄하는 것이긴 하지만, 믿음이라는 관점에 제한되어 있다는 뜻이다. 셋째로, 피렛트가 지적하는 바와 같이, 설교자의 임무는 자기의 개인적인 해결책들을 강요하는 것이 아니라, 시각들을 열어줌으로써 청중들 스스로가 친히 말씀과 함께 일하고 또 말씀 때문에 살아가도록 해주는 것이다. 마지막으로는 훅스트라가 주장하듯이, "말씀의 사역자는 설교에서 - 적용에서도 마찬가지로 - 언제나 '이것을 하나님의 말씀입니다'라고 말할 수 있어야 한다."[175]

이우제는 설교의 적실성을 위해 숙고해야 할 것들 가운데 세 가지를 이렇게 설명하고 있다.

> 첫째, 보다 적실성 있는 메시지를 위해 설교자는 선택한 설교 본문을 오늘을 위한 의미가 무엇인지를 결정하기에 앞서서, 성경 저자가 자신의 원래 청중들에게 전하려고 했던 것이 무엇인지를 밝혀야 한다.…둘째, 보다 적실성 있는 설교를 위해 설교자는 다양한 방식으로 회중들을 설교 안에 적극적인 참여자가 되도록 해야 한다.…셋째, 보다 적실성 있는 설교를 만들기 위해서 설교자는 다양한 형식들 가운데 메시지를 전달할 필요가 있다.[176]

---

175) Greidanus, 『구속사적 설교의 원리』, 267-268.
176) 이우제, "Sidney Greidanus의 설교 연구: 현대 설교의 한계를 극복하는 대안을 중심으로," 358-60.

설교가 "본문을 통해 말씀하시는 하나님의 의도를 파악하여 청중들에게 적용함으로 청중의 삶에 거룩한 변화를 일으키는 것이다."[177]라고 할 때, 모든 설교에 있어서 적실성 있는 적용은 필수적이다. 설교의 참된 적실성은 설교의 메시지가 지금 이 곳에 있는 하나님의 백성을 향한 하나님의 말씀이라는 설교의 고유한 권위 안에 구체화되어 있다.[178] "성경은 삶이 하나님과 화목되고, 그리스도 안에서 발견되는 축복을 받는다는 특별한 효과를 추구한다."[179] 설교는 적용이 있는 메시지인 성경에 대한 적용적 해석이다.

구속사적 설교 역시 설교의 참된 적실성을 요구한다. 구속사적 설교는 말씀에다 적용을 더하는 것이 아니라 그 말씀을 오늘날 적실성 있게 선포하는 설교라고 할 수 있다.[180] 성경적인 설교로서 적실성 있는 적용으로서의 설교는 구속사적 설교가 추구하는 하나의 실제적 요소이다.

지금까지 본 장에서는 구속사적 설교의 원리와 구속사적 설교를 위한 다양한 해석방법 및 구속사적 설교의 실제요소를 다루며 구속사적 설교의 특성을 정리해 보았다.

다음 제4장에서는 구약의 내러티브 본문가운데 룻기에 대하여 앞서 살핀 구속사적 관점 및 구속사적 설교의 관점으로 고찰해보고자 한다.

---

177) 류응렬, "예수님처럼 설교하라," 「신학지남」(2009, 겨울호): 174.
178) Greidanus, 『구속사적 설교의 원리』, 268.
179) Doriani, 『적용, 성경과 삶의 통합을 말하다』, 84.
180) Greidanus, 『구속사적 설교의 원리』, 190.

Narrative Preaching

제4장
룻기 내러티브의 구속사적 이해

룻기는 교부들이 지칭한대로 '역사서'라는 범주에 속해있는 책이다.[1] 역사서는 흔히 이야기 문학(narrative literature〈서술문학〉)으로 분류하는데, 그 이유는 이스라엘의 역사를 이야기체와 같은 서술 형식으로 전달하고 있기 때문이다.[2] 성경에는 수많은 이야기들이 실려 있고, 많은 이야기들로 구성되어 있다. 대부분의 학자들의 견해에 의하면, 구약 성경의 30내지 40퍼센트가 이야기로 구성되어 있다고 한다.[3] 강해설교의 대가인 로빈슨(Haddon W. Robinson)은 이야기로 구성되어 있는 성경에 대하여 이렇게 말하고 있다.

성경을 사랑하는 사람은 누구나 이야기를 귀하게 여겨야 한다. 왜냐하면 무엇보다도 성경은 이야기책이기 때문이다. 구약신학은 자기들이 만든 신을 섬기기 위해서 하나님으로부터 달아난 남자들과 여자들, 그리고 자기들의 인생 모두를 하나님께 걸 정도로 그렇게 하나님께 헌신적인 사람들에 관한 이야기들 속에 담겨져서 지금까지 전해져 오고 있다.[4]

---

1) Richard D. Nelson, 『The Historical Books』, 이윤경 역(서울: 대한기독교서회, 2015), 19.
2) Robert B. Chisholm Jr. & David M. Howard Jr., 『역사서를 어떻게 해석할 것인가』, 류근상 · 한정건 역(고양: 크리스챤출판사, 2007), 22.
3) Steven D. Mathewson, 『청중을 사로잡는 구약의 내러티브 설교』, 이승진 역(서울: 기독교문서선교회, 2006), 22.
4) Haddon W. Robinson, *Biblical Preaching: The Development and Delivery of Expository Messages*, 2d

룻기 역시 잘 알려진 대로 고대 이스라엘의 사사 시대를 배경으로 하여 총 4장 85절로 이루어진 비교적 짧으면서도 잘 짜여진 이야기이다.[5] 송병현은 "룻기는 성경에 나오는 이야기들 중 매우 아름답고 즐거움을 주는 이야기에 속한다."면서 "룻기는 사사기-사무엘서로 구성된 태풍의 눈과 같이 격동하는 사사기와 요동하는 사무엘서 사이에 위치한 매우 서정적이고 평온한 이야기다"[6]라고 했다. 룻기는 사사기의 거칠고 혼란스러운 모습과는 대조적으로 목가적인 고요함을 이룬다. 사사기는 정복과 정착을 위한 전쟁이 벌어지던 때에 초점을 맞추고 있는 반면 룻기는 평화로운 시기를 배경으로 하면서 가나안 땅에 안식이 이루어지던 때에 일어난 한 가정사에 초점을 맞추고 있다.[7] 류영모는 "성서학자들은 룻기를 일컬어 인류가 낳은 최고의 단편 문학, 또는 사사기와 사무엘서라는 딱딱한 조개껍질 사이에 끼어 있는 영롱한 진주라고 찬사를 보냈다."면서, "암울한 분위기의 사사기와는 달리 룻기는 아름답고 따뜻한 이야기를 다루고 있기에 '영롱한 진주'라는 찬사를 받기에 부족함이 없는 책"[8]이라고 말하고 있다. 강성구는 "룻기는 4장 밖에 안 되는 작은 책이지만 그 안에 담고 있는 하나님의 깊고 오묘한 뜻은 이루 형용할 수 없다."[9]고 말한다. 또 혹자는 룻기를 "내러티브의 보석"이라고 하며,[10] 어떤 이들은 짧지만 매우 아름다운 이야기이고, 더불어 구속이라는 위대한 주제를 다루고 있다고 말한다.[11]

본 장에서는 구약 성경 가운데 역사서의 한 부분이면서 동시에 이처럼 아름다운 이야기로 칭송받고 있는 룻기 이야기(narrative)를 구속사적

---

ed. (Grand Rapids, Baker, 2001), 130; Mathewson, 『구약의 내러티브 설교』, 23에서 재인용.
5) 김중은, "룻기의 구조 및 신학," 『사사기·룻기 어떻게 설교할 것인가』(서울: 두란노아카데미, 2007), 393.
6) 송병현, 『엑스포지멘터리 역사서 개론』(서울: 국제제자훈련원, 2011), 166.
7) Hamilton, 『역사서개론』, 239.
8) 류영모, 『룻기 새롭게 보기』(서울: 서로사랑, 2010), 9.
9) 강성구, 『숨겨진 하나님』(서울: 서로사랑, 1995), 7.
10) Satterwaite & Mcconville, 『역사서』, 373.
11) Roy Hession, 『룻기 강해서』, 정갑주 역(서울: 기독교문서선교회, 2011), 23.

관점에서 살펴보고자 한다. 룻기 내러티브의 이해를 돕기 위해 먼저 성경적 내러티브에 대하여 살펴보고, 이어서 룻기에 대한 이해로서 저자와 저작 연대, 그리고 저작 목적 대하여 알아보고, 룻기의 정경에서의 위치, 룻기의 장르와 구조에 대하여 살펴보려고 한다. 또한 룻기에 대한 여러 접근법들을 비교하여 다뤄 보고, 룻기의 신학들을 살펴본 후에 룻기 본문에 대한 해설을 통하여 룻기를 구속사적으로 고찰해 보고자 한다.

제1절 성경적 내러티브 이해

최근의 현대 설교학에서 큰 반향과 이슈가 되고 있는 주제 가운데 하나가 바로 '내러티브'(Narrative) 또는 '내러티브 설교'(Narrative Preaching)이다. 현대 설교학이 '어떻게 하면 설교가 청중에게 들려지게 할 것인가'에 대한 깊은 관심을 가지게 되면서, 또 더불어 설교 형식에 대한 중요성을 인식하게 되면서 내러티브는 설교학의 중요하면서도 새로운 도구로 부상하고 있다. 그럴 수밖에 없는 것이 내러티브는 하나님께서 말씀을 통하여 당신의 메시지를 전달하는 가장 중요한 도구이기 때문이다.[12] 또한 성경이 하나님의 구속사에 관한 기록이며, 기독교 자체가 하나님의 구속의 이야기이기 때문에 내러티브는 성경의 장르로서 적합하며, 내러티브는 성경에서 자주 만날 수 있는 지배적인 장르임이 분명하다.[13] 그린(Joel B. Green)은 골딩게이의 글을 인용하면서 이렇게 말하고 있다.

> 하나님의 인격적인 '계시'(revelation)는 여러 사건들과 뒤엉켜 있다. 그러한 사건들 속에서 하나님은 인간이 그런 것과 마찬가지로 다른 존재(difference things)가 되신다. 내러티브와 깊이 연결되어 있다. 하나님에 대한 이러한 이해는 "이야기 되어지고" 있다. 이러한 이야기의 내용은 구조

---

12) 김운용, 『설교의 새로운 패러다임』, 256.
13) Dennis M. Cahill, 『최신 설교 디자인』, 이홍길 · 김대혁 역(서울: 기독교문서선교회, 2010), 177.

적인 형태를 갖추면서 살아있다. 이것이 성경 속에서 우리에게 남겨진 신학적인 유산(theological inheritance)이다.[14]

롱은 말하기를 "이야기는 성경의 하부구조(narrative understructure)를 이루고 있고, 성경에서의 이야기의 형식을 갖추지 않은 부분들까지도 성경의 맥을 잇고 있는 주요하고 큰 이야기들과 매우 긴밀하고 중요한 관계를 지니고 있다."[15]며 성경이 이야기와 매우 긴밀한 관계를 가지고 있다고 주장한다.

이렇듯 현대 설교학에서의 내러티브의 중요성이 대두되고 있음을 인식하고, 더불어 내러티브 설교에 대한 관심이 깊어지고 있기에 룻기 내러티브의 이해를 고찰하기에 앞서 먼저 내러티브의 정의와 내러티브의 핵심 그리고 내러티브의 장단점에 대하여 살펴보고자 한다.

1. 내러티브의 정의

'내러티브'라는 말은 설교학에서 뿐만 아니라 기독교 교육, 기독교 윤리 등 기독교 신학의 다양한 분야와 나아가 문학과 인문 사회 과학 분야 그리고 심지어 일반 경영학에까지 다양하게 사용되고 있다. 인간 삶의 중심적 양식으로서 내러티브는 이처럼 여러 분야에서 그 중요성이 더해지고 있다.[16] 그럼에도 내러티브라는 용어는 적절하게 표현되지 못하고 있는 것도 사실이다. 보통 내러티브는 '서사, 서사 이야기, 이야기, 설화' 등으로 번역되며, 또 이야기(story)와 혼용해서 쓰이기도 한다.[17] 이처럼 내러티브는 단독으로 쓰이기도 하고, 내러티브 설교(narrative preacing)처럼 다른

---

14) Joel B. Green & Michael Pasquarello Ⅲ, 『내러티브 읽기 내러티브 설교』, 이우제 역(고양: 크리스챤출판사, 2006), 4.
15) Long, 『성서의 문학유형과 설교』, 123-124.
16) 이상욱, "내러티브 설교의 평가 전망," 『신학과목회』(2005, 11월호): 259-261.
17) 이달, "내러티브 본문의 인물 해석과 설교," 『헤르메네이아 투데이』42(2008, 봄호): 65-66.

명사와 함께 쓰이기도 한다. 내러티브 설교는 '이야기 설교, 이야기식 설교, 설화체 설교, 서사 설교' 등으로 학자들에 의해 다양하게 사용된다.[18]

여기에서 몇 몇 학자들의 견해를 통해 내러티브에 대한 정의를 알아보는 것은 내러티브를 이해하는데 유익할 것이다. 먼저, 내러티브에 대한 관심과 연구로 현대 설교학에 지대한 영향을 끼친 로우리(Eugene L. Lowry)는 "내러티브(또는 스토리)란 말은 '두 아들을 둔 어떤 아버지가 있었는데…'로 시작되는 이야기처럼 어느 특정한 스토리를 의미할 수도 있다. 또 한편으로는 어떤 구술용 대본의 기초가 되는 진행의 흐름이나 전형적인 줄거리 전개 양상을 의미할 수도 있다."[19]고 말한다. 그는 종종 이야기(story)와 내러티브(narrative)라는 두 용어는 동의어로 간주된다고 하면서, 그러나 전문적으로 말하면, "내러티브라는 용어는 '이야기'와 '화자'를 의미한다."[20]고 주장한다.

포웰(Mark Allan Powell)은 내러티브를 그 이야기의 내용으로서 '스토리(story)'와 그 이야기가 어떻게 말해지느냐에 대한 수사학적인 관점을 말하는 '담론(discourse)'으로 구분하여 말한다.[21] 롱은 "이야기는 발단(beginning), 전개(middle), 결말(end)을 가지고 있는 것으로 보이는 사건들의 시리즈"[22]라고 한다. 그린(Joel B. Green)은 내러티브를 정의한다는 것은 결코 쉬운 일이 아니라면서 "글의 특정한 한 형태를 지칭하면서도 어떤 일련의 형태 중에서 우연의 관계성(casual relationship)을 공유한다고 생각되는 하나 이상의 실제적이거나 가공의 사건들에 대해 이야기하는 것을 의미한다."[23]고 말한다. 이승진은 내러티브가 흔히 이야기(story)를 가리키기는 하지만, 문학 비평의 관점에서 내러티브와 이야기는 구분된다

---

18) 이상욱, "내러티브 설교의 평가와 전망," 261.
19) Eugene L. Lowry, 『설교자여 준비된 스토리텔러가 돼라』, 이주엽 역(서울: 요단출판사, 1999), 25.
20) Eugene L. Lowry, 『신비의 가장자리에서 춤추는 설교』, 주승중 역(서울: 예배와 설교아카데미, 2008), 30.
21) Mark Allan Powell, 『서사비평이란 무엇인가』, 이종록 역(서울: 한국장로교출판사, 2000), 55.
22) Long, 『성서의 문학유형과 설교』, 135.
23) Green & Pasquarello Ⅲ, 『내러티브 읽기 내러티브 설교』, 29.

며 내러티브를 이렇게 정의한다. "이야기가 단순한 에피소드의 나열이나 내러티브의 내용을 가리킨다면, 내러티브는 그런 이야기나 에피소드를 독특한 플롯의 뼈대에 배치시키고 또 특정한 배경을 전제로 진행되는 인물과 사건의 상호작용 과정에 초점을 맞추는 것이다."[24] 이연길은 내러티브란 말이 우리말로 옮겨지기가 쉽지 않다면서 내러티브를 "시간과 공간 안에서 일어나는 이야기들(stories)"[25]이라고 묘사한다. 아더스(Jeffry D. Arthus)는 성경적 내러티브라는 말을 사용하면서 "성경적 내러티브는 하나님을 드러내고 독자들을 교훈하기 위하여 계획된 상황가운데 사람들과 행동들에 관해 역사적으로 정확하며, 예술적으로는 정교한 이야기"라고 정의를 내리고 있다.[26] 혹자는 내러티브를 결론에 도달하도록 연결된 사건의 사슬들로 구성되어 있는 이야기라고도 한다. 즉 내러티브가 시작과 중간과 결론이 있고, 목적을 위해 말하는 이야기라는 것이다.[27] 또 내러티브를 "처음-중간-결론"의 줄거리를 가지고 독특한 방식으로 서술된 이야기라고 정의하기도 한다.[28]

이렇게 내러티브는 다양하게 정의되는데, 이상 학자들의 견해를 종합하여 논자의 내러티브에 대한 정의, 특별히 성경적 내러티브에 대한 정의를 내려 보면 다음과 같다. 성경적 내러티브란 "하나님의 구속의 역사를 드러내고자 하는 목적을 가지고 시간과 공간 안에서 독특한 방식으로 서술된 흐름이 있는 이야기"라고 할 수 있을 것이다. 성경은 하나님의 구속의 이야기이고, 하나님은 이야기로 점철되어 있는 인간 세계에 이야기를 통하여 구속의 역사를 드러내고 계신다.

---

24) 이승진, "내러티브 본문의 설교 작성 지침," 『헤르메네이아 투데이』 51(2011, 봄호): 53.
25) 이연길, 『이야기 설교학』(서울: 쿰란출판사, 2003), 21.
26) Arthus, 『목사님 설교가 다양해졌어요』, 101.
27) Cahill, 『최신 설교 디자인』, 179.
28) 이달, "내러티브 본문의 인물 해석과 설교," 66.

2. 내러티브의 특징

내러티브 본문을 좀 더 바르고 깊게 이해하기 위해서는 히브리 내러티브의 중요한 특징을 아는 것이 필요하다. 김창훈은 설교자가 고려해야 할 히브리 내러티브의 대표적 문예적 특징으로 '플롯', '인물 묘사', '해설자(narrator)의 관점' 세 가지를 말한다.[29] 김운용은 내러티브 본문의 전체적인 흐름이 갖는 특성을 이해하기 위해서는 먼저 이야기들이 지니는 공통적인 특성을 살펴볼 필요가 있다면서, 그것을 설교와 관련하여 세 가지로 말하고 있다. 즉 관점(point of view), 플롯(plot), 움직임(movement)이다.[30] 매튜슨은 구약의 내러티브 본문에서 공통점으로 발견되는 네 가지 요소를 플롯(plot, 줄거리)과 등장인물(character), 배경(setting), 그리고 관점(point of view)이라고 말하면서 "구약의 내러티브 본문을 주해하는 설교자들은 이러한 네 가지의 렌즈를 통해서 본문을 살펴볼 필요가 있다."[31]고 한다. 아더스도 "내러티브 장르의 핵심 특징은 플롯, 인물, 상황, 관점으로 요약된다."[32]고 말한다.

논자는 내러티브의 특징을 플롯(plot, 줄거리)과 등장인물(character), 배경(setting), 그리고 관점(point of view)으로 보고 차례로 하나씩 살펴보고자 한다.

가. 플롯(plot)

모든 내러티브에는 플롯이 있다. 모든 이야기에는 시작이 있고, 중간이 있으며, 끝이 있는 흐름 안에서 전개된다. 이 흐름은 단순하지 아니하고 긴장이나 혹은 위기 상황으로부터 그것의 해결을 향해 움직인다. 이

---

29) 김창훈, "구약의 내러티브 본문, 어떻게 설교할 것인가," 「헤르메네이아 투데이」 51 (2011, 봄호): 15.
30) 김운용, 『새롭게 설교하기』, 327-330.
31) Mathewson, 『청중을 사로잡는 구약의 내러티브 설교』, 65.
32) Arthus, 『목사님 설교가 다양해졌어요』, 108.

야기 안에서 이런 흐름 혹은 움직임을 지배하는 것이 바로 플롯이다.[33]

이 플롯에 대한 학자들의 견해를 들어보면, 로우리는 정의하기를 "플롯은 불평형 상태(disequilibrium)에서부터 해결 상황(resolution)으로 움직여 가는 이야기의 지속적인 긴장감(suspense)"이라고 했다.[34] 매튜슨은 "기본적으로 플롯은 행동에 관계하는 것으로, 보통은 갈등이나 위기 국면을 중심으로 전개 되는 일련의 사건들로 구성되어 있으며, 이야기 속의 사건들은 갈등이나 위기국면을 거쳐서 해결로 진행한다."고 말한다.[35] 군(D. M. Gunn)과 퓨엘(D. N. Fewell)에 따르면 플롯은 "내러티브의 의미가 전달될 수 있도록 하는 조직적인 힘 또는 원리"로서 내레이터의 목소리, 등장인물들의 말과 행동 등과 같이 다양한 요소들로 구성된다.[36] 내러티브 학자인 바 에프라트(Bar-Efrat)는 플롯에 대하여 이렇게 말한다. "플롯은 독자의 관심과 감정적인 참여를 북돋우기 위한 한 방법으로 사건들을 조직화하는 역할을 한다. 동시에 사건들에 담긴 의미들은 점차 드러난다."[37]

김창훈은 "플롯은 이야기가 시작되고 진행되며 마무리 되는 전개방식으로서 성경의 저자들이 독자들에게 효과적이고 흥미롭고 설득력 있는 메시지를 전달하기 위해 사용한 다양한 방법 가운데 하나라"고 주장한다.[38] 김진수는 다른 학자들의 견해를 참고하여 플롯을 "여러 등장인물들의 말과 행동들을 비롯하여 그들과 관계된 사건들을 시간적인 순서와 인과적 원리에 따라 연결하여 전체에 통일성과 논리성을 부여하며, 이를 통해 이야기의 주제를 드러내는 것"[39]이라고 정의한다.

---

33) 김운용, 『설교의 새로운 패러다임』, 263-264.
34) Eugene L. Lowry, *Doing Time in the Pulpit: The Relationship between Narrative and Preaching* (Nashville: Abindon Press, 1985), 52; 김운용, 『새롭게 설교하기』, 329에서 재인용.
35) Mathewson, 『청중을 사로잡는 구약의 내러티브 설교』, 67.
36) Gunn and Fewell, *Narrative in the Hebrew Bible*, 101; 김진수, "구약 내러티브의 해석과 설교," 『신학정론』(2013, 6월호): 35에서 재인용.
37) Shimon Bar-Efrat, *Narrative Art in the Bible*(Sheffield: Almond, 1989), 93; Arthus, 『목사님 설교가 다양해졌어요』, 110에서 재인용.
38) 김창훈, "구약 역사서 어떻게 설교할 것인가," 『복음과 실천신학』(2009, 가을호): 330.
39) 김진수, "구약 내러티브의 해석과 설교," 36.

학자들의 견해에 따르면, 플롯이란 내러티브의 의미가 전달될 수 있도록 갈등에서 시작하여 해결로 나아가는 시간 안에서 일어나는 일련의 사건이며, 이야기의 구조와 흐름을 규정하는 역할을 하는 것이라고 할 수 있다.

그레이다누스의 말에 의하면 "성경의 내러티브를 이해하고, 또 그 내러티브의 메시지를 내러티브 설교로 전달하기 위해서는 내러티브 플롯의 분석이 필수적"[40]이기에 플롯에 대하여 좀 더 구체적으로 살펴보기로 한다.

1) 플롯의 형태

매튜슨은 구약의 내러티브에 안에 있는 플롯들은 모두 기본적인 형태를 취하고 있으며, 그 기본적인 형태는 일련의 행동들 속에서 서술적 설명(exposition)과 위기(crisis), 해결(resolution), 그리고 결말(conclusion) 또는 대단원(denoument)의 네 가지 단계 혹은 요소들로 구성되어 있다고 주장한다.[41] 이것은 다음과 같이 정리해 볼 수 있다.

〈표 11〉 플롯의 구성요소들과 기능

플롯의 구성 요소들	기능	성경의 예
서술적 설명 (exposition)	이야기를 시작하는데 필요로 하는 기본적인 정보들을 담고 있음, 등장인물의 이름과 속성, 육체적인 모습, 생활 형편, 그리고 상호 인간관계에 관한 내용들을 제시하면서 등장인물 소개, 지리적인 정황, 역사적 배경 언급	*창세기 22:1-19(모리아 사건) 에서 1절 *창 38장(유다와 다말의 이야기) 에서 1-6절까지 *에스더서의 1장과 2장 *룻기 1:1-2절

40) Greidanus, 『창세기 프리칭 예수』, 46.
41) Mathewson, 『청중을 사로잡는 구약의 내러티브 설교』, 67-73.

위기 (crisis)	긴장이나 갈등 혹은 심화와 같은 용어로 다양하게 설명됨. 이야기가 전개되면서 갈등이 등장하게 되며 긴장감이 고조되면서 해결국면을 향하여 이야기가 계속 진행됨.	*창세기 22:1-19절에서 2-10절 *창세 38장에서 7-24절 *에스더서의 3장과 4장 *룻기 1:3-22절
해결 (resolution)	이야기는 위기를 지나 해결의 국면에 도달하게 되면서 내러티브의 플롯은 그 절정으로부터 이야기의 핵심적인 갈등이 해소되는 단계로 접어듦.	*창세기 22:1-19절에서 11-14절 *창세기 38장에서 25-26절 *에스더서의 5:1-9:19절 *룻기 2:1-4:12절
결말 (conclusion) 또는 대단원 (denoument)	결말이나 대단원은 이야기의 결과나 해결 단계의 후속 결과로서 주인공의 최종 운명이 결정되는 단계. 독자에게는 특정한 메시지를 제공하기도 함. 일부 내러티브에서는 개방형 종결이나 또 다른 새로운 플롯을 준비하는 요소들로 끝나기도 함.	*창세기 22:1-19절에서 15-19절 *창세기 38장에서 27-30절 *에스더서의 9:20-10:3 *요나서, 사사기 8:28-35절의 기드온에 관한 내러티브는 개방형 종결 *룻기 4:13-22절

롱맨(Tremper Longman Ⅲ)은 히브리 내러티브의 플롯에 대해서 다음과 같은 도식을 제시했다.[42]

---

42) Tremper Longman Ⅲ, *Literary Approaches to Biblical Interpretation*(Grand Rapids: Zondervan, 1987), 92; 김창훈, 『구약 장르별 설교』: 78-79에서 재인용.

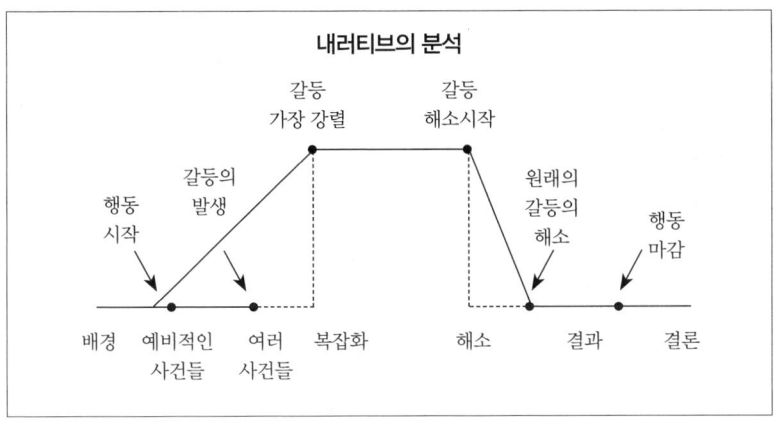

〈표 12〉 히브리 내러티브의 플롯

그리고 롱맨은 위의 표를 열왕기상 22:1-38에 적용하여 구체적인 실례로 보여주고 있다.

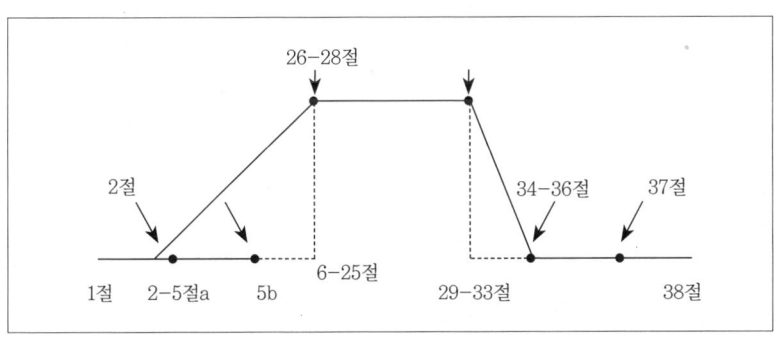

〈표 13〉 열왕기상 22:1-38의 플롯

부연설명을 하면 다음의 표와 같다.

〈표 14〉 열왕기상 22:1-38의 플롯에 대한 부연 설명

플롯의 움직임	상황	본문
배경	아람과 이스라엘 사이에 전쟁이 없이 3년을 지냄	1절
행동의 시작	예비적인 사건들 유다의 여호사밧 왕과 이스라엘 왕이 길르앗 라못을 아람의 왕에서 도로 찾기 위하여 함께 싸울 것을 권유함	2-5절a
갈등의 발생	여러 사건들 여호사밧이 전쟁에 앞서 여호와의 말씀이 어떠한지 물음	5절b
갈등 가장 강렬	선지자 사백여명은 길르앗 라못을 찾을 것이라는 듣기 좋은 예언을 함. 선지자 미가야는 이스라엘 왕이 전쟁에서 죽게 될 것을 예언함. 시드기야와 선지자 미가야가 다툼	6-25절
갈등 해소 시작	아람과의 전쟁을 벌임	29-33절
원래의 갈등 해소	이스라엘의 왕이 적병이 쏜 화살에 죽음	34-36절
행동 마감	이스라엘 왕을 사마리아에 장사지냄	37절
결론	하나님이 예언하신 말씀이 성취됨	38절

프렛은 플롯의 진행 유형을 네 가지로 제시한다.[43] 첫째로, 문제와 해결 양상의 두 단계이다. 두 개의 큰 부분에서 앞에 극적 문제를 제시하고 뒤에 문제 해결을 제공한다. 역대하 16:7-10의 본문을 첫 번째 유형으로 적용했을 때 다음과 같다.

---
43) Pratt, Jr, 『구약의 내러티브 해석』, 244-253.

〈표 15〉 문제와 해결 양상의 두 단계(역대하 16:7-10)

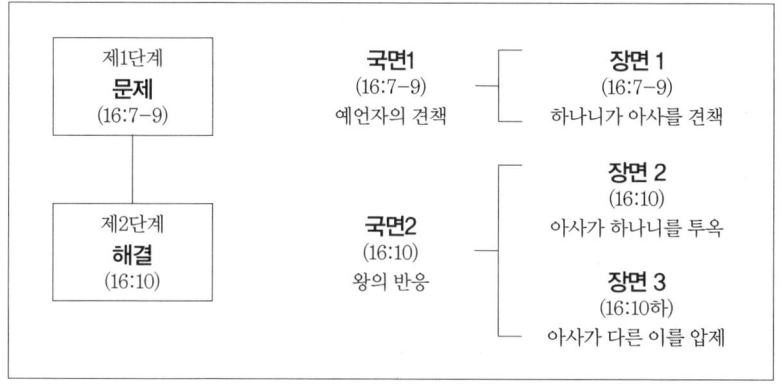

둘째로, 문제, 전환, 그리고 해결의 세 단계이다. 문제와 해결형 내러티브에 종종 문제의 몇 가지 측면을 회상하고 또 해결의 차원을 예측할 수 있게 해주는 전환이 삽입된다. 요나서 1:17-2:10을 두 번째 유형으로 적용했을 때 다음과 같다.

〈표 16〉 문제, 전환, 해결의 세 단계(욘 1:17-2:10)

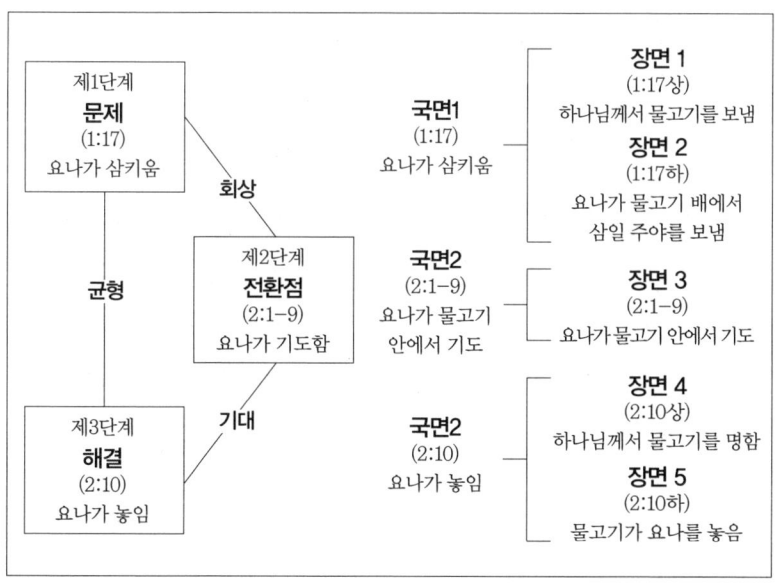

제4장 · 룻기 내러티브의 구속사적 이해 177

셋째로, 문제, 상승운동, 하강운동, 해결로 구성되는 네 단계이다. 문제와 해결이 서로 균형을 이루고 상승 운동과 하강 운동이 문제와 해결의 측면들을 회상하고 기대하며 종종 개념적 균형을 이루기도 한다. 창세기 3:8-21절의 적용이다.

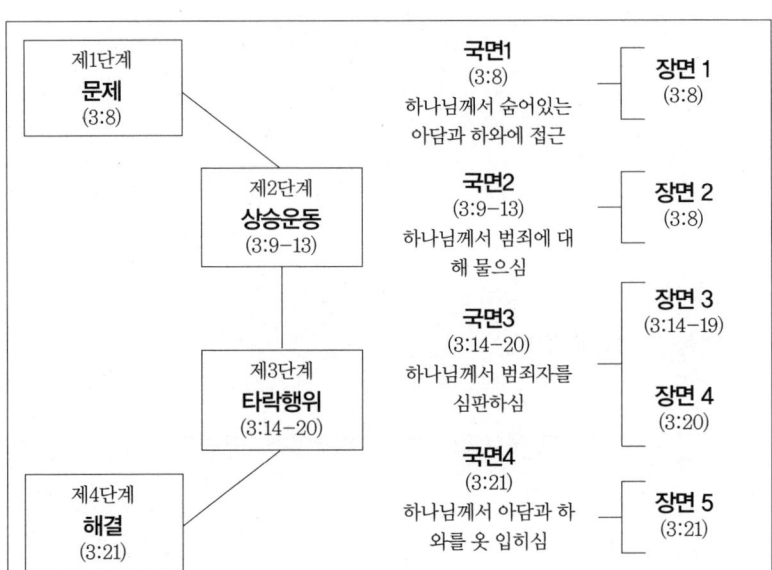

〈표 17〉 문제, 상승운동, 하강운동, 해결의 네 단계(창 3:8-21)

넷째로, 문제, 상승 운동, 전환점, 하강 운동, 해결로 구성되는 다섯 단계이다. 문제가 내러티브를 움직이게 만들고, 상승 운동은 긴장을 조성하며, 전환점은 문제를 역전시키는 것으로 전환하며, 하강 운동은 전환점에 의해 시작된 실마리를 푸는 작업이고, 해결은 내러티브를 종결한다. 창세기 15:7-21에 대한 흐름을 그림으로 표현하면 다음과 같다.

〈표 18〉 문제, 상승운동, 전환점, 하강운동, 해결의 다섯 단계(창세기 15:7-21)

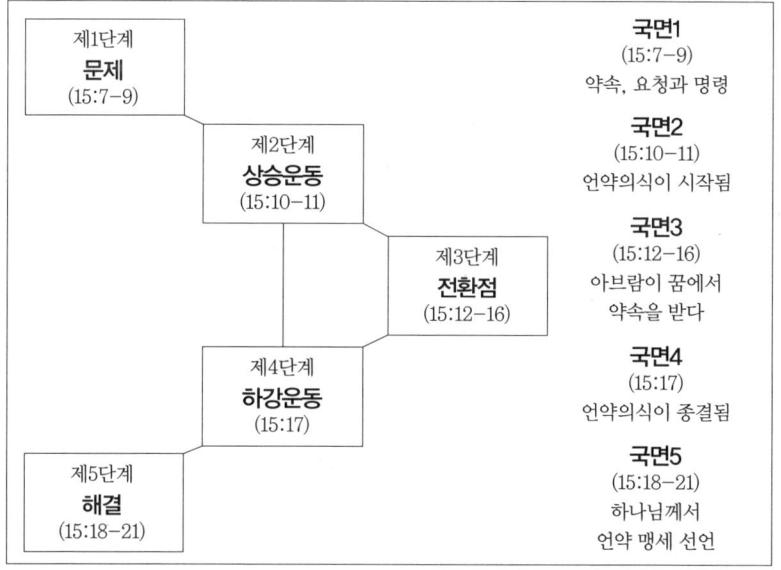

아더스는 플롯은 전형적으로 다음과 같은 다섯 단계의 움직임을 가지고 있다고 본다.

〈표 19〉 아더스가 제시하는 플롯의 다섯 단계

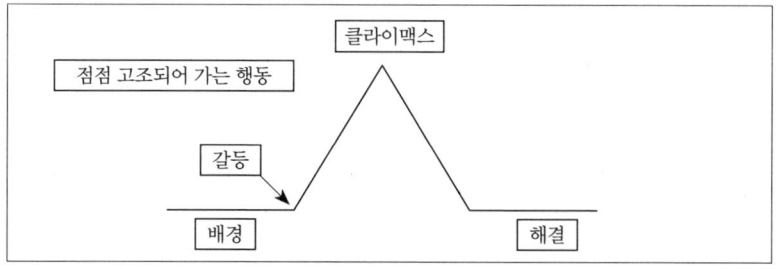

그는 이 플롯의 움직임을 누가복음 19:1-10에 나오는 삭개오에 관한 이야기를 예로 들며 설명하고 있다.[44] 정리해 보면 다음과 같다.

---

44) Arthus, 『목사님 설교가 다양해졌어요』, 111-113.

제4장 · 룻기 내러티브의 구속사적 이해 **179**

〈표 20〉 삭개오에 관한 이야기(눅 19:1-10)의 플롯 전개

플롯의 전형	설 명	본 문	
배 경	대체적으로 간단하며, 행동을 시작하기 위해 충분할 정도	눅 19:1-3 "예수께서 여리고로 들어가 나가시더라 삭개오라 이름하는 자가 있으니 세리장이요 또한 부자라 그가 예수께서 어떠한 사람인가 하여 보고자 하되 키가 작고 사람이 많아 할 수 없어"	주의할 점: 누가의 이 진술은 불안정을 만들어내기 시작한다. 비열한 자가 예수님을 보기 원한다. 왜 그런가?
갈 등	대체적으로 간단하다.	눅 19:3 "그가 예수께서 어떠한 사람인가 하여 보고자 하되 키가 작고 사람이 많아 할 수 없어"	
고조되는 행동	이야기 가운데 가장 많은 부분을 차지하며, 삭개오의 행동은 갈등을 고조시킨다.	눅 19:4-7 "삭개오는 예수님을 보기 위해 앞으로 달려갔고, 나무 위에 올라갔으며, 예수님의 말씀을 들은 다음 자신의 집으로 모셨으며, 사람들의 조롱을 참았다"	
클라이맥스	대체적으로 간단하며 이야기가 해결로 전환되는 시점이다.	눅 19:8-9 "오늘 구원이 이 집에 이르렀으니"	삭개오는 회개하였고 예수님의 초청을 받아들였다.
해 결	갈등과 클라이맥스의 결과	눅 19:10 "인자가 온 것은 잃어버린 자를 찾아 구원하려 함이니라"	예수님은 자신의 사명을 확증했다.

김창훈은 성경 내러티브의 플롯을 크게 두 가지로 구분하고 있는데, 하나는 위기나 갈등의 요소가 약한 내러티브와 다른 하나는 위기나 갈등의 요소가 강한 내러티브이다. 그는 전자(위기나 갈등의 요소가 약한 내러티브)는 '기(起)-승(承)-전(轉)-결(結)'의 구조로 플롯의 흐름을 파악하는 것이 바람직하고, 후자(위기나 갈등의 요소가 강한 내러티브)는 '발단-위기(또는 갈등)-해결-결말'의 구조로 플롯의 흐름을 파악하는 것이 무난할 것이라고 말한다.[45]

플롯은 이렇게 내러티브들 안에서 반복적으로 나타나는 패턴 즉 전형(典型, archetype)을 가지고 있다. 구약의 내러티브에서 반복적으로 나타나는 패턴은 내러티브의 전체적인 플롯뿐만 아니라 개별적인 삽화와 장면들 속에서 찾아 볼 수 있다면서 매튜슨은 라이켄(Ryken)이 제시하는 다양한 플롯 모티브들을 예로 들고 있다.[46] 다음과 같이 표로 정리해 볼 수 있다.

〈표 21〉 라이켄(Ryken)의 플롯 모티브

플롯 모티브 (Plot Motifs)	설 명	사 례
추구(quest)	영웅에 관한 내러티브에서 주인공은 목표에 도달하기 위해 애쓰면서 성공을 쟁취하기 전에 때로는 장애물을 만나기도 하고 잠시나마 패배를 맛보기도 한다.	요셉, 다윗, 룻, 아브라함의 내러티브들
죽음과 부활의 모티브	연민을 자아내는 이야기에서 주인공은 극한 위험이나 죽음의 고통을 겪지만 다시 부활하거나 안전으로 복귀한다.	히스기야나 요셉의 내러티브

---

45) 김창훈, 『구약 장르별 설교』, 82.
46) Mathewson, 『청중을 사로잡는 구약의 내러티브 설교』, 74-75.

입문(initiation)	주인공이 일반적으로는 어떤 이상적인 상태로부터 밀려나게 되고 생애 처음으로 다양한 형태의 악한 세력과 대결하면서 시련을 겪는다.	엘리사, 다니엘, 야곱
여행	등장인물이 한 장소에서 다른 장소로 여행을 떠나는 과정에서 여러 위험을 극복하게 되면서 점차적으로 성숙해 간다.	야곱
비극	주인공이 순진무구한 상태로부터 타락하는 과정을 거치면서 행복으로부터 점차 비극으로 쇠락해 간다.	사울, 삼손
희극 혹은 U형 이야기	행복한 상태로부터 시작하였으나 비극의 나락 속으로 떨어졌다가 성공을 향한 장애물을 극복하면서 결국은 행복한 종결로 끝난다.	유다와 다말, 룻, 에스더
범죄와 처벌의 플롯	악한 주인공이 저지른 비행에 대한 처벌을 받아서 주인공의 행복이 결국은 불행으로 변한다.	게하시, 이세벨, 아합, 압살롬
유혹	등장인물이 악한 세력의 유혹에 넘어가서 그 희생양이 된다.	하와, 삼손, 들릴라
구출		에스더, 엘리사
고난 받는 종의 모티브	주인공은 다른 사람의 유익을 위하여 부당한 고난을 겪는다.	요셉
신데렐라 혹은 부자가 된 거지의 모티브	여기에서 주인공은 사회적인 배척과 가난의 장애물을 극복한다.	다윗, 기드온
무지로부터 깨달음으로의 발전의 모티브	주인공은 무지로부터 깨달음 혹은 각성의 단계로 발전해 간다.	아브라함

또한 성경의 이야기들은 최소한 하나 이상의 "연속적인 행동"(action sequence)을 담고 있는데, 로버트 컬레이(Robert Culley)는 내러티브 안에서 플롯이 놓여지는 "연속적인 행동"의 유형을 몇 가지 소개하고 있다.[47] 다음의 표를 참고하라.

〈표 22〉 플롯의 연속적인 행동의 유형

연속적인 행동에 관한 목록	상황	사례
처벌의 연속적 흐름	1. 비행과 그로 말미암은 처벌	소년들에 대한 엘리야의 저주, 롯의 아내의 불운
	2. 사고와 그에 따른 복수	암몬과 압살롬, 디나의 사건
구원의 연속적 흐름	3. 곤경과 이로부터의 구원	엘리사와 잃어버린 도끼, 엘리야와 과부의 아들
	4. 곤경과 이로부터의 탈출	히브리의 산파들, 다윗을 구출한 미갈
성취의 연속적 흐름	5. 소원과 성취	아합과 나봇의 포도원, 게하시, 이삭의 속임수
	6. 임무와 완수	이삭의 아내, 아브라함의 시험
보상의 연속적 흐름	7. 선행과 보상	엘리사를 선대한 여인, 히브리의 산파들
선언의 연속적 흐름	8. 통지와 실행	창조의 내러티브, 아브라함의 소명, 미가야
금지의 연속적 흐름	9. 금지와 위반	롯의 아내, 에덴동산

---

47) Robert C. Culley, *Themes and Variations: A Study of Actin in Bibl-ical Narrative*, Society of Biblical Literature Semeia Studies, ed. Edward L. Greestein(Atlanta: Scholars Press, 1992), 50; Mathewson, 『구약의 내러티브설교』, 78-79에서 재인용.

성경의 내러티브 안에서 플롯들은 이런 전형적인 패턴을 가지고 움직이면서 특정의 이야기를 전개해 가고 있으므로 이런 전형들을 파악하는 것은 본문을 파악하고, 주해하는데 있어서 그리고 더 나아가 설교 작성에 도움이 될 것이다.

2) 플롯과 상상력

위어스비(Warren W. Wiersbe)는 상상은 우리 인간의 정신과 의지를 잇는 가교이고, 이런 상상을 통해 내면화되는 지식이 진정한 지식이 될 수 있음을 말한다. 그는 "하나님께서는 우리 인간에게 상상할 수 있는 능력, 즉 정신의 화랑을 선물로 주셨다"고 하면서, 상상력이 성경을 정확히 연구하고 그 메시지를 청중들이 가슴으로 이해하는데 아주 중요하다고 강조한다.[48] 설교자가 거룩한 상상력을 동원하여 설교를 듣는 청중들로 하여금 자신들의 마음의 화랑을 '거룩한 아름다움'으로 채울 수 있는 그림을 그려 주어야 한다는 것이다.[49] 성경은 사람에게 개입하신 하나님의 이야기이며, 역사 속에서 행하시는 하나님의 위대한 행동에 관한 이야기이다. 성경에는 하나님에 대한 묘사와 사람들이 부여잡고 살아갈 필요가 있는 이미지들과 은유들이 아주 많이 들어 있다. 성경은 아주 오래된 "이미지의 보물 창고"이며 상상이 풍부한 설교자가 되기를 원한다면 반드시 성경으로 돌아가야 한다.[50] 설교자는 자신의 가진 모든 것과 자신이 사용할 수 있는 모든 도구들을 동원하여 생명의 복음을 준비하고 전해야 한다. 여기에서 설교자가 사용할 수 있는 훌륭한 도구 가운데 하나가 바로 상상력이다. 설교자는 자신의 상상력을 동원하여 청중들로 하여금 오감을 동원하여 복음을 보고, 듣고, 만지고, 느끼고, 맛볼 수 있도록 해야 한다.

김운용은 설교에서 상상력이 왜 중요한지를 다음과 같이 다섯 가지로

---

48) Warren W. Wiersbe, 『상상이 담긴 설교』, 이장우 역(서울: 요단출판사, 1988), 32-41.
49) Wiersbe, 『상상이 담긴 설교』, 90.
50) Cilliers, 『설교 심포니』, 416-417.

말해주고 있다. 첫째, 무엇보다도 인간의 마음은 논쟁의 장이 아니라 화랑(畵廊)과 같기 때문이다. 둘째, 성경 안에는 무한대의 상상의 세계가 펼쳐지고 있기 때문이다. 셋째, 언어의 작용하는 방식 때문이다. 넷째, 세상이 상상력에 의해 지배받고 있기 때문이다. 마지막으로, 믿음의 세계는 상상력에 의해서 강화되기 때문이다.[51] 특별히 성경에 기록된 이야기들이나 사건들은 때로 구체적인 설명이나 해명 없이 끝나거나 생략된 경우가 많이 있다. 독자로서 설교자들은 먼저 이러한 생략된 많은 부분의 틈새를 상상력을 동원하여 채우며, 설교를 듣는 우리의 청중들에게 성경의 생략된 틈새를 채워줄 수 있어야 한다.

예를 들면, 창세기 22장 모리아 산에서 아브라함이 아들 이삭을 제물로 바치는 사건 속에는 생략된 틈새들이 있다. 이것을 설교자가 상상력을 동원하여 채워 줄 수 있다.

해 석

아브라함은 하나님께서 전날 사랑하는 독자 이삭을 모리아 땅으로 가서 한 산에서 번제를 드리라고 요구했을 때, 다음 날 아침 일찍 두 종과 아들 이삭을 데리고 번제에 쓸 나무를 나귀에 싣고는 출발합니다. 소돔 성의 멸망 앞에서는 하나님께 따지듯이 '하나님이 의인을 악인과 함께 멸하시려나이까?'라고 물었던 그리고 50명, 45명…10명을 찾으시면… 하며 몇 번씩이나 자신의 의견을 제시했던 그가 왠지 아들을 잡아 각을 떠서 불에 태워 바치라는 이 대목에 와서는 아무런 말이 없습니다. 그리고는 묵묵히 아들 이삭을 데리고 제사드릴 곳을 향하여 서둘러 가는 모습입니다.
여러분! 하나님께서 아브라함에게 100세에 얻은 아들, 눈에 넣어도 아프지 않을 금쪽같은 아들 이삭을 제물로 바치라 했을 때, 아브라함의 심정이 어떠했을까요? 이에 대하여 성경은 아무런 언급이 없습니다. 침묵하고 있습니다.

---

51) 김운용, 『새롭게 설교하기』, 289-293.

상상력 동원

성경에는 분명하게 기록되어 있지 않기에, 상상력을 동원해 볼 수 있을 것입니다. 인간으로서, 또 아버지로서 아브라함은 밤새껏 잠 한 숨 자지 못하고 뜬 눈으로 밤을 지샜는지도 모릅니다. 아내 사라에게는 말도 못하고 끙끙거리며, 인간적으로 도저히 감당할 수 없는 그 고통스러운 마음을 혼자 삭히느라 홀로 가슴을 찢었는지도 모릅니다. 어느 아버지들이 그렇듯 아브라함 역시 자식을 가슴에 묻을 생각에 단장의 아픔 속에서 하나님 앞에 몸부림쳤으리라 생각해봅니다. 아들 이삭과 함께 모리아로 가는 3일 길, 어쩌면 아브라함에게는 3천년 같은 시간일 수도 있는, 그 시간 동안 아브라함은 겉으로 내색은 하지 않지만, 속은 다 타들어가서 시꺼먼 숯덩이처럼 변했을지도 모릅니다. 피도 눈물도 없는 사람이 아니기에, 아니 보통의 우리내와 같은 부모 심정이라면 억장이 무너져도 수십번 무너지지 않았을까요…

    설교자가 풍부한 상상력을 동원하여 성경의 생략된 부분을 메꿀 수 있다면 청중들에게 훨씬 더 현실감 있고 또 청중들과 공감할 수 있는 설교를 할 수 있을 것이다. 물론 지나친 상상력은 심리화의 오류에 빠질 수 있다는 것을 염두에 두어야 한다. 그러나 분명한 것은 거룩한 상상력은 성경이 말하지 않는 부분을 채워주면서 청중들의 흥미와 공감대를 유발하며 집중하게 하고, 청중들에게 들리는 설교를 할 수 있는 장점이 있다.

    같은 이야기에서 이번에는 이삭에 대한 상상력이 필요한 대목이 있음을 볼 수 있다.

해석

아버지 아브라함은 결연히 산에 올라가 아들 이삭을 제물로 바치려 합니다. 이 대목에서 우리는 아브라함의 위대한 믿음과 순종 못지않게, 아들 이삭의 모습 속에서도 도전과 감동을 받지 않을 수 없습니다. 부전자전이라고나 할까요? 보세요. 아버지 아브라함은 하나님의 시험을 알고 있습니다. 그것은 다름 아닌 100세에 얻은 아들을 제물로 바치라는 것이지요. 그런데 아들 이삭은 아무 것도 모릅니다. 그리고 아버지를 따라 3일 길을 동행하게 됩니다.
그리고 목적지 모리아 산 밑에 도착했을 때, 함께 따라왔던 종들은 그곳에 남겨지고, 이제 아버지와 단 둘만이 산을 오르게 됩니다. 이삭은 번제에 쓸 나무를 지고 산에 올라 갈 정도의 장성한 아이입니다. 또 아버지에게 이렇게 묻지요.

'아버지, 번제에 쓸 불과 나무는 있는데, 번제할 어린 양은 어디 있습니까?'라고 제사의식에 대하여 어느 정도 지식을 가질 만큼 성장한 아이입니다. 18살 정도 되었을 것이라고 봅니다. 그런데, 그런 아이가 아버지가 자신을 묶고 칼로 자신을 제물로 바치려고 하는데도 웬일인지 가만히 있습니다. 9-10절을 보세요. 아버지 아브라함이 제단을 쌓고 나무를 벌여 놓고 이삭을 결박하여 제단 위에 놓고 칼로 잡으려 하는데도 거부하거나 도망치지 않습니다. 이삭이 18살 정도라면, 아브라함은 118살 일겁니다. 100살이 훌쩍 넘은 노인네를 18살 정도의 아이가 충분히 제재할 수 있지 않겠습니까. 아니면 묶으려고 할 때 뿌리치거나 도망칠 수 있지 않겠어요? 100세가 넘은 아버지의 이해할 수 없는 행동에 충분히 못하게 막을 수도 있고, 피할 수도 있고, 도망칠 수도 있고, 아버지 지금 무슨 짓 하느냐고 대들면서 말릴 수도 있지 않겠어요?

우리 같으면, 아니 보통의 이런 경우라면, 누구라도 '아버지, 지금 뭐하는 짓이에요? 이 아버지가 미쳤나? 노망이 들어도 곱게 들어야지…' 라며 밀치고 도망쳤을 겁니다. 그게 맞지요. 그런데 이삭은 그런 순간에도 한 마디 말도 없이, 한 마디 대꾸도 없이 아버지가 하는 대로 잠잠하고 있습니다.

상상력 동원

성경은 아버지 아브라함이 그렇게 행동한 것은 다시 살리실 하나님을 믿는 믿음으로 그랬다고 평가하고 있습니다. 그러나 이삭에 대해서는 믿음으로 그랬다는 평가가 없습니다. 그렇다면 어떻게 이삭이 그 죽음의 순간에도 아버지에게 순종할 수 있었을까요? 이 대목에서 우리의 상상력을 동원해 볼 수 있을 것입니다. 그것은 아마도 아버지 아브라함에 대한 절대적인 신뢰에서 비롯되지 않았을까 생각해 봅니다. 예수님이 아버지 하나님에 대한 절대적인 신뢰에서 죽음까지도 순종하셨듯이 이삭도 아버지 아브라함에 대한 신뢰에서 그렇게 할 수 있었을 겁니다. 생각해 보세요. 이삭은 아버지 아브라함의 하나님에 대한 절대적인 신앙을 누구보다 가까이 옆에서 보아 왔습니다. 하나님 중심의 삶, 하나님 제일주의, 하나님 우선주의 신앙을 늘 옆에서 지켜보았습니다. 지금 아들인 자신을 하나님 앞에 제물로 드리려 하는 것 역시 하나님에 대한 믿음에서 그러신다는 것 이삭은 충분히 알고 있지 않았을까요!

해석

그 아버지에 대한 신뢰, 아버지의 삶에서 비춰진 믿음에 대한 신뢰와 더불어 아버지가 섬기는 하나님에 대한 신뢰가 있었기에 가능했으리라 미루어 짐작해봅니다.

상상력은 분명 성경 해석을 더욱 풍성하게 해주며, 설교를 이미지화 하는 이야기 설교의 핵심 요소이다.[52] 이렇듯 이야기 설교자는 이야기가 가지는 상상력이나 이미지, 혹은 메타포 등을 잘 활용할 수 있어야 하고[53], 그렇게 할 때 설교의 효과는 극대화 될 것이다. 설교자는 본문의 주해에서 당시 사회 문화적 배경이나 신학적 배경, 그리고 문장이나 단어의 의미 연구 등과 함께 풍부한 상상력, 거룩한 상상력을 가지고 본문을 보면 그 속에서 깊은 의미를 꺼낼 수 있으며, 자신 만의 독특한 플롯이 있는 튼튼한 설교 구성을 할 수 있을 것이다.[54]

3) 플롯의 기능

히브리 내러티브에서는 다양한 플롯이 서로 복잡한 구조로 엮여져 있다.[55] 그러므로 설교에서 플롯의 흐름을 어떻게 이해하고 활용하느냐에 따라 설교가 달라질 수 있을 것이다. 내러티브 안에서 플롯의 기능은 수사학적으로 세 가지 방식으로 기능한다. 첫째, 아이디어들을 강조한다. 플롯의 움직임이 갑자기 새로운 장면으로 전환될 때 독자들은 자연적으로 예전의 것과 새로운 것을 비교하게 되고 저자가 의도한 아이디어들에 초점을 맞추게 된다. 대개 저자는 클라이맥스 부분에 이야기의 강조를 두게 되는데, 그 이유는 이야기의 절정 부분에서 독자가 최고조로 몰입하기 때문이다. 이 부분은 갈등이 어떻게 해결될 것인지를 제시하면서 등장인물들의 행동을 요약해 주는 역할을 한다.[56]

예를 들면, 에스더서에서 아하수에로 왕의 총애를 받는 하만이 모르드개와 유다 사람들을 멸하고자 계략을 피게 된다. 이에 에스더가 '죽으면 죽으리라'며 나서게 되고, 왕의 허락을 받은 에스더는 왕과 하만을 잔

---

52) 이연길, 『이야기 설교학』, 198.
53) 김운용, 『설교의 새로운 패러다임』, 279.
54) 이상욱, "내러티브 설교의 평가와 전망," 266.
55) Greidanus, 『창세기 프리칭 예수』, 47.
56) Arthus, 『목사님 설교가 다양해졌어요』, 113.

치에 초대하게 된다. 그런 와중에 하만은 모르드개를 매달기 위해 오십 규빗 되는 나무를 세우지만, 이야기의 저자는 왕의 목숨을 구한 모르드개를 왕이 존귀하게 하는 반전을 제시한다. 그 후 상황은 완전히 역전되어 에스더의 청에 의하여 하만은 자신이 모르드개를 매달기 위해 준비했던 나무에 매달리게 되고, 유다 사람들은 멸망을 면하게 된다. 이렇듯 이야기의 저자는 등장인물들의 행동을 통해 갈등이 어떻게 해결된 것인지를 제시하면서 클라이맥스로 플롯을 진행해 간다.

룻기의 경우를 예로 보자면, 룻기 3장에서 이야기의 저자는 독자들로 하여금 룻이 밤중에 보아스를 찾아가 대화하는 장면 속에서 보아스를 통하여 나오미와 룻의 문제의 실마리가 풀릴 것이라는 기대를 갖게 한다. 그러나 보아스보다 더 가까운 기업 무를 자가 있음을 알리면서 잠시 기대감을 멈추게 하며 독자들의 관심을 집중케 한다. 그리고는 4장에서 무명의 기업 무를 자가 신발을 벗어 던지며 자신의 권리를 포기하는 반전을 통해 보아스가 기업 무를 자의 권리를 갖게 되고 기업 무를 자의 권리를 행사함으로 나오미의 가정의 문제와 룻의 문제가 해결된다. 이렇듯 이야기의 저자는 등장인물들의 행동을 통해 문제와 갈등이 해결되어 가는 과정을 제시함으로 독자들이 이야기의 클라이막스를 향해 나아가도록 플롯의 흐름을 진행해 간다.

두 번째, 플롯의 수사학적 기능은 아마도 가장 분명한 플롯의 기능으로서 극적 긴장을 유발하는 것이다. 독자들은 이야기를 대하면서 '어떻게 이 갈등이 시작되었을까? 다음에는 어떤 일이 일어날까? 그리고 그 다음에는 무슨 일이 그리고 이 이야기는 어떻게 결말이 날까?'에 대한 자연스런 관심이 들기 마련이다. 설교자들은 청중들의 이런 관심을 이끌어가며 설교를 진행해 갈 때 설교의 목표를 효과적으로 이룰 수 있을 것이다.[57] 이를테면, 요셉의 이야기에서 꿈 이야기를 통한 형들과의 갈등, 그리고

---

57) Arthus, 『목사님 설교가 다양해졌어요』, 114.

애굽에 종으로 팔리는 사건, 그리고 주인 아내의 유혹과 그 일로 인하여 감옥에 갇히는 사건, 감옥에서의 왕의 두 신하와의 만남 그리고 꿈 해몽 등 이렇게 연속되는 긴장을 통해 저자는 독자들의 관심을 유발하면서 이야기의 결말을 향해 플롯을 이끌어 간다. 룻기에서 저자는 기근으로 인하여 이방 땅으로 이주한 나오미 가정, 그곳에서의 남편과 아내의 죽음, 베들레헴으로 돌이킴, 룻과 보아스의 우연한 만남, 나오미의 치밀한 결혼 작전과 룻의 실행, 남녀 간의 한밤중의 만남, 더 가까운 기업 무를 자의 출연 등 이렇게 긴장을 더하는 연속되는 일련의 사건들을 통해 독자들의 시선을 집중케 하며 이야기의 절정과 결론을 향해 플롯을 진행한다.

플롯의 수사학적 기능의 세 번째는, 기대를 충족시키는 것으로서 어떤 면에서 두 번째 기능을 보호한다. 설교자가 전하려는 성경의 이야기를 청중들이 이미 알고 있다면 당연히 긴장감은 줄어들거나 제거될 수밖에 없다. 그러므로 설교자는 여전히 청중이 기대를 갖게 하고, 그 기대를 충족시킬 수 있도록 하는 플롯의 수사학적 기능을 활용해야 한다. 플롯은 갈등에서 해결로 움직이고 청중들은 해결되지 아니한 갈등이 해결되어 가면 갈수록 만족이 커지게 된다. 그래서 청중들은 전에 들었던 요셉의 이야기, 갈멜산의 엘리야 이야기, 홍해를 건넌 이스라엘 백성들의 이야기, 탕자의 이야기, 삭개오의 이야기 등과 같은 전에 이미 들었던 성경의 이야기에 의해 여전히 감동을 받는다. 배경으로부터 갈등으로 고조되는 행동, 절정을 향해 나아가는 플롯 라인의 상승과 하강 곡선은 청중들이 마음과 생각의 문을 열고 저자의 아이디어들을 받아들이게 만든다.[58]

룻의 이야기 역시 청중들에게 익숙한 이야기인데, 플롯의 수사학적 기능을 이용해 문제와 갈등을 제시하고 조금씩 조금씩 해결의 조짐들(보아스와의 만남, 나오미의 근족, 기업 무를 자)을 제시하며 긴장감을 더하게 만든다. 때로는 플롯의 하강 곡선(더 가까운 기업 무를 자 등장시킴)을 통하여

---

58) Arthus, 『목사님 설교가 다양해졌어요』, 114-115.

청중들의 궁금증을 유발하고, 반전(기업 무를 자의 권리 포기)으로 극적 효과를 극대화 하고 해결로 나아가는 과정을 통해 청중들이 '아하' 하고 이야기의 결론과 아이디어에 공감할 수 있게 만든다.

나. 등장인물(Character)

내러티브 연구에 있어서 중요하게 가져야 할 관심가운데 하나는 등장인물에 관한 것이다. '인물'(character) 이라는 말은 이야기 안에 등장하는 사람들에 관한 묘사인데,[59] 이야기 안에는 당연히 인물들이 등장하기 마련이다. 어떤 사람들은 이야기가 인물을 중심으로 펼쳐진다고 주장하고, 어떤 사람들은 줄거리가 그 중심이라고 강조하기도 한다. 비록 어떤 본문은 어느 한 요소에 더 기울기도 하지만, 그러나 이야기 안에서 인물과 줄거리 모두 중요하고 필수적이다.[60] 성경의 내러티브에도 많은 인물들이 등장하고 있다. 매튜슨의 말에 의하면 구약의 내러티브는 설명보다 사건과 행동에 더 많은 관심을 기울이고 있는데, 내러티브 안에 여러 인물들이 등장하고 있기 때문에 사람들은 이야기에 더 관심을 갖는다고 한다.[61]

톨미(D. F. Tolmie)는 내러티브에서의 인물에 대하여 이렇게 말한다. "다양성이 삶의 묘미라고 한다면, 인물은 내러티브의 묘미로 간주될 수 있다. 이것은 성경 내러티브에서도 확실한 사실이다."[62] 그렇듯 성경의 내러티브에는 아브라함을 비롯해서 요셉, 모세, 다윗, 솔로몬, 룻, 예수님, 베드로, 요한, 바울 같은 다양한 인물들이 수없이 등장하고 있다. 내러티브 본문을 바르게 해석하기 위해서는 이런 등장인물들에 주의를 기울여야 한다. 그리고 그 등장인물들이 어떻게 이야기를 이끌어가고 있는지에 주의를 기울일 필요가 있다. 플롯을 파악하는데도 등장인물 분석은 중요하다. 그리고 이야기에서는 플롯이 중요한 역할을 하기 때문에 이야

---

59) Arthus, 『목사님 설교가 다양해졌어요』, 116.
60) Pratt, Jr, 『구약의 내러티브 해석』, 172.
61) Mathewson, 『청중을 사로잡는 구약의 내러티브 설교』, 91.
62) D. F. Tolmie, 『서사학과 성경 내러티브』, 이상규 역(서울: 기독교문서선교회, 2008), 63.

기를 해석하려고 할 때 등장인물들의 발전과 변화와 더불어 그들이 플롯과 어떻게 관련되어 역할들을 하는지 자세히 살펴보는 것이 필요하다.[63] 물론 성경의 인물들(특히 구약의 인물들)은 일반 문학작품들에 등장하는 인물들과는 다르게 모두 과거에 실재했던 인물들이라는 점과 구약의 내러티브는 어떤 인물의 외모나 성격 등을 그렇게 자세하게 묘사하지 않는다는 점에서 독특하다는 것을 염두에 두어야 한다.[64]

1) 등장인물 범주화 하기

내러티브에 등장하는 인물들은 다양한데, 본문을 해석할 때 여러 등장인물들을 범주화하면 각 등장인물들의 역할을 파악하고, 본문을 이해하는데 있어서도 훨씬 더 용이할 것이다. 롱은 "거의 모든 이야기체 문학 작품들에서와 같이, 성서의 이야기도 '둥근'(활발한, round) 등장인물과 '평평한'(단조로운, flat) 등장인물 두 유형을 포함하고 있다."[65]고 말한다. 매튜슨은 내러티브 안의 등장인물들을 주연들(major characters)과 조연들(minor characters) 나누고 있다.[66] 내러티브 안에서 각각의 등장인물들이 맡고 있는 역할의 비중이나 크기로 구분할 수 있을 것이다.

등장인물을 범주화 하는 것과 관련하여 매튜슨은 스카(Ska)의 말을 인용하여 "플롯의 흐름 안에서 필수불가결한 존재로 등장하는 주인공(protagonist)과 그 주인공에 대하여 대립적인 위치에서 독특한 역할을 감당하는 대항자(antagonist), 그리고 주인공에 대하여 대립적이거나 때로는 평행적인 모습을 보여주면서 궁극적으로는 주인공을 더욱 부각시키는 조력자(folis)의 세 가지 유형으로 분류하고 있다."[67] 프렛은 이야기에 등

---

63) 김창훈, "구약의 내러티브 본문, 어떻게 설교할 것인가," 19.
64) 김진수, "구약 내러티브의 해석과 설교," 38
65) Long, 『성서의 문학유형과 설교』, 151.
66) Mathewson, 『청중을 사로잡는 구약의 내러티브 설교』, 92.
67) Ska, *"Our Fathers Have Told Us,"* 86-87; Leland Ryken, *How to Read the Bible As Literature*(Grand Rapids: Zondervan, 1984, 43, 54; Mathewson, 『청중을 사로잡는 구약의 내러티브 설교』, 93에서 재인용.

장하는 인물들을 주역형, 적대형, 양면형으로 배열하면서 모든 등장인물들은 이 세 가지 집단 중 어느 하나에는 반드시 해당된다고 말한다.[68] 이들에 따르면, 내러티브 안에 등장하는 인물들은 주연과 조연으로 범주화할 수 있으며, 또 그 안에서 주인공(주역형)인지, 아니면 대항자(적대형)인지, 아니면 조력자(양면형)인지로 나눌 수 있다. 예를 들면, 아브라함, 모세, 요셉, 다윗 등은 구약이야기의 대표적인 주연들이면서 주역형 인물들이다. 그리고 모세 내러티브에서의 바로나, 다윗 내러티브에서 사울은 대항자가 될 수 있을 것이다. 모세 내러티브(출 17장 아말렉과의 전투)에서 여호수아와 아론과 훌은 조력자이며, 다윗 내러티브에서 요나단은 조력형 인물이라고 할 수 있다. 룻기의 이야기에서 룻이나 보아스, 나오미는 주역형 인물들이다. 오르바와 베들레헴의 여인들은 조력형 인물에 속한다고 볼 수 있다.

프렛은 또 내러티브 안에서 등장인물들의 노출의 깊이에 따라 세 부류로 분류하기도 한다. 그것은 입체적 인물, 평면적 인물, 기능적 인물이다. 입체적 인물은 다양한 성격의 측면을 갖는 인물이다.[69] 예를 들면, 모세 이야기에서 모세는 민족애를 가진 용기 있는 사람으로, 그러나 생명의 위협 앞에서 도망치는 나약한 사람(출 2:11-15)으로, 하나님의 부르심을 받은 사람, 하지만 하나님의 사명 앞에서 자신의 연약함을 내세우며 거절하는 사람(출 4:1-31), 바로 앞에서 당당하게 하나님의 말씀을 선포하는 사람(출 5:1), 그러나 백성들의 탄식 앞에서 하나님을 원망하는 사람(출 5:22-23), 바로 앞에서 놀라운 능력을 행하는 사람(출 7장-11장), 이스라엘 백성들의 출애굽 사건을 주도한 지도자(출 12장)를 볼 수 있다. 모세는 하나님을 기쁘시게도 하고, 때로는 하나님 앞에서 책망 받을만한 모습도 보이고 있다.

룻기에서는 나오미가 입체적 인물이라고 할 수 있을 것이다. 흉년으

---

68) Pratt, Jr, 『구약의 내러티브 해석』, 188.
69) Pratt, Jr, 『구약의 내러티브 해석』, 186-187.

로 인하여 베들레헴을 떠났다가 여호와께서 자기 백성을 돌보셨다는 소식에 베들레헴으로 돌아오려는 모습(룻 1:1-6), 두 며느리에게 여호와께서 복을 주시기를 빌면서도 자신의 징계가 하나님께로부터 왔다고 고백하는 모습(1:7-14), 자신을 나오미라 부르지 말고 마라로 불러달라는 모습(1:1:20-21). 그러나 며느리 룻의 결혼을 위해 주도면밀한 계획을 준비하는 나오미의 모습(룻기 2장), 보아스와 룻 사이에 태어난 아기를 안고 즐거워하는 모습(4:16) 등을 볼 수 있다.

평면적 인물은 상대적으로 평이하고 색깔이 없는 것처럼 보이는 인물로서 예를 들면, 창세기에서 야곱의 아들들은 이스라엘의 지파를 이루는 중요한 인물들임에도 불구하고 요셉의 내러티브에서는 색깔이 크게 드러나지 않는 평범한 사람들로 나오고 있다(창 37장-47장).

기능적 인물은 성경의 내러티브 안에 자주 등장하게 되는데, 이를테면, 요셉의 이야기에서 요셉이 감옥에 갇혔을 때 그를 인정해 주었던 간수장은 단지 기능적 인물이다(창 39:19-23). 또 형들을 시험할 때 등장하는 청지기(창 44:1-13)는 기능적인 인물이다. 룻기에서는 나오미의 또 다른 며느리 오르바나, 보아스보다 더 가까운 기업 무를 자인 무명의 기업 무를 자가 기능적인 인물로 볼 수 있을 것이다. 이렇게 성경에 묘사된 인물들에 대한 연구와 분석을 통해 등장인물들을 범주화하면 내러티브와 플롯을 이해하는데 훨씬 더 유용할 것이다.

여기에서 한 가지 유의해야 할 것은 성경의 내러티브에서는 일반적인 문학작품과는 다르게 인물들의 행동과 단순하고 간결하게 사건 전개에만 우선적인 관심을 두고, 등장인물을 생생하게 직접 묘사하는 일이나, 그들의 심리적 변화에는 별로 관심을 기울이지 않는다는 점이다.[70]

---

70) 김창훈, 『구약 장르별 설교』, 87-88.

2) 등장인물에 대한 묘사

성경의 내러티브에는 등장인물에 대한 다양한 묘사가 나오고 있는데, 크게는 직접적인 묘사와 간접적인 묘사로 분류해 볼 수 있을 것이다. 성경의 내러티브 안에는 비록 흔한 일은 아니지만 종종 직접적으로 인물을 묘사하기도 한다. 그럴 경우 반드시 플롯의 전개에 중요한 역할을 하기도 하며, 이야기의 실마리를 제공하기도 하기에 자세하게 살펴볼 필요가 있다. 직접 인물 묘사의 경우 인물의 일정한 특성이 직접적으로 언급된다.[71]

예를 들면, 사무엘상에서 저자는 엘리와 엘리의 아들들과 사무엘에 대하여 비교적 상세하게 묘사한다. 엘리에 대해서는 "…엘리가 자기 의자에서 뒤로 넘어져 문 곁에서 목이 부러져 죽었으니 나이가 많고 비대한 까닭이라…"(삼상 5:18), 엘리의 아들들에 대해서는 "엘리의 아들들은 행실이 나빠 여호와를 알지 못하더라"(삼상 2:12), "이 소년들의 죄가 여호와 앞에 심히 큼은 그들이 여호와의 제사를 멸시함이었더라"(삼상 2:17). 사무엘에 관하여는 "사무엘은 어렸을 때부터 세마포 에봇을 입고 여호와 앞에서 섬겼더라"(삼상 2:18), "아이 사무엘이 점점 자라매 여호와와 사람들에게 은총을 더욱 받더라"(삼상 2:26). 저자는 독자로 하여금 기울어가는 엘리 가문과 새롭게 하나님의 사람으로 신정시대와 왕정 시대 사이의 가교 역할을 하는 중요한 인물인 사무엘을 대조하면서 이야기의 흐름을 따라가도록 안내하고 있는 것이다.

또 이 외에도 에서의 외모에 대한 묘사(창 25:25), 레아와 라헬에 대한 묘사(창 29:17), 다윗에 대한 외모(삼상 16:12)와 사울의 외모(삼상 10:23)에 대한 묘사, 골리앗에 대한 묘사(삼상 17:4-7), 압살롬의 외모에 대한 묘사(삼하 14:25-26), 삭개오에 대한 묘사(눅 19:3), 스데반에 대한 묘사(행 6:5) 등 등장인물에 대한 외적 특성들이 직접적으로 묘사되기도 한다. 룻기에서

---

[71] Tolmie, 『서사학과 성경 내러티브』, 66.

보아스를 가리켜 '유력한 자'[72]로 묘사하고 있음은 이후의 플롯 전개에 있어서 보아스가 중요한 역할을 할 것임을 언급하고 있는 것이다.

등장인물들의 외적 특성에 대한 묘사나 평가들은 흔치 않고, 아주 짧고 간단하고, 제한적으로 나오는 경우가 많지만, 인물에 대한 이런 묘사는 플롯의 진행에 있어서 매우 의미가 있기에 세심한 주의가 필요하다.[73]

일반적으로 성경의 저자들은 간접적인 방법으로 등장인물들을 묘사하는데, 간접인물 묘사의 경우 주어진 특성은 열거되지 않고 인물이 묘사되거나 또는 예증된다.[74] 간접적인 인물 묘사 방법으로는 대화, 행동들, 이름, 저자의 비평 등 다양한 방식이 있다. 여기에서는 이 네 가지 방식(대화, 행동들, 이름, 저자의 비평)에 대하여 간단히 정리해 보고자 한다.

대화. 성경 내러티브에는 많은 대화들이 나오는데, 대화를 통하여 인물을 묘사하는 방식이다. 아더스는 성경 내러티브의 50%가 대화라고 말한다.[75] 그렇다면 내러티브를 연구하는 해석자는 등장인물이 하는 말이나 대화 또는 설교나 연설에 세밀한 주의를 기울여야만 한다. 매튜슨은 해석자가 성경의 내러티브 안에서 지배적인 성격을 띄는 직접적인 담화나 대화와 말을 해석할 경우에 이러한 말들이 실은 많이 축소되어 있음을 고려해야 한다면서 바 에프랏의 말을 인용하여 이렇게 말하고 있다.

성경의 내러티브에서 대화는 결코 실제 삶 속에서 진행되는 대화를 정확하고도 사실적으로 흉내 내지 않는다. 그 대화 내용은 모두가 매우 압축적이며 수사적 전략 속에서 정형화 되어 표현되고 있으며, 아무 쓸데없는 잡담을 늘어놓는 것이 아니라, 대화의 자세한 내용들은 분명한 수사적 목적

---

72) '유력한 자'는 직역하면 힘, 세력, 능력, 부가 있는 사람으로, 군사적 배경에서는 전사, 또 다른 문맥에서는 부와 능력을 가리키는 것으로 사회적 신분이나 훌륭한 평판과 명예를 소유한 사람을 지칭하다; Bush, 『Word Biblical Commentary 룻기 · 에스더』, 170.
73) 김창훈, "구약 역사서 어떻게 설교할 것인가," 338.
74) Tolmie, 『서사학과 성경 내러티브』, 68.
75) Arthus, 『목사님 설교가 다양해졌어요』, 116.

을 달성하려는 의도로 아주 세밀한 계산속에서 기록된 것들이다.[76]

또한 매튜슨은 등장인물들이 하는 대화나 말은 독자로 하여금 인물의 특성을 파악하는데 통찰과 관점을 제공한다고 말한다. 그리고 더 나아가 내러티브 안에서 인물들에 의한 대화나 직접적인 말들은 내러티브 전체가 지향하는 궁극적 의미를 지시하는 역할을 한다는 점에서 중요하다고 말한다.[77] 예를 들면, 룻기에서 룻이 보아스를 향해 "당신의 옷 자락을 펴 당신의 여종을 덮으소서 이는 당신이 기업을 무를 자가 됨이니이다"(룻 3:9)라고 하는 말이나 보아스가 룻을 향해 "네가 현숙한 여자인줄을 나의 성읍 백성이 다 아느니라… 내가 기업 무를 자의 책임을 네게 이행하리라"(룻 3:11-13)고 하는 말은 룻기 내러티브가 어떻게 진행될 것인지를 미리 압축하여 보여주고 있는 것이다.

행동. 성경의 저자들은 등장인물의 행동에 관한 장면을 보여줌으로 등장인물에 대하여 묘사하는 경우도 있다. 그래서 독자들은 내러티브 안에서 행하는 인물들의 행동에 대한 면밀한 관찰이 필요하다. 예를 들면, 창세기 요셉 내러티브에서 "그의 주인의 아내가 요셉에게 눈짓하다가 동침하기를 청하니", "여인이 날마다 요셉에게 청하였으나", "그 여인이 그의 옷을 잡고"(창 39:7, 10, 12) 등을 통해 보디발의 아내가 어떤 여인인지를 잘 묘사하고 있다. 이와는 대조적으로 "요셉이 듣지 아니하여 동침하지 아니할 뿐더러 함께 있지도 아니하니라" "요셉이 자기의 옷을 그 여인의 손에 버려두고 밖으로 나가매"(창 39:10, 12) 등 요셉의 행동을 묘사함으로 요셉이 하나님 앞에서 신앙적으로나 육체적으로 정결한 사람이었음을 보여주고 있는 것이다. 또 다윗과 골리앗의 싸움의 장면에서 "…

---

76) Shimon Bar-Efrat, *Narrative Art in the Biblical* (Shaffield: Almond, 1989), 148; Mathewson, 『청중을 사로잡는 구약의 내러티브 설교』, 106-107에서 재인용.
77) Mathewson, 『청중을 사로잡는 구약의 내러티브 설교』, 107.

너는 칼과 단창으로 내게 나아 오거니와 나는 만군의 여호와의 이름 곧 네가 모욕하는 이스라엘 군대의 하나님의 이름으로 네게 나아가노라… 여호와의 구원하심이 칼과 창에 있지 아니함을 이 무리에게 알게 하리라…"(삼상 17:45-47)는 말과 함께 "…다윗이 블레셋 사람을 향하여 빨리 달리며 손을 주머니에 넣어 돌을 가지고 물매로 던져 블레셋 사람의 이마를 치매 돌이 그의 이마에 박히니 땅에 엎드러지니라"(삼상 17:48-49)라는 다윗의 행동을 묘사함으로 전쟁에서의 승리가 하나님에 대한 확고한 신앙에서 비롯되는 용기 있는 행동임을 보여주고 있다.

룻기의 경우 "아침부터 와서는 잠시 집에서 쉰 외에 지금까지 계속하는 중이니이다"(2:7)라는 룻의 행동에 대한 묘사나, 룻이 "타작 마당으로 내려가서 시어머니의 명령대로 다 하니라"(3:6)에 대한 묘사는 룻이 어떤 여인인지를 암시적으로 보여주고 있는 것이다.

이름. 성경의 내러티브에는 다양한 이름들이 등장한다. 대부분의 문화권에서 이름은 특별한 의미가 있고, 그 사람 자체를 나타내는 것으로 여겨진다. 성경의 내러티브에 등장하는 인물들의 이름 역시 중요한 역할을 감당하는데, 이런 이름들은 독자들이 인물에 대하여 알 수 있도록 도움을 주기도 하고, 저자의 의도를 파악하는데도 도움이 된다.[78] 아브람(아비)이 아브라함(열국의 아비)으로, 이삭(웃음), 야곱(속이는 자)이 이스라엘(하나님과 겨루어 이김), 사울이 바울로, 나오미(즐거움)가 자신을 가리켜 마라(쓴) 부르라 했던 것 등은 저자가 이름을 통해 등장인물들의 의미를 묘사하고 있음을 볼 수 있다. 특별히 룻기에서 흥미로운 점을 발견할 수 있는데, 룻기 4장 1절을 보면, 보아스가 자신보다 우선권이 있는 기업 무를 자에 대하여 말하면서 히브리어 표현으로 "아무개"라고 부른다. 이 대목을 매튜슨은 허바드의 말을 인용하여 이렇게 설명하고 있다.

---

78) Arthus, 『목사님 설교가 다양해졌어요』, 118.

허바드에 의하면 약간은 의외의 표현이 중간에 등장하는 것은 역사적인 실제 정황 때문이 아니라 다분히 문학적인 의도에 따른 것이다. 그래서 구체적인 이름이 없이 기업 무를 자를 등장시킴으로써 서술자는 사망한 친척을 위해서 기업을 무르기를 거절하는 사람은 이야기 안에서 굳이 이름을 불러 줄 가치조차 없다는 점을 암시하고 있다는 것이다.[79]

이처럼 성경의 저자들은 이름을 사용하여 등장인물들의 성격과 내러티브 안에서의 차지하는 위치와 역할을 나타내는 전략을 사용하고 있다.

저자의 비평. 인물을 묘사하는 또 다른 방법으로 이야기 안에서 보이는 저자의 비평이 있다. 즉 플롯의 흐름 안에서 저자가 뒤에 숨어 나와 등장인물에 대한 자신의 평가를 삽입하는 것이다.[80] 예를 들어, 다윗 내러티브에서 저자는 나발과 그의 아내 아비가일에 대하여 이렇게 설명을 덧붙이고 있다. "그 사람의 이름은 나발이요 그의 아내의 이름은 아비가일이라 그 여자는 총명하고 용모가 아름다우나 남자는 완고하고 행실이 악하며 그는 갈렙 족속이었더라"(삼상 25:3). 룻기 이야기에서 저자는 보아스에 대하여 이렇게 설명하고 있다. "나오미의 남편 엘리멜렉의 친족으로 유력한 자가 있으니 그의 이름은 보아스더라"(룻기 2:1).

아더스는 보든(Borden)의 말을 인용하여 내러티브 안에서의 저자의 비평에 대하여 이렇게 말하고 있다. "저자의 비평들은 이야기의 궁극적인 스토리텔러로서 하나님의 평가를 반영한다. 그러므로 이러한 평가들은 이야기의 의미를 궁극적으로 정하는데 있어서 결정적인 역할을 한다."[81]

---

79) Robert L. Hubbard Jr., *The Book of Ruth*, New International Commentary on the Old Testament(Grand Rapids: Eerdmans, 1988), 88; Mathewson, 『청중을 사로잡는 구약의 내러티브 설교』, 103에서 재인용.
80) Arthus, 『목사님 설교가 다양해졌어요』, 120.
81) Borden, Paul, "Is There Really One Big Idea That Story?" *In The Big Idea of Biblical preaching: Connecting the Bible to People*(Grand Rapids: Baker, 1998), 67–80; Arthus, 『목사님 설교가 다양해졌어요』, 120에서 재인용.

이 밖에도 내러티브에는 인물의 내면에 대한 묘사도 나타나는데, 한 인물의 내적 상태는 내레이터를 통해서 드러나는 경우도 있고, 또는 자신의 말이나 다른 인물의 평가를 통해 알려지기도 한다.[82] 성경의 내러티브에는 종종 직접적인 인물 묘사를 통하여 그 인물들이 플롯 전개나 이야기의 실마리를 제공하는 역할을 하기도 한다. 그러나 직접적인 인물 묘사 방법은 흔치 않으며, 간접적인 방법(대화, 행동, 이름, 저자의 비평 등)을 사용하여 등장인물들의 성격과 위치 그리고 역할 등을 묘사하며, 플롯의 진행을 이끌어가는 경우가 많다.

3) 배경(setting)

등장인물이나 플롯이 없는 내러티브가 존재할 수 없는 것처럼 배경(setting)이 없는 내러티브 역시 생각할 수 없다. 톨미는 성경 내러티브에서 배경을 분석할 때 우선적으로 두 가지를 고려해야 한다고 말한다. "첫째는, 암시된 저자는 배경과 연관된 정보를 제공하는가? 만약 그렇다면 그것은 어떻게 암시된 독자에게 전달되는가? 둘째, 제공되는 배경에는 어떤 의의가 있는가?"[83] 이런 질문들은 내러티브의 배경을 연구하는데 유용하다는 것이다.

매튜슨은 내러티브의 배경을 본문 안의 배경(inner-textual setting)과 본문 밖의 배경(inter-textual setting)으로 나누어 설명한다. 본문 안의 배경은 롱맨의 말을 인용하여 이렇게 설명한다. 본문 안의 배경이란 "내러티브 안에서 등장인물들에 의하여 플롯을 구성하는 사건이 진행되는 공간"을 가리킨다.[84] 본문 안의 배경을 파악하기 위하여 해석자는 이야기가 일어나고 있는 장소나 공간이 어디인지를 살펴봄으로 본문 안의 배경이 무엇

---

82) 김진수, "구약 내러티브의 해석과 설교," 39
83) Tolmie, 『서사학과 성경 내러티브』, 148-149.
84) Tremper Longman III, "Biblical Narrative," In A Complete Literary Guide to the Bible, ed. Leland Ryken and Tremper Longman III(Grand Rapids: Zondervan, 1993), 74; Mathewson, 『청중을 사로잡는 구약의 내러티브 설교』, 113에서 재인용.

인지를 파악할 수 있다.[85]

　예를 들면, 창세기에서 아브라함이 갈대아 우르를 떠나 하란을 거쳐 가나안 땅에 도착하여 벧엘에서 여호와께 제단을 쌓은 일, 그리고 기근으로 인하여 아브라함이 애굽에 갔다가 아내 사라를 빼앗길 뻔 했던 사건 후 다시 벧엘로 돌아와 여호와의 이름을 불렀던 일들 속에서 장소의 변화는 내러티브의 함축된 의미를 보여준다. 룻기에서도 내러티브의 배경이 베들레헴에서 모압으로, 그리고 모압에서 다시 베들레헴으로 이동하는 것은 분명 어떤 의미와 가치를 가지고 있는 것이다. 프렛은 장소의 다양한 변화들이 내러티브의 장면들을 구분 지으며, 내러티브를 진행해 간다고 말한다.[86]

　본문 밖의 배경은 종종 문맥적 배경이라고 불리기도 하는 것을 파악하기 위하여 필요한데, 이것은 특정 이야기가 좀 더 커다란 내러티브의 틀 안에서 어디에 위치하는지를 파악하는 것이다. 매튜슨은 본문 밖의 배경과 관련된 예로 창세기 38장을 들며 이렇게 말하고 있다.

> 여러 해석자들은 요셉의 내러티브가 진행하는 과정에 불쑥 끼어드는 이 이야기가 차지하는 역할에 대하여 혼란스러워하겠지만, 이 이야기의 개입은 좀 더 커다란 이야기의 흐름에 나름대로 일조하고 있다. 이 이야기는 바로의 신하 시위대장 보디발에게 팔린 직후에 시작되는데, 그렇게 함으로서 독자로 하여금 계속해서 요셉에게 무슨 일이 일어나는지를 알 수 있는 창세기 39장에서 이 이야기가 재개될 때까지 기다리도록 하면서 그 긴장감을 고조시켜간다. 그리고 37장부터 38장과 39장 안에서 유다의 성적인 경솔함은 요셉의 성적인 순결과 대조를 이루면서 유다는 요셉에 대하여 조력자로 나타난다. 38장은 또 아브라함 안에서 온 열방이 복을 받게 되는 한 나라를 세우시는 하나님의 좀 더 커다란 내러티브 안에서 일 부분을 차

---

85) Mathewson, 『청중을 사로잡는 구약의 내러티브 설교』, 114.
86) Pratt, Jr, 『구약의 내러티브 해석』, 201.

지하고 있다.[87]

김진수는 배경에 대하여 지리적 배경, 시간적 배경, 사회적 배경, 종교적 배경으로 구분하면서 각각의 배경들이 내러티브에 기여하는 바가 무엇인지를 설명하고 있다. 지리적 배경은 어떤 사건이 일어난 장소를 가리키는데, 이것은 때때로 사건의 의미를 드러내는데 중요한 역할을 한다는 것이다. 예로, 출애굽기 17장에 나오는 아말렉이 이스라엘을 공격한 장소로 '르비딤'을 언급하면서, 이 '르비딤'이라는 지리적 정보는 아말렉의 비인도주의적 야만성을 드러내는 기능을 한다고 본다. 룻기의 경우 '베들레헴'이나 '모압'은 중요한 지리적 배경이 된다.

시간/역사적 배경은 내러티브에 묘사된 인물의 행위와 사건의 의미를 이해하는데 중요한 요소라고 본다. 그 예로, 열왕기상 6장 1절에서 보여주는 솔로몬이 성전건축 공사를 시작한 시점에 대한 기록은 단순히 솔로몬의 성전건축 시점을 알려주는 연대기적 정보의 차원에 머물지 않고 성전 건축이 갖는 역사적, 신학적 의미를 밝히는 기능을 한다는 것이다. 룻기에서 "사사들이 치리하던 때에"(룻기 1:1)라는 묘사는 룻기의 시간적/역사적 배경을 이해하는데 있어서 중요한 역할을 한다.

사회/문화적 배경은 구약 내러티브 본문에 소개된 내용을 보다 넓은 역사적 맥락 속에서 이해하게 해준다는 것이다. 예를 들어, 창세기 15:1-4에 기록된 아브라함이 자신이 기른 종 엘리에셀을 상속자로 삼으려는 것은 주전 2000년대 근동의 풍습에 대해 많은 것을 알려주는 것으로서, 독자들은 이런 사회/문화적 배경에 대한 정보를 통해 아브라함 이야기를 더 현장감 있게 당시의 역사적 상황 속에서 이해할 수 있게 된다는 것이다. 룻기에서 '기업 무를 자'(고엘)의 관습은 고대근동의 이스라엘 지역에서 있었던 관습으로서 이런 사회/문화적 배경 아래에서 본문을 이

---

87) Mathewson, 『청중을 사로잡는 구약의 내러티브 설교』, 116-117.

해할 때 그 의미를 충분히 드러낼 수 있다.

종교적 배경은 구약 내러티브에 등장하는 많은 인물들과 사건들이 구약 당시의 종교적 형편을 배경으로 하고 있기 때문에 간과해서는 안 된다는 것이다. 예를 들면, 사사기 11장에서 사사 입다가 서원한 것을 지킨다는 의미에서 외동딸을 번제로 드린 것은 인신제사를 일삼던 가나안의 종교적 풍습을 배경으로 이해할 수 있다는 것이다.[88] 룻기에서 나오미가 모압 고향으로 돌아간 오르바를 향하여 "…보라 네 동서는 그의 백성과 그의 신들에게로 돌아가나니…"라고 한 말은 이 당시의 종교적 배경을 염두에 두고 이해해야 할 것이다.

이런 배경(상황)에 대한 묘사가 두 가지 수사학적 기능에 영향을 미친다고 아더스는 주장한다. 첫 번째는, 내러티브를 읽으며 저자의 의도를 파악하려는 독자들의 상상을 불러일으키는 작용을 한다는 것이다. 독자들은 내러티브 안에 있는 그날의 열기, 동굴의 습기, 파도의 기울어짐을 느끼고, 손짓해 부르는 약속의 땅, 어렴풋한 빛이 있는 광야 등등 본문의 상황에 깊이 몰입할 수 있다고 한다. 두 번째는, 배경은 상상력을 자극하는 시간과 장소에 대한 성경 외의 정보들뿐만 아니라, 연결을 촉진시키는 성경 내의 암시들과 관련된다는 것이다. 즉 성경의 각 부분들은 다른 부분들을 비추어 주고, 저자들은 구속사의 메타 내러티브의 관점에서 개인적인 내러티브들을 독자들이 이해할 수 있도록 의도하고 있다는 것이다.[89]

이처럼 내러티브를 관찰하는데 있어서 배경 연구는 본문을 이해하는데 있어서 매우 중요하다. 독자는 내러티브 안에 있는 배경을 좀 더 분명하게 파악할 수 있어야 하며, 이것을 통해서 저자가 드러내고자 하는 의미와 목적에 한층 더 가깝게 다가갈 수 있을 것이다.

---

88) 김진수, "구약 내러티브의 해석과 설교," 41-44.
89) Arthus, 『목사님 설교가 다양해졌어요』, 125-126.

4) 관점(point of view)

내러티브 본문에서 플롯과 등장인물 그리고 배경과 함께 해석자가 주의 깊게 관찰해야 할 것은 관점인데, 이 '관점'이라는 개념은 항상 내러티브가 말해질 수 있는 다양한 조망들과 관계된다.[90] 관점은 이야기를 쓰는 저자의 의도와 깊이 연관된 특징으로 이야기를 이끌어 가기 위해 세운 규범이나 가치관이다.[91] 관점은 이야기 전체를 일정한 방향으로 이끌어 가는 역할을 하며, 독자에게 그 이야기를 어떻게 이해하고 경험해야 할 것인지의 방향을 결정해 준다는 면에서[92] 해석자가 주의를 기울여야 할 중요한 부분이다.

아더스는 성경 내러티브의 특성을 이해하기 위해서 관점을 살피는 방법으로 다섯 가지를 제시하고 있다. 첫째, 전지적 관점으로 전지한 관점을 가진 성경의 저자들은 권위 있게 말을 하며 때로는 인물의 생각과 동기를 드러내기도 한다.[93] 예를 들면, 성경 저자는 창세기의 아브라함의 시험에 대한 이야기에서 "그 일 후에 하나님이 아브라함을 시험하시려고"(창 22:1)라는 말로 묘사하고 있고, 자신의 축복을 가로챈 야곱을 향한 에서의 마음을 "심중에 이르기를"(창 27:41)이라고 표현하고 있다. 또 요셉의 내러티브에서 요셉의 꿈에 대한 이야기를 들은 그의 형들은 시기하되 아버지는 "그 말을 간직해 두었더라"고(창 37:11) 설명한다. 또 출애굽기 1장에서 바로의 명령을 어기고 이스라엘의 남자 아이를 살려두는 히브리 산파들에 대하여 "그러나 산파들이 하나님을 두려워하여 애굽 왕의 명령을 어기고 남자 아기들을 살린지라"(출 1:17)고 설명한다. 룻기에서는 "나오미가 룻이 자기와 함께 가기로 굳게 결심함을 보고…"(룻 1:18)라는 말에서 저자의 전지적 관점을 엿볼 수 있다.

성경 내러티브 안에서의 이러한 짧지만 전지적인 관점의 묘사는 독자로

---

90) Tolmie, 『서사학과 성경 내러티브』, 49.
91) 김운용, 『설교의 새로운 패러다임』, 262.
92) Mathewson, 『청중을 사로잡는 구약의 내러티브 설교』, 119.
93) Arthus, 『목사님 설교가 다양해졌어요』, 128.

하여금 일종의 해석적 틀을 제공하는 기능을 한다.[94] 스카(Ska)는 전지의 개념과 전지적 능력을 가진 서술자에 대하여 다음과 같이 설명하고 있다.

> 고대의 전통적인 내러티브에 등장하는 전형적인 서술자는 말 그대로 "전능한 존재"로서 거의 하나님과 다름이 없다. 그래서 그는 모든 것을 다 알고 있으며, 당당한 권위를 가지고 이야기를 전개시킨다. 이러한 권위는 특히 그가 "내면의 관점"을 통해서 등장인물이 생각하고 있는 바를 드러낼 때 더욱 분명하게 느껴진다.[95]

성경 내러티브의 서술자는 전지적인 능력으로 등장인물들을 묘사함으로 독자들에게 보여주는 기능을 하고 있다. 김창훈은 내러티브의 저자(해설자)가 하는 역할을 몇 가지로 설명하고 있다.[96] 먼저 해설자는 하나님의 생각, 감정, 의도를 그대로 보여준다. 예를 들면, 창조 이야기에서 "여호와께서 땅 위에 사람 지으셨음을 한탄하사 마음에 근심하시고"(창 6:6), "여호와께서는 사울로 이스라엘 왕 삼으신 것을 후회하셨더라"(삼상 15:35) 등의 묘사이다. 그리고 해설자는 등장인물에 대한 직접적인 평가도 한다. 예로, 노아는 "의인이요 당세에 완전한 자"(창 6:9)나, 욥은 "순전하고 정직하여 하나님을 경외하며 악에서 떠난 자"(욥 1:1), "나오미의 남편 엘리멜렉의 친족으로 유력한 자가 있으니 그의 이름은 보아스더라"(룻 2:1) 등이다.

또 해설자는 사건이나 상황에 대한 설명과 평가도 한다. 다윗과 밧세바의 부적절한 관계에 대해서 해설자는 "다윗의 소위가 여호와 보시기에 악하였더라"(삼하 11:27)고 평가한다. 이와 같은 등장인물에 대한 감정과 생각과 평가 그리고 사건이나 상황에 대한 서술자의 전지적인 관점은 내

---

94) Mathewson, 『청중을 사로잡는 구약의 내러티브 설교』, 125.
95) Ska, *"Our Fathers Have Told Us,"* 44; Mathewson, 『청중을 사로잡는 구약의 내러티브 설교』, 125에서 재인용.
96) 김창훈, "구약 역사서 어떻게 설교할 것인가," 339-340.

러티브의 플롯을 이해하는데 매우 중요하고 필요한 단서를 제공하기도 한다. 그리고 내러티브의 목적과 의도를 분명하게 보여주는 정보를 제공하기에 주의 깊은 해석적 관찰이 필요하다.

둘째, 세부적인 내용에 대한 묘사로서, 이야기의 저자들도 줌 인과 줌 아웃(zoom in and out)을 사용하여 이야기의 극적 효과를 드러낸다. 줌 아웃은 문맥과 중대한 사건을 보여준다. 예를 들어, 창세기 바벨탑 사건에서 "…이는 여호와께서 거기서 온 땅의 언어를 혼잡하게 하셨음이니라 여호와께서 거기서 그들을 온 지면에 흩으셨더라"(창 11:9) 같은 경우이다. 줌 인은 친밀함과 초점을 만들어 낸다. 예를 들면, "다른 제자들은 육지에서 거리가 불과 한 오십 칸쯤 되므로 작은 배를 타고 물고기 든 그물을 끌고 와서 육지에 올라 보니 숯불이 있는데 그 위에 생선이 놓였고 떡도 있더라"(요 21:8-9) 이 본문은 먼 거리로부터 시작하여 숯불과 생선과 떡과 같은 작은 것에 초점을 맞추고 세부적으로 묘사하면서 독자의 관점을 좁혀 간다. 룻기의 예를 보면, "그가 타작 마당으로 내려가서…룻이 가만히 가서 그의 발치 이불을 들고 거기 누웠더라 밤중에…한 여인이 자기 발치에 누워 있는지라" 이 본문 역시 줌 아웃의 초점에서 줌 인의 초점으로 점점 좁혀가는 것을 볼 수 있다.

셋째, 시간의 흐름인데, 이 기술은 카메라의 거리를 조절하는 것과 유사하다. 창세기 22장의 아브라함이 아들 이삭을 제물로 바치는 이야기는 내러티브의 시간의 흐름을 제시하면서 독자의 주의를 집중시키고 있는 좋은 예이다. 즉 "아침에 일찍이 일어나…" "제 삼일에…" 등 이런 시간 흐름의 표현을 통하여 저자는 독자로 하여금 주의를 집중하며 이야기의 흐름을 따라 가게 한다. 룻기에서도 "추수 시작할 때에", "마침", "밤중에", "새벽까지" 등 시간의 흐름에 대한 묘사를 통하여 이야기를 전개하면서 독자들의 주의를 집중케 하고 있다.

넷째, 선택과 배열로서 내러티브의 저자들은 플롯을 구성할 때, 때로는 강조하기도 하고, 때로는 생략하기도 하는 선택과 정렬을 통해서 의도적으로 흥미롭게 구성한다. 중단된 플롯을 통하여 저자는 이야기가 절정으로 나아가는 것을 의도적으로 지연시킨다. 예를 들면, 요나서는 하나님께서 여전히 자기중심적이고 이기적인 요나 선지자를 책망하시면서 던진 수사학적 질문으로 끝을 맺는다. 즉 열린 결론 형식으로 마무리 되고 있다. "이 큰 성읍 니느웨를 내가 어찌 아끼지 아니하겠느냐?" 독자들은 저자가 의도한 플롯의 흐름을 따라 내가 요나와 같은 편에 설 것인가 아니면 하나님 편에 설 것인가? 하는 선택 앞에 서게 되는 것이다. 룻기 2장에서 저자는 보아스의 등장을 통해 문제 해결의 실마리를 고조시키더니 "…보리 추수와 밀 추수를 마치기까지 이삭을 주우며 그의 시어머니와 함께 거주하니라"는 말로 2장을 마무리 지으면서, 고조되었던 분위기는 가라앉고 기대감은 감소되면서 이야기는 잠시 동안 진행을 멈추게 된다.[97] 중단된 플롯을 통하여 저자는 이야기가 절정으로 나아가는 것을 의도적으로 지연시키고 있는 것이다.

다섯째, 아이러니(irony)인데, 이것은 본문 가운데 있는 부조화를 감지하기 위한 내적 지식을 독자들에게 제공하려는 의도로 저자가 사용하는 방법이다. 예를 들면, 창세기 13장에서 소돔과 고모라가 에덴동산에 비교되는 것은 흥미로운 아이러니이다.[98] 매튜슨은 여러 학자들의 견해를 따라 아이러니의 세 가지 유형을 설명하고 있는데, 그것을 표로 제시해 보면 다음과 같다.

---

97) Frederick W. Bush, 『Word Biblical Commentary 룻기·에스더』, 정일오 역 (서울: 도서출판 솔로몬, 2007), 232-233.
98) Arthus, 『목사님 설교가 다양해졌어요』, 129-135.

⟨표 23⟩ 아이러니의 세 가지 유형들[99]

유형	설명	예
문자적인 아이러니	등장인물이 어떤 한 가지를 말하지만 실은 다른 것을 의미할 때	"다윗이 자기의 가족에게 축복하러 돌아오매 사울의 딸 미갈이 나와서 다윗을 맞으며 이르되 이스라엘 왕이 오늘 어떻게 영화로우신지 방탕한 자가 염치 없이 자기의 몸을 드러내는 것처럼 오늘 그의 신복의 계집종의 눈앞에서 몸을 드러내셨도다"(삼하 6:20)
극적인 아이러니	등장인물이 무언가를 말하지만 그 말의 함축적인 의미를 모두 깨닫지 못하고 있을 때	"그가 또 이르되 장막 문에 섰다가 만일 사람이 와서 네게 묻기를 여기 어떤 사람이 있느냐 하거든 너는 없다 하라 하고"(삿 4:20)
상황의 아이러니	미리 예상하거나 기대한 것과는 정반대의 상황이 펼쳐질 때	"그러므로 나아만의 나병이 네게 들어 네 자손에게 미쳐 영원토록 이르리라 하니 게하시가 그 앞에서 물어 나오매 나병이 발하여 눈같이 되었더라"(왕하 5:27)

이처럼 저자의 의도와 깊은 연관이 있는 관점을 바로 이해하는 것은 성경 본문을 해석하는데 있어서나 설교 작성에 있어서 매우 중요하다. 해석자가 관점을 바로 잡지 못하면 저자의 의도를 명확하게 드러낼 수도 없으며, 설교의 내용이 성경 본문과는 전혀 다른 내용이 될 수도 있고, 풍유적해석(알레고리)이나 영해의 수준에 머물 위험도 있다.[100]

이와 같이 내러티브 본문을 관찰할 때 내러티브에서 점검해야 할 특징들을 매튜슨의 설명을 근거로 하여 간단히 표로 정리해 보면 다음과 같다.

---

99) Mathewson, 『청중을 사로잡는 구약의 내러티브 설교』, 127-129.
100) 김운용, 『새롭게 설교하기』, 328-329.

<표 24> 내러티브의 특징들[101]

특징	살펴보아야 할 사항
1. 플롯	– 플롯의 흐름: 이야기의 핵심적인 줄거리(전경, foreground)와 보조적인 줄거리(배경, background)를 파악하기 – 본문의 독특한 부분들: 잘 쓰이지 않는 용어나(문학) 형태가 등장하면서 독자의 관심을 사로잡는 부분들을 찾아내기 – 수미쌍관의 대칭구조: 문맥의 흐름에서 경계선이나 전환점이 되는 수미쌍관의 대칭구조를 찾아보기 – 플롯의 전략들: 이야기의 서술적 설명과 위기, 해결, 그리고 대단원의 결말에 해당되는 부분들을 찾아내기 – 전형들(archetypes): 플롯의 패턴이나 동기(희극, 비극 등등)를 파악하기 – 반복: 핵심 단어나 변화 또는 명령이 성취된 부분에서 그대로 반복되고 있는 구절들 또는 불필요하게 반복되고 있는 이름이나 대명사들에 주목하기 – 시간과 장소: 연대적 시간(실제 사건의 시간적인 길이)과 서술 시간(사건을 이야기하는데 걸리는 시간적인 길이)을 비교하기
2. 등장인물	–등장인물의 성격 부여: 등장인물이 주연인지 조연인지를 구분하고 주연이라면 주인공인지 대항자인지 아니면 조력자인지를 분류하기 –직접적인 묘사: 등장인물의 외모에 관한 부가적인 서술을 찾아보기 –행위: 등장인물의 인물과 성격에 대한 통찰을 제공하는 행동들을 관찰하기 –이름: 등장인물의 이름에 담긴 중요한 의미를 살펴보기 –대화: 등장인물에 대한 통찰을 제공하는 말이나 대화와 아울러 어떤 의미를 지시하는 실마리들에 귀를 기울이기 –저자의 비평: 등장인물에 대한 저자의 평가에 귀 기울이기
3. 배경	–본문 안의 배경: 내러티브의 시간적이고 지리적이며 문화적인 배경을 살펴보기 –본문 밖의 배경: 좀 더 커다란 내러티브의 틀 안에서 특정 이야기의 역할을 살펴보기
4. 관점	–초점 맞추기: 내러티브에 나타나는 관점이 독자도 알 수 있는 외부적인 관점인지 아니면 독자보다는 등장인물이나 서술자만이 알고 있는 내부적인 관점인지를 파악하기 –전지(全知): 내부적인 관점이나 전지적인 정보를 제공하는 서술자의 언급 사항들을 파악하기 –아이러니: 문자적, 극적, 혹은 상황적인 아이러니가 나타나는지를 살펴보기

101) Mathewson, 『청중을 사로잡는 구약의 내러티브 설교』, 130-131.

지금까지 내러티브에 대하여 살펴보았다. 내러티브(이야기)는 우리 인간 삶에 매우 익숙하고, 유용하고, 사람들의 의식 속에 자신의 정체성을 형성하게 하고, 삶의 의미와 변형을 경험케 하는 힘이 있다.[102] 특별히 성경의 내러티브는 하나님의 위대한 구속의 진리를 드러내고, 그 진리의 말씀을 선포하는 설교에 있어서 매우 중요한 내용이면서도 수단이다. 그러므로 설교자가 성경의 내러티브를 잘 이해하고, 이야기성을 잘 살린다면 설교에 있어서 구속의 진리를 더욱 잘 드러내며, 청중들에게 들리는 설교 그리고 흥미와 관심을 유발하며 기대감을 갖게 하고, 삶의 변화를 이끌어내는데 유용하게 활용할 수 있을 것이다.

제2절 룻기 내러티브의 구속사적 이해

룻기는 짧지만 그러나 그 안에 놀라운 구속의 진리를 담고 있는 구속의 이야기 즉 구속의 내러티브이다. 여기에서는 위에서 살펴본바 내러티브의 일반적인 이해와 함께 룻기 내러티브에 대하여 알아보고자 한다.

1. 룻기의 저자

룻기의 저자가 누구인지를 구체적으로 논의하는 것은 불가능하다. 성경 본문 어느 곳에서도 누가 기록하였는지에 대하여 구체적으로 밝히지 않고 있고,[103] 익명으로 되어있을 뿐 아니라 약간의 힌트도 제공하지 않고 있기 때문이다. 일반적으로 성경 설화는 고대 세계의 관습을 능가하는 것으로서 저자의 정체에 대하여 별로 관심을 보이지 않는다.

룻기 역시 저자에 대한 언급이 전혀 없으며, 저자는 결코 그 어떤 방식으로든 자기 자신을 전혀 밝히지 않고 있다. 결국 역사적 인물로서의 저

---

102) 김운용, 『새롭게 설교하기』, 332.
103) 변순복, 『하나님의 선택받은 민족의 삶의 역사서』(서울: 도서출판 정금, 1998), 73.

자에 관해서는 아무 것도 말 할 수 없다.[104] 다만 유대교의 전승에 따르면 탈무드에 사무엘서와 사사기와 룻기를 사무엘이 썼다는 기록이 있지만(Talm. Baba Bahtra 14중), 그러나 이 주장 역시 확실한 증거는 없다.[105] 룻기의 주인공(룻과 나오미)이 여자라는 것을 이유로 이 책의 저자가 여자일 것이라고 주장하는 학자들도 있고(Campbell; Hubbard; Bledstein), 어떤 학자(Bledstein)는 다윗의 딸이자 압살롬의 누이인 다말이 이 룻기의 저자라고도 주장하지만[106] 그러나 분명한 것은 룻기의 저자가 누구인지는 정확하게 알 수도 없고, 말할 수도 없다는 것이다. 룻기의 저자가 익명으로 되어있기에 독자들은 이 책을 누가 썼느냐에 대한 관심 보다는 이 책에 어떠한 내용들이 기록되어 있는지 더 관심을 기울이는 것이 바람직 할 것이다.

2. 룻기의 저작 연대

룻기의 저작 시기를 규명하는 것 역시 학자들 사이에서도 그 의견이 분분하다. 왜냐하면 룻기의 저작 시기와 관련한 분명한 증거가 본문에 나와 있지 않기 때문이다. 룻기의 배경은 사사 시대로 설정되어 있지만(룻 1:1), 이것은 단지 역사적 배경일 뿐 저작 시기와는 별개로 보아야 할 것이다.[107] 룻기의 저작 연대에 관하여 학자들 사이에서의 논쟁은 바벨론 포로기 이전이냐 이후냐의 주장으로 나뉘어 계속되고 있다. 학자들은 나름의 표준을 가지고(설화 가운데 내재해 있는 사상 혹은 신학, 본문에 들어있는 사회-법률 제도의 성격과 또한 이것들이 구약성경의 다른 곳에 있는 법들의 성격과 갖는 관계, 구약 성경 시대 이야기의 목적과 의도에 가장 잘 들어맞는 배경, 설화상의 사건들과 인물들 간의 일치점들과 구약성경의 다른 이야기들과의 일치점들, 본문의 어휘의 성격 등) 연대를 정하게 되는데 이렇게 볼 때, 룻기의 연대는

---

104) Bush, 『Word Biblical Commentary 룻기 · 에스더』, 45-46.
105) 김중은, "룻기의 구조 및 신학," 394.
106) 송병현, 『엑스포지멘터리 룻기 · 에스더』, 39.
107) Satterwaite & Mcconville, 『역사서』, 384.

다윗 시대로부터 포로기 후반까지 제시되었다.[108]

여기에서 룻기의 저작 시기와 관련하여 제시된 다양한 종류의 증거들을 살펴보면 다음과 같다.

1. 언어(linguistics). 룻기의 히브리어는 몇 가지 점에서 특별하다. 어떤 동사는 단어 끝에 'n'(첨가의 nun)이 따라 나오는데, 이것은 일반적인 표준 히브리어 형태가 아니다. 또 여성형 동사 형태가 사용되어야 할 자리에 남성형이 등장한다. 이러한 것들은 룻기의 히브리어가 초기 히브리어 형태라는 증거가 될 수 있다. 왜냐하면 남성형과 유사한 양성 동사 형태가 초기에는 남성과 여성형 모두에게 사용되었기 때문이다. 그렇지만 이러한 형태들이 실제로 히브리어 고어체 형태인지는 분명하지 않다.…

2. 율법. 성경의 많은 율법들이 룻기 안에는 암시되어 있다. 이것을 근거로 일부 학자들은 룻기의 기록 시점이 이러한 율법 규정들을 포함하는 법전들(law-codes)이 만들어진 시점 이후라고 주장하기도 한다. 그들의 주장에 의하면 룻기는 포로기 이후에 기록되었다. 왜냐하면 율법 규정이 법전의 형태로 소개된 시점이 바로 포로기 이후기 때문이다.…

3. 모압과의 관계. 한 사람이 베들레헴에서 모압으로 이주하게 되었고, 그의 가족이 모압 사람들과 혼인 관계를 맺는 사실을 근거로 혹자는 저작시기를 이스라엘과 모압과의 관계가 좋았던 역사적인 시점으로 생각할 수 있다. 그러나 문제는 이 경우에 매우 다양한 시기, 즉 빠르게는 다윗 시대(삼상 22:3-4), 늦게는 포로기 이후 에스라, 느헤미야서의 강한 개혁 정책에 반발이 있었던 시기가 모두 가능하다는 것이다.

4. 정경적인 연계(canonical links). 룻기는 구약 성경의 다른 책들과 특별한

---

108) Bush, 『Word Biblical Commentary 룻기 · 에스더』, 46-47.

유사성과 함께 차이점을 보인다. 예를 들면 룻기는 창세기 38장의 다말의 이야기와 유사성을 보이고, 에스라서와 대비되기도 한다. 그렇다면 정경적인 관계가 룻기의 저작시기를 결정하는 기준이 될 수 있는가? 그렇지만 이 역시 분명하지 않다. 왜냐하면 룻기가 다른 성경의 내용에 대한 반응으로 기록된 것인지, 혹은 유사하거나 대조되는 주제를 다룬 것이 우연인지는 확실하지 않기 때문이다.[109]

저작 시기와 관련된 다양한 증거들을 근거로 학자들은 룻기의 저작 시기를 다양하게 주장하는데 오늘날은 대체로 포로기 이후설 보다는 포로기 이전설이 더 설득력을 얻고 있는 것 같다. 포로기 이후설을 주장하는 학자들은 룻기의 저작 시기를 주후 5세기부터 2세기까지로 말하며, 그 주요 근거로는 룻기에 사용된 언어의 특징 중에 후대에 사용되는 아람어와 히브리어의 특징들이 나타나고 있다는 것이다.[110] 포로기 전 연대를 주장하는 학자들은 이스라엘 백성들이 이방인들을 기꺼이 또는 친절하게 자기들 안에 받아주고 가입시키는 룻기의 기록은 포로기 이전설을 논증해 준다는 것이다. 그러나 룻기의 모압에 대한 개방으로부터 나온 그러한 결론에 반대하여 고디스(Gordis)는 룻기에서 모압은 포로 이전처럼 더 이상 이스라엘을 위협하는 대적이 아니었기 때문에 룻기의 연대는 포로 후기임이 확실하다고 주장한다.[111]

벨하우젠(Wellhausen) 이후로 일부 학자들은 룻기가 포로기 이후로 쓰여진 책이라고 주장하며 다음과 같은 증거들을 제시하고 있다.

---

109) Satterwaite & Mcconville, 『역사서』, 384-385.
110) 김중은, "룻기의 구조와 신학," 394-395.
111) Bush, 『Word Biblical Commentary 룻기 · 에스더』, 47.

〈표 25〉 포로기 이후설에 대한 주장[112]

제시된 주장	연관된 본문
책이 사용하는 언어 중 일부가 아람어적인 성향을 지닌 표현이 있다.	1:4; 13; 4:7
책이 사용하는 언어 중 일부는 후기 히브리어를 반영한다.	2:19; 3:4, 7, 8, 14; 4:7-8
신발을 던지는 풍습을 설명하는 것은 책을 기록한 시점이 이 풍습을 더 이상 지키지 않는 때, 즉 세월이 많이 지난 때임을 암시한다.	4:7
저자가 계보에 관심을 가지는 것은 포로기 이후에 활성화되었던 '제사장주의 문서'의 특징이다.	4:18-22; cf. 대상 2:3-15
책이 룻을 매우 우호적으로 평가하는 것은 에스라-느헤미야서의 반(反) 이방인적 정서와 대칭을 이루고 있기 때문이다 (Gottward).	전체
책의 시작이 신명기적 사가의 사상과 표현을 반영한다 (Pfeiffer).	1:1
책이 전(前)선지서와 함께 있지 않고 성문서 섹션에 따로 보존된 것은 선지서 섹션이 이미 완성되어 더 이상 새로운 책을 추가할 수 없었기 때문이다. 이 같은 사실은 룻기가 매우 늦게 저작되었음을 입증한다(cf. Nash).	

또 몇 몇 학자들은 룻기의 연대를 초기 왕정 시대(다윗이나 솔로몬 시대)로 보고 있는데, 그 이유는 룻이 이방 여인이라는 것 때문이다. 다윗 왕정 시대에 그는 많은 외국인들을 군인이나 정부 관료로 등용했는데, 그런 상황에서 자신의 조모인 룻의 이야기는 이방인들에 대한 이스라엘 백성들의 편견을 완화시키는 역할을 했을 것이라는 이유 때문이다. 또한 어떤 학자(Hubbard)는 사울의 통치를 대체한 '다윗 정권을 사람들이 잘 받아들이도록 하기 위하여 다윗의 조상들에 대한 하나님의 인도하심이 어떠

---
112) 송병현, 『엑스포지멘터리 룻기 · 에스더』, 40.

하였는지를 보여주려는 목적으로 저작되었다'고 본다. 정치적/사회적 상황을 감안할 때 룻기는 다윗 시대 때 저작, 배포되었을 가능성이 많다는 것이다.[113] 여기에서 또 다윗이나 솔로몬 왕정 시대 가운데서 다윗 시대로 보는 것은 솔로몬은 룻기 마지막에 나와 있는 족보에 언급되지 않았기 때문이라는 것이다(룻 4:18-21).[114] 다윗 시대가 아닌 솔로몬 시대로 보는 사람들은 솔로몬 왕정 때에 확고한 왕권과 더불어 누렸던 평안과 평화는 문학과 예술이 꽃필 수 있는 여건을 마련해 주었으며, 이 때 룻기가 저작되었다고 본다.[115]

왕국 시대 중엽이 룻기의 저작 시기로 가장 적절하다고 보기도 하는데, 그것은 룻기에는 모압 사람들과의 우호적인 관계가 아주 분명한 것으로 전제되어 있기 때문이다. 물론 이런 우호적인 관계가 후에 배타적인 태도, 곧 증오하는 입장으로 바뀌게 된 것이라고 보는 것이다.[116] 또 다윗이 왕이 된지 얼마 되지 않은 시점에 이 룻기가 기록되었을 것이라고 보기도 한다. 그 이유로는, 이 시대에는 다윗의 뿌리에 대해서 설명할 필요가 있었고, 또 다윗이 펼친 외국인 우호정책과도 잘 어울리며, 사울 집안과 다윗 사이에서 어느 쪽을 택할지 갈등하던 북쪽 지파들에게도 룻의 이야기는 다윗 왕조 시대에 자신들이 주류가 될 수 있다는 가능성을 보여주었을 것이기 때문이라는 것이다.[117]

그러나 룻기의 저자와 마찬가지로 이 룻기의 저작 연대 역시 성경에 분명한 근거가 없기 때문에 단지 여러 정황들을 통하여 추측할 수 있을 뿐 명확하게 어느 시기인지 알 수 도 없고, 말 할 수도 없다. 세터웨이트와 맥콘빌은 "룻기의 기원(origin)을 이처럼 잘 감출 수 있는 것도 룻기의 문

---

113) 송병현, 『엑스포지멘터리 역사서 개론』, 169.
114) John W. Reed & Eugene H. Merrill, 『룻기 · 사무엘상 · 하』, 문동학 역(서울: 도서출판 두란노, 1997), 8.
115) 송병현, 『엑스포지멘터리 룻기 · 에스더』, 42.
116) Helmer Ringgren, Otto kaiser, Hans Wilhelm Herzberg, 『국제성서주석 아가/애가/에스델/룻기』, 박영옥 역(서울: 국제신학연구소, 1997), 288.
117) 송병현, 『엑스포지멘터리 룻기 · 에스더』, 43.

학적인 탁월성 때문"이라면서 "룻기를 성경의 다른 책들에 대한 논쟁적인 반응으로 축소한다든지, 혹은 특정한 역사적인 상황과 연계시킴으로 그 의미를 제한해서는 안 될 것이라"[118)]고 주장한다. 성경 본문에서 분명하게 말하고 있지 않는 저자에 관한 논쟁 보다는 룻기 본문 자체가 드러내고자 하는 의미를 충실하게 드러내는 것이 더 중요하다는 말일 것이다.

3. 룻기의 저작 목적

룻기가 아름답고 홍미로운 이야기책임에는 분명하지만 저자나 기록 연대와 마찬가지로 이 책이 기록된 중요한 목적에 대해서는 분명한 언급이 없기 때문에 이 책의 목적과 관련하여 많은 의견들이 제시되고 있다.[119)] 룻기의 저작 목적에 대한 여러 가지 설을 송병현은 4가지로 정리하고 있다.

> 첫째, 주인공 룻은 모압 여인이었으며 이 책은 에스라와 느헤미야 시대 때 성행했던 '반(反)국제결혼 분위기'(cf. 스 10장; 느 13장)에 반대하는 논쟁의 목적으로 쓰였다. 저자가 이러한 목적을 염두에 두고 책을 쓰다 보니 이방인들 중에서도 모압 여인을 주인공으로 삼았다는 것이다.…둘째, 룻기는 고대 유대의 여러 풍습을 설명하기 위하여 저작되었다. 그러므로 룻기는 계대결혼(繼代結婚, levirate marriage), 친척끼리의 구제(kinsmen redemption), 신발 던지기 등 이스라엘에서 잊혀 가는 풍습들을 설명하고 있다는 것이다. …셋째, 룻기는 단순히 홍미를 돋우기 위하여 쓰인 책이다. 그래서 시어머니와 자부 사이에 피어난 아름다운 사랑과 우정의 이야기를 한 편의 동화처럼 묘사하고 있는 것이다. …넷째, 한 가족의 이야기

---

118) Satterwaite & Mcconville, 『역사서』, 385.
119) Morris (Ruth, 239-42), Childs (IOTS, 563-64), Hubbard (Ruth, 35-42) ; David M. Howard Jr., 『구약 역사서 개론』, 류근상 역(고양: 크리스챤출판사, 2002), 158에서 재인용.

를 통해 보이지 않는 곳(behind the scene)에서 모든 것을 관여하시고 조정해 나가시는 하나님의 사역을 노래한 것이다. …룻기에는 성경에서 흔히 나타나는 기적도 없고, 선지자를 통한 신탁도 없다. 저자는 우리가 보지 못하는 곳에서 사역하시는 하나님을 묘사하고 있다.

또한 룻기는 아름다운 이야기로서 하나님의 백성을 격려하고 자비와 인애로 번역되는 히브리어 단어 '헤세드'가 무엇을 의미하는지를 알리기 위하여 쓰여진 책이라고 본다. 룻과 보아스는 독자들이 본 받을만한 헤세드의 모범이 되고 있다는 것이다. 그래서 유대인들은 룻기가 '타인에게 자비를 베푸는 자가 얼마나 큰 복을 받는지를 가르치기 위해 쓰인 책'이라고 주장한다.[120] 이런 주장은 예로부터 랍비들의 지지를 받았는데, 현대의 학자들 가운데 Wurthwein, Rebera, Bush도 여기에 동의한다.[121] 김지찬은 "룻기는 사사 시대에 피폐해진 이스라엘의 삶이 어떻게 다윗 시대에 풍요롭게 되었는지를 보여주는 중요한 가교 역할을 한다고 볼 수 있다." 그리고 "룻기는 이스라엘의 삶을 텅 빔에서 채움으로, 불안에서 안식으로 바뀌게 한 가장 결정적인 요인이 무엇인지를 드러내는 조개껍질 속의 진주라고 할 수 있다."[122]고 말한다.

다른 주장으로는, 룻기는 다윗 왕조의 정당성을 입증하면서 하나님께서 다윗을 선택하신 사실에 대하여 분명하게 보여준다는 것이다. 다윗은 룻기에서 보여주듯이 그의 조상들은 신앙인이었고, 헌신자들이었으며, 그래서 다윗이 얼마나 하나님의 기름부음 받은 종으로서의 전형에 합당한 사람인지를 보여주고 있다는 것이다. 그리고 다윗 왕조를 조건적 모세 언약과 연결하는 것이 아니라 무조건적 아브라함 언약의 약속들과 연결시키면서 룻기는 족장들에게 주어진 왕에 대한 약속과 다윗을 연결함

---

120) 송병현, 『엑스포지멘터리 룻기·에스더』, 45.
121) Vanhoozer, 『구약의 신학적 해석』, 144.
122) 김지찬, 『요단강에서 바벨론 물가까지: 구약 역사서의 문예적-신학적 서론』, 236.

으로서 사무엘상하에서 이어지는 그의 통치에 대한 기록을 준비하는 것으로 본다.[123] 또한 어떤 사람들은 기업 무를 자들이 사회적 약자(아이 없는 과부)에게 자신의 책임을 적극적으로 담당하라는 인본주의적 호소를 위해 룻기가 쓰여진 것이라고 말하기도 한다.[124]

변순복은 또 다른 관점에서 룻기의 목적에 대하여 "한 마디로 말하면 선택받은 한 신앙의 가정에 친히 개입하셔서 그 가정을 안식으로 인도하여 가시는 은혜로우신 하나님을 보여주며 하나님을 믿는 신앙이 보존되어 가도록 하려는 것이"[125]라고 말한다. 또한 구속사적 관점에서 룻기는 이방인을 향한 하나님의 사랑과 이방인에게도 하나님의 구원이 있다는 것을 보여주는 책이라고 한다. 더불어 룻기에 기록된 왕의 족보는 선민의 요구에 맞는 왕이 누구에게서 태어났는지를 보여주고, 더 나아가 그 왕의 후손으로 영원한 왕이신 예수 그리스도가 오심을 보여줌으로서 신약과 다리를 놓아주고 있다고 본다.[126]

또 룻기를 비신학적 읽기로 보는 입장은 신학은 최소화하고 룻기를 단순한 문예적 기교에 집중하여 해석하는 것이다. 그래서 룻기에는 여호와의 일하심에 대한 이야기적 서술이 희소하고 예외적인 내용들인 다산의 문제를 여호와가 일반적 섭리로써 다스림을 이스라엘 백성들이 믿는다는 것으로 해석될 수도 있다고 한다. 또한 최근의 연구는 룻기를 현실주의적으로 읽으면서 이야기 속에 등장하는 나오미, 룻, 보아스를 불굴의 현실주의자들로 본다(예, Fewell과 Gunn). 이를테면 룻이 충성스럽게 따르기로 서약한 후에 침묵하는 것으로 보아 나오미는 자기중심적인 인물로 비춰진다. 더군다나 베들레헴으로 돌아온 나오미는 동네 여인들 앞에서 자신의 공허함을 한탄하며 룻을 무시하는 데서 룻을 부담스러운 자로

---

123) Eugene H. Merrill, Thomas L. Constable, Homer Heater Jr., 『역사서신학』, 류근상 역(고양: 크리스챤출판사, 2011), 19-20.
124) 황성일, "룻기의 신학과 메세지," 「光神論壇」(2014, 12월호): 7.
125) 변순복, 『하나님의 선택받은 민족의 삶의 역사서』, 74.
126) 변순복, 『하나님의 선택받은 민족의 삶의 역사서』, 75.

생각하는 것으로 본다. 마찬가지로 보아스는 자기 의가 강한 사람으로, 자기 의에 가까운 방식으로 자신의 이익을 지키려는 사람으로 묘사되면서 강권에 의해서야 기업 무를 자로 행하고 있다고 본다.[127] 그런가하면 어떤 학자들은 룻기를 단지 '사랑의 힘을 나타내 주는 책'이라고도 하고(Cassel), '고결한 과부의 정절'(Gunkel, Gressmann도 비슷한 입장)을 찬양하는 이야기책이라고도 한다. 어떤 학자는(Staples) 룻기가 풍요 제의를 묘사한다고 보고 있다(치장하고 타작마당으로 가는 여자!).[128]

룻기에 대한 기록 목적 역시 성경 본문에 분명한 언급이 없기 때문에 다양하게 추측해 볼 수 있을 것이다. 구속사적 관점에서 본다면 이 룻기의 목적은 모든 사건의 배후에서 모든 것을 주관하시는 하나님의 활동과 더불어 이방인에게도 구원을 베푸시는 하나님의 사랑에 초점을 맞추는 것이 합당하다고 본다. 그리고 더 나아가 다윗을 통해 그리고 궁극적으로는 메시야를 통해 룻에 대한 하나님의 은혜와 축복은 이스라엘과 이방을 넘어 온 세상에 미치게 되었다는 것이다.[129] 골즈워디는 메시아의 계보에 모압 사람인 룻이 개입되어 있다는 것을 말하면서 "모든 나라와 민족과 방언에서 큰 무리를 이끌어내서 그의 나라에 포함시키는 것이 하나님의 목적이라는 주제를 보여준다. 설교자는 룻 내러티브가 일종의 선교의 본문으로서 지니고 있는 가능성을 결코 소홀히 해서는 안 된다."[130]고 주장하기도 한다.

4. 룻기의 위치

어느 책이 정경의 배열 순서에서 어디에 위치하고 있느냐 하는 것은 오늘날의 구약 신학에서 그 책의 신학적인 강조점과 목적과 관련하여 중

---

127) Vanhoozer, 『구약의 신학적 해석』, 146.
128) Ringgren & kaiser & Herzberg, 『국제성서주석 아가/애가/에스델/룻기』, 286.
129) Chisholm Jr. & Howard Jr., 『역사서를 어떻게 해석할 것인가』, 112.
130) Goldsworthy, 『성경신학적 설교 어떻게 할 것인가』, 231.

요하게 주목되고 있다.[131] 정경성에 관한 문제가 제기되는 일부 구약의 책들(에스더서; 에스겔서)과는 달리 룻기의 정경에서의 위치는 처음부터 의심할 여지가 없는 것으로 받아들여져 왔다.[132] 하지만 룻기의 정경적 위치는 유동적이다.[133] 부쉬는 룻기의 정경성은 의심의 여지없이 받아들여지기는 했을지라도 그러나 정경에서의 룻기의 위치는 변동이 가능했고 또 상당한 논쟁거리라면서 이렇게 말하고 있다.

KJV와 그 후에 나온 기독교 각 종파로부터 유래한 현대 영역본들 중에서 본서는 사사기와 사무엘상 사이에 위치해 있다. 이 책의 독일어, 프랑스어, 아랍어, 수리아어 성경 가운데서의 위치와 벌게이트역에서의 위치 역시 같은데, KJV를 포함한 모든 역본들이 70인경의 순서를 따른다. 그러나 NJPS와 히브리 성경의 인쇄본에서 룻기는 유대인 정경의 세 번째 부분, 케투빔 혹은 성문서 가운데 위치해 있다. 히브리 필사본과 인쇄본의 대부분 중에서 룻기는 다섯 개의 축제 두루마리(메길롯) 가운데 하나인데, 이것들은 유대인 종교력 가운데 다섯 개의 주요 축제 때 읽혀지기 때문에 함께 묶여져 있다.[134]

우리말 성경을 비롯하여 대부분의 성경에서 룻기는 사사기 다음에 위치한다.[135] 70인역(LXX)의 순서를 따르는 대부분의 영어 성경에서 룻기는 사사기 다음 즉 사사기와 사무엘서 사이에 위치한다. "이것은 내러티브의 배경과 함께 내러티브 자체가 그 위치에 잘 어울리기 때문이다."[136] 룻기의 첫 번째 구절 "사사들이 치리하던 때에 그 땅에 흉년이 드니라…"(룻 1:1)는 룻기의 역사적 배경을 보여주고 있는데, 이것은 사사

---

131) 김중은, "룻기의 구조 및 신학," 397.
132) 송병현, 『엑스포지멘터리 룻기 · 에스더』, 47.
133) Vanhoozer, 『구약의 신학적 해석』, 148.
134) Bush, 『Word Biblical Commentary 룻기 · 에스더』, 28.
135) 변순복, 『하나님의 선택받은 민족의 삶의 역사서』, 71.
136) Satterwaite & Mcconville, 『역사서』, 387.

시대를 배경으로 하고 있음을 밝히고 있다. 사사기 마지막 부분 "그 때에 이스라엘에 왕이 없으므로 사람이 각기 자기의 소견에 옳은 대로 행하였더라"(삿 21:25)에서는 당시의 혼란스러운 시대 상황을 보여주고 있다. 그리고 룻기의 마지막 부분 "살몬은 보아스를 낳았고 보아스는 오벳을 낳았고 오벳은 이새를 낳고 이새는 다윗을 낳았더라"(룻 4:21-22)는 말씀은 다윗 왕의 기원에 대하여 말해 주고 있다. 사무엘서는 다윗이 어떻게 이스라엘의 왕이 되었는지 그리고 다윗이 이룩한 평화와 안정을 보여주고 있다. 룻기는 큰 맥락에서 사사기로부터 이스라엘의 왕들의 이야기로 전환하는 연결 고리를 제공하고 있다.[137] 룻기를 사사기와 사무엘서 사이에 위치하게 할 때, 이는 다윗 왕권을 정당화하는 역할을 수행하는 것으로 볼 수 있다.

그러나 이와는 달리 유대교 경전에서는 룻기가 정경의 마지막 세 번째 부분인 '성문서'에 자리 잡고 있다.[138] 성문서 가운데 룻기는 네 번째로(시편, 욥기, 잠언, 다음에), 그리고 오축 가운데 제일 먼저 나온다(룻기, 아가, 전도서, 애가, 에스더).[139] 알려진바, 히브리어 본문 전통에서는 역사가 요세푸스의 기록에 근거하여 히브리어 경전을 3부 22권으로 이해했고, 이러한 전통은 교부 오리겐과 제롬에게서까지 확인된다. 히브리어 성경의 22권 분류에서는 사사기와 룻기가 하나의 책으로 되어 있으며, 예레미야와 애가가 다른 한 권으로 분류되어 있다. 그런데 지금의 사용되는 대다수의 히브리 성경 인쇄본들은 레닌그라드 사본에 기초하여 그 구조와 배열 순서에 따라 3부 24권으로 되어 있다. 여기에서는 룻기는 사사기와 분리되어 케투빔(성문서)에 속하여 있고, 시편, 욥기, 잠언 다음에 위치하는 '다섯 두루마리'의 첫 번째 책으로 배열되어 있다. 물론 필사본들이나 편집 관례에 따라 케투빔의 배열 순서에도 다소 차이가 있고, 메길롯 안에서도

---

137) Satterwaite & Mcconville, 『역사서』, 387.
138) Hamilton, 『역사서개론』, 240.
139) Howard Jr., 『구약 역사서 개론』, 160

아가서가 룻기보다 앞서는 경우가 있다.[140] 유대교 전통에서 다섯 개의 축제 두루마리는 유대인들의 종교력에 따라서 읽혀지는데, 룻기가 수확 과정을 보여주며 중요하게 취급되고 있다는 점에서, 수확 후에 오순절 축제와 연결되어 사용된 것으로 본다.[141] 이스라엘의 종교적 절기와 각 절기가 기념하는 일과 이 때 읽혀진 성경을 표로 정리하면 다음과 같다.

〈표 26〉 이스라엘의 종교력과 읽혀진 성경[142]

절기	히브리어 호칭	일자	관련된 성경	봉독	기념
유월절 (무교절)	פֶּסַח	니산 14	출 12장 레 23:4-8	아가서	애굽으로부터 구속
오순절	שָׁבֻעוֹת	시완 6	신 16:9-12 레 23:9-14	룻기	추수와 시내 산 율법 감사
아브월 제9일	בְּיוֹם תִּשְׁעָה	아브 9	직접적 언급 없음	애가	성전 파괴 주전 586, 주후 70
속죄일	יוֹם כִּפֻּר	티쉬리 10	레 16장; 23:26-32		민족의 범죄를 위한 제사
장막절	סֻכּוֹת	티쉬리 15-21	느 8장 레 23:33-36	전도서	광야에서의 방랑
수전절	חֲנֻכָּה	기슬르 25	요 10:22		주전 164년의 성전 건축
부림절	פּוּרִים	아다르 13-14	에 9장	에스더	하만의 음모 실패

오축(메길롯을 이루고 있는 다섯 권의 책)의 순서는 절기의 차례에 따른 것인데, 룻기와 아가서는 순서가 바뀌었다. 이에 따라 룻기는 잠언 뒤에 위

---

140) 김중은, "룻기의 구조 및 신학," 397.
141) Ringgren & kaiser & Herzberg, 『국제성서주석 아가/애가/에스델/룻기』, 285.
142) 송병현, 『엑스포지멘터리 룻기·에스더』, 48.

치하게 되었는데 이것은 아마 주제상의 이유에서였던 것 같다.[143] 이 두 책이 자리를 바꾼 것은 룻기와 잠언의 연결성 때문이다.[144] 잠언의 마지막 부분인 31장 10-31절은 '현숙한 여인'에 대한 내용인데, 룻은 바로 이런 여인으로 묘사되고 있으며(룻 3:11), 유대인들의 생각에도 룻은 현숙한 여인의 대명사이기 때문이다.[145]

위에서 살펴본바와 같이 룻기의 정경에서의 위치는 분명치 않으나, 고대의 권위 있는 책들의 증거는 정경의 두 배열 —룻기를 사사기 다음 선지서들 사이에 두는 것과 룻기를 시편 바로 앞에 성문서들 사이에 두는 것— 이 최소한 주후 처음 두 세기보다 이른 시기에 팔레스틴 유대인 사이에서 존재했었다는 사실을 보여주고 있다.[146] 룻기의 정경에서의 위치를 전기 선지서로 분류하는 것과 이와는 다르게 시가서로 분류하는 두 가지 형태의 전통은 오랜 과거로부터 지지를 받아 왔다. 어느 쪽을 선택하든지 임시적일 수밖에 없지만, 그러나 어느 쪽을 선택하느냐에 따라 해석적 결과는 달라질 수 있을 것이다. 시가서의 배경은 룻기에 예전적인 목적을 부여하며 이것은 풍부의 모티프를 포함한다. 룻기를 사사기와 사무엘 사이에 두는 것은 이스라엘이 부족 연합으로부터 왕정으로 전환하는 시기에 속하게 되는데 이것은 구속사에서 룻기의 역할을 강조하기 위함일 것이다.[147]

5. 룻기의 장르

장르 분석은 성경 본문을 해석하고 설교하는데 커다란 영향을 미치게 됨이 틀림없다. 장르라는 용어는 바튼(John Barton)에 의하면 "어떤 형식적인 관례의 지배를 받는 특정 사회의 사회적인 상황에서 사용되는 관례

---

143) Howard Jr., 『구약 역사서 개론』, 160.
144) 송병현, 『엑스포지멘터리 역사서 개론』, 172.
145) 변순복, 『하나님의 선택받은 민족의 삶의 역사서』, 72.
146) Bush, 『Word Biblical Commentary 룻기 · 에스더』, 32.
147) Vanhoozer, 『구약의 신학적 해석』, 148.」

적인 패턴(유형)이다. 이것은 어떤 형식적인 기준(스타일, 형식, 음조, 문법 구조, 순환하는 일정한 방식의 패턴들)으로 인식할 수 있다."[148] 장르의 결정은 분명 성경 전체와 각각의 본문의 해석에 영향을 끼치게 되기에 중요하다. 롱은 "성서는 시편, 잠언, 기적 이야기, 비유, 예언서, 단편 이야기 등등의 장르를 많이 가지고 있다"[149]면서, "성경 본문에 있는 문학 형식은 성경 해석학적으로 매우 중요하고, 그것은 설교를 창작해 내는 데에 큰 힘을 발휘 한다."[150]고 말한다.

룻기에 대한 장르를 최초로 문학적 관점에서 광범위하게 분석한 사람은 궁켈(Hermann Gunkel)이다. 그는 룻기를 소설로 규정하였다. 룻기는 잘 짜여진 이야기로서 주의 깊게 전개되는 구성과 다양한 방언 및 클라이막스와 대단원을 가지고 있으며 한 저자에 의해 쓰인 작품이라는 것이다.[151] 또한 그는 룻기를 일반적으로 "인위적 이야기"나 "시적인 통속적 무용담" 또는 "목가풍"의 설화로 묘사하기도 한다.[152] 룻기의 장르에 대하여 세이쏜(Sasson)은 룻기를 하나의 민담으로 분류하면서 역사적 배경에 의하여…좌우되지 않는다고 한다.[153] 캠벨(Campbell)은 룻기를 "히브리 역사에 관한 짧은 이야기"라고 지칭한다.[154] 허바드(Hubbard)는 캠벨의 가정을 따르며, 룻기가 창세기 24장, 38장, 요셉 이야기 그리고 사무엘하 9-20장에 기록된 다윗의 궁중 역사에서 나온 에피소드를 포함하고 있는 구약 성경의 '중편소설'에 속한다는 입장이다.[155] 소설에 대한 괴테의 정의에 영향을 받은 뷔르트바인(Wurthwein)은 룻기를 전형적인 "목가

---

148) John Barton, *Reading the Old Testament: Method in Biblical Study*.(Philadelpia, Westminster Press, 1984), 32; Long, 『성서의 문학유형과 설교』, 47에서 재인용.
149) Long, 『성서의 문학유형과 설교』, 48.
150) Long, 『성서의 문학유형과 설교』, 27.
151) Brevard S. Childs, *IOTS*, 562; Hubbard, Ruth, 8-9, 47; Howard Jr., 『구약 역사서 개론』, 155-156에서 재인용.
152) Bush, 『Word Biblical Commentary 룻기·에스더』, 69.
153) Bush, 『Word Biblical Commentary 룻기·에스더』, 67.
154) Howard Jr. 『구약 역사서 개론』, 156
155) Bush, 『Word Biblical Commentary 룻기·에스더』, 67.

적 시"라고 결정한다. 험프리(Humprey)는 창세기 24장과 룻기, 삼손의 이야기 후반부(삿 13-16장), 요셉과 그의 형들의 이야기(창 37-50장) 그리고 에스더서에 있는 에스더와 모르드개의 이야기를 인용하면서 룻기의 장르를 중편소설이라고 주장한다. 룻기는 길이와 줄거리의 복잡성에 있어서 코츠(Coats)가 정의한 이야기와 험프리가 정의한 중편소설 사이에 위치한다고 볼 수도 있다.[156]

이처럼 룻기의 장르에 대한 학자들의 다양한 견해가 있는데, 룻기에 대한 현대의 다양한 문학적 규명이 어떻든지 이 룻기가 짜임새 있는 구성으로 되어 있다는 사실에는 이론의 여지가 없다. 더불어 룻기를 소설로 볼 이유도 없다(룻기 1장 참조).[157] 분명한 것은 룻기의 내러티브는 역사로서 기록되었다는 것인데, 그것은 룻기가 다윗의 족보로 이어지고 있기 때문이다.[158] 이렇게 보면, 위에서 살펴본바 룻기는 "히브리 역사에 관한 짧은 이야기"라는 캠벨의 주장은 상당히 설득력이 있다.

6. 룻기의 구조

다른 이야기들과 마찬가지로 구약 성경의 이야기들도 그 배경(사건 발생 장소 및 시간)과 인물 묘사(등장인물이 어떻게 제시되고 발전해 가는가), 그리고 구성(이야기가 어떻게 전개되며 독자들의 생각과 마음에 호소하는가)의 세 가지 기본적인 요소를 가진다.[159] 히브리 이야기에는 구조적 특징들[160]이 있는데, 룻기에는 다음과 같은 구조적 특징들이 나타나고 있다.

---

156) Bush, 『Word Biblical Commentary 룻기 · 에스더』, 69-80.
157) Howard Jr., 『구약 역사서 개론』, 156
158) Goldsworthy, 『성경신학적 설교 어떻게 할 것인가』, 230.
159) Leland Ryken, *How to Read the Bible as Literature*(Grand Rapids: Zondervan, 1984), 35; Chisholm Jr. & Howard Jr., 『역사서를 어떻게 해석할 것인가』, 23에서 재인용.
160) 담론 구조, 극적 구조, 연속된 패널 형식(이 구조는 반복적인 요소가 연속적인 흐름을 가지고 나타나는데, 이야기를 들려줄 때에 특히 효과적인 기법이다), 대칭구조, 중복 및 회상(한 사건에 대해 두 개의 보충적 설명을 나란히 제시하거나, 이야기를 전개하는 중에 자세한 내용을 덧붙이거나, 연대기적 순서 보다 주제를 중심으로 사건을 배열하기도하는 기법) 등 이다.

가. 담론 구조

구약 성경의 내러티브에는 구조적 특징으로 플롯 구조에 덧붙여 담론 구조(discourse structure)가 있다. 담론구조에 대한 관찰과 연구는 전체 이야기의 윤곽을 파악하는데 도움을 주며, 극적구조(dramatic structure)나 다른 문학적 특징들에 대한 분석에도 많은 유익을 준다. 담론 구조는 이야기의 핵심 흐름(main line), 비공식 구조(offline construction) 및 인용(quotations)의 세 가지 주요 요소로 구성된다.[161] 특별히 룻기는 담론 구조의 요소가운데 대화를 포함하고 있는 인용의 요소(대화구조)로 구성되어 있다고 볼 수 있다.

룻기를 포함한 성경의 역사서는 직접 화법(direct speech)을 꽤나 많이 사용하고 있으며, 이것은 매우 중요한 기술이기도 하다. 성경에서 대화는 일반적으로 두 사람 사이에 이루어진다. 대화는 이야기에 생생한 현실감을 더하고, 등장인물들의 심리적이고 이상적인 면들을 뚜렷하고 분명하게 나타내는 묘사 기술이다. 구약에서 이 대화 기법을 가장 효율적으로 사용하는 책이 바로 룻기이다.[162] 룻기는 담화(대화)를 통해 이야기가 전개되고 있는데, 총 85개 구절 가운데 59개의 구절이 대화를 담고 있다.[163] 각 장은(또는 장면)은 분명한 시작과 종결구절이 있으며, 각각의 장(또는 장면)은 모두 중요한 대화를 중심으로 진행된다.[164] 룻기는 나오미와 두 며느리의 대화, 또 나오미와 룻과의 대화, 룻과 보아스의 대화, 보아스와 우선권이 있는 기업 무를 자의 대화 등 대화 구조로 되어 있는 것을 쉽게 알 수 있다.

룻기의 대화구조를 도식으로 묘사하면 다음과 같다.

---

[161] Chisholm Jr. & Howard Jr., 『역사서를 어떻게 해석할 것인가』, 36.
[162] 송병현, 『엑스포지멘터리 역사서 개론』, 40.
[163] W. Gary Phillips, 『Main Idea로 푸는 사사기 · 룻기』, 이중순 역 (서울: 도서출판 디모데, 2009), 388. 그러나 대부분의 학자들은 룻기의 총 85개 구절 가운데 45개의 구절이 대화로 되어 있다고 보고 있다.
[164] Arnold & Beyer, 『구약의 역사적 신학적 개론』, 273.

〈표 27〉 룻기의 대화 구조[165]

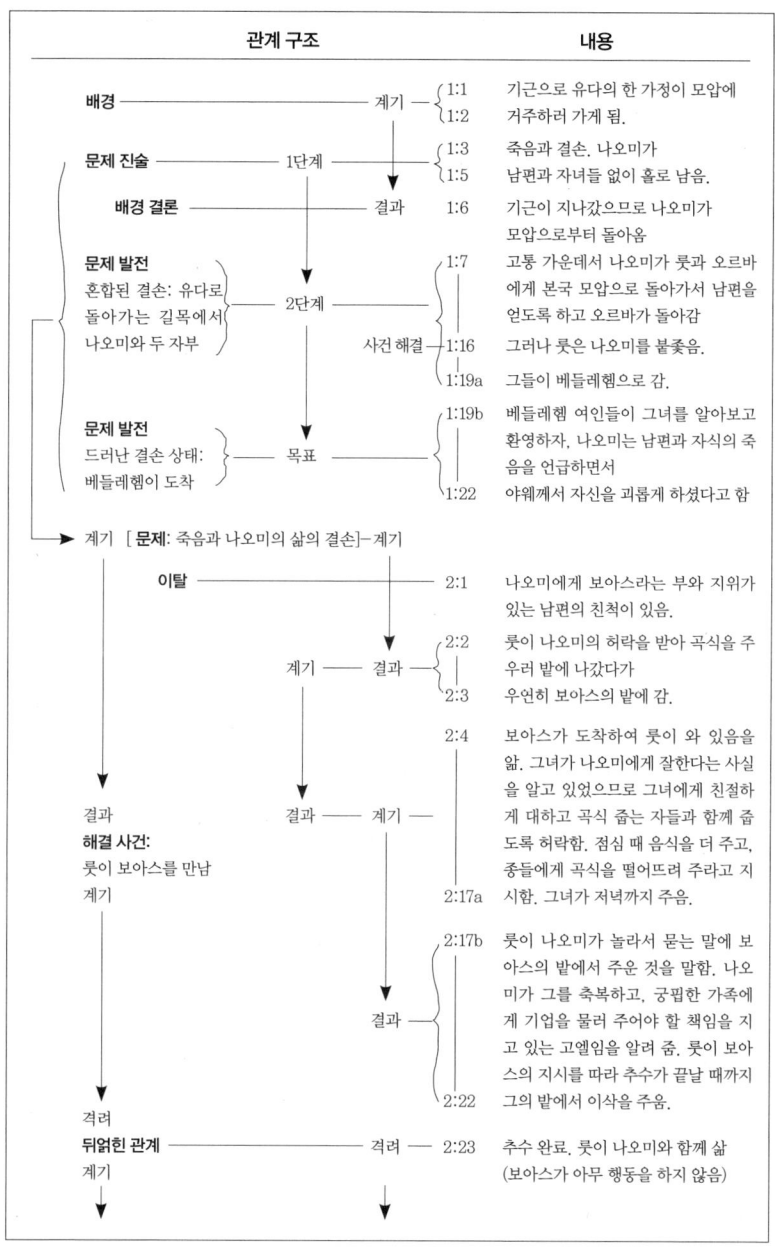

---
165) Bush, 『Word Biblical Commentary 룻기 · 에스더』, 77–78.

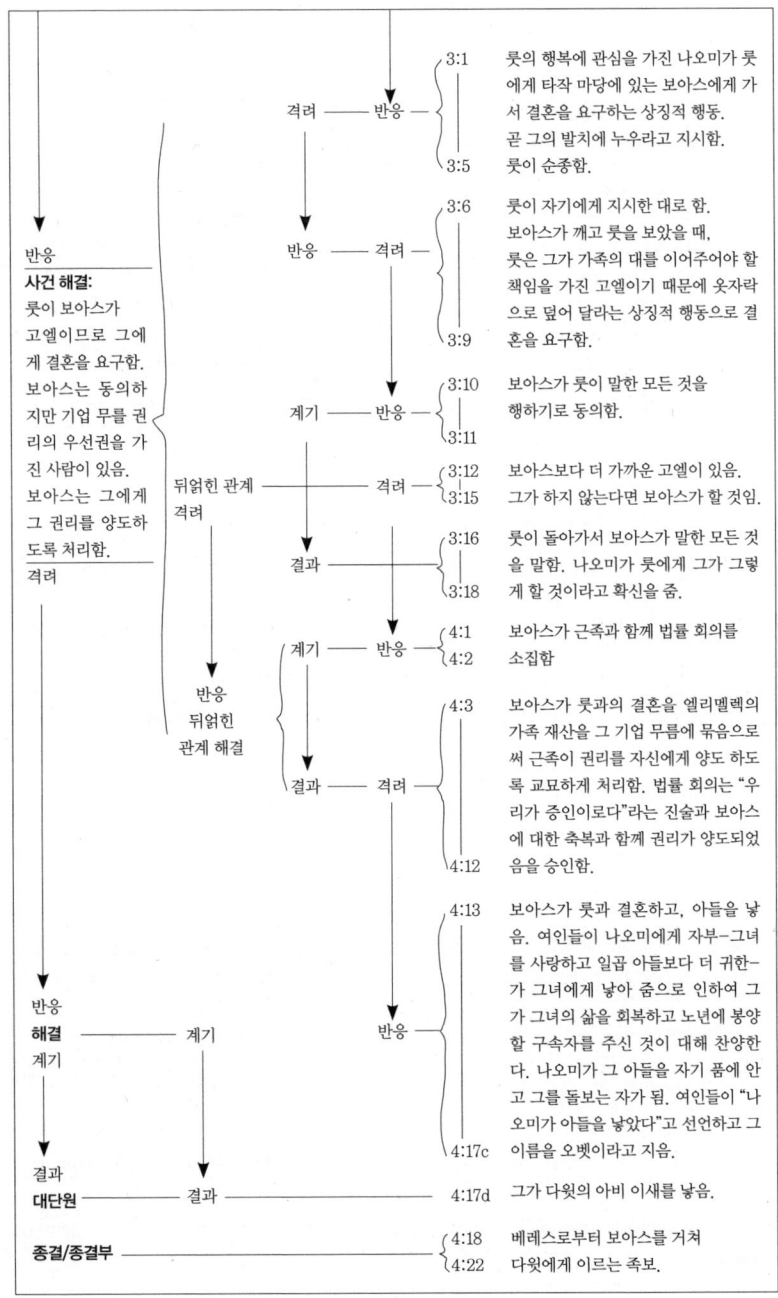

〈표 27 - 계속〉

위의 도식에서 볼 수 있듯이 룻기의 저자는 그 어떤 성경 저자보다도 대화를 효율적으로 사용하며, 자신의 작품을 극적으로 묘사하고 있다. 송병현은 룻기의 작품성에 모든 학자들이 감탄을 표한다면서 다음과 같이 말하고 있다.

> 『신곡』을 집필한 단테는 룻을 '다윗의 조상으로, 온유한 여인이요 이삭 줍는 그녀'로 그리는가 하면, 『천로역정』을 남긴 번연(Bunyan)은 룻에게서 크리스티아나의 젊은 동반자인 '인자'(Mercy)에 대한 영감을 받았다. 괴테는 룻기를 구약에서 '가장 아름다운 작은 스토리'라고 부르기도 했다. 궁켈(Gunkel)은 룻기를 간략하면서 확실한 구조적 통일성을 보이며 플롯을 전개하는, 매우 발달된 대화술을 사용한 '노벨라'(novella)의 대표적인 예라고 극찬했다.[166]

룻기에는 등장인물들 간의 많은 대화가 나오고 있고, 저자는 룻기 이야기의 줄거리를 본질적으로 대화를 통해 전개하고 있음을 알 수 있다.

나. 극적 구조

구약 성경 이야기에는 담론 구조에 덧붙여 에피소드나 막을 완성하는 극적 구조(dramatic structure)가 있다. 독자는 이 극적 구조 속에서 에피소드와 에피소드 사이, 그리고 막과 막 사이의 전환을 알 수 있다. 시간적 배경이나 공간적 배경이 바뀌는 것은 종종 전환의 표시가 되기도 한다.[167] Lasor의 견해를 바탕으로 룻기의 내용의 흐름을 파악하면 룻기의 구조가 다음과 같은 매우 짜임새 있는 구조로 이루어져 있음을 알 수 있다.[168]

---

166) 송병현, 『엑스포지멘터리 역사서 개론』, 181.
167) Chisholm Jr. & Howard Jr., 『역사서를 어떻게 해석할 것인가』, 46.
168) 송병현, 『엑스포지멘터리 역사서 개론』, 182.

A. 1:1-5 서론: 엘리멜렉의 가족
　B. 1:6-18 나오미의 염려: 며느리들의 결혼
　　C. 1:19-22 나오미의 슬픔: '텅 빈' 삶
　　　D. 2:1-2 대화: 나오미와 룻
　　　　E. 2:3-17 대화: 룻과 보아스
　　　　　F. 2:18-23 대화: 룻과 나오미
　　　　　F´. 3:1-15 대화: 나오미와 룻
　　　　E´. 3:6-15 대화: 룻과 보아스
　　　D´. 3:16-18 대화: 룻과 나오미
　　B´. 4:1-12 법 집행: 땅, 며느리의 결혼, 상속자
　　C´. 4:13-17 나오미의 '가득찬' 삶
　A´. 4:18-22 계보: 다윗의 가족

또 다른 학자(Coats)는 룻기는 '위기 - 해결'의 매우 단순한 이야기 구조를 두 차례 반복하며 진행되고 있다고 한다. 거기에 이야기의 정황과 주요 등장인물들을 소개하는 서론과 행복한 결말로 끝을 맺는 구조라는 것이다. 그것을 다음과 같은 그래프로 표현하고 있다.[169]

〈표 28〉 Coats가 제시하는 룻기 구조

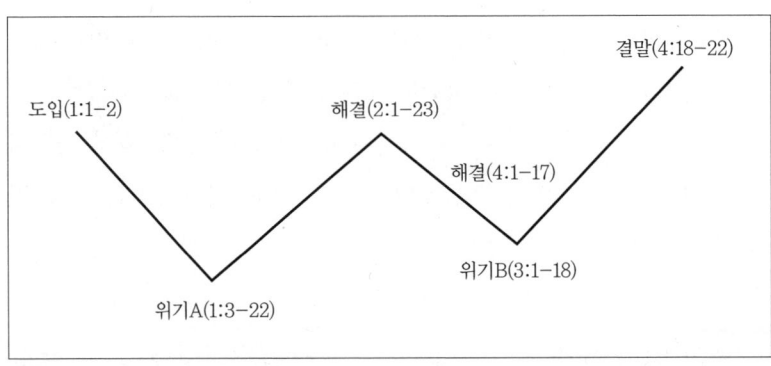

---
169) 송병현, 『엑스포지멘터리 룻기·에스더』, 61-62.

티쉴러(N. M. Tishler)에 의하면 룻기 내러티브는 희랍 드라마의 구조와 유사한 구성을 가지고 있는데, 앞뒤로 시작과 끝을 이루는 서막과 결말이 있는 가운데 다섯 개의 막을 이루고 있다고 주장한다.[170]

〈표 29〉 티쉴러의 룻기 구조

막	내용	본문
서막		1:1-5
제1막	모압을 벗어남	1:6-18
제2막	베들레헴	1:19-22
제3막	보아스의 등장	2:1-23
제4막	계획	3:1-18
제5막	공개적인 선언	4:1-12
결말		4:13-22

또한 룻기를 드라마에 비유하여 서막(proglogue)과 결말(postloud) 사이에 짜임새 있는 네 개의 막들(acts)로 구성된 드라마틱한 내러티브 구조를 가지고 있다고 본다. 다음과 같은 표로 묘사된다.

〈표 30〉 다섯 개의 막으로 구성된 드라마틱 구조[171]

막	내용	장	본문
서막	텅 빈 나오미	배경, 등장인물 소개 주제 암시: 죽음과 텅 빔(Emptiness)	1:1-6
1막	여호와가 재난의 원인?	1장: 베들레헴으로 가는 길 (Emptiness Compounded) 2장: 베들레헴 도착 (Emptiness Expressed)	1:7-18

---

170) Nancy M. Tishler, *Ruth, In A Complete Literary Guide to the Bible*, 151; 정인경, "구조분석을 통한 룻기 해석," (석사학위논문, 한영신학대학교대학원, 2008), 9에서 재인용.
171) 김지찬, 『요단강에서 바벨론 물가까지: 구약 역사서의 문예적-신학적 서론』, 238.

2막	여호와의 자비	1장: 룻의 계획(양식)	2:1-7
		2장: 보아스의 추수 밭; 떡과 보리 이삭 얻음	2:8-16
		3장: 룻의 보고(Fullness Anticipated)	2:17-23
3막	룻의 자비	1장: 나오미의 계획(남편)	3:1-6
		2장: 보아스의 타작마당(룻의 결혼 요청)	3:7-15
		3장: 룻의 보고(Fullness Foretasted)	3:16-18
4막	보아스의 자비	1장: 기업 무를 자와 협의	4:1-8
		2장: 보아스와 룻의 결혼	4:9-12
결말	채워진 나오미	룻의 출산: 생명과 채움(Fullness), 다윗의 계보	4:13-17 4:18-22

룻기의 저자는 이런 극적 구조를 통해 이야기를 치밀하게 전개하고 결말을 향하여 나아가는 이야기의 극적 효과를 극대화 하고 있다. 룻기를 분석할 때는 이런 극적 구조와 더불어 대화에 주의하면서 해석하는 것이 필요하다.

다. 대칭 구조

대칭구조(Chiasmus, X자 형태를 가진 헬라어 chi에서 유래)는 문학적 단위의 전반부와 후반부가 서로 대칭 형태를 갖는 구조이다. 대칭 구조의 기본 형태는 AB//B´A´ 구조이다. 다음과 같은 형태인데,

    A
      B
      B´
    A´

종종 이 구조는 대칭 요소가 없는 중심 축 C를 가지기도 한다.

                    A
                        B
                            C
                        B′
                    A′

　일반적으로 대칭 구조는 시의 한 구절과 같이 작은 문학적 단위에서 흔히 볼 수 있는 구조이다. 그럼에도 성경 이야기에는 종종 대칭구조가 발견된다.[172] 룻기에 나타나는 문학인 구조로서 대칭구조(교차대구법)에 대하여 김중은은 이렇게 정리하고 있다.[173]

　　　A. 가정의 시련(1:1-22)
　　　　　B′. 룻과 보아스의 약속(3:1-18)
　　　　　B. 룻과 보아스의 만남(2:1-23)
　　　A′. 가정의 회복(4:1-22)

　돌쉬(David A. Dorsey)는 룻기가 다음과 같은 7중 대칭 구조로 이루어져 있다고 주장한다.[174]

　　A. 서론: 나오미 가정의 몰락(1:1-5)
　　　B. 나오미의 부양에 관한 두 자부의 선택(1:6-19a)
　　　　C. 아무런 소망도 없이 베들레헴으로 돌아옴(1:19b-22)
　　　　　D. 전환점: 룻과 보아스의 만남(2:1-23)
　　　　C′. 타작마당에서 룻의 호소 및 희망 가운데 베들레헴으

---

172) Chisholm Jr. & Howard Jr., 『역사서를 어떻게 해석할 것인가』, 54.
173) 김중은, "룻기의 구조와 신학," 『그말씀』(2003, 9월호): 24.
174) David A. Dorsey, 『구약의 문학적 구조』, 류근상 역(고양: 크리스챤출판사, 2003), 189.

　　　　　로 돌아옴(3:1-18)
　　　　B′. 나오미의 부양에 관한 두 친족의 선택(4:1-12)
　　A′. 결론: 나오미 가정의 회복(4:13-22)

　　돌쉬는 룻기 전체의 이런 대칭 구조는 긴장과 스릴로 가득차 있으며 그것은 독자들의 관심을 집중하게 하고, 또한 룻기서의 목적 가운데 하나라고도 말한다.[175] 또 슈왑(Schwab)은 룻기의 내용의 흐름을 파악해 보면, 룻기는 룻의 좋은 소식을 나오미에게 알려주는 H를 중심에 둔 교차 대구법적 구조를 지녔다고 주장한다. 더불어 A-G와 G′-A′ 두 부분 모두 각각 40절씩으로 구성되어 평행적 균형을 이루고 있다고 한다.[176]

　　A. 엘리멜렉의 계보(1:1-5)
　　　B. 나오미가 아들들을 잃음, 과부들이 각자 집으로 돌아가야 함(1:6-14)
　　　　C. 룻의 계획 선언과 나오미의 침묵(1:15-19a)
　　　　　D. "이 사람이 나오미냐?"(1:19-22)
　　　　　　E. 룻이 보아스의 밭에서 보리를 주움(2:1-7)
　　　　　　　F. 보아스와 룻의 첫 번째 만남(2:8-13)
　　　　　　　　G. 보아스가 비밀스러운 명령을 내림(2:14-17)
　　　　　　　　　H. 룻이 나오미에게 좋은 소식을 전함(2:18-23)
　　　　　　　　　　1. 룻이 보아스의 밭에서 주운 이삭을 나오미에게 줌
　　　　　　　　　　2. 나오미가 룻에게 질문한 후 자비를 베푼 자를 축복함
　　　　　　　　　　3. 룻이 그의 이름이 보아스임을 밝힘
　　　　　　　　　　4. 나오미가 여호와의 이름으로 그를 축복함
　　　　　　　　　　4′. 나오미가 여호와께서 마음에 둔 "회복시키는 자"를 의식함
　　　　　　　　　　3′. 룻이 보아스가 보리를 더 내준 것에 대하여 말함

---
175) Dorsey, 『구약의 문학적 구조』, 193.
176) 송병현, 『엑스포지멘터리 룻기·에스더』, 63-64.

　　　　　 2´. 나오미가 상황이 좋다고 선언함
　　　　 1´. 룻이 이삭줍기를 계속하며 나오미와 삶
　　　G´. 나오미가 비밀스러운 명령을 내림(3:1-7)
　　F´. 보아스와 룻의 두 번째 만남(3:8-13)
　 E´. 보아스가 보리를 룻의 치마에 담아 줌(3:14-18)
　D´. "이 사람이 회복시키는 자냐?"(4:1-8)
C´. 보아스의 계획 선언과 증인들의 축복(4:9-12)
B´. 나오미에게 아들이 태어나 가문을 회복시키는 자가 됨(4:13-17)
A´. 베레스의 계보(4:18-22)

롱은 룻기 이야기의 플롯은 하락하였다가 상승하면서 둘로 접은 것과 같은 대칭 구조로 이루어져 있다고 말한다. 롱이 제시하는 룻기의 대칭 구조는 다음과 같다.[177)]

---
177) Long, 『성서의 문학유형과 설교』, 160-161.

박동현은 룻기의 구조는 대칭 구조를 가지고 있다면서, 다음과 같은 표로 정리하고 있다.

〈표 31〉 박동현이 주장하는 룻기 구조[178]

	1장	2장	3장	4장
주인공	나오미가	룻이	룻이	나오미
중심 사건	베들레헴으로 돌아오다	보아스의 밭에 가서 일하고 오다	보아스의 타작마당에 다녀오다	베들레헴에서 기업무를 자를 얻다
짜임새	1-5절 도입부(행동)	1-2절 도입부(대화)	1-5절 도입부(대화)	1-2절 도입부(행동)
	6-19 전반절 룻이 나오미를 따르기로 결심하고 실천하다	3-18절 룻이 밭에서 보아스를 만나다	6-15절 룻이 타작 마당에서 보아스 곁에 눕다	3-12절 보아스가 나오미와 룻을 맞아들이기로 결심하고 실천하다
	19후반절-22절 나오미와 베들레헴 여인들의 대화	19-23절 상황을 설명하는 나오미와 룻의 대화	16-18절 상황을 설명하는 나오미와 룻의 대화	13-17절 오벳이 태어나자 베들레헴 여인들이 나오미를 축하하다
				18-22절 다윗의 계보
중심개념	돌아오다	이삭 줍다	눕다	기업 무르다

룻기는 이처럼 대칭을 이루며 불행하고 암담한 처지로 시작해서 행복한 성취로 끝나는 해피엔딩의 구조이다. 룻은 과부였으며, 자식도 없는 여인으로서 가정과 양식, 남편, 궁극적으로는 아들을 구했고, 하나님은 그녀에게 남편과 가정과 아들을 주셨다. 나오미는 모압 지방에서 남편과

---

178) 박동현, 『구약성경개관』(서울: 장로회신학대학교출판부, 2005), 204.

두 아들을 잃었다. 절망의 심연에 있을 때에는 모압 출신의 며느리 룻의 진가를 알지 못했다. 그러나 룻기는 나오미의 암담함과 절망이 즐거움과 소망으로 바뀌며 끝을 맺는다.[179] 룻기는 모든 것을 잃은 것으로 시작하지만 결국은 모든 것의 회복으로 끝맺는 책이다. 이와 같이 룻기의 구성은 단순하게 4장 구조로 설명할 수 있지만(1장과 4장이 서로 상응하고, 2장과 3장이 서로 상응함), 좀 더 복잡한 방식으로는 각각의 장이 세 단락을 이루어 룻기 2-4장 모두가 그 자체 내에 교차 대칭 구조를 이루고 있는 것으로 분석할 수도 있을 것이다.[180]

이로 보건대 룻기는 훌륭한 문학작품으로서 대칭적 구조를 가진 매우 정교하면서도 잘 짜여진 이야기임을 알 수 있다.

라. 대조 구조

룻기에는 내용상 대칭 구조와 함께 대조적인 구조를 가지고 있다고 보기도 한다. '텅 빔'과 '채워짐'이라는 대조와 함께 룻기 전체가 이런 대조 또는 전환구조에 의하여 더 심화된 내용으로 전개된다고 보는 것이다. 다음과 같은 표로 정리해 볼 수 있다.

〈표 32〉 룻기의 대조 구조[181]

'텅 빔'에서 '채워짐'으로

텅 빔	채워짐
엘리멜렉	다윗
떠남	귀환(출모압)
죽음	생명
엘리멜렉의 세계	베레스의 세계
아들들의 죽음	아들(들)의 탄생
자식 없음	자식 있음

---

179) Reed & Merrill, 『룻기·사무엘상·하』, 11.
180) Satterwaite & Mcconville, 『역사서』, 374.
181) 이종록, 『보리밭 사랑』(서울: 한국장로교출판사, 1999), 23-24.

'흉년'에서 '풍년'으로

흉년	풍년
빵 없는 베들레헴 흉년 빈곤	빵 있는 베들레헴 풍년 풍요

'신분의 변화'

변화 전	변화 후
나오미 → 마라 부인 → 과부 국민 → 나그네(게르)	나오미 부인 국민

'무책임과 혼돈'에서 '책임과 질서'로

무책임	책임
사사시대 사사(이름 없음) 혼란 중재자 없음 책임지는 사람 없음	왕정시대 다윗 왕(이름 있음) 질서(고엘제도) 중재자(보아스) 책임지는 사람 있음

더불어 룻기에는 두 며느리 즉 오르바와 룻의 행동이 대조를 보이고 있고, 무명의 기업 무를 자와 보아스의 행동이 대조를 보이고 있다. 또 1장에서 나오미가 자신의 삶의 '텅 빔'에 대해 불평하는 것과 4장에서 자신의 '채워짐'에 대해 기쁨의 찬송을 부르는 것이 대조되고 있다.

룻기는 짧지만 간단한 이야기는 아니며, 내러티브로서 담화 구조와 극적 구조, 그리고 대칭 구조와 대조 구조 등 다양한 구조로 구성되어 있는 훌륭한 문학작품이면서 짜임새가 있는 이야기책임을 알 수 있다.

제3절 룻기 내러티브 해석에 대한 접근법 비교

설교는 성경에 대한 바른 해석에서 시작된다. 같은 본문을 가지고도 설교자가 어떤 관점을 가지고 어떻게 해석하느냐에 따라 설교가 얼마든지 달라질 수 있다. 그래서 설교는 무엇보다 바른 해석이 필요하고 중요하다. 여기에서는 룻기를 해석하는 여러 접근법들을 비교 분석해 보고자 한다.

1. 모범적 접근

모범적 접근은 성경에 기록된 모든 사건과 인물을 하나의 모범이나 모델로 사용하여 어떤 교훈을 취하는 방법이라고 할 수 있다. 한 마디로 본문의 적실성을 위해 성경 인물들의 아름다운 미덕을 청중들에게 모범으로 추천하며, 그들의 죄악과 연약함을 경고로 제시하는 방법이다. 이러한 모범적 접근은 역사적 사건들이나 등장인물들을 통해서 하나님의 뜻과 의도와 섭리를 우선적으로 발견하고 드러내는 것이 아니라 인간중심적이며, 도덕적 교훈 중심적이다 즉 등장인물이 본문의 초점 또는 주인공이 되거나, 본문의 사건이나 인물을 단순히 인과응보의 관점에서 접근할 때(인간중심적), 또는 본문의 최우선적 관심을 단순히 모범이나 윤리에 둘 때(도덕적) 생겨날 수 있는 오류들이다.[182] 역사적인 내러티브들을 도덕적 교훈 중심으로, 좋은 덕목이나 모범으로, 혹은 영적 분투의 문제로 바라보고 접근하는 모범적 방식은 성경 저자의 목적을 무시하고 왜곡하

---

182) 김창훈, 『구약 장르별 설교』, 67.

는 한계가 있는 해석 방법이라 할 수 있다.[183]

예를 들면, 시어머니 나오미에 대한 며느리 룻의 돌봄과 희생과 헌신을 단순히 부모에 대한 자식의 마땅한 효(孝)로 설명하면서 자식의 지극한 효성심을 통해 받는 복이 어떤 것인지, 그리고 얼마나 큰 지를 강조하는 것이다. 그러면서 오늘의 청중들에게 하나님께 복을 받는 길은 부모에게 효를 다하는 것이라든지, 부모에게 효도하는 자식은 큰 복을 받는다는 단순한 도덕적 교훈만을 강조하는 것이다. 또 나오미와 룻의 관계를 설명하면서 오늘날 시어머니와 며느리의 관계가 어떻게 되어야 하는가 만을 강조하거나 부각시킨다면 이것 역시 인간중심적이며, 도덕 주의적인 모범론에 해당된다. 또한 보아스와 다른 기업 무를 자를 비교하면서 믿음의 사람들은 보아스처럼 불쌍하고 어려운 사람을 도와야지 무명의 기업 무를 자처럼 외면하면 안 된다는 식의 해석 역시 모범적 접근을 벗어나지 못한 방법이다.

룻기 본문에는 이러한 교훈들이 있는 것이 사실이지만 그러나 그 부분만을 이야기 하거나 강조하는 것은 룻기를 통해 보여주고자 하신 하나님의 구속의 진리를 드러내지 못하는 그릇된 해석임이 분명하다. 본문이 말하고자 하는 본연의 의미를 드러내지 못하고 룻의 효행심이라든지 시어머니와 며느리의 바람직한 관계만을 설명한다면 그것은 성경을 심청전과 같은 차원에서 설명하는 잘못된 해석인 것이다.[184] 골즈워디는 룻기에 대한 해석에서 설교자들이 쉽게 모범적 접근에 빠질 수 있음을 말하면서 다음과 같이 주장하고 있다.

> 인간적인 이해(利害) 관계의 면에서 볼 때, 룻의 이야기에 있는 가치는 엄청나다. 그래서 설교자는 룻의 이야기를 순전히 모범적인 수준에서 다루

---

183) Haddon W. Robinson, 『탁월한 설교에는 무언가 있다』, 김창훈 역(서울: 도서출판 솔로몬, 2009), 117.
184) 소재열, 『구속사 중심의 사사기 룻기 맥 찾기』(서울: 도서출판 말씀사역, 1999), 106.

고자 하는 유혹을 받는다. 다시 강조하지만, 인간이라는 요소가 본문에서 필수적인 요소이므로 인물 연구를 지나치게 반대할 필요가 없다. 그러나 내러티브의 중심 내용에 부합하는 관점을 유지하면서 그 연구를 하는 것이 중요하다. 룻의 경우, 룻기라는 그 책의 목적을 이해하려고 노력해야 하며, 어떤 인물 분석이든 반드시 그 목적을 밝혀내는 데 도움을 줄 수 있도록 해야 한다.[185]

룻기는 단지 룻이라는 한 여인을 부각시키거나 또 효성심이라든지 시어머니와 며느리의 바람직한 관계라든지, 불쌍한 이웃을 도와야 한다는 도덕적 교훈을 위해서라기보다는 하나님께서 사회적으로 천대받는 여성이요 또한 혈통적으로 외면 받는 이방인을 택해 하나님의 구원 사역을 어떻게 이루어 가시는지를 보여주는 책이다. 즉 하나님의 섭리와 주권과 계획을 드러내기 위한 것이다.[186] 그래서 우리는 룻기를 설교할 때, 우선적으로 약하고 천한 자를 통하여 하나님의 구원 역사를 이끌어 가시는 하나님의 구속 행위를 드러내야만 한다. 물론 우리는 또한 룻기에서 기독교적인 효의 윤리나 은혜를 받는 삶의 모델을 살피는 것 역시 가능할 것이다. 구약의 사건 속에서 보여지는 성도들의 개인적인 믿음의 자세나, 믿음의 행동 또는 구약 시대 공동체의 삶의 원리 등은 모두 하나님의 다스림에 대하여 시대나 개인의 삶의 자리에 따라 각기 다른 형태로 나타난 것이기 때문이다.[187] 그러므로 성경 안에 숨어 있는 보편적 신앙의 원리는 동일한 것이기에 이 룻기에서 룻의 신실함이나 시어머니에 대한 효성, 그리고 보아스의 약자에 대한 배려 등은 하나님의 행동에 대한 인간의 반응으로서 오늘의 청중들에게 적용할 수 있을 것이다.

그러나 룻기를 도덕적 교훈을 위한 하나의 예화로만 사용하게 되면 구

---

185) Goldsworthy, 『성경신학적 설교 어떻게 할것인가』, 229.
186) 김창훈, 『구약 장르별 설교』, 70.
187) 이문식, "설교적 관점에서 본 룻기 이해," 『사사기・룻기 어떻게 설교할 것인가』(서울: 두란노 아카데미, 2009), 413-414.

체적인 주제와 전반적인 목적을 가진 문학적-신학적 실재로서 본문이 주고자 하는 교훈은 사라지고 말 것이다.[188] 하나님께서 우리에게 주신 본문의 의도와 목적대로 본문을 적용할 수 없게 되는 것이다. 이렇게 보면, 분명 모범적 접근은 성경의 큰 그림 즉 역사 속에서 일하시는 하나님의 구속의 행위를 보지 못하고 단순히 인간이나 사건에 중심을 두는 인간 중심적이며 도덕적인 교훈에 머무는 한계가 있음에 틀림이 없다.

2. 사회 · 정치적 접근

룻기를 보는 또 다른 관점에서의 해석 방법은 사회, 정치적 접근이다. 이 해석은 룻기를 형사 취수제(수혼)를 널리 알리기 위한 일종의 선전용 책자라고 보는가 하면,[189] 룻기는 이방인과의 통혼 문제에 대해 냉혹하게 반대하며 회개를 촉구했던 에스라와 느헤미야 시대의 이방인들에 대한 배타적인 태도에 대한 항의라고 보기도 한다.[190] 19세기 중반 이후 룻기가 보편주의 정신과 이방인들에 대한 관용과 혼합된 결혼을 옹호하고 있다고 주장되어 왔다. 그 이유로는 룻이 모압 여인임에도 불구하고 이스라엘 사회에 받아들여졌고 당시 재산과 신분을 가진 유력한 이스라엘 사람인 보아스와 결혼했기 때문이라는 것이다. 그렇다면 룻기는 그러한 입장을 가진 편에서 그리고 엄격주의자와 에스라와 느헤미야의 배타주의 정책에 반대하여 기록한 책이라는 것이다.[191] 즉 이스라엘 사람들 사이에 가지고 있는 자기들만이 하나님의 선민이라는 편협한 민족주의에 대한 항의로서 당시 이스라엘 백성의 다른 민족에 대한 편협하고 잔인한 편견을 깨트리는 목적으로 쓰였다는 것이다. 이 룻기의 저자는 이방인들에 대한 이스라엘 백성들의 배타적인 태도에 논리를 갖고 논쟁하지도 않

---

188) Chisholm Jr. & Howard Jr., 『역사서를 어떻게 해석할 것인가』, 219.
189) Ringgren & kaiser & Herzberg, 『국제성서주석 아가/애가/에스델/룻기』, 286.
190) 정규남, 『구약개론』(서울: 개혁주의신행협회, 1998), 345.
191) Bush, 『Word Biblical Commentary 룻기 · 에스더』, 47.

고, 노골적으로 책망하지도 않고, 설교조로 교훈하지도 않고 단지 그의 동족들의 목전에 오래 전에 이스라엘에서 어머니가 된 이방 여인 룻을 등장시킴으로 새롭게 열린 마음과 생각으로 이방인들을 대하게 하는 목적으로 이 룻기를 기록했다는 주장이다.[192]

그러나 룻기에서의 형사취수제도는 증명 대상이 아니라 룻기의 실마리이자 전제로 이용되고 있고, 또 이방인과의 결혼에 대하여서도 "기업 무를 자"는 룻이 모압 여인이기 때문에 그녀와 결혼하는 것을 거부한 것이 아니다. 만일 이 책이 이방인들을 거부하는 목적으로 쓰여 졌다면 기업 무를 자는 그가 룻과 결혼하기를 원치 않는 이유로 지금보다 더 좋은 이유를 제시할 수 있었을 것이며, 보아스에게 자기의 판단이 옳을 뿐만 아니라 적절하다고 분명하게 말했을 것이다. 그러나 그런 말은 한 마디도 언급하지 않고 있다. 룻기는 시기적으로 후세 사람들이 매우 중요하게 여겼던 이런 사상들이 생겨나기 전에 쓰여 졌다고 본다.[193]

그런가하면, 룻기를 다윗의 왕권 주장을 정당화시킬 목적으로 쓰여 졌다고 보기도 한다.[194] 룻기는 후대에 다윗의 출생과 족보를 뒷받침하기 위한 의도로 각색되어 재사용된 자료로서, 사사기와 사무엘서의 왕정의 필요성과 왕정의 출현역사를 이어주는 가교 역할을 위해 히브리어 성경 전승에 포함되었다고 보는 것이다.[195] 고대 중근동에서는 역사를 기록하는 사가들이 한 왕조를 세운 왕들의 탄생 이야기나 그 조상들의 가문에 얽힌 일화들을 이야기 형식으로 기록한다. 소위 그 왕조의 창업이념을 백성들이 쉽게 이해할 수 있도록 설명하는 역사 서술 방식을 종종 택하는데 바로 룻기 기자도 이와 같은 방식을 택하였다는 것이다.[196] 유대 전승에 의하면 룻기는 사무엘이 기록한 것이라고 한다. 사무엘이 저자

---

192) David Noel Freedman & James D. Smart, 『구약성서 이해의 요점』, 이희숙 역(서울: 종로서적, 1995), 84-85.
193) Ringgren & kaiser & Herzberg, 『국제성서주석 아가/애가/에스델/룻기』, 287.
194) Reed & Merrill, 『룻기 · 사무엘상 · 하』, 8.
195) 김중은, "룻기의 구조 및 신학," 393.
196) 이문식, "설교적 관점에서 본 룻기 이해," 407.

라고 한다면 룻기는 다윗이 이스라엘 왕으로 기름부음을 받을 때와 가까운 시기에 쓰여 졌을 것이고 그렇다면, 그 목적은 다윗의 왕권 주장을 정당화 하는데 있었다고 보는 것이다.[197] 이런 해석의 입장에서 본다면, 이 룻기는 마치 세조 때에 이씨 왕조의 창업 이념을 태조 이성계 이전의 조상들의 행적을 통하여 설명하려는 목적에서 기록된「용비어천가」와 같은 맥락에서 '다윗 왕조의 용비어천가'인 셈이다.[198]

물론 룻기는 다윗 왕의 족보로 이어진다. 보아스와 그의 아들 오벳이 그 족보 속에 포함되어 있다. 이 족보가 역대기상 2장과 연관되어 있다는 것은 사실이다. 또한 이 족보가 후에 추가로 첨가된 것이라고 보는 것은 충분히 가정할 만한 일이다. 그러나 이 가정은 다윗 가문과 관계가 있을 때에만 제대로 이해될 수 있다. 실제로 4장 17절의 결혼은 이 족보와 다윗 가문의 관계를 다루고 있다. 그러나 그렇다고 해서 룻기가 다윗의 왕권 주장을 정당화하기 위한 의도로 집필 되었다고 보는 것은 설득력이 없으며, 룻기를 완전히 이해하고 있다고 볼 수도 없다. 이런 주장은 "모든 것의 목표가 되는 극점이 아니라, 최종적인 감탄 부호처럼 보인다."[199] 룻기는 그런 의도로 집필 되었다기보다는 구약 성경에 일반적으로 나오는 내용을 다룬다고 보는 견해가 더 타당하다. 룻기는 하나님과 인간의 사건에 무엇인가를 제시하고 있다고 보는 것이다.[200]

사회, 정치적 접근은 역사적 배경에서 나름의 타당성이 있다고 볼 수 있겠으나, 그럼에도 성경을 단순한 인간 사회의 문제나 정치적 관점으로만 보는 편협한 시각임을 지적하지 않을 수 없다. 성경 안에 있는 풍성한 하나님의 구속의 진리를 보는 데는 매우 제한적일 수밖에 없다.

---

197) Reed & Merrill,「룻기 · 사무엘상 · 하」, 7.
198) 이문식, "설교적 관점에서 본 룻기 이해," 407.
199) Ringgren & kaiser & Herzberg,「국제성서주석 아가/애가/에스델/룻기」, 287.
200) Ringgren & kaiser & Herzberg,「국제성서주석 아가/애가/에스델/룻기」, 287-288.

3. 여성 신학 · 해방 신학적 접근

최근 여성 신학과 해방신학적 관점에서 자주 다루어지고 있는 책 가운데 하나가 바로 룻기이다. 여성 신학적 접근에서는 가부장적인 사회 구조와 질서 안에서 억압받고 있는 여성들이 주도적으로 큰 변화를 일으켰다고 보고 있다.[201] 성경에 나오는 수많은 이야기의 주인공은 거의 남성인데, 이방여인이 주인공이 되어 하나의 책이 된 것은 오직 룻기 한 권뿐이며, 나오미를 향한 룻의 효성과 룻을 위한 나오미의 배려를 여성간의 강한 자매애와 연대감으로 보고 있다.[202] 룻기는 세대차와 갈등을 뛰어넘어 절망적인 현실을 극복하는 여성들의 협력하는 모습을 보여주는 구약에서도 드문 좋은 예라고 보면서[203] 여성들의 연대의식을 강조하는 것이다. 여인들끼리의 이와 같은 결속이 갖는 중요성이 강조되고 있는 것은 나이가 다르고 전통적으로 서로 적대관계이며, 다른 민족 출신이었고, 여러 문화권에서 이미 잘 아려진 것처럼 갈등이나 심지어 불화로까지 확장되기 쉬운 고부관계이기 때문이다.[204] 좀 더 부연설명하면, 여성 신학적 입장에서는 당시 이방의 모압 땅에서 남편과 자식을 잃은 나오미는 사회적 지위와 경제적 활동을 상실한 비참한 상태에 처하게 된다. 룻도 열악한 환경과 조건에 있기는 마찬가지이다. 그럼에도 그들은 주도적으로 불가능한 사회적 현실 상황과 자신들의 처해진 입장을 서로 협력하며 기존의 질서를 넘어 새로운 상황을 창출하게 되었다고 강조하는 것이다. 결국 모든 불리하고 불확실한 현실의 문제를 해결해 준 것은 사회적 주도권을 가진 구속자 보아스가 아니라 룻과 나오미의 삶의 의지와 상호 연대의 힘이 크며, 보아스의 인간적인 사랑, 나아가 자기가 속한 공동체

---

201) 김지은, "새로운 미래를 연 나오미와 룻의 연대," 「한국여성신학」(2000, 3호): 9.
202) 김명현, "아름다운 고부간의 이야기-룻과 나오미," 「새롭게 읽는 성서의 여성들」(서울: 대한기독교서회, 1994), 162-163.
203) 유연희, "〈여성의 눈으로 읽는 구약성서〉 차이와 세대를 넘어서: 오르바, 룻, 나오미 이야기," 「새가정」(2006, 5호): 37.
204) Sakenfeld, 「현대성서주석 룻기」, 40.

에서 책임을 다하는 성실함의 결과로 보는 것이다.[205] 또한 한 사람의 지혜 있는 여인의 역할로 인하여 한 가정이 회복되고, 축복을 받고, 하나님 나라의 역사에 동참한다는 면에서 구약의 여성은 남성보다 위대하다고 본다.[206]

해방신학에서는 나오미와 룻을 땅 없는 가난한 농촌 사람으로 보고 이 두 여인의 생존과 현실 극복을 위한 고통과 노력을 농민의 투쟁으로 해석한다. 특히 보아스를 룻과 나오미를 절망적인 현실에서 해방시켜 준 이스라엘의 하나님 여호와에 비유되는 해방자로 본다. 트리블(Trible)은 이 룻기에 대하여 "룻기는 여성들(룻과 나오미)이 남성들의 세계에서 자신들의 세계를 찾아 나가는 여성 해방 운동의 신학적인 해석을 제공해 주고 있다."고 주장한다.[207]

여성 신학, 해방신학적 입장에서는 룻기의 주요 등장인물들에게서 보여지는 이타적 돌봄을 강조하는 해석에 대해 반대한다. 룻기의 이야기, 그 가운데서도 특히 룻의 행동은 여성들로 하여금 각자의 필요를 희생하면서까지 타인을 섬기고, 가족이나 친척 또 직장 동료들을 위해 자신을 희생시킴으로서 문화적 차이에서 오는 기대치를 꼭 따르도록 권면하고 있다고 보는 것에 반대한다.[208]

룻기가 여성 신학적 접근과 해방 신학적 접근의 본문으로 자주 다루어지는 데에는 분명 여지가 있기 때문일 것이다. 또 충분히 그럴만한 배경이 되는 본문의 상황이나 인물 등이 있음에도 불구하고 그러나 여성 신학적 해석이나 해방 신학적 해석 역시 단편적이며, 부분적인 메시지만을 드러내고, 본문이 의도하는 참된 의미를 도출해내는 데에는 한계가 있음을 지적하지 않을 수 없다. 여성주의 신학자들이나 해방 신학자들의 해

---

205) 이경숙, 『구약성서의 여성들』(서울: 대한기독교서회, 1995), 91-100.
206) 이문식, "설교적 관점에서 본 룻기 이해," 404.
207) 오동일, "Biblical Narrative 읽기 이론과 실제: 룻기 Plot 연구를 중심으로," (석사학위논문, 총신대학교대학원, 2002), 2.
208) Sakenfeld, 『현대성서주석 룻기』, 40-41.

석 과정에서 그들이 가진 선입관은 극단적 형태의 주관주의를 피할 수 없고, 그렇게 될 때 본문을 설명하는 기회라기 보다는 자신의 신념을 설명하는 기회로 변질 될 수 있기 때문이다.[209]

4. 비평적 접근

구약 역사서는 복잡한 형성 역사와 수세기에 걸쳐 보존하고 수정한 다양한 청중의 관심사를 반영하고 있다. 이 역사서들은 일차원적 의미만을 가진 '단조로운 텍스트'가 아니다. 오히려 이 책들은 다양한 시기와 관심사, 다양한 관점에서 유래한 다차원적인 이야기들이다. 그리고 이 책들은 역사적 사실들과 상호 연결되어 있다.[210] 역사서는 내러티브이면서 동시에 역사 기록이기 때문에 역사서를 해석하는 데에는 통시적·공시적 방법[211] 모두가 요구된다.[212] 넬슨은 역사서 해석에 있어서 비평적 접근에 대하여 다음과 같이 말한다.

종종 '비평'이라는 단어는 연관된 부정적 암시에도 불구하고 성서비평은 성서의 통전성에 대한 적대적 공격을 하는 것이 아니다. 오히려 학자들이 사용하는 다양한 해석학적 방법론은 독자에게 성서 텍스트를 특징짓는 복잡한 목소리의 실타래와 겹쳐 있는 의미의 층을 캐내는 방법을 제공한다. 그들은 텍스트의 다양한 구성요소와 그들의 상호의존 사이의 관계성을 발견하는 일을 위한 훈련된 접근법을 제공한다. 또 그들은 독자들이 다른 관

---

209) Pratt Jr, 『구약의 내러티브 해석』, 48.
210) Nelson, 『The Historical Books』, 53.
211) 통시적 방법이란 헬라어 '시간을 관통하여'에서 유래한 것으로 시간이 흐르면서 연속되는 청중과 신앙공동체 그리고 텍스트의 상호 작용의 이야기를 분명히 밝히고자 하는 방법. 공시적 방법이란, 역사적 문제를 무시하고 그 대신 텍스트의 요소들 서로 간의 동일한 정경 내의 다른 텍스트 간의 그리고 독서행위를 하는 독자와의 내적 관계성에 집중하는 방법이다.
212) Nelson, 『The Historical Books』, 55.

점에서 텍스트를 볼 수 있도록 다양한 장소를 제시한다.[213]

역사적 해석에 있어서 비평적 접근의 유익함과 또 필요성을 말하고 있는 것이다. 이러한 비평적 접근 방법으로는 크게 문학적 비평(자료 비평, 양식 비평, 편집 비평)과 전승사 비평 및 역사 비평, 그리고 정경 비평과 내러티브 비평 등이 있다. 여기에서는 룻기에 대한 역사 비평적 접근과 서사 비평적 접근에 대하여 간단히 살펴보고자 하다.

가. 역사 비평적 접근

역사서는 실제 역사를 근거로 하고 있다. 역사 비평은 실제 역사를 근거로 하고 있는 특정한 성경 본문 속에 언급되거나 관련되어 있는 이름들, 연대들, 시기들을 확정하는 것을 포함한 성경 본문들의 역사적 배경에 관심을 갖는다.[214] 성경 본문을 역사적 기원의 지평에서 선입견 없이 외적으로도 자유롭게 연구하는 것을 목표로 한다.[215] 역사 비평은 성경 본문을 역사적 발전과정으로 분석하며 읽고자 한다. 넬슨은 역사 비평에 관하여 다음과 같이 말하고 있다.

> 대개의 성서 텍스트는 여러 단계를 거쳐 발전되어 온 복합적 산물이다. 수세대에 걸친 문화의 구성원에 의한 공동 창작물로 문학을 보는 개념은 현대의 저작 관념과는 대조를 이룬다. 그런 문학은 개인의 생산물이라기보다는 문화적 소산이다. 성서 텍스트는 통전성과 결과적으로 정경화를 이루기까지 많은 세월을 거치면서 변화를 겪었다. 성서 텍스트를 필사하고 사용했던 자들은 확대하고, 개정하고, 재해석하고자 했다.…신중한 독자는 종종 현재 형태 이면에 혹은 밑에 있는 텍스트의 초기 형태를 추적할 수

---
213) Nelson, 『The Historical Books』, 54.
214) Douglas Stuart, 『구약 주석 방법론』, 박문재 역(고양: 크리스챤다이제스트, 2004), 206.
215) Siegfried Kreuzer & Dieter Vieweger, 『구약성경 주석 방법론』, 김정훈 역(서울: 기독교문서선교회 2011), 45.

있다. 이런 행위를 역사비평이라 부른다. 역사 비평은 세월을 거쳐 가면서 한 텍스트의 발전사를 드러내고자 한다.[216]

성경의 저자들은 역사에 매우 민감했으며, 성경 자체를 형식이나 내용에 있어서 광범위한 역사로 간주했다. 물론 성경은 역사를 위해 기록된 역사가 아니며, 오늘날 일반 역사서에서 읽을 수 있는 그런 종류의 역사도 아니다. 그럼에도 성경의 저자들이 전하고자 하는 신학적인 메시지들은 역사에 대한 그들의 인식과 뗄 수 없는 관계를 맺고 있기에 그들의 메시지를 역사와 분리하기란 매우 어려운 문제다. 그러므로 성경 해석에 있어서 역사 비평적 방법은 성경 본문의 의미를 탐구하는데 상당한 영향을 주었다.[217] 역사 비평적 접근에는 자료 비평, 양식 비평, 편집 비평, 전승사 비평이 있는데, 역사 비평은 다양한 성경 자료들이 나오게 된 역사적 상황은 어떠했으며, 고대에서 오늘까지의 전달 과정에서 그 자료들이 어떤 변화를 겪어왔는지를 밝히고자 분석하는 것이다. 좀 더 구체적으로, 자료 비평은 역사 연구 분야에 광범위하게 사용되는 것으로서 어떤 자료들이 성경 본문 형성에 사용되었는지를 확인하기 위해 본문을 분석한다. 즉 성경 본문 형성에 사용된 자료들과 편집 과정에서 본문의 구성에 끼친 변화들(첨가, 삭제, 변경)을 밝히기 위한 목적으로 성경 본문을 분석하는 방법이다. 자료 비평은 본문 안에 나타나는 반복, 틈새(gaps), 관점의 차이, 본문 안에서의 불일치와 모순 등에 특별한 관심을 기울이며, 본문을 자세히 분석한다.[218] 성서 비평 중 양식 비평은 본문의 표본 형태(또는 장르)를 파악하고, 적절한 사회적 상황과 연결하고 본문의 일상적 의도 혹은 목적을 드러내고자 한다. 텍스트와 구전문학은 자연스럽게 농담, 서신, 교훈, 찬양, 메뉴판, 역사편찬 등의 양식을 이루고 있기 때문이

---

216) Nelson, 『The Historical Books』, 70.
217) Stephen R. Haynes & Steven L. Mckenzie, 『성서비평 방법론과 그 적용』, 김은규 · 김수남 역(서울: 대한기독교서회 2000), 32-33.
218) Satterwaite & Mcconville, 『역사서』, 34.

다.[219] 양식[220]비평도 문학적인 역사에 관심을 갖지만, 그러나 본문에서 보여지는 구조나 기능에 따라 본문의 다양한 형식을 분류하는 것을 주과제로 삼는다.[221] 공통의 특징을 갖는 본문들은 어떤 유형(types)이나 장르(genres)로 규칙적으로 분류된다는 이유에서다.[222] 어떤 장르가 밝혀지면, 그 장르에 속한 특정 본문의 기원이나 또 그 본문이 사용되었던 상황에 대한 파악이 어느 정도 가능할 수 있다. 또 그 본문들이 위치한 내러티브의 문학적인 역사에 대한 결론 도출도 가능할 수 있게 된다.[223] 편집비평은 텍스트가 현재의 형태를 갖추는 과정 속에 어떻게 편집 되었는지의 방식을 집중 검토한다. 해석자는 이전 텍스트와 편집에 의한 최종 텍스트를 구분하고자하는 방식이다.[224] 편집 비평은 자료 비평과 양식 비평의 결과들을 모아 적극 활용한다. 만약 특정 본문이 후대의 편집자에 의해 변경되어 하나의 다른 양식으로 존재했다는 증거가 발견되면, 편집 비평은 이 후대 편집자가 관찰한 역사적인 문맥과 신학적인 견해에 초점을 맞춘다.[225]

어떤 민족의 공동체 사회 안에는 구전이나 관습에 의해 전해 내려오는 것들이 있는데, 계보나 전설, 의식이나 사회 풍속 등이 그것이다.[226] 이스라엘 민족은 자신의 신앙체계와 자신들의 정체성 이해를 표현하는 전승을 매우 소중히 여긴다. 시간이 흐름에 따라 이 전승은 바뀌어지고 변화하는 요구와 경험들에 맞추어 확장된다. 전승사는 이런 이스라엘 핵심 전승의 발전이 어떻게 성서 텍스트 안에 반영되었는지를 검토하고 분석한

---

219) Nelson, 『The Historical Books』, 63.
220) 양식 비평 방법에서 '양식'(form)은 두 가지 의미로 사용되는데, 하나는, 형식이나 구조와 같은 개별적인 본문들의 특징을 말하기도 하고, 또 하나는, 많은 본문들이 공유하고 있는 특징(특정한 카테고리나 장르를 보여주는 특징)을 일컫기도 한다.
221) Satterwaite & Mcconville, 『역사서』, 34.
222) Haynes & Mckenzie, 『성서비평 방법론과 그 적용』, 113.
223) Satterwaite & Mcconville, 『역사서』, 35.
224) Nelson, 『The Historical Books』, 68.
225) Satterwaite & Mcconville, 『역사서』, 35.
226) Howard Jr., 『구약 역사서 개론』, 32.

다.[227] 전승사 비평에서 전승(tradition)이라는 말은 넓은 의미로는 세대에서 세대로 계속해서 전달되는 한 집단이나 공동체의 삶과 관습 그리고 경험 모두를 포함하는 것이지만, 좁은 의미에서 전승은 한 세대에서 다음 세대로 전달되는 말과 문서를 뜻하는 의미로 사용된다. 전승사 비평은 전승이 구성되고 전달된 구전 단계뿐만 아니라 그것이 기록되고 최종 편집되는 단계에도 관심을 가지고 전승이 거친 모든 범위의 역사를 다룬다. 전승 비평은 여러 가지 방법론(특히 자료비평 연구와 양식 비평 연)을 적용해 사 나온 결과들을 체계적으로 사용하여 본문을 분석하는 방법이다.[228]

김창훈은 성경의 "역사서를 바르고 온전하게 설교하기 위해서는 역사서의 본질 이해가 우선적으로 필요하다."[229]며 이렇게 주장한다. 첫째, 성경은 단순한 역사 기록이나 역사의 보고(報告)가 아니라 '해석된 역사(Interpreted History)' 또는 '신학적 역사(Theological History)'라는 것이다. 그래서 성경의 역사서는 일반 역사책과 같이 객관적이고 중립적인 역사적 기록물이 아니라고 한다. 둘째, 성경의 역사서는 이스라엘 역사의 모든 것을 기록한 것이 아니라 선별성(강조성) 원리가 적용되었다는 것이다. 즉 성경의 역사서는 책 또는 저자가 어떤 특별한 것을 부각시키기 위해서 또는 독자들의 상황과 형편을 고려해서 역사적 사건들을 선별하거나 어떤 사건을 특별히 강조했다는 것이다. 세 번째로, 성경의 역사서는 비록 해석적(신학적) 역사이기는 하지만 역사적 사실에 위배되지 않고 역사적 사실에 근거하고 있다는 것이다. 마지막으로, 역사서 안에는 '죄-심판-은혜'라는 큰 주제의 흐름이 있고, 역사서의 핵심적인 주제는 반복되고 있다는 것이다. 그러면서 그는 "역사 비평은 이러한 성경 역사서의 독특한 특징을 고려하지 않고 일반 역사의 잣대를 가지고 성경에 접근함으로 성경의 역사성에 많은 의문을 제기하였다."[230]고 말한다.

---

227) Nelson, 『The Historical Books』, 66.
228) Haynes & Mckenzie, 『성서비평 방법론과 그 적용』, 89-91.
229) 김창훈, 『구약 장르별 설교』, 64.
230) 김창훈, 『구약 장르별 설교』, 64-67.

룻기에 사용된 역사 비평적 접근으로 논의한 예를 들어보면, 룻기를 연구하는 학자들은 룻기가 통일성을 가지고 있다는 데에 대부분 동의를 한다.[231] 1:1에서부터 4:17까지는 분명 통일성과 매끄러운 작품성을 지녔다고 보지만, 4:18-22에 기록된 다윗의 족보에 대해서는 이견이 있다. 많은 학자들이 이 부분은 역대상 2장 9-15절을 인용한 것으로 본다.[232] 그들의 주장은 룻기 계보가 이미 완성된 작품에 임의적으로 더해졌다는 것이다. 4장 18-22절은 4장 17절 후반에 주어진 정보를 재정리하고 있으며, 룻기의 다른 부분의 작품성과 잘 어울리지 않는다는 것이다.[233] 룻기를 다윗의 왕권 주장을 정당화시킬 목적으로 쓰여 졌다고 볼 때, 룻기는 후대에 다윗의 출생과 족보를 뒷받침하기 위한 의도로 각색되어 재사용된 자료로서, 사사기와 사무엘서의 왕정의 필요성과 왕정의 출현역사를 이어주는 가교 역할을 위해 히브리어 성경 전승에 포함되었다고 보는 것이다. 구약 성경에서 족보는 창세기와 역대기에 많이 등장하고 있다. 그리고 룻기에 기록되어 있는데, 이런 족보의 강조는 특정한 시대, 즉 바벨론 포로시대의 시대적 요청에 의하여 다윗 왕조의 기원을 설명하기 위하여 첨가되어진 것으로 보기도 한다.[234] 브렌너(Brenner)는 "룻기가 나오미와 룻 이야기라는 두 개의 전혀 다른 내용으로 구성되어 있다며, 그것들은 각기 "원래 분리된…민담에 속했으며", "그것들을 묶어 주고 있는 짜깁는 자국이 한층 더 분별하기 쉽다."[235]고 주장한다. 분리된 이야기들이 후대에 합쳐졌다고 주장하는 것이다.

그러나 최근 학자들 사이에서 지배적인 견해는 룻기 후반부에 기록된 이 계보가 책의 다른 부분들과 많은 연결성을 갖고 있다는 것이다.[236] 부

---

231) Bush, 『Word Biblical Commentary 룻기 · 에스더』, 35.
232) 송병현, 『엑스포지멘터리 룻기 · 에스더』, 58.
233) 송병현, 『엑스포지멘터리 역사서 개론』, 179-180.
234) M. Weinfeld, *"Ruth, Book of,"* Encyclopedia Judaica 14, col. 518-522, esp. 519-520; 민영진, "룻기," 연세목회자 세미나, 2006. 6. 23에서 재인용.
235) Bush, 『Word Biblical Commentary 룻기 · 에스더』, 36.
236) 송병현, 『엑스포지멘터리 룻기 · 에스더』, 59.

쉬는 룻기의 족보가 "다른 구약성경 본문들에 들어 있는 복잡한 기원을 가지고 있다는 이론으로 이끌어 갈 만한 불균형, 부조화, 반복, 문학적 스타일과 구술에서의 전환이나 두드러지게 짜 맞춘 부분은 없다."[237]고 주장한다. 프렛 역시도 룻기는 다양한 문학적 자료에 크게 의존하고 있다는 증거는 존재하지 않으며, 최종 편집자가 구전에 의존했을 가능성이 있기는 하지만, 상당한 저술 과정을 거친 것으로 보이지는 않는다고 주장한다.[238] 매우 뛰어나고 잘 짜여진 문학적인 기법을 구사하는 룻기에 있어서 자료 비평의 필요성은 거의 제기되지 않고 있다.[239]

나. 서사(narrative) 비평적 접근

역사서는 역사적 사실에 근거한 이야기책들이다. 역사서는 역사 기록이면서 동시에 내러티브이다. 역사 기록적 텍스트는 거의 전적으로 내러티브인데, 내러티브는 하나의 구성으로 연결된 연속되는 이야기들이다. 이런 내러티브 해석에 관하여 넬슨은 이렇게 말한다.

> 내러티브는 해설(exposition)로 시작하는 경향이 있고, 이것은 무대를 마련해주고, 어긋난 것이 무엇인지 말해준다. 다음으로 내러티브의 행동(action)이 펼쳐지고 원래의 문제 혹은 그에 대해 시도된 해결책으로부터 복잡한 상황이 발생한다. 그 행동은 절정(climax)을 향해 가는 도중에 흥미나 긴장을 유발한다. 여기가 독자가 가장 관심을 가지는 순간이다. 그것은 결정의 위기, 긴장의 정점, 연속되는 사건에서 가장 강렬한 지점이다. 구성의 마지막 단계는 대단원(denoument)이며, 여기에서 질문은 답을 얻게 되고, 느슨한 끝이 마무리 된다. 내러티브 중 대체로 가장 간단한 것은 몇 개의 일화를 지니고 있고, 각각의 일화는 전체 이야기의 진전에 기여한다.

---

237) Bush, 『Word Biblical Commentary 룻기·에스더』, 35.
238) Pratt, Jr., 『구약의 내러티브 해석』, 370.
239) Satterwaite & Mcconville, 『역사서』, 383.

해석자가 개별 일화를 분리하고, 전체 이야기의 진전에 기여하는 방법을 질문하는 것은 유익하다.[240]

내러티브 해석에 있어서 서사 비평은 독자들에게 이야기(story)를 들려주는 문학작품으로 정의할 수 있는 서사이야기(narrative)라고 하는 특정한 문학유형을 연구하는 것이다.[241] 즉 내러티브 본문들이 갖고 있는 전형적인 특징들에 관한 체계적인 연구라고 할 수 있다. 서사 비평은 "개별적 내러티브 본문들의 분석을 위해 사용될 수 있는 서사학적 틀에 의해 통합되고 표현되는 일정한 특징들(보편성)이 고대부터 현대까지의 '모든' 내러티브 본문들에서 발견될 수 있다는 전제를 기초로 한다."[242]

룻기의 장르는 여러 가지 구조들(담화 구조와 극적 구조, 그리고 대칭 구조와 대조 구조)로 구성되어 있는 역사적 내러티브이다. 룻기에 대한 연구에서 처음 문학적으로 시도한 사람은 궁켈이라고 볼 수 있다. 궁켈은 룻기를 소설(Novella)로 보았으며, 그 목적은 오락적이라고 했다. 그는 룻기를 가리켜, 절정에 도달하기 위해 앞서 다양한 장면들로 구성되어 통일성 있게 전개되는 상당히 예술적인 이야기로 본다. 또 이야기의 등장인물들은 주의 깊게 묘사되고 있으며, 문학적 구성으로 치밀하게 통합되어 있다고 주장한다.[243] 이러한 비평적 접근은 내러티브 본문에 대한 해석에 있어서 많은 유익과 공헌을 한 것이 사실이다. 그러나 비평적 접근 역시 성경을 단지 문학적 측면으로만 접근하는 한계가 있으며, 성경해석의 전부는 아니라는 것을 염두에 두어야 한다.

---

240) Nelson, 『The Historical Books』, 56–57.
241) Powell, 『서사비평이란 무엇인가』, 53.
242) Tolmie, 『서사학과 성경 내러티브』, 13.
243) Brevard S. Childs, 『구약정경개론』, 김갑동 역 (서울: 대한기독교출판사, 1999), 537.

5. 구속사적 접근

이 접근 방식은 한 마디로, 흐르고 있는 역사 속에서 죄인된 인간을 구원하시기 위하여 계획하고 진행하고 완성하시는 하나님의 구원 역사의 관점 즉 구속사의 관점에서 룻기를 바라보는 것이다. 성경은 서로 분리되어 있거나 서로 관계없는 책들의 조합이 아니라, 이스라엘에서 시작하지만 온 인류를 위한 하나님의 구원계획이라는 하나님의 통일된 이야기책이다. 성경은 역사 속에서 행동하시는 하나님의 구원 사역에 대하여 기록한 책이며, 성경에는 하나님의 구속사가 기록되어 있다. 성경은 개별적인 이야기들을 포괄하는 하나의 메타 내러티브(meta narrative)를 가지고 있다. 분명 성경은 역동적이고 다양한 면모를 가지고 있다. 그러나 각각의 책들은 인류 전체를 위한 하나님의 구원 계획이 성취되어져가는 하나의 이야기를 말하고 있다.[244] 성경은 본질적으로 역사들을 이야기 하고 있는 것이 아니라 한 역사(하나님의 구속사)를 이야기하고 있다.[245]

가나안 정복, 왕국, 그리고 예루살렘으로의 귀환이라는 구약의 주요 세 시대에 일어난 사건들을 기록하고 있는 역사서는 성경에 나오는 메타 내러티브(meta narrative) 즉 하나님의 구속의 이야기를 이해하는 토대가 된다. 역사서에 기록된 이 수 백년의 역사는 하나님의 구속의 이야기를 이해하는 중심적인 부분이다. 이 이야기들은 먼저 이스라엘에 적용되며 더불어 오늘 이 시대의 청중들과 어떤 관련이 있는지를 이해하기 위해서는 더 큰 구속의 이야기의 맥락 안에서 그것들의 신학적 의미가 충분히 파악되어야만 한다. 그러기에 역사서를 설교하기 위해서는 본문의 문학적 문맥에서 차지하는 위치를 파악하고 나아가 그것을 더 큰 구속 이야기의 관점에서 즉 구속사의 관점으로 해석하는 것이 중요하다.[246] 역사서

---

244) Gibson, 『구약을 설교하기』, 70-71.
245) 박종칠, 『구속사적 구약성경 해석』, 172.
246) Gibson, 『구약을 설교하기』, 72-80.

는 구약의 고대 세계 안에서 역사적으로 해석되어야 하며, 더 큰 구속의 이야기 안에서 신학적으로 해석되어야 한다.247)

구속사적 접근 방식은 역사서의 한 부분인 룻기의 이야기를 실제 일어난 역사로 간주하며, 룻기의 이야기를 당시의 이스라엘과 그리고 신약과 더 나아가 오늘날에까지 적용한다. 이렇게 룻기를 성경 전체의 맥락에서 즉 구속사의 관점에서 볼 때에 의미와 의도가 분명하게 드러날 것이다. 왜냐하면 룻기의 족보 이야기(라합과 보아스, 그리고 오벳과 이새와 다윗으로 이어지는)는 결국 예수님으로 이어지는 구속사의 진리를 보여주고 있기 때문이다. 예수 그리스도를 통한 온 인류를 구원하시고자 하는 하나님의 구속의 파노라마가 룻기에 잘 나타나고 있다.248)

아더스(Jeffrey D. Arthurs)는 룻기의 구속사적 의미를 이렇게 말하고 있다.

> 성경은 비록 수천 년에 걸쳐 수많은 사람들에 의해 쓰였지만, 하나의 응집력 있는, 의미를 스스로 되새길 수 있는 찬란한 별자리로 남아 있다. 한 부분은 다른 부분을 언급하고, 저자들은 독자들이 각각의 내러티브를 구속사라는 메타내러티브의 빛 아래에서 이해함으로 써 그러한 언급을 파악하리라고 기대한다. 따라서 룻기의 저자는 독자들이 소음으로 시끄러운 '사사 시대'의 무정부 상태를 배경으로 이 구속 이야기의 달콤한 음악을 듣기를 의도하는 것이다.249)

파이퍼(John Piper)는 룻기가 독자들에게 주는 메시지를 일곱 가지로 말하면서 룻기에 대하여 이렇게 평가하고 있다. "이 책은 정말 놀라운 방법으로, 그리스도께서 오시기 수천 년 전에, 십자가 위에서 이루신 그 분의 구원의 역사에 영광을 돌리고 있다.···룻기는 칠흑 같은 어둠의 때에 예

---

247) Gibson, 『구약을 설교하기』, 86.
248) 소재열, 『구속사 중심의 사사기 · 룻기 맥 찾기』, 108.
249) Gibson, 『구약을 설교하기』, 108.

수 그리스도의 영광을 위하여 하나님이 이 세상을 어떻게 움직이셨는지를 기록한 책이다."250)

또 맥아더(John MacArthur)는 룻기에 대하여 이렇게 말한다.

> 룻기는 매우 간결한 형태로 아름다운 사랑 이야기를 전한다. 그러나 그 안에는 가슴을 쥐어짜는 슬픔에서부터 심장이 터질 듯한 기쁨에 이르기까지 인간의 온갖 감정이 생생히 드러나 있다. 룻의 삶은 한 비범한 여성이 경험했던 역사적 사실이다. 그녀의 삶은 여러 가지 살아 숨 쉬는 상징을 통해 구원의 이야기를 완벽하게 보여주며, 모든 죄인이 처한 상황을 적절하게 묘사한다.251)

룻기는 단지 사사 시대에 한 가정에 일어난 비극과 회복을 보여주고 있는 단순한 이야기가 아니다. 오히려 등장인물들과 그들의 삶에 간섭하시는 숨겨진 하나님252)의 일하심을 보여주고 있으며, 더 나아가 마지막에 기록된 족보의 궁극적인 목적은 위대한 자손인 예수 그리스도에게 향하고 있다. 결국 성경의 메타 내러티브인 구속사와 연결되는 것이다.253) 룻기는 한 가정의 역사를 섭리하시며 더불어 족보를 통하여 긴 구속의 역사를 진행하시는 하나님의 섭리를 보여주고 있다.254) 룻기는 그 주인공이 나오미나 룻도 아니고 보아스도 아니라 하나님이시다. 룻기는 하나님을 가장 우선적으로 그리고 최고로 다루고 있으며, 그의 백성들의 삶에서 역사하시는 하나님의 신실하심을 다루고 있다. 즉 하나님의 구속사에 대한 계획이 하나님의 주권가운데 주요 등장인물들을 향한 신실하심

---

250) Piper, 『하나님의 섭리』, 16.
251) John MacArthur, 『하나님이 선택한 비범한 여성들』, 조계광 역(서울: 생명의 말씀사, 2011), 102.
252) 강성구는 자신의 룻기 강해설교집 제목을 '숨겨진 하나님'으로 명명하며, 룻기에서 일하시는 하나님을 숨겨진 하나님으로 표현하고 있다.
253) 김지찬, 『요단강에서 바벨론 물가까지: 구약 역사서의 문예적-신학적 서론』, 263-265.
254) 변순복, 『하나님의 선택받은 민족의 삶의 역사서』, 79.

을 통하여 이루어지고 있다.²⁵⁵⁾ 피터슨(Eugene H. Peterson)이 말한 바와 같이 "성경을 하나님께서 창조하시고 구원하시고 축복하시는 방식들로 짜인 거대한 융단"이라고 할 때 "가난한 과부이면서 이방인이었던 룻이라는 여인의 삶과 이야기는 우리 가운데서 일하고 계시는 하나님의 구원의 이야기의 완성을 위해 없어서는 안 될 부분"인 것이다.²⁵⁶⁾ 룻기는 위대한 하나님의 구속의 이야기이며, 장차 예수 그리스도의 구속을 통하여 이루어질 하나님 나라의 다스림을 예시적(illustrative)인 한 실례로 미리 보여주고 있는 것이다.²⁵⁷⁾ 룻기는 보통 사람들의 살아가는 이야기이면서도, 그 속에 하나님의 놀라우신 구속과 위대한 사랑이 면면히 담겨져 있다.²⁵⁸⁾ "성경을 통하여 우리에게 다가오는 내러티브는 죽은 도그마(dogma)도 아니고, 심리학적, 사회학적 진실도 아니다. 이 이야기는 하나님의 구원 행동이 담긴 그분의 말씀이다."²⁵⁹⁾

룻기는 한 가정사나 어떤 인물에 관한 책이 아니라 하나님에 관한 책이며, 하나님의 구원에 대한 이야기이고, 구속의 역사를 이루는 한 부분이므로 구속사적 접근을 요구한다.

이상에서 살펴본 바와 같이 룻기 본문을 접근하는 다양한 해석적 방법들이 있음을 알 수 있다. 해석자는 성경 본문에 대한 여러 접근 방법들에 대하여 너무 성급하게 받아들이거나 또는 배척할 필요는 없다. 모든 접근 방법들은 성경 본문에 대한 상세한 연구에 근거하고 있고, 또 나름대로의 정당한 질문들을 제시하고 있다. 분명 이런 다양한 접근 방법들을 통하여 본문에 대한 보다 더 깊은 이해를 가질 수 있을 것이다. 그러나 그럼에도 불구하고 모범적 접근은 룻기 본연의 의미를 드러내지 못하는 단

---

255) Arnold & Beyer, 『구약의 역사적 신학적 개론』, 279.
256) Eugene H. Peterson, 『메시지 구약 역사서』, 김순현 외 2인 역(서울: 도서출판 복있는 사람, 2012), 163.
257) 이문식, "설교적 관점에서 본 룻기 이해," 408.
258) 김홍규, 『룻과 보아스의 사랑이야기』(서울: 도서출판 영문, 1999), 8.
259) Billy Graham 외 11인, 『영혼을 살리는 설교』, 이승진 역(서울: 좋은씨앗, 2008), 104.

지 인간 중심적이고 도덕적 교훈정도로 전락하기 쉽다. 사회 정치적 접근이나 여성, 해방 신학적 접근 방법은 단편적이고, 편협적인 관점으로 룻기가 드러내고자 하는 참된 의미를 보여주는 데에는 한계가 있다. 비평적 접근 역시 필요하고, 성경을 새롭게 볼 수 있는 안목을 열어주기는 했으나, 성경의 이야기를 일반 문학작품이나 소설로 간주하며 해석하려는 오류를 범하고 있다. 성경과 성경의 한 부분에 위치하고 있는 본문들이 드러내고 있는 의도와 의미를 충분히 파악하고 이해하기에는 역부족임이 사실이다. 역사서의 한 부분이면서 성경 전체 가운데서도 아름다운 이야기로 전해지는 룻기를 그 본문이 드러내고자 하는 진정한 의미와 의도를 제대로 파악하기 위해서는 보다 성경적이고, 통전적인 구속사적 방법으로 접근해야 할 것이다.

이어서 살펴보고자 하는 룻기 본문이 말하고 있는 신학적 주제(혹은 메시지)를 고찰해보면, 룻기의 구속사적 의미가 더 분명해질 것이다.

제4절 룻기 내러티브의 신학

룻기는 신학적인 주제를 직접 다루고 있지는 않는다.[260] 그러나 룻기의 저자는 몇 가지 신학적인 진리를 강조하고 있다. 룻기의 등장인물들의 말(대화)에는 신학적 메시지가 담겨져 있다.[261] 룻기에서 보여지는 신학적 주제들을 살펴보면 다음과 같다.

1. 하나님의 주권

룻기의 중요한 신학적 모티프는 사람이라는 도구를 통한 신적 목적의 성취이다. 구체적으로 표현하면, 룻기의 초점은 하나님의 불가항력적 주

---

[260] Satterwaite & Mcconville, 『역사서』, 381.
[261] 송병현, 『엑스포지멘터리 룻기·에스더』, 46.

권과 그분의 다함이 없으신 은혜이다.²⁶²⁾ 룻기는 하나님께 초점을 맞추고 있다. 룻기에는 하나님의 명칭 몇 가지가 여러 번에 걸쳐 나오고 있다. "여호와"(יהוה, 야훼)가 17번, "하나님"(אלהים, 엘로힘)이 3번, "전능자"(שדי, 샤따이)가 2번 쓰여 졌다. 저자는 룻기에 등장하는 주요 인물들에게 향하신 하나님의 주권을 직접적으로 언급하고 있다(룻 1:6, 4:13).²⁶³⁾ 룻기는 하나님의 주권을 매우 강조하고 있다. 룻기는 총 85개의 절로 이루어진 짧은 책인데, 이 가운데 23개의 절이 하나님에 관하여 언급하고 있다. 이 가운데 두 절(룻 1:6, 4:13)을 제외하고는(해설자의 언급) 모두 등장인물들의 말(대화)을 통해서 언급된다.²⁶⁴⁾ 특히 등장인물들의 대화에 들어 있는 짧은 기도문들과 축복은 하나님의 주권을 분명하게 드러내고 있다.²⁶⁵⁾

룻기에 나오는 등장 인물들은 하나님에 대하여 자주 언급하고 있는데, 하나님의 역사하심에 대해서 8번(룻 1:13, 20-21 네 번, 4:12, 14), 그리고 기도 응답을 위해 규칙적으로 하나님께 탄원하고 있다(룻 1:8-9; 2:12; 4:11-12). 또 여호와의 축복이 신실한 사람들에게 베풀어지기를 위해 5번 간구하고(룻 2:4 두 번; 19-20; 3:10) 있고, 룻과 보아스는 하나님의 성실하심을 걸고 자신들의 책임을 이행하겠다는 약속을 한다(룻 1:17; 3:13). 보아스는 룻에 대하여 이스라엘의 하나님의 날개 아래로 보호 받으러 온 것이라며 칭찬하고 있다(룻 2:12).²⁶⁶⁾ 보이지 않는 하나님의 주권과 역사하심은 룻기 전체에서 보이는데, 이에 대하여 송병현은 이렇게 말하고 있다.

> 룻기가 등장인물들을 통해 하나님의 주권을 강조하지만, 정작 하나님은 매우 미스터리한 형태로 사역하신다. 보아스는 홀로된 시어머니와 함께 베들레헴을 찾아온 룻에게 "너는 전능자의 날개 아래 있으니, 그가 너를

---

262) Merrill & Constable & Heater Jr., 『역사서 신학』, 41.
263) Reed & Merrill, 『룻기 · 사무엘상 · 하』, 12.
264) Howard Jr., 『구약 역사서 개론』, 166.
265) 송병현, 『엑스포지멘터리 룻기 · 에스더』, 51.
266) Reed & Merrill, 『룻기 · 사무엘상 · 하』, 12.

보호하실 것이다"라고 한다(룻 2:12). 한 때는 하나님을 원망했던 나오미도 하나님은 사람에게 복을 주시는 분이라고 고백한다(룻 2:20). 보아스도 비슷한 고백을 하며(룻 3:10), 하나님은 예나 지금이나 변함없으신 살아 계신 분임을 선언한다(룻 3:13). 룻이 보아스와 결혼하여 아들을 얻었을 때, 동네 여인들은 하나님을 찬양한다(룻 4:14). 등장인물들이 끊임없이 하나님의 주권과 신실하심을 찬양하는 것이다. 그러나 하나님은 정작 한 번도 모습을 드러내지 않으신다. 룻기는 보이지 않는 곳에서 모든 것을 주관하시는 하나님의 주권을 강조한다.[267]

룻기에는 하나님의 전 포괄적 인과관계가 등장인물들의 일상적인 희망, 의도, 목적을 통하여 역사하면서 분명하게 드러나고 있는데, 이것은 하나님께서 자신의 세상, 인류, 그리고 다른 것들의 일들과 행동들을 주관하신다는 절대적 주권을 보여주고 있다.[268] 룻기는 우리내 인생에서 펼쳐지는 모든 일들(슬픔, 재앙, 아픔, 고통 등)이 하나님의 주권적인 다스림과 역사 안에서 일어나는 것이며 하나님의 목적은 결국 선하시다는 것(롬 8:28)을 우리에게 보여주고 있다.

특별히 하나님께서 유다를 통해 다스리는 자가 날 것이라는 약속을 부분적으로 성취한 엘리멜렉에게 기업을 얻게 하시는 방법은 룻기의 매력이자 하나님의 주권에 관한 위대한 증거이다. 룻기에서는 나오미가 보여줬던 절망과 같이 불가능할 것이라고 보였던 많은 상황들이 결국에는 극적으로 회복되었다. 그리고 그 모든 과정 속에서 하나님은 놀랍게도 하나님의 선하신 뜻을 성취하신다. 확실히 룻기는 사사시대에 팽배했던 이스라엘 백성들의 불신앙과 혼란에도 불구하고 하나님의 계획은 결코 좌절되지 않음을 보여준다. 룻기는 하나님의 주권은 불가항력적이라는 것

---

[267] 송병현, 『엑스포지멘터리 역사서 개론』, 174.
[268] Bush, 『Word Biblical Commentary 룻기 · 에스더』, 96.

에 대한 확실한 증거이다.[269] 룻기는 주권적으로 하나님이 자기 백성에게 어떻게 신실함을 유지하실 것인지, 그리고 죽음으로부터 어떻게 구원의 '왕'(나오미의 남편의 이름 '엘리멜렉'=나의 하나님은 왕이시다)이 되실 수 있는지를 말해주고 있다. 더불어 구원 역사의 주권자이신 하나님은 자기 백성을 향한 하나님의 신실하심에 합당하게 인간 상호간의 '신실함'을 행하는(룻 3:10) 룻과 보아스 같은 사람들을 사용하여 구원의 역사를 이끌어 가신다는 사실을 보여주고 있다.[270]

룻기는 하나님의 주권 아래에서 살아가는 그리고 그 주권이 실행되도록 순종하는 사람들에 대한 이야기이면서,[271] 그들을 통하여 선하신 뜻과 계획을 이루어 가시는 주권자 하나님에 대한 이야기이다.

2. 숨겨진 하나님의 손길

룻기의 하나님은 등장인물들의 삶을 섭리하시고, 그들의 인생의 모든 과정 속에서 놀랍게도 하나님의 선하신 뜻을 성취하신다. 그러나 역설적이게도 하나님의 임재나 직접적인 인도하심이나 구체적인 역사하심의 손길은 잘 보이지 않는다. 하나님의 직접적인 개입하심이나 일하심은 다른 어떤 성경보다 감추어져 있다. 물론 하나님의 함께 하심이 전혀 나타나지 않는 것은 아니지만 그러나 하나님의 역사하시는 손길은 숨겨져 있다. 하나님의 일하심은 배후에서 소리 없이 은밀하게 이루어지고 있다. 저자는 의도적으로 하나님에 대한 언급을 자제하고 있는 것 같다.[272] 룻기에서 하나님에 대한 직접적인 언급은 단 두 번 나오고 있다. 그리고 분명 하나님이 행하신 일임을 알 수 있는 극적 반전의 일들이 룻기에서는

---

269) Merrill & Constable & Heater Jr., 『역사서 신학』, 43-44.
270) Hans-Christoph Schmit, 『구약, 어떻게 공부할 것인가』, 차준희 · 김정훈 역(서울: 대한기독교서회, 2014), 414.
271) Vanhoozer, 『구약의 신학적 해석』, 150.
272) 송병현, 『엑스포지멘터리 룻기 · 에스더』, 55.

등장인물들의 행동이나 우연에 의해서 일어나는 경우가 자주 보인다. 예를 들면, 룻이 이삭을 주우러 간 곳이 "우연히 엘리멜렉의 친족 보아스에게 속한 밭에 이르렀다"(룻 2:3)고 묘사하고 있다. 그리고 시어머니 나오미는 보아스와의 만남 후 며느리 룻의 말을 듣고는 "…이르되 내 딸아 이 사건이 어떻게 될지 알기까지 앉아 있으라…"(룻 3:18)고 말하고 있다.[273]

또 룻기에는 하나님의 어떤 특별한 기적에 대한 언급이 없다. 룻기의 서두에서 하나님이 기근가운데 있는 이스라엘에 다시 양식을 주신 일과(룻 1:6) 결말에서 룻이 아들을 낳은 일(룻 4:13)이 언급되어 있을 뿐이다. 룻이 아들을 낳은 것은 분명 하나님의 은혜와 섭리임에도 불구하고 저자는 이에 대하여 특별히 부각시키지 않고 있다. 그리고 다윗의 족보에서도 하나님이 다윗에게 이스라엘을 주셨다는 언급이 나올 법도 한데 전혀 그렇지 않다.[274] 저자는 의도적으로 하나님에 대한 언급을 자제하면서도 그러나 보이지 않게 일하시는 하나님의 손길은 자기 백성들의 일상생활 속에서 일어나는 삶의 반전을 통해 나타나며, 하나님은 단순히 치고 빠지는(hit and run) 식이 아니라 항상 자기 백성 곁에 계시며 개입하시고 신실하게 이끄신다는 사실을 보여주고 있다.[275]

골딩 게이는 룻기의 하나님에 대하여 이렇게 말한다.

> 룻기는 에스더처럼 무신론적이지는 않으나 크게 다르지도 않다. 하나님은 이 책에서 끝까지 나타나지 않으신다. 하나님은 언급은 되지만 실제로는 이야기의 마지막까지 아무 행동도 하지 않으신다. 우리가 고찰했던 다른 이야기들에서처럼 -가령 요셉 이야기 같은- 하나님은 우리의 삶속에서 흔히 일어나듯이 인간의 결정과 의도하지 않은 사건들 배후에서 활동하신다.[276]

---

273) Howard Jr., 『구약 역사서 개론』, 167.
274) 송병현, 『엑스포지멘터리 역사서 개론』, 177.
275) Howard Jr., 『구약 역사서 개론』, 167.
276) John Goldingay, 『선악과 이후』, 장종현 역 (서울: 기독교연합신문사, 2000), 305.

분명 룻기는 인간의 가장 보편적인 삶 속에서 역사하고 계시는 하나님을 보여주고 있다. 그러나 또한 룻기는 하나님의 역사와 일하심을 가능한 한 감추고 있다. 룻기에서의 하나님의 역사와 일하심은 직접적으로 보이지 않는다. 배후에 숨겨져 있다. 하나님은 보이지 않는 손길로 인간의 삶 뒤편에서 섭리하고 계신다. 룻기는 숨겨진 하나님, 보이지 않지만 역사와 인간의 삶을 주장하시고 섭리하시고 인도하시며 선하신 뜻을 이루시는 그 하나님의 손길을 잘 보여주는 이야기책이다.

3. 헤세드(חֶסֶד)

룻기에서 결코 놓칠 수 없는 또 하나의 중요한 신학적 주제는 하나님의 사랑, 인애, 자비로 표현되는 '헤세드'이다. 이 단어는 비록 룻기에서 세 번 밖에 쓰이지 않았지만 지극히 신학적이며 영성적이고, 동시에 목회적인 주제이다. 이것은 메시아 왕조와 그 통치 이념의 핵심이면서 기원적인 개념이다.[277] 하나님의 보편적인 성품을 표현하는 말로 가장 많이 알려진 '헤세드'는 본질적으로 이스라엘 백성을 선택하시고 구원하시고 그들과 언약관계를 맺으신 하나님의 언약적 사랑을 가리킨다. 더불어 하나님은 이스라엘 백성에게 하나님이 베푸신 구원의 은혜에 응답하는 차원에서 그분의 계명과 말씀에 순종하는 삶으로서의 '헤세드'를 요구하신다. 그리고 '헤세드'는 사람과 사람 사이에 주고받는 사랑을 표현하는데 쓰이기도 한다.[278] '헤세드'는 구약에서 246번 나오며, 시편에만 절반이 넘게 사용되고 있다. '헤세드'는 주로 자기 백성(이스라엘 백성)을 향한 하나님의 신실하심을 나타낼 때 많이 사용되고 있는데,[279] 구약에서 3분의 2 이상이 하나님과 직접 연관되어 사용되고 있다.[280] 룻기는 성경의

---

277) 이문식, "설교적 관점에서 본 룻기 이해," 416.
278) 강성열, "구약성경에 나타난 사랑,"「그말씀」(2013, 8월호): 8-11.
279) 이성혜, "룻기에 나타난 헤세드,"「개혁논총」(2010, 9호): 9.
280) 송병현,『엑스포지멘터리 룻기·에스더』, 52.

그 어느 책보다도 이 '헤세드'가 어떤 것인가를 잘 정의하는 책이라고 할 수 있다(cf 1:8; 2:20; 3:10).[281] 룻기에서는 무엇보다 하나님의 '헤세드'와 함께 룻, 나오미, 보아스의 '헤세드'가 하나님의 구원 역사를 이루어 나가는 데 있어서 중요한 도구와 통로로 사용되고 있음을 볼 수 있다.[282]

이성혜는 자켄펠드의 주장을 근거로, 룻기에 나타난 '헤세드'를 통해 볼 수 있는 세 가지의 기준을 말하고 있다. 첫째, '헤세드'는 수혜자의 생존과 결부된 문제와 관계되어 있고, 둘째, '헤세드'를 베푸는 사람은 유일하게 그 일을 할 수 있는 위치의 사람이라는 것, 그리고 셋째로는 쌍방 간에 확립되어온 관계를 전제로 하여 '헤세드'가 존재한다고 보는 것이다.[283] 더불어 이것을 근거로 하여 여러 학자들이 주장하는 '헤세드'의 다양한 특징들을 요약하여 다음과 같이 제시하고 있다.

첫째, 하나님께서는 이스라엘의 역사 속에서 언약을 직접 행하심으로(언약하시고, 지키심으로) 어떻게 백성들이 헤세드에 반응하고, 올바르게 행하여야 하는지를 보이셨다. 클락(Clark)에 따르면 헤세드는 하나님의 본질이고, 하나님의 성품이라고 말한다. 그러므로 헤세드의 본질은 인간의 우수함, 장점이 아니라 이는 받을 가치가 없는 자에게 용서와 회복을 가져다 주시는 하나님의 성실하심인 것이다. 로슨 영걸(Lawson Younger)은 여기에서 조금 더 나아가 "하나님께서 '헤세드를 행하심'으로 나타나는 배려, 헌신, 솔선함, 응답과 같은 태도들은 책임 있는 인간행동을 정의하는 것이 되었다."고 주장한다. 다른 말로 하자면, 하나님의 헤세드를 통해서 인간 공동체 안에서 헤세드가 행동규범으로 세워지고, 지켜져야 하는 것이다. 그 결과 인간 공동체의 헤세드를 경험하는 것이 곧 하나님의 헤세드를 경험하는 것이 되는 것이다. 둘째, 헤세드는 관계(relationship)안에서 시작

---

281) 송병현, 『엑스포지멘터리 역사서 개론』, 175.
282) 김중은, "룻기의 구조 및 신학," 401.
283) Sakenfeld, 『룻기』, 59; 이성혜, "룻기에 나타난 헤세드," 14에서 재인용.

된 것으로서 '하나님께서 이스라엘과 맺으신 언약과 깊은 연관성을 가지고 있으며, 언약을 맺었다' 함은 반드시 시행한다는 의미를 내포하고 있다. 그러므로 헤세드를 나타내는 것은 단순히 법적 책임을 수행하기 위해서만이 아니라, 관계 안에서의 사랑의 책임을 서로에게 다 하는 것을 말한다. 룻기에서도 하나님의 백성이라는 공동체 관계 안에서 서로가 서로에게 헤세드를 나타내는 결속을 볼 수 있다. 셋째, 헤세드는 호의적으로 누군가에게 어떤 친절한 행위를 한 번 행하는 것이 아니라—상대가 아주 비참한 곤란이나 궁핍함으로 매우 절박한 상황에 있을 때에—지속된 책임 있는 도움과 보호를 해 주는 것을 말한다. 특히 헤세드는 약자를 위해 강자인 편에서 행하는 것을 말하는데 대부분 이것은 하나님께서 그의 백성에게 끊이지 않고 자비와 도움을 주시는 모습을 묘사하는 것이다. 넷째, 헤세드는 인애와 자비를 행할 때에 의무감에서 하는 것이 아니라 자발적인 행동으로 하는 것이 중요한 요소 중 하나이다. 이것은 룻이 나오미를 따르겠다는 결단(룻1; 3:10)과 보아스가 룻에게 하는 행동들(룻2; 2:20)에서 나타난다. 룻은 자신을 떠나 본국 모압으로 돌아가라는 나오미의 간곡한 부탁에도 불구하고 (1:8-13, 15), 스스로가 단호한 태도로 나오미와 함께 하겠다고 결단한다 (1:16-17). 이 결정은 이방인으로 겪을 수 있는 많은 어려움이 있음에도 불구하고, 스스로 자신의 삶과 죽음("가시는 곳", "머무는 곳"/ "죽으시는 곳", "죽는 일 외에는")을 내어 놓는 결심을 한 것이다. 보아스 또한 룻이 누구인지("나오미와 함께 모압 지방에서 돌아온 모압 소녀")를 알았을 때에(2:8-16) 스스로 직접 룻에게 자비를 베풀었다. 보아스는 자신을 위하여 일하는 소년들에게 명하여 룻에게 풍성히 곡식을 거두어 가도록 배려하여 자발적으로 헤세드를 행하였다.[284]

송병현도 '헤세드'가 지닌 다양한 의미와 조건에 대하여 학자들의 의

---

[284] 이성혜, "룻기에 나타난 헤세드," 14-16.

견을 종합하여 다음과 같이 말하고 있다.

첫째, 헤세드는 이미 성립된 관계를 전제한다. 그렇기 때문에 언약/계약이 헤세드와 함께 논의 되는 것은 일반적이다. 헤세드는 이미 체결된 언약/계약을 마음을 다해 이행하는 것을 뜻하는 것이다(Sakenfeld). 둘째, 헤세드는 감정과 의도적인 면모를 포함하고 있지만, 가장 기본적인 성향은 실천이다. 헤세드는 상대방의 위기와 필요를 의식하고 적절한 조취를 베풀어 주는 행위인 것이다(Sakenfeld, Clark). 그러므로 헤세드는 베푸는 자가 받는 자와의 사이에 형성된 관계에 충실하게 임하는 것을 전제한다(Clark). 셋째, 헤세드는 강한 자가 약한 자에게 베푸는 것이다(Younger). 하나님이 자기 백성에게 베푸는 자비에서 이 같은 사실이 가장 확실하게 드러난다. 사람들 사이의 헤세드는 상황에 따라 베푸는 자와 받는 자가 바뀔 수 있다. 넷째, 헤세드는 자신이 감당해야 할 의무/책임 이상의 선처를 자발적으로 베푸는 것이다(Sakenfeld). 그러므로 누구도 자신의 책임을 다한 사람에게 헤세드를 강요할 수는 없다. 그렇다면 무엇이 사람으로 하여금 의무/책임 이상의 자비와 은혜를 베풀게 하는가? 이미 성립된 관계 때문일 것이다 (Hubbard).[285]

'헤세드'의 이런 여러 특징들 가운데 룻기와 연관하여 중요하게 생각해 볼 수 있는 것은 두 가지이다. 첫째는, 하나님과 언약적 관계로 맺어진 그의 백성 사이에 있어야 할 충성이다. 두 번째는, 서로에 대한 배려와 사랑이다. 물론 이 두 가지는 서로 밀접한 관계가 있는데, 하나님께 충성하는 사람은 이웃에게 자비를 베푸는 사람일 수밖에 없기 때문이다. 룻기는 '헤세드'의 이 두 가지 중요한 용례에서 두 번째 의미 즉 서로에 대한 배려와 사랑으로서의 '헤세드'를 등장인물들을 통해 더욱 부각시키며 정

---

285) 송병현, 『엑스포지멘터리 룻기 · 에스더』, 52-53.

의하고 있다.[286]

그 첫 번째로, 룻의 '헤세드'는 룻이 홀로된 시어머니 나오미와 이스라엘의 여호와에게 헌신하는 장면에서 명확하게 드러난다. 룻의 '헤세드'는 여호와의 언약적 신실함을 드러내고 있다(룻 1:16-17).[287] 룻이 홀로된 시어머니 나오미와 죽은 남편의 집안을 위해 베푼 사랑이 바로 '헤세드'다. 어떤 설교자들은 홀로된 시어머니를 등지고 자기 백성에게 돌아간 며느리 오르바를 부정적으로 묘사하기도 한다. 그러나 룻기 어디에도 오르바를 비난하는 말은 없다. 오르바는 당시의 상황에서 그녀가 취해야 할 정당한 행동을 취한 것이기 때문이다. 이와 마찬가지로 룻이 오르바처럼 시어머니를 등지고 자기 백성에게 돌아갈지라도 결코 비난 받을 일이 아니다. 그러나 룻은 홀로된 시어머니를 돌보기 위해 자신에게는 낯선 땅 베들레헴을 찾았다. 룻은 베풀지 않아도 될 사랑과 희생과 배려를 행한 것이다. 룻기는 이것을 헤세드라고 말한다.[288] 그리고 나오미는 여호와의 '헤세드'를 그의 며느리에게 나타내 달라고 여호와께 구하고 있다(1:8). 나오미는 또한 보아스가 룻에게 행한 일을 통하여 자기(생존한 자)에게 베푸신 여호와의 '헤세드'를 언급했다(룻 2:20). 보아스는 룻이 젊은 자를 찾지 않고 자신과 결혼하겠다고 청혼 할 때 그것을 자신에게 베푼 룻의 '헤세드'라며, 룻이 자신에게 베푼 '헤세드'는 그녀가 시어머니 나오미에게 베풀었던 것보다 크다고 말한다(룻 3:10). 그리고 보아스는 자신이 룻과 결혼해야 한다는 것을 공포할 때(룻 4:10) '헤세드'를 베푼 셈이다.[289]

룻기의 저자는 등장인물들 특히 룻과 보아스의 행동이 법적 책임과는 거리가 있는 것이고, 의무라는 사명감을 넘어선 은혜로우면서도 서로에 대한 배려와 사랑에서 우러나온 친절의 표시(헤세드)라고 강조하고 있

---

[286] 송병현, 『엑스포지멘터리 역사서 개론』, 175.
[287] Satterwaite & Mcconville, 『역사서』, 383.
[288] 송병현, 『엑스포지멘터리 룻기 · 에스더』, 53.
[289] Reed & Merrill, 『룻기 · 사무엘상 · 하』, 13.

다.[290] 룻기는 어느 시대를 막론하고 룻이나 보아스처럼 인애와 자비를 베풀고 살면 하나님께서 복을 주실 것이라는 메시지를 던져 준다. 또 룻기는 하나님께서 하나님의 백성 공동체가 어떤 자세로 서로를 바라보며 어떻게 서로를 돕고 살아야 하는 지를 가르쳐 보여주고 있다.[291]

룻기만큼 하나님의 '헤세드', 그리고 하나님의 언약 백성들이 서로를 위해 실천해야 할 '헤세드'를 잘 보여주는 책도 없을 것이다. 룻기의 저자는 독자들로 하여금 하나님의 '헤세드'와 하나님의 백성들이 공동체 안에서 실천해야 할 '헤세드'가 무엇인지를 주인공들을 통해 구체적으로 묘사하면서 그렇게 살라고 도전하고 있는 것이 분명하다. 이런 면에서 밀러(Paul E. Miller)의 말은 깊은 공감을 낳는다.

> 룻기는 기독교가 더 이상 우리 삶의 중심이 아닌 시대의 세상, 곧 사랑의 인내가 아니라 언약의 파기가 새로운 규범인 세상에 꼭 맞는 이상적 내러티브다. 룻기에 제시된 사랑의 원형은 미쳐 버린 현대 세계를 파악하고 거기서부터 나아갈 길을 알고 있다. 무너지는 세상 속에서 살아남을 뿐 아니라 자라 가는 것, 그것이 룻기의 주제다.[292]

4. 고엘(הוֹאֵל)

룻기 신학의 또 하나의 견고한 기초가 되는 것은 '고엘'에 관한 것이다. 히브리어 낱말의 여러 형태인 '구속하다', '구속자', '구속', '친족 구속자' 라는 말이 룻기에 20회 쓰여졌다.[293] '고엘'은 분명 룻기가 말하고자 하는 중요한 신학적 주제임이 틀림없다. '고엘'(상환자/구속자, redeemer)이라는 말은 법률 용어인데, 가족과 공동체를 유지시켜 주는 것에 초점을

---

290) Bush, 『Word Biblical Commentary 룻기 · 에스더』, 98.
291) 송병현, 『엑스포지멘터리 역사서 개론』, 176.
292) Miller, 『사랑하다, 살아가다』, 17.
293) Reed & Merrill, 『룻기 · 사무엘상 · 하』, 13.

맞추고 있기 때문에 사회적으로 매우 중요한 용어이다.[294] 이 고엘 제도에서 기업을 무를 권한을 가진 자가 반드시 그 권한을 이행해야 할 의무는 없었다. 고엘은 사람들을 의무적으로가 아니라 긍휼과 자비에 호소하는 제도였다.[295] 구약에서 고엘은 배상과 정의를 실행하는 것과 가문 소유의 땅을 보호하는 것과 혈통을 잇는 등의 공동체의 구성원으로서의 책임을 가지고 있었다.[296] 기업 무를 자란 가족 공동체 안에서 친족과 그의 재산을 보호하는 기능을 감당하는 자로서, 불행을 당한 친족을 돌보고 이들의 옹호자와 변호인의 역할을 감당하기도 했다.[297] '고엘'(친족 무를 자)을 간단히 정리하면 다음과 같다. '고엘'은 사회적 맥락에서 누군가를 속박이나 억압에서 자유롭게 해 주는 것이다. 그리고 심리적 맥락에서 누군가를 두려움이나 불안에서 해방시켜주는 것이며, 종교적 맥락에서 죄의 속박으로부터 구원받게 하는 것이다.[298]

좀 더 자세하게 당시 이스라엘을 포함한 고대 근동 사회에서 '고엘'이 이루어지는 정황들을 보면 다음과 같다. 친척이 가난으로 인해 남에게 판 땅을 매입할 때(레 25:24-34; 렘 32:1-15), 가난 때문에 이스라엘 사람 혹은 이스라엘에 거주하는 이방인에게 팔린 친척을 다시 살 때(레 25:47-55), 피살당한 친척의 보복이 필요할 때(민 35:12, 19-27; 신 19:6, 12: 수 20:2-3, 5-9), 피살당한 친척에게 행해진 잘못에 대한 보상을 받아야 할 때(민 5:8), 소송 중인 친척을 도와 정의가 실현되도록 해야 할 때(욥 19:25; 시 119:154; 잠 23:11, 렘 50:34; 애 3:58), 그리고 죽은 친척의 아내와 결혼하여 망자의 이름으로 된 재산(땅)을 보존할 필요가 있을 때(신 25:5-10), 친척 중 자식이 없이 홀로 남은 늙은 과부를 봉양할 필요가 있을 때(룻 4:14-15)이다.[299]

---

294) 차준희, 『역사서 바로 읽기』(서울: 성서유니온선교회, 2013), 95.
295) 송병현, 『엑스포지멘터리 룻기 · 에스더』, 50.
296) Phillips, 『Main Idea로 푸는 사사기 · 룻기』, 419.
297) 김지찬, 『요단강에서 바벨론 물가까지: 구약 역사서의 문예적-신학적 서론』, 262.
298) 이문식, "설교적 관점에서 본 룻기 이해," 416.
299) 송병현, 『엑스포지멘터리 룻기 · 에스더』, 50.

이처럼 구약 성경 여러 곳(레 25:24-34, 47-55; 민 35:12, 19-27; 신 19:6, 12; 수 20:2-3, 5, 9, 25:5-10; 욥 19:25; 시 119:154; 잠 23:11; 애 3:58; 렘 32:1-15, 50:34)에 걸쳐 '고엘'이 보여지고 있다. 이 가운데 룻기의 이야기에 적용되는 정황은, '구속'과 계대결혼(수혼제)의 법이다. 즉 죽은 친척의 아내와 결혼하여 망자의 이름으로 된 재산(땅)을 보존하는 것과 친척 중 자식이 없이 홀로 남은 여인을 봉양하는 책임을 지는 것이다. 이렇게 볼 때, 레위기 25장에 나오는 '고엘'을 생각해 볼 수 있다. 레위기 25장에서의 구속은 땅과 사람 모두에게 적용된다.[300] 경제적으로 어려운 상황에서 자신의 땅을 팔게 되었을 때에 가까운 친족(고엘)이나 당사자는 후에 값을 치르고 그 땅을 되돌릴(구속) 수 있다(25-28절). 또 가난으로 인하여 사람이 "함께 있는 거류민이나 동거인 또는 거류민의 가족의 후손"에게 팔릴 경우에 속량(구속)받을 권리가 있었다. 그리고 만약 사람이나 땅이 속량되지 않더라도 희년이 되면 자유 할 수 있었다(47-54).

그러나 이 레위기에서 보여지는 구속의 법은 룻기의 구속에 정확하게 맞지는 않는다. 레위기의 율법대로 하면 외국인으로서 룻은 구속의 자격이 되지 않는다. 또 룻은 종(노예)의 신분으로 베들레헴에 온 것도 아니다. 룻은 외국인이며 다른 한편으로는 룻이 자유 그 이상의 것(보아스와의 결혼)을 얻었기 때문이다.[301]

많은 학자들(cf. Hubbard; Younger; Block)은 룻기의 '고엘'은 신명기 25장에 등장하는 '고엘'로 보아야 한다고 주장한다. 즉 죽은 친척의 아내와 결혼하여 망자의 이름으로 된 재산(땅)을 보존하는 것으로서의 '고엘'이다. 일부 학자들은 계대결혼과 '고엘'을 엄격히 구분하고 차별화하기도 하지만,[302] 계대 결혼은 고엘 제도의 일부라는 것이 확실하기에 이 두 가지(땅의 구속과 계대 결혼)에 대하여 좀 더 자세하게 살펴보고자 한다.

---

300) Satterwaite & Mcconville, 『역사서』, 385.
301) Satterwaite & Mcconville, 『역사서』, 386.
302) 송병현, 『엑스포지멘터리 룻기 · 에스더』, 50.

가. 땅의 구속

구속사적 관점에서, 룻기에서 중요하게 살펴보아야 할 것은 '땅'(land)이다. 위에서 살펴본 바, 레위기 25장에 기록된 희년 제도에 따르면, 하나님의 언약의 땅을 회복하거나 보호해야 할 신앙적 책임과 친족에게 해방과 자유라는 희년의 이상을 실현해야 할 자는 바로 '기업 무를 자'(고엘)인 근족이다.[303] 룻기 2장 20절에는 '고엘'의 역할로서 땅의 회복(구속)에 대한 의무가 나오고 있다.

"나오미가 자기 며느리에게 이르되 그가 여호와로부터 복 받기를 원하노라 그가 살아 있는 자와 죽은 자에게 은혜 베풀기를 그치지 아니하도다 하고 나오미가 또 그에게 이르되 그 사람은 우리와 가까우니 우리 기업을 무를 자 중의 하나이니라 하니라"

나오미는 며느리 룻에게서 이삭을 주운 곳도 보아스의 밭이고, 또 자신에게 보아스가 친절을 베풀었노라는 말을 듣고서 보아스가 자신의 친족이요 기업 무를 자(고엘)라고 말하고 있다. 나오미의 이 말은 레위기 25장 25절 "만일 네 형제가 가난하여 그의 기업 중에서 얼마를 팔았으면 그에게 가까운 기업 무를 자가 와서 그의 형제가 판 것을 무를 것이요"에 근거한 말로서, 근족인 '고엘'이 친족의 땅을 무를(구속) 책임이 있음을 규정하고 있다. 분명 이 레위기 25장의 규례에 따르면 한 가족의 근족은 다른 가족의 구성원을 구속하고 보호해야 할 의무[304]가 있었다. 그리고 룻기 4장에서 보아스는 나오미의 근족으로서 더 가까운 근족이 기업 무를 자의 권리를 포기함으로써(룻 4:6) 그 다음 기업 무를 자로서 엘리멜렉의 땅을 샀다(룻 4:7-10).

이렇게 볼 때, 룻기에 등장하는 보아스는 이스라엘 공동체에 주어진 규례를 지키며, 이상적인 희년 공동체를 실현하는 '고엘'의 전형이라고

---

303) 이문식, "설교적 관점에서 본 룻기 이해," 409.
304) 친족의 땅이 팔렸을 때, 그것을 대신 무르거나(레 25:2), 그 값을 대신 갚아주고(레 25:27), 종으로 팔린 친족을 속량하거나(레 25:48).

볼 수 있다. 또 룻과 보아스 사이에서 태어난 오벳은 땅을 상실한 나오미의 기업을 무를 자로서 이스라엘의 '고엘'의 모형이 되는 것이다.[305]

나. 계대 결혼(Levirate marriage)

하나님께서 죽은 자에게 은혜를 베푸셨다는 나오미의 말(룻 2:20)은 계대결혼으로 알려져 있는 구약의 관습을 그 배경으로 하고 있다(신 25:5-10). 신명기 25:5-10절은 이렇게 기록하고 있다.

"형제들이 함께 사는데 그 중 하나가 죽고 아들이 없거든 그 죽은 자의 아내는 나가서 타인에게 시집 가지 말 것이요 그의 남편의 형제가 그에게로 들어가서 그를 맞이하여 아내로 삼아 그의 남편의 형제 된 의무를 그에게 다 행할 것이요 그 여인이 낳은 첫 아들이 그 죽은 형제의 이름을 잇게 하여 그 이름이 이스라엘 중에서 끊어지지 않게 할 것이니라 그러나 그 사람이 만일 그 형제의 아내 맞이하기를 즐겨하지 아니하면 그 형제의 아내는 그 성문으로 장로들에게로 나아가서 말하기를 내 남편의 형제가 그의 형제의 이름을 이스라엘 중에 잇기를 싫어하여 남편의 형제 된 의무를 내게 행하지 아니 하나이다 할 것이요 그 성읍 장로들은 그를 불러다가 말할 것이며 그가 이미 정한 뜻대로 말하기를 내가 그 여자를 맞이하기를 즐겨하지 아니하노라 하면 그의 형제의 아내가 장로들 앞에서 그에게 나아가서 그의 발에서 신을 벗기고 그의 얼굴에 침을 뱉으며 이르기를 그의 형제의 집을 세우기를 즐겨 아니하는 자에게는 이같이 할 것이라 하고 이스라엘 중에서 그의 이름을 신 벗김 받은 자의 집이라 부를 것 이니라"

이 계대결혼(수혼, 또는 시형제 결혼이라고 함)의 관습은 자손을 잇기 위한 목적으로 한 남자가 자녀가 없이 죽었을 경우, 미혼의 형제가 자기 형제

---

305) 이문식, "설교적 관점에서 본 룻기 이해," 410.

의 미망인과 결혼을 하는 것이다. 그래서 자식 없이 죽은 형제의 이름이 이스라엘에서 이어지도록 그 첫 아이는 죽은 사람의 아들로 간주되었다. 그 관습은 공식적으로는 형제들에게 적용되었으나, 사사 시대에는 혈통 내에 있는 가까운 친족에게까지 확대되었던 것으로 본다.[306] 이러한 계대 결혼법에 대하여 차준희는 적어도 세 가지 의미가 포함되어 있는 것 같다며 이렇게 말한다. "첫째, 가문 보조 장치로서 남자의 후손을 계승시켜서 끊어진 가문의 명맥을 잇기 위한 제도이다. 둘째, 가문의 재산 보호 장치로서, 집안의 재물(땅)이 타인에게 넘어가는 것을 방지하는 것이다. 셋째, 과부들의 생존권 확보장치로서 이에 대한 명확한 설명은 본문에 나오지 않지만, 그러나 신명기법이 약자보호법이기에 그 안에 계대결혼법이 있다는 것은 약자로서의 과부들을 보호하기 위한 장치의 의미가 있다고 본다."[307] 이렇게 볼 때, 룻기 4장에서 보아스와 룻이 결혼하여 오벳을 낳은 것은 룻의 전 남편 말론을 위하여 후사를 제공하는 것을 의미한다고 할 수 있다.

그러나 엄밀히 보면, 룻기에서 보여지는 룻과 보아스의 결혼은 계대결혼이 아니다. 구약 성경의 율법 규정과 정확히 일치하지 않는다. 또 신명기에서 계대결혼을 의미하는 히브리 단어가 룻기에서 사용되지 않았다. 룻기에서 강조되는 히브리 단어는 '대속'이다.[308] 룻기에서 보아스가 룻과 결혼하고자 하는 목적은 나오미에게 속한 밭을 '구속'(대속)하는 것과 밀접하게 연관되어 있다(4:3). 이것은 룻기 4장에 나오는 법적인 절차가 이 두 가지 것(계대결혼과 구속) 중 어느 하나에만 해당되는 율법 규정을 근거로 하지 않음을 의미한다. 물론 계대결혼의 관습은 땅의 구속에 대한 문제에까지 포함될 수 있을 것이다. 왜냐하면 남편을 잃고 홀로된 여인들이 결혼 당시 가지고 온 재산을 요구할 자격이 있을 수도 있기 때문

---

306) Phillips, 『Main Idea로 푸는 사사기·룻기』, 419.
307) 차준희, 『역사서 바로 읽기』, 94.
308) 송병현, 『엑스포지멘터리 역사서 개론』, 173.

이다. 그렇지만 룻기 4장의 법적인 절차는 이것으로도 잘 설명되지는 않는다.[309]

그럼에도 불구하고 룻기에서 보여지는 '고엘'로서의 보아스는 죽은 친척 중 자식이 없이 홀로된 늙은 과부를 봉양하고 죽은 친척의 아내와 결혼하여 망자의 이름으로 된 땅을 무름으로 '고엘'의 전형적인 모습을 보여주고 있다. 그리고 이 기업 무를 자(고엘)는 룻기를 이해하는 데 중요한 신학적 개념 중 하나임이 분명하다. 룻기는 가정을 넘어서 친족으로, 그리고 베들레헴 전체로 확장되면서 언약 공동체 안에서의 상호 충성과 '고엘'로서의 의무와 책임을 강조하고 있다.[310]

5. 포용적 원리

일부 사람들은 하나님을 이스라엘의 하나님으로만 제한시키려 하고, 성경(특히 구약성경)을 이스라엘의 역사책으로만 국한시키려는 경향이 있다. 그러나 룻기는 이런 경향들에 도전장을 내민다. 룻기는 하나님의 목적이나 섭리나 역사가 결코 이스라엘에만 국한된 것이 아니라는 것을 확실히 보여주고 있다. 하나님을 이스라엘의 하나님으로만 제한하려는 편협한 민족주의를 거부한다. 룻기 이야기의 중요한 대목인 이방(모압) 여인 룻이 이스라엘 공동체의 한 구성원이 되었다는 것이 그 방증이다. 이방 여인 룻을 이스라엘 백성으로 받아들이고 있는 것이 이 룻기의 중심 주제인데 그것은 내러티브에 사용된 말들 속에서도 보여지고 있다. 예를 들면, 나오미는 보아스를 가리켜 '우리의 친족'이라고 함으로서 나오미 자신과 같이 룻을 나오미의 가족에 소속된 사람으로 암시하고 있다(2:20). 그리고 보아스는 룻과의 첫 만남에서 룻을 가리켜 '내 딸'이라고 부

---

309) Satterwaite & Mcconville, 『역사서』, 386.
310) 김지찬, 『요단강에서 바벨론 물가까지: 구약 역사서의 문예적-신학적 서론』, 263.

르고 있음을 볼 수 있다(2:8).[311] 구약성경에는 이방인이면서도 그러나 믿음의 사람들과 같은 대열에 서 있는 사람들을 여럿 만날 볼 수 있다. 이를테면, 전쟁에서 승리하고 돌아오는 아브라함을 축복했던 멜기세덱(창 14:17-24), 이스라엘의 정탐꾼들을 도와 여리고 정복을 도왔던 기생 라합(수 2장), 엘리사 선지자를 통하여 나병을 고침 받는 하나님의 치유를 경험했던 아람 장군 나아만(왕하 5:1-19), 하나님의 선지자 요나의 경고를 받고 회개하며 놀라운 구원의 역사를 경험했던 앗수르의 니느웨 사람들(욘 3장)이 그 대표적인 예라고 할 수 있다.

그리고 룻은 마태복음 1장에 기록된 예수님의 계보에 등장하는 4명의 이방 여인(다말, 라합, 밧세바, 룻) 가운데 한 명이다. 이들의 공통점은 이방 여인들로서 혈통적으로나 사회적으로 예수님의 계보에 오를 수 없는 여인들이다. 다말은 시아버지 유다를 속이고 관계를 맺음으로 쌍둥이 형제를 낳은 여인이다. 라합은 기생으로서 그 신분이 천하고 몸을 파는 창녀였다. 다윗의 아내가 되어 솔로몬을 낳았던 밧세바는 본래 우리아의 아내로서 다윗과 간음한 여인이다. 룻 역시 모압 여인으로서 신분상 이스라엘에 속할 수 없는 사람이었다. 그럼에도 불구하고 이들은 예수님의 계보에서 영광스러운 자리를 차지하고 있고, 하나님은 이들을 통하여 메시야를 이 땅에 오게 하셨다. 반전이면서도 놀라운 일이 아닐 수 없다. 분명 예수 그리스도를 통하여 이루실 하나님의 구원 사역은 지역이나 인종이나 혈통에 국한되지 않는 온 인류적이라는 사실을 알 수 있다. 더불어 복음에서 제외되는 사람은 단 한 사람도 없음을 알 수 있다. 특히 이 가운데 이방 여인이요, 파산한 과부요, 아무 재산도 없는 여자인 룻은 하나님 마음에 합한 자로 구원의 역사에 쓰임 받은 이스라엘의 위대한 왕 다윗의 조모가 되었으니 이스라엘 여인들도 누리지 못한 위대하고도 놀라운 축복을 누리게 된 것이다. 또한 룻은 아브라함의 후손들을 통하여 모든

---

311) Satterwaite & Mcconville, 『역사서』, 388.

민족이 복을 받으리라는 약속(창 12:2-3)의 원리가 적용된 경우이기도 하다.[312] 룻기는 여호와의 백성이 되는 진정한 방법이 외형적인 기준(혈통)에 의한 것이 아님을 분명히 보여준다. 그리고 룻기의 이런 개방성은 바울이 로마서 4장에서 "믿음으로 하나님의 약속을 받는다."는 주장과 비슷한 관점을 제시하고 있다.[313] 룻기는 신분의 고하(高下)나, 인종이나, 남녀나, 지역이나 혈통에 상관없이 믿음으로 하나님의 가족이 될 수 있으며, 하나님의 섭리의 손길은 결코 그 누구에게도 그 어느 곳에도 제한적이지 않음을 보여주고 있다.

지금까지 내러티브의 네 가지 공통적인 요소(플롯, 등장인물, 배경, 관점)를 중심으로 내러티브에 대한 일반적인 이해와 함께 성경적 내러티브로서의 룻기 내러티브를 구속사적 관점에서 저자와 저작 연대, 그리고 저작 목적과 위치, 장르와 해석적 접근법, 룻기에 나타나는 중요한 신학적 주제들을 살펴보았다.

이러한 룻기 내러티브의 구속사적 이해를 바탕으로 이어지는 다음 제5장에서는 룻기 본문에 대한 연구와 본문에서 설교에까지 이르는 설교적 과정을 다뤄보고자 한다.

---

312) Howard Jr., 『구약 역사서 개론』, 168.
313) Satterwaite & Mcconville, 『역사서』, 388.

**Narrative
Preaching**

제5장
룻기 내러티브의 장별 본문 연구 및 설교 개요

앞서 4장에서 살펴 본 룻기 내러티브에 대한 전반적인 이해와 함께 이번 장에서는 룻기 본문에 대한 각 장별 연구 및 설교 개요에 대하여 고찰해 보고자 한다.

설교는 결코 하늘에서 뚝 떨어지지 않는다. 한 편의 설교가 만들어지기까지는 일련의 과정을 거치기 마련이다. 몇몇 학자들은 본문에서 설교까지 이르는 과정이나 단계를 제시하고 있다. 예를 들면, 그레이다누스(Sidney Greidanus)는 자신의 책 『구약의 그리스도 어떻게 설교할 것인가』에서 "구약 본문에서 그리스도 중심적 설교에 이르는 10단계"[1]를 제시하고

---

1) 그레이다누스가 제시하는 "구약에서 그리스도 중심적 설교에 이르는 10단계"는 첫째, 청중의 필요성에 대한 안목을 가지고 설교 본문을 정하라. 청중에게 적실한 설교를 위해서 본문을 정하고 뒤늦게 적용하려기보다는 청중의 필요에 의한 본문 선택이 필요하다는 것. 둘째, 본문을 그 문예적 문맥에서 읽고 또 읽어라. 본문을 문맥적 맥락 안에서 읽으라는 것. 셋째, 본문 구조의 개요를 만들라. 본문이 가지고 있는 흐름들을 파악하고 그 본문의 구조를 발견하고 드러내는 것. 넷째, 본문을 그 자체의 역사적 배경에서 해석하라. 설교 본문을 해석할 때 문예적, 역사적, 하나님 중심적으로 해석해야 한다는 것. 다섯째, 본문의 주제와 목표를 명확히 하라. 저자가 본문을 통해 원 청중들에게 전하고자 하는 본문의 요약 진술을 작성하고, 저자가 원 청중들에게 설교를 통하여 이루고자 하는 목표를 진술하는 것. 여섯째, 본문의 메시지를 정경과 구속사의 문맥에서 이해하라. 성경 본문을 구속사적 관점에서 해석해야 한다는 것. 일곱째, 설교의 주제와 목표를 명확히 하라. 본문의 개요에 근거하여 설교 주제를 제시하고, 설교 주제와 부합하며 설교를 통하여 청중에게 이루고자 하는 목표를 제시하는 것. 여덟째, 알맞은 설교 양식을 선택하라. 본문의 장르를 고려하여 그에 알맞은 설교 형식을 취하라는 것. 아홉째, 설교 개요를 준비하라. 설교의 구성에 관한 전체적인 윤곽을 미리 그리는 것. 열째, 설교를 구어체로 작성하라. 구어체로 설교 원고를 작성하라는 것; 『구약의 그리스도 어떻게 설교할 것인가』, 406-422.

있고, 로빈슨(Haddon Robinson)은 그의 책 『강해설교』에서 "강해설교 준비의 10단계"[2]를 제시하고 있다. 또 웨인 맥딜(Wayne McDill)은 "강해설교를 위한 12가지 필수 기술"[3]에서 설교의 과정을 말하고 있고, 퀵(Micheal

---

[2] 로빈슨이 제시하는 "강해설교 준비의 10단계"는 다음과 같다. 제1단계, 설교할 본문을 선택하라. 교회(청중)가 무엇을 필요로 하는지에 대한 관심을 반영하여 성경 본문을 정하라는 것. 제2단계, 주어진 본문을 연구하고 얻어진 메모들을 모아라. 본문의 문맥적 의미를 살피되 연구의 여러 도구들을 사용하여 저자의 아이디어를 찾으라는 것. 제3단계, 본문을 연구하면서 각 부분들을 연관시켜서 주석적인 아이디어와 그것의 발전 과정을 결정하라. 본문의 중심 아이디어와 목표를 진술하라는 것. 제4단계, 찾은 주석적 아이디어를 3단계의 질문에 비추어 보라. 설교 아이디어로 나아가기 위하여 주석적 아이디어에 대한 설명과 정당성, 타당성 그리고 그에 대한 의미와 적용의 문제를 세 가지 질문을 통하여 점검한다는 것. 제5단계, 회중들의 지식과 경험에 비추어 주석적(석의적)인 아이디어를 면밀히 검토하고 이를 가능한 최대로 정확하고 기억에 남는 문장으로 작성한다. 주석적 아이디어의 핵심을 청중에게 전달할 수 있도록 설교의 중심 아이디어를 진술한다는 것. 제6단계, 자기 설교의 목적을 설정하라. 설교를 통하여 무엇을 성취할 것인지, 설교의 결과로서 청중에게 일어나기를 기대하는 것을 정하라는 것. 제7단계, 설교의 소기의 목적을 달성하기 위해서 이 아이디어를 어떻게 다룰 것인가를 스스로 자문해 보라. 설교의 중심 아이디어를 어떻게 전개해 나갈 것인지, 성경의 아이디어와 목적, 그리고 청중의 필요에 부합하는 전개 방식(형식)을 찾으라는 것. 제8단계, 목적을 성취하기 위해서 아이디어는 어떻게 전개되어야 하는 가를 결정한 후에는 그 설교를 요약하라. 건축가가 건물을 건축할 때 아이디어를 청사진으로 바꾸어 진행하듯이 설교의 개요를 작성하라는 것. 제9단계, 작성한 개요를 더욱 확실히 설명, 증명, 적용, 증대시키는 자료들로 채워라. 개요는 설교가 아니다. 설교로 나아가기 위해 개요에다가 여러 가지 보충 자료들을 사용하여 설명하고 부연하고, 증명하고 적용시켜서 이해하기 쉽고 풍성하게 만들라는 것. 제10단계, 설교의 서론과 결론을 준비하라. 청중을 사로잡고 주의를 집중시킬 수 있는 서론과 청중들이 과연 하나님의 진리가 그들에게 무엇을 요구하는가를 알고 느낄 수 있는 결론을 이끌어내라는 것; 『강해설교』, 64-225; 이정현, 『헤돈 로빈슨의 설교학』, 151-160.

[3] 웨인 맥딜은 강해설교를 위한 필수 기술 12가지를 다음과 같이 제시한다. 기술1, 본문구조 도해하기. 원 저자가 말하고자 하는 의미를 해석하기 위해 본문에 있는 다양한 아이디어들의 구조적 관계를 살피고 이해하라는 것. 기술2, 본문세부사항 이해하기. 본문 관찰을 통하여 본문에 제시된 중요한 세부사항을 파악하고 이해하라는 것. 기술3, 연구 질문 제기하기. 충실한 본문 연구를 위해 역사적, 문학적, 신학적 측면에서 다양한 질문들을 제기하라는 것. 기술4, 본문아이디어 표현하기. 본문에서 원 저자가 말하고자 하는 주제가 무엇인지 정확한 용어로 본문의 아이디어를 제시하라는 것. 기술5, 본문을 설교로 연결하기. 해석이라고 하는 다리를 통하여 본문과 청중을 연결시키는 작업을 하라는 것. 기술6, 설교대지 작성하기. 본문에서 제시하고 있는 주제에 대한 성경 저자의 의도를 정확하게 반영할 수 있는 설교 대지를 작성하라는 것. 기술7, 설득요소 간 균형 맞추기. 설교 전개에 있어서 구체적이고도 명확한 용어들을 사용하여 균형 잡힌 호소를 하라는 것. 기술8, 자연스러운 비유 찾기. 설교자가 효과적인 진리 전달을 위하여 청중들이 자연스럽고 친숙하게 여기는 이미지를 찾아내야 한다는 것. 기술9, 그림을 그리고 이야기를 들려주기. 상상력과 생생한 이미지 언어로 그림을 그려주고, 본문과 현시대를 연결해주는 장면이나 이야기들을 들려주라는 것. 기술10, 사람들의 경험 다루기. 본문 안에 담겨 있는 성경 시대의 인간적인 요소와 이 시대의 청중에게서 발견되는 인간적인 요소를 발견하고 연결해 주라는 것. 기술11, 믿음의 반응 목표하기. 설교는 청중들에게 믿음의 반응을 일으키고 그 목적을 달성하기 위해 계획되어져야 한다는 것. 기술12, 구두전달 구상하기. 청중에게 가장 효과적인 전달을 위해 설교의 각 영역들과 자료의 배열을 통해 설교를 디자인하라는 것; 『강해설교를 위한 12가지 필수 기술』, 63-383.

J. Quick)은 설교 준비 과정을 수영의 과정에 비유하며 "설교의 수영 다섯 과정 열세 단계"[4]를 제시하고 있다. 이처럼 한 편의 설교가 태어나기까지는 본문 선정으로부터 시작하여 깊은 본문 연구와 주해, 묵상과 기도, 그리고 개요와 원고 작성을 통하여 설교에 이르는 작업 등 설교자의 산고의 몸부림이 있기 마련이다. 다음에서는 설교적 과정 즉 본문 선정에서부터 설교의 전달 과정까지를 논의해보면서 유익함을 얻고자 한다.

제1절 본문에서 설교에 이르기까지의 과정(preaching process)

크래독은 설교를 준비하는 과정에 있어서 설교자가 근본적으로 기억해야 할 원칙이 있다고 한다. "그것은 '무엇을 말할 것인가'에 도달하는 과정이 '어떻게 말할 것인가'에 도달하는 과정과 구별되어야 한다."[5]는 것이다. 다른 말로 설교 준비 과정에서 있어서 크게 본문에 대한 연구와 연구된 본문으로 설교화 하는 과정이라고 할 수 있다. 한 편의 설교를 위해서 설교자가 반드시 거쳐야 할 과정이기도 하다.

본 논문은 라메쉬 리처드가 제시하는 "강해 설교 준비를 위한 7단계"

---

[4] 퀵은 설교를 수영에 비유하며 설교의 과정을 이렇게 설명하고 있다. 1)첫째 과정: 성경 본문에 몰입하기. 설교자가 본문의 의미에 대한 지적인 이해의 차원에 머무르지 않고 본문의 세계에 대한 참여로 성경 본문과 통전적인 차원에서 관여하는 과정. 이 과정에는 기도 하듯이 본문을 크게 읽기, 본문을 청취하며 연구하기, 연구 결과를 점검하기 단계가 있다. 2)둘째 과정: 현대를 위한 성경 해석. 설교자는 본문의 소리와 함께 청중의 소리, 문화의 소리, 설교자의 소리 그리고 예배의 목소리도 함께 듣는, 즉 본문의 의미를 현재의 청중들과 연결시키는 과정. 이 때 설교의 핵심주제를 이끌어낸다. 이 과정에는 경청하기, 핵심효과를 부각시키기, 여러 가능성을 포함시키기 단계가 있다. 셋째 과정: 설교의 구조 만들기. 본문과 청중을 연결하며 핵심 효과를 결정하였다면, 그 내용을 메시지에 담아서 효과적으로 전달하는 설교의 구조를 구상해야 한다. 설교의 형식을 선택하기, 무관한 자료들을 제거하기, 입체적인 초안 작성하기, 설교의 파급효과를 점검하기 단계가 포함된다. 넷째 과정: 설교의 전달. 효과적인 전달을 위해 어떤 방식으로 할 것인지를 결정하는 과정. 이 과정에는 설교 구조를 기억하기, 음성으로 설교 전달하기, 몸짓 언어로 설교 전달하기 단계들이 있다. 다섯째 과정: 설교를 경험하기. 설교 이후 설교자와 공동체와 청중들이 메시지의 파급효과를 경험하는 과정; Michael J. Quicke, 『전방위 설교』, 이승진 역(서울: 기독교문서선교회, 2012), 227-377.
[5] Craddock, 『크래독의 설교 레슨』, 127.

를 참고로 하여 본문에서 설교에 이르는 과정을 한국적 상황에서 목회자들이 쉽게 접근할 수 있도록 심플하게 '3과정 7단계'로 제시해 보고자 한다. 먼저 리처드가 제시하는 "강해 설교 준비를 위한 7단계"[6] 간략하게 알아보면 다음과 같다. 리처드는 본문을 가지고 설교로 변화시키는 것을 말씀의 조각이라고 묘사하면서 그에 필요한 일곱 단계를 아래와 같이 도표로 소개하며 설명하고 있다.

〈표 33〉 라메쉬 리처드의 말씀 조각 과정의 일곱 단계

	7설교의 선포	"살"
	6설교의 구조	"골격"
	5설교의 중심 명제	"심장"
4본문의 다리		두뇌
3본문의 중심명제		"심장"
2본문의 구조		"골격"
1본문의 연구		"살"

리처드는 설교의 과정을 설교자가 창조해 내야 할 살아 있는 조각의 신체로 비유하여 설명하고 있다. 보다 자세하게 알아보면, 리처드가 제시하는 설교의 과정 1단계는 본문을 연구하는 단계이다. 신체의 '살'에 해당하는 부분으로서 본문 연구의 기본적인 자료들에 해당한다. 관찰을 통하여 본문의 세부적인 내용들을 살피고 연구함으로, 본문의 의미를 발견하는데 필요한 단서 즉 '살'을 찾는다.

---

6) Ramesh Richard, 『삶을 변화시키는 7단계 강해설교 준비』, 정혁 역(서울: 도서출판 디모데, 2014), 31–196.

1단계

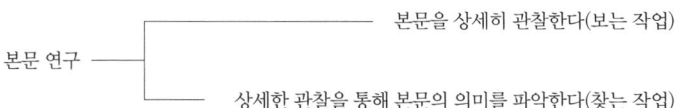

위의 간단한 도식에서 보듯이 리처드는 '살'을 찾는 과정 즉 본문 연구에는 두 가지 측면이 있다고 한다. 하나는, 보는 작업으로서 본문에서 "볼" 수 있는 모든 상세한 내용들을 관찰하는 과정이다.

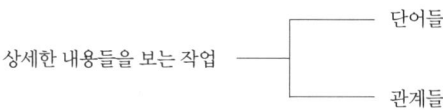

다른 하나는, 찾는 작업으로서 본문에 기록된 상세한 내용들에 대한 질문과 그 질문들에 대한 답변들을 통해 본문의 의미를 발견해 내는 작업이다.

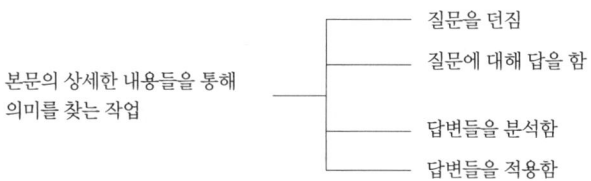

보는 작업과 찾는 작업은 함께 이루어짐으로 본문의 '살'을 찾는데 최대의 효과를 얻을 수 있다고 한다.

제2단계는 본문의 구조를 분석함으로 본문을 구성하는 '골격', 뼈대를 찾아내는 단계이다. 즉 저자가 무엇을 말하고 있는가, 그리고 어떻게 말하고 있는가를 이해한다. 말씀으로 설교를 조각하는 과정은 성경의 저자가 본문 전체를 어떻게 구성하고 있는가를 이해해야 한다. 본문의 구조를 바르게 이해할 때 저자가 말하고자 의도하는 바를 발견하고 설교할 수 있으며 강조할 수 있다.

제2단계

본문의 부분들의 구조 파악
본문의 부분들의 내용 요약

제2단계는 설교자가 선택한 본문 단락의 각 부분에서 가르치고 있는 바를 요약적으로 이해하면서 본문 전체의 구조를 이해하는 실마리를 제공한다. 제1단계의 살과 제2단계의 골격은 조각의 과정에 필요한 원자재들을 의미한다.

제3단계는 본문의 중심 아이디어와 본문의 목표를 발견하는 단계이다. 골격을 연구함으로 본문이 의미하는 바의 '심장'인 본문의 중심 명제를 창출한다. 성경의 각각의 단락은 각각 하나의 주된, 지배적인 또한 두드러지게 나타나는 내용이나 주제를 가지고 있다. 설교자는 본문 속에 있는 모든 상세한 부분들을 하나로 묶어 주며, 또한 그것들에게 의미를 부여하는 하나의 사고 단위로서의 중심 명제를 찾아내야 한다. 그리고 본문의 중심 명제를 현대의 감각에 맞는 언어들을 사용해서 전달해야 한다. 이 중심 명제는 '본문의 중추', '본문의 강조점', '설교의 원동력' 또는 '빅 아이디어' 또는 '메인 아이디어'라고 불리운다. 중심 명제는 두 개의 구성 요소를 가지고 있는데, 주제(저자가 본문에서 무엇에 대해 말하고 있는가?)와 술어(저자가 본문의 주제에 대해서 무엇이라고 말하고 있는가?)이다.

제4단계는 본문의 심장(중심 명제)으로부터 설교의 목적을 얻어낸다. 이 설교의 목적은 곧 "두뇌"의 역할을 담당하게 되며, 설교의 전체적인 고안과 선포에 결정적인 영향을 미치게 된다. 우리 사람이 두뇌에 의하여 움직이는 것과 같이 성도들의 상황을 염두에 두고 본문과 설교 사이를 연결시켜 주는 설교의 두뇌와 같은 목적을 제시함으로 설교의 나아갈 바를 제시한다. 성도들이 처해있는 현실을 염두에 두고 설교의 목적을 명쾌하게 밝힐 수 있는 법을 배우게 된다. 제4단계는 설교를 듣는 청중들에게 현실감 있게 만드는 데에 결정적인 영향을 미치게 된다. 앞서 1단계에서 3단계까지 작업한 즉 본문의 살(1단계), 골격(2단계), 그리고 심장(3단계)이 다 조성된 상황에서 설교의 목적의 다리를 건너야 한다. 설교의 목적은 본래의 청중들에 대한 성경 저자의 기대했던 바와 일맥상통해야 한다. 이 목적의 다리를 건축할 때 청중들을 잘 이해하는 것이 아주 중요하다. 설교자는 이 단계에서 이런 질문을 던져야 한다. 본문의 중심 명제에 비추어서 청중들의 필요가 무엇이며 그들이 어떠한 상황에 처해 있는가?

제5단계는 설교의 심장 부분으로서 설교의 중심 명제를 제시한다. 3단계의 심장이 본문의 중심 명제라면, 5단계의 심장은 본문과 설교 사이를 연결해 주는 설교의 중심 명제이다. 본문의 명제(제3단계)에서 목적이라는 다리를 통과함으로(제4단계) 현대의 성도들이 이해하고 순종할 수 있도록 현실적인 메시지로 전환된다. 설교의 중심 명제는 설교자로 하여금 설교학적인 부분으로 나아가도록 이끈다. 이 설교의 중심 명제를 제시하는 단계에서는 성경의 저자에게가 아닌 설교자 자신에게 질문을 던져야 한다. 본문이 하나의 주제/술어를 가지고 있는 것과 같이 설교도 역시 하나의 주제(내가 무엇에 대하여 말하고 있는가?)와 술어(내가 주제에 대하여 무엇을 말하고 있는가?)로 구성된다. 설교의 중심 명제를 제시하는 이 단계에서 또 한 가지 중요한 것은 이 중심 명제를 현대 감각에 맞게 변화시키는 작업이다. 이것은 성도들의 마음에 깊이 새겨지도록 하기 위함이다.

제6단계는 설교를 전개해 나가는 설교의 아웃라인을 구성하는 단계다. 메시지의 골격부분이다. 2단계의 골격이 본문의 구조라면, 6단계의 골격은 설교의 구조이다. 통일성, 질서 그리고 진전을 포함하고 있는 설교를 개발해 나가는 기본적인 방법들을 다루게 된다. 여기서 통일성은 본문의 중심 명제를 중심으로 설교 전체를 구성할 때 가능하게 된다. 질서와 진전은 설교의 설계 구조와 본론의 구조를 통해 보여주어야 한다. 리처드는 이 제6단계에서 설교의 구조를 정하기 위해서 "뼈들을 맞추는 문제"를 다룬다. 설교에 있어서 굵은 뼈들은 서론 본론 결론이고, 중간 크기의 뼈들은 서론 안에 있는 몇 개의 요지들과 본론 안에 있는 대지들이다. 잔뼈에 해당하는 부분은 본론의 대지 사이사이에 있는 소지들이다. 뼈대, 즉 골격을 형성하는 것이 제6단계이다.

리처드는 다음과 같은 표로 정리하여 보여주고 있다.

〈표 34〉 설교의 뼈대[7]

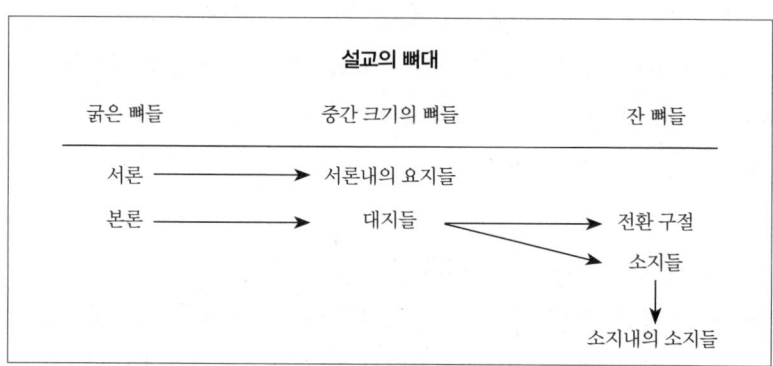

설교의 전환과 적용을 포함해서 설교의 구조, 서론 및 본론의 구조를 이루는 단계이다.

마지막 제7단계에서는 앞의 제6단계를 거치며 조각되어진 설교의 상세한 부분들을 완성하여 설교를 실행한다. 특정한 성도들을 위해 특별히 조각되어진 설교의 세밀한 부분들을 살을 채우듯이 채우는 과정으로 설교의 완성 단계이다. 적절한 예화의 사용, 언어의 구사, 설교 전달의 방법 등을 통해 설교의 영향력을 증진시킬 수 있다. 설교의 내용을 원고로 쓰고 설교를 선포하는 조각 과정의 마지막 손질 단계이다. 다음과 같이 간단하게 표현할 수 있다.

---

7) Richard, 『삶을 변화시키는 7단계 강해설교 준비』, 131.

제7단계

설교의 원고 작성	생각하라	설교의 전달
설교의 내용 설교의 구성		설교자의 스타일 설교자의 전달

 이상과 같이 리처드가 제시하는 설교 과정의 7단계를 살펴보았다. 그런데 여기에서 리처드도 설명하는 바와 같이 7단계의 과정을 보면, 이 과정을 기억하는 데에 도움이 될 만한 두 개의 실마리가 있음을 보게 된다. 7단계의 과정은 대칭 구조로서, 제3단계(본문 연구 쪽)와 제5단계(설교 준비 쪽)는 심장 또는 중심 명제에 관한 것으로 병행구조를 이루고 있다. 그리고 제2단계(본문 연구 쪽)와 제6단계(설교 준비 쪽)는 공히 골격 또는 구조/구성에 대해 다루고 있다. 또한 제1단계(본문 연구 쪽)와 제7단계(설교 준비 쪽)는 살 또는 기본적인 자료들에 대해 다루고 있다. 제4단계는 다리 또는 두뇌로서 본문에서 설교로의 전환 역할을 담당하고 있다. 이것은 간단히 1234321과 같이 번호를 매기거나 ABCDCBA의 대칭구조를 보이고 있다.

 논자는 여러 학자들의 설교의 과정에 대한 견해와 라메쉬 리처드의 설교의 단계 과정을 토대로 설교에까지 이르는 과정을 3과정(나무의 뿌리, 줄기, 잎) 7단계로 제시하고자 한다. 먼저, 설교의 첫째 과정은 나무의 뿌리 부분으로 설교의 근간이 되는 본문을 연구하는 과정이다. 여기에는 본문 관찰, 본문 주해, 본문의 Main Idea(또는 Big Idea) 도출의 단계가 있다. 둘째 과정은 줄기 부분으로 뿌리와 잎을 연결하는 즉 본문의 연구를 통해 본문에서 도출한 중심 아이디어를 청중과 연결하여 "현대적 개념으로 재구성하고 21세기의 용어로 서술하는"[8] 설교의 목적을 제시하는 과정이

---

8) Robinson & Larson, 『성경적인 설교와 설교자』, 491.

다. 그리고 셋째 과정 즉 나무의 잎에 해당하는 부분으로 본문 연구에서 찾아낸 중심 아이디어와 설교의 목적을 아우르며 설교 전달에까지 이르는 과정이다. 이 과정에는 설교의 중심 아이디어를 찾는 단계, 그리고 설교의 아웃 라인을 구성하는 단계, 그리고 마지막 설교 전달의 단계로 세분화될 수 있다. 이것을 간단히 도표로 표현하면 다음과 같다.

〈표 35〉 본문에서 설교까지의 3과정 7단계(설교의 나무, Preaching Tree)

이와 같은 설교의 과정과 단계들을 좀 더 구체적으로 살펴보면 다음과 같다.

1. 설교의 첫째 과정(뿌리): 본문 연구(Text에서 Main Idea까지)

뿌리는 나무 전체의 생명을 관장하는 기관이다. 나무의 생명은 뿌리에 있다고도 말할 수 있다. 그리고 나무가 풍성해지기 위한 선제 조건은 뿌리의 확실한 발달에 있다. 뿌리의 중요한 기능으로는 지지 역할과 흡수 역할이 있다. 뿌리는 나무가 쓰러지지 않도록 지탱하고 지지하는 역할을 한다. 또한 땅속의 물과 영양분을 흡수하여 나무가 자라도록 공급한다.

설교에 있어서 견고한 지지가 되고, 생명력을 불어넣고, 풍성하게 하는 것은 하나님의 말씀, 성경 본문이다. 그리고 설교의 성패는 이 본문 연구에 달려있다고 해도 과언이 아닐 것이다. 그래서 본문 연구는 나무의 뿌리와도 같은 설교의 근간으로서 매우 중요한 과정이다.

퀵은 이 과정을 몰입(immersion)의 과정이라고 부르며, 설교자가 본문의 의미에 대한 지적인 이해의 차원에 머무르지 않고 본문의 세계로 들어가 몸소 체험을 갖는다고 한다. 그러면서 이 본문 연구의 과정에 대하여 이렇게 말하고 있다.

> 이러한 몰입의 과정(본문 연구 과정)은 본문의 의미를 과거 시제로 청취하는 것을 의미한다. 성경 본문에 담긴 하나님의 말씀과 이미지들이 온전히 선포될 때 창조적인 위력을 발휘하기 때문에 설교자들은 본문의 고유한 맥락 속에서 전달된 그분의 메시지를 포착해 낼 수 있는 기술과 예민함이 필요하다. 전통적으로 이 과정을 가리켜서 본문 주해의 과정이라고 부르며, 성경적인 설교를 위한 필수적인 기반을 구축하는 단계이기도 하다.[9]

이 본문 연구의 과정에는 본문 관찰 단계, 본문 주해 단계, 본문의 중심 아이디어 도출 단계가 있다.

---

9) Quicke, 『전방위 설교』, 237-238.

가. 1단계: 본문 관찰

설교는 본문 관찰로부터 시작된다. 그런데 본문 관찰에 있어서 설교자는 우선 먼저, 설교를 염두에 두고 청중의 필요성에 대한 안목을 가지고 본문을 선택해야 한다. 회중의 필요가 설교의 목표(target)를 제공하기 때문에 설교자는 본문을 선택하기 전에 이 설교에서 어떤 구체적인 필요가 진술되어야 할지를 정해야만 한다.[10] 설교자가 설교 본문을 택하는 방식에는 몇 가지가 있는데, 롱은 네 가지로 말하고 있다. 롱에 의하면 설교자가 설교를 위해 본문을 택하는 방식으로, 첫째, 순차적 방식(Lectio continua)이다. 이것은 성경 전체를 책이나 본문의 순서에 따라 설교하는 고대의 본문 선택 방식이다. 오늘날 행해지는 성경책별 강해 설교에 해당한다고 할 수 있다. 둘째, 성서 일과는 활용한 방식(A lectionary)으로 교회력에 의한 각종 절기에 해당되는 성구를 모은 목록으로 순차적 방식과는 다르게 본문이 연속되지 않고 임의로 선정된 본문을 활용하는 방식이다. 셋째, 지역교회별 자체 계획 방식인데, 연간 예배를 계획할 때 지역교회별로 교단의 행사 및 기념일, 지역 자체 행사 및 일반 공휴일 등을 고려하여 적절한 성구와 함께 연간 스케줄을 만들어 활용하는 방식이다. 넷째, 설교자가 매주 필요에 따라 본문을 선택하는 방법이다.[11] 이 방법에도 몇 가지 패턴이 있다. 설교자가 일정한 틀에 얽매이지 않고, 매주 목회와 관련되거나 혹은 개인적인 요인에 따라 결정하기도 하고, 사건이나 주제 따라, 그리고 교회의 행사에 맞추어서 본문을 고르기도 하고, 성경의 메시지나 중요 주제들을 소개하기 위해서 본문을 정하기도 한다.[12] 이 방식이 아마도 한국교회 목회자들이 가장 선호하고 또 즐겨 사용하는 방식일 것이다. 어느 방식을 사용하든 설교자는 본문 선택에 있어서 성경 내용만큼이나 청중들의 필요가 무엇인지, 교회공동체가 무엇을 필요로

---

10) Greidanus, 『구약의 그리스도 어떻게 설교할 것인가』, 406-407.
11) Long, 『증언하는 설교』, 108-110.
12) Craddock, 『크래독의 설교 레슨』, 153-154.

하는지에 대해서 잘 알고 민감해야 한다.[13]

이렇게 본문이 정해진 다음, 설교자는 본격적으로 본문에 대한 연구에 돌입한다. 즉 본문이 갖고 있는 정확한 의미, 다른 말로 성경의 원래 의도를 밝혀내는 작업을 하는 것이다.[14] 그러나 본문의 본래의 의미를 찾기에 앞서 먼저 행해져야 하는 것이 바로 본문 관찰이다. 설교자는 이 관찰이라는 기능을 사용하여 단순히 본문에 무엇이 있는지 살펴볼 수 있다. 맥딜은 관찰에 대하여 이렇게 말한다. "성경 연구를 위하여 관찰은 성경 본문의 특정 사안들에 대한 면밀한 조사 가운데에서 중요한 세부사상들을 발견해내는 것을 뜻한다. 이런 관찰을 기록하는 목적은 저자가 의도했던 의미를 제대로 이해하는 것이다."[15] 크래독은 이 관찰의 단계를 "일차적인 본문 읽기"라는 말로 표현하며 이렇게 말하고 있다. "첫 본문 읽기는 자발적으로, 심지어 어떤 면에서는 순진하다고 할 정도로 본문과 만나야 한다. 머리와 가슴의 모든 기능을 열어 놓고, 설교에서 무엇을 말할 것인지, 무엇을 생각해야 할지, 모든 염려를 다 떨쳐 버려야 한다. 처음 본문을 읽을 때는 그저 듣고, 생각하고, 느끼고, 상상하고, 질문하면 된다."[16] 설교자는 열린 마음으로 정직하게 본문과의 만남을 가지며, 설교 본문자체를 반복하여 주의 깊게 읽고, 또 그 본문을 전후문맥에 따라, 본문이 속해 있는 성경의 문맥에 따라, 그리고 더 나아가 성경 전체의 문맥 안에서 읽고 관찰해야 한다. 본문을 세밀하게 관찰하며, 중요한 단어(반복되는 단어)나 구절 등을 체크하거나, 낯선 관습들, 이해가 되지 않는 논리적 연결들, 어색해 보이는 단어 선택, 교리적인 난제들 등 궁금한 것이나 의문이 드는 것들을 기록해 놓는 것도 좋을 것이다.[17] 본문의 의미는 완벽하게 파악하지 못했더라도 본문의 내용만은 확실히 이해했

---

13) Robinson, 『강해설교』, 64.
14) Chapell, 『그리스도 중심의 설교』, 90.
15) McDill, 『강해설교를 위한 12가지 필수기술』, 87.
16) Craddock, 『크래독의 설교 레슨』, 160.
17) Donald R. Sunukjian, 『성경적 설교의 초대』채경락 역(서울: 기독교문서선교회, 2009), 26.

다고 확신할 수 있게, 본문을 신중히 그리고 주의 깊게 관찰해야 한다.[18] 원어 성경이나 다른 역본들을 대조하여 읽는 것도 필요하다. 또한 주의 깊은 관찰을 통하여 본문의 구조와 본문의 단락 등을 나누는 것도 이 단계에서 할 수 있을 것이다.

여기에서 웨인 맥딜이 제시하는 본문 구조 도해는 본문 관찰에 큰 도움이 될 것이다.

〈표 36〉 웨인 맥딜의 본문 구조 도해의 예[19]

본문 구조 도해	본문: 마 5:13
−독립문장을 도해표에 복사하기 −수식하는 단어의 위나 아래쪽에 보충하는 단어를 놓기 −가장 왼쪽 칸에 각 구절의 기능을 표시하기	−분리된 용어들을 선으로 연결하기 −중요한 신학적 용어에 강조표시 하기 −동사에 밑줄 긋기, 접속어를 괄호 속에 넣기

기능들	구절	도해
주장 공간 대조 조건		너희는 소금**이니** 　　　　　세상의 〔그러나〕 〔만일〕
질문 주장		소금이 그 맛을 **잃으면** 　　　　무엇으로 **짜게 하리요?** (소금은 좋은 것**이나**) 〔후에는〕
대조 행동 행동 매개		아무 쓸 데 없어 〔다만〕 밖에 **버려져** 〔그리고는〕 **밟힐** 뿐이니라 　　　　사람에게

---

18) Chapell, 『그리스도 중심의 설교』, 132.
19) McDill, 『강해설교를 위한 12가지 필수기술』, 63-81.

본문 연구의 시작은 이렇게 본문에 대한 주도면밀한 관찰로부터 시작한다. 다시 한 번 이야기하건데, 본문 연구에 있어서 본문 관찰은 본문 연구의 시작이면서 아무리 강조해도 지나치지 않는 단계이다. 그런데 실은 설교자들이 쉽게 생각하고, 종종 간과하고 지나치기 쉬운 단계이기도 하다.

나. 2단계: 본문 주해

앞서 설교를 위한 본문을 선정하고, 정해진 본문을 세밀하게 관찰한 작업을 토대로 이 단계에서는 본문에 대한 심도 깊은 분석과 연구를 통해서 성경 저자와 그 저자가 전했던 원래 청중을 인식하며, 그 본문의 문맥이 그들에 관해 무엇을 말하는지를 발견해야 한다.[20] 주해는 본문에 대한 형식적인 분석으로서, 그 분석을 통해서 성경의 저자가 무슨 말을 하고 있는지 밝히는 것이다.[21] 즉 본문의 원 저자와 청중이라는 배경에서 바라본 본문의 원 의미를 밝히는 것이다.[22] 이 작업은 설교자가 활용 가능한 모든 주해적 도구들, 즉 역사적, 문화적, 문법적, 그리고 신학적인 도구들을 가지고 본문을 연구하는 것이다.[23] 예를 들면 룻기 1장 1절 "사사들이 치리하던 때에 그 땅에 흉년이 드니라 유다 베들레헴에 한 사람이 그의 아내와 두 아들을 데리고 모압 지방에 가서 거류하였는데"를 해석할 때 이 본문은 역사적으로 매우 중요한 단서를 보여주고 있다. 이 첫 번째 구절을 통해 룻기의 연대를 개략적으로 추측해 볼 수 있다. 즉 사사들이 치리하던 때였다. 구체적으로 어느 사사 때의 일인지에 대해서는 언급되어 있지 않으나, 그 때가 사사시대 초기인 것만은 분명하다. 왜냐하면 룻과 결혼한 보아스가 여호수아 시대에 정탐꾼들을 영접했던 라합의 아들이었기 때문이다. 역사적으로 사사들이 활동하던 때라면, 이스라엘에 아직 왕이 있기 직전 시대를 말하는 것이다. 출애굽 이후부터 사울 왕

---

20) McDill, 『강해설교를 위한 12가지 필수기술』, 93.
21) Goldsworthy, 『성경 신학적 설교 어떻게 할 것인가』, 206.
22) Pratt, Jr., 『구약의 내러티브 해석』, 153.
23) Akin 외 2인, 『본문중심으로 설교하라』, 186.

으로 시작되는 왕정직전까지의 시기가 사사들이 활동하던 시기로 그 시대를 '사사시대'라 일컫는다. 역사적 관점에서 룻기는 사사기와 사무엘서의 왕정의 필요성과 왕정의 출현역사를 이어주는 가교 역할을 하고 있음을 볼 수 있다. 문화적 해석의 예로는, 룻기 4장 8절에서 익명의 기업 무를 자가 보아스에게 자신의 권리를 양도하는 장면에서 엿볼 수 있다. 이 장면에서 나오미 가정의 기업을 무를 권리 양도에 대한 법적인 절차가 두 기업 무를 자(익명의 한 사람, 보아스) 간에 필요한데, 저자는 옛적 이스라엘에 있었던 신을 벗어 이웃에게 주는 풍습을 들어 법적 절차가 확인되었음을 말하고 있다. 고대 이스라엘에서는 신을 신고 벗는 행위는 자신의 소유권을 인정하거나 또는 포기하는 상징적인 행위로 간주되었다.[24] 옛적에 권리를 포기하고 다음 사람에게 양도한다는 표시로 행하여진 신 벗는 의식을 행하였다는 것[25]을 근거로 익명의 기업 무를 자가 신발을 벗어 보아스에게 건네줌으로 인하여 공개적으로 법적 절차가 확인되었다는 것이다. 문법적(문예적) 해석의 예로는 룻기 1장에서 1절과 마지막 22절이 대응관계를 이루면서, 1장 전체를 짜임새 있게 만들고 있다. 또한 '보리 추수가 시작할 때에'라는 표현은 이삭을 줍는 장면을 묘사하고 있는 2장과의 연결고리가 되고 있다.[26] 1절에서 풍족함이 마지막 절에서는 텅 빔으로 끝을 맺고 있다. 그러나 저자는 나오미와 룻이 베들레헴에 도착했을 때의 시기를, 보리를 수확하기 시작하였을 때라고 알려주면서 희망의 빛을 비춰주고 있다. '텅 빔'에서 '채워짐'으로라는 대조구조를 볼 수 있다. 룻기는 문학적으로 담론 구조, 대칭 구조, 대조 구조 등의 양식을 띠면서 짜임새가 있는 훌륭한 문학작품인 것이 틀림없다. 신학적인 해석이 필요한 대목은 잘 알려진 대로 룻기의 중심인 '헤세드'나 '고엘'에 관한 부분일 것이다. 룻기는 성경의 그 어느 책보다도 이 '헤세드'가 어떤 것인가

---

24) 강성구, 『숨겨진 하나님』, 118.
25) 신명기 25장 9절에는 이 풍습이 계대결혼과 관련되어 나오고 있다.
26) 황성일, "룻기의 신학과 메세지," 26.

를 잘 정의하는 책이라고 할 수 있다(cf 1:8; 2:20; 3:10).[27] 룻기에서는 무엇보다 하나님의 '헤세드'와 함께 룻, 나오미, 보아스의 '헤세드'가 하나님의 구원 역사를 이루어 나가는 데 있어서 중요한 도구와 통로로 사용되고 있음을 볼 수 있다.[28]

이렇게 해석적 도구들을 사용하여 행하는 "본문 해석 작업은 독자들이 본문에 담긴 하나님의 의미(혹은 의도, God-sense)에 도달하도록 안내해야 하며, 과거에도 계셨던 하나님의 현재와 미래 실체를 발견하도록 도와야 한다."[29]

롱은 설교자들이 본문 석의에 있어서 본문에 대한 새로운 관점을 얻을 수 있는 제안들을 9가지로 제시하고 있다. 첫째, 본문을 쉬운 말로 바꿔 써보라. 둘째, 본문이 만일 이야기라면 모든 등장인물의 입장에 서서 다양한 관점을 통해 이야기를 분석해 보라. 셋째, 본문에서 이상하거나 자연스럽지 못한 부분이 있다면 자세히 살펴보라. 넷째, 본문에서 가장 핵심적인 중심 사상이 있는지 살펴보라. 다섯째, 본문이나 본문의 배후에 사상적 대립이나 갈등적 요소가 없는지 찾아보라. 여섯째, 본문과 전후 내용과의 문맥적 관계를 파악하라. 일곱째, 본문을 여러 관점에서 살펴보라. 여덟째, 중요한 문제에 대한 해답을 찾듯이 본문을 상고하며, 무엇을 질문할 것인지를 명확히 하라. 아홉 번째, 본문의 역할이 무엇인지 살펴보라.[30]

리처드는 이 단계를 상세한 관찰을 통해 의미를 파악하는 '찾는 작업'의 단계라고 한다. 그에 의하면 보는 작업에서 관찰한 내용들을 통해 그 본문의 의미를 발견해 내는 '찾는 작업'을 행한다. 의미를 찾는 작업에서는 본문을 관찰하면서 중요하다고 여겼던 단어나 관계(문법적인 관계, 논리적인 관계, 시대적인 그리고 지리적인 관계, 심리적인 관계, 문맥적인 관계, 문학 양

---

27) 송병현, 『엑스포지멘터리 역사서 개론』, 175.
28) 김중은, "룻기의 구조 및 신학," 401.
29) Cilliers, 『설교 심포니』, 99.
30) Long, 『증언하는 설교』, 125-131.

식의 관계)들에 질문을 던지고, 그 질문에 대한 답을 내린다. 그리고 답변들을 분석하고, 그 답변들을 적용하는 즉 본문에 대한 해석의 과정을 거친다.[31] 본문을 연구할 때 설교자는 본문이 의미하는 바를 밝히기 위해 문맥적 의미를 살펴야 한다. 본문 안에서 그리고 본문과 가까운 전후 문맥 안에서, 그 본문이 속한 성경의 문맥과 더 나아가 성경 전체의 문맥 안에서 본문이 갖는 의미를 발견해야 한다. 또한 성경 본문에 있는 문학적인 특징들을 주의 깊게 살펴야 한다. 즉 본문의 장르(내러티브, 시, 잠언, 기적이야기, 비유, 예언 등)는 무엇인지, 그리고 본문의 형태(은유, 직유, 과장법, 반어법 등), 수사학적 구조(병행대구, 교차대구, 수미쌍관 등)를 파악해야 한다.[32] 해석자는 하나님이 그 본문들을 주신 그대로 그 문학적 특이성 즉 본문의 장르와 함께 연구해야 한다.[33] 이 단계에서 설교자는 "이 본문에서 무슨 일이 발생했는가? 최초의 청중이나 독자들에게 이 말은 무엇을 의미했는가? 이 본문은 무슨 의미였는가? 이 본문은 맨 처음에 무슨 일을 했는가?"[34]와 같은 질문들을 던져보아야 한다. 주석이나 본문 연구에 필요한 기타 서적들을 참고하면 도움이 될 것이다.

특별히 구속사적 설교를 위하여 본문을 그 자체의 역사적 문화적 문맥 안에서 이해하려는 구속사적(하나님 중심적-그리스도 중심적) 해석이 필수이다. 본문이 원래의 청중들에게 주는 1차적 의미를 발견하고, 후에 성경 전체와 구속사 전체의 폭넓은 맥락 속에서 본문을 이해하는 것이다. 즉 본문 속에서 저자가 원래의 청중을 위해 의도한 의미를 밝히고, 더불어 본문은 하나님과 그분의 뜻(하나님의 행위, 하나님의 섭리, 하나님의 언약, 하나님의 율법, 하나님의 은혜, 하나님의 신실하심 등)에 대해 무엇을 드러내는가?를 찾아내는 것이다.[35] 각각의 본문은 성경 책 전체를 이루는 한 부분

---

31) Richard, 『삶을 변화시키는 7단계 강해설교 준비』, 40-63.
32) Long, 『성서의 문학 유형과 설교』, 44-49.
33) Robinson & Larson, 『성경적인 설교와 설교자』, 331.
34) Quicke, 『전방위 설교』, 238.
35) Greidanus, 『구약의 그리스도 어떻게 설교할 것인가』, 336-339.

이면서 동시에 그것은 또한 구속사에 기여하고 각각의 특별한 방법으로 그리스도를 가리키고 있다. 기독교 설교자의 임무는 연결 부분을 발견하고, 그것들을 유기적으로 연결시켜 주어야 한다.[36] 설교 본문을 성경 전체에 흐르고 있는 구속적인 메시지의 관점에서 관찰하고 연구하는 것이다. 룻기의 본문에서 헤세드나, 기업 무를 자, 하나님의 섭리 등에 관한 신학적 주제들은 구속사적인 메시지의 중요한 주제들이라고 할 수 있다.

좋은 해석 없이 좋은 설교가 있을 수 없음을 설교자는 명심해야 한다.[37] 더불어 한 가지 더 명심해야 할 것은 이 작업에 기도와 성령의 인도하심 없이 시작할 수 없다는 것이다.[38] "설교자는 하나님 앞에서 자신이 성경을 열고, 연구하고, 심지어는 그 말씀을 설교하기에 얼마나 무가치한 존재인지를 기도로 하나님께 표현해야 한다. 또한 설교자는 그 자신의 영적 무지와 자신의 마음의 죄성을 극복하기 위해 성령의 조명이 필요하다."[39] 그러므로 성령의 도우심을 철저하게 의지하며 기도와 함께 본문 연구를 시작해야 한다.

다. 3단계: 본문의 중심 주제와 목표 도출하기

기도와 성령의 조명과 함께 본문을 면밀하게 연구하고 해석하는 것은 설교본문이 어느 부분이든 그 부분을 정확하고 충실하게 설교하는 성경적 설교에 있어서 필수적인 일이다. 본문 연구의 마지막 단계로서 설교자가 해야 할 것은 본문이 오늘날 어떤 의미로 청중이 처한 삶의 정황 속으로 다가오는지를 간략히 요약하여 본문이 무엇을 말하며 행하고 싶은지를 한 문장으로 제시하는 것이다.[40] 이것은 다른 말로 본문의 중심 명제 또는 본문 아이디어((Main Idea 또는 Big Idea) 찾기라고 할 수 있다. 성경

---

[36] Robinson & Larson, 『성경적인 설교와 설교자』, 335.
[37] Robinson & Larson, 『성경적인 설교와 설교자』, 343.
[38] Akin 외 2인, 『본문중심으로 설교하라』, 187.
[39] Greg Heisler, 『성령이 이끄는 설교』, 홍성철·오태용 역(서울: 베다니출판사, 2008), 120.
[40] Long, 『증언하는 설교』, 147.

은 저자들이 청중에게 무엇인가를 전달하려는 의도를 가지고 기록한 아이디어의 책이다. 설교자는 성경 본문을 대할 때마다 그것을 볼 수 있어야 하고 찾아야 한다.[41] 성경적인 설교를 위해서 설교자는 무엇보다도 성경의 저자가 그 원래의 청중들과 소통하려 했던 아이디어를 이해하는 것이다. 성경 저자를 통해서 "하나님이 이 성경 본문의 원 수신자들에게 무슨 말씀을 하시는 것인가?"에 대한 질문을 던지며 저자가 성경 본문에 의도한 것을 이해하는 것이다.[42] 앞서 수행했던 작업들(본문 관찰과 주해)이 본문의 중심 아이디어를 찾고 표현하는 자료들이 될 것이다. 맥딜의 본문 아이디어에 대한 설명은 본문의 중심 아이디어를 이해하고 찾는데 도움이 될 것이다.

성경 저자가 원래의 독자들에게 의도한 메시지를 설교자가 성경 저자의 표현으로부터 개념을 도출해내는 것이 본문 아이디어이다. 본문 아이디어는 주어와 수식어로 주의 깊게 선택된 두 가지 단어를 사용해 표현한다. 주어는 "저자가 지금 말하고 있는 것이 무엇인가?"라는 질문에 답하는 것으로 이것은 본문의 핵심테마가 된다. 다른 한 단어 수식어는 주제를 설명하고 여기에 초점을 맞추는 부수적 테마이다. 그것은 "저자가 말하는 것의 범위를 저자 자신은 어떻게 제한시키고 있는가?"라는 질문에 대한 답변이라 말할 수 있다. 조합을 이룬 이 두 가지 테마는 아이디어를 가능한 정확하게 파악하는 데 도움을 준다. 본문 아이디어로 완성된 문장은 본문으로부터 역사적 정황과 함께 주어/수식어를 포함한 과거형 시제로 문장을 작성한다. 이러한 본문 아이디어의 주어/수식어는 설교로 만들 때 설교 아이디어의 주어/수식어로 전환되어 사용될 수 있다.[43]

---

41) Robinson & Larson, 『성경적인 설교와 설교자』, 543.
42) J. Kent Edwards, 『깊은 설교』, 조성헌 역(서울: 기독교문서선교회, 2012), 145.
43) McDill, 『강해설교를 위한 12가지 필수기술』, 154.

모든 성경은 한 단위 한 단위의 말씀마다 중심 사상과 최소 한 개의 보충 문장이 들어 있다. 설교자의 임무는 우선 중심 사상을 발견하고, 나아가 그 본문이 그 중심 사상에 대하여 말하는 바를 파악하는 일이다.[44] 리처드는 이 분문의 중심 명제가 본문의 심장에 해당한다며, 설교자는 본문 연구에서 이 중심 명제를 찾아내야 한다고 말한다. 그에 의하면 본문의 중심 명제는 "본문 속에 있는 모든 상세한 부분들을 하나로 묶어 주며, 또한 그것들에게 의미를 부여해 주는 하나의 사고 단위이다."[45] 크래독이 제시하는 것처럼 "본문이 무엇을 말하고 있는가?"라는 질문과 함께 "본문이 행하고 있는 것이 무엇인가?"라는 물음을 던짐으로써 본문의 중심 아이디어를 찾아 낼 수 있다.[46] 본문의 중심 명제는 두 개의 구성 요소를 가지고 있는데, 하나는 '저자가 이 본문에서 무엇에 대해 말하고 있는가?'에 대한 답변을 제공해 주는 "본문의 주제"와 다른 하나는 '저자가 이 본문에서 말하고 있는 주제에 대해서 무엇이라고 말하고 있는가?'에 해당하는 본문의 술어에 해당한다.[47] 본문의 중심 주제는 본문을 통일시키는 사상의 요약 진술이며, 설교의 통일성을 위하여 그 주제는 단 하나의 진술이 되어야 한다.[48] 이런 본문의 중심 아이디어를 도출해 내는 데에는 '언제 어디서 누가 무엇을 어떻게 왜'의 육하원칙을 사용하여 본문의 내용을 분석하는 것도 도움이 될 것이며, 전체 강해 단위를 쉬운 말로 바꿔 써 보는 것도 유익하고, 본문의 구조도를 통해서 종속 문장과 주문장 상호간의 관계를 파악함으로써 본문이 무엇을 말하고 있는지에 대한 단서를 얻을 수 있을 것이다.[49] 설교가 성경적이기 위해서는 그 중심에 석의적으로 온전한 본문의 아이디어가 있어야 한다.[50]

---

44) James Braga, 『설교 준비』, 김지찬 역(서울: 생명의말씀사, 1998), 152.
45) Richard, 『삶을 변화시키는 7단계 강해설교 준비』, 90-91.
46) Craddock, 『크래독의 설교 레슨』, 187-190.
47) Richard, 『삶을 변화시키는 7단계 강해설교 준비』, 92.
48) Greidanus, 『구약의 그리스도 어떻게 설교할 것인가』, 415.
49) Braga, 『설교 준비』, 152.
50) Edwards, 『깊은 설교』, 156.

고린도전서 12:4-11절까지의 본문에 대한 중심 아이디어 찾기 실례를 제시해 보면 다음과 같다.

- **주제**: 하나님의 영 성령께서 사람들에게 은사를 주신 목적
- **술어**: 교회와 성도를 유익하게 하시기 위해(교회의 덕을 세우기 위해)
- **중심명제**: 하나님의 영 성령께서 사람들에게 은사를 주신 목적은 교회와 성도에게 유익을 주시기 위함이다.

설교에는 명확한 목표 즉 표적이 있어야 한다. 그래서 설교는 산탄총(shotgun)이 되어서는 안 되고 소총(rifle)처럼 신중하게 표적을 조준해서 맞추어야 하는데, 그 첫걸음이 본문 연구를 통해 본문의 중심 아이디어를 찾아내는 것이다.[51]

그리고 설교자는 본문에서 중심 아이디어를 도출함과 더불어 본문의 목표를 찾아내야 한다. 중심 아이디어가 메시지라면, 목표(목적)는 그 메시지를 통해 이루고자 하는 것이다.[52] 좀 더 구체적으로 본문의 목표란 "알려진 저자이든 미상의 저자이든 자신의 원 청중에게 이 메시지를 보내면서 가졌던 목표의 간명한 진술이다."[53] 본문의 목표는 다음의 질문들에 대한 대답이라고 할 수 있다. "왜 저자는 이 메시지를 처음의 독자들에게 보내고 있는가? 저자는 처음의 독자들에게 어떤 사실들을 가르치려는 목적인가? 어떤 죄들에 대하여 처음의 독자들에게 경고하려는 것인가? 하나님의 신실한 사랑을 처음의 독자들에게 설득시키려는 것인가? 처음의 독자들이 하나님의 길로 행하기를 촉구하려는 것인가? 처음의 독자들이 하나님을 찬양하도록 격려하려는 것인가? 처음의 독자들을

---

51) Bruce Mohinny, 『목사님, 설교가 아주 신선해졌어요』, 오태용 · 김광점 역 (서울: 베다니출판사, 2000), 89.
52) Greidanus, 『성경 해석과 성경적 설교』, 248.
53) Greidanus, 『구약의 그리스도 어떻게 설교할 것인가』, 415.

위로하려는 것인가?" 이런 질문들과 그에 대한 답변과 함께 설교자는 각 본문을 가지고 그 특정 본문의 구체적 목표를 향하여 움직여 나아가야 할 필요가 있다. 저자의 구체적 목표를 발견해 내는 유익은 그것이 설교하려는 본문의 현실적 관련성을 드러내고 있기 때문이다.[54] 위의 고린도전서 12:4-11절까지의 본문에 대한 목표를 제시해 보면 다음과 같다.

> • **본문의 목표**: 하나님께서 성령을 통하여 초대교회 성도들에게 은사를 주신 목적은 교회의 덕을 세우고 유익을 주시기 위함이라는 것을 알게 하시기 위해.(은사는 성도 개인의 자랑이나 유익을 위해서가 아니라 공동체의 유익을 위해서 주신 것이라는 사실을 알고 은사를 잘 사용하도록 하기 위해서)

본문을 연구하면서 설교자는 두 가지 일을 해야 하는데, 하나는 본문의 중심 아이디어를 하나의 문장으로 진술하는 것이고, 또 하나는 본문의 모든 부분이 이 중심 아이디어와 어떤 관계를 가지느냐에 대해 진술하는 것이다. 이것은 분명 힘들고 어려운 작업이지만 성경적인 설교를 위해 반드시 거쳐야만 하는 과정이다.[55]

본 논문에서는 본문의 중심 아이디어를 제시하는데 있어서 그레이다누스의 방식을 따라 주해적인 중심 아이디어와 신학적인 중심 아이디어로 제시하며, 더불어 본문의 목표를 함께 제시하는 방식을 따르고자 한다. 주해적인 중심 아이디어는 주해를 통해 도출된 명제를 가능한 한 가장 정확한 언어로 청중에게 성경 저자의 의도와 강조점을 반영해 준다.[56] 신학적인 아이디어는 주해의 조각들이 맞춰져서 어떤 신학적 원리를 제시하는가를 밝히는 신학적 조망이다. 하나님의 계시라는 큰 그림에

---

54) Greidanus, 『구약의 그리스도 어떻게 설교할 것인가』, 416.
55) Robinson, 『강해설교』, 84.
56) Reg Grant & John Reed, 『탁월한 설교 이렇게 하라』, 김양천 · 유진화 역(서울: 도서출판프리셉트, 1996), 28.

진리의 조각들이 어떻게 결합되어 있는가를 발견해 내는 것이다. 신학적인 중심 아이디어를 위해 설교자는 다음과 같은 두 개의 신학적 물음에 답해야만 한다. 하나, 이 구절은 하나님과 그의 창조물 및 서로의 관계에 대하여 무엇을 말하고 있는가? 둘, 그 진리들은 같은 주제에 대하여 말하고 있는 다른 성경구절들과 어떻게 조화를 이루고 있는가? 이 두 개의 질문에 대한 답들이 신학적 중심 아이디어를 이루는 요소가 될 것이다.[57] 실례로 룻기 1장에 대한 본문의 중심 아이디어와 본문의 목표를 제시해 보면 다음과 같다.

주해적인 중심 아이디어	모든 것을 잃어버리고 절망가운데 홀로 처해있는 나오미에게 하나님께서는 현실의 희망(양식)과 미래의 희망(룻)을 주셔서 고향으로 돌아오게 하셨다.
신학적인 중심 아이디어	하나님은 삶의 비극적인 환경으로 인하여 전혀 희망이 보이지 않는 절망 중에 있는 인생들에게 희망을 주시고, 희망의 자리로 이끌어 주신다.
본문의 목표	하나님께서 인간적인 모든 희망이 사라진 절망 속에 있는 여인들(나오미와 룻)의 삶을 희망으로 전환해 가는 것을 이스라엘 백성들에게 알게 하기 위하여(설명 – 한 개인이나, 한 나라의 장래에 대한 희망은 전적으로 모든 것을 다스리시는(섭리하시는) 하나님께 달려있기에 이스라엘 백성들에게도 역시 희망은 하나님 한 분 뿐이심을 알게 하고, 위로하기 위하여)

이상으로 본문에서 설교에 이르는 설교의 과정가운데 첫째 과정인 본문 연구의 과정을 살펴보았다. 설교자가 설교를 위해 해야 할 첫 번째 그리고 가장 기본적인 과정은 본문을 철저히 연구하는 것이다. 설교자는 본문을 관찰하기 위하여 시간을 들여 읽고, 묵상하고, 노트하고, 그리고

---

57) Grant & Reed, 『탁월한 설교 이렇게 하라』, 33-41.

본문을 역사적, 문화적, 문법적, 신학적으로 각각의 문맥과 장르를 고려하며 할 수 있는 모든 것들을 활용하여 연구함으로 실제적이고 정확하게 그리고 확신 있게 '하나님이 하시는 말씀을 보라'고 말할 수 있어야 한다.[58]

나무가 건강하고 풍성하게 자라기 위해서는 무엇보다 뿌리가 튼튼해야 하고 건강해야 한다. 뿌리는 나무가 성장하도록 지탱해주며, 물과 양분을 공급하는 원천이다. 이처럼 설교가 건강한 성경적 설교, 풍성한 설교가 되기 위해서는 본문에 대한 바른 연구가 먼저 선행되어야 한다. 성경 본문은 설교가 건강하게 행해지도록 지탱해주며, 모든 설교의 소스(source)를 공급해 준다. 그러므로 설교자는 본문을 바르고 정당하게 취급하며, 본문에서 드러내고자 하는 의미와 의도를 분명하게 밝혀내야 한다. 본문의 중심 아이디어를 찾아내고, 본문의 목표를 분명하게 제시할 수 있어야 한다.

2. 설교의 둘째 과정(줄기): 목적의 다리

뿌리에서 흡수한 물과 무기 양분은 줄기를 통하여 잎으로 전달된다. 줄기는 잎과 뿌리를 연결하며, 식물체를 지탱하고, 뿌리로부터 흡수한 물과 무기 양분을 잎까지 운반하는 통로 역할을 한다. 설교의 과정에서 둘째 과정은 나무에서 줄기의 기능과도 같다. 본문 연구에서 얻어진 아이디어는 '목적의 다리'라는 통로를 건너 생동감 있는 설교로 나아갈 수 있다. 리처드는 이 목적의 다리를 가리켜 "설교의 두뇌"라고 묘사하며, 이 설교의 두뇌에 해당하는 설교의 목적은 설교의 준비 과정 및 전달 과정에 여러 면에서 영향을 준다고 말한다.[59] 설교에 있어서 두뇌와 같은 설교의 둘째 과정이면서 제4단계인 목적의 다리에 대하여 자세하게 살펴

---

58) Sunukjian, 『성경적 설교의 초대』, 32.
59) Richard, 『삶을 변화시키는 7단계 강해설교 준비』, 106.

보고자 한다.

| 둘째 과정(줄기) 본문과 청중 연결하기 | — | 4단계: 목적의 다리 |

제4단계: 설교의 목적 제시

설교의 근간은, 특별히 성경적 설교의 근원은 하나님의 말씀인 성경이다. 그러므로 설교자는 성경을 면밀히 관찰하고 분석하고 연구하여 본문에서 드러내고자 하는 본래의 의미 즉 당시의 청중들에게 들려진 1차적 의미를 밝혀야 한다. 본문에 대한 정당한 해석이 이루어져야 하는 것이다. 그러나 그렇다고 설교가 단순히 성경에 대한 해석이나 설명은 아니다. 또 성경이 쓰일 당시에 살았던 사람들의 상황이나 그들의 모험적인 이야기도 아니다. 어떻게 하면 고대의 종교적인 사람들처럼 될 수 있는지를 알려주는 안내서도 아니다. 설교자가 해야 할 임무 중 하나는 성경적 해석을 통해 우선적으로 말씀을 이해하는 것이며, 그 다음은 그 말씀을 제대로 오늘의 청중에게 들려주는 것이다. 그러기에 설교자는 성경 저자들이 살았던 과거와 이 시대의 청중이 살고 있는 오늘이라는 간격을 가로질러서 동시에 두 시점을 볼 수 있어야 한다. 설교자는 '그 때'(then)와 '지금'(now)이라는 간격에 다리를 놓아 다리의 저편으로 건너가야 할 뿐 아니라 동시에 성경에 등장하는 당시의 성도들에게 이미 전달되었던 그 메시지를 가지고 오늘로 다시 돌아와야 한다.[60] 즉 설교는 본문(성경) 지향적이면서 청중 지향적이기에 본문에서 설교로 나아갈 때에 청중에 대한 인식을 붙들고 가야 한다.[61] 성도들이 처해 있는 현실을 염두에 두고 설교의 목적을 명쾌하게 밝힐 수 있어야 한다. 리처드의 표현대로 이

---

60) McDill, 『강해설교를 위한 12가지 필수기술』, 168.
61) Hartner & Eschmann, 『다시 설교를 디자인하라』, 82.

것은 '목적의 다리-설교의 두뇌'라고 할 수 있다. [62] 롱은 이것을 "오래 전에 기록된 본문으로부터 이 시대를 위한 설교로, 본문의 장르로부터 설교라고 하는 또 다른 문학적 장르로 옮겨가는 것"[63]이라고 말한다. 그래서 "오늘날 해석자들의 가장 중요한 임무는 이미 일어난 하나님의 역사적 행위로서 커뮤니케이션에 관해 탐구할 것이 아니라 지금 현재 우리에게 주장하고 계신 말씀으로서 커뮤니케이션을 경험하는 것"[64]이라고 한다.

"설교는 본문에 중점을 두면서 청중에게 초점을 맞추어야 한다. 주석으로부터 설교에 이르는 과정 동안 계속해서 설교는 그 의도에 충실해야 하고 현재의 청중에게 적절한 단어를 구사해야 한다."[65] 즉 설교자는 성경과 청중 모두를 주해해야 한다.[66] 성경의 본문과 오늘의 청중 사이에는 언어적, 문화적, 역사적 간격이 있기 마련이다. 고대의 성경 본문과 현대의 독자나 청중 사이에는 수 세기에 걸친 간격이 존재한다. 그러므로 설교자는 해석이라는 작업을 통해서 이런 간격들이 무리 없이 넘나들 수 있도록 견고한 해석학적 그리고 설교학적 다리를 놓을 수 있어야 한다. 이 작업은 "설교자가 본문을 정확하게 주해하여 얻어낸 본문의 중심 메시지나 핵심 주제를 결정하여 그 내용을 최소한의 가능한 추론을 덧붙여서 청중에게 전달하고 그 과정에서 시의 적절한 적용점을 제공함으로 이뤄진다."[67] 이 연결의 작업이 바로 설교의 목적을 명확하게 제시하는 것이다. 설교의 목적은 원래 성경 본문이 전한 메시지를 통해서 성경 본문이 전하고자 하는 원래의 메시지를 얻어내는 데 있으며,[68] 설교의 결과로서 청중에게 무엇인가 일어나기를 기대하는 것이다.[69] 설교의 목

---

62) Richard, 『삶을 변화시키는 7단계 강해설교 준비』, 35.
63) Long, 『증언하는 설교』, 147.
64) Long, 『증언하는 설교』, 157.
65) Willhite & Gibson, 『빅 아이디어 설교』, 20.
66) Graham 외 11인, 『영혼을 살리는 설교』, 178.
67) Cilliers, 『설교 심포니』, 225.
68) McDill, 『강해설교를 위한 12가지 필수기술』, 168-169.
69) Robinson, 『강해설교』, 131.

적은 설교의 준비 과정 및 전달 과정에 많은 영향을 미치게 되며, 성경 본문과 설교 사이를 연결 짓는 다리 놓기로서 매우 중요하다. 퀵은 이러한 설교의 목적 제시를 가르쳐 설교자가 자신의 설교를 통해서 실행하려는 요지이며, 이 요지들을 일컬어 설교 사건의 핵심 효과(또는 파급효과, main impact)라고 부른다. 그는 이 과정에서 설교자들은 본문의 의미를 현재 시제로 성취하는 즉 본문의 의미를 밝히는 해석 작업과 함께, 청중의 소리와 문화, 설교자 그리고 예배의 목소리들에도 귀 기울이는 현대를 위한 성경 본문 해석이 필요하다고 말한다.[70]

설교의 목적은 설교의 아이디어와 부합되면서 동시에 본문의 목표와도 조화되어야 한다.[71] 설교의 목적은 본문의 진리를 설교 안에서 설교의 표현으로 가져오도록 하기 위한 해석학적 다리를 구축하는 것인데, 설교자는 본문의 중심 아이디어로부터 흘러나온 목적 문장을 작성해야 한다. 본문의 주석적 아이디어의 핵심을 청중에게 전달할 수 있도록 신선하고 생동감 있는 현대적 용어로 한 문장으로 진술한다.[72] 이 때, 설교의 목적은 본문의 메시지에 믿음의 반응을 요구하는 것이 되어야 하고, 본문의 메시지를 자연스럽게 전달하는 것이어야 하며, 청중이 설교의 특수한 메시지에 반응하도록 계획하는 것이다.[73]

앞서 살펴본 룻기 1장의 본문 중심 아이디어와 목표 그리고 설교의 목적을 제시해 보면 다음과 같다.

---

70) Quicke, 『전방위 설교』, 238–239.
71) Greidanus, 『구약의 그리스도 어떻게 설교할 것인가』, 455.
72) Robinson, 『강해설교』, 126.
73) McDill, 『강해설교를 위한 12가지 필수기술』, 184–185.

주해적인 중심 아이디어	모든 것을 잃어버리고 절망가운데 홀로 처해있는 나오미에게 하나님께서는 현실의 희망(양식)과 미래의 희망(룻)을 주셔서 고향으로 돌아오게 하셨다.
신학적인 중심 아이디어	하나님은 삶의 비극적인 환경으로 인하여 전혀 희망이 보이지 않는 절망 중에 있는 인생들에게 희망을 주시고, 희망의 자리로 이끌어 주신다.
본문의 목표	하나님께서 인간적인 모든 희망이 사라진 절망 속에 있는 여인들(나오미와 룻)의 삶을 희망으로 전환해 가는 것을 이스라엘 백성들에게 알게 하기 위하여(설명 - 한 개인이나, 한 나라의 장래에 대한 희망은 전적으로 모든 것을 다스리시는(섭리하시는) 하나님께 달려있기에 이스라엘 백성들에게도 역시 희망은 하나님 한 분 뿐이심을 알게 하고, 위로하기 위하여.
설교의 목적	환난, 역경, 고난과 고통의 절망 속에서도 삶의 희망을 주시고, 희망 가운데로 인도하시는 하나님을 그의 백성들(오늘의 청중들)이 바라보고 신뢰하도록.

성경 저자는 특별한 상황에서 특별한 청중을 염두에 두었다. 설교자에게 있어서 하나의 임무는 저자의 목적을 이해하고, 그리고 청중에 대한 설교의 목적을 정하는 것이다. 설교의 목적이 이루어진다면, 설교는 이루어질 수 있다.[74] 설교자는 하나님이 성경을 통해 주신 메시지를 전달하고, 청중이 그 메시지를 받고 이해하고 행동하도록 해야 한다.[75] 일반적으로 설교의 목적은 "교회 전체를 세우고 격려하고 위로하며(고전 14:3), 각각의 교인을 준비시켜 봉사하게 하며,(엡 4:11-12), 가르치며, 책

---

74) Willhite & Gibson, 『빅 아이디어 설교』, 229.
75) Hershael W. York & Bert Decker, 『확신 있는 설교』, 신성욱 역(서울: 생명의말씀사, 2008), 174.

망하며, 바르게 하며 의로 교육하는(딤후 3:16)것"76)이 될 수 있다.

지금까지 설교의 둘째 과정으로서 본문과 청중을 연결하는 목적의 다리(설교 목적 제시)에 대해서 살펴 보았다. 나무가 건강하게 자라기 위해서는 나무의 뿌리가 튼튼하고 건강해야 하지만 또한 그 뿌리와 잎을 연결하는 줄기가 건강하게 제 역할을 잘 해야 한다. 뿌리에서 뽑아낸 생명의 수액(물과 양분)을 연결고리인 줄기가 잎으로 잘 연결해 줄 수 있어야 한다. 물과 양분의 연결 통로로서 줄기는 뿌리와 잎을 연결하며 나무의 풍성함을 더 해간다.

이와 같이 설교가 제대로 건강하고 풍성하게 행해지기 위해서는 본문과 청중사이의 연결 다리 놓기 작업이 잘 이루어져야 한다. 본문을 해석하는 노력과 청중을 해석하는 노력 이 둘 사이에는 거리가 있기 마련이고, 그 거리를 다리를 놓아 연결하는 것은 설교 사역에 있어서 매우 중심적인 문제이다. 설교자는 본문과 청중이 설교 속에서 서로 어떻게 연결되는지, 청중의 필요가 무엇이고, 어떠한 상황에 처해 있는지에 대한 질문을 던지며 본문과 청중 사이의 목적의 다리를 놓아 그 때의 말씀이 오늘의 청중들에게 적실성 있게 들려지게 해야 한다. 그리고 설교를 듣는 청중들의 마음속에 무엇인가 일어나기를 기대해야 한다. 이것이 설교의 목적이 분명하게 제시되어야 할 이유이다.

3. 설교의 셋째 과정(잎): 설교 작성 및 전달

나무의 뿌리에서 끌어올려진 물과 양분은 줄기를 통해 잎으로 전달되고, 잎은 나무가 필요한 에너지를 만들게 된다. 나뭇잎이 왕성하게 활동한다는 것은 나무가 건강하다는 것을 의미한다. 반대로 나뭇잎이 활동을 하지 않는다는 것은 나무의 죽음을 의미한다. 설교의 과정에서 철저한 본문 연구로부터 밝혀진 중심 명제가 목적의 다리를 통해 설교로 나아가

---

76) Greidanus, 『성경 해석과 성경적 설교』, 247.

게 되는데, 설교가 성경적 토대위에서 제대로 만들어지고 청중에게 적실하게 전달될 때 건강하고 효과적인 설교가 되는 것이다. 아무리 본문을 연구하고, 목적의 다리를 잘 건넜다할지라도 설교화의 과정에서 실패한다면 그 설교는 생명력 없는 설교로 전락할 수 있는 것이다.

이번 과정은 설교의 셋째 과정으로서 설교자는 본문 연구의 첫째 과정에서 관찰과 주해를 통해 밝힌 본문의 중심 명제와 목표를 가지고, 목적의 다리를 건너 설교의 아이디어 제시와 함께 실제 설교의 작성과 전달의 단계인 셋째 과정에 돌입하게 된다. 즉 본문 연구의 뿌리에서 얻은 생명의 수액이 줄기를 통해 공급 되어 잎으로 퍼져나가는 과정이다. 이 과정에 대하여 롱은 이렇게 말하고 있다.

> 설교자는 성경 본문에 대한 석의 과정을 마치고 직접 설교하는 단계로 접어듦으로써 첫 번째 의미의 증인으로부터 두 번째 의미의 증인으로 옮겨간다. 지금까지 우리는 회중을 대신하여 성경으로 보냄을 받아, 본문과 만나 그것에 귀를 기울여 본문이 우리에게 주시는 말씀을 직접 듣고 경험하였다. 이제 우리는 설교를 향해, 강단을 향해, 회중을 향해 나아가 본문이 주신 말씀에 관한 진리를 전해야 한다. 본문으로부터 설교로 옮긴다고 하는 것은 목격하는 것으로부터 입증하는 것으로, 보는 것으로부터 말하는 것으로, 듣는 것으로부터 말하는 것으로, 인식하는 것으로부터 증언하는 것으로, 증인이 되는 것으로부터 증언하는 것으로 옮기는 것이다.[77]

본문 연구에서 목적의 다리를 건너 설교에 이르게 되는 이 설교의 셋째 과정에는 설교의 main idea 찾기 단계, 설교의 outline 구성 단계, 설교 원고 작성과 전달의 단계가 포함되어 있다.

---

[77] Long, 『증언하는 설교』, 146.

5단계: 설교의 main idea 도출

모든 설교는 하나의 핵심명제를 가져야 한다. 이 핵심 명제는 적용에 강한 방식으로 언급된 주요 요지를 말한다.[78] 로빈슨은 "모든 설교는 단 하나의 지배적인 아이디어(Main Idea 또는 Big Idea)에 대한 설명이거나 해석 혹은 적용인데 이 지배적인 아이디어는 성경의 한 본문 혹은 여러 본문 가운데서 나온 다른 여러 아이디어에 기초한 것이라"[79]고 주장한다. 이 설교의 아이디어는 성경의 원 저자가 자신의 청중에게 전달해준 특정한 메시지를 대신하여 오늘 이 시대의 그 말씀을 들을 모든 청중에게 적용되는 보편적인 원리이다.[80] 즉 설교의 아이디어는 석의 작업의 결과에 기초한 것으로서 위대한 성경의 진리를 가져다가 오늘날 그것을 들을 청중들에게 적실하고 적합한 방법으로 진술하는 것이다.[81] 이 설교의 아이디어는 본문의 중심 명제가 목적의 다리를 건너 옷을 바꿔 입고 나타나게 된다.[82] 설교 본문에 충실하기 위해서 설교의 아이디어를 한 문장으로 요약하는 것은 본문 아이디어를 요약하는 것과 가능한 유사하게 이루어져야 한다.[83] 즉 본문의 아이디어와 설교의 아이디어는 같다. 단 시제가 과거에서 현재로, 그리고 특수한 상황에서 일반적인 상황으로 바뀌어야 한다. 본문의 아이디어가 목적이라는 다리를 통과함으로 현대의 청중들이

---

78) York & Decker, 『확신 있는 설교』, 178.
79) Robinson, 『강해설교』, 42.
80) McDill, 『강해설교를 위한 12가지 필수기술』, 182.
81) Robinson & Larson, 『성경적인 설교와 설교자』, 544.
82) Richard, 『삶을 변화시키는 7단계 강해설교 준비』, 116.
83) Greidanus, 『구약의 그리스도 어떻게 설교할 것인가』, 454.

이해하고 순종할 수 있도록 현실적이고 적용적인 메시지로 전환된다.[84] 설교 아이디어의 목적은 이 아이디어를 중심으로 설교를 구성하고 조직화하는 것이며, 설교가 끝났을 때 청중의 마음 가운데 깊은 여운을 남기는 것이다.[85] 설교의 아이디어는 "성경을 정확하게 반영하면서 교인들에게 의미 있는 관련을 가질 수 있게끔 성경적 개념을 서술하는 것이다."[86]

맥딜은 설교의 아이디어에 대하여 "본문 아이디어의 핵심으로 동일한 주어/수식어의 형태로 구성되나 본문 아이디어의 역사적 요소를 배제하여 현재형 시제와 시간에 제한되지 않는 보편적 진술문장으로 표현된다."[87]고 말한다. 리처드는 설교 아이디어에 대하여 "설교자가 전달하는 설교의 중심 명제는 일반적인 대상에게 두루뭉술하게 퍼져 가는 불빛이 아니라 특정한 성도들에게 초점이 맞춰지는 레이저 광선과 같은 것이다. 설교의 중심 명제는 항상 성경의 본문을 그 권위 있는 빛의 근원으로 삼고 있다."[88]고 말한다. 맥딜의 본문 아이디어와 설교 아이디어에 대한 설명은 설교의 아이디어를 이해하고 작성하는데 유익할 것이다.

〈표 37〉 맥딜의 본문 아이디어와 설교 아이디어 비교[89]

그때와 지금의 아이디어	
본문 아이디어	설교 아이디어
본문 저자가 말한 것 주어/수식어에 근거함 완전한 문장으로 작성됨 하나의 특정한 시점 한 가지 신학적 개념	설교자가 말하고 있는 것 주어/수식어에 근거함 완전한 문장으로 작성됨 하나의 보편적인 원리 한 가지 신학적 개념

---

84) Richard, 『삶을 변화시키는 7단계 강해설교 준비』, 35.
85) Robinson & Larson, 『성경적인 설교와 설교자』, 540.
86) Robinson, 『강해설교』, 137.
87) McDill, 『강해설교를 위한 12가지 필수기술』, 173.
88) Richard, 『삶을 변화시키는 7단계 강해설교 준비』, 123.
89) McDill, 『강해설교를 위한 12가지 필수기술』, 183.

설교자는 본문 아이디어서 나온 설교 아이디어를 일관되고 분명하게 설교하는 것이 중요하다. 하나의 중심 주제를 중심으로 행해지는 설교는 효과적이고 청중의 삶의 변화를 가져올 수 있다.[90] 로빈슨은 설교에 있어서 한 아이디어가 중요함을 강조하면서, 도날드의 말을 빌려 이렇게 말하고 있다.

…어떤 설교 한 편이든 하나의 주 아이디어를 가져야 한다. 요점 대지들이나 소지들은 이런 하나의 거대한 사상의 부분들이 되어야 한다. 어떤 특별한 음식의 내용물은 맛있고 소화할 수 있는 크기로 잘려진 전체의 모든 부분들인 것처럼 어떤 설교의 요점들도 사람이 그것을 이해하고 소화할 수 있는 만큼 조그맣게 조각으로 부수어 만든 한 주제의 작은 조목이 되어야 한다.…이제 이 장에서 논술한 것을 가장 간단한 말로 진술하자면, 모든 설교는 한 테마를 가져야 하고 그 테마는 그것이 기초하고 있는 성경의 부분적 테마가 되어야 한다는 것이다.[91]

설교자는 설교의 중심 아이디어를 분명하게 부각시키고, 가능한 한 많이 구체화시키는 것이 좋다. 복잡한 내용은 단순화시키고, 불분명한 것은 분명하게 설명해야 한다.[92] 로빈슨이 말하는 설교의 중심 아이디어를 만드는데 필요한 몇 가지 제안을 보면 다음과 같다.

- 가능한 간단하고 기억에 남을 수 있도록 사상을 진술하라. 모든 단어를 일일이 점검하라. 듣기 쉽도록 진술하라. 청중이 애써 기억하지 않아도 되도록 하라.
- 구체적이고 친숙한 단어로 사상을 진술하라. 기억에 남는 구호로 만들

---

90) Anderson, 『설교자의 선택』, 122.
91) Donald G. Miller, *The Way to Biblical preaching*; Robinson, 『강해설교』, 43에서 재인용.
92) Chapell, 『그리스도 중심의 설교』, 148.

기 위해 잡지 광고를 참조하라. 종교 용어를 모르거나 쓰지 못하는 사람들에게 여러분의 사상을 전달할 문장을 제시해야 한다면 그것을 어떤 방식으로 표현하겠는가?
- 청중의 반응을 염두에 두고 사상을 진술하라. 여러분은 청중이 어떻게 반응하기를 바라는가? 여러분이 청중의 할 일을 안다면 그들에게 말하라
- 청중이 자신들에 관해 이야기하고 있다고 느낄 수 있도록 사상을 진술하라. [93]

설교자가 하나의 중심 주제를 갖는 것은 메시지를 어디로 끌고 가야 하는지에 대한 확신을 갖게 하며, 한 가지 아이디어로 집약되는 것은 청중에게도 흥미를 더해줄 수 있다. 설교에 있어서 하나의 중심 아이디어는 설교자에게도 설교에 대한 확신을 갖게 하는 힘이 되고, 청중에게도 설교에 주의를 기울이게 만드는 힘이 된다. [94] 룻기 1장에 대한 설교의 아이디어를 본문의 아이디어와 함께 제시하면 다음과 같다.

주해적인 중심 아이디어	모든 것을 잃어버리고 절망가운데 홀로 처해있는 나오미에게 하나님께서는 현실의 희망(양식)과 미래의 희망(룻)을 주셔서 고향으로 돌아오게 하셨다.
신학적인 중심 아이디어	하나님은 삶의 비극적인 환경으로 인하여 전혀 희망이 보이지 않는 절망 중에 있는 인생들에게 희망을 주시고, 희망의 자리로 이끌어 주신다.
설교의 아이디어	온 세상이 무너져 내리는 것 같은 깜깜한 절망 속에서도 하나님은 희망의 빛을 비추어 주신다.

---
93) Robinson, 『강해설교』, 128-129.
94) Craddock, 『크래독의 설교 레슨』, 238.

본문의 아이디어와 설교의 아이디어는 메시지의 핵심 면에서는 동일하다고 할 수 있다. 그러나 시제가 과거(희망을 주셔서 돌아오게 하셨다)에서 현재(희망의 빛을 비추어 주신다)로, 그리고 특수한 상황(모든 것을 잃어버리고 절망가운데 홀로 처해있는 나오미에게)에서 일반적인 상황(온 세상이 무너져 내리는 것 같은 깜깜한 절망 속에서도)으로 바뀌어짐을 볼 수 있다. 본문의 주해적인 아이디어와 동일한 주어/수식어의 형태로 구성되지만 본문 아이디어의 역사적 요소를 배제하여 현재형 시제와 시간에 제한되지 않는 보편적 진술문장으로 표현된다. 본문의 아이디어가 목적이라는 다리를 통과함으로 현대의 청중들에게 친숙하고, 현실적이고, 적용적인 메시지로 전환되는 것이다. 이런 설교의 아이디어는 설교자에게는 본문을 설교로 연결하는 하나의 일관된 사고를 제공해 주며, 청중들에게는 설교를 따라가는데 도움을 준다.[95]

6단계: 설교의 outline 구성하기

설교의 과정은 점점 절정을 향하여 치닫게 되는데, 설교 원고를 작성하기에 앞서 이 단계에서는 설교의 목표와 설교의 아이디어를 중심으로 설교의 개요를 만드는 단계이다. 일단 설교의 아이디어를 잡았다면 그것을 청중들에게 소개하고 설명하고 적용하는 방법이 필요하게 된다.[96] 그것이 바로 설교의 개요(outline)이다. 설교는 전체의 내용이 설교의 아이디어와 함께 분명한 목표나 클라이맥스를 향해 움직여야 한다. 즉 설교가 설교의 중심 메시지를 벗어나지 않고, 설교의 중심 메시지를 청중들이 쉽게 파악할 수 있도록 구성되어야 하는데 여기에서 설교의 개요 작성이 요청되는 것이다.[97] 설교의 아웃 라인은 "그 성경 단락의 진리가 어떻게 특정한 청중에게 현대적인 방식으로 전달될 것인지를 보여준다. 그것

---

95) McDill, 『강해설교를 위한 12가지 필수기술』, 173.
96) Stanley, 『설교 코칭』, 154.
97) 김종기, 『설교준비, 이렇게 하라』, 147-148.

은 영원한 진리를 선포하고, 어떻게 이 진리가 본문의 세부사항에서 유추되었는지를 보여주고, 그 다음에 이 진리를 현대 청중의 구체적인 상황에 적용한다."[98] 그레이다누스는 이 설교의 개요를 작성하는 단계야말로 설교의 전체적 틀을 명확하게 조감할 수 있는 단계라고 말한다. 이 설교 개요에 대한 그의 말을 더 들어보자.

> 메시지의 중심 진의(주제), 설교의 목표, 본문의 주요한 내용은 물론 본문으로부터 그리스도를 설교함에 있어 적절한 요소들까지도 모두 알고 있는 것이다. 이때야말로 이러한 모든 요소들을 적절히 배열함으로써 강력한 메시지를 준비할 수 있는 절호의 시기이다. 밑그림을 스케치하는 화가와도 같이 설교자는 세부를 그려 넣기에 앞서 설교의 구조에 대한 개요를 준비한다. 다만 화가가 자유로이 밑그림을 벗어날 수 있는 것처럼, 설교자도 원고를 작성함에 있어 충분한 이유가 있다면 애초의 개요와는 차이를 보이는 원고를 작성할 수 있음 또한 물론이다. 개요는 죄수용 구속복(straitjacket)이 아니라 안내서로서 작성되는 것이기 때문이다.[99]

그레이다누스에 의하면 이 설교 개요를 만드는 단계야말로 설교에 있어서 효과를 극대화할 수 있는 매우 중요한 단계인 것이다. 로빈슨은 "개요가 튼튼한 설교는 실패하는 법이 없다."면서 개요 작성의 유익한 점을 네 가지로 말한다.[100]

> 개요는 적어도 네 가지 목적에 이바지한다. 첫째로 설교자의 눈과 마음속에 설교의 각 부분들 사이의 관계들을 명료하게 한다. 둘째로 설교자가 그의 설교를 한눈에 볼 수 있게 하고, 따라서 통일감을 높인다. 역시 개요는

---

98) Sunukjian, 『성경적 설교의 초대』, 36.
99) Greidanus, 『구약의 그리스도 어떻게 설교할 것인가』, 456.
100) Robinson, 『강해설교』, 159.

아이디어들의 질서를 구체화하여 듣는 자들로 하여금 그에 대한 조리가 서게 한다. 마지막으로 그 논점을 전개하기 위하여 보조하는 자료를 더 요하는 곳이 개요 안에 어디 있는지를 깨닫게 한다.

매튜슨은 설교 준비 단계에서 설교의 개요를 만드는 작업은 설교자들에게 결코 쉽지 않은(참으로 위협적인) 단계라면서 설교의 개요를 만드는 방법을 몇 가지 제시하고 있다.[101] 그가 제시하는 효과적인 개요 작성의 방법을 표로 제시하면 다음과 같다.

〈표 38〉 효과적인 개요 작성의 비결

방법	부연설명
1. 설교의 개요를 청중에게 기억시키려고 의도하지 말라.	설교 개요는 설교자에게 설교 전달의 계획과 방향감각을 제시하는 것이기에 미리 개요를 숙지하고 있어야 하겠지만, 청중도 그럴 필요는 없다는 것이다.
2. 설교자는 설교의 중심 대지(main point)를 설교의 시작이 아니라 끝으로 간주하라.	설교자는 개요를 준비할 때 어떤 요점이 귀납적으로 전개되어야 하는지를 염두에 두고 있어야 하며, 설교의 개요에 이를 표시해 두는 것이 좋다.
3. 개요의 요점들(outline points)을 온전한 문장으로 제시하라.	개요를 기록해 보는 것은 설교자의 사고 발전에 도움이 된다. 요점을 온전한 문장으로 기록해 보라.
4. 논리적 요점이 아니라 설교의 움직임의 관점에서 개요를 구상하라.	설교는 단순히 요점을 제시하는 것이 아니기 때문에 설교의 중심사상이 기억되도록 일련의 연속적인 움직임을 취해야 한다.

---

101) Mathewson, 『청중을 사로잡는 구약의 내러티브 설교』, 213-220.

설교의 아웃 라인은 대개 설교 준비 단계의 상당히 뒷부분에 위치하게 되는데,[102] 중요한 것은 설교자들이 이 단계를 생략하고 곧 바로 원고 작성에 들어가서는 안 된다는 것이다. 이 설교 개요의 단계를 생략하게 되면, 설교의 구성이 느슨해질 수 있고, 설교자가 (그리고 뒤에 가서는 청중들도) 세부 사항에서 혼돈을 일으킬 수 있기 때문이다.[103]

여기에서 룻기 1장에 대한 설교의 개요를 제시해 보면 다음과 같다. 이 개요는 내러티브 설교 형식을 취한 설교의 개요이다.

설교 제목: "절망의 심연에서 희망의 언저리로"
설교 본문: 룻기 1장

도입
  위기를 만난 성도들의 삶에 대한 이야기

Ⅰ. 갈등 포인트: 약속의 땅에도 기근이 오는가?(1-2)
  A. 모든 것이 풍요롭고, 먹을 것 걱정 없다던 약속의 땅 베들레헴(떡집)에 기근이 옴(1)
  B. 기근을 피해 모압 지방으로 이주하여 거하는 나오미 가정(2)

Ⅱ. 갈등의 심화: 죽음과 텅 빔(3-5)
  A. 남편과 두 아들의 죽음 이후 홀로 남겨진 나오미(3-5)

Ⅲ. 전환점: 여호와께서 자기 백성에게 양식을 주셨다함을 듣고 고향으로 돌아오려는 나오미(6-18)
  A. 여호와께서 자기 백성을 돌보사 양식을 주셨다는 소식을 들음(6)
  B. 두 며느리와 돌아오는 길에서의 대화(7-14)
  C. 시어머니와 함께 하겠다는 룻의 위탁(15-18)

---

102) Sunukjian, 『성경적 설교의 초대』, 48.
103) Greidanus, 『구약의 그리스도 어떻게 설교할 것인가』, 456.

> Ⅳ. 해결: 룻과 함께 나오미가 다시 고향으로 돌아오다(19-22)
>   A. 나오미를 맞이하는 고향 사람들(19)
>   B. 고향 사람들의 환영에 반응하는 나오미(20-21)
>   C. 나오미가 고향으로 돌아온 때의 시점에 대한 정보(22)
>
> **결론**
>   자기 백성을 위하여 보이지 않지만 여전히 일하시는 하나님께서 희망을 주시고 희망이 되어주신다. 비록 삶의 흑암들, 절망의 흑암들이 펼쳐져 있을 지라도 희망이 되어주시는 주님, 그 주님이 주시는 희망의 한 자락 붙들고 일어서라.

비록 개요가 설교는 아니지만 설교자가 개요를 작성함으로써 설교의 구성이나 형태를 어떻게 취해야 될지 알 수 있다. 그리고 설교자의 사고 속에서 설교가 따라가게 될 기본적인 움직임들을 가늠할 수 있고, 설교가 매끄럽게 잘 흘러갈 수 있을지를 평가해 볼 수도 있다.[104] 물론 설교의 구성이나 형식에 따라 개요는 다양하게 만들어질 수 있을 것이다.

7단계: 설교의 원고 작성 및 전달하기

준비 없이 좋은 설교가 있을 수 없다. 지금까지의 준비 작업을 토대로 이제 설교의 완성의 단계에 들어서게 된다. 하나의 완성된 작품을 만드는 작업이다. 그것은 곧 지금까지 설교에 필요한 모든 준비 작업들을 원고로 작성하는 것이다. 다른 말로 앞에서 조각된 설교의 뼈대 위에 살을 갖다 붙이는 작업으로 이전까지 진행해 온 설교의 과정에서 이루어진 모든 자료들을 설교의 아웃 라인과 그 틈새에 배열하며,[105] 그것을 글로 옮

---

104) Mathewson, 『청중을 사로잡는 구약의 내러티브 설교』, 228.
105) 정장복, 『설교 사역의 멘토링』(서울: 예배와 설교아카데미, 2012), 154-155.

기는 작업이다. 설교의 내용을 글로 쓰는 작업은 설교 작성의 마지막 손질에 해당한다. 설교자는 가능하면 설교하려는 모든 단어 하나하나를 다 글로 옮겨야 한다.[106] 이동원은 원고 작성에 대하여 이렇게 말하고 있다. "눈을 위해서가 아니라 귀를 위해 써라. 우리의 설교가 들려지는 설교라면, 문학적인 과정과는 다르다. 청중들이 이 설교를 들었을 때 어떻게 듣겠는가를 염두에 두고 기록하라는 것이다. 그들은 설교자의 설교를 읽는 것이 아니라 듣게 되는 것이다."[107] 리처드는 설교 원고를 작성하는 작업에 대한 장점을 몇 가지로 말하고 있다.

첫째, 설교가 발전되어 가는 가정을 직접 볼 수 있으므로 설교의 내용을 향상시킬 수 있다. 둘째, 글로 쓰게 되면 설교를 직접 전하기 전에 설교를 내 것으로 소화시킬 수가 있다(외우는 것이 아니라). 셋째, 새롭거나 더 좋은 정보들을 얻게 됨에 따라 설교의 내용을 향상 시킬 수 있다. 넷째, 예화나 전환 구절이나 또는 적용 등에 더 필요한 부분이 있는가를 알 수 있게 해준다. 불필요하거나 부적당한 내용은 또 제거할 수도 있게 해준다. 다섯째, 설교의 길이가 얼마나 될 것인가를 알 수 있으며, 따라서 그 길이를 조정할 수 있게 된다. 여섯째, 원고를 미리 많이 보아 둠으로 해서 강단에 섰을 때는 설교 내용을 기억하는 데 많은 도움을 얻게 된다. 일곱째, 다른 교회에 가서 설교를 하게 되더라도 중요한 것들은 하나도 빼놓지 않고 설교를 할 수 있을 것이다. 원고를 써놓지 않고는 같은 설교를 할 수 없다. 여덟째, 이미 사용한 예화들이 어떤 것인가를 기록에 갖고 있으므로 같은 예화를 반복해서 사용하지 않게 된다. 아홉째, 설교집을 내는 데도 도움이 될 것이다. 어쨌든 후에 다시 사용할 수 있는 설교의 내용을 글로 간직할 수 있게 된다.[108]

---

106) Richard, 『삶을 변화시키는 7단계 강해설교 준비』, 180-181.
107) 이동원, 『청중을 깨우는 강해 설교』(서울: 요단출판사, 1996), 202.
108) Richard, 『삶을 변화시키는 7단계 강해설교 준비』, 181-182.

이 외에도 원고를 작성하면 설교자가 중언부언 하지 않게 되는 점과 절제되면서도 풍성한 어휘력을 구사할 수 있다는 장점도 있다. 또 진리가 무게감 있게 청중들에게 전달되는데 그것은 설교자의 부지런함과 준비성과 최선을 다한다는 확신 속에서 그러한 무게감이 청중들에게 느껴지게 된다.[109] 물론 단점으로는 설교자가 원고에 매여 청중과의 교감이 방해될 수 있으며, 설교가 생생한 만남의 사건보다는 일종의 딱딱한 강의나 연설로 변질될 수 있다.[110] 즉흥성에 있어서 성령에 민감하지 못한 설교가 될 수 있다.

이렇게 설교 조각의 마지막 손길로서 설교가 원고로 작성되었다면, 강단에 올라가기 전까지 원고를 몇 번이고 읽으면서 수정하고 다듬고 촘촘하게 글을 엮는 작업을 해야 할 것이다. 그리고 가능하면 원고를 외우거나, 아니면 설교의 개요를 기억하는 일이 필요하다. 최후의 담금질을 해야 한다. 그러나 설교과정의 시작—본문을 선정하고 관찰하고 연구하는 작업—부터 강단에 올라 설교하고 설교를 마치는 그 순간까지 설교자는 성령을 의지하고 성령의 도우심을 구해야 함은 물론이다. 특별히 이 단계에서 설교자는 준비된 원고를 가지고 자신만의 골방에 들어가 성령에 붙들려 설교라는 진리를 마음에 내면화(internalize)하고 육화(incarnational)시킬 수 있도록 성령을 의지해야 한다.[111] 그리고 강단에 올라가면 성령의 그 때 그 때 인도하심에 열려 있는 자세로, 열정적으로 하나님의 말씀을 선포해야 한다. 효과적인 전달을 위하여 언어와 이미지와 몸짓을 활용하는 것도 필요할 것이다.

지금까지 본문에서 설교에 이르는 과정을 나무의 비유와 함께 '3과정 7단계'로 제시하여 보았다. 첫째 과정은 본문 연구의 과정으로 나무의 뿌리에 해당하는 부분이다. 나무의 근원이 뿌리인 것처럼 설교의 근원은

---

109) Brooks, 『설교론 특강』, 162.
110) Quicke, 『전방위 설교』, 343.
111) Heisler, 『성령이 이끄는 설교』, 212.

하나님의 말씀 곧 성경이다. 뿌리가 나무를 지탱해 주고 풍성하게 하는 것처럼 성경 본문은 설교를 지지해 주고 풍성하게 하는 원천이다. 뿌리가 건강해야 나무가 건강할 수 있는 것처럼 설교에 있어서 성경 본문에 대한 정당한 다룸(건강한 연구)이 무엇보다 중요하다. 설교자는 본문 선정과 함께 관찰(1단계)과 주해(2단계)를 통해 본문의 중심 아이디어를 도출(3단계)해 내야 한다. 그리고 그 다음 과정으로 나아가는데, 목적의 다리를 건너는 단계(4단계)이다. 성경 본문과 청중을 연결하여 그것이 오늘의 생명력 있는 메시지가 되도록 하는 즉 나무에 있어서 줄기가 뿌리와 잎을 잘 연결하여 생명의 수액이 전해져 건강하게 피어나고 자라도록 돕는 것과 같다. 줄기가 물과 양분이 이동하는 통로로서 뿌리와 잎을 연결하는 것과 같이 설교의 목적이 본문과 청중을 연결하는 통로가 되어 고대의 본문이 오늘의 청중들에게 적실성 있게 다가가는 것이다. 그리고 마지막 과정으로서 목적의 다리를 건넌 본문이, 그 본문의 아이디어가 설교의 아이디어와 목표(5단계)로 전환되어 설교의 개요(6단계)와 그리고 마지막 설교 원고로 작성되어 강단에서 선포되는 단계(7단계)까지이다. 즉 뿌리에서 끌어 올려진 생명의 수액이 줄기를 거쳐 잎으로 풍성하게 피어나는 것에 비유할 수 있을 것이다. 이 설교의 3과정과 7단계는 마치 나무의 뿌리와 줄기와 잎이 서로 유기적 관계로서 하나의 건강하고 생명력 있는 나무로 성장해 가듯이 각각의 과정과 각각의 단계는 서로 유기적인 관계 안에서 설교를 효과적으로 준비하고 풍성하게 만들어 가는데 큰 도움이 될 것이다.

이어서 지금까지 다룬 이와 같은 설교의 과정(Preaching process)을 가지고 룻기 본문에 대한 각 장별 본문 연구에서 설교의 개요 작성 단계까지를 살펴보고자 한다.

제2절 룻기 1장 본문 연구 및 설교 개요

1. 설교의 첫째 과정(뿌리):
본문 연구(관찰에서 본문의 목표 제시까지)

가. 제1단계: 본문 관찰

1) 본문의 개요

룻기 1장은 흔히 효도의 전형으로 이해되고 있다. 그러나 룻기 1장은 룻기 전체의 맥락에서, 그리고 신구약 전체의 정경적이면서도 구속사적으로 보아야 한다. 룻기 1장을 해석하는 주도적인 틀은 구속사적인 해석이다. 룻기는 인간 제도의 비평이나 여성적 삶의 비극성을 제시하거나, 인간의 효에 대한 이야기를 하려기보다는 구속의 역사를 보여주고 있다. 룻기 전체가 보여주는 메시아적 전망은 개인의 운명이나 가문의 혈통 계승을 뛰어넘어 다윗의 족보를 내다보는 구약 구속사의 정점을 향하고 있다. 또한 구약을 넘어 신약의 메시아의 족보를 내다본다. 이렇게 룻기 1장은 룻기뿐만 아니라 성경 전체를 아우르며 흐르고 있는 하나님의 구속사 안에 견고하게 자리 잡고 있다.[112]

2) 본문의 구조(1장)

    A. 1절 / 나오미의 이주와 그 시대
      B. 2-6절 / 모압에서 일어난 일
        C. 7절/ 길에서 일어난 일: 세 사람의 여행
          C1. 7-10절/ 나오미의 첫 번째 권유와 며느리들의 반응

---

[112] 성주진, "길 위의 탐색," 『사사기 · 룻기 어떻게 설교할 것인가』(서울: 두란노아카데미, 2009), 487.

C2. 11-14절/ 나오미의 두 번째 권유와 며느리들의 반응
　　　C3. 15-18절/ 나오미의 세 번째 권유와 룻의 반응
　　C′. 19a/ 길에서 일어난 일: 두 사람의 여행
　 B′. 19b-21절/ 베들레헴에서 일어난 일
　A′. 22절/ 나오미의 이주와 그 시기

이 구조에서 볼 수 있듯이 룻기 1장의 첫 부분(A)과 끝 부분(A′)이 서로 쌍을 이루어 전체적인 윤곽이 짜임새 있게 제시된다. 이 두 부분은 각각 룻기의 전반적인 분위기를 알게 하는 시간적 배경을 제시하면서 동시에 나오미의 거주 지역의 변화(공간적 배경)를 보여주며 이야기의 흐름을 파악하게 하는 기능을 한다.[113]

3) 단락 구분

유다에서 모압으로(1-5절)
-엘리멜렉과 그 가족의 이주(1절) -가정의 비극(4-5절)
모압에서 베들레헴으로 출발(6-18절)
-베들레헴으로 귀환하려는 나오미(6-7절) -첫 번째 담화와 응답(8-10절) -두 번째 담화와 응답(11-14절) -세 번째 담화와 응답(15-18절)
베들레헴으로 돌아옴(19-22절)

---

113) 황성일, "룻기의 신학과 메세지," 8.

나. 제2단계: 본문 주해

유다에서 모압으로(1–5절)

이 단락은 유다 베들레헴 사람 엘리멜렉 가정이 모압으로 이주한 시대적 배경과 사연 그리고 이주 후 발생한 상황을 보여줌으로써 이 이야기가 어떻게 펼쳐질지 이야기의 배경을 제시하고 있다.[114]

(1) "사사들이 치리하던 때에 그 땅에 흉년이 드니라…유다 베들레헴에 한 사람이…모압 지방에 가서 거류하였는데"

이 첫 번째 구절을 통해 우리는 룻기의 연대를 개략적으로 추측해 볼 수 있다. 즉 사사들이 치리하던 때였다. 구체적으로 어느 사사 때의 일인지에 대해서는 언급되어 있지 않으나, 그 때가 사사시대 초기인 것만은 분명하다. 왜냐하면 룻과 결혼한 보아스가 여호수아 시대에 정탐꾼들을 영접했던 라합의 아들이었기 때문이다.[115] 역사적으로 사사들이 활동하던 때라면, 이스라엘에 아직 왕이 있기 직전 시대를 말하는 것이다. 출애굽 이후부터 사울 왕으로 시작되는 왕정 직전까지의 시기가 사사들이 활동하던 시기로 그 시대를 '사사시대'라 일컫는다.[116] 그 땅(베들레헴)에 흉년이 들었다. 기근과 흉년은 전통적으로 언약적 저주들 즉 한발(신 28:23-24)과 메뚜기 재앙(신 28:38-42)과 같은 저주가운데 하나였다.[117] 또 이스라엘의 죄에 대해 경고하신 심판들 가운데 하나였다(레 26:19, 20).[118] 특히 룻기의 지리적 배경이 되는 베들레헴은 역사적으로 중요한 곳인데, 룻과 보아스의 아들 오벳이 태어난 곳이며, 오벳의 손자로서 이스라엘의 위대한 왕으로 칭송받는 다윗도 그곳에서 태어났다(룻 4:18-21, 삼상 17:58). 뿐만 아니라 다윗이 사무엘에게 기름부음을 받고 왕이 된 곳이기도 하다(삼상 16:4-13). 더 나아가 다윗의 후손으로 오시는 이스라엘을 다스릴 자, 곧 예수 그리스도가 탄생하신 곳이기도 하다(미 5:2, 마 2:4-8). 이 베들레헴은 '양식창고', '빵 집'이라는 뜻을 가졌는데, 그런 베들레헴에 기근이 들었다는 것은 아이러니 한 일임에 틀림없다. 만약 하나님의 징계로 주어진 기근이라면, 경건한 사람들은 경건치 못한 사람들 때문에 덩달아 고난을 받아야 했는데, 베들레헴도 예외는 아닌 것이다.[119] 맥아더는 룻기 1장 1-2절을 해석하면서 "엘리멜렉의 가정사는 메시아의 혈통과 베들레헴을 연결하는 중요한 역할을 담당한다."[120]고 말한다.

---

114) 성주진, "길 위의 탐색," 489.
115) Matthew Henry, 『메튜핸리 주석 여호수아 · 사사기 · 룻기』, 정충하 역(고양: 크리스챤다이제스트, 2009), 645.
116) 김의원 · 민영진, 『성서주석 사사기 · 룻기』(서울: 대한기독교서회, 2007), 708-709.
117) Sakenfeld, 『현대성서주석 룻기』, 51.
118) Henry, 『메튜핸리 주석 여호수아 · 사사기 · 룻기』, 646.
119) Warren W. Wiersbe, 『룻기 · 에스더서 강해 헌신하여라』, 안보현 역(서울: 생명의말씀사, 1996), 17-18.
120) MacArthur, 『하나님이 선택한 비범한 여성들』, 103.

> [2-5] "그 사람의 이름은 엘리멜렉이요 그의 아내의 이름은 나오미요 그의 두 아들의 이름은 말론과 기룐이니…그들은 모압 여자 중에서 그들의 아내를 맞이하였는데 하나의 이름은 오르바요 하나의 이름은 룻이더라… 그 여인은 두 아들과 남편의 뒤에 남았더라"

이 부분에서는 여러 이름들이 등장하는데, 구약에 등장하는 사람들의 이름은 대개 어떤 뜻을 가지고 있다. 사람의 이름은 그 이름을 듣는 이들에게 그 이름이 지닌 뜻을 전달하기도 하고, 듣는 이로 하여금 어떤 뜻을 상상하게 하거나 무엇을 연상하게도 한다. 내러티브에서 이름들을 살펴보는 것은 내러티브의 흐름을 이해하고, 저자의 의도를 밝히는데 의미가 있기에 간단히 이름들을 살펴보면 이렇다. 엘리멜렉은 '엘리'(나의 하나님)와 '멜렉'(왕)의 합성어로서, '나의 하나님이 왕이시다'는 뜻이다. 나오미라는 이름은 '즐거움, 기쁨, 사랑스러움, 아름다움' 등의 뜻을 가지고 있다. 말론의 히브리어 이름의 어근의 뜻은 잘 알 수 없는데, 같은 셈족 언어인 아랍어에서 '불임(不姙)' 또는 '단종(斷種)'을 뜻하므로 그의 이름에서 그가 자식 없이 죽은 것을 연상할 수 있다. 기룐이란 이름 역시, 그 지닌 뜻이 어둡고 부정적인데, 히브리어 어근은 '작은 그릇, 연약함, 파멸, 끝장' 등을 뜻한다.[121] '오르바'라는 이름의 히브리어 어근이 지닌 뜻은 분명하지 않은데, 동족어인 아랍어로는 '목'을 뜻하며, 동사로는 '목을 부러뜨리다' 혹은 '되돌아가다'는 뜻을 가진다. 이에 반하여 '룻'이라는 이름은 '우정' 또는 '여자 친구'라는 뜻을 지닌다.[122] 저자가 등장인물들의 이름을 자세하게 기록한 데에는 분명한 어떤 의도가 있을 것이다. 기근을 피하여 모압으로 이주한 엘리멜렉 가정은 더 큰 아픔과 고통을 겪게 된다. 나오미는 세 번 연속되는 재앙(흉년, 남편과 두 아들의 죽음, 불임 상황)으로 인하여 그녀의 삶은 피폐하게 되었다. 남편과 아들들의 잇단 사별은 어느 문화에서나 충격이 아닐 수 없는데, 특히 고대 근동에서 어머니가 남편 뿐 아니라 아들마저 다 잃는다는 것은 고난의 극치였다.[123] 나오미의 말(1:20-21)에서 단적으로 알 수 있듯이 아무런 희망이 보이지 않는 절망적인 상태에 빠지게 되며, 텅 빈 상태에 이르게 된다. 그러나 이방 땅에서 늙은 과부 나오미에게 진정 괴로운 일은 단순히 일어난 비극이나 앞날에 대한 두려움이 아니었다. 그것은 하나님의 손이 자신을 치고 있다는 고통 때문이었다(1:13).[124] 이야기의 저자는 지명이나, 등장인물들의 이름을 통하여 독자로 하여금 무언가를 드러내고 있음이 분명하다. 약속의 땅을 떠나 이방 땅에서 거듭되는 재앙을 통해 하나님의 징계를 경험한 나오미와 그 가정에 과연 희망은 있는 것일까?

---

121) 민영진, 『이방 여인 룻 이야기』(서울: 한국신학연구소, 2000), 22-27.
122) 김의원 · 민영진, 『성서주석 사사기 · 룻기』, 714.
123) Miller, 『사랑하다, 살아가다』, 25.
124) 김지찬, 『요단강에서 바벨론 물가까지: 구약 역사서의 문예적-신학적 서론』, 257.

—베들레헴으로 귀환하려는 나오미(6-7절)

(6-7)"그 여인이 모압 지방에서 여호와께서 자기 백성을 돌보시사 그들에게 양식을 주셨다 함을 듣고…두 며느리도 그와 함께 하여 유다 땅으로 돌아오려고…"

한 줄기 희망이 나오미를 귀향길로 이끌었다. '여호와께서 자기 백성을 돌보셨다.' "돌보셨다는 말은 하나님께서 사랑의 눈으로 자기 백성을 돌아보셨다는 말이다. 하나님의 돌아보심은 큰 은혜이며 큰 사랑이다."[125] 희망이 보이지 않는 절망의 심연 속에 있는 나오미에게 큰 기쁨의 좋은 소식이었다. 그것은 바로 하나님이 자기 백성을 향해 베푸신 '긍휼'(헤세드)이었다. 이로 인하여 나오미는 돌아가기로 결심한다. '돌아오다'라는 말은 룻기에 나오는 중심 단어인데, 이 말의 히브리어 형태가 본 첫 장에서 여러 번 나오고 있다. 그녀는 모압과 과거의 아픔으로부터 돌이켜 사랑하는 자들의 비극적인 무덤을 뒤로하고 약속의 땅으로 돌아오려는 것이다.[126] 강준민은 이 두 구절을 해석하면서 나오미는 하나님의 음성, 하나님의 소식을 듣고 돌이킬 줄 아는 즉 방향을 바꾸는 철저히 회개할 줄 아는 여인이었다고 말하고 있다.[127]

—첫 번째 담화와 응답(8-10절)

(8-9)"나오미가 두 며느리에게 이르되 너희는 각기 너희 어머니의 집으로 돌아가라…여호와께서 너희를 선대하시기를 원하며…위로를 받게 하시기를 원하노라…"

시어머니 나오미는 두 며느리(룻과 오르바)에게 각각 자신들의 '어미의 집'으로 돌아갈 것을 권면한다. '돌아가라'는 나오미의 말 속에는 같은 여자로서 자부들에 대한 미안함과 안쓰러움이 담겨 있다. 비록 자신은 하나님의 혹독한 징계를 경험하고 있지만 두 자부들은 각각 새 남편을 맞아 여호와의 위로를 받기 원하는 시어머니의 마음이 고스란히 들어 있다.[128] 여기에서 나오미가 두 자부에게 하는 축복에 관심을 가져볼만 하다. 나오미는 자부들이 자신에게 대했던 대로 하나님께서 '선대'해 주시기를 기원하고 있다. 이 '선대'라는 말은 룻기의 핵심 주제이면서 여러 차례 등장하는 히브리어 '헤세드'[129]이다. 이것은 하나님께서 자기 백성을 향하여 베푸시는 언약적인 사랑과 은혜를 의미한다. 인간이 베풀 수 있는 친절 중에서 가장 귀한 것은 이웃에게 하나님의 선대 즉 헤세드가 임하기를 바라는 축복의 기도이다.[130] 나오미는 두 자부에게 인간이 할 수 있는 최고의 축복을 빌고 있는 것이다.

---

125) 정주채, 『룻기에 나타난 하나님의 파격』(서울: 프리칭아카데미, 2006), 30-31
126) Reed & Merrill, 『룻기·사무엘상·하』, 23.
127) 강준민, 『인생을 역전시키는 하나님의 은혜』(서울: 도서출판 두란노, 2002), 44-45.
128) 성주진, "길 위의 탐색," 491.
129) 헤세드에 대한 자세한 설명은 위 룻기의 신학에서 '헤세드' 부분을 참조하라.
130) 강신홍, 『룻기서 강해』(서울: 엘맨출판사, 2000), 29.

[10] "나오미에게 이르되…함께 어머니의 백성에게로 돌아가겠나이다 하는지라"

두 며느리는 모두 시어머니 나오미와 헤어지지 않겠다고 말한다. 오히려 시어머니를 따라 시어머니의 백성에게로 가겠다고 말하고 있다. 당시의 풍습에서 그랬는지, 아니면 동병상련의 정에서 그랬는지 알 수 없지만, 두 며느리는 이성보다는 감정적인 충동에 따라 말하고 있다. 적어도 오르바는 반드시 시어머니를 따라 낯선 타국으로 가겠다는 의지에서 그런 것 같지는 않다.[131] 그 진실은 이어지는 대화에서 곧 밝혀지게 된다.

—두 번째 담화와 응답(11-14절)

[11-13] "나오미가 이르되 내 딸들아 돌아가라…내 태중에 너희의 남편 될 아들들이 아직 있느냐…나는 늙었으니 남편을 두지 못할지라…여호와의 손이 나를 치셨으므로…"

나오미는 계속해서 두 자부에게 돌아갈 것을 권면한다. 그 이유는 분명하다. '내 태중에 너희 남편 될 아들들이 아직 있느냐'는 것이다. 이것은 이스라엘의 수혼(계대결혼)관습[132])에 대한 언급이다. 그리고 자신은 늙어서 남편을 두지 못하며, 설사 아들을 낳기에 너무 늦지 않았더라도 '너희가 어찌 그것을 인하여 그들의 자라기를 기다리겠느냐?'는 것이다. 결정적으로 그녀는 자신이 구체적이고 의도적인 하나님의 심판에 의해 절망의 상태이기 때문에 소망을 줄 수 없다는 것이다. 만약 두 자부가 장래 전망에 대해 이성적이었다면, 시어머니 나오미의 말에 귀를 기울였을 것이다.[133] 나오미의 이 말에 대하여 밀러는 이렇게 해석하고 있다.

> 나오미의 말은 이런 것이나 같다. "너희는 정말 하나님이 치신 사람과 함께 있고 싶으냐?" 이것이 나오미에게 얼마나 고통스러운 대화인지 보라. 두 며느리는 여간해서 물러나지 않았다. 헤세드 사랑으로 나오미에게 헌신했기 때문이다. 그럴수록 나오미는 그들을 향한 자신의 헤세드 때문에 더욱 모질어질 수밖에 없었다. 다시 말해서 나오미의 고뇌는 자신을 향한 두 며느리의 사랑 때문에 더욱 깊어졌다. 그녀는 가장 소중한 두 사람을 떨쳐냄으로써 자신의 절망적 삶을 더 악화시킬 수밖에 없었다. 본인의 말대로 정말 나오미는 더욱 마음이 아팠다. 얄궂게도 나오미는 그나마 남아 있던 가정의 잔해마저 사랑을 위해 버려야 했다. 사랑의 행위 자체가 그녀의 마음을 찢어 놓았다. 나오미는 두 며느리의 목숨을 구하려고 자신의 다리를 잘라냈다. 그녀는 사랑으로 깨어진 사람이다. 이것이 바로 행동하는 헤세드다. 그 사랑의 핵심은 죽음이다.[134]

두 며느리를 향한 나오미의 헤세드를 볼 수 있는 대목이다.

---

131) 황성일, "룻기의 신학과 메세지," 20.
132) '수혼'에 대한 자세한 설명은 위 룻기의 신학에서 '계대결혼' 부분을 참조하라.
133) Phillips, 『Main Idea로 푸는 사사기・룻기』, 393.
134) Miller, 『사랑하다, 살아가다』, 44.

> (14) "…오르바는 그의 시어머니에게 입 맞추되 룻은 그를 붙좇았더라"

두 번째 담화는 또 한 번의 눈물짓는 장면과 함께 오르바의 작별 이야기로 끝맺고 있다. 오르바는 시어머니의 호소에 설득되었고, 그래서 그녀는 나오미에게 작별을 고하는 입맞춤을 하고 자기 어머니 집으로 돌아갔다. 여기서 저자는 오르바의 이별의 입맞춤에 대하여 어떤 부정적인 평가를 하지 않고 있다는 점이다. 정상적인 사고를 가진 사람이라면 마땅히 오르바처럼 행동했을 것이기 때문이다. 오르바는 자신이 할 수 있는 부분은 다 했고, 시어머니의 권유와 축복을 받으며 떠났다. 오르바가 자기 백성에게 돌아간 것은 비난받을 일은 아닌 것이다.[135] 그러나 저자는 오르바의 이별과 룻이 나오미와 계속 함께 함을 대조시키고 있음을 볼 수 있다. 인간적으로 볼 때 오르바가 나오미를 떠난 것을 비난하기는 어렵다 하더라도 그러나 분명한 것은 그녀가 결과적으로 '자기 백성과 신들'을 선택했다는 것이다. 오르바가 이방 가운데 '소멸'되는 것과는 반대로 마치 강력한 접착제로 붙여있듯이 시어머니 나오미를 붙좇은 룻은 믿음으로 메시아의 조상이 되는 영광을 얻게 된다.[136] 매튜헨리는 이 부분을 주석하면서, 오르바에 대하여 마태복음 19장에 등장하는 그리스도를 떠난 청년에 비유하면서 그리스도를 위해 다른 것들을 버릴 만큼 그리스도를 사랑하지 않음으로 인하여 구원에까지 이르지 못한 인물이라고 해석한다.[137] 대조적으로 룻의 결단은 그녀의 삶에서 전환점(turning point)이 된다. 똑같은 상황에서 시어머니의 말을 함께 들은 두 며느리의 다른 반응은 극명한 대조를 이루며 오르바와 룻이 구별되고 있다.[138]

– 세 번째 담화와 응답(15-18절)

> (15) "나오미가 또 이르되 네 동서는 그의 백성과 그의 신들에게로 돌아가나니 너도…돌아가라 하니"

나오미는 다시 한 번 룻에게 자기 나라로 돌아갈 것을 권유한다. 이것은 시어머니로서 며느리 룻에게 인간적으로 아무것도 해 줄 수 없는 나오미의 입장을 충분히 반영하고 있는 것이다. 그런데, 나오미의 말에서 오르바의 행동에 대한 평가가 보여지고 있다. 그것은 오르바는 자기 백성과 자기 백성이 섬기는 신들에게로 돌아갔다는 것이다. 모압으로 돌아갔다는 것은 곧 모압의 신들에게로 돌아가는 것과 별반 다르지 않은 일이었다.

---

135) 송병현, 『엑스포지멘터리 룻기 · 에스더』, 95.
136) 성주진, "길 위의 탐색", 494.
137) Henry, 『메튜헨리 주석 여호수아 · 사사기 · 룻기』, 657.
138) 송병현, 『엑스포지멘터리 룻기 · 에스더』, 96.

그래서 오르바가 자기 백성에게로 돌아간 것은 시어머니 나오미를 떠났다는 것보다 여호와 하나님을 떠나 모압의 신들을 섬기게 될 상황을 받아들인 것이다. 즉 오르바가 시어머니 나오미를 떠나 자기 백성에게로 돌아갔다는 것은 우상 그모스와 바알브올을 섬기러 떠났다는 의미이다.[139]

(16-17)"룻이 이르되…어머니의 백성이 나의 백성이 되고 어머니의 하나님이 나의 하나님이 되시리니…만일 내가 죽는 일 외에 어머니를 떠나면 여호와께서 내게 벌을 내리시고…"

나오미가 세 번에 걸친 대화를 통해 얻은 것은 시어머니인 자신에 대한 룻의 진심과 여호와에 대한 신앙이다. 룻이 자신의 굳은 결심을 보여주는 말에는 시어머니와 뗄 수 없는 관계가 점층적으로 표현되고 있다. 가시는 곳, 머무는 곳, 죽는 곳. 더불어 이 굳은 의지의 중심에는 하나님과 하나님의 백성을 선택한 룻의 신앙이 자리하고 있음을 볼 수 있다.[140] 파이퍼는 이 부분을 이렇게 해석하고 있다.

룻의 결정은 무엇을 의미할까? 첫째, 그것은 가족과 나라를 떠난다는 것을 의미한다. 둘째, 룻이 아는 한, 그것은 앞으로 자식 없는 과부로 살아야 한다는 것을 의미한다.… 셋째, 그것은 문화와 언어가 전혀 다른 낯선 사람들의 땅으로 들어가는 것을 의미한다. 넷째, 그것은 오히려 결혼을 뛰어넘는 헌신을 요구한다.… 그러나 가장 경이로운 헌신은 바로 이것이다. "어머니의 하나님이 나의 하나님이 되시리니"…룻은 자신의 종교적 유산을 포기한 채 이스라엘의 하나님을 자신의 하나님으로 삼겠다고 고백하고 있는 것이다.[141]

위어스비는 이 대목에서 하나님의 주권적인 은혜를 강조하면서 이렇게 말하고 있다.

룻기 1:16-17에 나오는 룻의 진술은 성경에서 발견할 수 있는 가장 숭고한 고백 중의 하나라고 하겠다. 첫째, 그녀는 나오미에 대한 자신의 사랑과 죽기까지 시어머니와 함께 거하고 싶은 자신의 소원을 고백한다. 그런 다음 그녀는 살아계시며 참되신 하나님께 대한 자신의 믿음과 그 하나님만을 섬기기로 한 자신의 결심을 고백한다. 그녀는 나오미와 그녀의 백성인 이스라엘의 하나님께 붙좇아 있기 위해 자기 부모도 기꺼이 버린 것이다. 룻은 나오미와 함께 가서 하나님의 언약 백성들과 함께 베들레헴에서 살기로 "굳게 결심하였다"(1:18).

---

139) 배굉호, 『베들레헴을 향하여』(서울: 도서출판 영문, 2001), 40.
140) 성주진, "길 위의 탐색," 494-495.
141) Piper, 『하나님의 섭리』, 39-40.

…마태복음 1장에 나오는 예수 그리스도의 계보를 읽어보라. 그러면 거기서 다섯 명의 여자 이름을 발견할 수 있는데, 그 중 네 사람은 그다지 신임할 만한 사람들이 아니었다.…그런데 이런 그들이 어떻게 메시아의 가문에 속할 수 있었단 말인가? 그것은 오직 하나님의 주권적인 은혜와 자비 때문에 가능했던 것이다.[142]

죽을 때까지 시어머니와 함께 하며, 또 여호와를 섬기겠다고 하는 룻의 결단은 즉흥적인 결정에 의해서가 아니며, 시어머니 나오미에 대한 인간적인 정에 끌려서만도 아니다. 그녀는 나오미의 가정에 시집 온 후로 조금씩 여호와를 알게 되었을 것이며, 하나님의 헤세드를 경험했을 것이다. 룻은 여호와가 어떤 분이신가를 알고 있었던 것이다. 그리고 그모스와 여호와 사이에 선택을 해야 하는 결정적인 순간 그녀는 여호와를 선택했다. 그녀가 시집온 후로 경험하고 알게 되었던 여호와 신앙이 결국 하나님을 따르는 것을 유일하고 합리적인 선택으로 만들었던 것이다.[143] 룻은 자신의 결심을 엄숙한 맹세로 종결한다. 저자는 분명 룻의 인간적인 헤세드와 결심, 그리고 시어머니에 대한 효의 마음을 부각시키고 있는 것이 사실이다. 부쉬는 룻의 "말과 행동은 히브리어가 헤세드라고 지칭한 사랑과 희생적 충성이라는 모든 구약 성경의 문서들에서 가장 두드러진 실례들 가운데 하나를 이루고 있다고"[144] 말할 정도다. 그러나 위어스비의 해석처럼 성경은 여전히 나오미와 룻의 삶을 간섭하시는, 보이지 않는 하나님의 손길이 있음을 보여주면서, 결국 모든 것이 하나님의 주권적인 은혜임을 드러내고 있다고 보아야 할 것이다.

[18] "나오미가 룻이 자기와 함께 가기로 굳게 결심함을 보고…"

나오미는 룻과의 대화를 통해 룻의 굳은 결심과 확고한 신앙을 확인하고, 더 이상 돌아가라고 권유하지 않는다. 나오미가 룻의 결정에 대하여 환영했는지, 꺼려했는지의 여부에 대해서 직접적인 언급이나 암시는 전혀 없다. 그러나 좀 더 이야기의 큰 틀에서 보자면, 약간 꺼려했거나 아니면 고작해야 두 감정이 섞여 있었을 것 같다. 왜냐하면 남편이나 아들 없이 혼자 살아가는 것도 힘겨운 일인데, 거기에 딸린 식구가 있다는 것은 더욱이 외국인 며느리와 함께 한다는 것은 나오미에게는 그리 환영할 만한 일은 아닐 것이기 때문이다.[145]

---

142) Wiersbe, 『룻기·에스더서 강해 헌신하여라』, 28-29.
143) 송병현, 『엑스포지멘터리 룻기·에스더』, 99
144) Bush, 『Word Biblical Commentary 룻기·에스더』, 150.
145) Sakenfeld, 『현대성서주석 룻기』, 75.

베들레헴으로 돌아옴(19-22)

(19)"이에 그 두 사람이 베들레헴까지 갔더라…온 성읍이 그들로 말미암아 떠들며 이르기를 이이가 나오미냐 하는지라"

나오미가 룻과 함께 베들레헴에 도착했을 때 온 동네가 떠들썩하며, 동네 사람들은 '이이가 나오미냐?'라는 의아스런 질문을 던지며 맞이한다. 나오미를 대하는 동네 사람들의 반응은 한편으로 반가우면서도, 다른 한편으로 믿기지 않는다는 반응일 것이다. 그 이유는 모압으로 이주할 때의 나오미의 모습과 베들레헴으로 다시 돌아온 나오미의 모습은 분명 달라져 있었기 때문이다. 그녀가 겪은 아픔과 고통, 슬픔과 수난은 그의 외모에 고스란히 담겨져 있었을 것이다. 매튜 헨리는 이 대목에서 장미가 만발했을 때와 시들었을 때의 모습이 너무도 다른 것을 비유하면서[146] 나오미가 이주할 때와 돌아왔을 때의 모습의 그러했을 것이라고 말한다. 또 동네 사람들은 나오미가 남편과 아들들이 아닌 이방의 젊은 처자와 함께 돌아온 것을 보고 믿기지 않는 듯한 반응을 보였을 것이다.

(20-21)"나오미가 그들에게 이르되 나를 나오미라 부르지 말고 나를 마라라 부르라…내가 풍족하게 나갔더니 여호와께서 내게 비어 돌아오게 하셨느니라 여호와께서 나를 징벌하셨고 전능자가 나를 괴롭게 하셨거늘…"

나오미는 자신을 보며 믿기지 않는다는 반응을 보이는 동네 사람들을 향해 떠나기 전의 자신의 모습과 지금 다시 돌아온 자신의 모습을 자신의 이름을 통하여 토로하듯이 말하고 있다. '나오미'(즐거움, 환희, 기쁨, 사랑스러움)였는데, 지금은 '마라'(쓴 맛, 괴로움)라는 것이다. 이 과정에서 나오미가 언급한 개명은 자신의 심중의 괴로움과 고통을 토로하고 하나님 앞에서의 소외와 궁핍을 나타내는 문학적 장치로서[147] 모압에서의 보낸 세월의 흔적이 그대로 담겨 있는 것이다. 그곳에서 보낸 세월은 고통, 괴로움, 슬픔, 아픔, 비참, 죽음, 헛됨, 텅 빔이라는 것이다. 나오미는 자신의 고통과 궁핍의 원인으로 하나님을 언급하고 있다. 전능자이신 하나님께서 '심히 괴롭게 하셨고', '징벌 하셨고', '괴로움을 주셨다'며 하나님 탓으로 돌리고 있다. 나오미의 말을 통해 절대적으로 옳은 것 한 가지는 하나님이 주관하신다는 사실이다. 그러나 하나님의 주권에 대한 나오미의 시각은 비뚤어져 있음이 분명하다. 그녀는 하나님의 능력만을 보았을 뿐 자기 백성에 대한 하나님의 연민을 보지 못했기 때문이다.[148]

---

146) Henry, 『메튜핸리 주석 여호수아 · 사사기 · 룻기』, 662.
147) 성주진, "길 위의 탐색," 496.
148) Phillips, 『Main Idea로 푸는 사사기 · 룻기』, 395.

나오미는 자신의 삶에 고통을 주시고 희망을 빼앗아 가신 분은 하나님이시며, 자신에게 새로운 희망(베들레헴으로 발길을 인도하신)을 주신 분이 하나님이시라는 일종의 모순적인 말을 하고 있음을 알 수 있다.[149] 고향으로 돌아오기는 했지만, 나오미는 영적으로 매우 침체된 상태였다. 하나님의 뜻을 어기며 모압 땅에서 살았고, 또 아들들을 이방 여인들과 결혼 시키는 율법을 어기는 일을 자행했다. 지금 나오미는 자신의 죄를 인정하는 것 같으면서도 영적으로는 병들어 있는 것이다. 그럼에도 돌아올 수 있었다는 것은 하나님의 은혜임이 자명하다.[150] 이 부분에 대한 해석에서 자켄펠드는 "나오미는 자신이 현재 경험하고 있는 슬픔을 하나님의 행동의 결과로서 전제하며 자기 귀환에 대해 말할 때, 나오미는 무의식적으로 하나님께서 자신을 이 비극에서 구해주시기 위해 무대 뒤에서 계속 역사하고 계실 것임을 고대하고 있는 것 같다"[151]고 말한다. 우리는 그녀의 말 속에서 보이지 않으나 여전히 그녀의 삶을 주관하고 계시는 하나님의 손길을 볼 수 있는 것이다.

(22)"나오미가…룻과 함께 돌아왔는데 그들이 보리 추수 시작할 때에 베들레헴에 이르렀더라"

22절은 1절과 대응관계를 이루면서 1장 전체를 짜임새 있게 만들고 있다. 또한 '보리추수가 시작할 때에'라는 표현은 이삭을 줍는 장면을 묘사하고 있는 2장과의 연결고리가 되고 있다.[152] 1절에서 있었던 풍족했던 이주는 이 마지막 절에서는 핍절한 귀환으로 끝을 맺고 있다. 그러나 저자는 나오미와 룻이 베들레헴에 도착했을 때의 시기를, 보리를 수확하기 시작하였을 때라고 알려주면서 희망의 빛을 비춰주고 있다. 나오미는 빈손으로 돌아왔다고 생각하지만 며느리 룻이 함께 있었고, 추수할 때이니 희망이 있는 것이다. 여기에서 하나님은 나오미가 생각하는 것처럼 자신을 괴롭게 하시는 분이 아니라 은혜와 주권 속에서 섭리를 통해 두 과부에게 호의를 베푸시는 분임을 알 수 있다.[153] '베들레헴', 하나님의 말씀이 통치하는 땅에 돌아온 나오미는 이제 다시 믿음의 삶, 생명의 삶, 말씀의 삶을 시작하면서 복된 삶으로의 회복을 기대하고 있다.[154]

---

149) 송병현, 『엑스포지멘터리 룻기 · 에스더』, 108.
150) 김홍규, 『룻과 보아스의 사랑이야기』, 41.
151) Sakenfeld, 『현대성서주석 룻기』, 77.
152) 황성일, "룻기의 신학과 메세지," 26.
153) Reed & Merrill, 『룻기 · 사무엘상 · 하』, 28.
154) 양성규, 『내러티브 룻기』(서울: 도서출판 좋은땅, 2013), 75.

다. 제3단계: 본문의 중심 주제와 목표 제시

주해적인 중심 아이디어	모든 것을 잃어버리고 절망가운데 홀로 처해있는 나오미에게 하나님께서는 현실의 희망(양식)과 미래의 희망(룻)을 주셔서 고향으로 돌아오게 하셨다.
신학적인 중심 아이디어	하나님은 삶의 비극적인 환경으로 인하여 전혀 희망이 보이지 않는 절망 중에 있는 인생들에게 희망을 주시고, 희망의 자리로 이끌어 주신다.
본문의 목표	하나님께서 인간적인 모든 희망이 사라진 절망 속에 있는 여인들(나오미와 룻)의 삶을 희망으로 전환해 가는 것을 이스라엘 백성들에게 알게 하기 위해서이다(설명-한 개인이나, 한 나라의 장래에 대한 희망은 전적으로 모든 것을 다스리시는(섭리하시는) 하나님께 달려있기에 이스라엘 백성들에게도 역시 희망은 하나님 한 분뿐이심을 알게 하고, 위로하기 위하여).

2. 설교의 둘째 과정(줄기): 목적의 다리(본문과 청중 연결하기)

가. 제4단계: 설교의 목적 제시

설교의 목적	환난, 역경, 고난과 고통의 절망 속에서도 삶의 희망을 주시고, 희망 가운데로 인도하시는 하나님을 그의 백성들이 바라보고 신뢰하도록 하기 위함이다.

3. 설교의 셋째 과정(잎): 설교 작성(설교의 main idea 및 개요 작성)

가. 제5단계: 설교의 중심 명제(main idea) 제시

설교적 중심 아이디어	온 세상이 무너져 내리는 것 같은 깜깜한 절망 속에서도 하나님은 희망의 빛을 비추어 주신다.

나. 제6단계: 설교의 아웃 라인 작성

설교 제목: "절망의 심연에서 희망의 언저리로"
설교 본문: 룻기 1장

도입
위기를 만난 성도들의 삶에 대한 이야기

Ⅰ. 갈등 포인트: 약속의 땅에도 기근이 오는가?(1-2)
  A. 모든 것이 풍요롭고, 먹을 것 걱정 없다던 약속의 땅 베들레헴(떡 집)에 기근이 옴(1)
  B. 기근을 피해 모압 지방으로 이주하여 거하는 나오미 가정(2)

Ⅱ. 갈등의 심화: 죽음과 텅 빔(3-5)
  A. 남편과 두 아들의 죽음 이후 홀로 남겨진 나오미(3-5)

Ⅲ. 전환점: 여호와께서 자기 백성에게 양식을 주셨다함을 듣고 고향으로 돌아오려는 나오미(6-18)
  A. 여호와께서 자기 백성을 돌보사 양식을 주셨다는 소식을 들음(6)
  B. 두 며느리와 돌아오는 길에서의 대화(7-14)
  C. 시어머니와 함께 하겠다는 룻의 위탁(15-18)

Ⅳ. 해결: 룻과 함께 나오미가 다시 고향으로 돌아오다(19-22)
  A. 나오미를 맞이하는 고향 사람들(19)
  B. 고향 사람들의 환영에 반응하는 나오미(20-21)
  C. 나오미가 고향으로 돌아온 때의 시점에 대한 정보(22)

결론
  자기 백성을 위하여 보이지 않지만 여전히 일하시는 하나님께서 희망을 주시고 희망이 되어주신다. 비록 삶의 흑암들, 절망의 흑암들이 펼쳐져 있을 지라도 희망이 되어주시는 주님, 그 주님이 주시는 희망의 한 자락 붙들고 일어서라.

제3절 룻기 2장의 본문 연구 및 설교 개요

1. 설교의 첫째 과정(뿌리): 본문 연구(관찰에서 본문의 목표 제시까지)

가. 제1단계: 본문 관찰

1) 본문의 개요

룻기 1장은 나오미와 룻이 베들레헴으로 돌아왔다는 이야기로 막을 내린다. 이어지는 2장은 룻과 보아스의 필연적인 만남과 그 만남의 과정과 결과들을 보여주고 있다. 이런 일련의 만남의 사건들을 통하여 저자는 보이지 않는 하나님의 손길이 있음을 독자들로 하여금 알게 한다. 룻기 2장은 삶의 현장에서 때로 하나님의 부재를 경험하면서 하나님의 함께 하심을 의심하게 되는 그 순간에도 하나님은 여전히 자기 백성과 항상 함께 하신다는 것을 보여주고 있다. 그리고 무엇보다도 함께 하시는 하나님의 섭리의 손길 안에 머무는 것이 축복임을 깨닫게 해준다.

2) 본문의 구조

  A. 1-3절 / 만남의 준비: 이삭 줍는 룻

  B. 4-16절 / 룻과 보아스의 만남: 보아스의 친절

  A´. 17-23절/ 만남의 결과: 새로운 희망

룻기 2장은 룻이 이삭을 줍는 정황을 배경으로 해서 룻과 보아스의 만남을 묘사하고 있고, 그 만남에 대한 나오미의 반응에서 절정을 이루며 막을 내리게 된다.

3) 단락 구분

나오미와 룻: 배경(1-3절)
-해설(1절) -나오미와 룻(2-3절)
보아스와 룻: 보아스의 친절(4-17절)
-첫 번째 이야기(4-13절) -두 번째 이야기(14-17절)
나오미와 룻: 새로운 희망(18-23절)

나. 제2단계: 본문 주해

나오미와 룻: 배경(1-3절)

(1)"나오미의 남편 엘리멜렉의 친족으로 유력한 자가 있으니 그의 이름은 보아스더라"

저자는 룻기의 제2막을 시작하면서 보아스에 관한 새로운 정보를 제공해 줌으로써 독자로 하여금 앞으로 전개될 사건들에 대한 예측과 기대를 갖게 한다. 저자가 소개하는 보아스는 엘리멜렉과 같은 족속 출신으로서 부유하고 높은 위치에 있는 사람이다. 무엇보다 그는 나오미와 관련지어 그녀의 남편 엘리멜렉의 친족으로서 비록 직계 가족은 아니지만 기업을 무를 책임과 자격이 있는 가까운 친척이라는 것이다.[155] 보아스는 룻기에서만 사용된 이름이며, 그 의미에 대해서는 정확하게 알려져 있지 않다. 가장 가능성 있는 의미로는 '여호와의 힘 안에서'라는 뜻을 지녔다는 것이다.[156] 리도우트(Samuel Ridout)는 이 구절을 해석하면서 이렇게 말하고 있다. 보아스는 "'부유하고 능한 사람' 혹은 '용맹스러운 자'입니다. 왜냐하면 그는 그곳에서 추수하는 주인의 위치에 있었고 또한 환란을 온전히 통과하여 풍성한 은혜를 베푸는 자로서 그는 승리자였기 때문입니다. 그는 흉년의 길을 온전히 통과하여 마침내 부유한 곳에 이르게 되었습니다."[157] '유력한 자'는 구약 성경에서 '용기있는 사람'(삼상 16:18), '장사'(대상 28:1), '유력한 사람'(삼상 9:1), 그리고 '부지런함'(왕상 11:28)으로 번역되고 있다.

---

155) 채규현, "보이지 않는 하나님, 헤세드의 하나님," 『사사기 · 룻기 어떻게 설교할 것인가』(서울: 두란노아카데미, 2009), 500.
156) 송병현, 『엑스포지멘터리 룻기 · 에스더』, 116.
157) Samuel Ridout, 『사사기 룻기 강해』(서울: 전도출판사, 1994), 360.

'유력한 자'라는 표현은 보아스가 힘과 능력과 용기를 가진 사람, 성공하고 존경받을 만한 사람이라는 것을 말해주고 있다.[158] 이와 같이 보아스에 대한 정보(유력한 자, 엘리멜렉의 친족)는 앞으로 펼쳐질 이야기에서 그가 어떤 역할을 할 것인지에 대하여 매우 중요한 사실을 말해주고 있다.

(2-3)"모압 여인 룻이 나오미에게 이르되…내가 밭으로 가서…이삭을 줍겠나이다…이삭을 줍는데 우연히 엘리멜렉의 친족 보아스에게 속한 밭에 이르렀더라"

저자는 이미 앞에서 사용한 바 있는(룻 1:22) '모압 여인 룻'이라는 구절을 반복하여 사용하고 있다. 아마도 이것은 저자가 독자들로 하여금 룻이 이방 신분임을 처음부터 끝까지 기억해 줄 것을 의도하고 있는 것 같다.[159] 먹는 문제를 해결하기 위하여 룻은 시어머니 나오미에게 이삭을 주우러 밭으로 갈 수 있도록 허락해 달라고 요청한다. 배굉호는 이 부분에서 자신을 보며 우울함 속에서 괴로워하고 있는 나오미와는 달리 룻은 시어머니를 위해서 이삭을 주우러 나가는 결단이 있었고, 이것을 믿음의 행동으로 보고 있다.[160] 고대 근동에서는 모든 재산권이 남자에게 있었기 때문에 과부들은 모든 경제적 능력을 잃게 된다. 그렇다면 결국 두 과부(나오미와 룻)는 이스라엘 공동체가 가난한 과부들에게 주었던 혜택(신 24:19-22)으로 다른 사람이 추수할 때에 이삭을 줍는 것으로 생계를 유지해야 한다.[161] 룻은 시어머니와 자신의 생계유지를 위해 이삭을 주우러 간 것이다. 그런데 그곳은 하필 보아스의 밭이었다. 성경은 "우연히"라는 말로 묘사하고 있는데, 강준민은 이 부분에 대하여 "이것은 우연이 아닙니다. 하나님의 사람에게는 우연이란 없습니다. 하나님의 사람에게는 필연뿐입니다…하나님의 사람에게는 모든 것이 다 섭리일 뿐입니다. 룻이 보아스에게 속한 밭에 이르도록 하나님이 섭리하신 것입니다"[162]라고 해석하고 있다. 파이퍼 역시 "하나님의 자비로운 섭리가 룻이 이삭을 줍도록 인도하셨고, 룻이 보아스의 밭에 우연히 이를 수 있었던 것은 침묵하실 때조차 모든 것을 섭리하시는 하나님의 은혜 때문이었다."[163]고 말한다. 할즈는 이에 대하여 이렇게 주장하고 있다.

---

158) Piper, 『하나님의 섭리』, 68.
159) Sakenfeld, 『현대성서주석 룻기』, 84.
160) 배굉호, 『베들레헴을 향하여』, 68-69.
161) 채규현, "보이지 않는 하나님, 헤세드의 하나님," 501.
162) 강준민, 『인생을 역전시키는 하나님의 은혜』, 92.
163) Piper, 『하나님의 섭리』, 71.

…2:3b에 있는 저자의 진의는 실질적으로 그가 말하는 그 반대다. 룻과 보아스의 만남을 "우연"으로 이름 붙이는 것은 그 어떤 인간의 의도가 연루되지 않았다고 말하는 저자의 방식에 지나지 않는다. 룻과 보아스에게 이것은 우연한 일이었으나 사실 하나님으로 인하여 일어난 일이었다. 전체 이야기의 흐름은 설화자가 처음부터 끝까지 하나님의 손길을 보고 있다는 사실을 명확하게 밝혀준다. 사실상 여기에 나타난 그의 표현의 세속성 자체는 그가 그러한 확신을 강조하는 방식이다. 이것은 결과를 위한 일종의 비밀 행동이다. 이러한 만남을 우연이라고 부름으로써 저자는 우연까지도 하나님의 인도를 받는다는 사실을 지적하기 위해 교묘하게 노력한다.[164]

그렇다. 하나님의 사람들에게는 우연이란 없다. 모든 것이 하나님의 섭리요 개입하심이며 인도하심이다. 인간적인 눈으로 볼 때 우연처럼 보일지라도 그러나 거기에는 보이진 않지만 자기 백성의 삶을 세밀하게 섭리하시는 하나님의 놀라우신 계획과 의도와 뜻이 있는 것이다.

보아스와 룻: 보아스의 친절(4-17절)

-첫 번째 이야기(4-13절)

(4)"마침 보아스가 베들레헴에서부터 와서…이르되 여호와께서 너희와 함께 하시기를 원하노라…여호와께서 당신에게 복 주시기를 원하나이다 하니라"

여기서 '마침'이라는 말은 원래 히브리어로는 '그리고 보라(And behold)'라는 뜻으로서 "지금 룻이 보아스의 밭에서 이삭을 줍고 있다. 그런데 보라! 보아스가 마침 추수하는 밭에 왔다"는 의미이다.[165] 위어스비는 이 부분에 대하여 보아스가 은혜의 통로로서 등장하게 되는데, 이것은 하나님의 강권적인 섭리의 역사라는 것이다. 하나님은 룻을 보아스의 밭으로 인도하신 다음 룻이 거기 있는 동안 보아스로 하여금 자기 밭을 찾아가게 하셨다는 것이다.[166] 밭에 도착한 보아스는 곡식을 베는 이들과 서로 여호와의 복을 빌어 주며 인사를 나누게 된다. 이런 인사는 일상에서 흔히 관례적으로 행해지는 인사말일수도 있을 것이다. 이에 대하여 자켄펠드는 "고대 이스라엘 사회에서도 그런 문안 인사는 아마 형식적인 것이었을 것이다."면서도 그러나 지금 "이 경우에는 등장인물들이 서로를 향해 하나님의 복을 빌어주는 사건들과 깊이 연계된 이야기 한 복판에 그 인사말이 나오고 있다(룻 1:8.; 2:12, 19, 20: 3:10; 4:11). 그런 흐름에서 볼 때 보아스의 인사는 전적으로 그것의 신학적

---

164) Bush, 『Word Biblical Commentary 룻기 · 에스더』, 178에서 재인용.
165) 강성구, 『숨겨진 하나님』, 54.
166) Wiersbe, 『룻기 · 에스더서 강해 헌신하여라』, 38.

의미를 통해 해석되어야 한다. 세 번째 주요 인물인 보아스는 여기서 하나님의 복을 주고받으며 무대에 등장하고 있는 것이다."[167]라고 주장한다. 송병현도 다른 학자들의 견해에 동의하면서, 성경에서는 등장인물의 첫 마디는 그 인물의 인격과 신앙에 대하여 많은 것을 보여주는데, 보아스의 첫 마디는 앞으로 그로부터 좋은 일(헤세드)을 기대해도 된다는 것을 암시하고 있다고 해석한다.[168]

(5-7)"보아스가…이는 누구의 소녀냐 하니…이르되 나오미와 함께 모압 지방에서 돌아온 모압 소녀인데…아침부터 와서는 잠시 집에서 쉰 외에 지금까지 계속하는 중이니이다"

곧이어 보아스는 자신의 사환에게 룻에 대하여 묻는다. 그런데 보아스는 룻에게 직접 말하거나 룻의 이름을 물은 것이 아니다. 또한 보아스는 룻이 어디에서 왔는지에 대해 묻고 있지도 않다. 그는 오히려 룻이 누구의 집에 속해 있는가를 묻고 있다. 일반적으로 고대 이스라엘 사회에서는 한 사람이 속한 공동체(가족, 부족, 사는 지방)가 그 사람의 신원과 신분에서 매우 중요했다. 특히 여자들은 이스라엘이라는 가부장적 세계에서는 독립된 신분과 신원을 가지지 못했다. 결혼 전에는 아버지에게 속해 있고, 결혼 후에는 남편에게 속해 있었다.[169] 지금 보아스의 "이는 누구의 소녀냐?"라는 질문은 룻이 누구의 아내이며, 누구의 딸이고, 누구에게 속해 있는 여자인지 궁금해 하면서 룻의 가족관계를 묻고 있는 것이다.[170] 이어지는 사환의 답변 속에서 사환은 룻에 대한 정보를 알려 준다. 첫째, 룻은 정중하게 허락을 받아 이삭을 줍는 예의 바른 여인이고, 둘째, 부지런한 여인이며, 셋째, 룻은 잠깐의 휴식 이후 계속해서 일하는 성실한 여인이다. 여기에서 룻은 사환들의 관점에서 소개되고 있는데, 룻은 사환들에게나 보아스에게 매우 우호적이고 좋은 인상을 심어 주었음이 분명하다.[171]

(8-9)"보아스가 룻에게 이르되 내 딸아 들으라 이삭을 주우러 다른 밭으로 가지 말며 여기서 떠나지 말고…내가 그 소년들에게 명령하여 너를 건드리지 말라 하였느니라 목이 마르거든 그릇에 가서 소년들이 길어 온 것을 마실지니라 하는지라"

---

167) Sakenfeld, 『현대성서주석 룻기』, 86.
168) 송병현, 『엑스포지멘터리 룻기 · 에스더』, 124.
169) Bush, 『Word Biblical Commentary 룻기 · 에스더』, 189.
170) Sakenfeld, 『현대성서주석 룻기』, 87.
171) Satterwaite & Mcconville, 『역사서』, 377.

보아스가 먼저 룻에게 말을 건넨다. 그가 룻에게 건넨 첫 마디는 존중과 보호의 따뜻한 말이었다.[172] 마치 나이 많은 사람이 부모의 심정으로 젊은 여성을 향하여 자연스럽게 "내 딸아"라고 부르는 것처럼 말이다.[173] 여기에서 "내 딸아 들으라"는 표현은 히브리어 성경에서는 부정적인 수사적 질문으로서 긍정적인 대답을 기대하면서 던지는 강한 질문으로 그 의미가 훨씬 강하다.[174] 직역하면 "듣지 않았느냐? 내 딸아"라는 말로서 히브리어는 종종 강조적인 확언에 대하여 이렇게 부정적 질문을 사용하여 묘사한다.[175] 그리고 이어서 보아스는 룻에게 헤세드를 베푼다. 송병현은 여러 학자들의 견해를 반영하여 보아스가 룻에게 베푼 배려와 호의를 몇 가지로 설명하고 있다. 첫째, 보아스는 룻에게 이삭을 주우러 다른 밭에 가지 말고, 자기 밭에서만 이삭을 줍도록 하게 한다. 둘째, 보아스는 룻에게 자기 밭에서 떠나지 말 것을 권면하는데, 이것은 룻에게 어떤 일도 일어나지 않도록 보호해 주겠다는 의미이다. 셋째, 보아스는 룻에게 그의 소녀들(종들)과 함께 있으라고 한다. 홀로 낯선 곳에서 일어날 수도 있는 해를 당하지 않고, 보호받게 하기 위해서다. 넷째, 보아스는 룻에게 자기 밭의 추수하는 자들의 뒤를 바짝 따르라고 한다. 이것은 룻이 많은 이삭을 줍도록 배려한 것이다. 다섯째, 보아스는 룻에게 그들(이삭을 줍는 소녀들)을 따르라 한다. 홀로 이삭을 줍는 것보다 함께 하면 외롭지 않고 즐겁게 할 수 있기 때문이다. 여섯째, 보아스는 자기 일꾼들에게 룻을 건들지 못하도록 지시했다고 한다. 보호자가 없는 그녀에게 가해자가 될 수 있는 사람들을 미리 단속시킨 것이다. 일곱째, 보아스는 룻에게 언제든지 목이 마르면 일꾼들이 길어 온 물을 마시라고 한다. 뜨거운 뙤약볕에서 일하다 보면 당연히 목이 마르기 마련이고 물이 필요한데, 이것 역시 룻에게는 특별한 배려다.[176]

(10) "룻이 엎드려 얼굴을 땅에 대고 절하며…나는 이방 여인이거늘 당신이 어찌하여 내게 은혜를 베푸시며 나를 돌보시나이까 하니"

룻은 보아스의 배려와 호의에 겸손하게 응대한다. "땅에 엎드려 절한다"는 것은 무릎을 꿇고 이마를 땅에 대는 행동이다. 이러한 행동은 주로 신과 왕에게 표하는 행위인데, 종종은 유명 인사에 대해서도 인사와 존경의 표시로 사용되었다. 룻의 이러한 행동은 자신이 도저히 믿을 수 없는 사실, 즉 보아스가 베푼 배려와 호의가 예기치 못한 것이기에 놀라움을 표하고 있는 것이다.[177] 더불어 룻은 감사의 마음과 함께 보아스의 베푸는 배려와 호의가 무엇 때문인지 궁금해 하며 질문을 던지고 있다.

---

172) Phillips, 『Main Idea로 푸는 사사기 · 룻기』, 411.
173) 김의원 · 민영진, 『성서주석 사사기 · 룻기』 738.
174) 강성구, 『숨겨진 하나님』, 62.
175) Bush, 『Word Biblical Commentary 룻기 · 에스더』, 199.
176) 송병현, 『엑스포지멘터리 룻기 · 에스더』, 131-132.
177) Bush, 『Word Biblical Commentary 룻기 · 에스더』, 204.

> (11-12)"보아스가 그에게 대답하여 이르되…네가 시어머니에게 행한 모든 것과 네 부모와 고국을 떠나…온 일이 내게 분명히 알려졌느니라 여호와께서 네가 행한 일에 보답하시기를 원하노라 이스라엘의 하나님 여호와께서 그의 날개 아래에 보호를 받으러 온 네게 온전한 상주시기를 원하노라…"

　보아스는 이미 룻에 대하여 많은 것을 알고 있었다. 룻이 남편을 잃은 과부라는 것과 나오미의 며느리라는 것, 그리고 홀로된 다음에도 시어머니에게 행한 모든 일까지도 알고 있었다. 나아가 룻이 친정 부모와 고국을 떠나 낯선 나라의 백성이 되겠다고 시어머니 나오미를 따라 온 것도 알고 있었다. 보아스는 이방인인 룻은 거부하거나 외면해야 할 대상이 아니라 존경을 받고, 마땅히 보답 받을 만한 가치가 있는 여인으로 룻의 신분을 재평가 하고 있는 것이다.[178] 더 나아가 보아스는 룻에게 여호와의 복을 빌어 준다. 하나님께서 룻의 선한 행동과 처신에 대하여 보응해 주실 것을 위해 기도한다. 또한 이스라엘의 하나님 여호와의 날개 아래에서 보호 받기를 기도한다. 파이퍼는 이 구절을 이렇게 해석하고 있다.

　　12절에서 보아스는 나오미에 대한 룻의 사랑을 갚아주실 분은 하나님이라고 말한다. 보아스는 하나님이 사용하시는 도구일 뿐이다. 우리는 이 사실을 잠시 후 나오미를 통해서도 확인하게 될 것이다.…여기서 나오는 "보답"이라는 말은 "보상"이나 "사례"로 번역될 수도 있다. 그러나 본문이 우리에게 보여주는 그림은 룻이 하나님께 노동력을 제공하고, 하나님이 그 대신 좋은 보수를 지불하시는 그런 모습이 아니라, 겁에 질린 작은 독수리 새끼인 룻이 커다란 날개를 가진 독수리이신 하나님의 날개 아래로 숨는 모습이다. 12절이 우리에게 암시하는 것은 룻이 하나님의 날개 아래에 보호를 받으러 왔기 때문에 하나님께서 룻에게 보답하신다는 사실이다.[179]

보아스는 보호가 필요한 룻에게 가장 안전한 장소인 하나님의 날개 아래에서 보호 받기를 기도하고 있는 것이다. "하나님의 날개는 충분히 커서 그 날개 아래 피하러 온 사람은 누구든지 쫓아내지 아니하고 품어주신다."[180] 더 나아가 보아스 자신이 이 보호의 날개 역할을 하고 있는 것이다. 정주채는 이 부분을 이렇게 해석한다. "하나님께서는 그를 믿고 따르는 자들에게 사랑을 베푸시되 그의 날개 아래 품으시고 보호하신다는 말씀입니다. 그런데 가만히 보면, 바로 이 보호의 날개 역할을 하고 있는 사람이 다름 아닌 보아스 자신인 것을 알 수 있습니다. 그가 바로 불쌍한 이방인 과부 룻에게 보호의 날개가 되고 있습니다."[181]

---

178) Sakenfeld, 『현대성서주석 룻기』, 92.
179) Piper, 『하나님의 섭리』, 75.
180) 김서택, 『주해가 있는 사사기·룻기 강해』, 351.
181) 정주채, 『룻기에 나타난 하나님의 파격』, 84.

(13)"룻이 이르되 내 주여 내가 당신께 은혜를 입기를 원하나이다…당신이 이 하녀를 위로하시고…"

룻은 겸손함으로 보아스의 은혜와 위로와 친절한 말에 감사를 표하고 있다. 그리고 보아스를 향해 자기에게 계속해서 은혜와 호의를 베풀어 줄 것을 간청한다.

―두 번째 이야기(14-17절)

(14)"식사를 할 때에 보아스가 룻에게 이르되 이리로 와서 떡을 먹으며 …그가 볶은 곡식을 주매 룻이 배불리 먹고 남았더라"

여기부터 두 번째 이야기로 이어진다. 룻을 향한 보아스의 친절은 여기에서도 계속된다. 식사 때(점심)가 되었을 때, 보아스는 식사 자리에 룻을 초대한다. 동서양을 막론하고 식사를 같이 한다는 것은 끼니를 때우는 것 그 이상의 의미가 있는 것 아닌가? 저자는 룻에 대한 보아스의 자상함을 비교적 자세하게 묘사하고 있다. "이리로 와서 떡을 먹으며" "네 떡 조각을 초에 찍으라" "그가 볶은 곡식을 주매" 세심한 배려와 관심을 나타내고 있음이 분명하다. 이에 대하여 민영진은 "보아스가 룻에게 보여 주는 친절의 밀도가 계속 상승하고 있다. 거기에 따라 보리를 베는 들판에서 룻의 중요성이나 위치도 점점 높아져 가고 있다"[182)고 말한다.

(15-16)"룻이 이삭을 주우러 일어날 때에 보아스가 자기 소년들에게 명령하여 이르되 그에게 곡식단 사이에서 줍게 하고 책망하지 말며…꾸짖지 말라 하니라"

룻에 대한 보아스의 특혜와 호의는 계속된다. 당시 밭 주인들과는 다르게 곡식단 사이에서 줍게 하고, 또 일꾼들에게 야단치지 못하게 한다. 보아스는 룻을 축복하되 넘치도록 축복하고 풍성하게 채워주는 은혜를 베풀고 있다. 이 같은 보아스의 배려와 특혜는 헤세드라는 말 외에는 설명할 길이 없다. 그는 법이 규정하는 것 이상으로 자비를 베풀고 있기 때문이다. 보아스는 하나님이 룻을 대하시듯 룻을 대하고 있다.[183)

(17)"룻이 밭에서 저녁까지 줍고…"

룻은 보아스의 배려 속에서 저녁까지 이삭을 주웠다. 하루의 일과를 마칠 때쯤 그녀가 주운 이삭의 양은 어림잡아 두 명이 약 5~7일간 먹을 수 있는 꽤나 많은 분량이었다.

---

182) 민영진, 『이방 여인 룻 이야기』, 76.
183) 송병현, 『엑스포지멘터리 룻기 · 에스더』, 137.

나오미와 룻: 새로운 희망(18-23절)

(18) "그것을 가지고 성읍에 들어가서…그가 배불리 먹고 남긴 것을 내어 시어머니에게 드리매"

룻은 집에 돌아와 시어머니 나오미에게 하루 종일 주운 이삭과 보아스가 주어 먹고 남긴 볶은 곡식을 보여준다. 매튜 헨리는 이 부분을 해석하면서 "만일 룻에게 더 좋은 것이 있었다면 그것도 틀림없이 시어머니와 함께 나누었을 것이다. 이와 같이 룻은 밖에서는 부지런했고 집에서는 효성이 지극했다"[184]고 평가한다. 나오미에 대한 룻의 헤세스의 한 면을 볼 수 있는 대목이기도 하다.

(19-20) "시어머니가 그에게 이르되 오늘 어디서 주웠느냐…너를 돌본 자에게 복이 있기를 원하노라 하니 룻이…오늘 일하게 한 사람의 이름은 보아스니이다 하는지라 나오미가…이르되 그가 여호와로부터 복 받기를 원하노라 그가 살아 있는 자와 죽은 자에게 은혜 베풀기를 그치지 아니 하도다 하고…그 사람은 우리와 가까우니 우리 기업을 무를 자 중의 하나이니라 하니라"

많은 양의 이삭과 가져온 볶은 곡식을 본 나오미는 깜짝 놀라 어디서 주웠느냐며 며느리 룻을 돌아본 사람에게 복을 빈다. 나오미의 이 말 속에는 분명 누군가의 특별한 돌봄이 있었을 것이라는 강한 추측이 보여지고 있다. 왜냐하면 룻 혼자의 힘으로 거둘 수 있는 분량 치고는 주워온 곡식의 분량이 많았기 때문이다.[185] 룻은 누구의 밭에서 일했느냐는 나오미의 질문에 보아스라고 그 이름을 밝히게 된다. 그러자 나오미는 또 한 번, 이번에는 구체적으로 여호와로부터 복 받기를 원한다며 보아스를 축복한다. 이 부분에 대하여 송병현은 이렇게 말한다. "저자는 룻이 보아스의 밭에 '우연히' 가게 된 일이 보이지 않는 곳에서 사역하시는 하나님의 인도하심에 의한 일이었던 것처럼 보아스가 룻에게 헤세드를 베푼 것도 우연히 된 일이 아니라, 자비로우신 하나님이 보아스를 통해 나오미의 집안에 헤세드를 베푸신 일임을 암시하고자 한다."[186] 축복의 말을 한 직후, 나오미는 룻에게 보아스가 친족이며, 자기 가족의 땅을 무를 책임이나 권리를 가진 기업 무를 자(고엘)[187] 중의 하나라고 룻에게 소개한다. 이 대목에서 이제 보아스의 행동을 통해 인식될 수 있는 하나님의 선대하심을 통해 앞으로 전개될 일들이 조금 더 드러나게 된다. 즉 룻기의 결말에서 보여질 일들이 이제 서서히 그 윤곽이 잡히기 시작하는 것이다.[188] 엘리멜렉의 땅이 상환될 것이며, '나오미'의 아들이라 칭하는 남자아이가 태어날 것이고, 이 아이는 생명의 회복자요 노년의 봉양자가 될 것이다.

---

184) Henry, 『매튜헨리 주석 여호수아 · 사사기 · 룻기』, 677.
185) 강성구, 『숨겨진 하나님』, 72.
186) 송병현, 『엑스포지멘터리 룻기 · 에스더』, 141.
187) '고엘'에 대하여는 위 룻기의 신학에서 '고엘'에 관한 부분을 참조하라.
188) Sakenfeld, 『현대성서주석 룻기』, 97.

> (21-22) "모압 여인 룻이 이르되 그가 내게 또 이르기를 내 추수를 다 마치기까지 너는 내 소년들에게 가까이 있으라…내 딸아 너는…다른 밭에서 사람을 만나지 아니하는 것이 좋으니라 하는지라"

저자는 여기서 또 한 번 룻을 '모압 여인'이라는 표현을 통하여 룻이 여전히 이스라엘 백성이 아니라는 것을 상기시키고 있다.[189] 비록 보아스에 의하여 베들레헴 공동체의 일원으로 받아들여짐에도 불구하고 룻은 이스라엘 사회에서 보호받아야 할 사회적 약자로 취급받는 이방인임을 보여주고 있는 것이다. 또한 보아스가 룻에게 헤세드를 베푼 것은 자신과 룻의 신분 차이를 생각할 때 당시 사회에서 매우 파격적이었음을 강조하기 위한 묘사이기도 하다.[190] 룻은 나오미에게 보아스가 자신에게 베푼 또 다른 호의를 이야기했고, 나오미는 흔쾌히 보아스의 관용을 받아들이라고 한다. 그리고 룻의 안전을 위해 다른 밭에서 야기될지도 모르는 위험을 룻에게 상기시키고 있다.[191] 이 부분을 이종록은 이렇게 해석한다. "룻과의 오고가는 대화 속에서 나오미는 머리 속에 보아스와 룻이 결혼하는 그림을 그리게 된다. 그리고는 룻의 결혼을 위해 단계들을 1단계, 2단계 정해 놓고 그것을 실행해 옮기는데, 맨 먼저 룻에게 몸조심하라고, 나쁜 소문나지 않게 하라고 당부를 했다."[192]

> (23) "이에 룻이…보리 추수와 밀 추수를 마치기까지 이삭을 주우며 그의 시어머니와 함께 거주하니라"

보리 추수의 시작부터 밀 추수의 끝까지 대략 4월 말부터 6월초까지의 기간으로 주로 오순절에 마치는 6주간이었고, 룻은 보아스와 나오미의 당부대로 보아스의 밭을 떠나지 않는다. 그리고 저자는 "그의 시어머니와 함께 거주하니라"는 말로 막을 내리고 있다. 보아스의 등장을 통해 문제 해결에 대한 한껏 고조되었던 분위기는 가라앉고 기대감은 감소되면서 이야기는 잠시 동안 진행을 멈추게 된다.[193]

---

189) 채규현, "보이지 않는 하나님, 헤세드의 하나님," 506.
190) 송병현, 『엑스포지멘터리 룻기 · 에스더』, 142.
191) Reed & Merrill, 『룻기 · 사무엘상 · 하』, 35.
192) 이종록, 『보리밭 사랑』, 75.
193) Bush, 『Word Biblical Commentary 룻기 · 에스더』, 232-233.

다. 제3단계: 본문의 중심 주제 및 목표 제시

주해적인 중심 아이디어	현실의 암담함 속에 있는 룻에게 보이지 않는 하나님은 섭리의 손길로 예비하신 기업 무를 자 보아스와의 만남을 통하여 새로운 희망을 주셨다.
신학적인 중심 아이디어	보이지는 않지만, 역사의 주관자이시고, 인생의 주인되신 하나님은 여전히 자기 백성을 섭리의 손길로 돌보신다.
본문의 목표	하나님께서 현재의 삶의 암담함과 불투명한 미래를 향해 막연하게 걸어가는 자기 백성의 삶에 보이지 않는 섭리의 손길로 이끄시고 인도하시며 돌보신다는 것을 보여주시며, 섭리하시는 하나님이 계시기에 소망을 하나님께 두고, 하나님의 백성들은 절망 중에도 희망을 잃지 말고 살아가도록 격려하기 위해서이다.

2. 설교의 둘째 과정(줄기): 목적의 다리(본문과 청중 연결하기)

가. 제4단계: 설교의 목적 제시

설교의 목적	현재의 삶의 힘겨움 속에서 눈에 보이는 현실로 인하여 절망하거나 낙심하지 말고, 보이지 않지만 여전히 자기 백성을 위하여 일하시며 섭리의 손길로 인도하시는 하나님을 신뢰하며 힘있게 살아가도록 하기 위해서이다.

3. 설교의 셋째 과정(잎): 설교 작성(설교의 main idea 및 개요 작성)

가. 제5단계: 설교의 중심 명제 제시

설교적 중심 아이디어	보이지는 않지만 역사의 주관자이시고 인생의 주인되신 하나님은 여전히 자기 백성을 위하여 섭리의 손길로 인도하고 계신다.

나. 제6단계: 설교의 아웃 라인 작성

설교 제목: "물음표 신앙에서 느낌표 신앙으로"
설교 본문: 룻기 2장

도입
보이지 않는 하나님에 대한 물음을 던지는 성도의 이야기(갈등 제시)

Ⅰ. 첫째 대지: 하나님이 진정 소망이시다.
  A. 전개 1 선포: 1장 22절, 2절 읽기
  B. 전개 2 해석: '돌아 왔다' '보리 추수 때에' 고향으로 돌아온 나오미와 룻
  C. 전개 3 적용: 소망의 하나님께로 나아오라
  D. 전개 4 예화: 탕자의 이야기

Ⅱ. 전환문장: 하나님께로 돌이켜 나아왔는데 그 결과는 무엇인가?
       (또 다른 갈등 제시)

Ⅲ. 둘째 대지: 보이지 않지만 여전히 자기 백성을 위해 일하시고 돌보시는 하나님의 손길을 확신하라.
  A. 전개 1 선포: 본문, 3, 4절 읽기
  B. 전개 2 해석: '우연히', '마침'. 보이지 않는 하나님의 섭리의 손길
  C. 전개 3 예화: 한 시골 처녀와 서울 권사와의 만남
  D. 전개 4 적용: 보이는 현실만 보지 말고 보이지 않는 하나님의 손길을 보라. 하나님은 여전히 자기 백성을 섭리하고 계신다.

결론
  당장에 눈이 보이는 암담한 현실 속에서 물음표의 신앙이 아니라 보이지 않지만 여전히 자기 백성을 위하여 일하시고 섭리하시는 하나님의 손길을 경험하며 느낌표의 신앙으로 살라.

제4절 룻기 3장의 본문 연구 및 설교 개요

1. 설교의 첫째 과정(뿌리):
본문 연구(관찰에서 설교의 목표 제시까지)

가. 제1단계: 본문 관찰

1) 본문의 개요

보아스의 등장과 보아스와 룻과의 만남, 그리고 친족이며 기업 무를 자에 이르기까지 2장에서 무언가 역사가 일어날 것 같은 분위기는 "그의 시어머니와 함께 거주하니라"라는 결말로 잠시 가라앉게 된다. 그것은 바로 이어질 3장에서 일어날 일들에 대한 숨고르기인 것 같기도 하다. 다른 말로 하나님의 가려진 섭리가 아직 때가 이르지 않았음을 암시해 주고 있는 것이다.[194]

3장 역시 나오미와 룻 사이의 대화로 단락이 시작되며, 룻과 보아스의 만남에 대한 꽤 긴 중간 단락으로 이어진 후에, 나오미와 룻이 집 밖에서 있었던 일들에 관하여 대화를 나누는 결론으로 막이 내리고 있다. 3장에서는 이미 충분히 드러난 나오미의 결심과 룻의 용기, 그리고 보아스의 진솔함이 이들의 역할을 통해 한층 더 드러나고 있다.[195]

3장에서는 여호와에 대하여 잠깐 언급될 뿐(10, 13절), 여호와보다는 다른 등장인물들이 더 많이 언급되는 것처럼 보인다. 그러나 그것은 그렇게 보일 뿐 실제로는 하나님의 인도라는 특별한 가치를 부여하면서 그 다음에 나오미가 룻을 부추겨 일을 꾸며나가는 방식으로 진행되고 있다.[196]

---

194) 송병현, 『엑스포지멘터리 룻기 · 에스더』, 145.
195) Sakenfeld, 『현대성서주석 룻기』, 105.
196) Ringgren & kaiser & Herzberg, 『국제성서주석 아가/애가/에스델/룻기』, 312.

2) 본문의 구조(3장)

　　A. 1-5절 / 만남의 준비: 나오미와 룻

　　　　B. 6-15절 / 룻과 보아스의 만남: 룻의 요청과 보아스의 응답

　　A´. 16-18절/ 만남의 결과: 확고한 희망

룻기 3장은 나오미의 계획으로 시작하여 한 밤중의 타작마당에서의 보아스와 룻의 만남을 묘사하고 있고, 그 만남에 대한 결과 보고로 막을 내리게 된다.

3) 단락 구분

나오미와 룻(1-5절)
-만남의 준비(1-5절)
보아스와 룻: 룻의 요청과 보아스의 응답(6-15절)
-첫 만남(6-9 상반절) -룻의 발언(9 하반절) -보아스의 응답(10-13절) -떠남(14-15절)
나오미와 룻: 확고한 희망(16-18절)

나. 제2단계: 본문 주해

나오미와 룻(1-5절)
(1-4)"룻의 시어머니 나오미가 그에게 이르되 내 딸아 내가 너를 위하여 안식할 곳을 구하여 너를 복되게 하여야 하지 않겠느냐…보아스는 우리의 친족이 아니냐…그런즉 너는 목욕하고 기름을 바르고 의복을 입고 타작마당에 내려가서…그가 누울 때에…그의 발치 이불을 들고 거기 누우라 그가 네 할 일을 네게 알게 하리라 하니"

3장은 룻의 시어머니 나오미가 룻을 위한 안식할 곳을 언급하는 것으로 시작한다. 여기에서의 안식할 곳은 어떤 장소를 말하는 것이 아니라 결혼을 통하여 이스라엘 사회에서 한 여인에게 주어지는 안정과 쉼의 상태를 말한다.[197] 구체적으로 안식할 곳은 결혼을 의미한다. 분명 이 말에서 나오미의 달라진 모습을 볼 수 있다. 1장에서 나오미는 두 자부에게 각각 살 길을 찾아 평안함을 얻으라고 말했다(룻 1:8-9). 자신은 그들에게 아무 것도 해줄 수 없다는 것이었다. 그런데 여기에서는 나오미가 룻을 위해 스스로 안식할 곳을 찾아주려 하고 있다. 해줄 수 있는 것이 아무 것도 없다며 자신의 삶에 대하여 비관적이던 그녀가 이제는 룻의 안식을 위하여 무엇인가를 해야겠다고 결심하고 나서는 것이다. 지금 상황에서 룻을 잃어버린다는 것은 나오미에게는 당장의 생활고에 대한 대책이 없음을 의미하는 것인데 그럼에도 룻의 행복을 먼저 생각하는 여인으로 바뀌어 있는 것이다.[198] 리도우트는 "나오미가 룻에게 있어서 가장 놀라운 일이 성취될 수 있도록 룻을 인도하는 안내자가 되었다."면서 1장에서의 "불신앙의 모습과는 다르게 이제는 그러한 불신을 부끄러워했을 것이라."고 나오미의 달라진 모습에 대하여 말한다.[199] 3장에서의 나오미에 대하여 이동원은 이렇게 해석하고 있다.

> 본문에 나타난 나오미의 성격을 조심스럽게 살펴보면, 나오미는 자기의 필요보다는 남의 필요를 먼저 생각하는 인물로 등장합니다. 다시 말하면 나오미는 이기심을 극복한 사람입니다. 재혼의 문제를 생각할 때, 나오미 역시 룻처럼 재혼이 필요한 고독한 여인입니다. 그런데 여기에 후보자 보아스가 등장했습니다. 보아스는 룻기의 여러 언급들을 종합해 볼 때 상당히 나이가 많았던 인물로 추측됩니다. 그래서 어떤 의미에서는 나오미가 자기의 상대자로 보아스를 선택할 수도 있습니다. 그런데 룻기를 읽어보면, 한 번도 나오미는 자기의 필요를 암시하지 않고 언제나 며느리의 처지를 먼저 생각합니다.…나오미의 깊은 관심은 자기에 대한 관심이 아니라 불행하게 된 며느리에 대한 관심이었습니다.[200]

이어지는 룻을 향한 나오미의 말은 또 다른 나오미의 모습을 잘 엿볼 수 있게 하는 대목이다. 이제 나오미는 다시 한 번 보아스가 친족임을 말하면서 자신이 가지고 있던 계획을 구체적으로 룻에게 전달한다. 필립스는 나오미의 계획을 전략이라며 이렇게 말하고 있다.

---

197) Bush, 『Word Biblical Commentary 룻기 · 에스더』, 241.
198) 김윤희, "헤세드의 세 사람," 『사사기 · 룻기를 어떻게 설교할 것인가』(서울: 두란노아카데미, 2009), 516.
199) Ridout, 『사사기 룻기 강해』, 386.
200) 이동원, 『이렇게 선택하라』(서울: 나침반社, 1990), 83.

"매력적으로 보이라. 과단성 있게 행동하라. 순종할 준비를 갖추라"[201] 나오미는 보아스의 마음을 움직여 룻과 결혼시키겠다는 결심을 하고 난 다음에 곧 바로 준비에 착수한다. 나오미는 결혼식이라도 치르듯이 준비하고 있다.[202] 나오미가 룻에게 준비시킨 것은 네 가지이다. 첫째, 우선 애도의 흔적을 지우고 매력적으로 만들어라(목욕하고 기름을 바르고 의복을 입고). 둘째, 룻은 하루 일과와 축제가 모두 끝난 후에 보아스가 잠자리에 드는 장소에 주의를 기울여야 했다(그 사람이 먹고 마시기를 다하기까지는 그에게 보이지 말고 그가 누울 때에 너는 그 눕는 곳을 알았다가). 셋째, 과단성 있게 행동하라(들어가 그 발치 이불을 들고 거기 누우라). 넷째로, 순종할 준비를 갖추어라(그가 너의 할 일을 네게 고하리라).[203] 나오미는 룻을 보아스와 맺어주기 위해 치밀한 계획을 세웠고, 세심한 배려와 룻의 장래를 생각하는 지극한 사랑의 모습을 보이고 있다. 그러나 여기에서 의문이 드는 부분이 있다. "왜 나오미는 직접 보아스에게 가서 룻에게 결혼하라고 제안하지 않는가? 혹은 덜 확실한 상황보다는 좀 더 분명한 상황이 전제된 상태에서 룻을 보아스에게 보내지 않는가?" 이에 대하여 자켄펠드는 다음과 같이 설명한다.

> 가능한 첫 번째 대답은 순전히 흥미진진한 이야기를 펼쳐나가는 기술 때문일 것이다. 즉 그렇지 않으면 드라마로서의 수준이 급감 될 것이기 때문이다.…설화자는 성적 만남의 가능성과 미래를 위해 합리적으로 계획할 가능성 사이에 있는 긴장을 유지하기 위해 한 밤중의 만남을 꾀하고 있다고 보아야 한다.[204]

[5]"룻이 시어머니에게 이르되 어머니의 말씀대로 내가 다 행하리이다 하니라"

어떻게 보면 상당히 파격적인 제안에 룻은 순순히 따르겠다고 대답한다. 이제까지의 룻의 모습과는 좀 다른 모습이다. 룻은 고향으로 돌아가서 새롭게 살 길을 찾으라는 시어머니의 제안을 일언지하에 거절하고 시어머니를 따랐다. 그런데 여기에서는 조금은 무모하고 또 쉽지 않은 제안에 시키는 대로 다 순종하겠다는 것이다.

---

201) Phillips, 『Main Idea로 푸는 사사기 · 룻기』, 427.
202) Ringgren & kaiser & Herzberg, 『국제성서주석 아가/애가/에스델/룻기』, 314.
203) Phillips, 『Main Idea로 푸는 사사기 · 룻기』, 427-428.
204) Sakenfeld, 『현대성서주석 룻기』, 111.

보아스와 룻: 룻의 요청과 보아스의 응답(6-15절)
—첫 만남(6-9 상반절)
[6-9a]"그가 타작마당으로 내려가서 시어머니의 명령대로 다 하니라 보아스가…마음이 즐거워서…눕는지라 룻이 가만히 가서 그의 발치 이불을 들고 거기 누웠더라…한 여인이 자기 발치에 누워있는지라 이르되 네가 누구냐 하니"

저자는 룻이 시어머니 나오미가 시키는 대로 다 했다는 말로 시작한다. 그러면서 자연스럽게 그 배경을 타작마당으로 옮겨간다. 룻과 보아스의 첫 번째 만남의 장소는 추수하는 밭이었고, 그 때는 보아스가 룻을 찾아왔다. 하지만, 지금 두 번째 만남의 장소는 타작마당이며, 룻이 보아스를 찾아 왔다. 나오미의 말처럼 보아스는 먹고 마시는 일을 마치고 즐거운 마음으로 잠자리에 들게 된다. 보아스는 룻이 그곳에 와 있다는 사실도, 자기 발치 이불을 들고 자기 곁에 누워있는 것도 전혀 눈치 채지 못하고 있다. 하지만 밤중에 보아스는 자다가 깨어 놀라게 된다. 한 여인(룻)이 자기 발치에 누워있었기 때문이다. 이 부분은 독자들로 하여금 많은 상상과 추측을 갖게 만든다. 어떤 주석가들은 룻이 부도덕한 기회를 마련했다고 보기도 한다.[205] 이에 대하여 매튜 헨리는 이렇게 보고 있다.

> 나오미가 룻으로 하여금 보아스에게 접근하도록 한 것은 그녀로 하여금 그의 아내가 되게 하는 것 외에 다른 아무 의도도 없었다. 나오미는 보아스가 나이가 많은 사람일 뿐만 아니라 진지하고 침착하며 덕이 있고 신앙적이며 하나님을 경외하는 사람이라는 것을 알고 있었다. 또한 나오미는 룻이 정숙하고 순전하며 가정을 지키는 자임을 알고 있었다.…나오미 자신도 순전하고 명예로운 것 외에는 어떤 것도 계획하지 않았으며, 보아스나 룻이 그와 같이 순전하고 명예로운 행동 외에 어떤 행동도 하지 않을 것을 조금도 의심치 않았다.[206]

본문에는 극히 제한된 정보만이 제공되고 있기에 독자들로 하여금 궁금증을 자아내는 대목임에는 틀림없다. 그러나 지나친 상상력이나 부정적인 추측보다는 좋은 방향으로 보는 것이 필요할 것 같다. 뒤에 이어지는 보아스와 룻 사이의 오가는 대화를 보면 매튜 헨리의 해석에 타당성이 있음을 충분히 알 수 있다. 단 한 가지 이 장면에서 의구심이 생기는 것은 나오미가 왜 밤중에 이런 일을 통해 룻과 보아스를 맺어주려고 하는 것일까 하는 점이다. 이에 대하여 송병현은 두 가지 이유로 설명하고 있다.

---

205) Reed & Merrill, 『룻기 · 사무엘상 · 하』, 39.
206) Henry, 『메튜헨리 주석 여호수아 · 사사기 · 룻기』, 684.

이유를 정확히 알 수는 없지만, 두 가지가 작용한 것 같다. 첫째, 밤에 이 같은 청혼을 함으로써 혹시 보아스가 거부하게 되면 나오미와 룻이 받게 될 수치를 어둠에 묻어버리고 싶어서다.…둘째, 젊은 룻이 보아스에게 직접 청혼을 하면, 늙은 나오미가 나서는 것보다 더 효과적일 것이라는 생각에서였다.…이러한 상황을 고려하면, 나오미가 룻을 늦은 밤에 타작마당으로 보내는 것은 현실적인 이유에서임이 확실하다.[207]

어쨌든 잠자리에서 깨어나 놀란 보아스는 불청객 룻에게 '네가 누구뇨?'라는 다소 급박한 질문을 던진다. 이 질문은 이 여인에 대한 정체를 알고 싶은 것이라기보다는 놀람과 불안, 공포와 심지어 분노를 나타내는 어조였을 것이다.[208]

―룻의 요청(9 하반절)

(9b)"대답하되 나는 당신의 여종 룻이오니 당신의 옷자락을 펴 당신의 여종을 덮으소서 이는 당신이 기업을 무를 자가 됨이니이다"

이 장면에서의 룻은 시어머니 나오미의 명령대로가 아니라 자기 주도적으로 말하고 있다. 룻은 보아스에게 자신이 왜 이곳에 왔는지를 말한다. '당신의 옷자락을 펴 당신의 여종을 덮으소서'라는 말은 자기와 결혼해 달라고 청혼하는 것이다. 남성의 옷자락으로 여성을 덮는다는 것은 결혼을 연상시키는 표현이다.[209] 이 부분에 대하여 헷숀은 이렇게 해석한다.

여기서 옷자락으로 누군가를 덮는다는 것이 무엇을 뜻하는가? 같은 표현이 나오는 에스겔 16:8에 보면 그 뜻을 분명히 알 수 있다. 그것은 자신이 선택한 여인이 자기 아내라는 것을 주장하는 상징적 행동이다. 이 지문에서는 여호와 하나님이 이스라엘을 어떻게 자신의 아내로 삼으셨는지를 보여주는 하나님의 아름다운 비유이다. "내가 네 곁으로 지나며 보니 네 때가 사랑스러운 때라 내 옷으로 너를 덮어…너로 내게 속하게 하였었느니라." 일반적으로는 남자 편에서 옷으로 덮는다. 왜냐하면 그가 여자를 선택하기 때문이다. 여자 쪽에서 남자에게 옷을 덮어달라고 요청하는 일은 많지 않을 것이다. 왜냐하면 그것은 그 남자에게 청혼하는 것과 마찬가지이기 때문이다. 그러나 그것이 바로 여기서 룻이 한 행동이었다.[210]

---

207) 송병현, 『엑스포지멘터리 룻기·에스더』, 155.
208) Sakenfeld, 『현대성서주석 룻기』, 115.
209) 김의원·민영진, 『성서주석 사사기·룻기』, 752.
210) Hession, 『당신의 옷자락으로 나를 덮으소서』, 127-128.

민영진도 "옷을 덮어준다는 것은 부끄러움을 가리는 것, 보호를 받는 것, 결혼하는 것 등과 연관되어" 있다고 말한다. 그러면서 그는 에스겔 16:9-11[211]절을 근거로 "룻이 타작마당으로 보아스를 찾아가면서 했던 준비, 곧 목욕하고 몸에 기름을 바르고 그리고 좋은 옷으로 단장한 일련의 준비는 결혼식 행위를 연상시키는 것"이라고 주장한다.[212] 그리고 시어머니 나오미의 명령대로가 아니라 자기 주도적으로 자신의 속내를 말하고 있는 룻의 요청에 대하여 파이퍼는 이렇게 해석하고 있다.

> 룻은 나오미가 시키는 대로 하는 장기판의 졸이 아니다. 그녀는 자발적으로 나아갔으며, 이제 주도적으로 그녀가 왜 왔는지를 보아스에게 분명히 말한다. "당신이 기업을 무를 자가 됨이니이다." 다시 말해 문자적으로는 이런 의미이다. "당신이 구속자니이다: 우리의 기업과 가문의 이름이 소멸되지 않도록 구속하셔야 합니다. 당신이 나를 위해 그 역할을 하시기를 바라나이다. 당신의 아내가 되기를 청하나이다." 그러나 그녀는 대놓고 말하지 않는다. 사실, 그녀는 덜 직접적으로 보다 은근하게 말하고 있다. 그녀는 말한다. "당신의 날개를 펴 당신의 여종을 덮으소서." 보아스가 이 말을 성적인 관계를 뜻하는 것으로 받아들일지, 아니면 보다 의미심장하면서도 심오한 것으로 받아들일지는 룻의 인품에 대한 보아스의 평가에 달려있다.[213]

룻은 당당하게 보아스가 나오미 가정의 기업 무를 자임을 상기시키면서 자기와 결혼해 달라는 청혼을 하고 있는 것이다. 이 장면을 조관호는 이렇게 묘사하고 있다.

> 룻은 지난번 보아스를 처음 만났을 때 보아스가 자기를 위해 드렸던 기도를 생각하고 있었을지도 모릅니다. "하나님께서 그 날개 아래 보호를 받으러 온 네게 온전한 상 주시기를 원하노라"(2:12하)라는 것 말입니다. 그것을 기억하고… 그 하나님의 보호를 "보아스 당신이 그 역할을 하십시오." 하고 있는 것이 아닌가 생각되네요. 기적을 통한 복이 아니라 당신이 그 역할을 하라는 메시지… 궁극적으로 결혼해 줌으로써 하나님의 복을 얻게 하라는 것이지요. 복을 기도하지 말고… 복을 주라는 말… 같습니다.[214]

---

211) "내가 물로 네 피를 씻어 없애고 네게 기름을 바르고 수 놓은 옷을 입히고 물 돼지 가죽신을 신기고 가는 베로 두르고 모시로 덧입히고 패물을 채우고 팔고리를 손목에 끼우고 목걸이를 목에 걸고 "(에스겔 16:9-11)
212) 민영진, 「이방 여인 룻 이야기」, 95-96.
213) Piper, 「하나님의 섭리」, 97-98.
214) 조관호, 「은혜로 사는 사람들」(서울: 도서출판그리심, 2005), 105.

—보아스의 응답(10-13절)
(10-11)"그가 이르되 내 딸아 여호와께서 네게 복 주시기를 원하노라… 네가 베푼 인애가 처음보다 나중이 더 하도다…두려워하지 말라 내가 네 말대로 다 행하리라 네가 현숙한 여자인 줄을… 다 아느니라"

보아스는 즐거운 마음으로 룻의 제안을 받아들이며, 즉각적으로 룻이 보여준 행동과 말에 대한 감사를 표한다. 보아스는 룻을 축복하고, 룻의 인애(헤세드)를 칭찬한다. 보아스는 룻이 그동안 행한 일들, 즉 시어머니를 모시기 위해 자신의 가족과 고향을 떠나온 것, 그리고 시어머니를 봉양하기 위해 이삭을 주웠던 것 등 시어머니를 돌보고 도움을 준 행동을 칭찬한다. 또 젊은 자를 따르지 아니하고 자신에게 결혼을 요청한 것도 칭찬한다. 그리고 더 나아가 보아스는 룻에 대하여 '현숙한 여인'이라고 지칭한다. 이에 대하여 자켄펠드는 이렇게 보고 있다.

> 룻의 요구에 보아스가 응해 주고 룻의 좋은 명성에 대해 보아스가 확언해 주고 있는 사실은 룻이 두려워하고 있음을 보아스가 인식하고 있음을 보여 준다. 보아스는 룻을 그 마을에서 '현숙한 여자'(에쉣트 하일)로 부름으로써, 바람직한 아내로서의 여인의 모습에 대한 오래된 잠언의 서론(잠 31:10)에 나오는 이 드문 표현에 대해 주의를 환기시킨다. 룻은 비록 현재는 부유하지 않으며 아이들이 있는 유부녀도 아니지만 가정을 꾸리기 위해 집 안팎에서 주도적으로 헌신하는 여인이라는 전체적인 주제는 현재까지 룻기에서 묘사된 룻과 놀랍게도 잘 들어맞는다.…'현숙한 여인'이라는 보아스의 표현은 룻기 2:1의 서두에서 설화자가 보아스를 기쁘르 하일(유력한 자)로 묘사한 것의 여성 파트너로서 기능한다는 점에서 더 중요성을 갖는다. 룻은 걸출하지도 부유하지도 않지만 룻을 이렇게 평행시켜 표현함으로써 이 둘 사이의 사회적 신분의 거리를 붕괴시키고 있다.[215]

그리고 보아스의 말에 의하면, 마을 사람들 역시 룻을 현숙한 여인으로 인정하고 있는 분위기다. 그렇다면 마을 사람들은 어떤 의미에서 룻을 향해 '현숙한 여인' 이라고 했을까? '현숙하다'는 말을 좀 더 상세하게 살펴보면, 이 말은 우리 말 성경에서도 서로 다르게 표현된다. '현숙한 여자'(개역개정), '착한 여자'(쉬운 성경), '정숙한 여인'(우리말성경), '굳센 여자'(공동번역성경). 원어적 의미는 '굳센 여자'에 더 가까운데, 룻은 굳센 여자이면서도 한편으로 영어 성경의 표현처럼 '탁월한 여자'(NASB, a woman of excellence)라고 할 수 있다. 잠언 31장에서 르무엘 왕의 어머니가 아들을 위해 추천한 여인상이 바로 '현숙한 여인'이다.

---

215) Sakenfeld, 『현대성서주석 룻기』, 121-122.

"현숙한 여인이란 삶에 대한 구체적인 지혜와 순발력을 가질 뿐 아니라 이웃을 위해 헌신할 줄도 아는 사람이다. 남편과 두 아들을 잃고 텅 빈 인생을 살 수밖에 없는 시어머니를 떠나지 아니하고 모압으로부터 이스라엘까지 온 룻. 시어머니를 봉양하기 위해 뜨거운 태양 볕 아래서 하루 종일 곡식 낟알을 줍는 수고를 마다하지 아니하고, 시어머니의 말에 순종하며 타작마당에서 보아스의 곁에 누울 수 있는 용기와 더불어 자신의 요청을 당당히 말할 수 있는 용기를 가진 룻이야말로 성경이 말하는 현숙한 여인이다.216)

[12-13]"참으로 나는 기업 무를 자이나…나보다 더 가까운 사람이 있으니 이 밤에 여기서 머무르라…만일 그가 기업 무를 자의 책임을 네게 이행하기를 기뻐하지 아니하면 여호와께서 살아계심을 두고 맹세하노니 내가 기업 무를 자의 책임을 네게 이행하리라…"

룻의 요청에 대한 보아스의 대답에는 '책임'이라는 단어가 네 번 반복되어 나온다. '자신이 책임진다'는 말과 함께 보아스는 룻의 요청을 흔쾌히 수락한 것이다. 그 이유는 아마도 보아스가 룻에 대하여 잘 알고 있었고, 룻의 중심을 보고, 룻의 가치에 대하여 잘 알고 있었기 때문일 것이다.217) 보아스는 자신이 기업 무를 자임을 인정하면서도 그러나 해결해야 할 문제가 하나 있음을 룻에게 말한다. 그것은 기업 무를 자의 권리에 있어서 보아스보다 우선권을 가진 사람이 있다는 것이다. 법적 절차로서 그 사람의 결정에 따라야 한다. 친족에 관한 상황 설명과 함께 보아스는 두 가지 면에서 책임 있게 행동하고 있다. 하나는, 룻의 보호를 위해 룻에게 밤에 머무르고, 아침까지 누우라는 배려이다. 또 하나는, 그녀의 친족의 권리를 보호했다. 만일 다른 친족이 기업을 무르겠다고 하면 그건 그의 권리였다. 그러나 그 친족이 권리를 이행하지 아니하면 보아스 자신이 이행하겠다는 것이다. 보아스는 하나님 앞에서 자신의 인격과 명예를 걸고 반드시 약속을 지킬 것을 맹세로써 확증한다.218) 저자는 익명의 기업 무를 자를 등장시킴으로 또 한번 이야기의 하강곡선을 통하여 절정으로 나아가는 것을 잠시 멈추게 함으로 독자들의 관심과 흥미를 유발시키고 있다.

---

216) 윤상덕, 『텅 빈 여인 나오미와 룻의 안식』(서울: 도서출판 예루살렘, 2009), 147-150.
217) 김성곤, 『축복의 통로』(고양: 도서출판 두날개, 2013), 176.
218) 배굉호, 『베들레헴을 향하여』, 138.

—룻의 떠남(14-15절)
(14-15)"룻이 새벽까지 그의 발치에 누웠다가…보아스가 말하되 네 겉옷을 가져다가 그것을 펴서 잡으라…보리를 여섯 번 되어 룻에게 지워 주고 성읍으로 들어가니라"

다음날 아침 보아스는 룻에게 보리를 여섯 번 되어 준다. 이런 보아스의 행동을 부쉬는 전날 밤에 있었던 룻의 결혼 요구에 일치하는 하나의 약속을 상징하는 행동으로 보면서 이렇게 해석하고 있다.

> 이는 그들이 처음 만났을 때 그가 룻에게 너그럽게 이삭을 줍도록 허락해 준 것과 동일한 행동이었다(룻 2:14-17). 룻으로 하여금 타작마당으로부터 집으로 돌아가도록 "은폐물"을 제공해 주는 것 이외에도 그는 앞으로 해 나갈 자신의 행동—그들의 재난을 영원히 종속시켜 줄 행동—의 진실성을 그 선물과 함께 주었다.[219]

위어스비도 이 부분에 대하여 이렇게 말한다.

> 보아스는 룻의 두려움을 진정시키고 앞날에 대한 확신을 주었을 뿐 아니라 그녀가 현재 필요로 하고 있는 것까지 푸짐하게 채워 주었다. 그녀는 그에게 아무것도 요구하지 않았지만 그는 그녀를 사랑했기 때문에 그녀에게 보리를 주었다. 그는 이제 곧 그녀와 결혼할 것이다. 따라서 그는 자신의 신부가 될 사람이 가난한 일꾼처럼 밭에 나와 이삭 줍는 것을 원치 않았다.[220]

보아스는 룻에게 미래에 대한 확신과 더불어 현재의 필요까지 채워주는 자상함을 보이고 있는 것이다. "보아스는 주어진 상황에서 가장 윤리적으로 최선의 덕을 베풀며 합법적으로 행동했다."[221] 그리고 보리를 되어 줌은 룻에게나 나오미에게는 보아스가 주는 약속의 징표처럼 보였을 것이다. 저자는 "성읍으로 들어가니라"는 다소 애매한 묘사로 이야기를 끝맺고 있다. 성읍으로 들어간 사람이 룻인지 아니면 보아스인지 분명하지 않다. 히브리어 사본들과 고대 역본들 역시 어떤 곳에서는 "그녀(룻)가 성읍에 들어갔다고" 하며, 어떤 곳에서는 성읍으로 들어간 사람을 보아스로 보기도 한다.

---

219) Bush, 『Word Biblical Commentary 룻기 · 에스더』, 296.
220) Wiersbe, 『룻기 · 에스더서 강해 헌신하여라』, 65.
221) 이동원, 『이렇게 선택하라』, 88.

그러나 룻이 그 아침에 시어머니에게로 돌아가고, 보아스도 기업 무를 자의 일을 추진하기 위해 성읍으로 들어갔으므로 어느 쪽으로든 읽기 가능하다고 본다. 자켄펠드는 이 두 가지로 읽기가 가능한 것은 고대의 여러 전통이기도 한 것 같다면서 이 부분을 이렇게 해석하고 있다.

> 마지막에서 룻을 언급함으로써 룻의 출발을 가장 중요하게 다룬 14-15절을 아주 솜씨 있게 마무리할 뿐 아니라, 이삭줍기를 통해 얻은 보리를 룻이 직접 메고 '성읍에 들어갔다'고 기록하고 있는 것은 룻기 2:18에서 이삭 줍는 들판에서 룻이 떠나는 장면과 아주 훌륭한 대조 및 평행을 이루는 짝이 되고 있다.[222]

나오미와 룻: 확고한 희망(16-18절)

[16-17] "룻이 시어머니에게 가니 그가 이르되 내 딸아 어떻게 되었느냐 하니 룻이…다 알리고…이르기를 빈손으로 네 시어머니에게 가지 말라 하더이다 하니라"

3장의 마지막 장면은 룻이 집으로 돌아온 후에 일어난 나오미와 룻 사이의 대화를 기록하고 있다. 나오미는 룻이 집에 돌아오자마자 '어떻게 되었는지' 묻고 있다. 나오미는 밤새껏 잠을 설치며 나오미가 돌아오기만을 기다렸을 것이다. 또 자신이 계획하고 당부한 일들을 룻이 잘 실행했는지, 잘 실행했다면 그 결과가 어떻게 되었는지 몹시 궁금했을 것이다. 그러나 저자는 룻과 보아스 사이에 오갔던 대화를 생략하고 단지 룻이 "보아스가 자기에게 행한 것을 다 알리고"라고 간략하게 말한다. 그리고는 곧장 새로운 정황을 제시한다. '보아스가 보리를 여섯 번 되어 준 일'을 말하면서 룻은 나오미에 대한 보아스의 호의를 덧붙여 말한다. '빈손으로 네 시어머니에게 가지 말라'. 여기에서 '빈 손'(레이캄)은 나오미가 베들레헴 여인들에게 했던 "내가 풍족하게 나갔더니 여호와께서 나로 비어(레이캄) 돌아오게 하셨느니라"(1:21)고 말할 때 사용된 말이다. 주석가들은 룻기 1:21의 '비어'와 룻기 3:17의 '빈 손'을 '인클루시오(inclusio)'라고 한다. 즉 룻기 1:21절의 '비어'는 괄호를 여는 것이고, 룻기 3:17의 '빈 손'은 괄호를 닫는 것이라고 볼 수 있다. 나오미의 삶은 텅 비었었다. 그러나 나오미의 텅 빈 공간은 보아스를 통해 메꾸어 질 것임을 많은 양의 곡식 선물이 보여주고 있다.[223] 이 부분을 밀러는 이렇게 해석한다. "보아스가 선물로 준 곡물은 순전히 시(詩)다. 나오미가 은유로 말한 빈손을 그는 은혜로 채워주었다. 고대 히브리인들은 시와 삶이 하나로 통합된 세계에 살았다. 따라서 그들은 삶의 얼개에 스며있는 은유를 금방 알아차렸다. 설계자 하나님의 절묘한 예술성을 간파한 것이다"[224]

---

222) Sakenfeld, 『현대성서주석 룻기』, 126.
223) 김의원・민영진, 『성서주석 사사기・룻기』, 757.
224) Miller, 『사랑하다, 살아가다』, 202.

> (18)"이에 시어머니가 이르되 내 딸아 이 사건이 어떻게 될지 알기까지 앉아 있으라 그 사람이 오늘 이 일을 성취하기 전에는 쉬지 아니하리라 하니라"

나오미와 룻은 자신들의 해야 할 일을 최선을 다해 했다. 이제 남은 것은 기다리는 것이다. 나오미는 곧 일이 해결될 것임을 알고 있다. 그러기에 보아스가 즉각적이고 적절한 조취를 취할 것에 대하여 강한 확신 속에서 룻에게 '이 사건이 어떻게 될지 알기까지 앉아 있으라'고 말한다. 보아스가 보내 온 곡식이라는 상징적 선물은 나오미에게 그가 일을 성취하기까지 행동할 것이라는 확신을 주었음이 분명하다.[225]

다. 제3단계: 본문의 중심 주제 및 목표 제시

주해적인 중심 아이디어	보이지 않는 손길로 삶을 주장하시는 하나님은 새로운 희망 안에서 움직이는 세 사람(나오미, 룻, 보아스)의 믿음의 행동을 통하여 새롭고도 놀라운 일을 성취해 가셨다.
신학적인 중심 아이디어	하나님의 구속의 역사는 하나님의 일하심과 인간의 반응(행동)으로 진행되고 성취된다.
본문의 목표	하나님 안에서 주어지는 희망은 사람들로 움직이게 만들고, 하나님은 사람의 그 행동들을 통하여 계획하신 놀라운 일들을 성취해 가신다. 그러므로 하나님의 백성들은 맡겨진 삶의 자리에서 자신의 책임을 다하는 삶을 살도록 격려하기 위해서이다.

2. 설교의 둘째 과정(줄기): 목적의 다리(본문과 청중 연결하기)

가. 제4단계: 설교의 목적 제시

설교의 목적	자기 백성의 삶 속에 놀라운 일들을 계획하시고 이끌어 가시는 하나님에 대하여 기대하고, 확신하며, 그 하나님에 대한 신뢰와 믿음으로 행동하며 나아가도록 하기 위해서이다.

---
225) Bush, 『Word Biblical Commentary 룻기 · 에스더』, 304.

3. 설교의 셋째 과정(잎): 설교 작성(설교의 main idea 및 개요 작성)

가. 제5단계: 설교의 중심 명제 제시

설교적 중심 아이디어	믿음이란 하나님이 행하실 놀라운 일들 그리고 놀라운 일들을 행하실 하나님을 기대하고 확신하고 행동하는 것이다.

나. 제6단계: 설교의 아웃 라인 작성

설교 제목: "소망은 믿음을, 믿음은 행동을"

설교 본문: 룻기 3장

서론

　믿음에 대한 오해

Ⅰ. 첫째 대지: 기독교의 믿음은 하나님이 행하실을 기대하는 것이다.
　A. 전개 1 선포: 본문 1절 읽기
　B. 전개 2 해석: 1장과는 확연히 달라진 나오미의 모습
　C. 전개 3 적용: 하나님이 내 삶에 행하실 일들을 기대하라
　D. 전개 4 예화: 출애굽기 14장 홍해 앞에서

Ⅱ. 전환문장: 그러나 기독교의 믿음은 기대로만 멈춰서는 안된다.

Ⅲ. 둘째 대지: 기독교의 믿음은 기대를 넘어 확신하는 것이다.
　A. 전개 1 선포: 본문 4절과 18절 읽기
　B. 전개 2 해석: 나오미는 보아스를 통하여 하나님께서 행하실 놀라운 일을 확신하고 있다.
　C. 전개 3 예화: 창세기 22장 아브라함이 이삭을 번제물로 바치는 사건에서 '하나님이 자기를 위하여 친히 준비하시리라'는 확신에 찬 고백
　D. 전개 4 적용: 하나님이 행하실 일을 소망하며 확신을 가지라.

> Ⅳ. 전환문장: 그러나 여기까지가 기독교의 믿음의 전부는 아니다. 기대하고 확신한다면 그 다음은?
>
> Ⅴ. 셋째 대지: 기독교의 믿음은 기대를 넘어 확신하고 더 나아가 행동하는 것이다.
>   A. 전개 1 선포: 본문 5-6절, 11-13절 읽기
>   B. 전개 2 해석: 룻은 시어머니 나오미의 말을 행동으로 옮기고 있다.
>   보아스는 자신이 행동하겠노라고 말한다.
>   C. 전개 3 적용: 믿음은 하나님께서 가라 하면 가고, 멈추라 하면 멈추고, 행하라 하면 행하는 것이다.
>   D. 전개 4 예화: 광야에서 행군 할 때 구름 기둥, 불 기둥을 따라 멈추고 행진하는 이스라엘 백성, 히브리서 11장 믿음의 선진들의 행하는 믿음
>
> **결론**
> 하나님이 행하실 놀라운 일들을 기대하고 확신하고 힘차게 나아가라.

제5절 룻기 4장의 본문 연구 및 설교 개요

1. 설교의 첫째 과정(뿌리): 본문 연구(관찰에서 본문의 목표 제시까지)

가. 제1단계: 본문 관찰

1) 본문의 개요

룻기 이야기의 마지막 장은 고대 이스라엘에서 법적인 합의가 이루어지는 성문이라는 공공장소를 배경으로 시작한다. 이곳에서 다른 상속자의 기업 무를 권리의 포기와 보아스와 룻의 결혼 확정이 선포된다. 그리고 보아스와 룻 사이의 결혼 생활을 둘러싼 이야기와 둘 사이에 태어난 오벳에 대한 짤막한 이야기가 나온다. 그 후 다시 마을 여성들에게로 초

점이 맞추어지면서 배경은 외부로 향하여 이야기가 전개되어 간다. 마지막으로 다윗 왕의 족보에 대한 이야기로 끝을 맺고 있다. 이 룻기 4장은 룻기의 다른 부분과 더불어 고도의 문학적 아름다움을 가진 히브리 서사문학의 진수라고도 불리어진다.[226] 이야기가 결말을 향해 전개되면서 궁핍한 상태에서 풍족함으로, 비움의 상태가 채움으로, 슬픔에서 기쁨으로, 죽음에서 생명으로, 깨어진 가정이 회복되고, 변두리에서 소외되었던 자들이 공동체 안으로 들어오면서[227] 사사기의 절망적 시대 상황이 종결되고, 새로운 시대(다윗 시대)가 임할 것임을 암시하면서 해피엔딩으로 막을 내리고 있다.

2) 본문의 구조(4장)

A. 1-8절 / 성문에서 다른 상속자를 대면함
    A1. 9-12절 / 성문에서 보아스가 룻과의 결혼 확정함

B. 13-15절 / 오벳의 출생과 여인들의 축복
    B1. 16-17절 / 오벳의 양육과 여인들의 작명

C. 18-22절 / 다윗 족보

룻기 4장의 구조는 1장의 구조와 평행을 이루면서 1장에 보여진 괴롭고 쓰라린 나오미의 삶이 완전한 해결과 함께 기쁨과 행복이라는 룻기 전체에 나타난 균형과 종결을 제시하고 있다. 결핍과 죽음이 충만과 생명으로 바뀌게 된다.[228]

---

226) 성주진, "하나님의 주권과 섭리," 『사사기 · 룻기 어떻게 설교할 것인가』, 528.
227) Sakenfeld, 『현대성서주석 룻기』, 131.
228) Bush, 『Word Biblical Commentary 룻기 · 에스더』, 311.

3) 단락 구분

마지막 무대: 성문에서(1-12절)
-보아스가 다른 상속자를 대면함(1-8절) -보아스가 룻과의 결혼을 확정함(9-12절)
이야기의 결론: 회복(13-17절)
-오벳의 출생과 여인들의 축복(13-15절) -오벳의 양육과 여인들의 작명(16-17)
결말: 다윗의 족보(18-22절)

나. 제2단계: 본문 주해

마지막 무대: 성문에서(1-12절)
-성문에서 보아스가 다른 상속자를 대면함(1-8절)
(1-2)"보아스가 성문으로 올라가서 거기 앉아 있더니 마침…보아스가 그에게 이르되 아무개여 이리로 와서 앉으라 하니…보아스가 그 성읍 장로 열 명을 청하여…"

3장은 나오미의 의미심장한 말(그 사람이 오늘 이 일을 성취하기 전에는 쉬지 아니하리라)로 장면을 마쳤다. 4장은 나오미의 말대로인 것처럼 성문에서의 보아스의 행동으로 시작되고 있다. 룻기의 마지막 무대는 앞선 무대들(모압, 베들레헴, 추수밭, 타작마당)에 이어서 성문이 되고 있다. 성문은 당시 상거래와 민사 소송이 주로 치러지는 곳이었다.[229] 때마침 보아스가 말했던 기업 무를 자의 권리에 있어서 우선권이 있는 친족이 지나가게 된다. '마침'이라는 단어가 또 나오고 있는데, 이번에도 역시 이 말은 이 사건이 우연히 된 것이 아니라 하나님의 보이지 않는 손길이 섭리하고 계심을 말해주고 있다.[230] 그런데 한 가지 이상한 것은 룻기 이야기의 저자가 이 사람의 이름을 생략한 채 '아무개여'라고 소개하고 있다는 것이다. 이에 대하여 국제성서주석에서는 "전승이 이 사람을 (더 이상) 알지 못하고 룻기의 저자가 그를 찾아낼 만한 사람으로 여기지 않았거나 아니면 그 사람의 이름을 알고 있으면서도 어쨌든 이런 비난받을 만한 사건을 지닌 씨족의 지도자가 웃음거리가 되지 않도록 하기 위해 그의 이름을 은폐시켰을 것"[231]이라고 본다.

---
229) Reed & Merrill, 『룻기 · 사무엘상 · 하』, 43.
230) Miller, 『사랑하다, 살아가다』, 220.
231) Ringgren & kaiser & Herzberg, 『국제성서주석 아가/애가/에스델/룻기』, 321.

보아스는 곧바로 법적인 절차를 밟기 위해 재판에 필요한 장로 10명을 불러 모은다. 왜 10명이었는지는 정확히 알 수 없지만, 고대 근동 사람들의 공동체에 대한 이해에서 비롯된 것으로 본다. 고대 사람들은 최소한 성인 남자 10명이 구성되어야 공동체라고 여겼다. 유대인들은 최소 남자 10명이 확보될 때 그 지역에 회당을 세웠다. 또한 10명이라는 구성원은 공동체를 대표할 수 있는 최소한의 숫자이기도 하다.[232] 아무튼 그들은 법적 절차에 있어서 증인의 역할을 하는 자들임에는 틀림없다(4, 9-11절).

(3-4)"보아스가 그 기업 무를 자에게 이르되 모압 지방에서 돌아온 나오미가…소유지를 팔려 하므로…그것을 사라…만일 네가 무르려면 무르려니와…네 다음은 나요 그 외에는 무를 자가 없느니라 하니 그가 이르되 내가 무르리라 하는지라"

이 구절들을 포함하여 3-6절까지의 본문은 쉽게 설명될 수 없는 수많은 문제를 안고 있다고 한다. 그래서 학자들 사이에서도 세부적인 견해에서는 상당한 차이가 있다고 한다. 이 부분에 대한 자세한 사항은 부쉬의 주석 『Word Biblical Commentary 룻기·에스더』, 321-372.을 참고하라.

여기서는 전체적인 의미를 이해하는 가운데 보아스가 법적인 절차를 밟아 기업 무를 자의 권리를 얻어 룻과 결혼하게 되는 내용을 살펴볼 것이다. 보아스는 친족에게 우선권이 있음을 말하면서 무르려거든 무르라고 선택의 기회를 주고 있다. 그런데 보아스는 룻과의 결혼 문제를 언급하지 않고, 먼저 경제적인 문제를 거론하고 있다. 그러자 그 친족은 나오미의 땅을 상환하겠다고 말한다. 이것은 보아스가 원하는 대답은 아니었을 것이다. 그러나 상황은 여기에서 끝나지 않는다.

(5-6)"보아스가 이르되 네가 나오미의 손에서 그 밭을 사는 날에 곧 죽은 자의 아내 모압 여인 룻에게서 사서 그 죽은 자의 기업을 그의 이름으로 세워야 할지니라 하니 그 기업 무를 자가 이르되…내가 무를 것을 네가 무르라 나는 무르지 못하겠노라 하는지라"

보아스는 재차 구속의 권리와 아울러 구속의 의무도 주어진다고 말한다. 즉 엘리멜렉에게 후사를 이어주어야 한다는 것이다. 그러자 이 친족은 경제적인 이유를 들어 거절한다. 이 부분에 대해서 자켄펠드는 구체적으로 이렇게 설명하고 있다.

> 룻기의 이 상황을 이해하기 위해 상정할 수 있는 가능한 시나리오는 다음과 같다. 즉 상환을 하면 그 근족은 나오미(곧 엘리멜렉)의 땅과 혹은 그 땅에서 나는 산물을 사용할 권리를 얻게 된다. 이런 점에서 그 근족은 기꺼이 자신의 율법적

---

232) 송병현, 『엑스포지멘터리 룻기·에스더』, 175.

의무를 수행하려고 한다. 하지만, 그 때 보아스가 죽은 남자들을 대신해서 도덕적(반드시 법적인 것은 아님) 의무를 가지고 그 근족에게 제시한다. 곧 그 근족은 자식을 낳을 수 있는 룻과 결혼해야 한다고 주장한다. 장차 아들이 태어나면, 그 아들은 이미 상환된 그 땅을 더 이상 값을 지불하지 않고 가질 권리를 갖게 되어 그 근족은 궁극적으로 자기가 투자한 것을 잃게 될 것이다…따라서 그는 법률적 권리 및 도덕적 의무를 둘 다 양도하게 되고, 이제 이것들은 보아스에게 넘어오게 된다.[233]

보아스는 처음부터 룻과 연관 짓지 아니하고 경제적인 문제를 거론하며 시작했다가 친족의 무르겠다는 예상치 못한 답변에, 룻의 문제를 거론하면서 결국에는 자신이 원하는 답을 이끌어 내고 있음을 볼 수 있다. 여기에서 우선권이 있는 친족의 거절은 보아스의 의지를 더 드러나게 하는 기능을 한다. 왜냐하면 그의 거부와 포기는 구속자로서의 의무를 수행하는 것이 손해도 감수해야 함을 의미하기 때문이다.[234]

(7-8)"옛적 이스라엘 중에는…그의 신을 벗어 그의 이웃에게 주더니…이에 그 기업 무를 자가 보아스에게 이르되 네가 너를 위하여 사라 하고 그의 신을 벗는지라"

우선권을 가진 친족이 기업 무를 권리를 포기함으로 당연히 그 권리는 그 다음차례인 보아스에게 넘어가게 된다. 권리 양도에 대한 법적인 절차가 필요한데, 저자는 옛적 이스라엘에 있었던 신을 벗어 이웃에게 주는 풍습을 들어 법적 절차가 확인되었음을 말하고 있다. 이 당시 이스라엘에서 신발은 힘, 소유, 통치의 상징이다.[235] 고대 이스라엘에서는 신을 신고 벗는 행위는 자신의 소유권을 인정하거나 또는 포기하는 상징적인 행위로 간주되었다.[236] 옛적에 권리를 포기하고 다음 사람에게 양도한다는 표시로 행하여진 신 벗는 의식을 행하였다는 것[237]을 근거로 익명의 고엘이 신발을 벗어 보아스에게 건네줌으로 인하여 공개적으로 법적 절차가 확인되었다는 것이다.

—보아스가 룻과의 결혼을 확정함(9-12절)

---

233) Sakenfeld, 『현대성서주석 룻기』, 139-140.
234) Satterwaite & Mcconville, 『역사서』, 380.
235) 김성곤, 『축복의 통로』, 192.
236) 강성구, 『숨겨진 하나님』, 118.
237) 신명기 25장 9절에는 이 풍습이 계대결혼과 관련되어 나오고 있다.

(9-10)"보아스가 장로들과 모든 백성에게 이르되 내가…모든 것을 나오미의 손에서 산 일에 너희가 오늘 증인이 되었고 또 말론의 아내 모압 여인 룻을 사서 나의 아내로 맞이하고…그의 이름이…끊어지지 아니하게 함에 너희가 오늘 증인이 되었느니라 하니"

보아스는 어떤 일이 벌어지고 있는지 모여 지켜보고 있는 장로들과 모든 백성에게 두 가지 중요한 결정에 증인이 되었다고 두 번씩이나 강조하면서 자신의 권리를 확정하고 있다. 두 가지 중 하나는, 기업 무르기이다. 즉 엘리멜렉과 기룐과 말론에게 있던 소유권이 이제 보아스에게 넘어 왔다는 것이다. 다른 하나는, 수혼법으로서 룻을 자신의 아내로 삼고, 죽은 자의 기업을 그의 이름으로 세워서 그의 이름이 그의 형제 중에서와 그곳 성문에서 끊어지지 않게 할 것이라는 사실이다. 보아스는 자신이 그렇게도 원했던 기업 무를 자의 권리를 합법적으로 마치게 된다. 김서택은 "이제 보아스는 룻과 나오미를 합법적으로 마음껏 도울 수 있게 되었다. 그런 점에서 보아스는 구속사적으로 예수 그리스도의 예표가 된다."면서 이렇게 덧붙이고 있다. "예수 그리스도는 하나님의 아들로서 우리를 돕기를 원하셨지만 율법의 제약이 있어서 마음껏 도우실 수가 없었다. 그러나 예수 그리스도께서 율법에 순종하여 십자가 위에서 죽으심으로 우리의 죄를 구속하시고 우리와 하나가 되셨을 때 마음껏 우리를 도우실 수 있게 되었다."[238] 보아스는 앞서 룻에게 약속한 대로 우선권을 가진 기업 무를 자의 포기와 함께 정당한 법적 절차를 밟아 자신이 기업 무를 자가 되었고, 그 권리를 이행하겠다고 증인들(장로들, 백성들) 앞에서 분명하게 말하고 있다.

(11-12)"성문에 있는 모든 백성과 장로들이 이르되 우리가 증인이 되나니 여호와께서 네 집에 들어가는 여인으로…라헬과 레아 두 사람과 같게 하시고 네가 에브랏에서 유력하고 베들레헴에서 유명하게 하시기를 원하며 여호와께서…상속자를 주사…베레스의 집과 같게 하시기를 원하노라 하니라"

모여 있던 모든 백성과 장로들은 자신들의 역할이 합의된 사항에 대한 증인임을 공식적으로 선언한다. 이 선언과 함께 이어지는 내용은 보아스를 축복하는 말인데, 세 가지로 볼 수 있다. 첫째, 그들은 룻이 이스라엘 집을 세운 라헬과 레아와 같은 역할을 하기를 축복한다. 곧 보아스의 가문을 왕성하게 세울 것을 기원한다. 이스라엘의 12지파의 선조들이 되는 12아들들 가운데 8명이 이 두 여인을 통해 태어났듯이 자식을 많이 낳게 되기를 구하고 있다.[239]

---

238) 김서택, 『주해가 있는 사사기·룻기 강해』, 396-397.
239) 성주진, "하나님의 주권과 섭리," 537.

둘째, 그들은 보아스가 에브랏에서 유력한 자가 되고, 베들레헴에서 유명하게 되기를 구한다. 그 새로운 가정의 가장이 번창하고, 보아스의 이름이 이스라엘에서 계속 되기를 축복하고 있다.[240] 셋째, 그들의 축복은 보아스의 집안이 룻으로 인하여 다말이 유다에게 낳아준 베레스의 집안과 같게 해달라는 기도이다. 창세기 38장에 나오는 유다와 다말의 이야기는 유다가 후사를 잇기 어려운 상황에서 며느리 다말을 통하여 후사를 잇게 되었다(일종의 유대 수혼법으로)는 점에서 룻의 이야기와 유사성이 있는 것은 사실이다. 매튜 헨리는 모여 있던 백성과 장로들의 말을 룻과 보아스와 이들의 집을 위한 기도라고 해석한다.[241] 강성구는 이 두 구절을 해석하면서 이렇게 말하고 있다. "11-12절에서 강조하는 것은 룻을 이스라엘의 창설자 어머니인 레아와 라헬처럼, 또 유다 지파의 어머니인 다말처럼 유명하게 만들어 달라는 것입니다. 룻이 이루는 가정이 그 가정 자체의 행복과 번영에만 그치는 것이 아니라 이스라엘의 족장들의 가정처럼 역사에 길이 남는 훌륭한 가정이 되게 해달라는 것입니다."[242] 밀러는 이 부분을 이렇게 묘사하고 있다.

룻이 성경에 마지막으로 언급된 곳은 마태복음에 실린 예수의 족보다. 룻은 다말, 라합, 밧세바와 더불어 네 여자 중 하나로 언급된다. 굳이 이들을 뽑은 것은 이례적인 일이다. 마태는 쟁쟁한 스타들(하와, 사라, 리브가, 라헬, 레아)을 제쳐두고 이 아웃사이더들을 집어넣었다. 모두 외국인이었고 모두 성적으로 애매한 부분이 있었다. 다말은 창녀인 척했고, 라합은 창녀였으며, 룻은 겉보기에 창녀처럼 행동했고, 밧세바는 간음했다. 얼마나 엉망진창인가!…하나님은 룻처럼 멸시받는 이들을 택하여 은혜의 표본으로 삼기를 기뻐하신다. 그분은 강한 자들을 낮추시고 약한 자들을 높이신다…아웃사이더인 그들은 각기 독특한 방식으로 은혜의 산 증거가 되었다. 하나님은 멸시받고 깨어진 사람들을 은혜의 표본으로 삼기를 좋아하신다. 예수께서도 이 여자들이 자신의 족보에 들어 있는 것을 영광스럽게 여기셨다.[243]

이야기의 결론: 회복(13-17절)
-오벳의 출생과 여인들의 축복(13-15절)
[13]"이에 보아스가 룻을 맞이하여 아내로 삼고 그에게 들어갔더니 여호와께서 그에게 임신하게 하시므로 그가 아들을 낳은지라"

---

240) Phillips, 『Main Idea로 푸는 사사기 · 룻기』, 449.
241) Henry, 『메튜헨리 주석 여호수아 · 사사기 · 룻기』, 700.
242) 강성구, 『숨겨진 하나님』, 122.
243) Miller, 『사랑하다, 살아가다』, 232-233.

저자는 짧은 이 한 구절 속에 보아스와 룻의 결혼과 룻의 임신과 아들의 출생에 대해 알려주고 있다. 이에 대하여 민영진은 이렇게 설명하고 있다.

> 룻기 저자의 문학 기법 가운데 하나를 우리는 욥기 4장에서 볼 수 있다. 기업 무를 자의 권리와 의무를 법 절차를 밟아 확보한 보아스는 룻을 아내로 데려온다. 4장 13절에는 몇 개의 중요한 동사가 사건의 급한 전개를 서술하고 있다. 보아스가 룻을 데리고 와서 아내로 삼고, 동침하니 룻이 임신하여 아들을 낳았다는 것이다. 보아스와 룻이 결혼하여 아들을 낳기까지를 그냥 단숨에 한 절 안에서 다 진술해 버리고 만다.[244]

그리고 자켄펠드는 이 짧은 구절 안에 중요한 언명 즉 "여호와께서 그로 잉태케 하셨다"를 포함하고 있다며, 이에 대하여 이렇게 말하고 있다.

> 룻기에서 하나님께서 인간사에 직접 개입하시는 배우로서는 단지 두 번 등장하고 있다. 1:6에서 하나님께서는 베들레헴의 주민들에게 양식을 제공하신다. 그리고 여기에서는 하나님께서 잉태케 해 주신다. 하나님의 각 개입은 고대세계에서 인간의 영역 밖에 있어 인간이 어떻게 할 수 없는 상황을 역전시키고 있다.[245]

13절은 비록 짧은 한 구절이지만 결말을 향한 빠른 전개와 룻기에서 잘 드러나지 않게 사역하시던 하나님을 드러내고 있다는 점에서 저자가 중요한 문학적 장치로 사용하고 있음을 보게 된다.

[14-15] "여인들이 나오미에게 이르되 찬송할지로다 여호와께서 오늘 네게 기업 무를 자가 없게 하지 아니하셨도다 이 아이의 이름이 이스라엘 중에 유명하게 되기를 원하노라 이는 네 생명의 회복자이며 네 노년의 봉양자라…일곱 아들보다 귀한 네 며느리가 낳은 자로다 하니라"

4장에서 잊혀진 것 같았던 나오미가 여인들의 축복을 받으며 다시 무대 중앙에 나오고 있다. 나오미를 축복하는 여인들은 아마도 나오미가 모압에서 빈손으로 왔을 때 맞이해 주었던 여인들이 아닐까 싶다. 분명 이것은 나오미의 삶에 놀라운 역전이 있음을 보여주고 있는 것이다. 물론 나오미 인생에 반전을 가져오신 분은 하나님이시다. 그러기에 여인들은 나오미에게 기업 무를 자를 주신 하나님을 찬양하고 있다. 또 여인들은 보아스와 룻 사이에 태어난 아이가 유명하게 되기를 기원하고, 이 아이가 나오미를 공경하고 봉양할 것을 기원하며 나오미를 축복하고 있다. 그리고 계속해서 여인들은 룻에 대한 칭찬도 아끼지 않는다.

---

244) 민영진, 『이방 여인 룻 이야기』, 133-134.
245) Sakenfeld, 『현대성서주석 룻기』, 150.

밀러는 이 부분에 대하여 이렇게 말하고 있다. "룻기는 나오미에 관한 책이다. 나오미의 이야기다. 그런데도 여인들은 룻을 칭송했다. 룻의 사랑과 충절이 구속을 낳았다. 룻기의 제목을 더 정확히 붙이자면 '나오미의 이야기: 집안을 살리고 백성에게 사랑을 가르친 한 모압 여인의 못 말리는 비범한 사랑'이 될 것이다."[246] 룻은 일곱 아들보다 귀한 며느리이다. 일곱 아들은 성경적 개념에서 유대인 가정에 임할 수 있는 큰 축복을 상징했다(참조 삼상 2:5; 욥 1:2).[247] 그러기에 이 말은 룻이 나오미에게 의미하는 모든 것을 잘 표현하고 있다.[248] 헷숀은 이 부분(13-17절)을 해석하면서 이렇게 표현하고 있다.

룻에게 아들이 생겼을 뿐만 아니라 이제 나오미에게도 손자가 생긴 셈이다. 이 책은 슬픔에 빠진 나오미로 시작해서 얼굴에 웃음꽃을 가득 피우고 있는 나오미로 끝난다. 그녀가 보리라고는 생각지도 못했던 어린 손자를 품에 안은 채 말이다. 그녀의 얼굴은 눈물에 젖어 있지만 그것은 기쁨의 눈물이다. 그녀의 이웃들도 그녀처럼 환희에 떨며 말하고 있다. "나오미가 아들(손자라는 편이 낫다)을 낳았다"…이제 여인들이 무슨 말을 하는지 더 들어보자. 그 속에는 우리가 배워야 할 것들이 들어 있다. "찬송할지로다 여호와께서 오늘 네게 기업 무를 자(고엘)를 없게 아니하셨도다. 이 아이의 이름이 이스라엘 중에 유명하게 되기를 원하노라." 바꾸어 말하자면 그녀의 앞날에 어떠한 손실이 그녀의 소유에 발생한다 할지라도 이 아이가 자라면서 그것들을 회복시킬 기업 무를 자가 항상 존재하게 된다는 말이다. "이는 네 생명의 회복자요 네 노년의 봉양자라." 더 이상 그녀는 가난의 가시를 두려워할 필요가 없게 되었다.[249]

(16-17)"나오미가 아기를 받아 품에 품고 그의 양육자가 되니 그의 이웃 여인들이 그에게 이름을 지어 주되…그의 이름을 오벳이라 하였는데 그는 다윗의 아버지인 이새의 아버지였더라"

우리는 나오미의 모습 속에서 얼굴에 환한 미소를 지으며 손자를 안고 있는 여느 할머니의 모습을 떠올릴 수 있다. 쓰라린 과거의 아픔은 다 사라지고 기쁨과 행복에 가득한 나오미의 모습이다. 아이를 품에 품고 있다는 것은 아이에 대한 따뜻한 애정과 돌봄의 증표인 것이다.[250] 여인들은 보아스와 룻 사이에 태어난 아이의 이름을 오벳이라 칭하였는데, 그 뜻은 봉사자 또는 섬기는 자이다.

---

246) Miller, 『사랑하다, 살아가다』, 238.
247) Reed & Merrill, 『룻기・사무엘상・하』, 50.
248) Bush, 『Word Biblical Commentary 룻기・에스더』, 410.
249) Hession, 『당신의 옷자락으로 나를 덮으소서』, 184-185.
250) Henry, 『메튜헨리 주석 여호수아・사사기・룻기』, 703.

그는 그 이름에 걸맞게 자기 할머니에게 하나의 아들로서의 의무가 있는 섬김과 친절을 베풀 것이기 때문이다.[251] 국제 성서 주석에서는 이 부분을 이렇게 말하고 있다.

> 여호와는 모든 어려움들을 이렇게 "해결해 주고" 이 사건을 찬양할만하게 끝냈다. 이런 사실은 지금 전개되고 있는 족보가 왕의 족보라고 말하는 끝부분의 언명에서 더욱 두드러진다. 오벳의 손자는 다윗이다. 그래서 룻과 보아스의 에피소드가 역사 속에 들어가게 되었으며, 여호와의 인도는 외롭고 의지할 데 없는 두 여자의 운명에 자비를 베푸는 것 이상이었다. 따라서 룻기는 단순히 종교적이고 교화적인 문학 서적이 아니며 단순히 전원시라고만 볼 수도 없다. 룻기는 17절의 마지막 말 때문에 하나님의 백성의 인도에 관한 전체적인 맥락 속에 포함되어 있다. 그래서 이 이름은 조상들로부터 예수 그리스도에게까지 이르는 길을 밝혀 주는 구절, 즉 마태복음 첫머리에서 또다시 나온다. 룻은 여기에서 특별히 본래 하나님의 백성이 아니었던 다른 세 여자, 즉 가나안 여인 다말과 라합, 그리고 힛타이트 여인 우리아와 함께 거론된다(마 1:5). 그 이유는 예수 그리스도에게까지 이르는 왕의 계보가 구약성서 안에서 이미 유대교 너머에까지 미칠 가능성을 지니고 있음을 분명하게 밝혀주기 위함이다. 룻기, 즉 몇 사람과 행하신 하나님의 이 역사는 이렇게 해서 세상에서의 하나님 역사의 일부가 된다.[252]

결말: 다윗의 족보(18-22절)

[18-22]"베레스의 계보는 이러하니라 베레스는 헤스론을 낳고…살몬은 보아스를 낳았고 보아스는 오벳을 낳았고 오벳은 이새를 낳고 이새는 다윗을 낳았더라"

룻기는 베레스로 시작되는 다윗의 족보로 결말을 내리고 있다. 이 베레스의 족보가 가지고 있는 의미를 두란노 HOW 주석에서는 6가지로 설명하고 있다. 첫째, 베레스의 족보는 다윗의 족보라는 것이다. 베레스 족보의 정점이자 종착역은 다윗이며, 히브리 성경에서 룻기의 마지막 말 역시 다윗이다. 저자는 다윗을 통하여 사사기의 문제를 해결하고 이스라엘에 새로운 소망을 주시는 하나님의 계획과 역사의 목적을 보여주고 있는 것이다. 둘째, 다윗은 하나님의 주권적 섭리의 선물로써 이스라엘에게 주어진 하나님의 선물이라는 것이다. 셋째, 이 족보는 기적적인 섭리의 족보로서 은혜와 믿음의 족보라는 것이다. 넷째, 이 족보는 하나님의 백성의 필요에 대한 하나님의 응답으로서, 많은 사람의 기도를 하나님께서 들어주신 결과가 이 족보 안에 반영되어 있다는 것이다.

---

251) Bush, 『Word Biblical Commentary 룻기 · 에스더』, 416.
252) Ringgren & kaiser & Herzberg, 『국제성서주석 아가/애가/에스델/룻기』, 326.

다섯째, 베레스의 족보는 하나님의 나라는 혈과 육이 아닌 오직 믿음으로 상속한다는 원대한 선교적 의미를 가진다는 것이다. 마지막 여섯째, 시간적으로 족보는 과거의 기록이지만, 그러나 등장인물의 관점에서 볼 때, 이 족보는 미래에 속한다는 것이다. 즉 미래의 구원자 다윗에게로, 그리고 더 나아가 그리스도에게로 향한다는 것이다.[253]

자켄펠드는 이 족보에 등장하는 명단의 내용은 "이스라엘의 오경에 나오는 초기의 이야기와 왕정의 확립을 잇는 가교 역할을 한다"고 주장한다. 그리고 이러한 이유로 "기독교 경전에서 각 책들의 순서를 정하는데 있어 이 족보는 다윗이 왕으로 등극하는 이야기가 기록되어 있는 사무엘상을 그 다음으로 놓도록 하는 등의 문학적 연관성을 찾는 데도 중요한 역할을 하고 있다"[254]고 주장한다. 이동원은 룻기에 나타난 이 족보에 대하여 이렇게 말하고 있다.

> 이 족보의 시작 인물인 베레스는 유다가 며느리인 다말로부터 낳은 불륜의 아들입니다. 그런데 구세주의 족보가 거기서부터 시작합니다. 즉, 메시야의 핏줄을 형성하는 사람들은 대단한 사람들이 아니라 허물 많고 죄 많은 사람, 당신 같고 저 같은 사람을 통해서 하나님의 역사는 이루어진다는 것입니다…라합도 룻과 같은 이방 여인입니다. 메시야의 족보에는 이렇듯 이방 여인들과 범죄한 사람의 이름이 들어와 있습니다. 그러나 용서받은 사람들, 이방인이었으나 주님의 은혜로 하나님의 백성이 된 우리 같은 사람들을 통해서 메시야의 위대한 역사는 만들어졌고, 그리고 거기서 구세주는 오십니다.[255]

밀러는 에세이 작가 신시아 오지크의 말을 인용하면서 이렇게 묘사하고 있다.

> "룻기는 선(善)에서 선이 자라고 도처에 비범함 모습이 돋보이는 책이다. 하지만 처음에 씨가 뿌려진 땅은 폐허와 사별과 무자와 죽음과 상실과 실향과 빈곤의 땅이었다. 이런 잿더미에서 무슨 싹이 돋을 수 있겠는가? 그런데 룻이 언약의 본질을 꿰뚫어 보면서 이야기에 생기가 흘러든다. 이 줄기에서 자비와 구속이 자라고 룻의 발밑에 꽃밭이 펼쳐진다.…그리하여 결국 룻과 나오미의 후손인 다윗의 싹에서 메시아가 나신다." "이야기에 생기가 흘러" 들려면, 하나님이 짜고 계신 이야기에 주목해야 한다. 사랑을 잘하는 사람들은 관찰도 잘한다. 그들은 하나님이 하고 계신 일에 주파수가 맞추어져 있다.[256]

---

253) 성주진, "하나님의 주권과 섭리," 539-541.
254) Sakenfeld, 『현대성서주석 룻기』, 158.
255) 이동원, 『이렇게 선택하라』, 109-110.
256) Miller, 『사랑하다, 살아가다』, 240.

다. 제3단계: 본문의 중심 주제 및 목표 제시

주해적인 중심 아이디어	하나님이 쓰라리고 텅 빈 나오미의 삶을 섭리하시고 역전케 하셔서 기쁨과 행복으로 가득 채워 주셨다.
신학적인 중심 아이디어	헤세드의 하나님, 역사의 주관자이신 하나님, 선을 이루시는 하나님은 텅 빈 삶을 채워진 삶으로, 흉년에서 풍년으로, 무책임과 혼돈에서 책임과 질서로 역전케 해 주신다.
본문의 목표	보이지 않는 하나님께서는 헤세드와 주권으로 자기 백성의 삶을 섭리하시고 인도하사 나오미의 쓰라린 삶을 해피 엔딩으로 만들어 주시며, 더 나아가 한 민족과 온 인류를 위한 놀라운 일을 계획하고 진행하고 성취하신다는 것을 알게 하고, 그러므로 헤세드의 하나님, 선하신 하나님, 역사의 주관자이신 하나님을 신뢰하도록 하기 위해서이다.

2. 설교의 둘째 과정(줄기): 목적의 다리(본문과 청중 연결하기)

가. 제4단계: 설교의 목적 제시

설교의 목적	환난, 역경, 고난과 고통의 절망 속에서도 사랑의 손길로 함께 하시며, 선하게 역사하시는 역전케 하시는 하나님을 기대하며 신뢰하도록.

3. 설교의 셋째 과정(잎): 설교 작성(설교의 main idea 및 개요 작성)

가. 제5단계: 설교의 중심 명제 제시

설교적 중심 아이디어	헤세드의 하나님, 선하신 하나님, 신실하신 하나님은 오늘 우리의 삶에도 놀라운 역전의 은혜를 주신다.

나. 제6단계: 설교의 아웃 라인 작성

설교 제목: "역전케 하시는 하나님의 은혜"

설교 본문: 룻기 4장

도입

    2002년 월드컵 이탈리아전 역전승의 이야기

Ⅰ. Page One: 성경 본문에 나타난 문제
   나오미 가정에 일어난 문제(기근, 이주, 죽음)

Ⅱ. Page Two: 이 세상에 있는 문제
   성도들의 가정과 삶에 일어난 문제(사업 실패, 사기, 아들의 죽음)

Ⅲ. Page Three: 성경 본문에 나타난 하나님의 행동
   나오미 가정에 회복과 축복을 주신 하나님

Ⅳ. Page Four: 이 세상에 나타난 하나님의 행동
   성도의 가정의 문제를 해결하시고 회복케 하신 하나님

결말

우리가 섬기는 하나님은 헤세드의 하나님, 선하신 하나님, 역사의 주관자이신 하나님, 살아 역사하시는 하나님, 역전케 하시는 하나님이시다.

지금까지 룻기 이야기(narrative)를 구속사적 관점에서 각 장별로 본문 연구를 해 보았다. 그리고 더불어 그것을 토대로 설교의 과정을 살펴보면서 설교 전달의 직전 단계인 설교 개요 작성까지 만들어 보았다.

다음 장에서는 위에서 고찰해 본 성경적 내러티브에 대한 이해와 룻기 내러티브에 대한 구속사적 연구, 그리고 설교의 과정을 통해 만들어 본 설교의 개요를 토대로 내러티브 본문에 대한 설교의 다양한 형식을 설교문과 함께 제시해 보고자 한다. 건강하고 풍성한 설교를 위한 새로운 대안적 형식으로 '귀납-연역의 통합적 방식'을 제안하고자 한다.

**Narrative
Preaching**

제6장
내러티브 본문에 대한 다양한 설교 형식

아무리 맛있는 음식이라도 매일 똑같은 음식을 계속해서 먹게 된다면 금방 질리기 마련이다. 이와 같이 우리의 설교 역시도 매 번 같은 방식의 한 가지 형태와 형식만을 고집하고 고수한다면 아무리 좋은 설교라도 지루하고 뻔한 설교로 전락할 수 있다. 아더스의 말대로 "똑같은 형태로 설교할 때 설교는 단조로워지고, 단조로운 설교는 청중들의 태도를 괴롭게 하고, 괴로운 태도는 단조로운 설교로 나아가게 하는 사이클이 계속되게 된다."[1]

또 실력있는 요리사라면 다양한 재료들을 최상의 레시피(Recipe)로 다양하면서도 맛있고 건강하고 풍성한 요리를 만들어 제공할 수 있어야 한다. 마찬가지로 설교자는 성경의 다양한 재료(성경의 다양한 장르: 시, 내러티브, 예언, 묵시문학, 비유, 편지 등. 성경의 다양한 형태: 대화, 논쟁, 송영, 기도, 조롱, 상징, 환상 등)들을 최상의 레시피로 준비하여 다양하고도 건강한 그리고 신선하면서도 풍성한 설교를 만들어 제공해야만 한다.

물론 다양함이 있는 설교가 청중들의 영적 성장을 가져다주는데 있어서 충분한 것은 아니지만 그러나 하나님의 말씀을 정확하게 전파하고 청중들에게 잘 전달되어지기 위해서는 필수적이다.[2] 그러므로 설교자들은

---

1) Arthus, 『목사님 설교가 다양해졌어요』, 19.
2) Arthus, 『목사님 설교가 다양해졌어요』, 13.

성경의 다양한 문학 양식에서 단서를 찾아 천편일률적인 단조로운 설교 형식에서 벗어나야 한다.[3] 많은 다른 설교 형식들을 가지고 다양한 설교를 시도한다면 설교가 훨씬 더 풍성하고 더 신선하고, 더 향상될 수 있을 것이다.[4]

본 장에서는 성경 본문을 제대로 다룰 수 있고, 설교에 활력을 줄 수 있는 설교 형식들을 살펴보고자 한다. 특별히 성경에서 자주 나타나고, 성경의 많은 비중을 차지하고 있는, 그럼에도 장르의 몰이해로 인하여 독특한 가치를 살려내지 못하는 내러티브 본문에 대한 설교 형식들에 대하여 살펴보고자 한다.

이를 위하여 먼저, 설교 형식에 대한 이해로서 설교에서의 형식의 중요성과 형식의 정의에 대하여 살펴보고, 설교에서 왜 다양한 형식이 필요한지 그 필요성을 논한 다음, 룻기 본문을 중심으로 하는 설교문을 통하여 내러티브 본문에 대한 다양한 설교 형식을 다뤄보고자 한다. 특별히 내러티브 본문을 설교하는데 있어서 매우 유용한 대안적 방식으로서 '귀납-연역의 통합적 방식'을 제시해 보고자 한다.

제1절 설교 형식에 대한 이해

1. 설교에 있어서 형식의 중요성

설교를 "지·정·의가 조화된 온전한 성도를 목표로 성령의 인도 하에 교회에 의해 위임받은 설교자가 하나님의 말씀을 회중의 삶에 해석해 넣는 작업"[5]이라고 정의할 때 설교자는 본문인 하나님의 말씀과 청중(성도들) 사이에 서게 된다. 그리고 설교자에게는 본문에 대한 바른 해석과

---

3) Greidanus, 『성경적 해석과 성경적 설교』, 48.
4) Craddok, 『크래독의 설교 레슨』, 273.
5) 정인교, 『설교학 총론』(서울: 대한기독교서회, 2008), 71.

청중에 대한 바른 이해가 필요하다. 실리에(Johan H. Cilliers)의 말처럼 설교자는 본문에 귀를 기울여 본문에서 울려오는 음성을 들음과 동시에 청중의 심장에서 울려나는 고동소리를 들을 수 있어야 한다.[6] 설교를 커뮤니케이션의 관점에서 본다면, 바른 의사소통이 되기 위해서는 메시지를 전하는 화자(話者)는 그 메시지를 듣는 청자(聽者)에게 바르고 정확한 것을 효과적으로 전달할 수 있어야 한다. 수사학적인 관점으로 설교를 본다면, 그 방향을 중심으로 하나님과의 수직적인 커뮤니케이션과 청중들과의 수평적인 커뮤니케이션으로 나눌 수 있다. 설교자는 하나님과의 수직적인 커뮤니케이션을 통해 메시지를 준비한다. 그리고 수평적인 커뮤니케이션으로서 청중들에게 그 메시지를 전달한다.[7] 그러므로 설교자에게 본문에 대한 바르고 정당한 해석이 요구되며, 청중에 대한 이해와 더불어 효과적인 전달 방식이 요구된다. 설교자가 본문에 대한 정당한 해석에서 이끌어 낸 메시지를 청중에게 효과적으로 전달하기 위해서는 '무엇을(what)' 전할 것인가와 함께 그 '무엇'을 '어떻게(how)' 전할 것인가 하는 것은 둘 다 중요하다."[8] 그런데 이제까지 전통적인 설교에서는 수직적인 커뮤니케이션을 중시하며[9], '무엇'을 강조한 나머지 '어떻게'는 경시한 것이 사실이다. 그러나 교회 안에서의 원활한 커뮤니케이션과 성경적 설교를 위해서는 '무엇을' 전하는 것과 '어떻게' 전하는 것이 똑같이 중요하기 때문에 여기에서 '어떻게'에 해당하는 설교의 형식 문제가 대두되는 것이다. 설교가 하나의 연설이라고 한다면 설교의 메시지가 청중에게 잘 전달되기 위해서 중요한 것은 전체적인 구성에 대한 물음과 언어를 어떻게 선별하여 사용할 것인가에 대한 문제만은 아니다. 오히려 설교의 형식이 그 설교의 내용을 결정하기도 하며, 설교에 대한 이해와 설교의 영

---

6) Cilliers, 『설교 심포니』, 68.
7) C. Penington & M. R. Chartier, 『말씀의 커뮤니케이션』, 정장복 역(서울: 대한기독교서회, 1990), 68.
8) 정창균, "효과적인 설교 전달과 설교 형식의 다양화," 291.
9) 박영근, 『오늘 대한민국을 설교하라』, 33.

향력까지도 결정하게 된다.[10] 알렌(Ronald Allen)은 설교의 형식에 대하여 이렇게 말한다. "본문의 형식-특히 단어, 이미지 사고의 배열-은 본문의 의미와 분리될 수 없다. 왜냐하면 완전한 본문의 의미는 형식을 통해 정확하게 주어지기 때문이다.…형식 그 자체가 의미의 구체적인 표현이 될 수 있다."[11]

분명 설교자가 깊은 관심을 가져야 할 것은 '무엇'을 설교할 것인가 뿐만 아니라 '어떻게' 설교해야 할 것인가이다. 크래독은 방법론이 곧 메시지이기에 효과적인 설교를 위해서 설교자에게 자신이 가진 신학과 일치한 방법론이 요청된다고 주장한다. 즉 "설교의 형태와 내용은 분리할 수 없는 한 덩어리인 셈이다."[12]라고 말한다. 형식과 내용은 아주 밀접한 관계가 있기에 성경 본문의 의미를 드러내기 위해서는 설교자에게 본문의 장르와 형식에 대한 설교학적인 깊은 고려가 요구된다.

> 형식과 내용의 밀접한 관계 때문에 우리는 우유를 다른 컵에 옮겨 붓는 것처럼, 한 형식 안에서 기록된 성경의 내용을 아무 생각도 없이 다른 형식에 담아서는 안 된다. 문학에서 형식과 내용은 아주 긴밀하게 연결되어 있기 때문에, 설교자는 설교를 위해 적절한 형식을 주의 깊게 선택해야 한다. 만약 설교자가 본문의 메시지를 왜곡하기를 원치 않는다면 말이다.[13]

롱에 따르면, 설교의 형식은 눈에 잘 띄지 않는 요소임에도 불구하고 설교의 효과나 영향력에 있어서 절대적인 중요성을 가지고 있다. 또한 설교의 형식은 설교의 틀을 형성하고 설교에 힘을 불어 넣어줌으로

---

10) Hartner & Eschmann, 『다시 설교를 디자인하라』, 48.
11) Ronald J. Allen, "The Language of the Text," in Don M. Wardlaw, *Preaching Biblically*(Philadelpia: Westminster, 1983), 32; Edwards, 『강단의 비타민 일인칭 강해 설교』, 김창훈 역(서울: 기독교문서선교회, 2008), 24에서 재인용.
12) Craddok, 『권위 없는 자처럼』, 60.
13) Greidanus, The Modern Preacher and the Ancient Text(Grand Rapids: Eerdmans, 1988), 147; Edward, 『강단의 비타민 일인칭 강해 설교』, 25에서 재인용.

써 설교를 설교답게 만드는 매우 중요한 요소이다.[14] 설교 형태의 중요성에 대하여 크래독은 이렇게 주장하고 있다. "'어떻게' 메시지를 전달하느냐 하는 설교의 형태는 '무엇'을 전하느냐 하는 설교의 내용에까지도 영향을 주며, 청중은 설교자 자신과 성경 본문, 그의 설교, 그의 회중, 그리고 세상에 대해서 설교자가 생각하는 것에 분명히 영향 받는다. 매체가 곧 '유일한' 메시지가 아니지만 '하나의' 메시지라는 사실은 피할 수가 없다."[15] 그는 또 다른 책에서 설교의 형식에 대하여 이렇게 주장한다. "그림에 있어서 윤곽이 그러한 일을 하듯이 설교에 있어서도 형식은 청중들이 메시지를 이해하도록 도와주고, 초점을 맞추어 주고, 강조점을 찾아 주고, 이해를 확고하게 하는 데 한 몫을 한다."[16] 그리고 형식은 그 자체가 적극적으로 내용을 부각시키고, 때로는 내용 그 자체에 못지않은 설득력을 가지기도 한다. 형식은 청중이 메시지를 이해하도록 주의를 환기시키고, 흥미를 유발시키며 지속시키고, 그 자료에 대한 청중의 경험을 형성한다. 그리고 설교에 있어서 형식은 청중의 믿음을 형성시켜 주며, 청중에게 요청되는 참여의 정도를 결정하는 매우 중요한 것이다.[17] 그레이다누스 역시 설교 형식의 중요성에 대하여, "잘못된 설교 형식은 본문의 메시지를 잘라 내고 이렇게 되므로 마침내는 본문을 왜곡시킨다. 반면에 알맞은 형식은 메시지가 원래 의도된 대로 전달될 수 있도록 도와준다.…설교자는 반드시 그 메시지를 제시할 설교의 형식을 고려해야 한다."[18]고 말한다. 같은 내용이라도 어떻게 전달하느냐에 따라 청중의 수용 정도가 달라지게 된다. 그래서 설교에 있어서 형식은 설교를 풍성하게 하고 맛깔나게 하며, 전달의 효과를 극대화시키는 매우 중요한 요소이다.[19]

---

14) Long, 『증언하는 설교』, 169-170.
15) Craddok, 『권위 없는 자처럼』, 239.
16) Craddok, 『설교』, 204.
17) Craddok, 『크래독의 설교 레슨』, 265-267.
18) Greidanus, 『성경적 해석과 성경적 설교』, 271.
19) 정인교, 『정보화 시대 목회자를 위한 설교 살리기』(서울: 생명의말씀사, 2000), 161.

2. 형식에 대한 정의

그렇다면 설교에 있어서 이토록 중요한 설교의 형식이란 무엇인가? 롱은 "설교 형식이란 설교에서 어떤 것을 말하고 어떤 것을 행하며 어떤 순서로 할 것인가를 결정하는 조직적인 계획"[20]이라고 말한다. 그러면서 덧붙이기를 "설교의 형식이란 단순히 메시지의 내용을 편리하고 논리적인 방식으로 배열하는 것은 아니다. 그것은 청중으로 하여금 특정 양식에 따라 메시지의 내용에 귀를 기울이도록 초청 또는 요구하는 것이다."[21]라고 주장한다. 주승중은 설교의 형식에 대하여 말하기를 "설교의 형식이란 설교에서 어떤 종류의 것들을 이야기할 것인가를 결정하기 위한, 그리고 어떤 순서로 말할 것인가를 위한 조직적인 계획"[22]이라고 한다. 정창균은 "설교 형식이란 설교자가 본문을 통하여 포착한 메시지, 즉 설교의 내용을 어떻게 구성할 것인가에 대한 '조직적인 계획'이요, 그 내용이 전달되기 위하여 사용되는 '외형적인 틀'이다."[23]라고 정의한다. 그는 설교의 형식은 설교 전달을 위한 매체에 관한 것으로서, 설교자가 전달하고자 하는 특정한 종류의 설교를 어떠한 방식의 구조로 조직할 것인가 하는 문제라고 덧붙인다.[24] 김운용은 "설교 형태는 마치 설교라는 그릇을 빚어내는 진흙 모형(shape)과 같은 것으로, 설교의 자료들이 조직되는 구조를 의미한다."고 말한다. 설교 형태는 조직적인 계획(organizational plan)으로서 설교 가운데서 무엇이 일어나게 할 것인지, 설교를 통해서 무엇을 행할 것인지를 결정지으며, 설교의 내용에 따라서 지배받아야 하는 요소라는 것이다.[25]

학자들의 견해를 종합해 보면, 설교의 형식은 본문의 의미를 살리고,

---

20) Long, 『증언하는 설교』, 171.
21) Long, 『증언하는 설교』, 178.
22) 주승중, "설교의 다양한 형식(1)," 『교육교회』(2000, 3호): 32.
23) 정창균, "효과적인 설교 전달과 설교 형식의 다양화," 292.
24) 정창균, "효과적인 설교 전달과 설교 형식의 다양화," 294.
25) 김운용, 『새롭게 설교하기』, 222.

설교의 틀을 제시하며, 설교에 활력을 주고 설교를 의미 있게 만드는 중요한 요소이다. 또한 청중들로 하여금 메시지에 귀를 기울이게 하는 요소로서, 설교를 어떤 방식으로 구성할 것인지에 대한 조직적인 계획이라고 할 수 있다.

3. 다양한 형식의 필요성

서론의 문제제기에서 언급했듯이 한국교회의 많은 목회자들은 전통적으로 연역식 논리 전개를 따르는 3개 대지로 구성된 획일적인 설교 형식(3대지 설교, three-points sermon)만을 고집스럽게 사용하고 있다. 연역적 방식이 여러 장점이 있음에도 불구하고 모든 본문을 한 가지 방식만으로 설교를 전개한다는데 문제가 있는 것이다. "한국 설교자는 흔히 '삼지창' 설교로 알려져 있는 '3대지 설교'를 하면서, 시도 3대지 설교로, 설화체 이야기도 3대지 설교로, 산문도 3대지 설교로, 은유도 3대지 설교로, 비유도 3대지 설교"[26]로 하고 있는 실정이다. 설교가 주로 획일적인 삼대지의 프레임으로 작성되어왔음을 부인할 수 없다.[27] 이것은 설교자 자신이 설교 전달의 효율성을 저해하고 가로막는 장애물을 설치하는 것과 같은 것이다.[28] 김운용은 인쇄 매체의 발명과 함께 시작된 기록 문화의 영향권에서 형성된 기독교의 설교는 그 내용에 있어서 명제이고, 어떤 개념의 전달을 기본골격으로 삼았기에 설교는 논리적이고 분석적이며 명제적인 짜임새를 가질 때 좋은 설교가 되었다고 한다. 그러나 시대가 변하고, 환경이 변하고, 청중이 변하면서 청중들이 그 메시지를 받는 방식도 달라졌다며, 이렇게 말한다. "전자 문화와 영상 문화에 익숙한 청중은 그 메시지를 받는 방식도 달라졌는데, 이제 논리와 명제에 의해서 어떤 개

---

26) 주승중, 『성경적 설교의 원리와 실제』, 123.
27) 신성욱, "설교준비의 기본, 충분한 본문 석의," 43.
28) 정인교, "이 시대에 효과적인 세 가지 설교 방식," 「목회와신학」(2013, 1월호): 77.

념을 받기보다는 이미지와 메타포, 스토리, 그리고 가시적인 영상을 보여주는 언어에 의해서 전달될 때, 그 개념을 확실하게 인식하게 된다."[29] 설교 형식에 있어서 한 가지 방식만을 고집하기 보다는 성경의 다양한 문학 양식에서 단서를 찾아 이런 단조로운 형식에서 벗어나야 함을 지적하고 있는 것이다. 밀러(Calvin Miller)는 설교자가 설교 형식의 다양성을 추구해야 할 것을 이렇게 말하고 있다.

> 설교 특히 대지 설교를 하면 어떤 결론이 날지 성도들은 기가 막히게 잘 안다. 만약 설교자가 의식적으로라도 성도들의 그런 예측 시도를 저지하지 않는다면 더 큰일이다. 사실 익숙한 것을 내려두고 새롭게 해보는 것은 누구나 어색한 법이다. 그만큼 더 열심히 설교자가 자기 자신을 망가뜨릴 각오로 임할 수 있어야 한다. 상명하복식 권위적인 스타일에서 금방, 아랫사람 말을 귀담아 듣고 명령보단 설득하려는 자세로 설교의 형식을 바꾼다는 게 설교자에게 편할 리 없다. 그러나 우리 스스로 그런 노력을 기울이는 것만큼, 늘 똑같은 그리고 뻔한 설교 강단을 바꿔가고 있는 내 모습을 발견하는 기쁨을 누리게 될 것이다.[30]

톰슨(James W. Thompson)은 신설교학의 대두에 관하여 말하면서 "아리스토텔레스 전통 안에 있는 설교의 '낡은 가죽부대'에서의 설교자의 임무는 이성적 설득을 통해서 중심 아이디어를 이해시키는 것이었다." 이러한 "전통적인 설교의 진부한 설교형식의 예측 가능성과 성경본문 이야기의 익숙함으로 인해 쉽게 지루함을 느끼는 기독교 문화가운데 있는 청중을 향한 효과적인 의사소통이 이뤄질 수 없음"[31]을 지적하고 있다. 스미스(Steven W. Smith)는 성경의 장르를 가리켜 "하나님이 자신의 말을 전달

---

29) 김운용, 『새롭게 설교하기』, 72.
30) Calvin Miller, 『세상에서 가장 쉬운 설교 만들기』, 채두일 역(고양: 도서출판 청우, 2004), 98.
31) James W. Thompson, 『바울처럼 설교하라』, 이우제 역(고양: 크리스챤출판사, 2008), 5.

하기 위해 스스로 선택하신 목소리다."³²⁾라며 설교자가 하나님의 말씀에서 그분의 음성을 되살리는 설교를 해야 함을 주장한다. 그리고 덧붙여 말하기를,

> 하나님이 목소리를 바꾸신다면 설교자가 자신의 목소리를 바꾸지 않을 이유가 어디 있는가? 사람들은 하나님의 말씀을 읽을 때 지루하다고 생각하지 않는다. 그러나 우리의 설교를 듣고 있는 사람들은 하나님이 지루하다고 생각한다. 그것은 우리가 단조롭고, 단순하며, 일괄적이고, 천편일률적인 접근법으로 설교함으로, 그들이 그렇게 생각하도록 훈련시켰기 때문이다. 이것은 수없이 다양한 하나님의 말씀을 잘못 전달한 것이다.³³⁾

아더스는 다양한 형태로 설교해야 하는 이유를 성경의 문학성과 예수님의 설교 가운데서 발견할 수 있다면서 이렇게 주장하고 있다.

> 성경을 자세히 읽어보면 성경에서 사용되는 형태들이 대부분의 사람들이 사용할 수 있는 형태들(대화, 논쟁, 송영, 편지, 열거, 법, 비유, 잠언, 기도, 찬양, 조롱, 세례적인 공식, 비유, 상징, 환상, 기억장치들 등)보다 더 다양한 것을 알 수 있다. 하나님은 풍부한 수사학적 형태들을 성경 안에서 사용하셨다. 성경을 다시 커뮤니케이션하기 위해 이러한 형태들을 우리가 활용할 때 우리는 충실한 하나님의 전령들(heralds)이 될 수 있다.³⁴⁾

크래독 역시 동일한 메시지라도 다른 형식을 취하면 청중의 귀에 다 다르게 되고, 청중의 마음을 사로잡을 수 있게 된다고 한다.³⁵⁾ 그는 "언제나 강단에 서기만 하면 삼대지로 설교할 것이 아니라, 이야기(narrative),

---

32) Steven W. Smith, 『본문이 이끄는 장르별 설교』, 김대혁 · 임도균 역(서울: 아가페북스, 2016), 23.
33) Smith, 『본문이 이끄는 장르별 설교』, 27.
34) Arthus, 『목사님 설교가 다양해졌어요』, 15.
35) Craddok, 『크래독의 설교 레슨』, 279.

비유, 시, 신화, 찬송 등의 다양한 특성을 가지고 복음을 전하게 될 때… 비로소 설교자는 새로운 활기를 느끼게 해 줄 강단의 문턱에 들어서게 된다."36)고 주장한다. 설교의 새로운 패러다임의 요구와 다양한 설교 형식의 중요성을 말하는 것이다. 로빈슨도 설교자가 형식의 다양성을 취해야 함을 이렇게 주장하고 있다.

> 성경은 기독교 설교가 취해야만 할 단 하나의 형식을 제시하지 않는다. 오히려 성경의 저자들은 무수하게 다양한 방법들을 사용했다. 그들은 이야기와 비유를 말했고 시를 짓고 환상을 상술했으며, 사실(史實)을 보고하고 편지를 썼다. 즉 그들의 문화에서 온갖 형식들을 차용하여 그들이 말해야 할 바를 전달했다. '대용 형식 불허'라는 하나님의 승인 도장을 받은 설교 형식은 없다. 하나님의 진리를 전달하는 데는 다양한 방법들이 있다. 이 사실을 인정하지 않는 설교자는 누구든 지루하게 설교할 것이 뻔하다. 말씀 사역에서, 설교는 다양한 형식을 취할 수 있다.37)

본문의 다양성, 설교 현장과 청중의 다양성, 설교 기회의 다양성 등은 설교자가 다양한 설교 형식에 정통하고 또 시도해야 할 것을 요구한다.38) 이것은 오늘의 청중들에게 어떻게 하면 들리는 설교를 할까라는 고민과 함께 설교 패러다임의 변화를 요구하며, 그 중심에는 설교의 새로운 형태(form) 추구, 즉 다양한 설교 형식의 필요성이 요구되고 있는 것이다.39)

설교에 있어서 형식은 본문의 의미를 살리고, 메시지의 효과적인 전달과 청중에게 들리는 설교를 위하여 매우 중요하다. 그러므로 본문을

---

36) Craddok, 『권위 없는 자처럼』, 97.
37) Haddon W. Robinson & Torrey W. Robinson, 『1인칭 내러티브 설교』, 전광규 역(서울: 도서출판 이레서원, 2009), 22.
38) 정인교, "이 시대에 효과적인 세 가지 설교 방식," 77.
39) 김운용, 『설교의 새로운 패러다임』, 171-174.

정당하게 다루면서도, 청중을 고려하고 청중의 삶에 파고들어 변화에 이르게 하는 효과적인 설교를 위하여 한 가지 획일적인 설교 형식을 벗어나 다양한 설교 형식의 시도가 요구되는 것이다.

4. 내러티브 본문의 형식

설교에서 특별히 성경의 중심 장르인 내러티브 본문에 대한 설교에서 다양한 형식을 요구할 때 제기되는 문제가 하나 있다. 내러티브 본문을 설교할 때, 가장 바람직한 설교 형식은 무엇인가? 과연 다양한 설교 형식을 성경의 내러티브 본문에 적용할 수 있는가? 성경의 내러티브 장르에 맞게 동일한 장르의 형식(내러티브 형식)으로만 설교의 형식을 삼아야 하는가? 하는 문제이다. 물론 성경적인 설교를 위해 설교자가 성경의 문학 형식과 그 동력에 주의를 기울여 장르를 살리는 형식을 취하는 것은 매우 중요하다.[40] 성경 본문의 의미를 정확히 전달하기 위해 설교자들은 성경 본문의 말씀과 장르 모두를 보존해야 한다. 만약 설교자들이 성경 본문 말씀이나 장르를 무시하거나 파괴하고 고정된 하나의 형식에 성경의 모든 장르를 집어넣는 것은 성경 본문을 왜곡하기 쉽고, 성경 본문의 의미를 제대로 드러내지 못하는 큰 실수이다.[41] 성경 본문의 장르를 잘 살려내는 형식을 취할 때 본문의 의미를 충분히 드러낼 수 있는 설교가 될 수 있을 것이다.

그러나 성경적 설교에 있어서 성경의 문학 유형을 매우 중요시 하며 강조하는 롱도 설교자가 본문에 충실하고자 본문이 특정한 문학 형식으로 수사적인 효과를 성취한다고 해서 선택의 여지없이 설교문에도 같은 문학 형식을 사용하는 것은 분명히 어렵고도 비실용적인 일이라고 한다. 그는 말하기를 "본문의 문학 형식이 가끔 설교문 형식의 모델로서 구

---

40) Long, 『성서의 문학유형과 설교』, 24.
41) Edwards, 『깊은 설교』, 317.

실하는 것처럼 보일지라도 또 다른 경우에, 설교자는 본문에 충실하려고 하여서 설교문의 형식은 현저하게 다른 패턴을 선택할 수 있다."[42]고 한다. 아더스는 "내러티브 장르의 텍스트는 내러티브 설교의 형태로 전달하는 것이 가장 자연스럽다."고 하면서도 그러나 반드시 텍스트의 정확한 장르를 맹목적으로 그리고 자세하게 모방해야만 하는 것도 아니고, "하나의 설교가 텍스트의 모든 역동성을 재현할 수 없으며, 우리는 성경과 현대라는 두 세계 사이에 서 있기 때문에 그렇게 하는 것은 불가능하다"고 주장한다.[43] 정창균은 본문에 대한 설교 형식의 결정에 영향을 주는 요인들을 세 가지로 제시하는데, 본문의 형식, 설교자의 의도, 청중의 상황 등에 따라 다양하게 선택될 수 있다고 한다. 이와 관련하여 그는 계속해서 이렇게 말하고 있다.

> 우리가 행하는 각 설교를 어떤 형식으로 구성하여 선포할 것인가 하는 문제가 이러한 과정을 거쳐 결정된다면 우리의 설교는 자연스럽게 다양한 형식을 취하게 될 것이다. 따라서 어떠한 형식도 그것이 최종적이거나 완벽한 것일 수 없다. 모든 설교자들이 반드시 따라야 할 최상의 혹은 유일한 표준적인 형식이 따로 있을 수도 없다. 그러므로 설교자들은 설교 형식을 새롭게 하며 다양화하기 위한 노력을 계속해야 한다.[44]

많은 학자들은 내러티브 본문에 대한 설교는 그 장르에 맞게 반드시 '이야기식(Narrative Preaching)'으로 해야 한다고 주장하지만, 그러나 그것이 전적으로 옳은 것은 아니다. 내러티브 본문을 설교할 때, 플롯에 따라 읽고 해석하고 적용하는 것이 필요하지만, 설교 형식은 본문의 장르와 더불어 설교의 주제나 설교를 듣는 청중에 따라 결정 될 수 있기에 구약

---

42) Long, 『성서의 문학유형과 설교』, 64.
43) Arthus, 『목사님 설교가 다양해졌어요』, 36.
44) 정창균, "효과적인 설교 전달과 설교 형식의 다양화," 305-306.

의 내러티브 본문도 다양한 형태로 설교 될 수 있는 것이다.⁴⁵⁾ "현대 설교학은 적절한 설교의 형태를 취하는 문제에 대해 주의 기울여야 한다."고 말하는 버트릭은 이렇게 주장하고 있다.

> 우리가 설교할 때 성경의 형식을 그대로 모방할 수 있다고 가정하는 것은 아니다. 즉 본문은 반드시 성경에 나오는 이야기로 설교해야 한다든지, 시편은 찬송 설교로, 어떤 예언서의 구절들은 이미지를 포함한 어떤 저항시의 형태로 설교해야 한다는 의미가 아니다. 설교는 취미삼아 해보는 모방적인 예술형태가 아니다. 설교는 잘 알고 있는 청중들에게 행하는 공적인 연설이다. 설교는 본질적으로 무엇인가를 인식하고서, 그 인식과 함께 행해야 하는 것이다.…설교의 형태가 성경의 형식들을 그대로 모방할 필요는 없다. 대신에 우리는 설교의 현대적인 형태를 발견하려고 해야 한다.⁴⁶⁾

이승진은 성경의 문학 형식과 설교 형식의 연관성을 강하게 주장하는 롱도 결코 극복할 수 없는 한계가 있음을 지적하면서 "설교자의 임무는 과거에 특정한 독자를 위하여 기록된 성경 본문의 소통의 효과를 오늘 청중 앞에서 조금도 가감이 없이 100% 완벽하게 모사(replicate)하는 것이 아니라"⁴⁷⁾고 주장한다. 롱의 말처럼 "설교자의 임무는 그 본문에 있는 어떤 부분의 효과를 새롭게 재생시키는(regenerate) 것"⁴⁸⁾이므로 성경의 내러티브 본문을 설교하는 경우 여러 가능성을 고려해서 설교할 수 있다고 말한다.⁴⁹⁾

권호는 아더스의 표현을 빌려, 설교자들이 본문의 장르와 설교 전달의

---

45) 김창훈, 『구약 장르별 설교』, 95.
46) David Buttrick, 『시대를 앞서가는 설교』, 김운용 역 (서울: 도서출판 요단, 2001), 165.
47) 이승진, "성경의 문학형식과 설교 형식의 연관성," 24.
48) Long, 『성서의 문학유형과 설교』, 64.
49) 이승진은 성경의 내러티브 본문을 설교할 때, 고려해야 할 가능성을 세 가지로 말하고 있다. 첫째, 본문의 내러티브 흐름을 그대로 설교 흐름으로 활용하는 것, 둘째, 로우리(Eegene Lowry)의 내러티브 플롯을 활용하는 것, 셋째, 본문의 핵심 명제(main idea)를 설교 논리에 맞게 재구성하는 것 등이다.

형식이 동일해야 한다고 주장하는 "형식 근본주의자(form fundamentalist)"가 되는 것을 경계하고 있다.[50] 채경락은 본문의 장르와 설교 형식은 무관하지는 않지만 큰 의미가 없다면서 내러티브 본문이라고 반드시 내러티브 형식으로 설교할 필요는 없다고 말한다. 그는 이렇게 주장한다. "만일 그러해야 한다면, 시편은 시 형식으로 설교하고, 기도문이 나오면 눈을 감고 설교해야 한단 말인가?…설교의 형식은 설교자 스스로 결정하면 된다. 주제에 적합한 구조, 청중에게 맞는 구조, 그리고 설교자 자신에게도 맞는 구조, 이 기준으로 설교자가 전략적으로 선택해야 한다."[51] 그러므로 설교자는 본문의 어떤 주제를 전개하며 전하려 할 때, 청중에게 본문의 의도를 가장 잘 전달할 수 있는 특정한 형식을 의식적으로 정해야 한다. 설교자들은 설교를 준비할 때, 특정한 본문의 메시지의 본질에 더욱 민감해야 하고, 청중에게 본문의 메시지를 잘 전달하기 위한 형식과 내용이 어울리는 설교 형식을 정해야 한다.[52] 내러티브 본문의 경우에도 예외는 아닌 것이다.

이렇게 볼 때, 설교자는 성경의 내러티브 본문을 설교하는 경우, 여러 가능성에 따라 다양한 형식을 취할 수 있다. 설교자는 본문의 문학 유형에 따라 설교 형식을 내러티브 형식으로 취할 수도 있다. 그러나 본문의 문학유형에 얽매일 필요 없이 설교자의 의도나, 청중의 상황에 따라 다양한 설교 형식을 취하여 설교할 수 있다. 즉 본문의 내러티브 흐름을 그대로 살려 설교할 수도 있고, 유진 로우리가 제시하는 플롯을 활용하는 형식으로 설교를 전개할 수도 있다. 또한 본문의 중심 아이디어를 본문의 장르에 상관없이 연역적 방식이나 귀납적 방식으로 혹은 연역과 귀납의 통합적 방식으로 또는 설교의 움직임을 살리면서 윌슨의 네 페이지 방식으로 설교를 전개해 나갈 수 있을 것이다. 내러티브 설교에는 딱 이것

---

50) 권호, "현대설교의 한 흐름: 장르가 살아있는 설교," 145.
51) 채경락, 『퇴고 설교학』(서울: 성서유니온선교회, 2013), 56.
52) H. J. C. Pieterse, 『청중과 소통하는 설교』, 정창균 역(수원: 합신대학원출판부, 2009), 273-277.

이라고 정한 틀(형식)이 없다고 하는 것이 맞을 것이다. 그러므로 어떤 정하여진 형식에 매이지 말고 내러티브 설교의 본래 의도를 유지하면서 본문을 가장 잘 살려낼 수 있는 적절한 형식을 선택하여[53] 다양하게 설교를 전개해 간다면 효과적인 설교를 할 수 있을 것이다.

이러한 설교 형식에 대한 이론적 배경을 통해 얻은 다양한 형식들의 필요성과 중요성을 제기하면서 내러티브 본문에 대한 설교에서 취할 수 있는 다양한 형식을 설교문과 함께 제시해 보고자 한다.

제2절 연역적 형식(Deductive Form)

1. 연역적 형식의 특징

성경의 내러티브 본문에 대한 설교 형식으로는 먼저 설교자들에게 가장 익숙하고 쉽게 접근할 수 있는 연역적 형식이 있다. 형식에 있어서 '연역적'이라고 하는 것은 일반적 원리를 먼저 제시하고 그것을 특별한 상황과 적용시키는 논리학적 원리이다.[54] 설교에서 연역적 방식은 설교 도입부에서 미리 설교의 전체 주제나 중심 진리를 언급하고, 본론에서 그 중심 진리를 구체적으로 지지하고 논증하고 예증하고 설명하고 설득하여 적용하게 된다.[55] "연역법은 결론이나 온전한 모습에서 시작하여 구체적인 사례로 나아가는 것이다. 그래서 해답이 초두에 제시되고 나머지는 이를 잘게 부숴나가는 과정이다."[56] 즉 연역적 방식은 초반부에 설교의 중심 사상이나 핵심 명제를 제시하고, 본문에서 3-4개 정도의 대지와 각 대지를 보충해 주는 소지로 중심 사상이나 명제를 설명, 증명하고 회중

---

53) 말씀목회공동체, 『슬로, 바이블』(서울: 두란노, 2015), 36.
54) 김창훈, "귀납적 설교," 『헤르메네이아 투데이』45 (2008, 12호): 57.
55) 정성영, 『설교 스타일』(서울: 한들출판사, 2004), 57.
56) Mathewson, 『청중을 사로잡는 구약의 내러티브 설교』, 198.

의 삶에 적용한다.[57] 캐힐은 연역적 방식의 설교 전개에 대하여 이렇게 말하고 있다.

> 연역적 설교는 중심 아이디어를 세부적으로 나누는 경향이 있기 때문에 설교의 주요 대지는 뒤에 나오는 요점보다는 중심 아이디어와 다시 연결된다. 주요 대지는 거의 대부분 병행된 논리와 함께 병행하는 형식으로 쓰인다. 사고의 흐름은 각각의 경우에 중심 아이디어로부터 개별적으로 되는 것이다. 각각의 요점은 뒤에 따라 오는 요점보다는 중심 아이디어(서론에서 주어진)로부터 흘러나오기 때문에 아이디어 순서는 귀납적 움직임에서보다 덜 중요하다. 간혹 주요 대지의 순서는 바꿀 수 있다.[58]

이와 같은 연역적 방식을 간단히 도식으로 설명하면 다음과 같다.

〈표 39〉 연역적 방식[59]

요점	설명
결론	증명
	설득

이러한 전개 방식을 에스링거(Richard L. Eslinger)는 정적인 주제와 대지들에서 설교의 내용을 만들어 가는 '공간 중심적인 방식'(spatial kind of activity)이라고 말한다.[60] 로빈슨(Haddon W. Robinson)은 설교에 있어서

---

57) John S. Mcclure, *Preaching Word: 144 key terms in Homiletics*(Louisville: Westerminster John Knox, 2007), 20; 이상홍, "연역적 설교," 「헤르메네이아 투데이」 45 (2008, 12호): 40에서 재인용.
58) Cahill, 『최신 설교 디자인』, 160.
59) Sidney Greidanus, *The Modern Preacher and the Ancient Text*(Grand Rapids: Eerdmans, 1988), 143; 김창훈, "귀납적 설교," 60에서 재인용.
60) Richard L. Eslinger, *The Web of Preaching: New Option in Homiletic Method*(Nashville: Abingdon, 2002), 16; 이상홍, "연역적 설교," 40에서 재인용.

연역적 접근 방법에는 세 가지 기본적인 종류가 있다고 말한다. 첫째, 설명하려는 설교, 둘째, 증명하려는 설교, 셋째, 적용하려는 설교이다.[61]

이 연역적 방법은 그 기원이 아리스토텔레스까지 거슬러 올라가며, 과거 수세기 동안 설교자들에게 사랑받아 왔고, 설교학계에서 단연 최고의 자리를 차지해 왔다.[62] 문자시대 커뮤니케이션의 특징을 그대로 담고 있는 설교 형태로서 300년이 넘도록 기독교의 설교에서 많이 사용되어진 설교 형태이다.[63]

정창균은 이 연역적 설교 형식에 대하여 이렇게 말하고 있다.

연역적 설교 형식은 60년대 중반 이후 설교는 상대방과 소통해야 하는 쌍방 커뮤니케이션이라는 사실이 강조되기 시작하고, 특히 70년대 초반에 크래독을 필두로 하여 설교에서의 청중의 역할을 강조하는 신설교학 운동이 일어나기 이전까지 설교에 대한 권위주의적인 이해가 설교 이해의 근간을 이루어 온 오랜 세월동안 설교를 압도해왔던 가장 대표적인 전통적인 설교 형식이라고 할 수 있다. 설교는 하나님의 말씀의 선포이고, 설교자는 그 선포를 위하여 보냄을 받은 자라는 권위적인 설교 이해는 자연히 연역적 설교 형식을 취하는 결과를 초래하게 되기 때문이다. 지금도 연역적 형식의 설교는 설교자들이 가장 널리 사용하는 설교 형식이다.[64]

한국교회 설교자들에게도 청중들에게 익숙하고, 흔히 사용되며, 많이 애용되는 설교 형식이다. 오늘날도 여전히 매우 유익하고 잘 활용될 수 있는 설교 형식이다.

---

61) Haddon W. Robinson, *Biblical Preaching: The Development and Delivery of Expository Messages*, 2nd ed. (Grand Rapids: Baker, 2007), 118-123; Cahill, 「최신 설교 디자인」, 159에서 재인용.
62) 이상홍, "연역적 설교," 40.
63) 김운용, 「설교의 새로운 패러다임」, 145.
64) 정창균, "효과적인 설교 전달과 설교 형식의 다양화," 311-312.

2. 연역적 형식의 구조

연역적 설교 형식의 구조는 다음과 같다. 여기서는 설교자들이 많이 활용하는 3대지 방식의 구조를 살펴보고자 한다.

〈표 40〉 연역적 설교 형식(3대지 형식)의 구조

구조		기능
서론	설교의 도입	설교의 중심 아이디어(main idea) 제시
	전환문장	본론의 첫 번째 대지로 넘어가기 위해 간략하게 전환하는 말을 덧붙인다.
본론	Ⅰ. 첫째 대지	본문에서 나와야 하며, 서론에서 제시된 중심 아이디어를 드러내고, 설교의 요점을 발전시킨다.
	A. 전개 1 B. 전개 2 C. 전개 3 D. 전개 4	-선포 -해석 -적용 -예화
	전환문	다음 대지로 넘어가기 위해 또 연결성을 위해 간략하게 전환하는 말을 덧붙인다.
	Ⅱ. 둘째 대지	본문에서 나와야 하며, 서론에서 제시된 중심 아이디어를 드러내고, 설교의 요점을 발전시킨다.
	A. 전개 1 B. 전개 2 C. 전개 3 D. 전개 4	-선포 -해석 -적용 -예화
	전환문장	다음 대지로 넘어가기 위해 또 연결성을 위해 간략하게 전환하는 말을 덧붙인다.
	Ⅲ. 셋째 대지	본문에서 나와야 하며, 서론에서 제시된 중심 아이디어를 드러내고, 설교의 요점을 발전시킨다.
	A. 전개 1 B. 전개 2 C. 전개 3 D. 전개 4	-선포 -해석 -적용 -예화
결론	청중을 향한 결단 촉구	설교의 중심 아이디어 재진술

위의 구조에서 보는 바와 같이, 연역적 형식은 서론에서 설교의 도입으로 중심 아이디어를 제시한다. 도입 부분에서 본문에 대한 배경, 인간적인 경험, 뉴스의 활용, 인용구의 사용, 유머 사용, 문제 제기 등을 활용하여 제시할 수 있다. 그리고 본문에서 나온 대지들을 통해 설교의 요점을 발전시켜 나간다. 각각의 대지들 안에는 위의 표와 같이 선포, 해석, 적용, 예화 등을 통해 설명하고 증명하며 전개해 나갈 수 있다. 대지가 있는 본문을 읽고, 본문에 대한 철저한 주해를 통해 해석하고, 그것이 청중들의 삶에 적용되도록 한다. 그리고 대지의 의미를 더욱 명확하게 하고 효과적인 적용을 위해 예화를 사용한다. 또 다른 방식으로는 대지를 보충해 주는 소지들을 만들어 전개해 나갈 수도 있다. 결론부에서는 목적을 다시 설명하고 청중들로 하여금 목적으로 이끌었던 대지를 상기시키고, 실제적인 적용의 기회를 주며, 메시지를 요약한다.[65]

그리고 연역식 설교 형식에서 대지의 연결을 위해 사용되는 전환문은 매우 중요하다. 적절한 전환은 설교의 앞부분과 뒷부분을 유연하게 연결시킨다. 연결이 잘 될수록 설교의 통일성과 일관성이 더욱 분명해지고, 청중은 설교의 흐름을 놓치지 않고 따라갈 수 있다. "효과적인 전환은 거의 신비에 가까울 정도로 조용히 다음 강조점으로 넘어가게 하는 역할을 한다. 좋은 전환은 '급소를 찌르는 문장'으로 가기 위한 '출발 문장'이다."[66] 전환문은 설교가 한 부분에 다른 부분으로 매끄럽게 옮겨갈 수 있게 하는 방식으로 표현되어야 하며 대지를 명제와도 연결시키고 주요 전환 문장과도 연결시킬 수 있을 때 효과적이다.[67]

---

65) Ken Davis, 『탁월한 설교가 유능한 이야기꾼』, 김세광 역 (서울: 예영커뮤니케이션, 1998), 97.
66) Grant & Reed, 『파워 설교』, 104.
67) Braga, 『설교 준비』, 198-199.

3. 연역적 형식의 장·단점

가. 장점

신설교학과 청중 중심의 설교가 대두되면서 연역적 설교 방식이 많은 비판을 받아온 것이 사실이다. 그러나 효과적인 연역식 설교의 전성기는 끝나지 않았다. 연역적 설교는 매우 명확하게 본질적인 진리들을 전할 수 있는 장점이 있다.[68] 티모디 워렌(Timothy S. Warren)은 연역적 설교 구조야말로 청중과 연결되기 가장 쉬운 방법이라고 하였다. 청중에게 필요한 만큼의 정보를 처음에 주고 그 다음 주제에 대해 계속 발전시켜 나가고 청중과 연결되어 있으면서 결국 결론에 같이 도달하는 방법으로써 청중의 입장에서 볼 때 설교자의 사고(思考)를 따라가기 용이한 방법으로 보았다.[69]

정인교는 전통적인(연역식) 설교 형식은 설교자가 다루고자 하는 주제를 논리적으로 전개할 수 있다는 점과 설교 전체의 통일성을 고조시킬 수 있다는 점에서 긍정적으로 평가할 수 있다고 말한다. 그는 "특히 추론 능력이 떨어지는 회중에게는 매우 유용한 방식"[70]이라고 주장한다. 주승중은 3대지 설교 형태에 대해 말하면서 "이 설교의 형태는 가장 분명한 논리의 전개와 분명한 개요를 통해서 회중에게 가장 확실하고 쉽게 진리를 전달할 수 있는 방법"[71]이라고 말한다. 채경락은 3대지 설교의 강점을 네 가지로 주장하고 있다. "첫째, 3대지 설교의 최대 강점은 명료성이다. 둘째, 메시지의 완성도이다. 셋째, 성도들이 설교를 듣고 설교 내용을 소그룹에 활용하기에 편리한 소그룹 효용성이다. 넷째, 다양한 형태(예를 들면, 설명형 3대지, 증명형 3대지, 적용형 3대지 등)를 가진 변화의 역동성이다."[72] 연역적 형식은 다른 방식에 비하여 접근이 명쾌하고, 핵심 주장을

---

68) Grant & Reed, 『파워 설교』, 246-247.
69) Timothy S. Warren, *Preaching the Cross to a Post-Modern World*, Ministry 72, no. 5 (May 1999), 20; 정성영, 『설교 스타일』, 54에서 재인용.
70) 정인교, 『설교학 총론』, 237.
71) 주승중, 『성경적 설교의 원리와 실제』, 132.
72) 채경락, 『쉬운 설교』(서울: 도서출판 생명의 양식, 2015), 35-46.

갖고 있다는 면에서 회중에게 여러 기회를 제공할 수 있다. "회중이 설교의 주요 호소 내용에 동정적일 때와 회중이 그 메시지의 이해에 상세한 설명이 필요한 경우에는 특별히 이것이 유용한 방식이다."[73] 전개의 일관성, 주장의 논리성, 특정의 주제나 교리를 효과적으로 설교할 수 있다는 점, 설교 준비가 귀납적 형식이나 이야기 설교 형식에 비해 상대적으로 쉽다[74]는 점 등이 연역적 설교 형식의 장점으로 들 수 있다.

나. 단점

크래독은 연역적 설교 형식에 대하여 극히 자연스럽지 못한 형식이라고 말한다. 이 연역적 방법은 설교자가 권위적으로 자신이 내린 결론을 청중의 삶과 믿음에 적용하게 하고, 청중은 그것을 단순히 수동적으로 받아들여야 하고, 청중은 그것을 단순히 수동적으로 받아들여야 하는 것을 전제하고 있는 설교의 전통적인 권위주의에 기초하고 있다는 것이다.[75] 그는 또 "연역적 패턴으로 구성된 3대지 설교는 청중으로 하여금 세 봉우리에 올랐다가 다시 내려가는 여행을 하게 한다"[76]고 말한다. 마치 세 개의 독립된 설교처럼 되어서 그것들이 혼동을 일으킴으로 그중에 어느 것이 본문을 통해 설교자가 말하고자 하는 핵심 포인트인지 청중이 알 수 없다는 것이다.[77] 로우리는 크래독이 언급한 '세 개의 대못'이라는 말을 인용하면서 연역적 방식의 설교에 대하여 이렇게 말하고 있다.

'세 개의 대못'은 거의 확실히, 이러한 심성은 개요만을 보고, 그 움직임은
보지 않는다는(곧 동사보다는 명사를 더 존중한다) 사실을 깨닫게 해준다.
이러한 관점은 우리의 관념을 형성하는 성분 요소를 따라 가는 논리에 근

---

73) Ronald J. Allen, 『34가지 방법으로 설교에 도전하라』, 허정갑 역(서울: 예배와 설교 아카데미, 2007), 46.
74) 정창균, "효과적인 설교 전달과 설교 형식의 다양화," 312.
75) Craddok, 『권위 없는 자처럼』, 109.
76) Craddok, 『권위 없는 자처럼』, 111.
77) Calvin Miller, 『청중을 사로잡는 설교자』, 최예자 역(서울: 도서출판 프리셉트, 2006), 117.

거한 설교를 만들어 가도록 우리를 몰고 간다. 하지만 설교란 논리적인 조립이 아니다. 설교란 설교자와 청중간의 의사소통의 상호작용에서 나타난 논리를 따르는 시간 안에서의 일어나는 사건(event-in-time)이다. 관념을 형성하는 성분요소에 따라서 설교를 조직하게 되면 의사소통의 실체가 가진 역동성을 모조리 잊어버리게 된다.[78]

매튜슨은 연역적 형식으로 설교하면 설교가 매우 분명해지는 것은 사실이지만 그러나 지루해지는 단점이 있고, 설교의 아이디어가 청중들에게 어떤 긴장감을 유발시키지 않는다면 청중은 더 이상 설교에 관심을 기울이지 않는다고 지적한다.[79] 연역적 설교의 또 다른 약점은 구조와 움직임(movement)의 문제이다.[80] 위에서 말한 크래독의 지적처럼 독립적으로 보이는 세 개의 대지들은 정적이며, 처음부터 끝까지 전체를 관통하는 일관된 흐름이 없기에 설교의 움직임과 통일성이 약하다. 이러한 정적인 커뮤니케이션 방식은 현대의 회중에게 다가가기 힘들고, 심지어 공동체성을 깨뜨리기도 한다.[81] 이 형식은 본질적으로 지루함을 야기하고, 움직임을 통해 발견하게 되는 흥분이 없기 때문에 청중들에게 효과적으로 들리게 하는 설교로서 기대하기가 어렵다.[82] 연역적 설교 형식의 또 다른 단점으로, 지나친 논리적 구성이 설교를 건조하게 만들 위험성이 있고, 설교의 핵심 개념보다는 각 대지가 주장하는 소주제가 부각됨으로 전체적인 통일성이 흐려질 위험성이 있다. 설교자의 일방적인 주지적·주입적인 전달방식이 단점으로 지적되기도 한다.[83] 연역식 설교 형식에 대한 단점을 정창균은 이렇게 말하고 있다.

---

78) Eugene L. Lowry, 『이야기식 설교 구성』, 이연길 역(서울: 장로교출판사, 2002), 18.
79) Mathewson, 『청중을 사로잡는 구약의 내러티브 설교』, 198.
80) Richard L. Eslinger, *The Web of Preaching: New Option in Homiletic Method*(Nashville: Abingdon, 2002), 17; 이상홍, "연역적 설교," 42에서 재인용.
81) 이상홍, "연역적 설교," 42.
82) Buttrick, 『시대를 앞서가는 설교』, 160-161.
83) 정인교, 『설교학 총론』, 238.

설교는 청중에게 어떤 정보나 지식을 주입하는 것이라기보다는 청중을 설교 안으로 끌어들여 공감하게 하고, 감동하게 하여 결국은 청중의 자발적인 변화를 이루어내려는 데에 궁극적인 목적이 있는 것이라는 점에서 볼 때, 연역적 설교는 치명적인 약점을 갖고 있기도 하다. 특히 설교자가 일방적으로 내려놓은 결론을 제시하고 왜 그것이 옳은지, 왜 그것을 받아들여야 하는지 등을 논리와 증명, 예화 등을 동원하여 쏟아놓는 방식을 취하게 됨으로써 청중의 자발적 참여를 불러일으키기 어렵고 다분히 주입식인 구조를 취하게 되는 것이 가장 큰 약점이라고 할 수 있다.[84]

이런 단점과 더불어 연역식 설교에서 설교자들은 때로 주제와 상관없는 주장들을 제시할 수도 있다.[85] 그러나 무엇보다도 연역적 형식의 가장 큰 약점은 본문이 설교자가 말하려고 하는 내용을 위한 보조 도구나 증거 구절로 또는 도약대 역할(jumping board)로 전락하는 결과를 초래할 수 있다는 것이다. 대지를 설정하는데 있어서 본문에 근거하지 않고 설교자가 주관적으로 그리고 자의적으로 설정할 위험이 있고, 그것은 설교에 있어서 성경 본문보다 설교자의 말이 우위를 차지하게 되는 즉 본문은 들러리가 되고 마는 것이다.[86] 악트마이어(Elizabeth R. Achtemeier)의 지적처럼 "논증 중심의 명제 설교는 하나님의 역사와 그 성품을 마비시키고, 그것들을 교리적 내용으로 바꾸고 축소시켜 하나님의 생명을 단지 기독교적인 삶을 살아가는데 필요한 설교자의 조언 정도로 전락시킬"[87] 위험이 있다.

이 연역적 형식은 교회와 함께 수 세기 동안 행해져 왔고, 지금도 사용되고 있고, 설교자들이 여전히 즐겨 애용하는 방식이기도 하다. 비판이 끊이지 않고, 설교에 있어서 분명 단점이 있는 것도 사실이지만 그러나 해아래 완벽하고 완전한 설교 형식이 어디 있겠는가? 잘만 준비하고 적

---

84) 정창균, "효과적인 설교 전달과 설교 형식의 다양화," 312.
85) Allen 편저, 『34가지 방법으로 설교에 도전하라』, 46.
86) 정창균, "대지설교 작성 이론과 실제," 『헤르메네이아 투데이』45 (2008, 12호): 100.
87) Graham 외 11인, 『영혼을 살리는 설교』, 103.

절하게 활용한다면 하나의 좋은 형식으로 영원히 남게 될 것이다. 특별히 해돈 로빈슨이 제시한 것처럼 설명하려는 설교, 증명하려는 설교, 적용하려는 설교에 있어서는 강점이 있다. 또한 이해력과 추론 능력이 떨어지는 청중들과 이 방식에 깊숙이 물들어 있는 설교자들과 청중들에게 여전히 유용한 방식임은 분명하다.

4. 연역적 형식의 설교 실례

가. 연역적 형식의 구조(룻기 3:1-18)

	구조	기능
서론	설교의 도입	믿음에 대한 오해
	전환문	사람들이 생각하는 믿음. 성경에서 말하는 믿음
본론	Ⅰ. 첫째 대지	믿음이란? 하나님이 행하실 일을 기대하는 것이다.
	A. 전개 1: 선포 B. 전개 2: 해석 C. 전개 3: 적용 D. 전개 4: 예화	-본문 1절을 함께 읽기 -1장과는 확연히 달라진 나오미의 모습 -하나님이 내 삶에 행하실 일들을 기대하라. -출애굽기 14장 홍해 앞에서
	전환문장	기독교의 믿음이란 기대하는 것에 멈추지 않는다.
	Ⅱ. 둘째 대지	믿음이란? 기대를 넘어 확신하는 것이다.
	A. 전개 1: 선포 B. 전개 2: 해석 C. 전개 3: 적용 D. 전개 4: 예화	-본문 4절과 18절을 보라 -나오미는 하나님께서 보아스를 통하여 놀라운 일을 행하실 것을 확신하고 있다. -하나님이 행하실 일을 소망하며 확신을 가지라 -창 22장 이삭을 번제로 드릴 때에 아브라함이 고백한 이야기 '하나님이 자기를 위하여 친히 준비하시리라'

	전환문장	그러나 이것만이 믿음의 전부는 아니다. 기대하고 확신 한다면, 그 다음은?
	Ⅲ. 셋째 대지	믿음이란 행동하는 것이다.
	A. 전개 1: 선포 B. 전개 2: 해석 C. 전개 3: 적용 D. 전개 4: 예화	−본문 5−6절을 함께 읽기 −룻은 시어머니 나오미의 말을 행동으로 옮기고 있다. −믿음은 가라 하면 가고, 멈추라 하면 멈추고, 행하라 하면 행하는 것이다. −이스라엘 백성들이 광야를 행군할 때, 구름 기둥 불 기둥을 따라. 히 11장 믿음의 인물들의 순종(노아, 아브라함, 이삭…)
결론	청중을 향한 결단 촉구	하나님이 행하실 놀라운 일들을 기대하고 확신하고 힘차게 나아가자

나. 설교문

설교 본문: 룻기 3:1−18 설교제목: "믿음으로 행동을 낳고"		
서론	도입	우리 예수 믿는 사람들의 입에 가장 많이 오르 내리는 말가운데 하나가 바로 '믿음'이라는 말입니다. 그런데 속임수의 대가인 사단이 우리 그리스도인들에게조차 이 '믿음'이라는 말을 너무 가치 없게, 무기력 하게 만들어 버렸습니다. 너무 많이 자주 듣고, 쉽게 흔히 하다 보니까, 값싼 것으로, 별 의미 없는 말로 여기게 되었습니다. 그래서 '믿음'을 단지 머리 속에 들어있는 관념이나 사상 정도로, 아니면 고작 앵무새처럼 '나 예수 믿어요' '나 교회 다녀요'라는 정도의 생명력 없는 말로 전락시켜 버렸습니다. 이처럼 많은 사람들이 믿음에 대한 오해를 하고 있고, 믿음이라는 것을 감나무에서 감 떨어지기를 마냥 기다리는 것 인양 잘못 이해하고 있습니다. 또 자기 신념이나 확신, 자기 기분 내지는 자기감정에 의하여 이랬다저랬다 하는 것 정도로 여깁니다. 한 마디로 믿음을 마치 누구나 마음만 먹으면 얼마든지 걸고 다닐 수 있는 하나의 값싼 액세서리(장신구) 정도로 생각합니다.

서론	전환문장	그런데 여러분! 우리 기독교의 믿음이라는 것이 단지 머리 속의 관념이나 사상, 아니면 자기 신념 같은 것입니까? 성경에서 말하는 믿음이라는 것이 마음만 먹으면 얼마든지 걸고 다닐 수 있는 값싼 악세서리 같은 것에 불과합니까? 여러분이 생각하는 믿음이란 무엇입니까? 기독교의 믿음은 우리 머리 속에 머물러 있는 사상이나 관념도 아니고, 자기 신념도 아니고 감 떨어지기만을 기다리는 수동적이고 무기력한 것도 아닙니다. 기분 따라 이랬다저랬다 하는 감정적인 것은 더더욱 아닙니다. 그렇다고 해서 공산당이나 이슬람 무장단체처럼 쇠뇌된 사상과 잘못된 확신 속에서 무모하게 행동하는 그런 것도 아닙니다. 기독교의 믿음은 이런 것들과는 분명 차원이 다릅니다. 오늘 룻기는 우리 기독교의 믿음이 무엇인지 잘 보여주고 있습니다. 본문을 통하여 성경에서 말하는 믿음이 무엇인지 정립하는 시간이 되시기를 바랍니다.
본론		1대지. 믿음이란, 하나님이 행하실 일들을 기대하는 것입니다.
	전개 1: 선포	본문 1절을 보세요. "룻의 시어머니 나오미가 그에게 이르되 내 딸아 내가 너를 위하여 안식할 곳을 구하여 너를 복되게 하여야 하지 않겠느냐"
	전개 2: 해석	지금 이 룻기 3장에서 보여지는 나오미는 더 이상 1장의 나오미가 아닙니다. 아무런 소망도 없이 원망과 탄식 속에 괴로워하는, 현실의 벽에 부딪혀 그냥 주저 앉아있는 모습이 아닙니다. 지금의 나오미는 외국인 며느리 룻의 행복한 삶을 위해 가정을 꾸려 주려고 적극 발 벗고 나서고 있는 완전히 다른 모습을 보여주고 있습니다. 사실 남편 잃고, 자식 잃고, 가진 것마저 모두 잃어버린 절망의 자리에서는 그리고 달랑 외국인 며느리와 거의 거지 신세로 고향에 돌아올 때만 해도 전혀 기대할 수 없고, 꿈 꿀 수 없는 모습입니다. 어찌 보면 이전까지의 나오미는 하루하루 죽지 못해 사는 인생이었는지 모릅니다. 한 가닥 소망이 보이지 않는 절망 속에서 하루에도 수없이 스스로 삶을 포기하고 싶었을지도 모릅니다. 그러나 지금은 완전히 달라져 있습니다. 절망의 자리에서 일어나 소망가운데 새로운 꿈을 꾸면서 자기 자신의 삶에, 또 며느리 룻의 삶에 새로운 일들이 펼쳐질 것을 기대하고 있습니다. 그리고는 무기력하게 주저앉아 있지 아니하고, 주도적으로 계획과 전략까지 짜고 있는 모습입니다. 적극적으로 며느리 룻에게 자기 가문의 기업 무를 자가 되는 보아스라는 사람에게 가서 행할 일들을 구체적으로 제시하기도 합니다.

본론		-밤에 타작마당에서 보리를 까불 때, -목욕하고 기름을 바르고 의복을 입고 거기에 가서, -그 사람이 먹고 마시기를 다하기까지는 보이지 말고, -그가 누울 때에 그의 발치 이불을 들고 거기 누우라. 여러분, 지금 나오미가 그냥 생각 없이, 기분 내키는 대로 하는 것이 결코 아닙니다. 나오미는 기대감 속에서 즉 하나님이 행하실 일을 기대하면서 치밀한 계획과 준비, 그리고 율법에 근거한 방법을 제시 하고 있는 겁니다. 나오미는 이미 자신의 삶속에 역사하시는 하나님의 손길을 보았고, 보고 있고 분명 하나님께서 보아스를 통해 하실 일을 미리 내다보며 기대하고 있는 것입니다.
	전개 3: 적용	여러분! 기독교의 믿음이란 우리 삶에 하나님께서 행하실 놀라운 일을 기대하는 겁니다. 내 삶에 하나님께서 하실 일들을 미리 내다보며 기대하는 겁니다. 저나 여러분이나, 우리는 한 치 앞을 내다볼 수 없고, 내일 일을 알 수 없습니다. 하루하루 어떤 일들이 우리 삶에 펼쳐질지 모릅니다. 그러나 그렇다고 그저 소망 없는 오늘이라는 시간에 매여서 주저앉아 있을 수만은 없습니다. 우리는 우리 삶에 행하실 하나님의 놀라운 일과 더불어 새로운 날들을 기대하고 더 나아가 미래를 기대하며 살아가야 합니다. 믿음으로. 우리 하나님이 우리를 위해 행하실 놀라운 일들을 기대하며 한 걸음 한 걸을 내 딛는 것입니다. 이것이 믿음입니다.
	전개 4: 예화	출애굽기 14장을 보면, 이스라엘 백성들이 하나님의 역사로 애굽의 종살이에서 벗어나 해방을 맞게 됩니다. 지긋 지긋한 노예생활에서 자유하게 됩니다. 그런데 출애굽한지 얼마 되지 않아 이스라엘 백성들은 진퇴양난의 위기를 만나게 됩니다. 앞에는 홍해가 가로막고 있고, 뒤에서는 성난 애굽의 바로와 그의 군대가 추격해 옵니다. 이러지도 저러지도 못하는 이 위기 앞에서 이스라엘 백성들은 어찌할바를 몰라 발만 동동 구르며, 지도자 모세를 원망합니다. '왜 우리를 여기까지 오게 해서 이 광야에서 죽게 하느냐, 이렇게 죽는 것보다야 차라리 애굽 사람을 섬기는 것이 낫지…' 하면서 난리 법석을 떱니다. 그 때, 지도자 모세가 이렇게 말합니다. "너희는 두려워하지 말고 가만히 서서 여호와께서 오늘 너희를 위하여 행하시는 구원을 보라… 여호와께서 너희를 위하여 싸우시리니 너희는 가만히 있을지니라"(출 14:13-14). 잠잠히 하나님이 행하실 일을 기대하라는 겁니다. 홍해를 가르시고 육지처럼 건너게 하실, 놀라운 일을 행하실 하나님을 기대하라는 거에요.

본론		뭐라도 해야 할 그 때에 가만히 하나님이 하실 일들을 기대하며 기다리라는 것입니다. 이 때 이스라엘 백성들에게 요구되는 것이 무엇입니까? 믿음입니다. 만약 믿음이 없다면 가만히 있을 수가 없지요. 가만히 있어서도 안 되지요. 인간적으로 뭐라도 해야 되는 게 맞는 겁니다. 그러나 지도자 모세는 "너희는 가만히 있으라 그리고 행하시는 하나님의 놀라운 구원을 보라" 가만히 있으면 안 될 위기의 순간에 하나님이 행하실 놀라운 일을 기대하라는 것입니다. 믿음으로. 하나님이 행하실 일을 기대하는 것, 이것이 진정 기독교의 믿음입니다. 그러나 우리 기독교의 믿음은 하나님의 행하실 일을 기대하는 것으로 멈추지 않습니다. 한 걸음 더 나아갑니다.
	2대지. 믿음은 하나님이 행하실 일들을 확신하는 것입니다.	
	전개 1: 선포	본문 4절을 보십시오. "그가 누울 때에 너는 그가 눕는 곳을 알았다가 들어가서 그의 발치 이불을 들고 거기 누우라 그가 네 할 일을 네게 알게 하리라 하니" 또 마지막 절 18절을 보십시오. "이에 시어머니가 이르되 내 딸아 이 사건이 어떻게 될지 알기까지 앉아 있으라 그 사람이 오늘 이 일을 성취하기 전에는 쉬지 아니하리라 하니라"
	전개 2: 해석	나오미는 곧 일이 해결될 것임을 알고 있는 듯합니다. 아니 사실 강한 확신이 있는 것 같습니다. 그러기에 보아스가 즉각적이고 적절한 조취를 취할 것에 대하여 강한 확신 속에서 룻에게 '이 사건이 어떻게 될지 알기까지 앉아 있으라'고 말하고 있습니다. 본문 17절을 보면, 룻은 보아스가 자신에게 보리를 여섯 번 되어 주면서 '빈손으로 시어머니에게 가지 말라고 했다는 말을 덧붙입니다. 나오미의 텅 빈 공간은 보아스를 통해 메꾸어 질 것임을 많은 양의 곡식 선물이 보여주고 있는 겁니다. 이런 보아스의 행동을 전날 밤에 있었던 룻의 결혼 요구에 일치하는 하나의 약속을 상징하는 행동으로 보면서 유명한 주석가는 이렇게 해석합니다. '보아스가 보내온 곡식이라는 상징적 선물은 나오미에게 그가 일을 성취하기까지 행동할 것이라는 확신을 주었음이 분명하다.'
	전개 3: 적용	여러분! 믿음이란 하나님의 자녀된 자들의 삶속에 하나님이 행하실 일을 기대하고 확신하는 겁니다. 불가능한 일도, 할 수 없는 일도, 도저히 이루어질 것 같지 않은 일도 하나님이 행하시면 얼마든지 가능하고, 할 수 있고, 이루어질 수 있음을 확신하는 겁니다.

본론		믿음은 바라는 것들의 실상이고, 보지 못하는 것들의 증거입니다. 나의 신념이나 나의 인간적인 소망에서가 아니라 "할 수 있거든이 무슨 말이냐 믿는 자에게 능치 못함이 없으리라"는 하나님의 약속의 말씀 가운데 하나님이 하시면 된다는 강한 신뢰 이것이 믿음입니다.
	전개 4: 예화	창세기 22장에는 아브라함이 100세에 얻은 아들 이삭을 번제로 드리는 이야기가 나옵니다. 보통 사람으로서는 가히 쉽지 않은 일이지만, 하나님의 말씀에 즉각 순종하는 아브라함은 다음날 아침 아들과 함께 모리아 산을 향하여 길을 떠나게 됩니다. 3일 길을 걸어 제단을 쌓을 장소에 가까이 다다랐을 때 아브라함은 종들은 산 밑에 있게 하고, 아들과 단 둘이서만 산에 오르게 됩니다. 아들 이삭에게 번제에 쓸 나무를 짊어지게 하고 함께 올라가는데 이삭이 아버지 아브라함에게 묻습니다. '아버지 불과 나무는 있는데 번제할 양은 어디 있습니까?' 그 때, 아버지 아브라함이 하는 말을 들어보십시오. '내 아들아 번제할 어린 양은 하나님이 자기를 위하여 친히 준비하시리라'(창 22:8) 아브라함의 이 말에 대하여 히브리서 11장은 이렇게 말합니다. '아브라함은 시험 받을 때에 믿음으로 이삭을 드렸으니… 그가 하나님이 능히 이삭을 죽은 자 가운데서 다시 살리실 줄로 생각한지라'(히 11:17-19). 그렇습니다. 믿음은 하나님에 대한, 하나님이 행하실 놀라운 일에 대한 확신입니다.
	전환 문장	그렇다고 기독교의 믿음이 이것으로 전부는 아닙니다. 기대하고 확신한다면, 그 다음에 분명히 따라야 할 것이 있습니다.
	3대지. 믿음이란 행동하는 것입니다.	
	전개 1: 선포	본문 5-6절을 함께 읽습니다. "룻이 시어머니에게 이르되 어머니의 말씀대로 내가 다 행하리이다 하니라 그가 타작마당으로 내려가서 시어머니의 명령대로 다 하니라"
	전개 2: 해석	시어머니 나오미는 하나님이 행하실 일을 기대하며 치밀하게 전략과 계획을 짰습니다. 그리고 룻에게 그 전략과 계획을 다 말해 주었습니다. 상당한 도전과 모험이 필요하고, 용기가 필요한 일들입니다. 그런데 룻을 보십시요. 시어머니가 시키는 그대로 다 행동으로 옮기고 있습니다. 어떻게 보면 무모할 수 있습니다. 여인이 한 밤중에 다른 남자의 잠자리에 들어간다는 것이 상식적으로 말이 되는 소리입니까?

본론	전개 2: 해석	'지금 무슨 말도 안 되는 소리를 하시냐?'고 시어머니에게 따질 수도 있습니다. 아니 이방 여인이고, 만약 그렇게 했다가 퇴짜라도 맞으면 그게 무슨 창피입니까. 나이 차이도 꽤 나는 것 같은데, 또 사람들에게 들키기라도 하면, 두 과부가 한 남자를 꼬시려고 별 수작을 다 한다고 할 것 아니겠습니까? 여러모로 불합리하고 받아들이기 쉽지 않은 제안이었지만, 룻은 시어머니가 시키는 그대로 다 행합니다. 그리고 9절을 보세요. 룻은 당당하게 보아스를 향하여 자신들의 기업 무를 자임을 상기시키면서 자기와 결혼해 달라는 청혼을 하고 있습니다. 이 대목을 어떤 목사님은 이렇게 해석합니다. "룻은 나오미가 시키는 대로 하는 장기판의 졸이 아니다. 그녀는 자발적으로 나아갔으며, 이제 주도적으로 그녀가 왜 왔는지를 보아스에게 분명히 말한다. '당신이 기업을 무를 자가 됨이니이다.' 다시 말해 문자적으로는 이런 의미이다. '당신이 구속자이다: 우리의 기업과 가문의 이름이 소멸되지 않도록 구속하셔야 합니다. 당신이 나를 위해 그 역할을 하시기를 바라나이다. 당신의 아내가 되기를 청하나이다.'" 이런 룻의 행동에는 분명 믿음이 보입니다. 그리고 이 모든 일의 주도권을 가진 보아스라는 사람을 보십시오. 그렇게 낯선 여인인 룻이 자기가 자는 곳에 찾아와서 뜬금없이 기업 무를 자라고 하면서 '당신의 옷자락을 펴 당신의 여종을 덮으소서'라고 청혼할 때, '하나님께서 네게 복 주시기를 원하노라'는 말로 하나님을 중심에 둡니다. 그리고는 자기도 가만히 있지 않겠다고 말합니다. 그런데 문제가 있습니다. 자기 보다 더 가까운 친족이 있다는 겁니다. 그래서 만약 그 사람이 기업 무를 자의 책임을 다하면 좋고, 만일 그 사람이 기업 무를 자의 책임을 행하지 않으면 자기가 다 행할 것이라고 약속을 합니다. 보아스 입장에서 보면, 절차를 밟는 일이 필요하고 손해를 감수해야하는지도 모릅니다. 잃어버린 땅을 찾아주어야 하고, 이방 여인 룻과 결혼하여 씨를 보존해야 합니다. 그럼에도 그가 다 행하겠다고 합니다. 그리고 자신이 그렇게 약속한대로 행동으로 옮기지 않습니까? 여러분! 하나님은 믿음으로 행하는 나오미, 룻, 보아스라는 믿음의 인물들을 통하여 이 룻기의 드라마를 아름답게 완성하십니다. 이 구원의 드라마는 해피엔딩으로 막을 내리게 되는데, 하나님의 놀라운 구원의 역사는 이런 믿음의 사람들을 통하여 진행되어져 간다는 것을 보여주고 있습니다.

본론	전개 3: 적용	여러분! 믿음은 가만히 앉아서 감나무에서 감 떨어지기만을 기다리는 것이 아닙니다. 믿음은 정적인 것이 아닙니다. 믿음은 동적입니다. 움직이는 힘이 있습니다. 반드시 행동, 실천을 동반하게 되어 있습니다. 믿음이 있기 때문에 행할 수 있고, 믿음이 있기 때문에 앞으로 나아갈 수 있는 겁니다. 그저 현실의 벽에 부딪혀 주저앉아 있거나, 머뭇머뭇 하며 멈춰있는 것은 믿음이 아닙니다. 믿음은 가라 하면 가고, 멈추라 하면 멈추고, 행하라 하면 행하는 겁니다. 나아가라 하면 나아가는 것, 이것이 믿음입니다. 믿음은 하나님이 행하실 일을 기대하고 확신하며 행동으로 옮기는 것입니다.
	전개 4: 적용	히브리서 11장에 보면, 믿음의 선진들에 대한 이야기가 나옵니다. 특별히 믿음으로 노아는 비가 오지 않는 상황에서 말씀에 순종하여 200년 동안 방주를 만들었습니다. 믿음은 행동입니다. 또 믿음으로 아브라함은 알 수 없는 약속의 땅을 향해 나아갔고, 믿음으로 아들 이삭을 드렸습니다. 믿음은 동적입니다. 다윗은 거인 골리앗과의 싸움에, 바위에 달걀치기와도 같은 말도 안 되는 싸움에 만군의 여호와의 이름으로 나아가 승리합니다. 믿음은 행동을 동반합니다. 믿음은 행동입니다.
결론	명제 제시	여러분! 기독교의 믿음은 머리속의 어떤 관념이나 사상이나 자기 신념이 아닙니다. 기독교의 믿음이란 하나님이 행하실 일들을 기대하고 확신하고 행동으로 옮기는 것입니다. 사랑하는 여러분, 우리는 믿음으로 사는 사람들입니다. 그러므로 당장에 부딪힌 커다란 현실의 장벽 앞에 주저앉아 있지만 말고, 여러분의 가정과 삶에 놀라운 일들을 행하실 하나님을 기대하시기 바랍니다. 새 일을 계획하시고 실행하시는 하나님이 여러분의 가정과 삶에 또 우리 교회와 이 민족 위에 놀라운 일을 행하실 것을 믿음으로 신뢰하시기 바랍니다. 그리고 그 믿음으로 힘차게 나아가시기 바랍니다. 이 새로운 한 해, 지금의 현실 너머에 새로운 일들을 펼치실 하나님의 일하심을 기대하고, 그 하나님을 신뢰하면서 행동하는 믿음으로 달음질치시기를 간절히 바랍니다.

제3절 귀납적 형식(Inductive Form)

1. 귀납적 형식의 특징

　귀납법적 형식의 설교가 본격적으로 논의되기 시작한 것은 1970년대 이후부터이다. 1971년 크래독의 저서『권위 없는 자처럼』이 출간되기 전까지 그 동안의 설교는 전통적인 방식인 아리스토텔레스의 연역법에 의지하여 전개되어 왔다. 이 시기는 1960년대, 미국에서 일어난 히피들의 자유운동과 월남 전쟁에 대한 반대 운동 그리고 시민 불복종 운동과 인권 운동 등의 영향으로 모든 권위가 부정되고 도전을 받던 시대였다. 이런 시대적인 흐름 속에서 설교학계에서는 지금까지의 연역적 방식의 개념 중심으로 전개되는 명제적 설교가 도전을 받게 되었고, 이런 전통적인 방식의 설교에 대한 회의가 제기되었다.[88] 이러한 시대적, 사회적 영향을 받아 전통적인 교회와 설교가 많은 도전을 받고 있을 때, 크래독은 연역적이고 권위적인 전통적 설교 대신에 보다 개방적인 방식으로서의 귀납적 설교를 주장하였다.[89] 크래독은 전통적인 설교에 대하여 설교자들은 말만 던지고, 청중이 어떻게 듣는가에 대해서는 거의 관심이 없는 하향적인 설교라고 지적하면서 "보다 효과적인 설교가 되기 위해서 설교자는 단순한 독백과 같은 설교보다는 상호 대화적인 설교 환경에 관심을 가져야 한다"[90]고 주장한다. 즉 설교에서 말씀의 경험(experience)이 일어나도록 영향을 끼치기 위해 목회자가 청중과 함께 가는 대화의 과정으로서 설교를 이해하고 그렇게 행해야 한다는 것이다.[91] 그는 연역적 방법을 권위주의의 산물로 여기며, 설교가 능력을 상실한 이유도 귀납적인 사고를 가지고 있는 청중들에게 설교가 너무 권위주의적이기 때문이라고 진단

---

88) 주승중, "설교의 다양한 형식(5) 귀납법적인 설교,"「교육목회」(2000, 7/8호): 28.
89) 계지영,『현대 설교학』(서울: 한국장로교출판사, 1999), 103.
90) Craddok,『권위 없는 자처럼』, 74.
91) Craddok,『권위 없는 자처럼』, 75.

하면서 이런 강단의 권위주의를 극복하기 위한 방안으로 귀납적 설교를 주장한다.[92] 귀납적 방식에서 '귀납적인(inductive)'이라는 용어는 현대 설교학에서 과학적이고 논리적인 말로 사용되기 보다는 설교에서의 특별한 전개 과정, 즉 구체적인 경험에서 보편적인 결론으로 나아가는 설교 과정의 특별한 유형을 가리키는 용어라고 볼 수 있다.[93]

귀납적 방법은 구체적인 것들을 관찰함으로부터 시작해서 결론을 도출한다.[94] 즉 귀납적 형식은 특수한 구체적인 상황에서의 관찰, 질문, 예, 경험으로부터 출발하여 어떤 일반적인 원리를 이끌어 내는 방식이다.[95] 먼저 구체적인 어떤 경험으로부터 시작하여 복음에 내포된 놀랄만한 결론을 제시하는 쪽으로 움직여 가는 것이다.[96] 본문에서 발견한 핵심 진리를 설교의 서론 부분에서 제시하고, 그것을 입증하려고 하기 보다는 대신 청중들의 필요로 시작하여 청중들로 하여금 설교에 참여하여 설교자와 함께 여행을 하며 결론에 이르도록 하는 방식이다.[97] 서론에서는 설교의 완전한 아이디어가 진술되지 않고, 설교의 결론부분에 가서 아이디어의 완전한 진술이 제시된다.[98] 이 귀납적 방식을 도식으로 표현하면 다음과 같다.

〈표 41〉 귀납적 방식[99]

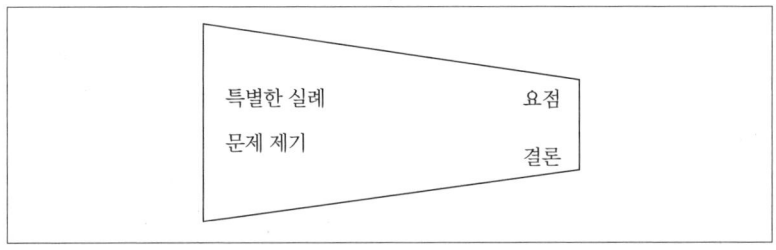

---

92) 김창훈, "귀납적 설교," 55-56.
93) William H. Willimon & Richard Lischer, 『설교학사전』, 이승진 역(서울: 기독교문서선교회, 2003), 77-78.
94) 송계성, 『귀납적 성경연구』(서울: 생명의말씀사, 2000), 30.
95) 주승중, 『성경적 설교의 원리와 실제』, 171.
96) Willimon & Lischer, 『설교학 사전』, 77.
97) WHittaker, 『설교 리모델링』, 164.
98) Robinson, 『강해설교』, 152.
99) Sidney Greidanus, *The Modern Preacher and the Ancient Text*(Grand Rapids: Eerdmans, 1988), 143; 김창훈, "귀납적 설교," 60에서 재인용.

2. 귀납적 형식의 구조

귀납적 형식의 단일한 모델은 없다면서, 크래독은 연역적 형식을 역으로 뒤집어서 귀납적 설교의 구조를 제시한다. 이해를 돕기 위해 연역적 형식의 구조와 귀납적 형식의 구조를 비교해 보면 다음과 같다.[100]

```
연역적 형식                       귀납적 형식
  서론                                          1.
  본론                                          2.
   Ⅰ.
     A.                              A.
       1.                              1.
       2.                              2.
   Ⅱ.                               B.
  결론                                Ⅰ.
```

귀납적 방식을 주창했던 크래독은 기계적인 방법론의 제시보다는 원리적인 측면을 강조하기 때문에 귀납적 형식의 구조를 명확하게 제시한다는 것은 어려운 문제이다. 귀납적 형식의 구조는 방법론과 설교자의 독창성과 창조성에 따라 달라질 수 있다.[101] 새로운 설교학의 많은 설교 형식들이 본질적으로 귀납적 방식을 취하고 있다. 여기에서는 크래독의 귀납적 형식의 구조를 살펴보고자 한다.

---

100) Craddok, 『권위 없는 자처럼』, 249-250.
101) 김운용, 『설교의 새로운 패러다임』, 207.

〈표 42〉 귀납적 형식의 구조

구조		기능
움직임과 참여	1. 구체적인 실례	청중의 경험이나 예화, 특별한 사회적 이슈로 시작한다.
	2. 구체적인 실례	
	A. 본문으로 접근	본문으로 접근하되 논증하고 설명하는 구조가 아니라 경험을 통해, 또는 상상력을 통해 서서히 본문의 핵심적인 요소를 드러낸다.
	1. 구체적인 실례	삶에서 경험하는 실례들 제시
	2. 구체적인 실례	
	B. 본문으로 접근	논증하고 설명하는 구조가 아니라 경험을 통해, 또는 상상력을 통해 서서히 본문의 핵심적인 요소를 드러낸다.
	Ⅰ. 명제(main idea)	청중이 '아하'하며 설교의 중심명제에 동의한다.

귀납적 형식의 구조는 위에서 보는 바와 같이 설교의 결론이나 명제를 뒤로 지연하고 청중들의 삶의 어떤 경험이나 예화, 사회적 이슈들을 통해서 청중들로 하여금 설교에 참여하게 하고, 움직임을 따라 나아가며 설교의 결론이나 명제에 이르도록 한다.

3. 귀납적 형식의 장·단점

가. 장점

귀납적 설교 형식의 가장 큰 장점은 설교의 진행 과정에 청중을 끌어들여 참여케 한다는 청중 중심성의 확보이다. 그리고 삶의 실제적인 경험들로부터 시작하기 때문에 청중들과의 공감 형성이 쉽고 질문과 함께 움직임을 통해 나아가기 때문에 지루하지 않다는 것이다. 또 청중들로 하여금 설교자에 대하여 개방적이며, 호의적인 태도로 설교를 듣게 할 수 있고, 설득적인 면에서 연역적 설교 형식보다 훨씬 더 효과적이라고 할 수 있다.[102] 또 귀납적 설교는 중심 사상에 이를 때까지 청중이 공감할 수 있는 일련의 아이디어를 제시함으로 설교자가 전하고자 하는 메시지를 받아들일 수밖에 없도록 할 수 있는 장점이 있다.[103] 귀납적 형식의 설교는 설교에 있어서 긴장을 만들어 낸다. 이런 귀납적인 긴장은 청중들로 하여금 흥미를 유발케 한다.[104] 청중과 함께 결론을 도출해 가는 귀납적 설교는 청중의 기대감을 유발시켜 주고, 설교가 행해지는 동안 그 관심을 지속시켜 준다.[105] 청중의 실질적인 필요를 채워주는 접근 방식이다.[106] 특별히 회의적이고 비평적인 젊은 세대들에게는 귀납적 설교가 효과적이다.[107] 밀러는 설교자는 설교가 자신의 것이라는 설교자 자신의 벽을 넘어서 설교를 청중들의 것으로 만들어야 한다며, 이런 설교자 자신의 "장벽을 보다 빠르고 더욱 철저하게 허물도록 돕는데 있어서 귀납적인 진행보다 더 나은 것은 없다."[108]고 주장한다.

나. 단점

귀납적 형식은 분명 많은 장점이 있음에도 불구하고 새로운 인간의 경험과 개인의 반응을 강조하기 때문에 설교에서 무엇보다 우선해야 할 성경 본문이 부차적인 요소로 밀려 날 수 있는 단점이 있다. 그리고 청중 개인의 경험이 성경의 메시지보다 우선하고, 참된 권위로 받아들여질 위험의 소지도 있다.[109] 또한 귀납적 설교 형식은 설교의 내용이 명확하지 않게 전달될 수 있고, 이해력과 추론 능력이 떨어지는 청중들이 따라가기

---

102) 정창균, "효과적인 설교 전달과 설교 형식의 다양화," 314.
103) Robinson, 『강해설교』, 153.
104) Allen 편저, 『34가지 방법으로 설교에 도전하라』, 113-114.
105) Craddok, 『권위 없는 자처럼』, 121-122.
106) 홍영기, 『설교의 기술』(서울: 교회성장연구소, 2007), 83.
107) 안광복, "설교의 방법(2) 귀납법적 설교," 『3인 3색 설교학 특강』(서울: 두란노아카데미, 2010), 263.
108) Miller, 『청중을 사로잡는 설교자』, 134.
109) Willimon & Lischer, 『설교학 사전』, 78.

힘들며, 청중들을 혼란스럽게 할 수도 있다.[110] 귀납적 방식의 특성상 설교 내용의 항목별 혹은 주제별, 때로는 단락별로 명료하게 제시하는데 약점이 있기 때문에 특별한 주제나 교훈을 목적으로 하는 설교에는 비효과적일 수도 있다.[111] 그리고 청중의 적극적인 참여를 유도하고, 청중 스스로가 결단하고 결론을 내릴 수 있도록 하는 귀납적 방식의 '열린 결론'은 장점이 될 수도 있지만, 자칫 설교가 단순한 윤리적 메시지로 전락할 수 있고, 기독교가 개인주의화 될 위험도 있다.[112]

4. 귀납적 형식의 설교 실례

귀납적 형식의 설교 실례를 룻기 본문으로 설교문을 작성하여 제시하면 다음과 같다.

가. 룻기 1:6-18에 대한 귀납적 형식의 구조

구조		기능
움직임과 참여	1. 구체적인 실례	-교회 집사 이야기
	2. 구체적인 실례	-어느 여자 청년의 이야기
	A. 본문으로 접근	-룻과 두 며느리의 대화
	1. 구체적인 실례	-선교사로 헌신한 어느 장로님 가정 이야기
	2. 구체적인 실례	-설교자의 간증
	B. 본문으로 접근	-홀로된 시어머니와 함께 베들레헴으로 가는 룻 이야기
	Ⅰ. 명제(main idea)	-믿음으로 산다는 것은 현실 너머에 계시는 하나님을 바라보는 것이다.

---

110) 김창훈, "귀납적 설교," 59.
111) 정창균, "효과적인 설교 전달과 설교 형식의 다양화," 314.
112) 백동조, 『적용이 있는 효과적인 이야기식 설교의 기술』(목포: 행복나눔, 2012), 281-283.

나. 설교문

설교 본문: 룻기 1:6-18		설교 제목: "보이는 대로 살지 않고 하나님 보고 살게 하소서"
움직임과 참여	구체적인 실례 1	왜 그런 선택을…
		제가 6년 2개월 동안 사역했던 교회에 김영수 집사님이라는 분이 있었습니다. 그 당시 40대 초반이었는데, 자동차 썬루프를 만드는 회사에 중견 간부급으로 있었습니다. 이 집사님이 주일학교 교사도 하고, 성가대 지휘도 했는데, 회사가 바빠지면서 해외 출장도 잦고, 그러다보니 주일을 자주 빠지게 될 상황이 되었습니다. IMF 한파가 찾아왔을 때인데, 이 집사님이 고민을 하는 겁니다. '주일 성수도 잘 하지 못하고, 맡은 직분도 책임감 있게 감당하지 못하는데, 그래서 신앙생활이 잘 안 되니까 회사를 그만 두어야 하나? 몸 사려야 할 때인데 그래도 계속 다녀야 하나…?' 여러분! 이것이 보통의 사람들 같으면 고민거리나 되는 겁니까? 아니 왜 이런 고민을 해야 되는 겁니까? 시국이 시국이고 상황이 상황인 만큼 차지하고 있는 자리 지키려면 직장생활에 충실해야 되는 것 아닙니까? 신앙도 신앙이지만 현실을 직시해야 하지 않겠습니까? 그런데 이 집사님은 고민 끝에 그 잘나가는 직장, 안정된 직장을 과감히 그만 두기로 결정했습니다. 왜 그랬을까요? 아니 어떻게 그럴 수 있었을까요? IMF 때라 몸 사려도 시원찮을 판에…
	구체적인 실례 2	어느 교회 여자 청년의 이야기
		어느 교회에 신실한 여자 청년이 있었습니다. 얼굴도 예쁘고, 성품도 좋고, 신앙도 좋고, 그래서 여기저기서 며느리 감으로 탐을 내던 청년이었습니다. 맞선 자리도 자주 들어왔습니다. 맞선 상대는 '사'자 들어가는 괜찮은 직업에 괜찮은 집안의 사람도 여럿 있었습니다. 그런데 이 여자 청년은 모두 거절했습니다. 사람들은 '아니 왜 굴러 들어온 복을 차 내냐'며, 한편으로는 부러움의 시선으로, 한편으로 이해할 수 없는 시선으로 바라보았습니다. 얼마 지나지 않아 마침내, 이 여자 청년이 결혼 상대를 선택했습니다. 사람들은 과연 그가 누구일까 의아해 했습니다. 그런데 정작 이 여자 청년이 결혼상대로 선택한 사람은 소위 세상적으로 잘 나가는 사람도, 가문도 아닌 가난한 신학생이었습니다. 아니 왜?… 사람들은 모두 의아해했습니다. 여러분! 이 여자 청년은 왜, 사람들이 생각하는 소위 굴러들어 온 복을 차버리고, 인간적으로 편안하게 안정되게 살 수 있는 배우자가 아니라 고생문이 뻔히 내다 보이는 가난한 신학생을 선택했을까요?

		나오미와 두 며느리의 대화
움직임과 참여	본문의로의 접근	잘 살아보겠다고, 기근과 흉년을 피해 이방 나라 모압 땅으로 이주했던 나오미는 오히려 그곳에서 남편도 잃고, 두 아들도 잃고, 가진 것도 잃고, 모든 것을 다 잃었습니다. 가정은 풍비박산이 났고, 살아야 할 한 가닥 희망도 없이, 그냥 모든 것 포기하고 싶고, 그저 주저앉아 있을 수밖에 없는 절망의 깊은 자리에 빠지게 되었습니다. 그렇게 홀로 앉아 왜 나만 겪는 고난이냐고 절망하며 있을 때, 마침 하나님께서 자기 백성에게 양식을 주셨다는 희망의 소식을 듣게 됩니다. 그리고 그 소식을 나오미는 자신에게 찾아온 한 자락 희망으로 삼고, 그 절망의 자리에서 일어나 고향을 향하게 됩니다. 그런데 실은 나오미는 혼자가 아니었습니다. 두 아들들이 남겨 놓고 간 두 며느리가 그녀 곁에 있었습니다. 이방 모압의 여인, 오르바와 룻입니다. 나오미는 이 두 자부와 함께 10년, 엉클어진 모압에서의 삶을 모두 정리하여 고향 베들레헴을 향해 돌아가는 길을 떠나게 됩니다. 떠난지 얼마나 되었을까, 아무리 생각해도 두 며느리를 데리고 가는 것이 아닌 것 같다는 생각이 들었던 것 같습니다. 이런 저런 이유를 생각하니, 아무래도 같이 가는 건 잘 하는 일이 아니라는 판단이 섰던것 같습니다. 시어머니로서 두 며느리에게 해 줄 수 있는 게 아무 것도 없습니다. 또 같이 가 봐야 서로 고생입니다. 서로 짐만 될 수 있습니다. 자기 몸 혼자 거두는 것도 보장이 안 되는데, 며느리들까지 간수한다는 것은 생각할 수도 없습니다. 그리고 자기가 당한 고통을 며느리들에게까지 대물림 하고 싶지는 않았습니다. 남편 없이 산다는 것, 자식들 없이 산다는 것, 자기가 몸소 겪었기에, 또 그 고통을 누구보다도 잘 알기에 차마 그러고 싶지 않았습니다. 며느리들을 위해서나 본인을 위해서나 그들을 돌려보내는 것이 백번 옳다는 생각이 들어 나오미는 두 며느리를 앉혀 놓고, 자상하게 타이릅니다. 그리고는 고향, 친정으로 돌아가서 편안하게 살라고, 아직 한창인데, 새로운 남편 만나서 행복하게 살라고 작별을 고합니다. 이내, 그곳은 눈물바다가 됩니다. 얼마나 울었을까 조금 진정이 되면서, 두 며느리는 시어머니의 첫 번째 제안에 거절을 합니다. '어머니 아니에요, 우리는 어머니와 함께 가겠어요.' 그러자 나오미는 재차 며느리들에게 돌아가라고 제안합니다. 그리고는 또 한바탕 울음바다를 이루게 됩니다. 여러분! 이런 상황에서 인간적으로 현명한 처사라고 한다면 두 며느리는 어떤 선택을 해야 되는 것일까요?

움직임과 참여	본문의로의 접근

뻔한 생활이 기다리고 있는 시어머니와 함께 가야 되는 건가요? 아니면, 친정으로 돌아가 새로운 삶을 살아야 하는 걸까요? 어떤 선택이 더 현명한 것일까요?… 여러분 같으면 어떤 선택을 하실 것 같습니까?

그렇게 시어머니와 두 며느리 셋이서 얼마나 울었을까요? 두 며느리 중에 하나가 시어머니의 제안에 따라 가던 길을 돌이켜 친정으로 돌아가게 됩니다. 그런데, 다른 며느리 룻은 끝까지 시어머니와 함께 하겠다는 겁니다. 고향을 포기하고, 신앙을 포기하고, 부모를 떠날지라도, 결코 시어머니를 떠나지 않겠다는 겁니다. 아니, 사실 고향, 친척, 부모를 포기하는 것 정도가 아닙니다. 시어머니를 선택하는 순간, 그녀는 자신의 미래, 여자로서의 일생을 포기하는 것입니다. 모든 희망은 사라지는 겁니다. 그렇지 않습니까?

다시 결혼할 수도 없습니다. 과부로 일생을 살아야 하고, 더욱이 평생 과부된 시어머니를 모시고 살아야 합니다. 결코 맑은 앞날이 보장되지 않은, 아니 고생길이 훤히 내다보이는 그런 선택을 하는 겁니다.

그렇다면 여러분! 여기에서 우리는 이런 질문을 던져볼 수 있을 겁니다. 룻은 왜 그런 길을 택했을까요? 아니 어떻게 그럴 수 있었을까요? 생각해 보세요. 시어머니의 권면에 따라 돌아간 오르바처럼, 친정으로 돌아간다고 해서 크게 잘못하는 것도 아닙니다. 누가 뭐라 할 수 있는 것도 아니에요? 아니 오히려 현명한 선택이지요. 100번 1000번 생각해도 그게 맞습니다. 물론 혼자된 시어머니를 홀로 돌아가게 한다는 것 때문에 마음은 좀 좋지 않을 수 있겠지요? 하지만 자신의 미래를 생각하면, 아니 시어머니를 위해서도 그게 맞는 것이고, 그게 옳은 선택 아니겠습니까?

분명 사람들이 볼 때는 답답해 보이고, 미련해 보이고, 어리석어 보입니다. 아니 왜 바보 같이 앞날이 창창한 여자가 아무 것도 없는 시어머니 따라가서 일생 고생해! 친정으로 돌아가 새로운 사람 만나서 제2의 인생을 살면 되지…

그렇지요. 아무리 생각해도 납득이 잘 되지 않습니다. 쓰라린 현실을 직시하고 그것을 피할 수만 있다면 그에 맞는 선택을 해야 하는 것 아니겠어요? 당장 눈에 보이는 현실에 맞게 살아야 현명한 것 아니겠습니까?

움직임과 참여	구체적인 실례 1	**동남아 선교를 위해 남은 생애를 헌신하기로 결단한 어느 장로님 이야기**
		국내에 있으면 남은여생을 편안하게 살 수 있는 장로님 가정이 있었습니다. 두 아들은 장성하고, 또 다 잘 돼서, 얼마든지 남은 노년의 삶은 걱정 없이 좀 쉬면서 여행도 하고, 하고 싶은 것 하면서 편안하게 지낼 수 있는 분들이었습니다. 그런데 이 장로님은 동남아 선교를 위해서 남은 생애를 드리기로 하고, 재산의 일부는 교회를 개척하는데 헌신하고, 남은 것은 동남아 선교를 위해 헌신했습니다. 그리고 동남아 선교지를 오가며 남은 삶을 복음 전하는 일에 쏟아 붓고 있습니다. 아니 왜 이 장로님은 그런 고생스런 삶을 선택하셨을까요? 아니 어떻게 그러실 수 있었을까요?
	구체적인 실례 2	**목회자의 길을 선택한 설교자의 간증 이야기**
		어떤 목사님이 간증을 하시는데, 아버지가 일찍 돌아가셔서 어머니와 함께 고아원에 들어가 살았답니다. 어머니는 고아원 식당에서 일하시고, 자기는 고아원에서 자랐는데, 먹을 것도 제대로 못 먹던 배고픈 시절이라 그렇게 먹는게 한이 되었답니다. 그런데, 가끔 고아원에 어느 분이 오시면, 어머니가 이것저것 고기반찬에 생선에 진수성찬을 해서 드리더라는 겁니다. 그분이 오실 때마다. 어린 나이에 그것을 보면서 너무 먹고 싶고, 너무 부러웠답니다. 도대체 저 양반이 누구인가? 궁금해 했는데, 나중에 알고 보니까, 그분이 목사님이셨답니다. 그래서 자기는 그때부터 목사가 되겠다고 다짐을 했답니다. 그래서 목사가 되었다네요. 목사가 되면 먹는 것 하나 만큼은 걱정 없을 것 같아서… 그렇게 해서 목사가 되신 분도 있습니다. 다만, 저의 경우는 목사가 되고 싶은 사람은 아니었습니다. 저는 원래 체육관 차려서 돈도 벌고, 사회적으로 괜찮은 사람으로 사는 것이 인생의 목표였습니다. 신앙생활을 했지만 목사가 된다는 건 꿈에도 생각지 못했습니다. 그런데 제가 체육관 생활을 접고 좀 늦게 신학대학 가기 위해서 재수학원 다니며 공부한다니까 주변에서 다들 그럽니다. 아니 왜 그렇게 늦게 공부해서 신학교 갈려고 그러냐고, '왜 그렇게 고생스럽게 공부해서 목사 돼서 뭐하려고 그러냐고' '왜 사서 고생하려고 하냐고…' 체육관만 차려도 먹고사는데 지장 없고, 4년제 대학 나오면 웬만한데 취직해서 편안하게 살 텐데, 왜 그런 고생 사서 하려냐고들 합니다. 그래도 저는 좀 늦기는 했지만 1년 열심히 공부해서 신학교에 들어가고, 이렇게 목사가 되어 여러분 앞에 서 있습니다. 여러분! 제게 왜 그랬냐고 한 번 물어봐 주세요?

하나님 편을 택한 룻

다시 룻 이야기를 보겠습니다.

시어머니 나오미는 남은 며느리 룻에게도 '네 동서처럼 너도 돌아가라. 친정으로 가라'고 다시 한 번 타이릅니다. 그런데, 룻은 이렇게 말합니다. '어머니의 백성이 나의 백성이 되고, 어머니의 하나님이 나의 하나님이 되시리라'(1:16).

여러분! 다시 한 번 생각해 보세요? 왜 룻이 고향, 친척, 부모, 자신의 미래, 편안하고 안전한 삶을 포기하고, 미래가 불투명하고, 고생길이 훤히 보이는 그런 길을 선택했을까요? 어떻게 당장 보이는 대로 자기 살길, 안정된 길, 자기 인생을 위하여 나름 현명한 길이 아닌 모든 것을 포기해야 하고, 선택하는 순간 불행과 절망의 깊은 자리로 빠지게 되는 그런 선택을 할 수 있었을까요? 무지하고, 어리석고, 생각이 짧아서 그랬을까요? 그러나 그의 고백을 보면 분명한 이유가 있었습니다. 하나님, 하나님 신앙 때문입니다.

그런데 여기에서 궁금한 것이 하나 더 있습니다. 룻이 어떻게 하나님을 알고 믿게 되었는지에 관한 것입니다. 만약 그녀가 남편을 통해서이든, 아니면 시어머니를 통해서이든 하나님을 알게 되었다고 한다면, 그렇다면 그녀가 아는 하나님은 어떤 하나님입니까? 남편의 하나님, 시어머니의 하나님은 어떤 하나님입니까? 그렇게 좋은 하나님이 아닙니다. 일찍 남편을 데려가고, 자기 시대에 아픔과 슬픔을 안겨 준 하나님입니다. 자기와 자기 시어머니에게 고통과 절망을 안겨 준 하나님입니다. 행복하고는 거리가 먼, 쓰라린 상처와 고난과 비극을 주신 하나님입니다. 그럼에도 불구하고 룻은 하나님, 하나님 신앙을 선택합니다. 룻은 나오미의 가정에 시집 온 후로 조금씩 여호와를 알게 되었을 것이며, 하나님의 헤세드를 경험한 것 같습니다. 룻은 여호와가 어떤 분이신가도 알고 하나님의 은혜도 경험했던 것 같습니다. 그러기에 그모스와 여호와 사이에 선택을 해야 하는 결정적인 순간 룻은 여호와를 선택했습니다. 당장에 눈에 보이는 현실을 따르기 보다는 보이지 않는 하나님을 따르게 됩니다. 하나님으로 인하여, 하나님 섬기는 신앙으로 인하여, 자신의 모든 안락한 삶을 포기하고 시어머니와 함께합니다. 아니 하나님 신앙을 선택합니다. "어머니의 하나님이 나의 하나님 되시리니" 하나님은 분명 룻에게 헤세드의 사랑과 은혜를 베푸셨고, 룻은 그 하나님 신앙을 포기할 수 없었고, 결정적인 순간에 하나님을 선택하게 됩니다.

(본문의로의 접근 / 움직임과 참여)

움직임과 참여	명제 제시	**보이는 대로 살지 않고…** 여러분! 그렇게 주일을 지키고, 맡겨진 직분을 감당하고자 좋은 직장을 박차고 나온 그 김영수 집사님이 어떻게 되었는지 궁금하지 않습니까? 결과론적이지만, 더 좋은 회사, 신앙생활이 보장된 더 큰 회사에 더 높은 직급으로 스카웃 되었습니다. 그 집사님이 그런 것 바라고 그런 선택을 한 것은 결코 아닙니다. 그러나 당장에 보이는 형실을 보고 살기보다는 현실 너머에 계시는 하나님 바라 본 그 집사님에게 하나님은 놀라운 은총과 축복을 허락하셨습니다. 자 그렇게, 자신의 모든 것을 포기하고, 하나님을 택한 룻은 어떻게 되었습니까? 우리가 룻기의 남은 이야기를 통해서 아는 것처럼, 놀라운 하나님의 은혜와 은총과 축복을 경험하게 됩니다. 여러분! 우리 하나님은 현실 너머에 계신 분입니다. 믿음으로 산다는 것은 그 현실 너머에 계시는 분을 바라보는 것입니다. 당장에 눈에 보이는 대로 살지 아니하고, 보이는 것을 따라 살기 보다는 현실 너머에 계시는 하나님, 보이지 않는 손길로 여전히 자기 백성과 함께 하시는 하나님 바라보고 사는 것이 믿음으로 사는 것입니다. 그리고 그 하나님 편에 서는 것, 그것이 우리 그리스도인의 삶의 방식입니다.

제4절 내러티브 형식(Narrative Form)

"하나님과의 만남으로서의 설교"를 주창하는 대리어스 솔터(Darius Salter)는 설교는 항상 어떤 상황이든 가장 의미심장한 매체들을 통해 청중에게 전달되어야 함을 말하면서 그것을 위해 설교에서 전통적 방식을 지양하고 내러티브 형식이 활용되어야 함을 이렇게 주장하고 있다.

삼단논법의 논리와 명제적인 설득으로 이루어진 설교가 포스트모던 시대를 살아가는 '귀머거리'의 귀에 떨어진다면 아무런 열매를 거두지 못한다. 계몽주의라는 열차의 기름이 떨어진 상황이라면, 이제 강단에는 좀 더 시각적이고 상상력이 동원되는 만남의 사건이 필요할 것이다. 그리고 설교는 플롯과 장면들, 그리고 등장인물로 이루어질 것이고, 그 속에는 고난과

해결의 상호관계가 들어있기 때문에 청중은 이들 속에서 자신들의 모습을 발견하게 될 것이다.[113]

포스트 모던 시대를 살아가는 청중들에게 내러티브 형식의 설교가 요청됨을 말하고 있는 것이다. 내러티브는 하나님께서 말씀을 전달할 때 가장 많이 사용하는 방식이다.[114] 내러티브는 성경의 지배적인 장르이다. 특별히 기독교 자체가 하나님의 구속의 이야기이기 때문에 내러티브는 성경의 장르로서 매우 적합하다고 할 수 있다. 하나님은 위대한 구속의 계획을 가지시고 역사 속에서 일하신다. 성경은 그 역사 속에서 구속의 완성을 성취해 가시는 하나님의 이야기이고 하나님의 역사하심에 대한 이야기다.[115] 아더스는 "성경의 내러티브는 이야기로서 전해지는 역사일 뿐만 아니라 하나님을 계시하려는 저자의 의도를 담고 있다. 성경 내러티브는 독자(청중)를 가르치고, 감동시키고, 기쁘게 한다."[116]고 말한다. 이연길은 성경의 이야기성에 대하여 이렇게 주장한다.

> 성경은 교리나 기독교 진리를 기록한 책이 아니라 하나님의 사람들이 하나님과 함께 살아가는 이야기를 기록한 책이다. 그 이야기에 숨겨 있는 것을 찾아낸 것이 교리이고 기독교의 기본 진리가 된 것이다. 이런 의미에서 성경을 이야기책으로 보는 것이다. 성경 본문이 이야기이고 그 이야기 안에 또 다른 이야기가 있으며 이야기가 없는 곳에도 그 안에 이야기가 있기 때문이다.[117]

설교자의 사명은 "인간의 이야기와 하나님의 이야기를 끊임없이 연결

---

113) Graham 외 11인, 『영혼을 살리는 설교』, 58.
114) 이정현, 『해돈 로빈슨의 설교학』(서울: 도서출판 지민, 2008), 39.
115) Cahill, 『최신 설교 디자인』, 177.
116) Arthus, 『목사님 설교가 다양해졌어요』, 108.
117) 이연길, "성도의 귀를 여는 설교 작성법," 『목회와 신학』(2015, 2월호):57.

하는 것이며 우리는 한 이야기를 유산으로 물려받았다."118)는 나우웬의 주장대로라면, 설교자는 성경의 내러티브를 효과적으로 전달할 수 있어야 한다. 그런 맥락에서 하나님의 구속 역사를 드러내려는 목적을 가지고 시간과 공간 안에서 독특한 방식으로 서술된 흐름이 있는 이야기로서 성경적 내러티브를 설교에서 가장 잘 드러내고 표현할 수 있는 방식이 바로 내러티브 형식이다. 메이어(Robin R. Meyers)는 이렇게 주장한다. "설득을 위한 모든 수사학적 형식 중에서 가장 효과적이고, 믿을 만하고, 호감을 주는 것은 확대된 이야기체이다. 잘 조절하여 들려주는 이야기를 듣는 것처럼 설교를 듣는 경험을 풍요롭게 하는 것은 아무 것도 없다. 청자를 유혹하고 끌어 들이는 데에 있어서 이야기체의 위력을 따라올 것은 아무 것도 없다."119)

물론 내러티브 본문을 설교할 때, 설교자는 내러티브 설교 디자인을 본문의 내러티브 흐름을 그대로 설교 흐름으로 활용할 수도 있고, 본문 해석을 통해서 정리된 본문의 핵심 명제를 설교 논리에 맞게 재구성 할 수도 있다.120) 여기에서는 내러티브 설교를 "설교자가 하나님의 구속의 이야기(meta narrative)를 드러내려는 목적으로 플롯의 형태(갈등의 제시, 위기의 고조, 극적인 반전, 결말)를 따르는 방식으로 이끌어가는 설교"라고 정의함과 더불어 로우리가 제시한 플롯을 활용한 내러티브 형식을 살펴보려고 한다.

1. 내러티브 형식의 특징

로우리는 내러티브 설교의 가장 큰 특징은 설교가 플롯 형식을 취하

---

118) Henry J. Nouwen, *The Living Reminder: Service and Prayer in Memory of Jesus Christ* (New York: Seabury, 1977); 김운용, 『새롭게 설교하기』, 235에서 재인용.
119) Robin R. Meyers, 『설득력 있는 설교의 비밀』, 이호형 역(서울: 쿰란출판사, 1999), 160.
120) 이승진, "성경의 문학형식과 설교 형식의 연관성," 24-25.

는 것이라고 말한다.[121] 그는 모든 설교를 갈등의 제시에서 위기의 고조, 극적인 반전을 거쳐 결말에 이르는 시간 속의 사건으로 파악하면서 그것이 전체적으로 하나의 스토리의 흐름으로 이루어져 있거나, 또는 몇 개의 짧은 일화나 예화로 구성되었거나 상관없이 갈등에서 시작해서 해결에 이르는 내러티브의 전개과정을 따르기만 한다면 그 설교는 내러티브 설교라고 주장한다.[122] 이와 같은 내러티브 설교는 마치 한 편의 잘 짜여진 소설과도 같은 움직임과 흐름을 보인다.[123] 로우리는 "갈등으로부터 시작하여 심화 과정을 거쳐 갑작스러운 전환 혹은 결정적인 반전을 지난 다음, 종국적으로 해소에 이르는 내러티브 설교를 일화적 설교를 비롯한 다른 설교 유형들보다 훨씬 더 강력한 단선적 과정을 특징으로 가진다."[124]고 말한다. 그는 설교를 "공간이 아니라 시간 안에서 이루어지는 사건(event-in-time), 곧 하나의 과정"[125]이라고 본다.

로우리는 본래 플롯의 과정을 5단계로 설정했었다. 즉 평정 깨뜨리기(Upsetting the equilibrium) → 모호함을 심화시키기(Analyzing the diecrepamcy) → 문제해결의 실마리를 제시하기(Disclosing the clue to resolution) → 복음을 경험케 하기(Experiencing the Gospel) → 결과를 기대하게 하기(Anticipating the consequence)의 다섯 단계로 내러티브 설교 구성을 전개하였다. 로우리의 이 구상 라인에서 처음 세 단계는 귀납적이고 다음의 두 단계는 연역적이다.[126] 이것을 다음과 같은 도식으로 표현하고 있다.

---

121) Lowry, 『신비의 가장자리에서 춤추는 설교』, 31.
122) Lowry, 『설교자여 준비된 스토리텔러가 돼라』, 26.
123) 류응렬, "설교의 새바람, 새 설교학이란 무엇인가?," 『3인 3색 설교학 특강』(서울: 두란노아카데미, 2010), 103.
124) Lowry, 『신비의 가장자리에서 춤추는 설교』, 89.
125) Lowry, 『이야기식 설교 구성』, 37.
126) Grant & Reed, 『파워 설교』, 256.

〈표 43〉 플롯의 전개 과정 5단계[127]

이런(Oops)! → 우(Ugh)! → 아하(Aha)! → 와우(Whee)! → 예(Yeah)!

| 평정을 깨기 | 모순을 분석하기 | 해결의 단초를 드러내기 | 복음을 경험하기 | 결과를 예기하기 |

플롯의 전개 과정에서 첫 번째인 평정을 깨기 단계에서는 청중의 평형 상태를 동요시키는 갈등이나 모순을 제시한다. 모순을 분석하는 단계에서는 앞에 제시한 모순과 갈등이 훨씬 더 심화되고 복잡성을 띤다. 해결의 단초를 드러내는 단계에서는 해결의 실마리를 제공하는 단계로서 갑작스런 전환이 일어난다. 첫 부분에 언급된 갈등과 모순이 복음을 통하여 해결될 수 있다는 통찰력을 보여준다. 복음을 경험하는 단계는 복음을 통해 긴장이 해소되며, 해결책의 실마리가 확장되고, 성도들의 상황에 적용시키는 단계이다. 마지막 결과를 예기하는 단계는 복음으로 갈등을 해소하고 그것이 어떻게 미래에 영향을 줄 것인지에 예상한다.

로우리는 최근에 이 다섯 단계의 플롯 전개 과정을 네 단계로 제시하고 있다. 그것은 다음과 같이 전개된다.

〈표 44〉 플롯의 전개 과정 4단계[128]

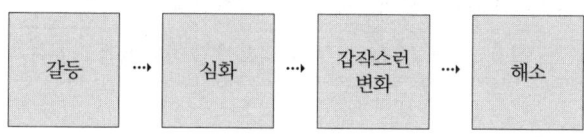

기본 구조는 같은데, 다만 "복음의 경험"에 대하여 유동성을 부여하면서 기존의 3, 4단계에서 동시적으로 일어날 수 있는 것으로 이해하고 있

---

127) Lowry, 『신비의 가장자리에서 춤추는 설교』, 120.
128) Lowry, 『신비의 가장자리에서 춤추는 설교』, 119.

는 것뿐이다.[129] 로우리가 제안하는 플롯 구조의 내러티브 설교 형식에서 중요한 요소는 서론에서 갈등과 모순을 제시하면서 청중의 평형 상태를 깨뜨리는 것이다. 그리고 두 번째 단계에서 앞에서 제기된 갈등과 모순이 한층 더 심화되고, 복잡해지면서 복음으로의 해결책의 발견을 가능하게 한다. 이런 과정을 밟아가면서 청중의 마음에 형성된 긴장은 갑작스런 전환(반전)을 통하여 해소의 단계에 이르게 된다.

이 내러티브 형식의 설교는 회중의 경청에 우선적인 관심을 둔다는 점에서 그리고 회중의 경청을 통해 그들이 무엇인가를 인식하고 느끼게 한다는 점에서 귀납적 설교의 한 형태라고 할 수 있다.[130] 그리고 이 설교 형식은 서론에서 갈등과 모순을 통해 문제를 제기하고 이후에 해답을 제시하는 구조와 유사한 측면에서 문제 해결식 설교 형식의 한 형태라고도 볼 수 있다.[131]

2. 내러티브 형식의 구조

〈표 45〉 내러티브 형식의 구조

구조		기능
Plot	갈등	모순이나 갈등을 통해 문제를 제시하며 청중의 평형 상태를 깨뜨림
	갈등의 심화	제시된 모순이나 갈등의 심화
	갑작스런 전환	대반전을 통해 문제 해결의 실마리 제공
	해결	청중들이 '아하'의 탄성과 함께 복음을 경험

이처럼 플롯 방식을 따라 설교를 작성할 때 중요한 것은 어떻게 설교를 구성할 것인가 하는 문제이다. 본문을 정하고 이러한 형식의 설교를

---

129) 김운용, 『설교의 새로운 패러다임』, 268.
130) 정인교, 『설교학 총론』, 242.
131) 이승진, "성경의 문학형식과 설교 형식의 연관성," 26.

구상한다면, 설교자는 먼저 본문의 관점이 무엇인지를 살펴야 하고, 그 관점을 따라 설교에서 전하려는 중심 아이디어를 선정해야 한다. 그리고 어떤 모순점이나 갈등을 제시하여 그 문제를 풀어나갈 것인지를 구상해야 한다. 또한 이러한 문제 제기 뿐 아니라 갈등의 심화와 갑작스런 전환 단계까지를 염두에 두고 설교를 구상해야 할 것이다. 여기에서 가장 중요한 것은 플롯을 어떻게 만들 것인가 하는 문제이다. 또한 플롯을 통해 청중들로 하여금 '아하'라는 탄성을 터뜨릴 '아하 포인트'를 어떻게 만들 것인가를 결정해야 한다.[132]

로우리는 자신의 다른 책 『설교자여, 준비된 스토리텔러가 돼라』에서 이야기를 어떻게 배열하느냐에 따라 내러티브 설교의 네 가지 형태를 제시하고 있다. 첫 번째로는 스토리 진행(Running the Story) 방식으로 당일 설교에 해당되는 성경 본문의 스토리(비유나 내러티브적 설명 등)를 따라 설교를 구성하는 방식이다. 설교자가 성경 본문 안에서 특정 부분을 강조할 수 있고, 세련되게 꾸밀 수도 있고, 상세하게 부연할 수도 있고, 또한 창조적으로 생동감 있게 구성할 수도 있지만, 성경 본문의 본연의 틀이 곧 설교의 틀이 된다. 두 번째, 본문의 내용이나 이야기를 보류하는 형식으로 스토리 보류(Delaying the Story) 방식이다. 이 방식은 본문이 짧거나 간단한 경우, 그리고 본문의 이야기가 청중들에게 잘 알려진 것일 때 본문 제시를 보류하고 다른 소재를 가지고 설교를 시작한다. 세 번째, 내러티브 설교 기법 중에서 흔히 쓰이는 것으로 본문의 이야기에 대한 언급을 중단하는 형식이다. 스토리 유예(Suspending the Story) 방식이다. 이 방식은 성경본문으로 설교를 시작한다는 점에서 스토리 진행 방식과 같지만, 스토리가 진행될 때 돌출할 수 있다는 점에서 다르다. 네 번째는 스토리 전환(Alternating the Story) 형식이다. 이 방식에서는 본문의 이야기의 흐름이 부분별로, 삽화별로 또는 짤막짤막한 사건별로 나누어지면서 성경에 나오는 이야기가

---

[132] 이연길, 『이야기 설교학』, 188–190.

다른 소재들로 인하여 더 풍성해지는 장점이 있다. 로우리는 이 스토리 전환의 유형을 제대로 구사할 수 있다면, 그것은 아주 매력적인 동시에 강렬한 인상을 주는 내러티브 설교 형식이 될 수 있다고 덧붙인다.[133]

성경의 많은 부분이 내러티브 형식으로 기록되어 있고, 우리의 삶 역시 내러티브적이기 때문에 청중과의 공감을 위하여 내러티브 설교를 활용하는 것이 적극 요청된다.[134]

3. 내러티브 형식의 장 · 단점

가. 장점

내러티브 형식의 설교에는 많은 장점들이 있는데, 우선 가장 분명한 것은 성경 본문의 장르가운데 내러티브 장르가 많은 비중을 차지하고 있다는 점이다. 앞에서 살펴본 것처럼 본문의 장르는 본문의 의미의 일부분이다. 그런 면에서 내러티브 형식을 사용하여 내러티브 본문을 설교한다는 것은 본문의 의미에 가장 충실 할 수 있는 것이다.[135] 또한 내러티브 형식은 귀납적으로 진행되기 때문에 청중의 관심을 유발하고, 청중의 참여를 독려한다. 또 복음의 체험을 강조함으로 청중의 지성은 물론 감성에도 호소하는 장점이 있다.[136] 그리고 내러티브 형식의 설교는 강요하지 않으면서 청중들에게 성경 내용을 정확하게 전달하고, 재미를 느끼게 하고, 기쁨과 감격과 감동을 안겨 줄 뿐만 아니라 공동체를 하나로 만들어 주는 매우 중요한 수단이다.[137] 내러티브는 청중들에게 부각되는 민감한 이슈들을 제시할 수 있는 훌륭한 커뮤니케이션 형식이다.[138] 이야

---

133) Lowry, 『설교자여 준비된 스토리텔러가 돼라』, 44-48. 더 자세한 내용은 같은 책 51페이지 이하를 참고하라.
134) 류응렬, "설교의 새바람, 새 설교학이란 무엇인가?," 107.
135) Cahill, 『최신 설교 디자인』, 181.
136) 계지영, 『현대설교학』, 130.
137) 이상욱, "내러티브 설교의 평가와 전망," 276.
138) Pieterse, 『청중과 소통하는 설교』, 338.

기에 익숙해 있는 청중들에게 쉽게 다가가고, 참여와 호응을 얻어내며, 설교에 몰입하게 하는 장점이 있다.

나. 단점

내러티브 설교 형식의 가장 큰 단점은 열린 결론의 문제이다. 결론을 청중에게 맡기는 것은 청중의 다양성과 자기중심적 해석 경향으로 인하여 본문이나 설교자의 의도와는 전혀 다른 방향으로 나갈 수 있다.[139] 앞에서 귀납적 형식의 단점으로 지적했듯이 내러티브 형식에서도 열린 결론은 자칫 설교가 단순한 윤리적 메시지로 전락할 수 있고, 기독교가 개인주의화 될 위험도 있다. 또한 내러티브 형식은 하나님의 이야기보다 인간 이야기나 세상 이야기만을 말하는 함정에 빠질 수도 있다.[140] 또한 내러티브 설교에서는 언어 사용과 상황 묘사에 대한 깊은 관심으로 인하여 지나친 문학적인 기교나 미사여구를 사용함으로 자칫 의미 없는 말장난이 될 수 있고, 오히려 설교의 생명력을 잃어버릴 수도 있다. 또 내러티브 설교에서는 상상력의 활용이 필수적인데, 본문의 내용에 위배되는 지나친 상상력 활용으로 본문을 왜곡시킬 수 있는 위험도 있다.[141] 그리고 철저하게 본문 중심이고, 해석학에 근거하여 본문을 섬세하고 깊이 있게 다루는 내러티브 형식의 설교에서는 본문에 대한 깊은 묵상과 연구는 필수적인데, 과도한 업무에 시달리는 한국 교회 상황에서 설교자들에게 접근이 쉽지 않은 방식이기도 하다. 더불어 내러티브 형식의 설교를 위해서는 치밀한 논리적 구성이 필요한데, 이 부분에 훈련이 안된 설교자에게는 이 형식의 설교가 어려울 수 있고, 내러티브 설교의 효과를 극대화 할 수 없다는 약점도 있다.[142]

---

139) 정인교, 「설교학 총론」, 243.
140) 계지영, 「현대설교학」, 131.
141) 주승중, "설교의 다양한 형식(4) 서사 설교-이야기 설교," 「교육교회」(2000, 6): 29.
142) 이상욱, "내러티브 설교의 평가와 전망," 277.

4. 내러티브 형식의 설교 실례

룻기 본문으로 작성한 설교문과 함께 내러티브 형식의 설교를 제시하면 다음과 같다.

가. 룻기 1:1-22절에 대한 내러티브 형식의 구조

구조		기능
Plot	갈등	-약속의 땅에 기근이 오다(1절)
	갈등의 심화	-모압으로의 이주 -남편과 두 아들의 죽음 이후 홀로 남겨진 나오미(2-5절)
	갑작스런 전환	-여호와께서 자기 백성에게 양식을 주셨다 함을 듣고 고향으로 돌아오려는 나오미(6-18절)
	해결	-며느리 룻과 함께 고향을 돌아옴(19-22절)

나. 설교문

설교본문: 룻기 1:1-22 설교 제목: "절망의 심연에서 희망의 언저리로"		
		약속의 땅(떡 집)에 기근이 올 수 있는가?
Plot	갈등	얼마 전 사랑하는 제자에게서 전화 한통이 걸려왔습니다. 제가 전도사 시절, 주일학교를 담당할 때 가르쳤던 제자인데, 지금은 목사 사모가 되어 있습니다. 남편 목사님도 저의 제자입니다. 가끔 연락을 주고받았었기 때문에 이 날도 여느날처럼 전화기를 통해 대화를 나누는데, 갑자기 목소리가 바뀌면서 머뭇거리듯 말을 잇지 못하는 겁니다. 한참을 뜸을 들이더니 울먹이는 소리로 자기의 아픔을 이야기 하는 겁니다. 결혼한지가 벌써 5년이 되었는데도 아이가 생기지 않는 다는 겁니다.

Plot	갈등	병원에 가서 진찰을 받아 봐도, 몸에 이상이 있는 것도 아니고, 보약도 먹어보고, 또 없는 돈에 인공수정도 몇 번 시도해 보았다는 겁니다. 그런데 모두 실패했다는 겁니다. 경제적으로도, 심적으로도, 육체적으로도 많이 지쳐있고 힘든데, 그래도 포기하지 않고 마지막이라는 심정으로 인공수정을 또 한 번 시도했답니다. 그런데 의사가 이번에는 성공적이고, 임신 가능성이 많다고 해서, 하던 일도 다 내려놓고 잔뜩 기대하며 기다렸답니다. 하지만 또 실패했다는 겁니다. 그래서 이제는 어떻게 해야 될지 모르겠다며 잠시 말을 잇지 못합니다. 겨우 눈물을 삼키며 저에게 그런 아픔을 이야기 할 때, 참 가슴이 많이 아팠습니다. 또 어떻게 위로해야 될지, 뭐라고 말을 해야 하는지, 그냥 듣고만 있어야 되는건지, 저도 한참을 망설였습니다. 그래도 마음을 가다듬고, 아직 젊으니까 포기하지 말고, 기도하면서 또 시도하라고, 하나님께 맡기고 기도하자고 그러고는 통화를 마쳤습니다. 전화를 끊고나니 저에게 이런 생각이 밀려들었습니다. 아니 왜 신실한 믿음의 사람들, 하나님의 백성들에게 이런 아픔과 고통이 부닥쳐오는 것일까?… 오늘 본문에는 오래전 사사 시대에 베들레헴이라는 곳에 살고 있는 한 가족의 이야기가 나오고 있습니다. 아버지는 엘리멜렉(하나님은 왕이시다), 어머니는 나오미(기쁨, 희락), 두 아들의 이름은 말론과 기룐입니다. 그리고 이 베들레헴은 '떡집'이라는 뜻입니다. 아마도 그 마을의 특징을 따라 붙여진 이름이겠지요. 이 가족들의 이름의 뜻이나 마을 이름을 보면, 분명 믿음의 가정이요, 여유롭고 부족함이 없을 것 같이 보입니다. 그런데, 그곳에 흉년이 찾아왔습니다. 기근이 들었습니다. 여러분! 떡집에 흉년이 왔다? 그것도 하나님께서 약속하신 땅, 젖과 꿀이 흐르고, 그의 백성들이 궁핍함 없이 떡을 먹게 될 것이라고 말씀하신 땅에 흉년이 왔다? 이게 있을 수 있는 일입니까? 하나님이 약속으로 주신 젖과 꿀이 흐르는 땅에도 흉년이 올 수 있는 겁니까? 아니라고, 그럴 리가 없다고 힘주어 말할 수 있으면 좋으련만, 대답은 어쩔수 없이 '예'입니다. 인정하고 싶지 않고, 쉽게 받아들일 수 없지만, 약속의 땅에도 흉년이 옵니다. 신실하게 사는데도 기근이 찾아옵니다. 신실하게 사는 믿음의 사람들에게도 기근과 같은 삶의 시련이 찾아오고 흉년과 같은 문제들이 생겨나더라는 겁니다.

		사랑하는 사람들과의 이별하는 아픔
Plot	갈등의 심화	오늘 이 룻기에 등장하는 나오미의 가족은 기근을 피해 희망을 찾아 약속의 땅을 떠나기로 했습니다. 평생을 살아온 고향과 친척을 떠난다는 것, 그리고 무엇보다 신앙의 뿌리를 깊게 내렸던 곳을 떠난다는 것이 쉽지 않았을 겁니다. 그럼에도 이사를 결심하게 된 것은 어떻게 하면 지금의 힘겨움을 극복할 수 있을까? 하는 마음에서 어렵사리 내린 결정입니다. 여러분! 어느 누구인들 고향을 떠나고 싶겠습니까? 죽어서라도 돌아가고 싶은 곳이 고향인데… 그럼에도 많은 사람들이 고향을 떠나 타향살이 하게 된 데에는 그 나름의 여러 이유들이 있지요. 그 이유들 가운데 하나가, 어떻게 하면 지금보다 더 나은 삶을 살 수 있을까? 특별히 삶이 팍팍해지면, 어떻게든 형편이 나아지기를 바라는 기대와 희망을 안고 고향을 떠나게 되는 것 아니겠습니까? 나오미의 가정도 그러했던 겁니다. 모압이 좋아서가 아니라, 지금 사는 곳이 너무 팍팍해서 좀 더 나은 삶을 위해 그랬던 거예요. 물론 신앙적으로 보면 약속의 땅을 떠나지 말았어야 하는 것이 맞습니다. 끝까지 버티고 견뎌냈어야 하지요. 인간적이고 인본주의적인 생각이 앞선 것 같습니다. 하나님 신앙으로 끝까지 버티고 견뎌냈으면 어떠했을까 하는 아쉬움이 분명 있습니다. 어쨌든 나오미 가정은 그렇게 기근을 피해 새로운 희망을 찾아 모압으로 이주하게 됩니다. 그런데, 그렇게 많은 고민과 갈등가운데 어렵게 내린 모압으로의 이주 선택이 그들에게 장밋빛 희망을 안겨주지는 못했습니다. 아니 그렇게 약속의 땅을 떠나 꿈에 부풀어 희망을 찾아 간 그 곳엔, 희망은커녕 더 큰 아픔과 고통과 절망이 기다리고 있었습니다. 오히려 나오미 가족의 삶은 더 깊은 절망의 나락으로 떨어졌습니다. 집안의 가장이면서 남편인 엘리멜렉이 죽었습니다. 그의 죽음으로 인하여 한 가정의 가장의 자리가 공석이 되었습니다. 당시 가장은 가정의 보호자, 결정권자, 수입의 원천이었습니다. 가장 없이, 여인이 그것도 이방 땅에서 살아간다는 것은 고생과 고통 그 자체입니다. 그래도 그나마 다행인 것은 두 아들이 곁에 있었다는 겁니다. 두 아들이 남편의 빈자리를 잘 채워주었습니다. 비록 사는 것이 힘들었지만, 이 여인은 자식들 보면서 희망을 놓지 않고 잘 견뎌냈습니다. 일찍이 남편을 잃고 홀로된 저희 어머니가 종종 저희들에게 하셨던 말이 제 귓가에서 잊혀지지 않습니다. '내가 힘들어도 그래도 니덜 바라보고 이렇게 살았다…'

Plot	갈등의 심화	남편을 잃은 아픔과 슬픔, 허전함을 그래도 자식들 바라보면서 견디어내신 어머니를 보고 자란 저이기에, 분명 나오미 역시도 두 아들이 큰 버팀목이 되었을 것임을 미루어 짐작해 봅니다. 그런데 이게 웬일입니까? 설상가상, 엎친데 덮친격으로 그렇게 힘이 되어주고, 버팀목이 되어주고, 살 희망이 되어 주었던 두 아들마저도 어떻게 된 일인지 그만 세상을 떠나게 됩니다. 성경은 그 이유를 정확하게 말씀하고 있지는 않습니다. 그러나 어쨌든 남편을 잃은 그 슬픔과 아픔이 체 가시기도 전에 그렇게 든든한 버팀목이 돼 주었던 아들들마저도 잃고 말았습니다. 죽음을 피해갔는데, 가족의 75%가 죽음을 맞이하는 가슴 아픈 현실에 부닥치게 됩니다. 그야말로 나오미는 이제는 기댈 것이라고는 아무 것도 없는, 희망이라고는 조금도 기대할 수 없는, 홀로 남겨진 존재가 되었습니다. 그것도 낯선 객지에서… 당시 모든 힘과 특권이 남자 가족 구성원에게 있었던 이스라엘의 가부장적 세계에서 이 여인은 홀로 남겨진 겁니다. 아내에서 과부로, 어머니에서 자식 없는 어미로, 남편과 자식들이라는 안정성도 없고, 자손을 통하여 부여되는 노년의 축복도 없는, 괴로운 인생, 비참한 인생, 아무런 희망도 없는 제로 인생(20, 21절)이 되어 버렸습니다. 더 이상 살아야 할 이유도, 삶을 유지하게 하는 한 가닥 희망의 끄나풀도 없는 텅 빈 인생이 되었습니다. 그야말로 처절한 절망, 아니 절망 중에도 가장 깊은 심연, 저 밑바닥까지 내동댕이쳐지고 말았습니다.
Plot	갑작스런 전환	**절망의 자리에서 일어날 힘** 여러분! 만일 우리가 나오미의 입장이라면 이제 어떻게 해야 되는 겁니까? 더 이상 발버둥 칠 힘조차 없을 때, 어찌해야 합니까? 그냥 모든 것을 포기해야만 하는 겁니까? 또 이런 사람에게 우리는 무어라고 말할 수 있겠습니까? 그래도 어떻게든 믿음으로 살아야 한다고 상투적인 말로라도 위로해야 됩니까? 아니면 욥의 친구들처럼 먼저 회개부터 하라고 그리고 하나님께로 돌이키라고, 그러면 하나님이 용서하시고 회복해 주실 것이라는 뻔한 권면을 해야 되는 겁니까? 그것도 아니면 모른 척 해야 되는 겁니까? 이럴 때, 참 그저 막막하고 답답하기만 할 뿐입니다. 그런데 여러분! 그렇게 절망의 심연에 던져진 나오미의 인생에도 희망의 씨앗은 남아 있었습니다.

갑작스런 전환	끝난 인생 같은데, 희망이라고는 전혀 기대할 수 없는 인생 같은데 희망의 불씨는 여전히 남아 있다는 겁니다. 더이상 발버둥 칠 힘도, 아무런 손을 쓸 여력도 없는 처지인데, 누군가 그를 위하여 일하고 계셨기 때문입니다(6절). 사람이 할 수 있는 것이라고는 아무 것도 없고, 그 무엇도 기대할 수 없는 깊은 절망의 순간에, 그저 주저앉아 왜 나만 겪는 고난이냐고 원망과 탄식을 늘어놓을 수밖에 없는 나오미에게 이런 소식이 들려졌습니다. '기근과 흉년 속에 사는 자기 백성을 돌아 보사 그들에게 양식을 주셨다' '여호와께서'. 보이지 않지만, 여전히 자기 백성을 위하여 일하시는 하나님께서 돌아보셨다는 겁니다. 자연계를 주장하시며 때를 따라 비를 내리는 하나님께서 자기 백성에게 긍휼을 베풀어 주시고, 먹을 것을 공급해 주셨다는 겁니다. 희망을 잃어버리고, 좌절과 낙심가운데 있는 자기 백성을 위해 하나님께서 일하고 계셨습니다. 그 때, 나오미는 누군가로부터 들려진 이 하나님에 대한 소식, 하나님께서 자기 백성에게 양식을 주셨다는 소식을 그냥 들려지는 소식으로 흘려보내지 않습니다. 아니 그 소식을 자신을 위한 희망의 메시지로 듣게 됩니다. 절망 중에 일어설 희망의 음성으로 받아드립니다. 하나님께로부터 주어진 이 소식을 절망의 깊은 자리에서 다시 일어설 희망의 한 자락으로 붙잡게 됩니다. 여러분! 남편도, 자식도 없이 그것도 이방의 땅에서 홀로 남겨진 여인이 어떻게 희망을 이야기할 수 있겠습니까? 무엇이, 누가, 나오미의 희망이 될 수 있겠습니까? 어떤 것인들 그에게 희망을 줄 수 있겠어요? 인간이 만날 수 있는 가장 깊은 절망의 심연에서 어떻게 희망을 발견할 수 있겠습니까? 사업에 실패하고, 물질, 자녀, 건강, 모든 것을 잃어버린 채 발버둥 칠 힘조차 없을 때, 어디에서 어떻게 일어설 힘을 얻고 희망을 가질 수 있겠습니까? 그런데 나오미를 보십시오. 절망의 심연에서 일어설 희망을 어디에서 붙들게 됩니까? 바로 하나님, 하나님의 말씀, 하나님의 음성을 듣는 것입니다. 희망의 하나님, 자기 백성을 위하여 여전히 일하시는 그분의 음성이 들려질 때 입니다. 하나님의 풍성한 약속, 희망의 메시지가 우리 귀에 들려질 때 입니다. "여호와께서 자기 백성을 돌보시사 그들에게 양식을 주셨다 함을 듣고" 폴 밀러라는 분은 이 대목을 이렇게 해석합니다. '한 줄기 희망이 나오미를 귀향길로 이끌었다.'

		그렇습니다. 하나님께서 주시는 한 자락 희망의 음성이 나오미로 하여금 귀향길로 이끌었습니다. 그녀는 하나님으로부터 오는 한 줄기 희망의 음성을 들을 수 있는 자는 복 있는 사람이었습니다.
Plot	해결	**절망의 깊은 자리에서 일어나 희망의 언저리를 향해** 말은 쉽고 얼른 보기에는 누구나 할 수 있는 것처럼 보여도, 모든 것을 잃어버리고, 아무 것도 없이 텅 빈자가 되어 다시 고향으로 돌아온다는 것이 결코 쉬운 일은 아닐 겁니다. 나갈 때보다 못한 처지로 모두 다 털어먹고 고향으로 돌아온다는 것, 떠날 때 만큼이나 역시 많은 고민과 갈등이 있었을 겁니다. 그럼에도 그녀는 다시 약속의 땅으로 돌아왔습니다. 무엇 때문에요? 하나님이 주신 희망의 한 자락 때문입니다. 여러분! 강렬한 태양 같은 희망이 아닐지라도 비록 뒤에 여전히 흑암의 그늘이 가로막고 있을지라도 하나님의 말씀 붙들고 희망의 한 자락을 찾아 일어서는 것, 희망의 한 자락을 향해 나아가는 것이 신앙입니다. 그저 현실의 절망에 붙잡혀 주저앉아 있지 아니하고, 하나님이 주시는 희망의 한 자락을 찾아 일어서 나아가는 것, 이것이 믿음입니다. 하나님이 주신 희망 한 자락 붙들고 보이지 않는 미래를 향하여 발걸음을 옮기는 것 이것이 기독교의 믿음입니다. '왜 나만 겪는 고난이냐고 주저앉아 원망하기보다, 하나님이 주신 희망의 한 자락 부여잡고, 주님이 주실 축복 미리 보면서 나아가는 것' 이것이 하나님 신앙입니다. 보이지 않지만, 여전히 살아계시고, 역사하시고, 인생을 주관하시는 하나님으로 인하여 삶의 포기를 포기하고, 희망의 언저리를 향하여 한발자욱 옮기는것, 이것이 믿음의 사람입니다. 살다보면, 우리 믿음의 사람들에게도 삶의 기근이 찾아올 때가 있습니다. 때로 예기치 않은, 희망이라고는 전혀 보이지 않는 흉년과도 같은 삶의 위기로 인하여 절망의 깊은 나락에 빠질 때가 있습니다. 그러나 여러분! 그 때에도 희망은 있습니다. 우리에겐 희망의 하나님이 계시기 때문입니다. 자기 백성을 위하여 보이지 않지만 여전히 일하시는 하나님께서 희망을 주시고 희망이 되어주시기 때문입니다. 희망의 하나님께서 절망의 심연에서 우리를 건져내어 희망의 언저리로 우리를 인도하여 주실 것이기 때문입니다. 칠흑같은 밤하늘의 북극성처럼 하나님은 언제나 희망의 빛으로 우리 곁에 계십니다.

제5절 1인칭 내러티브 형식
(First-Person Narrative Preaching Form)

새로운 설교학이 등장하면서 '이야기'의 중요성이 재조명되었다. 더불어 성경 본문의 이야기성을 잘 살리기 위한 설교 형식에도 많은 관심을 갖게 되면서 부각된 새로운 형식 가운데 하나가 이 1인칭 내러티브 설교이다. 설교자는 내러티브 본문에 대한 설교를 다루는데 있어서 가장 효과적이고 잘 활용할 수 있는 좋은 접근 방법을 발견하고 구현하기 위하여 여러 가지 이야기식의 문체(narrative style)를 시도해야 한다.[143] 그런 시도에서 성경의 내러티브 장르를 설교할 때 가장 좋은 방법은 내러티브 설교 형식을 이용하는 것이다. 그 중 1인칭 내러티브 설교는 가장 이상적인 내러티브 설교 형식이며, 내러티브 본문의 감정과 진리를 효과적으로 전달하는 탁월한 방식이라 할 수 있다.[144] 즉 성경의 이야기를 전개하는 가장 훌륭한 방법 가운데 하나가 바로 1인칭을 사용하는 1인칭 내러티브 방식이다.[145]

1인칭 내러티브 설교는 설교자가 1인칭 관점으로 성경 속 본문의 주인공이 되어 설교를 전개해 나가는 방식이다.[146] 내러티브 설교가 성경에 근거를 둔 성경적인 메시지를 증거하는 이야기로서 청중에게 개념, 태도, 경험 등을 발전시켜주는데 유익하다면,[147] 이 1인칭 내러티브 설교도 이야기를 통해 성경 속 인물들과의 동질감을 경험하게 해 준다는 면에서 탁월한 설교 형식이다.[148]

---

143) James Earl Massey, 『설교의 디자인』, 차호원 역(서울: 도서출판 소망사, 1995), 52.
144) Edward, 『강단의 비타민 일인칭 강해 설교』, 26-29.
145) Robinson & Robinson, 『1인칭 내러티브 설교』, 24.
146) 신성욱, 『청중을 사로잡는 설교의 삼중주』, 187.
147) 이명희, "설교의 유형", 『복음주의 설교학』, (서울: 기독교문서선교회, 2003), 160.
148) 신성욱, 『청중을 사로잡는 설교의 삼중주』, 187.

1. 1인칭 내러티브 형식의 특징

대개 설교자는 제 3자의 관점에서 3인칭 화법을 통해 성경의 나레이터의 입장에서 이야기를 들려주고 이끌어간다. 그러나 이 1인칭 내러티브 설교는 이야기에 등장하는 주인공이나 조연의 입장에서 '나'라는 1인칭 대명사를 사용하여 이야기를 전하는 방식이다.[149] 즉 설교자가 이야기 안으로 들어가서 등장인물들 가운데 한 사람의 관점에서 이야기를 전개해 가는 것이다.[150] 1인칭 내러티브 설교는 주로 하나님의 이야기로 시작하여 설교자 자신의 이야기로 이어지고, 나아가 청중들의 이야기로 연결되는 방식이다. 이 때 하나님의 이야기는 성경 진리에 대한 설명으로, 설교자 자신의 이야기는 예증으로, 그리고 청중들의 이야기는 적용으로 삼을 수 있다.[151] 성경 속에 나오는 '그 때의 이야기'를 오늘 '이 때의 이야기'로 되살려 전달하는 '역동적인 설교 형식'이다.[152]

로빈슨은 설교자들이 왜 1인칭 내러티브 설교를 해야 하는지 그 이유를 몇 가지로 제시하고 있다. "첫째, 사람들은 훌륭한 이야기를 기억한다.…둘째, 사람들은 이야기 문화 속에 살고 있다.…셋째, 이야기는 청중이 하나님의 진리를 경험할 수 있도록 해 준다.…넷째, 이야기는 사람들의 사고방식에 영향을 끼치는 마음의 그림을 그려 낸다.…다섯째, 이야기는 사람들이 삶을 경험하는 방식을 반영한다."[153] 1인칭 내러티브 설교는 본문의 특정 장면이나 대화, 그리고 신학적인 아이디어와 같은 이야기의 여러 요소들이 주인공이나 조연의 관점에서 일련의 움직임을 통해 청중의 마음속에 각인되어 삶의 변화를 가져오도록 돕는다.[154]

---

149) Mathewson, 『청중을 사로잡는 구약의 내러티브 설교』, 208.
150) Robinson & Robinson, 『1인칭 내러티브 설교』, 24.
151) 이명희, "설교의 유형", 159.
152) 신성욱, 『청중을 사로잡는 설교의 삼중주』, 187.
153) Robinson & Robinson, 『1인칭 내러티브 설교』, 24-35.
154) Mathewson, 『청중을 사로잡는 구약의 내러티브 설교』, 220.

2. 1인칭 내러티브 형식의 구조

1인칭 내러티브 설교에서 본문의 중심 사상을 청중에게 분명하면서도 효과적으로 전달하도록 돕는 데에는 연대기적, 심리적, 극적 구조를 사용할 수 있다.[155] 이 세 가지의 구조를 표로 정리해 보면 다음과 같다.

〈표 46〉 1인칭 내러티브의 세 가지 구조

구조	설명
연대기적 구조	본문에서 사건들이 실제로 발생한 방식과 유사하게 시간의 순서를 따라 연대기적으로 전개한다. 이야기 속의 사건들은 그것들이 발생한 순서대로 전개된다. 어떤 사람의 삶에 대한 이야기를 하는 데는, 선택된 사건들이 그 사람의 삶 속에 발생한 순서대로 기술된다. 이 구조는 일반적으로 분명하고 따라 가기는 수월하지만, 설교에 강력한 절정을 제공하기는 어려울 수 있다.
심리적 구조	결론에서 시작하여 어떻게 그 결론에 이르게 되었는지를 보여주면서 이야기가 심리적으로 전개된다. 이야기를 심리적으로 전개할 때는 그 인물은 회상을 사용하며 시간을 이리저리 뛰어넘는다. 이야기의 절정의 끈들을 팽팽히 하기 위해서는 이 심리적 구조가 유익하다.
극적 구조	연극의 형식과 유사하게 극적인 형식으로 이야기가 전개될 수 있다.

성경 본문에 따라 효과적인 전달을 위해 이 세 가지 구조가운데 적절한 구조를 선택하여 사용할 수 있고, 또는 혼합하여 사용할 수도 있을 것이다. 이 세 구조와 더불어 1인칭 내러티브 설교 작성을 돕기 위해 버트리(D. Buttry)의 1인칭 내러티브 형식의 구조를 제시하고자 한다.[156]

---

155) Robinson & Robinson, 『1인칭 내러티브 설교』, 90-92.
156) 주승중, 『성경적 설교의 원리와 실제』, 301-305.

<표 47> 버트리의 1인칭 내러티브 형식의 구조

구조	기능
서론 (Introductions)	청중들에게 설교자가 무엇을 말하려는가를 재빨리 알아차릴 수 있도록 간결하게 제시한다.
전개 (The Development)	서론을 통해 제기된 사건이나 인물의 배경이 점점 구체화 된다. 때로는 긴장과 갈등의 형태로, 또는 여러 도전과 조건의 모습으로 드러나서 갈등의 축을 이루는 딜레마를 만들어 나가기도 한다. 청중에게 앞으로 펼쳐질 사건에 대해 감정과 구성에 대한 기대감을 갖게 한다. 회중이 너무 지루해하지 않도록 전달하는 설교자의 민감함이 요구된다.
절정 (The Climax)	하나님의 복음이 구원과 심판, 능력의 장면으로 확장되어 나타나는 곳이다. 세상의 질서가 하나님의 통치 질서로 대체되어 구성되며, 등장 인물에 의해 형성된 청중의 결심은 선악으로 구분되어 나타난다. 주의할 점은 이 단계에서 지나치게 길게 표현해서는 안 된다.
결론 (Closing)	1인칭 설교에 있어서 결론 부분은 예배의 다음 부분으로 넘어가는 전이 부분일 뿐만 아니라, 시간과 개인의 변화가 맞물린 부분이다. 설교자는 원래의 상황으로 되돌아오기 위해 여러 다양한 전환 방법 중에서 가장 바람직한 방법을 결정해야 한다. 함께 기도를 하든지, 찬송가를 부른다든지, 청중을 일으켜 세웠다가 앉힘으로 현실로 되돌아올 수 있게 하는 방법 등이 있다.

위의 구조에서 알 수 있듯이, 설교자는 본문에 따라서 시간의 순서를 따라 연대기적으로 설교를 전개해 갈 수도 있고, 본문에 등장하는 인물의 관점에서 심리를 묘사하면서 설교를 진행할 수도 있고, 드라마의 극적 효과를 생각하며 전개할 수도 있다. 그리고 이런 구조를 가지고 설교를 전개해 갈 때, 서론에서는 짧게 질문이나 문제를 제기하거나 또는 설교의 나머지 부분이 어떻게 전개될 것인지에 대한 방향을 제시할 수 있다.

전개 과정에서는 때로는 긴장과 갈등의 형태로, 또는 여러 도전과 조건의 모습으로 드러나서 서론을 통해 제기된 사건이나 인물의 배경을 점점 구체화 시킨다. 설교자는 이 단계에서 최고까지 긴장과 갈등을 높여야 한다. 설교의 긴장을 확대시키는 좋은 방법은 성경의 핵심 아이디어를 역으로 진술하는 것이다.[157] 또 상상력을 동원하여 극적 효과를 더해줌으로 청중의 흥미를 자아낼 수 있다. 이 단계에서 설교자는 청중이 지루해 하지 않도록 청중의 참여와 관심을 유발하는 민감함이 요구된다. 이야기의 고비가 있을 때 흥미를 높여주는 것이 중요하다.[158]

설교는 절정을 향하여 치닫게 되는데, 설교자는 이 단계에서 자신이 강조하고자 하는 메시지를 던지는 것이다. 이 전개 과정에서 1인칭 설교자가 설교 제시를 강화시켜줄 수 있는 도구(신체적 이동, 전달, 분장)를 활용하면 효과적일 것이다.[159] 청중들로 하여금 이야기가 경험되어지도록 설교자는 음성과 신체 등을 절적하게 사용하여 메시지를 효과적으로 전달해야 한다. 그래서 청중들이 마음 문을 열고 결단하도록 이끄는 것이다. 결론 부분에서 설교자는 여러 가지 다양한 적용을 하려 하지 말고, 핵심 아이디어에 집중해야 한다.[160] 결론을 내리는 방법은 설교의 주인공이 설교를 끝내는 방식과, 설교의 주인공에게서 빠져 나와 설교를 끝맺는 방식이 있다. 가능한 한 청중이 주의를 집중하고 있는 동안에 설교를 결론짓는 것이 좋다.[161]

---

157) Edward, 『강단의 비타민 일인칭 강해 설교』, 130.
158) Massey, 『설교의 디자인』, 51.
159) Robinson & Robinson, 『1인칭 내러티브 설교』, 104.
160) Edward, 『강단의 비타민 일인칭 강해 설교』, 98.
161) Robinson & Robinson, 『1인칭 내러티브 설교』, 96-97.

3. 1인칭 내러티브 형식의 장·단점

가. 장점

1인칭 내러티브 설교 형식의 장점은 설교자가 등장인물의 관점에서 본문의 상황을 생동감 있게 재현하여 오늘 이 시대의 상황에 적실하게 적용함으로 청중들의 관심과 참여를 유도할 수 있다는 것이다. 본문에서 벗어나지 않고, 본문에 충실할 수만 있다면 청중들에게 가장 어필될 수 있는 설교 형식이다.[162] 로빈슨은 1인칭 설교에 대하여 교육적이고 감화를 주면서도 매력적이라며, 이 1인칭 설교 형식이 "하나님의 말씀의 진리를 21세기 청중들에게 효과적으로 전달하기에 매우 적절하고 이야기로 형성된 문화에 적절하고 극적인 방식으로 성경의 메시지를 전달하기 원하는 설교자들에게 강력한 도구를 제공한다."[163]고 주장한다. 에드워즈(J. Kent Edwards)는 그의 책 『강단의 비타민 일인칭 강해설교』에서 1인칭 내러티브 설교에 대한 장점을 이렇게 열거하고 있다.

> 일인칭 내러티브 설교에서 설교자는 메시지를 극적으로(dramatically) 표현하는데 자유롭다. 일인칭 내러티브 설교는 논리적인 방법으로, 또는 생각의 기본적인 구조들과 씨름하는 등장인물을 부각시키는 방법으로 설교를 구성할 수 있다. 일인칭 내러티브 설교의 가장 분명한 장점은 청중의 공간 능력과 신체 감각 능력에 생동감을 불어 넣는다.…일인칭 내러티브 메시지는 대인관계 능력과 성찰 능력을 갖춘 사람들의 마음을 쉽게 자극할 수 있다. 일인칭 내러티브 메시지의 배경과 장면의 설명(혹은 자연주의자적 은유의 사용)은 자연주의자적인 성향이 있는 성도의 마음에도 특별한 흥미를 불러일으킨다. 일인칭 설교는 성도들을 즐겁게 해준다. 일인칭 설교는 영양가도 풍부하고, 종종 전통적인 설교 형식보다도 교육적으로 더 효과적이

---

162) 신성욱, 『청중을 사로잡는 설교의 삼중주』, 195.
163) Robinson & Robinson, 『1인칭 내러티브 설교』, 39-41.

기도 하다.…일인칭 설교는 설교자로 하여금 다양한 부류의 사람들에게 다양한 학습 능력에 맞추어서 성경의 진리를 전할 수 있게 한다.[164]

설교에서 1인칭 관점을 사용하는 것은 시각을 변화시키고, 익숙해 보이던 요소에 신선함과 통찰을 준다. 그리고 1인칭 내러티브 방식은 본문을 보는 시각을 바꿀 수 있다.[165] 이 방식의 설교는 청중의 귀가 복음에 열리도록 도울 뿐 아니라 복음에 동참할 수 있도록 자연스럽게 유도하는 힘이 있다.[166] 무엇보다 1인칭 내러티브 설교의 최고 장점은 청중들에게 감정을 전달하는 능력에서 다른 설교 방식보다 탁월하다는 점이다.[167]

나. 단점

1인칭 설교는 일반적으로 본문의 주해나 구체적인 적용이 거의 없거나, 약하다는 단점이 있다.[168] 이 1인칭 방식의 설교는 설교자의 상상력이 동원되기 때문에 성경 본문이 말하고자 하는 바를 벗어나 설교자의 주관적이고 자의적인 해석의 문제를 낳을 수 있다.[169] 그리고 본문에 등장하는 인물들이 여러 명일 때 설교자 한 사람이 그 등장인물들을 모두 소화하기 쉽지 않고, 청중에게 구분을 지어주는 일도 어렵다는 약점이 있다.[170]

4. 1인칭 내러티브 형식의 설교 실례

룻기 본문을 가지고 1인칭 내러티브 설교의 실례를 제시하면 다음과 같다.

---

164) Edward, 『강단의 비타민 일인칭 강해 설교』, 21.
165) Robinson & Robinson, 『1인칭 내러티브 설교』, 37-39.
166) 박성환, "가르치는 설교: 새로운 하이델베르크 요리문답 설교," 『복음과 실천신학』 30(2014): 148.
167) Edward, 『강단의 비타민 일인칭 강해 설교』, 104.
168) 김창훈, 『구약 장르별 설교』, 96-97.
169) Robinson & Robinson, 『1인칭 내러티브 설교』, 126.
170) 신성욱, 『청중을 사로잡는 설교의 삼중주』, 196.

가. 1인칭 내러티브 형식의 구조(룻기 1:6-22)

구조	기능
서론 (Introductions)	인생은 선택의 연속이고, 순간의 선택은 일생을 좌우한다.
전개 (The Development)	룻의 인생의 중대한 선택의 순간, 갈등, 고민, 오르바의 선택(지극히 인간적이고 옳은 선택), 룻의 선택=신앙의 선택(인간적인 시선으로 볼 때에는 지극히 비정상적인 선택)
절정 (The Climax)	여호와 신앙을 선택한 결과, 룻의 반전 인생
결론 (Closing)	순간의 선택이 일생을 뛰어넘어 영생을 좌우한다.

나. 설교문

	설교 제목: 선택의 기로에서 　　설교 본문: 룻 1:6-22, 4:13-22
서론 (Introductions)	여러분! '인생은 선택의 연속'이라는 말이 있습니다. '짜장면을 먹을 것인가 짬뽕을 먹을 것인가' 라는 일상적인 것에서부터 인생의 중차대한 문제까지 우리는 늘 선택의 순간을 마주하게 되지요. 아마 여러분도 살아오시면서 수많은 선택의 순간을 마주하셨으리라 생각되네요. 그리고 그 선택에 따라 희비가 엇갈리는 경험도 했을거에요. 한 가전 회사의 TV광고 속 멘트처럼 '순간의 선택이 10년을 좌우'할 수도 있고, 때로는 우리의 인생, 우리의 일생을 좌우할 수도 있습니다. 그렇다면, 종종 운명처럼 다가 온, 피할 수 없는 선택의 기로에 마주했을 때, 더욱이 나의 결정 여부에 따라 인생, 아니 일생을 좌우할 수도 있는 어려운 선택을 해야 할 때 우리는 깊은 갈등과 고민을 겪지 않을 수 없겠지요. 또 매우 신중해야만 하겠지요.

전개 (The Development)	사실 지금 이렇게 여러분 앞에서 말하고 있는 저도 인생의 중대한 선택의 순간을 마주했고, 그리고 제가 결정한 선택으로 인하여 부모님은 물론이고 저를 아는 모든 사람들로부터 '제 정신이 아니라고, 미친 짓이라고' '미쳐도 단단히 미쳤다'고 하는 조소 섞인 말을 듣고 있거든요. 왜냐구요? 제 얘기 좀 들어보세요. 저는 우리 마을로 이주해 온 외국인 남자와 사랑을 하게 되었어요. 그리고 결국 그 남자와 결혼까지 하게 되었지요. 물론 결코 쉽지 않았어요. 사는 방식도 다르고, 추구하는 것도 다르고 결정적으로 신앙도 달랐지만, 또 부모님과 주변 의 심한 반대가 있었지만 그래도 우리의 사랑은 더욱 깊어지고 결혼까지 성공했어요. 그리고 힘들었던 만큼 서로 아끼고 사랑하며 행복하게 살았답니다. 일찍 돌아가신 탓에 비록 시아버지의 사랑은 받지 못했지만, 그래서인지 시어머니는 더 살갑게 따뜻하게 대해주시고, 행복한 시간들을 보냈답니다. 처음엔 가끔은 가정 예배라는 것이 낯설기도 했지만 그것도 점차 익숙해지게 되었답니다. 아니 예배를 드리면 왠지 마음이 편안하고, 어떤 내적인 기쁨을 경험하기도 했습니다. 또 친딸처럼 대해주시는 시어머니의 모습 속에서 그분이 섬기는 신의 사랑이 느껴지기도 했고, 전에 가지고 있던 신앙과는 무언가 다른 감정이 들면서 점차 시댁 쪽이 섬기는 신에게 마음이 더 기울게 되었어요. 그런데 호사다마라고 저희 남편과 또 다른 형제가 어느 날 갑자기 이 세상을 떠나는 청천벽력 같은 일이 벌어졌어요. 준비되지도 않았고, 너무도 갑작스런 일이라 처음에는 도저히 받아들일 수가 없었어요. 그 아픔과 슬픔을 어떻게 말로 다 표현할 수 있겠어요. 세상 사는게 싫고, 정말 같이 따라 죽고 싶을 만큼 너무도 괴롭고 고통스러웠어요. 저희도 저희지만, 남편 잃고, 두 자식마저 잃은 시어머니는 하루가 멀다 하고 자식은 가슴에 묻는다며, 통곡하기 일쑤였어요. 우리 집안의 분위기는 말 그대로 초상집 그 자체였지요. 그런데 실은 슬픔도 슬픔이지만, 앞으로 살 길은 더 막막했답니다. 이제 우리 가정에 남은 건 저와 동서 그리고 시어머니까지 과부만 셋뿐입니다. 과부 셋서 살아가기에는 현실의 벽이 만만치 않았거든요. 먹고 살 걱정이 태산이었답니다. 아무튼 그렇게 슬픔 반 걱정 반 하루 하루, 사는 것 같지 않은 날들을 살아가고 있는데, 늘 슬픔과 절망에 잠겨 있던 시어머니께서 어느 날 고향으로 돌아가겠다는 거에요. 시어머니에게는 고향이지만 저나 동서에게는 낯선 타지 아니겠어요? 또 그곳에 가 봐야 뭐 뽀족한 수가 있는 것도 아닌 것 같은데, 솔직히 처음엔 별로 달갑게 들리진 않았어요. 그래도 시어머니가 가신다니까 동서와 저는 함께 따라 나서는 수밖에 없었답니다. 그런데 얼마쯤 길을 가다가 시어머니가 생각해 보니 안 되겠던지, 동서와 저를 불러 앉혀 놓고, 친정으로 돌아가서 좋은 사람 만나 새출발 하라고 하시는 거에요.

전개 (The Development)	시어머니의 그 말에 우리는 서로 부둥켜안고 울음바다를 이루었어요. 한참을 그렇게 함께 울고 나서 우리는 어머니 혼자 놔두고 돌아갈 수 없다고, 어머니와 함께 가겠다고 했지요. 그것은 진심이었습니다. 하지만 시어머니는 단호하셨어요. 다시 마음을 가다듬으시고는 저희 둘에게 '내가 너희들에게 해 줄 수 있는 것이 아무 것도 없다', '과부는 나 한 사람으로 족하다. 너희까지 생과부로 살게 할 수는 없다'면서 극구 친정으로 돌아가라 고 하시는 거에요. 우리는 또 한바탕 울지 않을 수 없었어요. 그런 와중에 동서가 아무래도 안 되겠던지 시어머니의 말대로 친정으로 가겠다는 인사를 하고는 떠나게 되었습니다. 끝까지 함께 했으면 하는 아쉬움도 있었지만 동서만이 라도 남은 인생 행복하게 살았으면 하는 마음으로 동서와는 그렇게 작별인사를 했답니다. 그리고는 '너도 가라'고 떠미는 시어머니에게 저는 결코 어머니 곁을 떠나지 않겠다고 하고는 시어머니를 붙좇았습니다. 사실, 고향을 떠나 시어머니를 따라간다는 것은 저에게도 결코 쉽지 않은 선택이고, 결정이었습니다. 사랑하는 부모님과 헤어져야 하고, 가족들과 친구들, 정든 고향을 떠나는 일이 그리 쉽지는 않았어요. 또 더 이상 돌이킬 수 없는 길을 가는 일이었고, 여자로서 내 남은 인생을 포기하는 일이기 도 했어요. 어떻게 보면 다시는 건너올 수 없는 강을 건너야 하는 제 인생의 가장 중대한 선택의 순간이었지요. 그래도 저는 시어머니와 함께 하기로 마음을 굳게 먹고는 시어머니의 고향 땅을 향해 떠나게 되었습니다. 그런데 이런 사정을 알게 된 우리 부모님, 가족들, 이웃 사람들이 저에게 그렇게 말하고 있는 거에요? '저년, 제 정 신이 아니야. 미쳤어!' '동서처럼 친정으로 돌아와 새 인생 살면 될 것을 굳이 과부인 시어머니 따라 가겠다고, 무슨 맘으로 저러는지 모르겠다고, 그것도 외국에까지…' 쯧쯧쯧 혀를 차며, 도저히 이해할 수도 없고, 어떻게 제정신으로 그런 선택을 하느냐고 미쳐도 단단히 미쳤다는 거에요. 여러분! 여러분은 어떠세요? 왜 굳이 그런 무모한 선택을 했을까? 꼭 그렇게까지 할 필요가 있을까? 하면서 제가 한심스럽게 보이지는 않으세요? 네, 그렇게 보일 수 있겠지만, 우리 부모님, 가족들, 저를 아는 분들은 저를 사랑하고 아끼는 마음에 그렇게 생각하실 수 있겠지만, 저는 저의 선택에 후회가 없어요. 참, 그러고 보니 아직 저를 소개하지 않았네요. 여러분! 혹시 제가 누구인지 아시겠어요? 네. 룻이에요. 룻! 몇 몇 분은 고개를 끄덕이시면서 이미 알고 있었다는 듯이 반응을 보이시네요. 아시다시피 인간적으로라야 친정으로 돌아가는 것이 현명하다 싶지요. 앞날이 보장되어 있는 것도 아니고, 두 과부가 이 험한 세상을 살아간다는 것이 결코 만만치 않다는 것 안 봐도 비디오잖아요.

전개 (The Development)	인간적으로 계산기를 두드려 봤다면 저도 시어머니와 함께 가는 길을 결코 택하지 않았을 거에요. 아니 그 어떤 누구라도 저를 보면, 제 정신이 아니라고, 미친 짓이라고 하는 것이 맞을거에요. 그런데요 여러분! 사람이 살아가는데 있어서 당장에 눈에 보이는 것만이 전부는 아니잖아요. 그리고 우리 인생이 어디 우리가 마음먹은 대로 계획한 대로 되던가요? 우리가 사는 것이 우리가 생각하는 대로 계산하는 대로 척척 되는 건가요? 그리고 하나님을 섬기는 우리는 적어도 인생의 주인이 내가 아니라 하나님이시라는 것을 인정하는 사람들 아닌가요? 저와 여러분은 우리의 인생이 하나님 손에 달려 있다고 고백하는 사람들이잖아요. 여러분! 얼른 보기에 사람들에게는 제가 어리석게 보이고, 제정신이 아닌 것처럼 보이는게 당연했을거에요. 그런데 저는 하나님 섬기는 가정에 시집와서 아픔도 겪고 많은 것을 잃기도 했지만 그러나 진정 소망이신 하나님을 얻게 되었습니다. 저의 모든 빈자리, 허전함, 텅 빈 제 인생에 하나님이 은혜와 사랑으로 채워주심을 경험했습니다. 그래서 저는 사실 시어머니를 택한 것이 아니라 하나님을 택한거에요. 제 동서가 그랬듯이 고향으로 돌아가는 것도 현명하고 잘 하는 일이라 생각되었지만, 그러나 저는 하나님을 포기할 수가 없었어요. 하나님을 알아가고, 살아계신 하나님의 은혜주심 을 경험하면서 하나님이 책임져 주실 것이라는 믿음도 있었구요. 또 하나님 신앙을 갖게 되면서 하나님 섬기는 가정에 시집 온 것도, 그리고 남편 잃고, 시어머니와 남은 것 등등 그 모든 것에는 하나님의 어떤 섭리가 있을 것이라는 확신도 갖게 되었어요. 그래서 저는 흔들림이 없었고, 또 어머니 곁에 있기로 하고 하나님을 선택한데 있어서 결코 후회는 없답니다. 어차피 내 인생은 나의 것이 아니라 주님의 것이요, 하나님의 손에 달린 것인데, 하나님이 전부이신데, 그래서 저는 하나님을 선택한 겁니다. 아니 엄밀히 말씀드리면, 하나님이 저의 마음을 그렇게 붙잡아 주셨어요. 하나님께서 저의 삶을 그렇게 인도해 주셨어요. 제가 결정하고 제가 선택했다기보다는 하나님께서 저를 붙들어 주셨다는게 맞아요. 물론 당시는 잘 몰랐지만요. 그저 저는 하나님이 좋았고, 하나님을 떠날 수 없었어요. 그런데 나중에 알게 되었지만, 하나님은 초라하고 텅 빈 제 인생에 놀라운 계획을 가지고 계셨어요. 그리고 놀라운 일들을 준비하고 계셨어요. 아시다시피 이후의 제 삶에 일어나는 일들을 보세요. 제가 감히 상상도 할 수 없는 만남이 준비되어 있었고, 그 와 함께 제 인생에 제가 계획하지 못한 놀라운 일들이 펼쳐졌어요. 멋진 하나님, 위대하신 하나님 찬양할 수밖에 없어요. '나의 나 된 것은 다 하나님의 은혜'라고 또 다 하나님의 섭리라고 고백할 수밖에 없어요.

절정 (The Climax)	여러분! 보세요. 하나님께서 제 인생에 계획하시고 이루어 가시는 놀라운 일들 말이에요. 제가 많은 사람의 축복 속에서 보아스라는 사람과 생각지도 못했던, 아니 있을 수 없는 결혼을 했지요. 저에게는 너무도 과분한 상대에요. 나이가 조금 많은 게 흠 이기는 하지만요(하 하 하). 감히 상상조차 할 수 없는 일이에요. 저에게 어떻게 이런 놀라운 일이 일어났는지 이렇게 말씀드리면서도 지금 저는 너무 황홀해요. 그리고 하나님은 저에게 귀한 아들도 주셨어요. 남편 잃고, 아들들 잃고, 인생의 쓰라린 아픔 속에서 고생스럽게 살아오신 우리 시어머니에게 기쁨을 드리고, 노년에 편안히 모실 수 있게 되어서 감사해요. 또 집안의 대를 이을 수 있어서 얼마나 행복한지 몰라요. 그것만이 아니에요. 여러분! 제가 얼마나 큰 복을 받았는지, 글쎄 제가 이스라엘의 선왕 다윗의 고조 할머니라는거 아세요? 이스라엘 백성들이 왕 하면 손꼽는 다윗이 제 고손자라니까요. 이것으로도 부족해요. 아무나 들어갈 수 없는 영광스러운 메시아의 족보에 제 이름이 들어있는 거 아세요? 이방 여인인 제가 메시아의 족보에 들어있다니까요. 영광 중에 영광이고, 축복 중에 축복 아니겠어요. 이 기쁨과 행복을, 감사와 영광을 어떻게 말로 다 표현해요. 이 모든 것이 하나님이 하신 일이지요. 하나님의 드라마입니다. 하나님이 저를 이렇게 복되게 하셨어요.
결론 (Closing)	여러분! 여러분도 처음에는 우리 부모님이나 저를 아는 사람들과 마찬가지로 '왜 그랬을까?' '참 바보 같고, 어리석다'라고 생각하셨을지 모르겠어요? 그런데 어떠세요? 지금도 여전히 제가 제정신이 아닌 것 같고, 무언가 모자란 사람처럼 보이세요? 제 선택이 어리석고 잘못된 선택이라고 생각되세요? 여러분! 인생은 선택의 연속이에요. 그리고 그 선택은 우리의 인생을 좌우하지요. 순간의 선택이 10년이 아니라 일생을 좌우하고, 아니 그것을 훨씬 뛰어넘어 영생을 좌우해요. 저는 그것을 몸소 체험했습니다. 여러분! 여러분의 인생에도 앞으로 중대한 선택의 기로를 종종 만나게 되실 꺼에요? 특히 하나님 편에 설 것인가? 아니면 세상 편에 설 것인가? 신앙을 선택해야 하는가? 아니면 당장의 눈앞의 유익을 택해야 할 것인가? 라는 신앙적인 선택을 해야만 할 때도 마주치게 될 꺼에요. 만나게 되는 인생의 선택의 순간마다, 때로 인생의 중대한 선택의 기로에서 그리고 신앙적으로 중요한 선택의 순간 순간마다 어찌해야 할지 갈등이 생길 때 이 룻을 꼭 생각하세요! 그리고 우리 인생의 주인되신 하나님, 인생을 주관하시는 하나님, 저 같은 인생을 축복하시고 멋지게 사용하신 좋으신 하나님을 꼭 기억하세요! 함께 기도하겠습니다.

제6절 네 페이지 형식(Four Pages Form)

1970년대에 일어난 '새로운 설교학 운동'의 주된 관심은 어떻게 하면 청중에게 들려지는 설교이게 할 것인가에 주안점을 두고, 설교의 형태와 구성, 그리고 설교의 언어와 보다 효과적인 매체들을 추구하게 된다. 특별히 변화하는 현대 사회 속에서 하나님의 말씀이 적절하게 선포되지 못하고 있는 점이나 복음이 적절하게 들리지 않는다는 점에서 어떻게 하면 보다 효과적으로 하나님의 말씀을 전달할 수 있을 것인가에 대한 새로운 설교의 형태를 필요로 하게 되었다.[171] 이런 상황에서 일단의 설교학자들이 새로운 시도들로 영적인 권위를 상실한 시대 속에서도 설득 가능한 설교 방법론을 모색하게 되었고, 그러한 설교학적인 결과물들이 프레드 크래독(Fred B. Craddock)의 귀납적 설교(inductive preaching)로부터, 유진 로우리(Eugene L. Lowry)의 내러티브 설교(narrative preaching), 찰스 라이스(Charles L. Rice)나 에드먼드 스테임플(Edmund Steimle)의 이야기 설교(storytelling sermon), 그리고 데이비드 버트릭(David Buttrick)의 현상학적 설교(phenomenological preaching)로 나타났다.[172]

이런 새로운 설교학의 다양한 시도들 가운데 하나가 폴 스콧 윌슨(Paul Scott Wilson)이 제시한 '네 장면으로 이어지는 설교'이다. 윌슨은 '네 장면으로 이어지는 설교'(Four Pages Preaching) 형태를 제시함으로서 그 동안에 논의된 '새로운 설교학 운동'의 여러 내용들을 종합해 주고 있다. 윌슨이 제시하는 '네 페이지 설교'의 특징과 장단점을 살펴보면 다음과 같다.

1. 네 페이지 형식의 특징

윌슨은 현대인들이 인쇄된 지면을 읽고 분석하고 해석하는 과정을 통

---

171) 김운용, 『설교의 새로운 패러다임』, 143.
172) 이승진, 『교회를 세우는 설교목회』, 189.

해 정보를 얻기 보다는 스크린에서 보여지는 그림(image)을 보고 소리를 들음으로 정보를 받아들인다는 사실에 주목하였다. 윌슨은 이처럼 직관과 감성, 이미지, 그림 등 다양한 채널을 통해 정보를 받아들이는 현대인들에게 적합한 것은 에세이식 구성의 설교가 아니라 한 편의 영화와 같은 구성의 설교라고 생각하였고, 그 결과로 제안한 것이 바로 이 페이지식 구성으로 된 네 페이지 형식이다.[173] 네 페이지 설교에서 네 페이지(Four Pages)란 단지 숫자적으로 '네 쪽'을 의미하는 것이 아니라 '네 쪽의 웹 페이지' 또는 설교의 '네 부분', '네 장면'이라고 할 수 있다. 네 페이지 설교는 네 장면을 가진 하나의 설교라는 의미이다. 각각의 장면 또는 페이지는 각각의 내용을 가지고 있다.[174] 설교 구조가 4부분으로 구성되고, 설교 준비를 4일 동안 작성하도록 한다는 의미에서 네 페이지 설교라고도 한다.[175]

윌슨은 설교자가 설교를 네 장면의 원고로 생각하자고 제안한다. 각 장면에는 신학적·설교적 과제를 담고, 그 '페이지'의 주제는 이미지로 그려낸다. 여기에서의 한 페이지는 문자 그대로의 페이지가 아니라 신학적 기능과 적절한 창의적 노력을 향한 하나의 은유로서의 페이다. 윌슨이 말하는 장면(page)의 의미는 단순히 책의 '쪽'의 의미보다는 영화의 장면이나 웹 페이지와 같은 장면을 의미하는 메타포이다. 이는 설교가 단순히 에세이 형식을 빌리는 것보다는 영화의 형식을 따라야 한다는 전제에서 제시된 것이다.[176] 네 장면으로 이어지는 설교의 작성 과정은 영화 제작과정과 연결 지어 생각할 수 있다. "각각의 설교가 하나의 두드러진 영상이라면, 각 장면은 그 장면의 신학적 과제를 그려내는 필름 클립과 같다. 설교자는 각 장면의 중심 역할을 필름에 담아낸다. 하나의 장면은 실제로 하나의 필름 클립의 역할을 하며, 그 장면이 목표한 바는 분석적인 설명 없이도 하

---

173) 정인교, "이 시대에 효과적인 세 가지 설교 방식," 85.
174) 신성욱, 『청중을 사로잡는 설교의 삼중주』, 141.
175) 김명찬, "영상과 웹 시대의 새로운 설교형태 '네 페이지 설교,'" 「목회와신학」(2010, 3월호): 84.
176) 김운용, 『설교의 새로운 패러다임』, 141.

나의 그림처럼 달성된다."¹⁷⁷⁾ 설교를 작성할 때 기존의 이지적인 이미지를 에세이 작성에서 영화 만들기로 바꾼다면 설교가 훨씬 더 효과적으로 전달되며, 게다가 인터넷 웹 페이지(web pages)는 영화와 페이지들을 결합시키는 또 하나의 모델을 제공하는데, 웹 페이지들은 말과 그림, 정보와 영화 모두를 포함하고 있어 이것이 설교를 위한 좋은 모델이 된다는 것이다.¹⁷⁸⁾

윌슨은 많은 설교가 더 이상 기쁨과 희망으로 회중에게 전달되고 있지 않음을 지적한다. 오늘의 설교는 책임과 의무의 짐만을 지우고, 율법적인 내용으로 가득 채워 있을 뿐 복음과 하나님의 은혜는 자취를 감추게 되었다는 것이다. 그러므로 예수 그리스도를 통해서 우리에게 허락하신 복음을 전달하고 은혜를 선포하는 일에 주안점을 주게 된다면 설교는 당연히 회중들에게 기쁨을 주게 되고, 은혜가 선포될 것이라고 한다.¹⁷⁹⁾ 많은 설교에서 하나님이 보이지 않거나 아니면 단지 카메오로 등장한다고 지적하면서 설교는 하나님께로 돌아가야 한다고 주장한다. 그는 하나님이 중심이 되는 설교를 작성함에 있어서 직면하게 되는 많은 도전들을 다루는 하나의 방법으로써 설교에 대한 네 페이지 접근법과 그것이 허용하는 변형들을 제안한다.¹⁸⁰⁾ 그리고 "많은 설교자들이 익히 알고 있는 주해로부터 적용이라는 두 부분으로 이루어진 구조는 설교 전체를 인간의 책임을 강조하는 신학으로 몰고 가는 경향이 있다"며, "주해와 적용에 움직임을 덧붙여 감행하는 네 부분으로 이루어진 이 구조는 설교로 하여금 하나님께서 십자가상의 예수 그리스도 안에서 실질적으로 성취하셨던 것의 중심성을 강조하면서 은총의 신학으로 확실히 향하도록 해준다."고 말한다.¹⁸¹⁾ 윌슨에게 있어서 설교는 하나님을 만나는 사건이며, 하나님이 우리에게 주시는 은혜와 희망의 메시지이다.¹⁸²⁾

---

177) Allen, 『34가지 방법으로 설교에 도전하라』, 135.
178) Allen, 『34가지 방법으로 설교에 도전하라』, 135.
179) 김운용, 『설교의 새로운 패러다임』, 141-142.
180) Paul Scott Wilson, 『네 페이지 설교』, 주승중 역 (서울: 예배와 설교아카데미, 2010), 36.
181) Wilson, 『네 페이지 설교』, 16-21.
182) 신성욱, 『청중을 사로잡는 설교의 삼중주』, 153.

윌슨이 제시하는 네 페이지 설교의 특징들을 살펴보면 다음과 같다.

이 접근법은 간단하다. 즉 네 개의 페이지들을 쓰는 작업은 주중 며칠에 걸쳐 이루어진다. 또 이 접근법은 성경적이다. 성경은 설교하는 우리의 권위이므로 약삭빠르게 지나칠 수 없다. 이 접근법은 상상력이 풍부하다. 이것은 매일 한 페이지를 위해 특정한 창의적 임무를 규정하고 할당한다. 이 접근법은 신학적이다. 이것은 설교가 전통에 뿌리를 두고 전통과의 대화에 의해서 강화되어야 한다는 점을 인지하며, 이런 것을 성취하도록 하기 위해 하부구조와 방법론을 제공한다. 이 접근법은 목회적이다. 이것은 지엽적이고 총체적인 필요들과 모든 사람들을 사랑하는 자녀라고 주장하시는 하나님의 사랑을 연결한다. 이 접근법은 보다 넓은 의미에서 복음적이다. 이것은 영적 부흥과 복음을 기쁘게 선포하도록 많은 교회 안에 있는 관심 거리들을 껴안는다.[183)]

윌슨은 설교자들로 하여금 설교 작성에 앞서 먼저 설교의 통일성을 유지해야 한다고 말하면서 여섯 가지를 제시한다. 그것은 "성경에서 나온 하나의 본문(one text), 그 본문으로부터 나온 하나의 주제문(one theme sentence), 그 주제문으로부터 나온 하나의 교의(one doctrine), 그 교의나 주제문이 역점을 두는 회중 안에 있는 하나의 필요(one need), 그 주제문과 결합된 하나의 이미지(one image), 그리고 하나의 사명(one mission)이다."[184)] 더불어 설교 준비에 있어서도 효과적인 설교는 한 주 전체를 통해서 신실하게 준비되어야 하며 그러기 위해서 설교자는 최소 매일 두 시간씩을 투자해야 한다고 말한다.[185)] 네 페이지들을 화요일부터 금요일까지 하루에 한 페이지씩 작성함으로 상상력이 풍부하고 성경적인 설교를 할

---

183) Wilson, 『네 페이지 설교』, 28-29.
184) Wilson, 『네 페이지 설교』, 59.
185) 주승중, 『성경적 설교의 원리와 실제』, 191.

수 있다고 말한다.[186]

2. 네 페이지 형식의 구조

〈표 48〉 네 페이지 형식의 구조

	구조	기능
도입부	짧은 도입	청중이 본문이나 주제에 초점을 맞추도록 도와준다.
Page One	성경 본문에 나타난 문제 (Trouble in the Bible)	본문에 나타난 갈등이나 문제 찾기, 이미지 영화화 하기
Page Two	이 세상에 있는 문제 (Trouble in the World)	이 세상의 부조리와 문제와 모순을 제기, 청중의 삶에 있는 문제 제기.
Page Three	성경 본문에서 보여지는 하나님의 행동 (God's Action in the Bible)	성경 본문 속에 나타난 문제를 해결 하시는 하나님의 손길과 역사를 발견하기, 문제에서 하나님의 행동으로, 인간 중심에서 하나님 중심으로.
Page Four	이 세상에서 보여지는 하나님의 행동 (God's Action in the World)	세상에서, 청중들의 삶 한가운데서 활동하시는 하나님의 손길과 역사 발견하기.
결말	짧은 결말	청중이 본문이나 주제를 반추하도록 도와준다.

이와 같은 구조에서 볼 수 있듯이 첫 번째 페이지는 성경 속에 있는 문제와 갈등에 전념하고(성경 본문 속에 있는 문제), 두 번째 페이지에서는 우리 시대에 존재하는 유사한 죄나 인간의 아픔, 삶의 문제를 들여다본다(우리의 세계 속에 있는 문제). 세 번째 페이지에서는 성경으로 다시 돌아가 성경 본문이 복음의 이야기를 펼쳐나갈 때 성경 본문 속에서 또는 본문 그 이면에서 하나님이 행하시는 것을 증명한다(성경 속에 있는 은혜: 하나

---

186) Wilson, 『네 페이지 설교』, 46-51.

님이 행하셨던 일). 그리고 네 번째 페이지에서는 특별히 두 번째 페이지에서 열거된 그런 상황들과 관련하여 우리의 세계 속에서 은혜롭게 활동하시는 하나님께 집중 한다(우리의 세계 속에 있는 은혜: 하나님이 행하고 계시는 일).[187] 각각의 페이지는 구체적인 질문에 초점이 맞추어져 있다. 첫 페이지에서는 성경 본문에서는 어떤 갈등과 문제들이 일어나고 있는가? 둘째 페이지에서는 그 성경 본문과 관련하여 이 세상에서의 갈등과 문제는 무엇인가? 그리고 셋째 페이지에서는 성경 본문에서 복음(해결)은 무엇인가? 마지막 네 페이지에서는 그 성경본문과 관련하여 이 세상에서의 복음은 무엇인가? 각각의 페이지는 설교 구성에서 독특한 역할을 하며 전체적으로 연계성을 갖는다.[188]

월슨이 제세하는 '네 페이지식' 설교는 크게 갈등과 해결구조로 이루어지고 있음을 볼 수 있다. 먼저 갈등(문제제기)은 본문 속에서 발생한 갈등과 오늘 이 시대의 현실 속에서의 갈등으로 구성 된다. 이것이 설교의 전반부에 해당된다. 후반부는 하나님의 은혜의 행동으로 인하여 문제나 갈등이 '해결'되는 부분인데, 역시 본문 속에서의 해결과 현실 속에서의 해결로 나뉜다. 성경 본문 속에서의 갈등(문제)을 해결하신 하나님께서 청중들이 살아가는 현 시대 속에서의 갈등을 해결하신다는 구조다. 이런 구조를 가지고 있는 네 페이지 설교 형식은 다음과 같은 방식으로 전개 된다. 먼저, 도입부는 영화의 첫 장면처럼 잔뜩 기대를 간직한 채 설교가 무엇에 관한 것이며 어디로 향하고 있는지를 알려준다. 도입부는 '이끌고 가는 것'을 의미한다. 도입부는 닫힌 문을 여는 것이며 숨겨진 길을 드러내는 것이다.[189] 월슨은 도입부를 쓰는 여섯 가지 간단한 전략들을 제시하는데, "첫째, 주제문이나 하나님의 행동에 관한 진술의 그 이면을 암시하는 이야기를 하라.…둘째, 일반적인 주제를 가진 너무 심각하지 않

---

187) Wilson, 『네 페이지 설교』, 26.
188) Mark B. Elliot, 『당신의 설교는 창조적입니까』, 성종현 역(서울: 그루터기하우스, 2006), 139.
189) Wilson, 『네 페이지 설교』, 102.

은 경험에서 시작하라.…셋째, 성경 본문으로부터 시작하라.…넷째, 사회 정의 문제를 가지고 시작하라.…다섯째, 뉴스 기사를 가지고 시작하라.…여섯째, 허구적인 이야기를 가지고 시작하라." 등 이다.[190]

이어지는 첫 번째 페이지는 성경 본문이나 제목에 초점을 맞춘다. 이 장면은 깊이 있는 묵상을 통해서 본문에 나타난 갈등이나 문제를 찾아내는 것인데, 성경 본문 속에 제기 되는 신학적 문제를 부각시키는 장면이다. 이 때 이 페이지의 목적은 갈등에 그 초점이 있는 것이 아니다. 오히려 하나님의 은혜가 청중에게 필요함을 분명하게 드러내기 위함이다.[191] 설교자는 청중으로 하여금 설교를 이해하게 하는 목적으로 본문을 요약해 주고, 성경 본문이나 주제의 문학적, 역사적, 신학적 컨텍스트의 단면들을 청중에게 알게 한다. 설교자는 성경 본문의 상황이 생겨나게 된 문제를 충분히 논의한다. 그리고 덧붙여 이 문제를 영상화 한다.[192]

두 번째 페이지는 오늘날의 세계 속에 있는 유사한 문제를 해석한다.[193] 무대를 성경의 세계에서 오늘 이 시대 우리의 세계로 옮긴다. 이 장면에서 설교자는 청중으로 하여금 성경 본문에서 나타난 문제들을 연상하게 하여 그것을 청중 자신들의 문제로 생각하도록 도와준다. 설교자는 본문의 갈등(문제)에 비추어 오늘 이 시대의 청중의 삶에서 그리고 이 세상에서 유사한 갈등(문제)이 있는지를 찾아야 한다.[194] 설교는 오늘날의 세계에서 일어나는 갈등(문제)들을 영상화한다.

세 번째 페이지는 주의가 필요한데, 다시 무대를 성경으로 옮겨 본문 속에 나타난 하나님의 역사하시는 손길에 초점을 맞춘다. 문제에서 하나님의 행동으로 전환이 이루어지는 부분이다.[195] 설교에 있어서 이 부분이 가지는 신학적인 목표는, 첫째 장면과 둘째 장면에서 제기된 갈등(문

---

190) Wilson, 『네 페이지 설교』, 103-123.
191) 김명찬, "영상과 웹 시대의 새로운 설교형태 네 페이지 설교," 85.
192) Allen, 『34가지 방법으로 설교에 도전하라』, 136.
193) Wilson, 『네 페이지 설교』, 191.
194) 주승중, 『성경적 설교의 원리와 실제』, 203.
195) 김명찬, "영상과 웹 시대의 새로운 설교형태 네 페이지 설교," 86.

제)들을 하나님께서 어떻게 은혜로 해결해 주시는지 하나님의 행동하심을 보여주는 것이다. 이 페이지는 성경의 공동체에서 일어난 하나님의 은혜의 사건을 그린 필름 클립이다.[196]

네 번째 페이지는 이 시대 우리가 사는 세상 속에서의 하나님의 행동에 초점을 맞춘다. 이 네 번째 장면에서 오늘 우리가 살고 있는 주변 세상 속에서 역사하시는 동일한 하나님의 행동들의 징조들을 발견하는 것이다.[197] 이 넷째 페이지는 하나님의 행동하시는 손길이 성경 본문 시대에서 나와 지금 오늘 우리의 삶으로 옮겨 갈 수 있도록 하는 관점을 제공한다.[198] 이 장면은 오늘 우리의 공동체에 나타나는 하나님의 은혜를 영상화한다.[199]

설교의 결론은 짧은 결말로서, 결론 부분은 설교의 통일성을 유지시켜 주는 주제 문장을 다시 한 번 분명히 제시함으로 청중이 설교의 결론을 들은 후에 본문이나 주제를 분명히 깨달아 알 수 있도록 도와준다.[200] 대부분의 설교는 위의 순서대로 전개 되지만, 그러나 윌슨은 얼마든지 순서 안에 변화를 줄 수 있다고 말한다. 이 네 구조로 이루어진 네 페이지 설교는 각 부분의 전개 순서를 바꾸어 다시 가능한 배열의 수만큼 창조적이고 다양한 형태를 지닌 방식으로 만들 수 있다. 이를테면, ①→②→③→④ 구조를 ②→①→③→④로 구성할 수도 있다. 네 페이지의 설교 구성은 32가지가 될 수 있다.[201] 이렇듯 순서의 변화를 주어 설교를 다양한 전개 방식으로 작성하고 진행할 수 있다. 또한 네 페이지는 각각 신학적이고 창의적인 기능들을 대략 전체 설교의 4분의 1에 해당하는 분량으로 할 수 있지만, 각각의 페이지의 길이에 변화를 주어서 설교를 작성할 수도 있다.[202]

---

196) Allen, 『34가지 방법으로 설교에 도전하라』, 136.
197) Wilson, 『네 페이지 설교』, 363-364.
198) 주승중, 『성경적 설교의 원리와 실제』, 215.
199) Allen, 『34가지 방법으로 설교에 도전하라』, 136.
200) 주승중, 『성경적 설교의 원리와 실제』, 218.
201) 박성환, "가르치는 설교: 새로운 하이델베르크 요리문답 설교," 141.
202) Wilson, 『네 페이지 설교』, 448-455.

3. 네 페이지 형식의 장·단점

가. 장점

네 페이지 형식의 설교는 성경 본문을 철저히 다루며, 성경 본문에서 갈등과 해결을 찾는다는 점에서 성경적이고, 동시에 현대 청중의 문제와 청중의 필요를 민감하게 다룬다는 점에서 청중 중심적, 청중 친화적이다.[203] 율법적이고 교훈 중심적인 설교를 탈피할 수 있으며, 도덕적인 강요가 아니라 하나님의 은혜를 강조하는 하나님 중심적 설교이다. 또한 하나의 주제를 중심으로 설교가 전개되기 때문에 설교에 통일성이 있고, 설교자가 계획적이고 규칙적이며 체계적으로 준비된 설교를 할 수 있다는 장점이 있다.[204] 설교의 절반을 문제 제기(갈등)에 할애하고, 설교 후반에 해답을 제시하는 귀납적 방식을 취하기 때문에 청중의 관심을 유발하고, 그래서 오늘의 청중들에게 어필할 수 있는 좋은 방식이다.[205] 그리고 다른 형식들에 비해 비교적 쉽게 설교자들이 접근할 수 있는 것이 장점이기도 하다.

나. 단점

성경 본문의 모든 상황을 하나님의 은혜의 측면에서 해석하고자 하면 본문의 의도를 왜곡시킬 수 있고, 그렇게 되면 설교가 본문이 의도하는 것과 전혀 다른 방향으로 나갈 수도 있다.[206] 또한 네 페이지 설교 형식 역시 귀납법적 형식들의 단점으로 지적되는 열린 결론의 문제가 제기되지 않을 수 없다. 결론을 유보하고 청중에게 열어 놓는 것은 자기중심적 해석이나 적용으로 흐를 수 있는 경향이 다분하고, 마지막 결론 부분에서의 촉구가 약하다. 설교의 형태가 너무 정형화 되어 경직될 수 있고, 성

---

203) 정인교, "이 시대에 효과적인 세 가지 설교 방식," 86.
204) 김명찬, "영상과 웹 시대의 새로운 설교형태 네 페이지 설교," 87.
205) 정인교, "이 시대에 효과적인 세 가지 설교 방식," 86.
206) 신성욱, 『청중을 사로잡는 설교의 삼중주』, 155.

경의 모든 본문을 문제와 해결의 구도로 풀어갈 수 없다는 한계도 있다. 또 설교자가 훈련되지 않으면, 에세이식의 설교 작성에 익숙한 설교자가 영화의 대본을 쓰듯 설교를 작성한다는 것은 현실적으로 쉽지 않은 단점이 있다.[207] 이밖에도 한 페이지에서 다음 페이지로 넘어갈 때 그 전환과 연결이 매끄럽지 않을 수 있다. 특히 둘째 페이지(우리의 세계 속에 있는 문제)에서 셋째 페이지(성경의 세계 속에 있는 문제 해결)로 넘어가는 연결이 부자연스러울 수 있다.

4. 네 페이지 형식의 내러티브 설교 실례

룻기 본문으로 작성한 설교문을 통하여 네 페이지 형식의 내러티브 설교를 제시해 보면 다음과 같다.

가. 네 페이지 형식의 구조(룻기 1:1-6, 4:13-17)

	구조	기능
도입부	짧은 도입	2002년 한일 월드컵 당시 이탈리아전의 역전승 이야기
Page One	성경 본문에 나타난 문제 (Trouble in the Bible)	-나오미 가정에 생긴 문제
Page Two	이 세상에 있는 문제 (Trouble in the World)	-한 집사 가정의 이야기
Page Three	성경 본문에서 보여지는 하나님의 행동 (God's Action in the Bible)	-나오미 가정에 회복의 희망을 주시는 하나님
Page Four	이 세상에서 보여지는 하나님의 행동 (God's Action in the World)	-집사 가정의 문제를 해결하시고 회복케 하신 하나님
결말	짧은 결말	-역전의 명수이신 하나님은 찬양 받기에 합당하시다.

---

207) 김명찬, "영상과 웹 시대의 새로운 설교형태 네 페이지 설교," 87.

나. 설교문

		본문: 룻기 1:1-6, 4:13-17 설교제목: "역전케 하시는 하나님 찬양"
도 입	짧 은 도 입	**2002년 월드컵 이탈리아 전 역전승의 이야기**
		2002년 월드컵 축구 경기에서 온 국민을 감동케 했던 잊을 수 없는 순간이 있었습니다. 우리 대한민국 팀과 이탈리아 팀의 경기에서 게임 종료 직전에 설기현 선수가 넣은 동점골은 환상적이었습니다. 그리고 연장전에서 얻은 안정환 선수의 역전 헤딩골, 역전승의 통쾌함은 온 국민을 흥분하게 만들었고, 우리의 가슴에 영원한 추억으로 남는 명장면이었습니다. 여러분! 우리는 인생을 논할 때 종종 큰 경기장에서 펼쳐지는 운동경기에 비유하기도 합니다. 그것은 종료 휘슬이 울리기 전까지는 누구도 절대 결과를 예측할 수 없는 것처럼 우리 인생도 그렇기 때문입니다. 또 '야구는 9회말 투 아웃부터'라는 말도 있지 않습니까? 신비로운 역전승을 종종 경험하기 때문입니다. '끝나기 전 까지는 끝난 것이 아닙니다'
P a g e O n e	성 경 본 문 에 나 타 난 문 제	**나오미 가정에 일어난 문제: 기근, 죽음, 가정파탄**
		사사 시대에 베들레헴이라는 곳에 한 가족이 살고 있었습니다. 그리고 이 가족이 살고 있는 베들레헴은 '떡집' '양식창고'라는 뜻입니다. 아마도 그 마을의 특징을 따라 지어진 동네 이름이겠지요. 이 가족들의 이름의 뜻이나 마을 이름을 보면, 분명 믿음의 가정이요, 여유롭고 부족함이 없어 보입니다. 그런데 그곳에 흉년이 찾아왔습니다. 기근이 들었습니다. 너무 견디기 힘들었는지, 나오미 가정은 이주를 계획합니다. 가려는 곳은 모압이라는 곳입니다. 평생을 살아온 고향과 친척을 떠난다는 것, 그리고 무엇보다 신앙의 뿌리를 깊게 내렸던 곳을 떠난다는 것이 쉽지 않았을 겁니다. 그럼에도 이주를 결심하게 된 것은 어떻게 해서라도 지금의 힘겨움을 극복하고자 하는 일념에서였습니다. 모압이 좋아서가 아니라, 지금 사는 곳이 너무 팍팍해서 좀 더 나은 삶을 위해 그랬던 겁니다. 그런데, 그렇게 많은 고민과 갈등 가운데 어렵사리 내린 모압으로의 이주 선택이 그들에게 장밋빛 희망을 안겨주지는 못했습니다.

아니 그렇게 약속의 땅을 떠나 꿈에 부풀어 희망을 찾아 간 그 곳에 더 큰 시련이 기다리고 있었습니다. 갑자기 집안의 가장인 남편 엘리멜렉이 죽었습니다. 가정의 보호자요 결정권자이고 수입의 원천이요 그늘막이 없어진 겁니다. 그래도 나오미는 두 아들 의지하며 가까스로 힘겨움을 견뎌내고 있었습니다. 두 아들이 적지 않은 위로와 힘이 되었습니다. 그런데 헐!(요즘 애들 말로) 이게 웬일입니까? 그렇게 힘이 되어주고, 버팀목이 되어주고, 살 희망이 되어 주었던 두 아들마저도 어머니 나오미를 두고 그만 갑작스럽게 세상을 떠나게 됩니다. 하늘이 무너지고 땅이 꺼지는 듯한 고통이었습니다. 나오미는 그야말로 이제는 기댈 것이라고는 아무 것도 없는, 희망이라고는 조금도 기대할 수 없는, 홀로 남겨진 존재가 되었습니다. 그것도 낯선 이방 땅에서…

홀홀 단신 과부로, 노년의 안정이나 축복도 보장되지 않은 괴로운 인생, 비참한 인생, 아무런 희망 조차 가질 수 없는 텅 빈 인생(20, 21절)이 되어 버렸습니다. 살아야 하는 이유도, 삶을 유지하게 하는 한 가닥 희망의 끄나풀도 없는 죽지 못해 사는 인생입니다. 그야말로 처절한 절망, 아니 절망 중에도 가장 깊은 심연의 자리까지 던져지게 되었습니다.

Page Two	이 세상에 있는 문제	한 집사 가정에 일어난 문제: 죽음, 파산, 가정의 어려움 한 집사님 내외가 각박한 도시 생활을 접고 일찌감치 남은 삶을 시골에서 살기로 마음먹고 귀농을 했습니다. 부모로부터 물려받은 논과 밭을 터전삼아 성실하게 땀 흘리며 열심히 살았습니다. 신앙생활도 신실하게 나름 열심히 시골 교회를 섬기며 헌신했습니다. 그런데 사기꾼 같은 부동산 업자에게 속아 넘어가 목숨과도 같은 논과 밭을 하루아침에 모두 잃게 되었습니다. 설상가상으로 동생을 위해 서준 보증으로 인하여 집마저도 넘어가게 되었습니다. 거기에 엎친데 덮친 격으로 두 아들 중 작은 아들이 삶을 비관하여 그만 스스로 삶을 포기하고 말았습니다. 이 집사님 내외는 찾아온 인생의 기근과 흉년으로 인하여 삶의 위기를 맞게 되었습니다. 소망을 잃어버리고 왜 '나에게 이런 고난이 찾아 왔냐고? 왜 우리 가정에 이런 아픔이 부닥쳐 왔느냐?'며 깊은 절망에 빠지게 되었습니다. 여러분! 우리 믿음의 삶에도 인생의 쓰나미 같은 일들은 비껴가지 않는데, 그렇다면 이런 쓰나미 같은 인생의 시련 앞에서 우리는 어찌해야 합니까?

성경 본문에 나타난 하나님의 행동

다시 본문 속 나오미를 보겠습니다.

전혀 예상치 못한 인생의 커다란 쓰나미 앞에서 나오미는 주저앉아 있을 수밖에 없었습니다. 그러나 오늘 본문에서 보는 바와 같이 나오미의 인생의 드라마는 그 막이 완전히 내려진 것은 아닙니다. 보세요. 실낱같은 희망조차 보이지 않던 절망의 깊은 나락에서 허덕이고 있던 나오미가 며느리 룻과 다시 고향으로 돌아오게 됩니다. 그녀의 인생은 그야말로 나오미가 아니라 마라와 같은 인생이었습니다. 그러나 그런 나오미의 인생을 끝까지 붙잡고 있는 분이 계셨습니다. 아무런 희망이 보이지 않고, 실패와 좌절뿐인 마라같은 그녀의 인생에 여전히 한 가닥 소망의 빛줄기는 비추이고 있었습니다. 보이지 않지만, 여전히 자기 백성을 위하여 일하시고, 돌보시는 분이 함께하고 계셨기 때문입니다. 그분은 나오미를 위하여 놀라운 일을 준비하고 계셨습니다. 나오미의 인생의 드라마에 반전을 가져오시고, 모든 헝클어지고 망가진 삶, 아무런 소망도, 어떤 기대도 할 수 없는 인생을 멋지게 회복시키시는 놀라운 역전승을 계획하고 계셨습니다. 그분이 누구입니까?

여러분! 생각해 보세요. 나오미가 찌그러진 자기 인생을 위해서 할 수 있는 것이 있었습니까? 인생의 드라마를 행복한 결말로 끝내기 위해서 나오미가 할 수 있는 것이 무엇입니까? 아무 것도 없습니다. 있다면, 하나님에 대한 믿음. 사실 그것도 뭐 그렇게 대단한 믿음은 아닌 것 같습니다.

그럼에도 불구하고 소망이 없는 절망의 인생, 행복이라고는 꿈꿀 수 없는 불행한 인생을 포기하지 않고, 반전 인생으로, 행복한 삶으로 회복의 자리로 이끌어 가시는 하나님의 손길이 나오미와 함께 하셨습니다. 전혀 앞날이 보이지 않고, 무언가 좋은 일, 행복한 일이 있을 것이라고는 전혀 꿈에도 생각할 수 없는 그녀의 인생에 놀라운 일을 계획하고 진행하시는 분은 어느 순간에도 자기 백성을 놓지 않으시고 붙잡아 주시는 드라마의 작가, 하나님이십니다. 하나님의 개입하심으로 인하여 그녀의 인생은 슬픔이 변하여 기쁨이 되었고, 울음의 날이 변하여 웃음의 날이 되었습니다. 애통이 변하여 찬송이 되었고, 두려움과 고통이 즐거움과 감사로 바뀌어졌습니다. 실로 역전의 놀라운 은총이 아닐 수 없습니다. 스포츠 경기로 치면 그야말로 한편의 역전 드라마입니다.

여러분! 보세요. 나오미를 향하여 찬양하는 여인들의 찬양소리를 들어 보세요. 진정 이 놀라운 역전의 배후에 역사의 주관자이시고 주권자인 하나님이 계셨음을 보여주고 있습니다(13-17절).

"찬송할지로다 여호와께서…" 텅 빈 인생이 가득 채워지는 인생이 되었습니다. 슬픔이 변하여 기쁨이 되고, 고통이 변하여 찬송이 되는 이 놀라운 반전의 역사는 택한 자기 백성을 위하여 일하시고 행동하시고 역사하시는 하나님이 하셨음을 노래하고 있습니다. 슬픔이 기쁨으로 변한 것은 하나님의 은혜입니다. 고통이 변하여 찬송이 된 것도 하나님의 은혜입니다. 절망과 파탄의 위기가 다시 소망과 행복으로 변한 것도 하나님이 역전의 은혜를 베푸셨기에 가능한 일입니다. 여러분! 하나님이 은혜를 베푸시면 이런 놀라운 역전의 드라마가 펼쳐집니다.

| Page Four | 이 세상에 나타난 하나님의 행동 | 앞서 말씀드린, 인생의 위기를 만난 집사님 내외는, 인간적으로 보면, 절망가운데 주저앉아 있을 수밖에 없습니다. 절망의 깊은 터널에서 어떻게 헤어 나올지, 전혀 기대할 수 없는 상황에서 원망하고 탄식하며 신세타령이나 해야 맞고, 삶을 포기할 수밖에 없었습니다. 그럼에도 한 가닥 하나님 붙드는 믿음의 끈을 놓지 않았습니다. 아니 하나님께서 그 집사님 가정을 포기하지 않으셨습니다. 하나님은 하나님의 백성된 그 집사님 내외에게 놀라운 은혜를 허락해 주셨습니다.
빚 문제는 부동산 주인에게 사기죄가 적용되어 잘 해결되었습니다. 집도, 땅도 간수할 수 있게 되었습니다. 두 분이 모두 새로운 직장을 갖게 되어 경제적으로 안정을 이루어 가게 되었습니다. 여전히 해결되어야 할 문제들이 있지만 그래도 잃었던 평안과 기쁨을 되찾았습니다. 놀라운 역전의 삶을 살아가는 두 집사님 내외는 이렇게 고백합니다. '하나님의 살아계심을 경험했다고… 모든 것이 하나님의 은혜라고…' 그러면서 이렇게 노래합니다.
'나를 지으신 이가 하나님, 나를 부르신 이가 하나님.. 나를 보내신 이도 하나님 나의 나 된 것은 다 하나님 은혜라 나의 달려 갈길 다 가도록 나의 마지막 호흡 다 하도록. 나로 그 십자가 품게 하시니 나의 나 된 것은 다 하나님 은혜라 한량없는 은혜, 갚을 길 없는 은혜, 내 삶을 에워싸는 하나님의 은혜, 나 주저함 없이, 그 땅을 밟음도, 나를 붙드시는 하나님의 은혜…'
인생의 한 밤중에 이렇게 노래를 부를 수 있는 것은, 하나님의 베푸시는 은혜, 삶의 위기를 기회로 삼게 하시는 하나님의 역전케 하시는 은혜가 있기에 가능한 일입니다. |

결말	짧은 결말	우리 하나님은 역전의 명수입니다.
		여러분! 자기 백성을 위해 끊임없이 일하고 계시는 하나님이 바로 저와 여러분의 하나님이십니다. 우리 하나님은 역전의 명수입니다. 위기를 기회 되게 하시고, 절망을 소망으로, 슬픔을 기쁨으로, 울음을 웃음으로 역전케 하시는 놀라운 하나님의 은혜가 여러분의 남은 인생의 여정에 충만히 임하기를 바랍니다. 그리고 그 하나님을 찬양하는 삶이기를 바랍니다. 반전 인생, 역전의 인생을 허락하시는 하나님은 마땅히 찬송 받으시기에 합당하신 분입니다. 할렐루야!

제7절 귀납-연역의 통합적 형식
(Integrated Inductive-Deductive Form)

어느 시대를 막론하고 설교자들은 어떻게 하면 설교를 잘 할 수 있을 것인가?에 대한 고민과 함께 설교학 서적과 설교집을 뒤적거리고, 이런 저런 설교세미나에 기웃거리기 일쑤이다. 설교를 잘하고 싶은 열망과 어쩌면 오늘의 한국 교회의 침체가 목회자의 설교에서 비롯되었다는 책임감에 서이기도 할 것이다. 어쨌든 열심이야 주님 앞에 가면 칭찬감이지만 그럼에도 '홍수 속의 목마름'이라고 '잘하는 설교'에 대한 설교자들의 목마름은 여전히 해갈되지 않고 있다. 그러면 여기에서 오늘날 한국교회의 침체와 위기는 분명 설교자의 책임이 크다는 것을 감안할 때, 과연 오늘의 한국 교회와 성도들이 영향력을 잃어버리고 침체된 원인이 정말 설교자들이 설교를 잘 못해서일까? 물론 인정할 수밖에 없는 여지가 있기는 하지만, 그러나 '잘 못하는 설교'보다는 '잘못 행하여진 설교' 때문은 아닐까? 즉 바른 설교, 균형 잡힌 설교가 행해지지 않는 것이 더 큰 원인이 아닐까 싶다. 여기에서 바른 설교, 균형 잡힌 설교란 성경적 설교로서 성경신학적 안목에서 신구약 성경의 통일성을 주장하며 성경의 중심인 하나님 중심적-그리스도 중심적 설교이면서도, 형식과 전달 방식에 있어서는 성경 장르의 형식을 존중하며 창조적인 방법론을 사용하는 설교[208]를 말한다고 할 수 있다. 또 다른 말로 성경적 설교로서 균형 잡힌 설교란 통합적 설교라고도 할 수 있을 것이다. 복음의 우월성과 절대성을 강조하는 말씀 중심의 성경적 토대 위에서 하나님 중심성을 확보하고, 동시에 복음의 적실성과 적응성을 간과하지 않음으로 청중 중심성을 확보하는 설교라고 할 수 있다. 이우제는 통합적 관점으로 설교할 것을 주장하면서 같은 맥락의 주장을 펼치는 악트 마이어의 설교 이론에서 주목해야 할 것을 3가지로 말하고 있다.

> 첫째, 악트 마이어는 구약과 신약의 통일성과 유기적 안목을 존중하며 성경의 핵심을 그리스도에게 둔다. 설교의 방식은 구약과 신약을 같은 주제와 사상 안에서 짝짓기(Pairing)를 시도함으로써 하나님 중심적 관점과 기독론적인 관점을 동시에 확보하려고 한다. 둘째로 성경의 본질적인 메시지를 중시하면서도 악트 마이어는 성경의 가장 중요한 형식으로 이야기를 중시하고 있다. 하나님은 이야기를 통해 하나님의 백성들의 정체성을 분명히 하신다고 주장한다. 마지막으로 그 이야기 형식은 창조적인 설교의 스타일로 나갈 수 있게 해야 한다고 주장한다.[209]

즉 신구약 성경을 구속사적 관점에서 바라보면서도 청중을 존중하고 적극적으로 말씀의 사건 안에 참여케 하는 창조적인 통합적 설교를 제안하고 있는 것이다. 오늘날 한국교회에 필요한 것은 '잘 하는 설교'가 아니라 '바른 설교', '바르게 잘 전달되는 풍성한 설교'임을 생각할 때 성경적 설교로서 균형잡힌 설교 즉, 성경의 중심인 하나님 중심적-그리스도 중심적 이면서도, 성경의 장르를 살리며 청중을 존중하는 방식으로서 다양한 형식을 사용하는 통합적 설교가 요청된다고 본다.

---

208) 이우제, "균형잡힌 성경신학적 설교를 위한 제언," 311.
209) Elizabeth Achtemeier, *Creative Preaching Finding the word*(Nashville: Abingdon Press, 1980), 75-86; 이우제, "균형잡힌 성경신학적 설교를 위한 제언," 312에서 재인용.

본 논문에서는 성경의 내러티브 본문에 대한 다양한 설교 형식의 제시와 함께 또 하나의 대안적 형식으로 귀납-연역의 통합적 형식을 제시하려고 한다. 논자가 주장하는 '귀납-연역의 통합적 형식'은 네 국면의 통합을 추구한다.

첫째, 한 때 큰 논쟁거리였고, 여전히 논쟁의 잔상이 남아있는 설교학적 이슈인 '모범적 설교'와 극단적인 '구속사적 설교'의 통합의 길을 모색한다. 모범적 설교나 구속사적 설교가 서로 대립하는 것이 아니라 서로 상생하며 성경적 토대위에서 본문의 의미를 제대로 드러내면서 동시에 청중에게 적실성 있는 설교의 길로 나아가야 한다. 인간의 도덕적 교훈만을 강조하는 도덕화 설교는 지양해야 하지만, 구속사적 윤리 설교 즉 하나님의 행동에 대한 인간의 반응으로서의 윤리적 설교는 필요하다. 청중들은 "언약을 맺으시고 그 언약을 변함없이 성취해가고 계시는 하나님이 누구시며 그 하나님께서 과거에 무엇을 행하셨으며, 지금도 무엇을 행하고 계시고 앞으로 무엇을 행하실 것인지 그리고 그 하나님 앞에서 자신들은 어떻게 합당하게 반응해야 하며 그들이 이행해야 할 의무는 무엇인지를 배워야만 하기 때문이다."[210]

전통적으로 모범적 설교는 성경의 거대 담론(meta narrative) 즉 하나님의 구속의 이야기에서 구속 역사의 주체이신 하나님 중심이 아니라 성경의 인물들을 도덕적인 모범으로 제시하는 인간 중심적인 설교라는 비판을 받아왔다. 모범적 설교는 청중에게 적실성 있는 설교라는 미명하에 성경 인물들의 경험과 오늘날 신자들의 투쟁 사이에 부당한 평행선을 그으며, 청중에게 성경의 인물들을 본보기(긍정적이든, 부정적이든)로 삼게 하는 인간중심적이며, 도덕적 교훈 중심의 설교라는 평가이다. 이런 모범적 설교 방법은 기독교 초기부터 중세를 거쳐 오늘날에 이르기까지 계속 이어져 왔고, 늘 있어 왔던 방법이다. 설교자들에게 자연스럽게 받아

---

[210] 이승진, 『설교를 위한 성경 해석』, 155.

들여졌고, 오늘날도 강단의 많은 자리를 차지하고 있는 것이 사실이다.

이에 대하여 구속사적 입장은 성경이야기에 등장하는 성경의 인물들을 도덕적 모델이나 본받아야 할 위인으로, 그리고 경고의 본보기로서 제시하는 모범적 진영을 반박하면서 그것은 성경이 정당하게 취급된 것이 아니라고 주장한다. 오히려 하나님께서 그들(성경의 인물들)을 위하여 또한 그들을 통하여 일하시는 것을 드러내기 위하여 그들에 대한 이야기가 성경에 포함되었으므로 바로 그러한 목적을 위해 사용된 사람들로서 제시하는 하나님 중심적 해석을 해야 한다는 것이다. 구속사적 입장은 모범적 설교는 성경 본문을 부당하게 사용하는 것일 뿐만 아니라 구속 역사를 "세속" 역사의 수준으로 전락시키는 것이라고 주장한다. 구속사 설교를 주장하는 입장은, 성경은 도덕적인 교훈집이나 모범을 삼을 만한 어떤 사람의 전기가 아니기 때문에 설교는 우선적으로 역사 속에서 실현된 하나님의 구속적이고 계시적인 사건들에 대하여 해설하고 선포해야 한다는 것이다.

하지만 또 모범적 입장은 설교가 구속사적 방법만을 배타적으로 사용할 경우에 실제적 적용이 없는 적실하지 못한 설교, 설교가 아닌 단순한 설명이나 구속사에 관한 강연, 상황을 고려하지 않는 무미건조한 설교 등이 되고 만다는 비판을 가한다. 즉 청중의 상황이나 현실적인 문제를 간과하고 하나님의 구원 사건에 대한 해설과 선포에 치우친 나머지 청중을 향한 적실한 적용이 없는 문제가 생겨난다는 것이다.[211] 설교의 적실성을 고려한다면, 설교의 목적은 삶의 변화이지 정보 제공이 아니기 때문에[212] 구속사적 접근에 대한 모범론 측의 반대 이유도 타당하다 하겠다.

여기에서 통합적인 대안의 길이 요청된다. 즉 모범적 설교와 구속사적 설교가 서로 대립적인 것이 아니라 상호보완하며 통합을 이루는 방식이

---

[211] 이승진, "복음과 상황의 설교학적인 상관관계: 성경의 내러티브 본문에 대한 설교의 적용방안을 중심으로", 「성경과 신학」59 (2011): 117-118.
[212] 강민호, "설교 적용 어떻게 할 것인가?", 「목회와 신학」(2015, 1월호): 80.

다. 모범적 접근 동기를 '설교의 적실성에 대한 관심'으로,[213] 구속사적 접근 동기를 '하나님의 말씀에 대한 열심에서 나온 것이며, 설교에서 성경을 정당하게 취급하고자 한 열망'으로"[214] 보는 그레이다누스의 평가에 동의하는 바이다. 이와 함께 건강한 성경적 설교를 위해서는 이 두 입장이 통합의 길로 나아가야 한다고 본다. 성경적 설교는 거시적 안목에서 성경 본문을 정당하게 취급하며 성경에 기록된 거대 담론(구속의 이야기)의 주체이신 하나님 중심적 설교이어야 한다. 더불어 미시적 안목에서 하나님의 구속의 이야기 안에서 쓰임 받은 믿음의 인물들을 오늘의 청중의 삶에 적실하게 적용할 수 있어야 한다. 설교자는 성경의 특정한 본문을 설교할 때 바른 해석과 함께 해당 본문 속에서 드러나는 하나님의 전체 구속역사의 한 단면을 이해하고, 그 본문 속에 담긴 하나님의 구원의 거시적인 한 측면이 오늘의 청중 가운데 반복적으로 재현될 수 있도록 해야 한다.[215] 클라우니는 설교자들이 성경에 대하여 구속사적 접근과 윤리적 접근을 대립시키는 잘못을 범하지 말아야 한다고 주장한다. 그는 "구속사적 설교에는 반드시 윤리적 적용이 따라오게 되며 이것은 말씀을 설교하는 일에 있어서 본질적인 요소이다. 우리는 그리스도 안에서 절정을 이루는 하나님의 구원사역과 마주칠 때마다 윤리적인 요구에 직면하게 된다. 즉 믿음과 순종이라는 종교적 반응이 요구되는 것이다."[216]라고 말한다. 그레이다누스 역시 설교에서 하나님 중심성이 강조되어야 하지만, 그렇다고 본문에 나오는 인물들을 억누를 수는 없다면서 이렇게 주장하고 있다.

> 만약 우리가 하나님의 행동들에 대한 선포로서의 역사적 본문에서 출발한다면, 엄격한 양자택일, '하나님이냐 사람이냐'는 사라져 버리게 되고, 본문에 나오는 사람은 그들이 역사적 본문 그 자체에서 갖는 만큼의 합당한

---

213) Greidanus, 『구속사적 설교의 원리』, 58.
214) Greidanus, 『구속사적 설교의 원리』, 56.
215) 이승진, 『교회를 세우는 설교 목회』, 200.
216) Clowney, 『설교와 성경 신학』, 74.

위치를 설교에서 차지할 수 있게 되는 것이다. 성경 기자는 하나님의 행동을 후대에 선포하기 위해 이 사람들을 이용할 수 있는데 −정말 그래야만 한다−그 이유는 이 행동들이 우리를 위하여 우리와 언약을 맺으신 그 언약의 하나님의 역사적 행동들이기 때문이다. 다음으로는 이 본문을 선택한 설교자가 언약을 지키시는 하나님에 대한 이 메시지를 구속사의 보다 후대의 단계에 있는 교회에 전달하기 위해 동일한 그 인물들을 이용할 수 있으며, 또 그렇게 해야만 한다.[217]

모범적 설교와 구속사적 설교가 대립이 되어서는 안 되며, 어느 하나가 간과되어서도 안 되고, 설교 안에서 함께 공존하는 통합적 방식이 필요함을 말하고 있는 것이다. 성경적 설교를 주창하며 본문의 구속사적 관점에서의 해석을 강조하는 그러면서도 현대의 청중들에게 적실성 있는 적용을 간과하지 않는 골즈워디도 이렇게 주장하고 있다.

설교의 본질은 청중에게 하나님의 말씀을 따르겠다는 소원을 불러일으키겠다는 생각으로 그 말씀을 청중의 의지에 적용하는 것이다. 주해는 거의 모든 설교 준비에서 중요한 측면이기는 하지만, 주해가 곧 설교는 아니다. 주해란 어떤 본문이 그 근접 전후문맥에서 어떤 의미인지를 이해하는 것이다. 설교는 그 본문의 의미에서 시작해서, 오늘날의 청중의 정황에서 그 의미에 대한 합당한 적용으로 복음에 비추어서 진행해야 한다.[218]

신성욱도 구속사적 관점에서 성경을 해석하고 설교해야 한다는 고재수의 주장에 대하여 오랫동안 인물중심의 도덕적이고 교훈 중심의 설교가 주로 행해져 왔던 한국 교회에 신선한 충격과 도전을 주었다고 평가하면서도 덧붙여 이렇게 말하고 있다.

---

217) Greidanus, 『구속사적 설교의 원리』, 259.
218) Goldsworthy, 『성경신학적 설교 어떻게 할것인가』, 197.

그의 지적이 보다 중요한 시각을 열어 주는데 일침을 가하는 정도로 그쳐야지, 모범적 관점이란 귀한 도구를 완전히 포기하게 만드는 또 하나의 극단 제조기로 악용되어서는 안 된다. 다시 말하지만, '하나님 중심'이냐 '인물 중심'이냐는 질문은 양자택일의 문제가 아니라 양자겸비, 더 정확히 말해서 '우선권'의 문제이기 때문이다…'하나님 중심적 관점'과 '인물 중심적 관점'은 동전의 양면처럼 원인과 결과로 한데 묶여 있다. 따지고 보면 하나님 중심적 관점을 기초로 하지 않는 인물 중심적 관점은 존재하지 않고, 인물 중심적 관점의 적용으로 마무리되지 않는 하나님 중심적 관점은 없다.[219]

시대를 막론하고 설교자의 임무는 바른 주해를 통해 본문의 의미를 정당하게 드러내는 대안적 음성을 찾아야 하고, 성경본문이 말하고자 하는 대안적 음성이 오늘의 청중에게 적실성 있게 적용되도록 해야 한다. 이우제는 오늘 이 시대에 요구되는 설교는 "성육신적 정신에 정초된 설교라며" 설교자는 "성경적-신학적 메시지에 대한 주해 없는 현대적 적용만도 아니고, 현대적 적용을 상실한 성경적-신학적 메시지에 대한 주해의 길만도 아니다. 오히려 주해된 적용 혹은 더욱 선호되고 있는 용어로 '적용된 주해(applicatory explication)'의 길로 나아가는 설교이어야 한다."[220]고 주장한다. 과거의 구원사건에 대한 목격으로서의 성경 해석과 오늘 이 시대의 신앙 공동체 안에서 일어나고 있는 현재 구속사의 증언으로서의 설교를 연결시키는 통합적인 공통분모는 하나님의 구속사이다.[221] 그러므로 성경을 구속사적 관점에서 그 중심인 그리스도에게 두고, 하나님 중심적 관점과 기독론적인 관점을 동시에 확보하면서 설교자는 일차적으로 본문의 메시지들이 그 시대의 청중들에게 어떤 의미로 전달되었는지를 살피고, 그것을 오늘 이시대의 청중의 삶에 적실성 있게 적용하여

---

219) 신성욱, 『청중을 사로잡는 설교의 삼중주』, 61-64.
220) 이우제, "성육신적 설교 신학 정립을 위한 고찰", 『3인 3색 설교학 특강』(서울: 두란노아카데미, 2010), 28.
221) 이승진, 『설교를 위한 성경해석』, 45.

재현하는 통합적 설교가 오늘의 설교자가 감당해야 할 사명이라고 본다. 즉 모범적 설교와 구속사적 설교의 통합적 방식의 설교이다.

모범적 설교와 구속사적 설교의 통합적 측면에서 좀 더 구체적인 대안으로, 설교에서 은혜에 기초한 윤리를 전하는 즉 복음의 직설법을 확보하고 이어서 윤리적 실천을 요구하는 명령법으로 나아가는 것이다. 직설법이 하나님의 주권과 주도권 즉 하나님의 행하심을 표현하고, 역으로 명령법은 인간의 책임, 하나님의 행하심에 대한 인간의 협력을 표현한다고 할 때,[222] 하나님의 은혜와 주권을 강조하는 직설법을 확보한 다음 그에 대한 인간의 반응으로서의 명령법으로 나아가는 길이다. 이에 대하여 이우제는 다음과 같이 주장한다.

> 성경 본문을 존중하는 설교란 다름 아닌 윤리적 권면으로 대변되는 명령법을 제시하기 위해서 위대한 복음의 승리를 제시하는 직설법을 충분히 확보하는 설교라고 감히 말할 수 있을 것이다. 직설법을 충분히 확보하고 확보된 직설법으로 인하여 도덕적이고 윤리적인 실천사항을 권면하는 명령법이 제자리를 찾을 수 있는…복음에서 율법으로, 은혜에서 윤리로, 직설법에서 명령법으로 나아가는 설교인 것이다.[223]

구속의 역사 속에서 행동하시는 하나님에 관한 직설법을 충분히 확보한 다음 도덕적이고 윤리적인 실천사항을 권면하는 명령법을 제시하는 설교가 모범적 입장과 구속사적 입장을 대립이 아닌 상보적 관계로서 공존하는 통합적 방식의 대안이 될 수 있을 것이다.

둘째, 전통적 설교와 새로운 설교의 통합을 모색한다. 즉 '무엇'(What)을 전할 것인가와 어떻게(How) 전할 것인가의 통합적 대안이다.

---

222) John Carrick, 『레토릭 설교』, 조호진 역 (서울: 도서출판 솔로몬, 2008), 148-149.
223) 이우제, "하나님 나라 관점으로 바라본 '차별화된 복의 선언'으로써의 팔복에 대한 이해," 「복음과 실천신학」 34 (2015, 2월): 15.

이제까지 전통적인 설교에서는 수직적인 커뮤니케이션을 중시하며 [224], '무엇'을 강조한 나머지 '어떻게'는 경시한 것이 사실이다. 청중을 도외시한 채, 일방적이고, 권위적이고, 연역적이고, 명제적인 설교 방식에서 설교자가 본문의 자리를 대신하게 되어 설교를 듣는 청중에게 주입적으로 자신의 뜻을 전달하거나 강요 혹은 억압하는 오류를 범하게 된 것이다. 청중을 변화시키는 말씀의 역동성, 설교의 역동성을 상실하게 만든 것이다.[225]

이런 전통적 설교에 대한 반발작용으로 새로운 설교학이 등장하게 되었다. 그동안 취하고 있던 설교자 중심의 일방적이고 권위주의적인 태도를 거부하고 설교자와 청중의 상호 역할을 강조한다. 즉 청중을 단순히 수동적인 듣는 자로만 여기지 아니하고, 설교에 청중을 참여시키며 함께 결론을 향하여 나아가는 방식을 취한다. 그래서 청중을 존중한다는 점에서 새로운 설교학은 탈권위주의적 모델이라고도 한다. 새로운 설교를 주창하는 사람들은 더 이상 전통적 방식의 설교로는 이 시대의 청중들에게 말씀의 사건을 경험케 할 수 없다고 주장한다. 일방적이고, 권위주의적이고, 청중을 도외시 하는 설교는 청중들로 하여금 흥미를 잃게 만들고, 지루하게 만들고 귀를 닫게 만든다는 것이다. 그러므로 이러한 전통적 방식에서 벗어나 새로운 설교의 패러다임이 요청된다는 것이다. 이러한 설교의 새로운 패러다임이 요구되는 시대에 경험을 불러일으키며(evocation of experience), 청중의 참여가 있는 청중 중심(participatory)의 설교, 이미지가 이끌어 가는(image-driven) 설교 등에 강조점을 둔 새로운 설교학은[226] 큰 반향을 일으킨 것이 사실이다. 전창희는 캠벨의 주장을 인용하며 새로운 설교의 공헌을 아래와 같이 다섯 가지로 요약하여 말하고 있다.

---

224) 박영근, 『오늘 대한민국을 설교하라』, 33.
225) 이우제, "성육신적 설교 신학 정립을 위한 고찰," 25.
226) 김운용, 『새롭게 설교하기』, 97.

무엇보다도, 이야기라는 주제로 설교학적 주제를 전환함으로써(the turn to narrative) 성서로 관심을 돌렸다. 두 번째는 이야기의 중요성을 탐구하면서 설교의 형식이 풍성해졌다. 세 번째는 어떤 영적인 것에 대해 논리적으로 주장하기 보다는 복음서의 지시적인 특성(indicative character)에 대한 새로운 이해를 불러 일으켰다. 네 번째는 설교가 이제는 지성(intellect)뿐만 아니라 감성(emotion)까지도 포용하는 포괄적인 차원에서 이해되었다. 마지막으로는 설교 언어의 시적이고 은유적인 측면이 부각되고, 설교에 있어서의 상상력의 역할이 재발견되었다.[227]

이와 같은 공헌과 함께 새로운 설교학 주장들은 포스트모던 시대에 전통적 방식을 뛰어넘어 청중에게 들려지는 설교로서의 새로운 대안으로 여겨졌다. 그리고 어느 부분에서는 대안적 역할을 한 것이 사실이다. 그러나 새로운 설교학 역시 약점이 있음을 부인할 수 없다. 청중을 중시하고, 설교자와 청중의 수평적 쌍방향성의 커뮤니케이션을 강조하다 보니 설교자와 하나님 간의 수직적 쌍방향은 소외되고, 인간적 측면을 강조하게 되었다. 즉 청중 중심이라는 인간적 요소가 강조되다 보니 전통적 설교에서 강조하는 신적 요소가 약화된 것이다. 또한 설교가 지나치게 개인주의적이고 경험주의적으로 인하여 신학적 상대주의에 빠질 위험도 있다.[228] "전통적으로 설교의 중심축으로 간주했던 성경 본문의 중요성이나 설교자의 권위(authority), 리더십(leadership)보다는 오히려 개인 청중을 더욱 중요시했고, 설교에서의 개인 청중의 메시지 수납과 체험을 강조하다보니 설교의 개인주의가 심화되는 부정적인 결과"가 초래된 것이다.[229] 이에 대한 우려와 함께 이우제는 이렇게 주장한다. "우리 시대 설교학에 부과된 중대한 과제는 본문에서 말하는 예수 그리스도의 가치관

---

227) 전창희, "설교학에서 '이야기'의 등장과 발전에 관한 연구,"「신학과 실천」(2010, 5월): 179.
228) 전창희, "설교에서 '이야기'의 등장과 발전에 관한 연구," 179.
229) 이승진, "신앙 공동체 활성화를 위한 설교 방안에 관한 연구,"「복음과 실천신학」 21(2010):99-100.

에 근거한 독특한 음성과 청중을 사로잡는 커뮤니케이션 방법의 조화라는 두 마리 토끼를 모두 잡아야 하는 것으로 요약할 수 있다."[230] 즉 전통적 설교와 새로운 설교학의 통합적 방식의 요청이라 할 수 있다. 전통적 설교와 새로운 설교학이 상보적인 관계로 서로의 약점은 보완하고, 장점은 살리는 통합적 방식의 길을 모색할 때 성경적이면서 효과적이고 건강한 설교가 이루어질 수 있을 것이다.

셋째, 규범적인 요소(Text)와 상황 실존적 요소(Context)의 통합을 추구한다.

모든 설교는 하나님에 관한 이야기로 가득찬 성경 즉 하나님의 말씀을 강해하는 것이다.[231] 성경이 없는 설교는 있을 수 없으며, 성경을 떠나서는 결코 설교가 성립될 수 없다. 하지만 그렇다고 설교가 성경에 대한 단순한 설명이나 강연은 아니다. 설교는 계시된 하나님의 말씀이 오늘의 청중에게 다가와 삶의 변화를 일으키는 말씀 사건(Word-event)이다.[232] 그래서 설교는 성경 본문에 대한 적절한 주해와 더불어 청중을 향한 결정적인 파급 효과를 담아내야 한다.[233] 즉 청중의 실제 삶과 연관된 적실성 있는 적용이 요구된다. 그리고 청중의 삶에 효과적이고 적실성 있는 적용을 위해서 청중이 처한 상황에 대한 이해가 필수적이다. 크래독은 "설교를 올바르게 이해하고 그 목적이 성취되려면 설교는 설교를 하게 된 컨텍스트 속에서 경험되거나 아니면 여러 컨텍스트 안에서 경험되어야 한다."[234]며 설교의 상황화 문제를 다루고 있다. 퀵은 "설교 행위는 독특한 지역의 상황 속에서 발생하기 때문에 설교자는 자기 설교를 듣는 회중의

---

230) 이우제, "성육신적 설교 신학 정립을 위한 고찰," 27.
231) Graham 외 11인, 『영혼을 살리는 설교』, 49.
232) 이승진, "설교의 적실성과 적용," 28.
233) Quicke, 『전방위 설교』, 282.
234) 크래독은 설교는 단순한 커뮤니케이션이 아니며, 역사적 컨텍스트, 목회적인 컨텍스트, 예전적인 컨텍스트, 신학적인 컨텍스트 속에서 발생하며, 이런 정황이 설교자의 말과 합쳐질 때 진정한 설교가 만들어진다고 주장한다. Craddock, 『크래독의 설교레슨』, 45-47.

문화적인 혼합체(cultural mixes)를 올바로 이해해야 한다."[235]고 주장한다. 설교의 상황화에 대하여 이승진은 이렇게 주장하고 있다.

> 성경 본문에 접근하는 복음 전달자는 소통의 목적을 달성하기 위하여 성경 본문을 해석할 때, 본문 속에 이미 의미가 특정한 상황과 연관성을 맺고 상황화 되어 있음(contextualization)을 직시하여 오늘의 상황과 연관성이 없는 요소를 분리해 내는 탈상황화(de-contextualization)의 과정을 거쳐서 하나님이 오늘의 복음 전달자와 수용자를 향하여 의도하시는 궁극적인 의미를 찾아내야 한다. 그 다음 단계에서는 탈상황화된 보편적인 복음의 메시지가 오늘의 복음 수용자에게 새롭게 선포될 수 있도록 오늘 회중의 문화적인 상황을 고려하여 선포하는 재상황화(re-contextualization)의 과정을 거쳐야 한다. 그래서 하나님의 의도하시는 의미가 원래 성경 저자의 문화적인 한계를 떠나서 상황화와 탈상황화, 그리고 재상황화의 과정을 거침으로써 오늘의 복음수용자는 새로운 차원에서 하나님의 살아 있는 음성을 들을 수 있다.[236]

하나님의 말씀(text)은 컨텍스트(context) 안에서 생생하게 전달되고 들려야 한다. 설교자는 오늘의 정황, 사회, 문화와 관련하여 하나님의 말씀을 적실성 있게 만들 책임이 있다.[237] 실존이 없는 설교는 설명이나 해설이나 강연과 다름없는 반쪽짜리 설교일 수밖에 없다. 설교가 성경 본문의 의도와 의미를 살려 현대의 청중에게 적실성 있게 선포되기 위해서는 상황화에 대한 이해가 필히 요구되는 것이다. 그런데, 대부분 전통적 근본주의 기독교는 기독교의 규범이 되는 성경(본문)을 강조하면서 이런 상

---

235) Quicke, 『전방위 설교』, 118.
236) 이승진, "복음과 상황의 설교학적인 상관관계: 성경의 내러티브 본문에 대한 설교의 적용 방안을 중심으로," 112.
237) 이우제, "'상황화'의 이슈를 통해 바라본 본문과 청중의 관계," 『3인 3색 설교학 특강』(서울: 두란노아카데미, 2010), 61.

황화의 이슈에 대해서는 상대적으로 무시하는 경향을 보여 온 것이 사실이다. 이에 대하여 이우제는 이렇게 말하고 있다.

> 전통적 근본주의(보수주의)적 입장은 배타적 본문 우위론적 자세를 견지하면서 회중과 상황을 상대적으로 무시하는 "초문화적 절대성"을 향해 진행한다. 이런 입장은 어떤 다양한 문화 속에서도 변질될 수 없는 기독교 신앙의 본질을 고수한다는 좋은 의도에도 불구하고 다양한 문화와 정황에서 다양한 모습으로 드러나야 하는 기독교 진리의 적실성을 상실한 위험을 갖게 된다…성경적 메시지의 적실성 있는 적용 즉 상황화의 이슈의 중요성에도 불구하고 대부분의 전통적 근본주의 기독교는 이 부분에 대해 비판적인 자세를 견지했고, 그로 인해 편견에 사로잡혀 있음을 부인할 수 없다. 자유주의 신학에 대한 지나친 경계심으로 생긴 이런 상황화의 이슈에 대한 거부감으로 인해 본문(text)과 상황(context)에 대한 일방적 견해를 취하게 되었다.[238]

이런 상황화에 대한 비판적인 근본주의적 견해에 대한 반작용으로 신설교학과 함께 포스트모던적 청중 중심의 새로운 패러다임이 대두 되었다. 이 새로운 패러다임은 본문 자체가 갖고 있는 현재적 측면이나 상황적 측면을 살리고 회복하려는 입장이다. 성경 본문의 문예적 측면을 강조하면서 성경의 이야기성을 주장하고, 본문의 통일성, 성경 독자의 경험에 대한 호소에 강조점을 두면서 형식을 새롭게 하고자 하는 설교를 지향하게 되었다는 장점이 있다. 그러나 이 또한 상황 적합성을 회복한다는 명목 아래 본문의 규범성을 무너뜨리는 즉 성경 본문의 객관적 권위를 잃게 되는 오류에 빠지게 되었다.[239]

규범중심적(말씀, Text) 우위의 설교가 문자주의나 이원론적 성과 속의

---

238) 이우제, "'상황화'의 이슈를 통해 바라본 본문과 청중의 관계," 60-61.
239) 이우제, "'상황화'의 이슈를 통해 바라본 본문과 청중의 관계," 63.

입장이나 과거 지향적, 권위주의적인 교리와 획일적인 설교 형태를 낳는 결과를 가져왔다면, 상황 실존적(청중의 상황, Context) 우위의 설교는 인간중심적이며, 하나님의 절대성, 초월성에 대한 소극적 자세와 본문의 규범성을 잃는 결과를 가져왔다.[240] 즉 "성경 본문에 대한 해설과 적용으로서의 설교가 과거의 성경 본문에 지나치게 치중하다보면 오늘 청중의 삶의 자리에서의 적실성 있는 적용을 잃어버리기 쉽고, 반대로 오늘 청중의 현장에 대한 적실성 있는 적용을 중시하다보면 성경 본문의 객관적인 권위를 잃어버릴 수 있다."[241]

그렇다면, 상황화에 대한 전통적 근본주의적 입장에서 취하는 본문 중심(규범 강조)성과 포스트모던적 청중 중심이 갖는 한계를 극복하는 대안적 길은 없을까? 즉 규범과 상황이 적절히 융합될 수 있는, 성경 본문의 중심성을 잃지 않으면서도 오늘 이 시대의 청중의 삶에 적실한 적용적인 설교를 전달할 수 있는 통합적 방식에 대한 모색이다. 이에 대한 통합적 방식의 대안을 제시하는 이우제의 주장을 들어 보자. "참된 상황화는 텍스트의 중심성에서 출발해야만 한다. 비록 본문이나 상황 혹은 독자 사이의 대화 없이는 어떤 의미(meaning)도 찾을 수 없는 것이 사실이지만, 본문을 상황화하기 전에 먼저 본문의 중심성을 굳건히 유지해야 한다." 그리고 "각각의 본문이 담고 있는 '신학적 움직임'(theological movement)을 발견하는 것이다. 이것을 세상의 다양한 담론들 가운데 대안적 음성을 발견하는 것이라고 표현할 수 있다. 본문에서 발견된 대안적 메시지가 현재적 컨텍스트에 직면해 다시 재현되는 것을 통해 진정한 상황화가 이뤄지게 되는 것이다."[242]

이렇게 볼 때, 본 논문에서 제시하는 귀납-연역의 통합적 형식의 설교가 하나의 대안이 될 수 있을 것이다. 성경을 구속사의 관점에서 바라

---

240) 엄필형, 『설교신학, 복음 · 상황 · 해석』(서울: 성광문화사, 1994), 144-145.
241) 이승진, "설교의 적실성과 적용," 28.
242) 이우제, "'상황화'의 이슈를 통해 바라본 본문과 청중의 관계," 64-65.

보며 복음을 강조하는 말씀 중심의 설교와 아울러 복음의 적실성을 간과하지 않는 청중 중심의 설교이기 때문이다.

마지막으로, 설교 형식에 있어서도 통합적 방식을 모색한다. 전통적 설교에서는 연역적 방식이 300년 이상 맹위를 떨쳐왔고,[243] 그 아성은 지금도 여전하다. 전통적 설교 방식의 대명사라고 할 수 있는 연역적 방식은 위에서 살펴본 대로 서론에서 설교의 핵심 명제를 제시하고 3-4개의 대지를 통해 본문이 담고 있는 명제가 무엇을 의미하는지를 연역적으로 설명하는 형태를 가진다. 주로 일반 명제를 먼저 제시하고 결론에서 특별한 상황과 경험에 적용하는 명제적이며, 논증적이고, 예증적인 방식이다. 일방적이고, 권위적이고, 수직적인 구조를 갖고 있다. 물론 연역적 방식은 탁월하고 유용하며 많은 장점을 가지고 있다. 그러나 시대적인 변화, 커뮤니케이션의 변화, 청중의 변화와 함께 약점이 많은 것도 사실이다.[244]

이에 대한 반작용으로 새롭게 떠오른 것이 새로운 설교학에서의 귀납적 방식이다. 귀납적 형식은 설교의 중심 아이디어를 먼저 제시하지 않고, 구체적인 상황에서의 관찰, 질문, 실례 등 경험으로부터 출발하여 설교의 중심 아이디어로 움직여 가는 것이다. 청중을 설교의 참여자로 끌어들여 동참케 하고, 움직임을 따라 설교자와 함께 결론을 향하여 나아간다. 청중으로 하여금 복음을 경험케 하고, 삶의 변화를 가져오는 효과적인 방식임에는 틀림없다. 하지만 이 귀납적 방식 역시 단점들이 많이 보이고 있다.[245] 여기에서 잠깐 전통적 설교의 패러다임과 새로운 설교의 패러다임에 대한 이해를 돕기 위해 유진 로우리가 제시한 설교 패러다임과 루시 로오즈가 제시한 설교 패러다임을 살펴보고자 한다.[246]

---

243) 김운용, 『설교의 새로운 패러다임』, 79.
244) 연역적 방식의 장단점을 비롯한 연역적 방식에 대한 전반적인 이해는 본 논문 '연역적 형식' 부분을 참조하라.
245) 귀납적 방식의 장단점을 비롯한 귀납적 방식의 전반적인 이해에 대하여는 본 논문 '귀납적 형식' 부분을 참조하라.
246) 김운용, 『설교의 새로운 패러다임』, 82-99.

〈표 49〉 유진 로우리의 설교 패러다임 이해

전통적인 패러다임	구분	새로운 패러다임
개념의 배열	전체적 개관	경험을 불러일으키기 위한배열
조직(organize)	임무(task)	구체화하기(shape)
구축(structure)	형태(form)	진전하기(process)
주제(theme)	초점(focus)	사건(event)
요점(substance)	원칙(principle)	실마리 찾기(resolution)
개요(outline)	창작(product)	플롯(plot)
논리/명료 (logic/clarity)	수단(means)	모호함/긴장 (ambiguity/suspense)
이해 (understanding)	목표(goal)	관객의 참여가 있는 사건 (happening)

〈표 50〉 루시 로오즈의 설교 패러다임 이해

구분	전통적 패러다임	새로운 패러다임
형식	연역적(deduction)	귀납적(induction)
	권위적(authoritarian)	민주적(democratic)
	교리(creed)	찬송(hymm)
	문어체(literality)	구어체(orality)
	골격 세움(constuction)	발전적인 전개(development)
내용	논설적(discursive)	미학적(aesthetic)
	명제적(propositional)	비유적(parable)
	핫(hot)	쿨(cool)
목표	주제(theme)	사건(event)
	수사학적(rhetoric)	시학적(poetics)

이와 같은 전통적 설교와 새로운 설교 패러다임의 이해와 함께 포스트모던 시대의 흐름은 청중들에게 복음을 경험케 하고, 하나님의 사람으로 세우기 위한 설교 방식을 요청한다. 박현신은 "포스트모던 사회의 청중들에게 복음과 하나님 나라에 대한 영적인 갈망을 불러일으키는 성경적 설교를 위해 성경의 다양한 장르에 기초한 성경적이면서도 창조적인 다양한 설교 형태가 필요하다."[247]고 주장한다.

그렇다면 귀납-연역의 통합적 형식의 설교가 하나의 대안이 될 수 있을 것이다. 탁월한 복음의 우월성과 절대성을 강조하는 말씀 중심의 설교와 동시에 복음의 적실성과 적응성을 간과하지 않는 청중 중심의 설교이기 때문이다. 이우제의 표현을 빌리자면, "이것이냐 저것이냐(either-or)의 선택이 아니라 이것도 취하고 저것도 버리지 않는(both-and), 성경의 본문성과 청중을 향한 실존성을 적절하게 함께 고려하고 이것과 저것을 함께 아우르는"[248] 통합적 설교 형식이 요구된다 하겠다.

다음은 귀납-연역의 통합적 형식에 대한 전반적인 논의와 함께 설교 실례를 제시해보고자 한다.

1. 귀납-연역의 통합적 형식의 특징

귀납-연역의 통합적 설교 형식에 대한 이해를 돕기 위해 먼저 일반적으로 행하여지고 있는 귀납-연역적 형식에 대하여 살펴보자.

가. 귀납-연역적 형식(Inductive-Deductive Form)
1) 귀납-연역적 형식의 특징

앞서 살펴본 바와 같이 연역적 형식이나 귀납적 형식은 그 나름대로의 장·단점이 있다. 이 두 형식은 본문의 장르를 살리고, 설교자의 의도와

---

247) 박현신, 『미셔널 프리칭』(서울: 예영커뮤니케이션, 2012), 419.
248) 이우제, 『테마가 있는 설교』(서울: 도서출판 대서, 2015), 7-8.

청중의 상황 등에 따라 적절하게 사용한다면, 효과적인 설교를 위해 유익하게 사용될 수 있을 것이다. 여기에 이 두 형식을 적절하게 결합하여 사용하는 방식도 필요하다. 귀납적 형식을 주창했던 크래독이나 루이스도 귀납법적인 설교가 연역법적인 설교를 대치할 것이라 생각하지 않고 연역법적인 설교에 귀납법적인 요소를 가미할 것을 희망했다.[249] 알렌(Ronald J. Allen)은 "설교자가 처음 10분간은 귀납법적으로 문제를 제기하며, 그것을 신학적으로 분석하여 결론으로 일반원리 또는 명제를 찾은 다음, 설교의 후반부인 나머지 10분간은 귀납법적으로 발견한 명제를 연역법적으로 회중들의 삶에 적용하는 설교가 적합할 것이라"[250]고 말한다. 박성환은 한국 목회자들의 설교방식을 평하면서 이렇게 주장하고 있다.

> 한국 목회자들의 설교방식을 엄밀하게 평한다면 귀납-연역적 설교법이라 할 수 있다. 왜냐하면 한국 설교자는 청중들이 설교 주제로 쉽게 다가설 수 있도록 주제를 연상시키거나 관련된 예화나 비유로 설교를 시작한다. 그리고 예화나 비유(인간의 경험)를 시작으로 성경본문과 다리 놓는 작업을 하면서 성경본문으로 접근한다. 마지막으로 성경본문을 주제에 걸맞도록 삼대지로 구성하여 설교하며 각 대지마다 적용하기 때문이다. 이러한 삼대지 형태를 지닌 귀납-연역적 설교법은 오랜 시간 한국의 성도들을 위한 설교법으로 활용되었으므로 한국 성도들의 귀에 낯익은 설교방식이라 할 수 있다.[251]

이와 같은 귀납-연역적 형식은 앞에서 귀납적 방식으로 설교의 중심사상을 도출하고, 그 중심사상에 추가의 설명이나 예증이나 확증이 필요

---

249) Ralph L. Lewis, *Inductive Preaching*(Westchester: Crossway Books, 1983), 32; 계지영, 『현대설교학』, 124에서 재인용.
250) Ronald J. Allen, *Preaching the Topical Sermon*(Louisville: Westminster/John Knox Press, 1992), 16-17; 계지영, 『현대설교학』, 125에서 재인용.
251) 박성환, "가르치는 설교: 새로운 하이델베르크 요리문답 설교," 133.

한 경우에 사용할 수 있다.[252] 즉 대지의 구별이 없이 귀납적 형식으로 진행되어 결론을 제시하고, 다시 그 결론에 대한 논증이나 예증, 설명 등을 덧붙여 부가 설명을 하면서 청중에게 적용하는 연역적 방식으로 나머지 부분을 진행하면서 마무리 하는 형식이다.[253] 성경의 본문을 먼저 귀납적으로 접근하여 청중들과 함께 그 본문의 핵심 주제를 함께 도출하고, 그런 다음 그 핵심 주제를 설명, 논증하거나 구체적인 예를 들어 부가 설명하고 적용하여 연역적인 접근으로 마무리 하는 설교 형식이다.[254] 즉 먼저 청중의 삶에서 경험되어진 구체적인 경험이나 예화로 설교를 시작하여 설교의 명제나 중심 아이디어를 이끌어낸다. 그리고 제시된 결론(명제나 중심 아이디어)을 연역적으로 3대지 형식을 취하여 청중들에게 적용하는 방식이다.

이것을 간단히 도식으로 표현하면 다음과 같다.

〈표 51〉 귀납-연역적 방식[255]

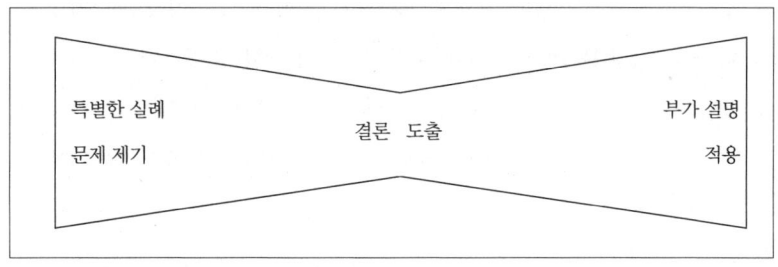

---

252) Mathewson, 『청중을 사로잡는 구약의 내러티브 설교』, 206.
253) 정창균, "효과적인 설교 전달과 설교 형식의 다양화," 315.
254) 김창훈, "귀납적 설교," 60.
255) Sidney Greidanus, *The Modern Preacher and the Ancient Text*(Grand Rapids: Eerdmans, 1988), 143; 김창훈, "귀납적 설교," 60에서 재인용.

2) 귀납-연역적 형식의 구조

<표 52> 귀납-연역적 형식의 구조

구조		기능
서론	설교의 도입	청중의 경험이나 예화, 특별한 사회적 이슈 등 구체적인 실례로 시작한다. 문제를 제기할 수도 있다.
본론	명제, 중심 아이디어 도출	본문 속에서 귀납적으로 청중들과 함께 본문의 중심 아이디어를 도출한다.
	Ⅰ. 첫째 대지	본문에서 나와야 하며, 서론에서 제시된 중심 아이디어를 드러내고, 설교의 요점을 발전시킨다.
	A. 전개 1 B. 전개 2 C. 전개 3 D. 전개 4	-선포 -해석 -적용 -예화
	전환문	다음 대지로 넘어가기 위해 또 연결성을 위해 간략하게 전환하는 말을 덧붙인다.
	Ⅱ. 둘째 대지	본문에서 나와야 하며, 서론에서 제시된 중심 아이디어를 드러내고, 설교의 요점을 발전시킨다.
	A. 전개 1 B. 전개 2 C. 전개 3 D. 전개 4	-선포 -해석 -적용 -예화
결론	설교의 중심 아이디어 재진술	청중을 향한 결단 촉구

이 귀납-연역적 설교 구조는 먼저 귀납적 형식으로 움직이면서 본문에 접근하고 중심 아이디어를 진술한다. 그리고 일단 중심 아이디어가 주어지면 그 다음에 설교는 연역적으로 움직인다.[256] 설교자는 청중의 경험이나 예화, 사회적 이슈 등을 시작으로 성경 본문과 다리 놓는 작

---

256) Cahill, 『최신 설교 디자인』, 169.

업을 하면서 귀납법적으로 성경 본문에 접근한다. 성경 본문에서 청중과 함께 설교의 중심 아이디어를 찾아 제시한다. 그 이후 연역적 삼대지 형식으로 제시된 중심 아이디어를 설명, 논증, 예증 등을 통하여 청중에게 호소한다. 그리고 결론에서 다시 한 번 설교의 중심 아이디어를 제시하며 청중들에게 적용한다.

3) 귀납-연역적 형식의 장·단점

이 형식의 장점으로는 박성환의 주장대로라면 한국교회 설교자들에게나 청중들에게 익숙한 설교 방식이라는 점이다.[257] 또한 서론에서 청중들의 경험이나 예화나 사회적 이슈 등을 제시하며 시작함으로 청중들의 관심을 유발할 수 있고, 긴장을 가져올 수 있다. 자연스럽게 청중과 함께 본문에 접근할 수 있다는 장점도 있다. 더불어 설교자가 전달하고자 하는 메시지를 연역적 방식을 통하여 쉽고 명확하게 전달할 수 있다. 연역적 방식에 젖어 있는 청중이나, 다소 추론 능력이 떨어지는 청중에게 새로우면서도 쉽게 메시지를 받아들이고 적용케 하는 유익이 있다.

단점으로는 더욱 세심한 준비가 필요하며, 각각의 대지들이 중심 아이디어와 치밀한 논리적 연결성과 통일성이 없이는 자칫 이것도 저것도 아닌 장황한 설교로 청중에게 혼란을 줄 수 있다. 또한 귀납적 시작으로 서론과 함께 있었던 움직임과 긴장이 연역적 방식의 정적인 구조로 바뀌면서 사라짐으로 더 지루해 질 수 있고, 청중의 참여와 기대감이 떨어지면서 관심을 가지지 않을 수 있다.

그러나 귀납-연역적 방식은 연역법적인 설교에 귀납법적인 요소를 가미하여 두 형식의 장점은 최대한 살리고, 약점은 보완하는 방식으로 설교자들에게 매우 유익한 방식임이 틀림없다. 이우제도 명제를 먼저 제시하고, 설명하고, 예증하고, 논증하는 연역법보다는 청중의 구체적인 경험

---

257) 각주 251에 해당하는 박성환의 주장을 참고하라.

들로 시작해 일반적 명제를 도출하는 귀납법이 포스트모던 청중에게 효과적인 설교가 될 수 있다면서 이렇게 주장한다. "물론 순수한 귀납적 접근의 설교가 많은 준비와 시간을 요구하고 한국적 청중이 귀납적 논리보다 선포적 메시지를 선호하기 때문에 귀납적 접근법을 연역적 접근법에 통합하는 방식이 요구된다고 할 수 있다. 특히 서론을 귀납적으로 사용하고 본론을 연역적으로 구성하는 설교 방식이 유익해 보인다."[258]

본 논문에서 제시하는 귀납-연역의 통합적 형식은 이 귀납-연역적 방식을 수정 보완하여 본문의 의미를 충분히 드러내면서도 청중에게 들리도록 전달하는 효과적인 설교 방식이라 할 수 있다. 특별히 귀납-연역적 방식의 단점으로 지적되는 서론과 함께 있었던 움직임과 긴장이 본론에서 정적인 구조로 바뀌면서 사라지고 더 지루해 질 수 있는 약점과 청중의 참여와 기대감이 떨어지면서 뻔한 설교로 인하여 관심을 잃어버릴 수 있는 부분을 보완하는 방식이기도 하다. 일반적인 귀납-연역적 방식의 장황한 설교를 극복하고, 짜임새 있으면서도 설득력 있는 방식이라 할 수 있다. 대지 설교에 익숙해져 있는 그러면서도 기존의 설교에 지루함을 느끼는 한국교회 청중들에게 유익하면서도 새롭고 신선한 방식이 될 수 있다.

전개 방식에 있어서 일반적인 귀납-연역적 방식과 유사하지만, 특징을 말하자면 다음과 같다. 첫째, 성경적 설교, 균형잡힌 설교에 적합한 형식이다. 성경 본문을 구속사적 관점에서 해석함으로 구속사의 중심인 그리스도를 드러내는 하나님 중심성을 확보하고, 동시에 귀납적으로 청중들을 설교에 참여케 하여 청중들과 함께 설교를 이끌어가는 청중 중심성을 지향하는 방식이다. 설교에 있어서 직설법과 명령법을 잘 활용할 수 있는 방식이기도 하다. 둘째, 설교의 대지를 두 개로 하되 두 개의 대지가 각각의 독립된 별개의 봉우리가 아니라 본문의 중심 아이디어와 함께 연결성이 있는 방식이다. 기존의 귀납-연역적 형식의 3대지 설교가

---

[258] 이우제, "포스트모더니즘 시대의 설교적 진로," 『3인 3색 설교학 특강』(서울: 두란노아카데미, 2010), 16.

장황할 수 있고, 논리적 연결이 어려우며, 청중의 흥미와 관심을 계속적으로 끌고 가기가 쉽지 않다는 단점을 보완한다. 셋째, 논리적 연결성을 가지고 두 대지를 연결하되 첫째 대지에서는 본문에서 도출할 수 있는 보편적인 명제를 제시하고, 둘째 대지에서 첫째 대지의 명제를 심화, 점층, 반전의 기법으로 움직임을 통하여 꼬리에 꼬리를 무는 방식으로 뻔한 설교를 탈피하고, 청중의 관심과 흥미를 지속적으로 갖게 하는 설교 방식이다. 설교의 무게 중심을 첫째 대지보다는 둘째 대지에 두면서 설교의 파급 효과를 극대화 할 수 있다. 넷째, 귀납적 방식의 열린 결론을 지양하고, 결론에서 성경적 대안을 제시하며, 이미지화를 통해 청중들로 하여금 하나님 나라의 방식(대안적 방식)으로 살아가도록 하는 확실한 적용이 있는 설교 방식이다. 다섯째, 성령의 능력과 인도하심에 열려있고 전적으로 의지하는 설교 방식이다.

2. 귀납-연역의 통합적 형식의 구조

〈표 53〉 귀납-연역의 통합적 형식의 구조

구조		기능
서론	설교의 도입	문제나 갈등 제시. 청중의 경험이나 예화, 특별한 사회적 이슈, 청중과 공감할 수 있는 설교자의 이야기 등 구체적인 실례로 시작한다. 흥미유발, 필요 제시, 주제를 향한 방향 설정, 본문을 향한 방향 설정을 한다.
본론	I. 첫째 대지	본문에서 나와야 하며, 서론에서 제시된 중심 아이디어를 드러내고, 설교의 요점을 발전시킨다. 본문에서 드러내는 일반적 명제를 제시한다.
	A. 전개 1 B. 전개 2 C. 전개 3 D. 전개 4	-선포 -해석 -예화 -적용: 일반적 명제를 통한 1차 해답(보편적 해답)을 제시한다.

본론	갈등 제시 (전환 문장)	1대지의 적용에서 제시된 보편적 해답에 대한 또 다른 갈등이나 문제를 제시하며 더 깊은 메시지(2대지)로 나아가게 한다.
	Ⅱ. 둘째 대지	첫째 대지에서 주장된 명제를 이 둘째 대지에서 점층, 심화, 반전 등의 기법을 활용하여 중심 아이디어를 드러내고, 심오한 성경적 해답을 제시한다. 뻔한 설교가 아니라 청중이 공감할 수 있는 신선한 성경적 답을 제시함으로 청중들을 환기시키며 새로운 느낌을 갖게 하고 관심과 흥미를 가지고 계속해서 설교에 참여하도록 이끈다.
	A. 전개 1 B. 전개 2 C. 전개 3 D. 전개 4	-선포 -해석 -예화 -2차 해답(심오한 해답)을 제시한다.
결론	성경적 대안 제시	청중을 향한 결단 촉구. 이미지화를 통해 중심 아이디어를 각인시킨다. 청중들로 하여금 익숙한 세계를 낯설게, 낯선 하나님 나라의 세계를 익숙하게 만드는 성경적 대안을 제시한다.

 이 귀납-연역의 통합적 설교 구조는 먼저 귀납적 형식으로 갈등이나 문제를 제시하고, 움직임을 통해 본문에 접근하며 본문의 중심 아이디어를 진술한다. 그리고 일단 중심 아이디어가 주어지면 그 다음에 설교는 연역적으로 움직인다는 면에서 일반적인 귀납-연역적 설교 구조와 동일하다. 설교자는 도입에서 청중의 경험이나 예화, 사회적 이슈, 성경에서 보여지는 문제 등으로 시작하면서 청중을 향한 흥미유발, 필요 제시, 주제를 향한 방향 설정, 본문을 향한 방향 설정, 문제나 갈등을 제시한다. 이와 같이 서론에서 성경 본문과 다리 놓는 작업을 통해 귀납법적으로 성경 본문에 접근한다. 그리고 성경 본문에서 청중과 함께 설교의 중심 아이디어를 찾아 제시한다.
 그 이후 제시된 중심 아이디어를 연역적으로 이끌어 가되 두 개의 대지 형식으로 청중에게 호소한다. 첫째 대지에서는 본문에서 도출해 낼 수 있

는 일반적(보편적)인 명제를 제시한다. 선포, 해석, 예화, 적용의 전개 방법을 사용하되, 정형화하지 아니하고, 순서를 바꾸어 전개해 갈 수 있다.

예를 들면, 예화, 선포, 해석, 적용의 순서나, 선포, 해석, 적용, 예화 또는 선포, 해석, 예화, 적용 등의 순서로 그 안에서 귀납적 방식을 사용하여 첫째 대지의 명제를 제시한다. 첫째 대지의 명제는 성경에서 끄집어 낼 수 있는 보편적인 해답을 제시한다. 그리고 첫째 대지에서 던져진 명제에 대하여 전환문의 질문이나 논리적 연결을 통하여 둘째 대지로 이어지게 된다. 즉 일반적인 귀납-연역적 방식의 각각의 대지가 세 봉우리처럼 전개되는 것이 아니라, 첫째 대지와 논리적 연결성을 가지고 꼬리에 꼬리를 무는 방식으로 둘째 대지가 제시된다. 둘째 대지는 논리적 연결성 안에서 앞서 첫째 대지의 결론으로 제시된 보편적 해답에 대한 또 다른 질문이나 문제를 제기하며 점층, 심화, 반전을 통하여 더 깊은 메시지가 제시된다. 첫째 대지와 둘째 대지를 연결하는 몇가지 방식을 제시하면, 1대지: 위에서 2대지: 아래로, 1대지: From에서 2대지: to로, 1대지: 직설법에서 2대지: 명령법으로, 1대지: 문제에서 2대지: 해결로, 1대지: what(또는 why)에서 2대지: How로, not A but B의 형태로, not only A but also B 등의 방식이다. 예를 들어보면, 요한일서 4:7-21절을 본문으로 '서로 사랑합시다'라는 주제를 가지고 설교한다면 이렇다.

첫째 대지 결말 부분

하나님은 사랑이십니다. 이 하나님의 사랑은 차별이 없습니다. 이 사랑은 부족함이나 모자람도 없습니다. 또한 하나님은 이 놀라운 사랑을 이미 쏟아 부어 주셨고, 지금도 넘치게 부어 주시고, 앞으로도 멈추지 않고 계속해서 부어 주십니다. 주님의 사랑은 그렇게 십자가에서 단번에 우리에게 드려진 일회적으로 완성되고 그쳐버린 그런 사랑이 아닙니다. 하나님의 사랑은 계속적으로 오늘도 끊임없이 우리에게 부어지는 사랑입니다. 예수 안에 있는 저와 여러분은 이 놀라운 하나님의 사랑을 입은 사람들입니다.

전환문장(1대지에서 내려진 결론(명제)에 대한 문제 제기나 갈등 제시, 첫째 대지와 둘째 대지의 논리적 연결)

그런데, 여러분! 사랑이신 하나님의 이 놀라운 사랑을 입고, 사랑이 풍성하신 하나님을 섬기는 사람들이라고 하는 우리가 왜 사랑함에 인색하고, 사랑보다는 미움과 시기에 익숙해져 있는 것일까요? 하나님을 사랑함도 인색하고, 사람 사랑함도 인색하고… 사랑을 나누지도 베풀지도 못하고… 하나님은 사랑이시고, 하나님의 사랑은 변함이 없는데 왜 우리의 가슴은 사랑이 메마른 채 냉랭한 것일까요? 왜 그렇습니까?

둘째 대지

그것은 둘 중에 하나임이 분명합니다. 하나님의 이 엄청난 사랑을 아직 받지 못했던지, 아니면 사랑을 받기는 받았는데 식었던지… 우리의 가슴이 사랑의 온기가 없이 냉랭한 것은 먼저, 하나님의 이 풍성한 사랑을 받지 못했기 때문입니다. 교회는 다니는데, 신앙생활은 하는데 하나님의 이 놀라운 사랑은 아직 경험하지 못했기 때문입니다. 이것이 아니라면, 예수 믿는 내 안에 사랑이 메마르고 사랑의 감각이 없는 것은 받은바 사랑이 식었기 때문입니다. 처음 사랑의 감격을 잃어버렸기 때문입니다.

사랑을 노래하는 가요중에 이런 노래가 있습니다. '이른 아침에 잠에서 깨어 너를 바라볼 수 있다면…' 계속 할까요? '물안개 피는 강가에 서서 작은 미소로 너를 부르리' 결혼 전이나, 결혼 초까지만 해도, 이런 노래가 맞아요. 그런데, 이랬던 사랑의 농도가 시간이 흐르면서 점점 약해지고 무디어지지요. 서로를 향한 마음이 무덤덤해집니다. 급기야 '평생 웬수' 관계가 되기도 합니다. 그렇게 죽고 못 살았는데… 왜 그렇습니까? 사랑이 식었기 때문입니다. 첫사랑의 감격을 잃어버렸기 때문입니다. 하나님과의 관계에서도 그렇습니다… 여러분, 그렇다면 사랑이 식어 냉랭한 우리에게 필요한 것은 무엇일까요?

이처럼 논리적 연결성을 가진 전환문장을 통하여 주의를 환기시키며 첫째 대지에서 내려진 결론(해답)에 대하여 성도들이 가질 수 있는 또 다른 문제와 갈등을 제시함으로 첫째 대지와 둘째 대지를 연결하고, 청중들의 뻔한 생각과 예측을 깨뜨리며 설교에 집중하게 한다. 그리고 둘째 대지에서 첫째 대지의 명제를 심화, 점층, 반전의 기법으로 꼬리에 꼬리를 무는 방식으로서 청중의 관심을 끊이지 않게 하고, 설교의 기대감을 계속적으로 갖게 하며 복음의 깊은 의미(두 번째 해답)를 향하여 나아간다. 둘째 대지에서는 심오한 해답을 제시한다.

대지를 두 개로 하여 전개하는 것은 본문에서 제시하는 귀납-연역의 통합적 형식의 설교의 효과를 극대화하기 위한 하나의 장치이면서 동시에, 3대지의 약점(설교가 장황할 수 있고, 논리적으로 연결을 유지하기가 어려우며, 청중의 흥미와 관심을 계속적으로 끌고 가기가 쉽지 않음)을 해결할 수 있다. 또 3대지는 청중들이 기억하기에 대지가 너무 많은 것도 사실이다.[259] 또한 통합적 형식에서의 두 대지는 설교의 직설법과 명령법을 적극 활용할 수 있다. 죄인에 대하여 하나님께서 이미 무엇을 행하셨는가를 이야기하는 직설법을 확보한 다음 그에 대한 반응으로 죄인인 그가 무엇을 해야만 하는가를 이야기하는 명령법을 제시하는 것이다.[260] 즉 첫째 대지에서 직설법으로 하나님의 주권, 은혜를 강조하고, 이어지는 둘째 대지에서 인간의 반응으로서 명령법을 활용하며 논리적으로 설교를 전개할 수 있다. 결론에서는 열린 결론을 지양하고, 성경적 대안을 제시하고, 이미지화를 통해 그 대안을 각인시키며, 청중들로 하여금 익숙한 세상 나라의 방식을 낯설게 하고 낯선 하나님 나라의 방식을 익숙하게 하여 살아가도록 비전을 제시한다.

3. 귀납-연역의 통합적 형식의 장·단점

완벽하지 못한 인간이 만들어 내는 완전하신 하나님의 말씀에 대한 설교 형식에 완벽하고 완전한 것이란 있을 수 없을 것이다. 그러나 본 논문에서 제시하는 귀납-연역의 통합적 형식은 기존의 귀납-연역적 형식의 장점은 살리고, 단점은 보완한 방식이다. 즉 각각의 대지들이 중심 아이디어와 논리적 연결성과 통일성을 가짐으로 자칫 이것도 저것도 아닌 장황한 설교로 청중에게 혼란을 줄 수 있는 것을 보완했다. 또 귀납적 방식이 연역적 방

---

259) 신성욱, "설교 준비의 기본, 충분한 석의," 43.
260) Carrick, 『레토릭 설교』, 21.

식의 정적인 구조로 바뀌면서 지루해 질 수 있고, 청중의 참여와 기대감이 떨어질 수 있는 단점을 논리적 연결성이 있는 전환문장을 통하여 첫째 대지와 둘째 대지를 연결함으로 뻔한 설교가 아닌 설교의 신선도를 유지하며 청중의 참여와 기대감을 지속시킬 수 있다는 장점이 있다. 또 장황한 3 대지로 인하여 저하될 수 있는 청중의 흥미와 관심을 점층, 심화, 반전의 기법을 통하여 계속적으로 유발하며 이끌어 갈 수 있는 장점도 있다. 결론에서 청중들에게 낯선 하나님 나라의 방식 즉 성경적 대안을 제시할 수 있는 강점도 있다. 분명 귀납-연역의 통합적 형식의 설교는 성경적이고, 신학적이며, 이것과 저것을 함께 아우르는, 균형잡힌 방식으로서 내러티브 본문에도 매우 유익한 설교 방식이라고 할 수 있다. 단점이라면, 보다 폭넓은 성경 신학적 통찰력과 깊은 묵상이 요구되고, 첫째 대지와 둘째 대지의 논리적 연결성이 잘 이루어지지 않으면 청중들에게 혼란을 줄 수 있다는 점이다.

4. 귀납-연역의 통합적 형식 설교 실례

귀납-연역의 통합적 형식의 설교를 룻기를 본문으로 하는 설교문을 작성하여 제시하면 다음과 같다.

가. 귀납-연역의 통합적 형식 설교 실례(룻기 1:22-2:23)

	구조	기능
서론	설교의 도입	-개척교회 당시 한 성도에 대한 이야기(갈등 제시)
본론	I. 첫째 대지	하나님이 진정한 소망이시다.
	A. 전개 1: 선포 B. 전개 2: 해석 D. 전개 3: 적용 E. 전개 4: 예화	-본문 1장 22절 읽기 -'돌아왔다' '보리 추수 때' -진정 하나님이 소망이시다. -'탕자의 비유'
	전환문장	절망의 자리에서 가까스로 일어나 하나님께로 돌이켜 왔는데, 또다른 힘겨운 일들이 찾아온다면?

	II. 둘째 대지	삶의 세밀한 부분에서 계속되는 하나님의 섭리의 손길이 있음을 확신하라
	A. 전개 1: 선포 B. 전개 2: 해석 C. 전개 3: 예화 D. 전개 4: 적용	−본문 3, 4절 함께 읽기 −"우연히", "마침"이라는 단어 해석 −한 시골 처녀와 서울 권사님의 만남 이야기 −보이지 않는 하나님은 여전히 자기 백성의 삶을 섭리하고 계신다.
결론	성경적 대안 제시	물음표의 신앙이 아니라 느낌표의 신앙으로 살라

나. 설교문

설교 본문: 룻기 1:22–2:22　　설교 제목: "물음표 신앙을 넘어 느낌표 신앙으로"		
서 론	도 입	2003년도에 교회를 개척했을 당시, 어린이 축구팀을 통해 50대 초반의 한 사람을 전도하게 되었습니다. 축구를 통해 운동장에서 어울리다가 자연스럽게 교회를 나오게 되었습니다. 지금까지 50여년 이상을 하나님 없이 살다가 교회를 나오게 된 겁니다. 시간이 지나면서 알고 보니, 변변찮은 직장도 없고, 아내와는 결혼식도 올리지 않은 채 동거중입니다. 부모님과는 좋지 않은 관계로 왕래가 없습니다. 삶 자체가 여러 면에서 꼬여있는 그러면서도 자기가 강한 사람이었습니다. 참 예수 믿기 힘든 사람인데, 교회 나오기 쉽지 않은 사람인데, 교회 축구팀과 연결되어서 신앙생활을 하게 되었습니다. 처음에는 그래도 나름 성실하게 열심을 가지고 신앙생활을 했습니다. 6개월쯤 되었을까요? 그는 갈등을 하기 시작합니다. '교회 다녀도 별 볼일 없네, 예수 믿어도 뭐 달라지는게 없어'. 오히려 삶이 조금 더 힘들어지니까, 이름 때문에 그렇다고 다른 이름으로 개명까지 합니다. 그리고는 '교회를 다녀야 되나, 말아야 되나?' '하나님이 계시기는 한 거야?' 라는 물음표를 던지며 갈등하기 시작했습니다. 무언가 자신이 바라고 원하는 대로 되지 않는다는 것, 삶에 어떤 새로운 희망이 보이지 않는다는 것이 그 이유였습니다.

본문	전환문	여러분! 대부분 교회를 나오고, 예수를 믿기 시작할 때, 사람들은 나름의 기대가 있습니다. 무언가 내 삶에 새로운 일이 일어날꺼야! 모든게 이제 잘 될꺼야! 좋은 일이 생길꺼야!… 하지만 그런 기대가 어긋나고, 바램과 나름의 소망들이 현실적으로 이루어지지 않을 때, 많은 사람들이 갈등 속에서 물음표를 던지게 됩니다. 심지어 신앙생활을 포기하는 경우도 있습니다. 하나님에 대한 물음표, 하나님의 존재와 하나님의 함께 하심에 대한 물음표를 던지며 갈등하고 급기야 하나님을 떠나기도 합니다. 부닥친 삶의 여러 정황 속에서 때로 보이지 않는 하나님, 그 하나님의 부재속에서 여전히 그렇게 물음표를 던지며 하나님을 떠나가는 사람들을 향하여 성경은 무어라 말씀하실까요? 오늘 우리가 함께 읽은 룻기는 이렇게 말씀하고 있습니다.
	1대지. 하나님이 진정한 소망이시다.	
	전개 1: 선포	본문 1장 22절을 보세요. "나오미가 모압 지방에서 그의 며느리 모압 여인 룻과 함께 돌아왔는데 그들이 보리 추수 시작할 때에 베들레헴에 이르렀더라"
	전개 2: 해석	제가 1장 22절부터 본문을 잡은 것은 이 1장의 마지막절과 2장이 연결되어지기 때문에 그렇습니다. 1장 22절은 2장 1절과 대응관계를 이루면서, 1장 전체를 짜임새 있게 만들고 있습니다. 또한 '보리추수가 시작할 때에'라는 표현은 이삭을 줍는 장면을 묘사하고 있는 2장과의 연결고리가 되고 있습니다. 1절에서 있었던 풍족했던 이주는 이 마지막 절에서는 핍절한 귀환으로 끝을 맺고 있습니다. 그러나 저자는 나오미와 룻이 베들레헴에 도착했을 때의 시기를 보리를 수확하기 시작하였을 때라고 알려주면서 희망의 빛을 비춰주고 있습니다. 성경은 그렇게 모든 것을 잃고 괴로운 인생, 비참한 인생, 아무런 희망도 없는 텅 빈 인생(20, 21절)이 된 나오미가 돌아온 그 때가 보리를 추수할 때라고 말하면서 그의 삶에 희망이 깃들고 있음을 보여주고 있는 것입니다. 비록 무거운 발걸음이지만은 고향으로 돌아오는 나오미에게 희망이 빛이 분명 보이고 있습니다. 모든 것을 다 잃은 인생, 그야말로 텅 빈 인생, 희망이라고는 털 끝 만큼도 보이지 않는 깜깜한 터널과도 같은 나오미 인생에 희망의 서광이 비치고 있습니다.

본문		그렇다면 그 절망의 깊은 자리에서 나오미에게 희망의 작은 빛을 비춰주신 분이 누구입니까? 하나님이십니다(룻 1:6). 절망의 깊은 자리에서 헤어 나오지 못하고 주저앉아 있는 나오미에게 일어설 희망의 메시지를 주신 분은 바로 하나님이십니다. 소망의 하나님이 나오미를 희망의 땅으로 이끌어 주시고 있는 것입니다.
	전개 3: 적용	여러분! 예수 믿는 우리의 인생이 마음먹은 대로, 계획한 대로 되지 아니하고, 꼬이고, 더 힘들어지고 절망의 한 가운데 던져진다 할지라도 그래도 소망이 있는 것은 소망이신 하나님이 여전히 우리와 함께 하시기 때문입니다. 때로 우리의 육안으로는 보이지 아니하고, 피부로 느껴지지 않을지라도 하나님은 여전히 우리와 함께 하시면서 소망을 주시고, 소망이 되어주십니다. 여러분! 하나님을 떠나서는 인생에 진정 소망은 없습니다. 하나님만이 인생의 유일한 소망이시기 때문입니다. 소망이 보이지 않고, 내일 일을 보장할 수 없는 현실 속에서도 우리에게 소망이 있는 것은 진정 소망이신 하나님이 살아 역사하시고, 또 우리와 함께 하시기 때문입니다. 소망이신 하나님이 함께 하고, 그 하나님과 함께 하는 인생은 소망이 있습니다.
	전개 4: 예화	누가복음 15장에는 잃은 아들을 되찾은 아버지의 비유가 나옵니다. 우리가 잘 아는 '탕자의 비유'입니다. 아버지의 유산을 가지고 아버지의 품을 떠날 때는 풍족했지만, 그러나 둘째 아들의 결국은 모든 것을 잃은 텅 빈 삶이었습니다. 나오미의 인생과 유사합니다. 그리고는 돼지가 먹는 쥐엄 열매를 먹어야하는 비참한 인생으로 전락했습니다. 미래가 불투명하고 희망이 보이지 않는 절망의 자리에서 그에게 한 줄기 희망이 된 것은 자신의 아버지였습니다. 언제라도 자신을 따뜻하게 맞이해주시고 품어주시는 아버지가 떠올랐을 때 그는 돌이켜 아버지에게 돌아가게 됩니다. 아버지에게로 돌아가는 것 외에는 그에게 다른 희망의 길이 없었기 때문입니다. 이 비유가 하나님과 죄인된 인간과의 관계를 묘사하는 것이라고 한다면 우리의 소망도 하나님께 돌아가는 길 외에는 없습니다. 그렇습니다. 진정 소망이신 하나님께로 돌이키는 것, 그 길 만이 소망 없는 인생에 진정한 소망입니다. 소망이신 하나님만이 절망 가운데 있는 인생에 진정한 소망이 되시고 소망을 주시기 때문입니다.

본문	두 번째 문제 제기	그런데, 여러분! 그렇게 힘들게 절망의 자리에서 가까스로 일어나 하나님께로 돌이 켰다면, 그렇다면 그 이 후엔 어떤 일들이 펼쳐져야 되는 것일까요! 절망의 심연의 자리에서 한줄기 소망의 빛을 부여잡고 돌이켜 왔다 면 이후의 삶은 어떠해야 하는 것입니까? 문제가 해결되고, 모든 것 이 평안하고 평탄해야 되는 것 아닙니까? 절망의 수렁에서 한 줄기 소망을 빛을 따라 소망이신 하나님께로 돌이켜 나아왔다면 그 이 후는 소위 만사형통, 탄탄대로의 삶이 펼쳐져야 하는 것 아닙니까? '고생 끝 행복 시작'이어야 하는 것 아닙니까? 그런데, 그렇게 힘들 게 어렵게 겨우 돌이켜 고향으로 돌아온 나오미에게 찾아온 것은 무엇입니까? 또 그렇게 자신의 모든 것을 포기하고 시어머니 나오 미와 하나님 편을, 신앙을 선택한 룻에게 남겨진 것은 무엇입니까? 가난, 궁핍, 당장 먹고 살 일입니다. 그리고 입에 풀칠하기 위하여 남의 집 밭에 가서 이삭을 주워야 하는 구걸하는 일입니다. 아니 이 게 어찌된 일입니까? 우리가 기대하는 것은 이런 것이 아니지 않습 니까? 하나님께 나아 왔는데 여전히 힘겨움과 어려움과 고난의 연속이라 면 여기에서 또 한 번 신앙의 갈등을 겪지 않겠습니까? 어렵게 힙겹 게 산 하나 겨우 넘었더니 또 다른 산이 가로막고 있다면 누구라도 좌절하지 않겠습니까? 또 한 번의 커다란 걸림돌을 만나게 될 때, 우리로 또 다시 주저앉게 만드는 커다란 벽에 부딪히게 될 때, 그때 는 정말 어찌 해야 되는 것입니까?
본문	2대지. 그럼에도 여전히 보이지 않는 섭리의 손길로 함께 하시는 하나님을 확신하라.	
	전개 1: 선포	본문 3절을 함께 읽습니다. "룻이 가서 베는 자를 따라 밭에서 이삭을 줍는데 우연히 엘리멜렉 의 친족 보아스에게 속한 밭에 이르렀더라"
	전개 2: 해석	떠날 때만큼이나 돌아오기 힘든 상황에서 그래도 한 줄기 희망을 붙들고 고향 베들레헴에 돌아온 나오미, 그런 그녀에게 당장 해결 해야 할 문제는 먹고 사는 문제, 하루 새끼 걱정해야 하는 일이었습 니다. 자신의 고향, 친척, 부모, 자신의 종교, 그리고 여자로서의 자 신의 인생 전체를 포기하고, 어머니를 선택하고, 하나님을 선택한 룻에게 주어진 것은 당장 시어머니를 봉양하고 포도청?을 해결해야 하는 문제입니다. 입에 풀칠하는 일이 당장 시급한 문제로 부닥쳐

본문	전개 2: 해석	왔습니다. 그리고는 당장 이 먹는 문제를 해결하기 위하여 룻은 남의 밭에 가서 이삭을 줍는 일을 해야 했습니다. 나오미나 룻의 삶에 달라진 것이라고는 전혀 없습니다. 나오미의 입장에서나 룻의 입장에서 볼 때, 무언가 현실적으로 달라진 것은 아무 것도 없습니다. 살기 막막한 건 모압에서나 여기 베들레헴에서나 마찬가지입니다. 새롭게 좋은 일이 생긴 것도 아닙니다. 돕는 사람이 붙은 것도 아니고, 누가 먹을 것을 갖다 주는 것도 아닙니다. 구걸하다 시피 해서, 남의 밭에 가서 이삭을 주어다 먹는 문제를 해결해야 합니다. 그런데 그렇게 눈에 보이게 달라진 것은 없지만, 그러나 그들의 삶에는 분명 무언가 새로운 변화의 조짐들이 꿈틀거리고 있었습니다. 보세요. 룻이 먹을 것을 위해 남의 밭에 가서 추수하고 떨어진 이삭을 줍는데, '우연히' 그 밭이 죽은 시아버지 엘레멜렉의 친족 보아스라는 사람의 밭입니다. '우연히'. 여기에서 우리는 '우연히'라는 말에 주의를 기울여보아야 합니다. 이 '우연히'라는 말은 보통, '우리가 길을 가다가 우연히 누구를 만났다'는 식으로 전혀 기대하거나 생각지 못한 것을 말할 때 사용합니다. '마트를 갔다가 우연히 김권사님을 만났다!' 지금 성경에서 룻이 '우연히' 보아스의 밭에서 이삭을 줍게 되었다는 것은 이런 의미도 분명 들어 있습니다. 그러나 여기에서 '우연히'라는 말의 더 깊은 의미는 룻이나 다른 사람의 의도가 전혀 없었다는 것을 말합니다. 그러니까, 룻이 보아스의 밭에 가게 된 것은 룻이나 다른 사람의 어떤 의도나 계획에 의해서가 아니라는 것입니다. 다른 말로 그렇기 때문에 하나님의 섭리가 작용하고 있음을 성경은 '우연히'라는 말로 묘사하고 있는 겁니다. 하나님의 보이지 않는 손길을 '우연히'라는 표현으로 보여주고 있습니다. 보이지는 않지만, 여전히 자기 백성을 위하여 일하고 계시는 하나님의 인도하심, 하나님의 섭리. 사람의 머리나 계산이나 준비해서 나온 것이 아니라 하나님에 의해 계획된 일이라는 사실입니다. 이어지는 4절 첫 머리에 역시 인상적인 한 단어가 나오고 있습니다. 바로 '마침'이라는 말입니다. 위어스비라는 목사님은 이 부분에 대하여 이렇게 해석합니다. "보아스가 은혜의 통로로서 등장하게 되는데, 이것은 하나님의 강권적인 섭리의 역사이다. 하나님은 룻을 보아스의 밭으로 인도하신 다음 룻이 거기 있는 동안 보아스로 하여금 자기 밭을 찾아가게 하셨다." 앞서 1절에 보면, 보아스에 대하여 이미 소개가 되어 있습니다.

본문	전개 2: 해석	이 보아스는 나오미의 남편 엘리멜렉의 친족으로 부유한 사람, 능력이 있는 사람입니다. 그리고 그는 하나님의 사람입니다. 이런 소개와 함께 나오미의 며느리 룻이 우연히 그 친족인 보아스의 밭에 가서 이삭을 주운 것, 또 룻이 친족 보아스를 만나게 된 것, 그것은 우연히도 아니고, 인간에 의해 계획된 일도 아닌, 하나님의 인도하심, 하나님의 섭리였음을 성경은 말씀하고 있습니다. 그리고 이후로 펼쳐지는 2장의 내용을 보면, 그렇게 하나님의 섭리 가운데 두 사람의 만남이 이루어졌습니다. 부유하고 존경받는 보아스는 이미 룻에 대하여 어느 정도는 알고 있었습니다. 시어머니를 모시기 위하여 가족도, 부모도, 고향도, 그리고 여자로서의 행복한 삶도 다 포기하고 온 이방의 여인이라는 것을 알았습니다. 보아스는 그런 룻에게 특별한 호의를 베풉니다. ―다른 밭에 가지 말고 자기 밭에서 주우라고 합니다. 당시 농부들은 이삭 줍는 사람들을 눈 감아 주지만 환대하지는 않습니다. 대개의 경우 일꾼들에게 너무 가까이 보이면 근처에 얼쩡거리지 못하도록 지시를 합니다. ―또 종들에게 이 룻을 괴롭히지 말라고 합니다. ―목이 마르면 언제든 종들이 먹는 물을 마시라고 합니다. 이삭 줍는 사람들에게는 물을 마실 권리가 없습니다. 굳이 이삭 줍는 여인들에게 물을 줄 이유도 없습니다. 그런데 마음대로 물을 마시라 합니다. ―그뿐만 아니라, 밥을 먹는 데 룻도 함께 와서 밥을 먹게 합니다. 많이 주어서 배불리 먹고 남을 정도로 음식을 제공할 아무런 의무도 없었습니다. 당시 이런 일은 없는 일입니다. 그리고는 종들에게 곡식을 벨 때 일부러 조금씩 뽑아 버려서 룻이 많이 줍도록 합니다. 인간적으로 보면 그럴 이유가 전혀 없습니다. 그렇게 대접 받는 룻 자신도 너무도 과분하고, 이상해서 '왜 이방 여인인 자기에게 이렇게 호의를 베푸냐'고 물을 정도입니다. 그런데 보아스는 오히려 자기가 베푸는 호의 정도로는 부족하다고 말합니다. 룻이 행한 일에 비하면 자기가 하는 것은 아무 것도 아니라고 하면서 이렇게 말합니다. "이스라엘의 하나님 여호와께서 그의 날개 아래에 보호를 받으러 온 네게 온전한 상주시기를 원하노라"(12절) 성경은 보아스의 이 말을 통해 이후의 룻과 나오미의 삶에 펼쳐질 놀라운 일들을 암시해 주고 있습니다. 어쨌든 본문의 '우연히' '마침', 이 두 단어는 나오미와 룻의 삶을 간섭하시고 섭리하시는 하나님의 보이지 않는 손길을 잘 보여주고 있는 중요한 열쇠(key)임이 분명합니다. 하나님의 보이지 않는 섭리의 손길을 잘 묘사해주고 있습니다.

본문	전개 3: 예화	두메산골 교회에서 착하게 신앙생활 하던 가난한 집 처녀가 매일같이 기도했습니다. 서울에 가서 신앙 좋은 가정에서 식모살이라도 하며 야간학교를 다닐 수 있게 해달라고… 서울의 한 권사님은 식모문제로 인하여 하도 속을 썩어서 주님께 기도를 했습니다. '예수 잘 믿는 착한 시골처녀 하나 보내주시면 딸처럼 사랑해 주겠다고…' 어느 날 이 권사님이 기도하고, 막연하지만 기대 속에 서울역 대합실에 갔습니다. 그 때 마침 의자에 앉아 무릎 위 성경책을 두 손으로 붙잡고 기도하는 한 소녀를 발견하게 되었습니다. 혹시 직장을 구하지 않느냐고 물었더니 그렇답니다. 순간 주님의 응답으로 만나게 해 주신 것을 확신합니다. 이 소녀는 그 권사님 댁에서 야간 성경학교를 다니며 가족처럼 살다가 마침내 독실한 집사님과 결혼하여 부부집사로 교회를 섬기고 있습니다. 하나님의 섭리의 만남이 아름다운 결실을 맺게 하신 것입니다. 이처럼 하나님의 섭리 안에 있는 아름다운 만남은 성경에도 얼마든지 있습니다. 아브라함의 종이 이삭의 신부 리브가를 나홀의 성 어느 우물가에서 만나게 된 것, 요셉이 노예로 보디발을 만나고, 옥중에서 왕의 두 대신을 만나고, 애굽의 바로를 만나 총리대신이 된 일 등 입니다.
	전개 4: 적용	여러분! 우리는 옷깃만 스쳐도 인연이라고 말합니다. 또 '우리 만남은 우연히 아니야' 가수 노사연 씨가 부른 '만남'이라는 노랫말에 공감하지 않습니까? 지금 룻과 보아스의 만남은 '우연히' 아니라, 또 사람의 계획된 만남이 아니라, 하나님의 의도와 계획, 하나님 섭리 속에 이루어진 필연입니다. 하나님은 하나님의 어떤 일들을 행하실 때 사람을 통하여 하십니다. 사람과 사람의 만남을 통하여 역사하십니다. 사람을 사용하셔서 어떤 일을 이루시고, 사람을 통하여 하나님의 놀라운 일들을 진행시켜 나가십니다. 그런 하나님의 놀라운 계획 속에, 하나님의 섭리 속에 이 두 사람의 만남이 이루어지고 있는 것입니다. '우연히' 아니라, 하나님의 섭리 가운데 말입니다. 여러분! 사실, 저와 여러분의 만남도 결코 우연이 아닙니다. 우리 성도들 한 분 한 분의 만남이, 우리 서로의 만남이 어떻게 하다 보니까, 우연히 된 것이 아닙니다. 예수 안에서는 우연이란 없습니다. 모든 것이 필연입니다. 우리 성도들, 우리 새 가족들, 다 예수 안에서 하나님의 섭리 속에서 이루어진 필연적인 만남입니다.

본문	전개 4: 적용	하나님께서 놀라운 계획을 가지시고 우리에게 만남을 허락하신 겁니다. 부부만이 특별한 만남이 아니라, 여기에 계시는 우리 모두의 만남이 예수님 안에서 특별한 만남입니다. 우리 삶에 펼쳐지는 모든 일들은 어떻게 하다보니까 되는 일이라고는 하나도 없습니다. 우연히 그렇게 되는 일은 없습니다. 다 하나님의 계획 속에서, 섭리 속에서 이루어지는 일입니다. 그래서 눈앞에 펼쳐질 때는 잘 몰랐는데, 시간이 지나고 나면, 그 모든 일들 속에 하나님의 인도하심과 섭리가 있었다는 것을 깨닫게 됩니다. 여러분, 이미 우리 삶에도 보이진 않지만, 우리 삶에 지극한 관심을 가지고 계시는 하나님께서 사람들과의 만남 속에서, 또 우리 삶에 펼쳐지는 일들을 통하여 하나님의 놀라운 계획들을 펼쳐가고 계십니다. 때로 삶 가운데 커다란 인생의 폭풍우를 만나기도 하지만, 그래서 금방이라도 좌초될 것 같지만 그럼에도 자기 백성을 향한 하나님의 섭리의 손길은 여전히 함께 하십니다. 당장에 우리가 기대하고, 눈에 띠게 무엇인가 우리 삶에 커다란 변화가 일어나는 것은 아닐지라도 하나님은 세밀하게 우리를 위해 일하고 계시고, 섭리하고 계십니다. 삶의 힘겨운 일들이 펼쳐지는 그 순간에도 하나님은 보이지 않는 손길로 우리와 함께 하십니다.
결론	성경적 대안 제시	사랑하는 여러분! 신앙생활하다 보면, 종종은 물음표가 던져질 때가 있습니다. 하나님의 부재속에서 하나님이 살아 계신지, 하나님이 정말 나와 함께 하시는지, 하나님께서 내 삶을 주장하시고 인도하시는지… 그럴 때는 얼마든지 물음표를 던지세요. 그러나 물음표에만 머무르지 말고, 그 물음표를 넘어 여전히 함께 하시는 하나님, 그 하나님의 섭리의 손길을 경험하는 느낌표의 자리까지 나아갈 수 있기를 바랍니다. 인생의 절망과 위기, 때로 삶의 문제 한 복판에 있을지라도 진정 소망이신 하나님은 여전히 우리와 함께 하십니다. 날씨가 흐리고 구름이 가리어도 태양은 항상 떠 있는 것처럼, 때로는 보이지 않고 때로는 만져지지 않고 느껴지지 않을지라도 여전히 신실하신 하나님은 우리와 함께 하시며 섭리의 손길로 백성된 우리 삶을 인도하시고 주장하십니다. 하나님의 부재로 인하여 던져지는 느낌표로 인하여 오히려 어느 순간에든 여전히 섭리하시는 하나님의 그 놀라운 손길을 풍성히 경험하시기를 바랍니다. 그리하여 여러분의 물음표가 느낌표로 바뀌어지는 은혜가 있기를 바랍니다. 더 나아가 여러분의 남은 생애는 물음표의 신앙을 넘어 느낌표의 신앙으로 살아내시기를 주님의 이름으로 축복합니다.

지금까지 룻기 내러티브의 설교문을 통하여 내러티브 본문에 대한 설교의 다양한 형식들을 살펴보았다. 그리고 성경적 설교, 균형잡힌 설교를 위한 또 하나의 대안적 방식으로 '귀납-연역의 통합적 설교 형식'을 새롭게 제시해 보았다.

현대적 상황 속에서 본문의 의미를 충분히 드러내며 청중에게 들리는 설교, 청중의 삶의 변화를 가져오는 설교는 이렇게 다양한 형식으로 전달될 수 있다. 그리고 설교자는 설교에 있어서 형식의 다양화를 꾀해야만 한다. 그러나 이처럼 설교에 있어서 다양한 설교의 형식이 취해질 수 있지만, 더불어 그 안에 하나님의 구속을 드러내는 분명한 목적을 가지고 있어야 한다. 설교가 어떤 형식으로 전달되어지든지에 관계없이 하나님의 죄인된 인간을 향한 구속을 외면한다면 그것은 참다운 설교가 될 수 없기 때문이다.[261] 그러므로 설교자는 하나님의 구속을 잘 드러내는 성경적 설교이면서도 오늘의 청중들에게 다가가고 들려지도록 다양한 형식의 설교를 행할 수 있어야 한다. 그러할 때 설교는 본문을 충분히 드러내는 바른 메시지로 그리고 풍성하고도 맛깔 나는 메시지로 청중들에게 전달되며, 그들의 삶의 변화를 일으킬 수 있을 것이다.

---

261) 문상기, "설교의 구속사적 이해와 현대 설교의 과제," 198-199.

제7장
결론(요약 및 제언)

제1절 요약

본 논문은 한국 교회의 위기에 대한 담론이 무엇보다 강단의 위기에서 비롯되었다는 자성의 목소리와 함께 사회가 변하고, 교회도 변하고, 그런 변화의 환경 속에서 교회를 이루고 있는 교회의 구성원들도 계속적으로 변하고 있는 상황에서 출발한다. 그리고 교회가 그런 변화에 어떻게 대처하는가에 따라 교회의 생사(生死)가 달려있음을 깊이 공감하며 이 시대의 설교자들에게 무엇보다 우선해야 할 것이 설교 패러다임의 변화라는 것을 제시했다. 왜냐하면 이렇게 변화하는 시대, '변화와 혁신'이 화두인 시대에 세상은 무한 변신을 추구하고 있는데 결코 변치 않거나 더디 변하는 것이 바로 우리의 설교이기 때문이다. 여전히 한국 교회 강단은 성경 본문을 정당하게 다루지 않고 인간 중심적, 윤리 도덕적 설교가 난무하고 있고, 청중을 외면한 채 설교자의 강력한 권위에 근거를 둔 소위 지시적이고, 명령적이며, 일방적이고 강압적인 형태의 설교가 주류를 이루고 있는 것이 사실이다.

이런 한국 교회의 강단 회복을 위하여 본 논문은 두 마리 토끼를 포획하려고 시도하였다. 먼저, 포획하고자 하는 한 마리 토끼는 성경신학적 안목을 토대로 성경을 구속사적 관점에서 해석하는 구속사적 설교에 대한 이해이다. 즉 설교에서 구속사의 주체이신 하나님 중심성(하나님 중심적-그리스도 중심적)을 확보하는 것이다. 또 한 마리의 포획하고자 하는 토끼는 구속사적 설교의 안목으로 본 성경의 중요한 장르인 내러티브 본문에 대한 설교의 갈 길을 제시하는 것이다. 즉 청중에게 다가가는 효과적인 설교로서의 내러티브 본문에 대한 설교의 다양성을 확보하는 것이다. 특히 본 논문은 룻기 내러티브를 중심으로 다양한 목회적 상황에 맞는 내러티브 본문에 대한 다양한 설교 형식 계발에 초점을 두었다. 구속사적 설교의 관점에서 전통적 설교에서 사용되고 있는 형식과 새로운 설교학에서 제시하는 설교의 형식들을 살펴보고, 나아가 또 하나의 효과적인 전달 방식을 위한 대안으로 귀납-연역의 통합적 설교 형식(Integrated Inductive-Deductive Preaching Form)을 제시하고자 하였다.

여기에서 구속사적 설교라고 하는 것은 전통적으로 말하는 단순히 기계적인 구속사 설교가 아니라 그것을 넘어서는 통합과 대화의 장으로서의 구속사 설교, 적용이 들어 있는 유기적이고 통전적인 구속사 설교를 일컫는다. 이런 구속사적 관점에서 룻기 내러티브를 보고자 했고, 룻기 내러티브에 대한 이론적 이해보다는 실제적인 설교 형식 계발에 초점을 맞추어 연구하였다. 그리고 결과적으로 본 논문에서는 내러티브 본문에 대한 설교에서 성경적이면서도 풍성하고 목회적 상황에 적실하고 다양한 형식의 설교가 시도되어야 함을 주장했다.

더불어 내러티브 본문에 대한 매우 효과적이면서도 대안적인 형식으로 기존의 귀납적-연역적 방식을 수정 보완하는 방식으로서 귀납-연역의 통합적 방식을 제시하였다.

이와 같은 전체적인 방향성을 가지고 본 논문은, 제2장에서 구속사적 설교에 대한 정의와 배경 그리고 구속사적 설교의 주창자들을 살펴보았다. 성경은 하나님께서 예수 그리스도를 중심으로 죄인된 인간을 구속하시는 역사의 흐름으로 전개되고 있다. 역사 속에서 일어난 하나님의 계시와 행동은 죄인된 인간의 구속과 관련이 있고, 그 중심에 예수 그리스도가 있다. 그리고 이렇게 하나님이 구속사의 중심인 예수 그리스도 안에서 이루시는 구원 역사라고 하는 성경의 전체 주제(구속사적 관점)를 통하여 성경을 해석하고, 오늘의 청중들에게 적실성 있게 선포하는 것이 구속사적 설교이다.

이러한 구속사적 설교는 성경의 본질적인 메시지인 예수 그리스도에 설교의 모든 초점을 맞추게 하는 성경신학적 근거와 구속사적 설교의 기원과 근거가 되는 성경이 그 배경이 된다. 구속사적 설교는 인간 중심적이며, 성경 계시와 대립되고, 구속 사역을 행하시는 하나님까지 경시하는 것으로 간주되는 주관주의적 설교에 대한 반응으로 태동하게 되었고, 모범적 입장과 대립하면서 발전하게 되었다. 구속사적 설교를 주장하는 대표적인 주창자로는 에드문드 클라우니, 시드니 그레이다누스, 브라이언 채펠 등이 있다. 이들은 이구동성으로 그리스도 중심적 설교를 주장한다. 그러나 그렇다고 해서 이들이 성경의 모든 본문에서 그리스도만을 설교해야 한다는 배타적인 구속사 설교를 말하는 것은 아니다. 이들은 본문을 성경신학적 토대 위에서 해석하고, 다양한 방식으로 하나님 중심적이면서도 그리스도 중심적인 설교를 하되 오늘의 청중에게 적실성 있는 설교를 제시하고 있다.

이렇게 제2장에서는 구속사적 설교에 대한 정의와 배경, 그리고 구속사 설교를 주창하는 학자들의 견해를 통하여 구속사적 설교의 개괄적인 이해를 살펴보았다.

다음의 제3장에서는 앞장에서 살펴 본 구속사적 설교에 대한 개괄적인 이해와 함께 구속사적 설교의 지평을 넓히는 작업으로 실제적 원리와 해석 방법, 그리고 실제 요소들에 대하여 고찰을 해 보았다. 구속사적 설교는 실제 역사이고 통일체이며, 점진적인 성격을 지니고 있는 구속사가 그리스도를 중심으로 진행되며, 하나님의 영원하신 작정에 닻을 내리고 있다는 것을 반드시 전제해야만 가능하다는 것이다.

또한 구속사적 설교는 다양한 문학적 형태를 띠고 있는 성경을 문학적으로 해석해야 하며, 성경의 모든 본문들이 역사적 기록이기 때문에 역사적 해석이 필요하고, 특정 본문을 성경 전체와의 관련 아래서 해석하는 유기적 해석과 함께 본문을 그 고유성 안에서 보는 종합적 해석이 필요하다. 여기에 성경에 드러난 구속사에서 하나님의 행위들의 축을 따라 구체적인 유비들을 발견하는 모형론적 해석 역시 구속사적 설교에서 필요한 해석적 방법이다.

이와 더불어 구속사적 설교는 그리스도 중심적이며, 본문 중심의 주제적 설교이고, 적실성 있는 상황적 설교임을 살펴보았다. 즉 구속사적 설교는 성경은 하나님의 책이요 하나님의 말씀이며, 하나님이 계획하시고 진행시켜 나가시는 하나님의 구속의 역사인 성경을 구속사적으로 해석하여 선포하는 성경적 설교이기에 하나님 중심-그리스도 중심적일 수밖에 없다.

또한 구속사적 설교는 그 주제가 성경 본문에 근거하며, 하나님께서 본문을 통하여 말씀하시고 자는 주제(Main Idea 또는 Big Idea)를 설교한다는 측면에서 본문 중심의 주제적 설교이며, 단순히 교리에 대한 설명이나 강연이 아닌 청중의 삶에 구체적으로 적용하는 적실성 있는 설교라는 것이다. 이렇게 해서 두 장(제2장과 제3장)에 걸쳐 구속사적 설교에 대한 개괄적이면서도 포괄적인 이해를 고찰해 보았다.

이어서 제4장은 이러한 구속사적 관점을 토대로 룻기 내러티브에 대한 전반적인 이해를 살펴보았다. 룻기는 이야기(narrative)이다. 그러나 룻기는 단순한 이야기가 아닌 "하나님의 구속의 역사를 드러내고자 하는 목적을 가지고 시간과 공간 안에서 독특한 방식으로 서술된 흐름이 있는 이야기"이다. 그러므로 룻기를 '한 가정의 이야기' 또는 '한 개인의 이야기'로만 보아서는 안 된다.

룻기는 '다윗 왕조사'의 관점을 넘어 더 위대한 하나님의 구원사적 이야기인 것이다. 룻기는 구속사적 관점에서 장차 예수 그리스도의 구속을 통해 이루어질 하나님의 나라 다스림을 사사 시대를 배경으로 미리 보여

주는 예시적(illustrative)인 한 실례인 것이다.[1]

이런 구속사적 관점에서 성경적 내러티브로서의 룻기에 대한 개괄적인 이해와 더불어 룻기 내러티브 해석에 대한 접근법을 살피면서, 룻기를 여러 관점으로 보는 시도들은 있을 수 있겠으나 룻기 내러티브의 의도와 의미를 가장 잘 살려내는 접근법은 역시 구속사적 접근이라는 것을 논의했다. 그리고 룻기 내러티브가 가지고 있는 중요한 신학적 요소들로 하나님의 섭리, 그리고 개인과 가정과 공동체와 역사를 주관하시며 섭리하시는 하나님은 이 룻기에서 보이지 않는 하나님으로 묘사되고 있다는 점과 그 하나님의 풍성하신 은혜와 자비(헤세드), 그리고 신약의 예수님까지 내다보게 하는 고엘 제도와 하나님은 구약에서 이미 아니 창세전부터 믿음으로 말미암는 보편적 구원에 대하여 이 룻기 내러티브를 통하여 보여주고 계심을 살펴보았다.

계속해서 제5장에서는 구속사적 토대 위에서 룻기 내러티브의 장별 본문 연구 및 해설과 더불어 설교의 개요작성까지 나아가는 설교의 과정을 통하여 뒤에 이어질 제6장에서의 설교 실례제시를 돕는 작업을 실행했다. 한 편의 설교는 결코 하늘에서 뚝 떨어지는 것이 아니라 산고의 결과물이다. 한 편의 설교가 만들어지기까지는 거쳐야 하는 일련의 과정들이 있는데, 본문 선정에서부터 본문 연구(관찰, 주해, 중심 아이디어 도출)와 연구된 본문과 청중을 연결하는 목적의 다리를 거쳐 설교의 완성(설교의 아이디어 도출, 개요 작성, 전달의 단계)에 이르는 과정을 거치기 마련이다.

본 논문에서는 이 과정을 나무에 비유하여 3과정(뿌리, 줄기, 잎), 7단계로 제시해 보았다. 설교의 근간이 되는 본문 연구가 나무의 뿌리에 해당한다면, 그 뿌리와 잎을 연결하는 줄기는 본문과 청중을 연결하는 목적의 다리에 해당하고, 뿌리로부터 줄기를 통해 영양분을 공급받아 잎이 번성하는 것처럼 설교는 본문 연구와 더불어 청중과의 연결을 통하여 완

---

[1] 이문식, "설교적 관점에서 본 룻기 이해," 408.

성에 이르게 된다. 뿌리와 줄기와 잎은 유기적 관계로서 건강한 나무로 풍성하게 자라기 위해서는 모두가 제 역할을 잘 해야 하는 것처럼, 설교가 건강하고 성경적이고 풍성하기 위해서는 설교의 3과정(본문 연구, 목적의 다리, 설교 작성과 전달) 역시 유기적으로 잘 이루어져야 함을 살펴보았다. 그리고 이런 설교의 과정을 룻기 본문에 적용하여 실제적으로 제시함으로 이어질 제6장에서의 설교 작성의 밑 작업을 해 보았다.

이어지는 제6장에서는 앞서 살펴본 성경적 내러티브의 하나로서 룻기 내러티브에 대한 구속사적 이해를 토대로 연구한 룻기 본문을 가지고 설교문을 작성하여 실례를 들면서 설교의 다양한 형식을 제시하였다. 그것은 어떻게 하면 오늘의 청중들에게 바른 설교 그리고 들리는 설교를 효과적으로 할 수 있을까에 대한 고민에서 비롯된다. 설교자에게 무엇보다 요구되는 것은 본문에 대한 바르고 정당한 해석이다. 하나님의 말씀으로서의 성경 본문을 정당하게 다루어야 하는 것이다. 그러나 그것과 함께 또 하나 설교자에게 요구되는 중요한 요소는 청중에 대한 이해와 더불어 효과적인 전달 방식이다.

설교자에게는 '무엇을(what)' 전할 것인가와 함께 그 '무엇'을 '어떻게(how)' 전할 것인가 하는 것 둘 다 중요하기 때문이다. 그럼에도 이제까지는 '무엇'을 전할 것인가에 대한 고민과 강조는 있었지만 '어떻게' 전할 것인가에 대해서는 소홀히 했던 것이 사실이다. 그러나 설교의 소통이라는 차원에서 또 본문의 정당한 해석으로 이끌어낸 메시지가 오늘의 청중에게 잘 전달되어야 한다는 측면에서 '어떻게' 전할 것인가의 문제 즉 설교 형식의 문제는 결코 소홀히 될 수 없다. 물론 지금까지의 설교에 형식이 없었던 것은 아니지만, 그러나 획일적이고 고정된 방식, 천편일률적인 설교 방식이 문제인 것이다.

시대가 변하고, 환경이 변하고, 청중이 변하면서 청중들은 그 메시지를 받는 방식도 달라졌다. 문자화 시대와는 달리 전자 문화와 영상 문화에 익숙한 청중은 그 메시지를 받는 방식도, 논리와 명제에 의해서 어떤 개념을 받기보다는 이미지와 메타포, 스토리, 그리고 가시적인 영상을 통해서 확실하게 인식한다. 이것은 설교자들로 하여금 오늘의 청중들에게 어떻게 하면 들리는 설교를 할 수 있을까하는 고민과 함께 설교 패러다임의 변화를 요구하고 있는 것이다. 그리고 그 중심에는 설교의 새로운 형태 추구와 다양한 설교 형식의 필요성이 요구되고 있는 것이다. 설교에 있어서 형식은 설교자들이 전하는 메시지를 청중들이 바르게 이해하도록 도와주고, 초점을 맞추어 주고, 강조점을 찾아주고, 이해를 확고하게 하는 역할을 하기 때문에 메시지의 효과적인 전달과 청중에게 들리는 설교를 위한 매우 중요한 요소이다. 문예적, 문법적, 역사적, 신학적으로 해석하여 이끌어낸 본문의 의미를 살리고, 적용하여 청중들의 삶을 변화시키는 성경적 설교를 위하여 오늘의 설교자들에게 무엇보다 요구되고 있는 것은 획일적인 설교 형식을 탈피하여 다양한 설교 형식을 계발하고 설교에 적용하는 일이다.

 이런 필요와 요구를 따라 전통적 방식에서 주로 사용되어 왔고, 지금도 설교자들에게 애용되고 있는 연역적 형식과 새로운 설교학에서 주창하는 귀납적 형식을 이론과 실제적 적용 방식으로 정리해 보았다. 또 본문의 장르에 맞는 방식으로 플롯을 이용하여 움직임을 통해 설교를 전개해 가는 내러티브 형식과 설교자가 본문의 등장인물이 되어 생생하게 전하는 1인칭 내러티브 형식, 그리고 청중의 필요에 민감하게 반영하고, 문제-해결식 설교를 장면 장면으로 전개해 가는 네 페이지 형식을 살펴보았다. 그리고 또 하나의 대안적 방식으로 귀납-연역의 통합적 형식을 제시하였다. 이 귀납-연역의 통합적 형식은 기존의 귀납-연역적 형식의 장점을 살리고, 단점은 보완하여 설교의 움직임을 결론까지 계속적으로 가져가면서 명확한 주제나 명제를 제시하는 방식이라 할 수 있다. 여기에서 다시 한 번 귀납-연역의 통합적 형식에 대하여 간략하게 정리해 보도록 하자. 먼저, 귀납-연역의 통합적 형식은 네 가지를 아우르는 방식을 추구한다.

첫째, 성경에서의 인물들은 오늘의 청중들에게 좋은 본보기가 됨을 중시하는 모범적 설교와 성경을 하나님의 구원의 역사라는 큰 틀에서 그 중심이 되시는 하나님 중심적-그리스도 중심적 설교를 강조하는 구속사적 설교의 통합을 이루는 방식이다.

둘째, '무엇'(What) 전할 것인가에 대한 관심에서 수직적 커뮤니케이션(신적 요소)을 중시한 전통적 설교와 '어떻게'(How) 전할 것인가에 대한 관심에서 수평적 커뮤니케이션(인간적 요소)을 중시한 새로운 설교의 통합을 도모한다.

셋째, 규범(Text)과 상황화(Context)의 통합을 모색한다. 규범(본문)과 상황(실존)이 적절히 융합될 수 있는, 즉 성경 본문의 중심성을 잃지 않으면서도 오늘 청중의 삶에 적실한 적용적인 설교를 전달할 수 있는 통합적 방식에 대한 모색이다.

넷째, 설교 형식에 있어서도 통합적 방식을 모색한다. 즉 주로 일반 명제를 먼저 제시하고 결론에서 특별한 상황과 경험에 적용하는 명제적이며, 논증적이고, 예증적인 연역적 방식과 설교의 중심 아이디어를 제시하지 않고, 구체적인 상황에서의 관찰, 질문, 실례 등 경험으로부터 출발하여 청중과 함께 설교의 중심 아이디와 결론으로 움직여 나가는 귀납적 방식의 통합이다.

귀납-연역의 통합적 형식의 특징으로는, 첫째, 구속사적 관점에서 성경을 해석하는 하나님 중심적이면서, 더불어 청중을 설교에 참여케 하는 청중 중심적으로 균형잡힌 성경적 설교에 적합한 형식이다. 둘째, 설교의 움직임과 논리적 연결성을 가지고 청중이 예측할 수 있는 뻔한 설교를 지양하는 형식이다. 셋째, 꼬리에 꼬리를 무는 식의 두 개의 대지를 활용하여 설교의 효과를 극대화 하고 청중들의 관심과 기대를 계속적으로 끌고 가는 형식이다. 넷째, 결론에서 구체적인 성경적 대안을 제시하여 청중들로 하여금 하나님 나라의 방식으로 살아가게 하는 확실한 적용이 있는 형식이다. 다섯째, 성령의 능력과 인도하심에 열려있고 전적으로 의지하는 설교 형식이다. 한국교회 설교자들에게나 청중들에게 어렵지 않고 그러면서도 설교를 건강하고 풍성하게 하는 매우 효과적인 설교 형식이라고 할 수 있다.

제2절 제언

논자는 본 연구를 통하여 성경적 설교는 성경의 거대담론인 하나님의 구속의 역사, 하나님의 구속의 이야기의 중심인 하나님 중심적-그리스도 중심적 설교, 구속사적 설교이어야 함을 강조했다. 그리고 구속사적 관점에서 룻기 내러티브를 살피고, 이 룻기 내러티브를 중심으로 오늘의 청중들에게 적실하고 효과적인 설교를 위해 전통적 설교와 새로운 설교에서 사용되고 있는 5가지의 설교 형식을 살펴보았다. 그리고 더 나아가 내러티브 본문에 대한 설교에서 설교자들이 쉽게 접근할 수 있으면서도 매우 효과적인 형식으로 '귀납-연역의 통합적 방식'을 제시하였다. 기존의 귀납-연역적 방식의 장점인 귀납적 움직임은 살리고, 3대지 방식의 연역적 방법을 2대지로 바꾸어 설교의 통일성과 효과에 극대화를 가져올 수 있도록 하였다. 전통적 방식과 현대적 설교 방식의 통합으로서, 또한 본문의 의미를 충분히 드러내면서도 청중을 참여시키고, 청중의 관심과 기대와 흥분을 유지하면서 청중에게 들리는 설교, 삶의 변화를 가져오는 설교가 될 수 있다는 점에서 매우 유익하다고 할 수 있다.

지금도 바른 성경적인 안목을 제시하면서 적실성이나 실존성을 확보하는 설교를 위하여 다양한 시도들이 계속되고 있다. 구속사라는 성경신학적 토대 위에 본문을 정당하게 다루며, 더불어 변화하는 시대의 흐름에 발맞추어 오늘의 청중들에게 보다 효과적인 전달을 위한 설교 형식에 대한 고민들이 더 많아지기를 기대한다. 이를 위하여 몇 가지 제언을 하면 다음과 같다.

첫째, 성경의 많은 부분을 차지하는 내러티브 장르의 본문 외에 구약과 신약의 다른 장르의 본문에 대한 효과적인 설교 형식 연구가 필요하다고 본다. 예를 들면, 바울 서신의 경우에 선포식 설교가 가장 잘 어울리지만 다양한 목회적 정황에 따라서 귀납적 형식이나 1인칭 내러티브 형식 등 다양한 설교 형식이 가능하리라고 본다. 이 외의 성경의 다른 장르에 대한 효과적인 설교 형식 연구도 얼마든지 도전할 수 있는 가치가 있다고 본다.

둘째, 본 논문에서는 지금까지 제시된 다양한 설교 형식들 가운데 여섯 가지 형식만을 다루었다. 이 외의 다른 다양한 형식들(예를 들면, 현상학적 전개 형식, 청교도 설교 형식, 대화 형식 등)의 폭넓은 연구와 더불어 그것을 토대로 한국교회와 설교자들에게 유익을 줄 수 있는 새로운 형식들이 계발되었으면 한다.

셋째, 보다 효과적인 설교를 위해 설교의 다양한 형식과 다양한 유형의 설교(예를 들어, 주제적 설교, 강해적 설교, 분석적 설교 등)에 대한 상관관계를 연구함으로 한국교회 설교자들의 설교의 지평을 넓혀주는 작업도 요청된다고 본다.

넷째, 설교자(전달자) 입장에서 효과적인 전달을 위한 방법으로 설교 형식을 논했다면, 청중(청취자)의 입장에서 효과적인 청취로서의 설교 형식은 무엇인지에 대한 연구도 필요하리라 생각된다.

결론적으로, 한국 교회 강단은 성경을 정당하게 취급하지 아니한 채 행하여지는 인간 중심적, 전기적, 도덕적 설교가 여전히 난무하고, 본문의 장르와 형식을 파괴하고 청중을 무시한 채 일방적이고 주입적인 선포 방식이 여전히 맹위를 떨치고 있는 것이 사실이다. 이런 한국 교회의 설교적 현실 속에서 논자는 성경 본문을 구속사적 토대 위에서 하나님 중심적-그리스도 중심적으로 해석하고, 본문의 장르를 살리며, 어떻게 하면 청중에게 들리는 설교를 할 수 있을까에 대한 고민과 함께 연구를 진행해 보았다. 그 결과물로 나온 본 논문은 바른 성경적인 안목을 제시하면서 적실성을 확보하는 설교를 통하여 성도 개개인의 삶의 변화를 꾀하여 하나님의 사람들로 세우며, 하나님 나라의 공동체로서의 교회를 건강하게 세워가는 설교의 좋은 도구가 되리라고 기대한다.

특별히 '통합적 방식으로의 귀납-연역적 형식'은 오늘도 진정한 부흥을 꿈꾸며 생명력 있는 강단을 위해 설교 한편이 만들어지기까지 몸부림치며 해산의 수고를 아끼지 않는 조국 교회 설교자들에게 유익한 아이템이 될 것임을 확신하는 바이다.

Appendix 통합적 설교

통합적 설교 예제(1)
*설교 제목: 시선이 수준을 말하다
*설교 본문: 룻기 1:19-21절

서론

"저는…집으로 가고 싶습니다."

몇 년 전에 상영되었던 전도연 주연의 영화 "집으로 가는 길"에 나오는 대사입니다. 실화에 근거한 이 영화의 주인공은 남편 후배가 다이아몬드 원석을 프랑스로 운반만 해주면 400만원을 주겠다는 제안에 딸에게 3일 후에 돌아오겠다는 말을 남기고 프랑스행 비행기에 오릅니다. 남편 후배가 속인 것을 모른 채 말입니다. 남편 후배가 다이아몬드 원석이라고 한 것은 실제로 마약이었습니다. 공항에서 그것이 발각되어 장미정씨라는 분은 프랑스 경찰에 붙잡혀 억울하게 외딴 섬에 있는 감옥에 보내집니다. 그로부터 자그마치 2년 동안 옥살이를 하다 풀려나 집으로 돌아오게 된다는 이야기입니다.

이렇게 극단적인 경우는 아니지만 집으로 갈 수 있는 것에 감사하게 되는 때가 있습니다. 출장 갔다가 돌아올 때라든가, 장기간 입원한 후에 집으로 가는 경우일 것입니다. 이따가 집에 가실 때, 집에 마음껏 갈 수 있는 것에 감사하시기를 바랍니다. 이런 감사 헌금도 적어서 내세요. 집으로 갈 수 있게 하심을 감사합니다.

오늘 본문에 나오미라 이름 하는 한 여인이 우여곡절 끝에 집으로 돌아옵니다. 장미정씨가 2년이 걸렸다면 나오미는 그것에 5배에 해당하는 시간 동안 집을 잃은 채 배회하다가 돌아오게 된 것입니다. 비록 흉년으로 고국을 등지게 되었지만 집을 떠날 때 다시 돌아오는 길이 이리도 어려울 것이라고는 상상도 못했을 것입니다. 이민의 삶을 위해 집을 나설 때, 미지의 땅에 정착해야 하는 두려움이 있었지만 그래도 사랑하는 남편과 금쪽같은 아들들이 동행하고 있어서 든든했습니다. 그러나 그로부터 10년이 지난 지금 나오미는 무일푼입니다. 과부가 되었습니다. 두 아들마저 잃었습니다. 오직 이방 여인 룻이 그녀와 동행할 뿐입니다. 정말 기가 막힙니다. 물질과 가족을 모두 잃고, 고작 힘없고 무기력한 며느리와 함께 새로운 인생을 시작하려고 합니다. 여러분! 나오미의 귀향 모습을 상상해 보십시오. 무슨 영화나 드라마 속에 나오는 가슴 아픈 한 장면이 연상되실 것입니다.

그렇게 초라한 모습으로 고향에 돌아오는 그녀를 동네 사람들이 알아봅니다. '이거 나오미 아니야?'라며 베들레헴 사람들이 혀를 차며 비아냥거립니다. 아니 적어도 나오미에게는 그렇게 들렸을 것입니다. 그래서 일까요? 베들레헴 사람들을 향해 그녀는 자신을 더 이상 "나오미"라 부르지 말고, "마라"라 불러달라고 합니다. 나오미는 '환희 혹은 기쁨'이라는 뜻입니다. 마라는 '쓰다'란 뜻입니다. 그러니까 자신을 더 이상 기쁨의 사람으로 부르지 말고 쓰디쓴 고통으로 가득 찬 인생으로 불러달라는 것입니다. 나오미는 약속에 땅에 오기는 했지만 그러나 그녀는 하나도 기쁘지 않았습니다. 오히려 상대적인 박탈감으로 더 큰 절망감에 빠져 있습니다.

언제나 그러하듯이 인생은 절망의 자리에서 하나님에 대한 말할 수 없는 섭섭함을 폭발하게 됩니다. 나오미도 예외가 아닙니다. 본문 21절에서 그녀는 자신의 모든 괴로움의 원인을 하나님께 돌리고 있습니다. 하나님을 향한 그녀의 불편한 감정을 드러내고 있는 것입니다.

나오미의 태도가 충분히 이해가 됩니다. 남편과 두 아들을 잃은 여인이 이 정도의 반응으로 그치는 것도 대단한 것입니다. 그녀의 절망적인 환경이 자신을 '마라'로 여기게 한 것입니다. 하나님을 자신의 인생을 아프게 하는 분으로 보는 것입니다. 그녀는 하나님을 자신을 가장 깊은 절망의 수렁으로 밀어 넣으신 장본인이라고 지목하고 있습니다. 우리는 여기서 매우 중요한 한 가지 사실을 알게 됩니다.

그것은 우리가 깊은 고통의 자리에 놓이게 되면, 보는 눈이 잘못 될 수 있다는 사실입니다. 소위 말해서 눈이 뒤집히게 되는 것입니다. 나오미처럼 내가 직면한 저주 같은 환경에 눈이 고정되면서 하나님을 향한 올바른 시선을 상실하게 됩니다. 그러기에 성경은 올바른 시선을 갖는 "눈"의 기능을 매우 중요하게 다루고 있습니다. 마태복음 6장 22-23절에 "눈은 몸의 등불이니 그러므로 네 눈이 성하면 온 몸이 밝을 것이요 눈이 나쁘면 온 몸이 어두울 것이니 그러므로 네게 있는 빛이 어두우면 그 어둠이 얼마나 더하겠느냐"고 말씀하고 있습니다. 우리 눈이 성하지 못하면 우리는 보여 지는 것을 따라 반응하며 살아가게 됩니다. 그러나 우리 눈이 성하면 보이는 것이 아니라 마땅히 보아야 할 것을 응시하며 살게 됩니다. 신앙의 실력은 눈에 보이는 것만을 보는 수준인가? 아니면 마땅히 보아야 할 것을 볼 수 있는 수준인가로 결정되는 것이라고 할 수 있습니다.

우리의 시선과 신앙 성숙의 관계를 멋지게 설명해 주는 대목을 바로 C.S 루이스의 "나니아 연대기"의 대사 속에서 확인할 수 있습니다. 나니아 연대기는 루이스가 아이들을 위한 환타지 소설로 쓴 것입니다. 여기에 보면 '아슬란'이라는 사자가 나옵니다. 그 사자는 바로 예수 그리스도 (cf. 유다지파의 사자)를 상징하고 있습니다. 어린 루시라는 여자 아이가 전에 보았던 아슬란을 찾아다닌 끝에 만나서 나누는 대화입니다. "아슬란, 아슬란 사랑하는 아슬란." 루시가 흐느끼며 말했다.

"이제야 뵙네요." 거대한 짐승이 옆으로 몸을 굴리는 바람에 루시는 쓰러져 그의 앞발 사이에서 반쯤은 앉고 반쯤은 누운 상태가 되었다. 그는 몸을 앞으로 굽히고 혀로 루시의 코를 건드렸다. 따스한 입김이 루시를 감쌌다. 루시는 그 크고 지혜로운 얼굴을 바라보았다.

"어서 오너라. 아이야" 그가 말했다.

"아슬란, 더 커지셨어요."

"그건 네가 나이를 먹었기 때문이란다. 아이야" 아슬란이 대답했다.

"아슬란이 커지신 게 아니고요?"

"나는 그대로다. 그러나 네가 한 살 더 먹을 때마다 내가 더 크게 보일 것이다."

루시라는 아이가 클수록 아슬란은 더 커 보입니다.

마찬가지로, 우리가 성숙의 나이가 들수록 우리 주님이 더 커보이게 될 것입니다. 시선이 우리의 영적 수준을 말하는 것입니다.

오늘 본문에 등장하는 나오미는 시선이 환경에 고정되면서 보여 지는 것만을 응시합니다. 그렇게 되면서 그녀는 나오미로 살지 못하고 마라로 삽니다. 환희와 기쁨으로 "나오미 인생"을 살라고 부르셨음에도, 정반대로 쓰디 쓴 고통으로 가득 찬 "마라 인생"을 살게 됩니다. 오늘날로 말하면, 우리가 사랑 받기 위해 태어난 축복의 통로임에도, 저주 받은 인생으로 여기며 사는 것입니다. 무엇인가를 보는 올바른 시선이 이렇게 중요한 것입니다.

그렇다면 그녀는 무엇을 보아야 다시 나오미 인생임을 알게 될까요? 나오미 인생을 되찾는 길은 무엇일까요?

내 인생이 마라 같이 느껴질 때 우리가 마땅히 보아야 할 것이 무엇입니까? 마라 인생이라는 탄식이 나올 때 우리가 마땅히 보아야 할 것은 하나님의 놀라운 섭리의 손길입니다. 하나님의 놀라운 섭리의 손길을 응시할 수 있는 수준이 있어야 합니다. 이와 관련지어 두 가지로 말해 보겠습니다.

I. **우리의 시선을 해피엔딩으로 이끄시는 하나님의 섭리의 손길에 고정해야 합니다.**

룻기는 성경 그 어떤 책보다도 한 가련한 여인의 운명을 바꾸는 하나님의 섭리를 잘 그려주는 책입니다. 하나님의 섭리의 손길 안에서 나오미의 인생이 '텅 빔'에서 '충만함'으로 채워지는 것을 보여줍니다. 그리고 이러한 하나님의 섭리는 궁극적으로 해피엔딩의 드라마로 마쳐지게 됩니다. 이 사실을 분명히 아는 것이 중요합니다. 그래야 우리는 자신의 딱한 처지를 바라보고 '마라'라고 탄식하는 자리를 박차고 나와 자신이 '나오미' 임을 다시금 확인하게 됩니다.

하나님이 궁극적인 해피엔딩의 이야기로 나오미를 이끄실 것이라는 단서가 본문에 있습니다. 그것이 바로 22절의 말씀입니다. 나오미가 룻과 함께 돌아오는 때는 언제 인가 하면, '보리 추수가 시작될 때'입니다. 흉년으로 인하여 떠났던 자리에 다시 추수의 때가 찾아온 것입니다. 먹을 것으로 풍성한 황금 들녘이 펼쳐지고 있습니다.

왜 하필 이 때에 나오미를 베들레헴에 오게 하셨을까요? 일차적으로 하나님께서 나오미에게 양식을 공급해 주시기 위함입니다. 하나님은 정확히 그 분의 섭리의 시간표를 따라서 우리를 이끄시는 분이십니다. 하나님은 일차적으로 나오미가 직면한 기본적인 생계의 문제를 해결하기 위해서 그녀를 베들레헴으로 돌아오게 하신 것입니다. 그러나 그것이 전부가 아닙니다. 단지 육신의 빵의 문제를 해결해 주시기 위함이 아닙니다. 우리는 계속되는 룻기의 이야기를 통하여 그녀를 이끄신 섭리의 손길이 얼마나 선한지를 보다 구체적으로 확인하게 됩니다. 그것은 고작 배고픔의 자리에 있는 나오미에게 먹을 양식을 주셔서 배부른 생애가 되게 하시려는 것만이 아닙니다. 최종적으로 그녀를 마라 인생에서 나오미 인생으로 다시 회복시키려는 것입니다. 룻기의 마지막 장에서 그것을 확인하게 됩니다. 4:14절을 보십시오. "여인들이 나오미에게 이르되 찬송할지로다 여호와께서 오늘 네게 기업 무를 자가 없게 하지 아니하셨도다 이 아이의 이름이 이스라엘 중에 유명하게 되기를 원하노라." 나오미는 자신의 생애에 더 이상의 기쁨의 노래를 부를 수 없을 줄 알았는데, 그녀는 주변사람들이 인정하는 찬송할 수 있는 자리로 가게 될 것입니다. 그녀를 궁극적으로 나오미가 되게 하시려는 것이 하나님의 섭리의 손길인 것입니다.

여러분 지금 바닥을 치고 있습니까? 그러시다면 절망하지 마십시오. 내 인생을 마라라고 하지 마십시오. 오히려 이렇게 생각하시면 됩니다. '이제 내 인생은 솟구쳐 올라갈 일만 남았구나.' 이제 여러분은 하나님의 기막힌 섭리를 볼 차례입니다. 그 분이 우리 앞에 보리 추수의 때를 마련해 주실 것입니다. 먹을 양식을 허락하실 것입니다. 더 나아가 우리로 다시금 찬송할 수 있게 하실 것입니다. 진정한 기쁨의 사람, '나오미'가 되는 길로 인도하실 것입니다.

어느 분이 말합니다. 우리들이 걷는 신앙의 길에서 때때로 광야를 만나게 되는 것이 아니라 신앙의 길 자체가 광야의 길이라고요. 그렇습니다. 인생 전체가 광야길입니다. 그러나 우리가 가는 광야 길에 오아시스가 있습니다. 쉽지는 않지만, 대적과의 싸움에서 작고 큰 승리가 주어집니다. 그리고 그 길 끝에는 하나님의 영광을 보게 될 것입니다. 궁극적으로 가나안이 기다리고 있습니다. 이면에서 우리의 신앙 여정이 힘들고 고단한 광야길이지만, 우리의 인생은 마침내 희극이 될 것입니다.

그래서 한 시대를 풍미했던 희극 배우 찰리 채플린은 이런 멋진 말을 합니다. "인생은 가까이서 보면 비극이지만 멀리서 보면 희극이다." 우리 인생을 향한 하나님의 섭리의 손길은 가까이서 보면 비극적인 모습을 하고 있습니다. 그러나 멀리서 보면 희극입니다. 가까이에서 보면 '마라 인생' 같습니다. 그러나 최종적으로는 '나오미 인생'이 될 것입니다.

이것이 사실이라면 우리는 그 어떤 자리에서도 소망을 품고 살아야 합니다. 소망을 품고 살라는 것은 쉽게 말하면 하나님의 섭리의 손길 안에서 놀랄 준비를 하며 살아가라는 말입니다. 우리에게 가슴 아픈 사건이 있는 것이지, 우리가 마라 인생을 살아야 할 사람이라는 뜻이 아닙니다. 우리는 예수 그리스도 안에서 나오미로 부르심을 받았고, 주님을 찬송하게 되는 나오미가 될 것입니다. 이것이 우리의 시작과 마침입니다. 그 중간에 마라를 경험하게 되는 것입니다. 마라의 때를 지나가게 된다는 것이 우리가 마라 인생이라는 뜻이 절대로 아닙니다. 우리가 살아내야 할 삶은 마라의 때를 나오미 인생으로 알고 살아가는 것입니다. 극심한 환경적이고 영적인 기근을 만났다고 해서 저주 받았다고 말씀하지 마십시오. 아직 우리의 인생은 끝나지 않았습니다. 아직 역전의 9회 말이 남아 있습니다. 우리에게 필요한 것은 우리의 해피엔딩의 운명을 끌어다가 사는 것입니다. 저절로 희망이 우리를 만나주는 것이 아닙니다. 우리가 부단히 몸부림쳐야 합니다. 이것은 그저 계속 마라 같은 인생의 시련이 찾아올 때, 막연한 희망의 미래를 바라보라는 뜻이 아닙니다. 미래에 대한 그저 긍정적인 마인드로 살라는 의미가 아닙니다. 우리는 그런 미래에 소망을 거는 사람이 아닙니다. 우리는 미래를 기대하는 사람이 아니라 도래를 기다리는 사람입니다. 성경의 종말에 대한 소망은 그저 미래에 대한 소망의 이야기가 아니라 주님이 약속하신 것이 반드시 실상이 되어서 우리에게 찾아올 것에 대한 희망입니다. 그래서 어떤 이는 하나님 나라의 미래라는 단어보다는 하나님 나라의 도래라는 단어가 더 낫다고 말합니다. 하나님 나라의 도래는 수동적인 기다림이 아니라 그 분의 약속에 대한 신뢰로서 적극적인 기다림입니다.

J. I. 패커는 말합니다. "우리는 살아 있는 한 소망이 있다." 그러나 좀 더 심오한 진리는 '소망이 있을 때만 살아 갈 수 있다.'는 것입니다. 나오미의 모습을 통해서 우리는 살아 있는 한 소망이 있다는 것도 맞지만, 소망을 찾아 나서야 함을 배우게 됩니다.

최소한도 나오미가 회복될 수 있는 "최저선"은 뚜벅뚜벅이라도 하나님의 약속의 땅으로 돌아오는 것입니다. 물론 돌아오는 길에 좌충우돌합니다. 며느리 하나(오르바)를 '모압의 신'에게로 돌려보냅니다. 그리고 베들레헴에 돌아와서도 여전히 자신을 '마라'라고 하며 절망에서 헤어 나오지를 못하고 있습니다. C.S 루이스의 스쿠르테이프 편지를 보면 이런 내용들이 있습니다. 상급 악마가 하급 악마에게 편지를 보내면서 자신들의 원수인 하나님과 그분을 추종하는 사람들에게 가장 좌절 할 때가 언제인지를 이렇게 말합니다.

"인간이 원수(하나님)의 뜻을 따르고 싶은 갈망을 잃었는데도 여전히 그 뜻을 따르겠다는 의도를 가지고 있다면, 세상을 아무리 둘러보아도 원수(하나님)의 흔적조차 찾을 수 없을 것 같고 왜 그가 자기를 버렸는지 계속 의문이 생기는데도 여전히 순종한다면 그 때야말로 우리의 대의가 가장 크게 위협받는 순간이다."

그러니 살아 있으면 우리가 희망의 물살을 타고 나아가는 것이 아니라, 어찌하든지 소망을 향해 걸어야만 살아가게 되는 것입니다. 아무리 힘들어도 아무리 원망과 탄식으로 가득차도 다시 일어나 언약의 땅, 베들레헴으로 올라가시기를 바랍니다. 그것이 높은 수준은 아니지만, 사탄을 무너뜨리는 가장 중요한 전략입니다. 투덜거리면서도 이곳에 나오십시오. 비틀거리면서도 그분의 뜻을 반걸음씩이라도 걸어가십시오. 그 때 사탄은 놀라게 됩니다. '아니 하나님이 버리신 것이 분명한 상황에도, 마라의 자리에서도 어떻게 모압이 아니라 베들레헴에 있는 거야!' 하며 낙심케 됩니다.

전에 개그 콘서트에 "나는 킬러다"라는 프로가 있었습니다. 회장님으로 나오는 유민상을 죽이려고 합니다. 빨노파가 등장하고, 미인계를 쓰는 사람이 등장하고, 웨이터가 등장하여 죽이려고 하지만 그들의 마지막 단어는 무엇인지 아세요? "실패다"입니다.

나오미는 하나님의 선한 섭리를 지난 10년 동안 느껴보지 못한 여인입니다. 그러면 거기서 끝장이 나야 하는데, 베들레헴에 양식이 있음을 알고 다시 일어납니다. 그러나 하나님을 노골적으로 원망하며 사람들에게 나를 마라라고 불러 달라고 하면서도 베들레헴에 이르러 정착합니다. 저는 확신합니다. 나오미가 마침내 베들레헴에 가 있는 것을 보면서 그녀를 호시탐탐 노리던 사탄과 그의 졸개들의 마지막 말은 "실패다"가 되고 말았을 것입니다.

뿐만 아니라, 우리는 힘든 현실 속에서도 보다 적극적으로 소망의 나무를 키워내야 합니다. 그것은 나오미로의 부르심과 궁극적인 운명을 붙잡고 마라 인생의 자리를 딛고 서는 것입니다. 우리의 궁극적인 운명을 끌어다가 좌절할 수밖에 없는 상황 속에 놓인 나무에 햇빛과 물을 공급해 주어야 합니다. 우리가 남다른 고통의 시간을 지난다고 해서 그런 마라 인생으로 운명 지어진 존재라고 말하지 않는 것입니다. 입을 조심해야 합니다. 절대로 가계에 저주가 흐른다는 말을 해서는 안 됩니다. 하나님은 귀에 들려지는 대로 일하시는 분이십니다.

어느 분이 집회에서 은혜를 받고 말을 잘할 것을 결심합니다. 부흥 강사님이 '죽겠다 하지 말고 살겠다고 하라고 했다'며, 말끝마다 "살겠다"라고 하겠다는 것입니다. 예를 들면, 남편이 속을 썩여도 남편이 속 썩여서 살겠네. 아들 녀석이 지겹게 말을 안 들어도, 아들이 말 안 들어 살겠네! 라고 하면 좋은 일이 찾아오게 된다는 것입니다. 이렇게 말이 중요한 이유는 말은 우리 안에 있는 것이 표출되는 것이기 때문입니다. 부정적인 언어, 패배적인 언어가 난무하다면 우리 속사람이 병든 것입니다. 말을 보고 우리 심령 상태를 진단해야 합니다. 나오미의 말이 중요한 것은 지금 그녀의 마음이 어둠으로 뒤덮여 있다는 뜻입니다. 그 어둠을 걷어내어야 소망의 나무는 아름답게 열매를 맺게 될 것입니다.

하나님은 영접하는 곳에 계시는 분이십니다. 영접도 수준과 레벨이 다릅니다. 하나님을 머슴으로 영접하면 머슴으로만 일하십니다. 그저 조력자로 영접하면 조력자로서만 일하십니다. 그러나 그 분을 왕으로 영접하면 왕의 사역을 우리 안에 펼쳐주실 것입니다. 뚜벅뚜벅이라도 걸어서 희망의 땅으로 나아오십시오. 거기서 멈추지 마시고, 희망이라 이름 하는 아름다운 나무를 키워내시는 여러분이 되시기를 바랍니다. 그런 사람이 하나님의 최종적인 희극의 주인공이 될 것입니다. 그 희극의 주인공이 설 때 세상이 하나님의 살아계심을 경험케 될 것입니다.

자 이제 그렇다면 하나님의 최종적인 희극의 드라마가 과연 어떤 과정을 통하여 성취되는지를 살펴볼 필요가 있습니다. 첫 번째 교훈을 알고 두 번째 교훈을 알지 못하면, 우리를 향하신 하나님의 인도하심의 방식에 대하여 매우 실망하게 될지도 모릅니다. 그러기에 두 번째 교훈은 매우 중요한 것입니다. 하나님께서 우리를 향한 위대한 계획을 가지고 계십니다. 그러나 문제는 그 계획을 주로 어떤 방식을 통하여 성취해 가시느냐가 중요한 물음이 될 것입니다. 이것이 바로 우리가 상고해야 할 두 번째 교훈입니다.

II. 우리의 시선을 작고 미미한 방식으로 임하는 하나님의 섭리의 손길에 고정해야 합니다.

하나님이 놀라운 "해피엔딩"의 결말을 향해 우리를 이끌고 가신다고 말씀드렸습니다. 우리들이 그러한 멋진 계획과 완성을 위해 가고 있다면 그것과 어울리는 것은 초자연적이고 눈에 띄는 방식으로 인도하시는 그분의 섭리의 손길입니다. 우리는 그런 하나님을 기대합니다. 물론 그러한 모습으로 역사하실 때가 있습니다. 하나님께서 그의 백성들을 구름기둥과 불기둥으로 인도하실 때가 있습니다. 천둥과 우레 소리를 동반하고 찾아오실 때가 있습니다. 그러나 언제나 그런 것은 아닙니다. 아니 하나님이 우리를 이끄시는 더 일반적인 방식은 작고 미미한 모습으로 인도하시는 하나님의 섭리의 손길입니다. 이 대목이 우리가 자꾸 놓치는 대목입니다.

이것을 오늘 본문으로 말하면, 나오미 옆에 룻을 동행케 하시는 방식이라고 할 수 있습니다. 나오미를 진정한 해피엔딩의 주인공으로 세우시기 위하여 그 위대한 목적을 가지고 하나님께서 그녀 옆에 룻을 붙여주신 것입니다. 그러나 나오미 편에서 보면 룻은 초자연적이고 기적적인 방식으로 이끄시는 섭리가 아니었습니다. 적어도 지금까지 그녀는 자신을 구하기 위한 하나님의 섭리가 룻이라고는 이해하지 못하고 있습니다. 오히려 나오미에게 룻은 애물단지입니다. 버리기에는 아깝고 갖고 있기에는 그다지 이득이 되지 않는 존재입니다. 나오미 편에서 한편으로는 룻이 함께 베들레헴까지 동행해주는 것이 고맙기도 하면서, 또 다른 한편으로는 자신의 아픈 과거를 생각나게 하는 상처의 흔적이기에 불편합니다. 나오미에게 룻은 결코 자랑스럽게 다른 사람들에게 소개할 만한 존재가 아닙니다. 룻은 아직은 하나님의 놀라운 섭리의 손길이 아닙니다. 어떻게 알 수 있습니까? 룻이 옆에 있지만 나오미가 여전히 자신을 '마라'라고 부르고 있는 것이 바로 그 증거입니다. 나오미를 살리기 위한 섭리적인 손길로 보내진 룻은 이렇게 나오미의 마음에 기쁨을 줄 수 없는 존재입니다. 차차 룻으로 인하여 하나님께서 자신을 진정한 나오미(기쁨)가 되게 하실 것을 확인케 될 것이지만 아직 그것을 보지 못합니다. 이렇게 무엇인가 마땅히 보아야 할 것을 보는 것이 수준입니다. 한 사람이 가지고 있는 시선이 바로 그 사람의 신앙적 수준을 말해 주는 것입니다.

여러분! 한 번 생각해 보세요. 이상하지요? 룻이 그렇게 나오미에게 희망 덩어리이자 복 덩어리로 허락하신 것이라면, 처음부터 나오미에게 그 사실을 분명히 알려 주시면 되지 않습니까?

그러나 하나님은 처음에는 보잘 것 없는 모습으로 룻을 나오미 옆에 두십니다. 시간이 지나면서 차차 그 미미한 씨앗이 자라나 작은 나무가 되고 후에 거목이 되게 하십니다. 그리고 드디어 룻을 통해 나오미를 풍족히 채우시는 것입니다. 하나님의 나라가 이 땅에 뿌리 내리는 방식이 이와 같다고 하겠습니다.

이것이 바로 하나님이 우리를 다루실 때 가장 애용하시는 방법입니다. 그것은 바로 나오미 옆에 있는 보잘 것 없고 미미한 룻을 동행케 하시는 하나님의 섭리입니다. 저는 이것을 숨어서 일하시는 하나님의 섭리의 방식이라고 말씀드리고 싶습니다. 어떻게 일하시는 하나님이라구요? 숨어서 일하시는 하나님입니다. 물론 숨어계신 하나님이라고 해서 자신을 전혀 공개하지 않고 신비에 쌓이게 하여 전혀 드러내지 않는다는 뜻이 아니다. 분명 하나님은 자신을 계시하시는 분이십니다. 그렇다면 하나님은 자신을 공개하시면서도 동시에 자신을 감추시는 분이십니다. 이것이 바로 '공개된 비밀'로 역사하는 하나님의 섭리의 손길인 것입니다. 하나님의 섭리는 공개된 비밀입니다. 공개된 비밀이 무엇인지 아시지요?

예를 들어, 직장 안에서 두 청춘 남녀가 몰래 사귐을 갖습니다. 알 사람은 다 알지만 그렇다고 드러내 놓고 알고 있다고는 하지 않는 것입니다.

잘 생각해 보십시오. 하나님께서 자신의 인도하심을 드러내기를 원하신다는 점에서 하나님의 섭리는 공개적입니다. 며느리 룻이 분명히 동행하고 있는 것이 바로 그 증거입니다. 그러면서도 그 분은 변장된 모습으로 자신을 알리십니다. 신비한 형태와 모양을 가지고 등장합니다. 나오미 옆에 있는 초라한 룻처럼 말입니다. 룻은 숨겨진 모습으로 다가와 있는 보석입니다. 룻이 어떻게 그녀의 시어머니를 수렁에서 건져 낼지가 나오미에게 전혀 예측할 수 없는 형태로 와 있습니다.

룻이 누구인지, 룻이 얼마나 엄청난 하나님의 섭리의 손길인지를 보지 못하기에 나오미가 베들레헴으로 되돌아오는 길에 룻에게 돌아갈 것을 권하는 것입니다. 또한 그녀의 존재감이 나오미에게 그 어떤 기쁨과 위안도 되지 않았기에 자신을 '마라'라 부르라고 하는 것입니다. 나오미에게 룻은 마치 투명인간처럼 여겨집니다. 나오미는 룻이 보석 중에 보석이라는 것을 알지 못합니다. 이렇게 나오미에게 룻은 점차로 확연히 드러나게 되는 숨겨진 보석인 셈입니다. 이해가 되시나요? 이것이 하나님의 일하심의 신비한 방식입니다. 하나님은 인생들에게 늘 자신을 열어 보여 주시면서도, 그러나 모든 것을 인생들이 그저 자동적으로 볼 수 있게 하시지는 않습니다.

마태복음 11장 25절을 보십시오. "그 때에 예수께서 대답하여 이르시되 천지의 주재이신 아버지여 이것을 지혜롭고 슬기 있는 자들에게는 숨기시고 어린아이들에게 나타내심을 감사하나이다." 결국 하나님은 자신을 나타내시기를 원하시는 분이시지만, 스스로 지혜롭다고 여기는 사람들에게는 숨기십니다. 오직 어린 아이들에게만 볼 수 있게 열어 주십니다. 여기 어린 아이는 누구입니까? 어린아이를 순수한 사람이라고 말하면 안 됩니다. 어른보다는 순수하지만, 역시 아이들도 죄인입니다. 우리 주님에게 합격점을 받을 만큼 순수하지는 않습니다. 대신에 어린아이는 부모를 의존하지 않고는 살지 못합니다. 결국 어린 아이에게 나타내신다는 것은 하나님을 의존하는 자들에게만 하나님의 구원과 섭리의 손길이 보인다는 것입니다.

이처럼 하나님의 섭리의 손길은 공개된 비밀의 형태와 방식으로 우리에게 다가 올 경우가 대부분이기에 '보는 것'(시선)이 절대적으로 중요합니다. 볼 수 있어야 합니다. 나오미의 절망과 전능자를 향한 분노는 신비한 형태로 그녀 옆에 있는 룻을 보지 못하기 때문에 생겨진 것입니다. 룻이 가려지고 나니, 지금 나오미는 폐허의 잿더미 가운데 있습니다. 주위를 둘러보지만 절망의 현실뿐입니다. 자신을 인생의 쓰디쓴 황폐한 자리에 던져진 자로 여깁니다. 그 어떤 선한 하나님의 섭리의 손길도 없다고 절규하고 있는 것입니다. 이러한 판단이 과연 옳은 건가요? 전혀 그렇지 않습니다. 나오미의 시선이 어두움 속에 가려져서 그런 것입니다. 룻이 엄연하게 희망으로 그녀 옆에 존재하고 있었습니다. 그것도 오래 전부터 옆에 있었습니다. 하나님의 선하신 섭리의 손길이 쭉 함께 해 온 것입니다. 인생의 흉년의 자리에서 여전히 하나님은 선하신 분으로 옆에 계신 것입니다. 그 인생의 황폐한 자리에서도 해피엔딩의 자리로 이끄시기 위하여 룻을 통한 하나님의 섭리가 작동한 것입니다. 단, 룻이 '기적의 방식'으로 나오미에게 오지 않고 일상의 평범한 삶의 방식으로 와 있기에 식별이 어려운 것입니다. 룻이 시시하게 여겨집니다. 이것이 문제입니다.

여러분이 가장 힘들어 하고 있는 문제 한 복판에서 하나님께서 하나님의 섭리로 룻을 허락해 주셨습니다. 폐허의 잿더미 가운데 그 어디에도 하나님의 선하신 섭리의 손길 없다고 하지만 결코 그렇지 않습니다. 반드시 있습니다. 마침내 우리의 인생을 희극으로 만드시기 위하여 수많은 룻을 보내셔서 일하십니다. 과거에서부터 지금까지 쭉 일하고 계십니다.

　이제 우리의 눈을 떠서 그것을 보아야 합니다. 이것을 못 보면 전능자 하나님을 자신을 괴롭게 하는 분으로 여기게 됩니다. 그 분과 화해하지 못한 채 살아가게 됩니다. 그러나 우리의 폐허 같은 삶의 자리에 언제나 룻을 허락하심을 보는 사람은 일상을 소중히 붙잡게 됩니다. 하루하루의 일상을 경외감으로 대하게 됩니다. 여러분! 때로는 나의 운명을 바꿔 줄 도움의 손길이 초라한 모습으로 다가옵니다. 내가 도움을 주어야 할 모습으로 내 앞에 서 있는 경우도 있습니다. 아니 이럴 수도 있습니다. 직접 룻이 옆에 있지는 않지만, 룻을 소개할 누군가가 우리 옆에 있을 수 있습니다. 직접적으로 룻의 역할을 하는 사람도 있고 간접적으로 룻의 역할을 하는 사람도 있습니다. 이렇게 누군가가 저와 여러분의 인생을 엮어 가려고 룻으로 서 있는 것을 안다면 정말 전율이 느껴집니다. 나오미 같은 내 인생이 수없이 많은 룻과의 종과 횡으로 이어지는 "연결망" 속에 살아가고 있다는 사실을 생각하면 온 몸에 닭살이 돋습니다.

　사랑하는 여러분! 우리 주변의 룻은 무슨 거대하고 요란한 소리를 내면서 우리에게 다가오는 것이 아닙니다. 때로 우리 눈에 잘 드러나지도 않는 모습으로 우리에게 다가와 있다는 사실을 한 시도 놓치지 마시고 살아야 합니다. 여러분의 마라 같은 삶의 자리에 하나님은 우리를 나오미가 되게 하시려고 비록 미미하고 희미한 모습이지만 룻을 동행케 하십니다. 지금 여러분 옆에 하나님의 섭리의 손길이 있음을 기억하십시오. 하나님이 우리가 상상할 수 없는 수많은 룻과의 연결망으로 우리의 생애를 엮어내고 계시는 것을 놓치지 말고 사시기를 바랍니다. 그렇다면 우리는 환경 때문에 절망할 것이 아니라, 그 룻과 연결망 속으로 들어가기 위해서 최선을 다하게 될 것입니다. 기쁨의 사람, 나오미로 일어설 날을 꿈꾸며 예기치 않은 모습으로 다가오는 룻과의 만남을 아름답게 가꿔나가게 될 것입니다.

　마이크 어 라는 사람은 하나님이 룻을 보내시는 것처럼 숨어계시는 방식으로 일하시는 이유를 이렇게 말합니다. "하나님은 우리가 그 분을 찾게 하시려고 숨으신다." 이 말은 우리 하나님은 그 분을 찾는 자들에게만 자신을 열어 주시는 분이시라는 뜻입니다. 하나님의 섭리의 손길을 보며 그것에 발맞춰 나가려는 사람들에게 하나님께서는 '마라' 인생에서 '나오미' 인생이 되게 하십니다.

이제 신약으로 넘어와 우리 예수님을 보십시오. 예수님께서는 인간의 모습으로 이 땅에 오시어 자신을 계시하시기를 원하시지만, 여전히 그 분은 우리에게 낮고 천한 모습으로 오시는 것을 알 수 있습니다. 하나님이 자신을 분명히 보여주시지만, 말구유의 방식으로 오시기에 많은 사람들이 그 분이 진정한 메시야인 것을 보지 못하게 된 것입니다. 그 분이 얼마나 큰 구원을 이루실지를 알 수 없게 된 것입니다. 그분이 룻의 모습으로 우리에게 와 계시기에 우리는 여전히 그 분 안에 있으면서도 내 인생을 마라라고 생각하는 경우가 허다합니다. 결코 그렇지 않습니다. 우리는 마라가 아닙니다. 우리는 나오미입니다. 우리 인생의 참된 룻이신 예수님을 보십시오. 또한 그 분이 우리에게 보내신 수없이 많은 룻들을 바라보시기를 바랍니다. 이것이 보인다면 우리는 마라 같은 인생의 자리에서도 내가 나오미 임을 인정하며 살게 될 것입니다. 눈에 보이는 확실한 증거가 보일 때에, 그 때 가서야 비로소 내가 나오미 인생임을 깨닫는 사람은 어리석은 사람입니다. 참으로 원통한 인생입니다. 만일 그 깨달음의 자리에 이를 때까지 30년이 걸렸다면 그 동안 마라 인생으로 살았다는 뜻입니다. 이런 원통함이 없어야 하기에 우리는 오늘 본문의 교훈을 진지하게 받아들여 우리 삶에 적용해야 합니다. 우리는 아무리 큰 절망의 자리에 있다고 해도 마라 인생이 아닙니다. 나오미 인생입니다. 이 점을 놓치지 말고 사시기를 부탁드립니다. 그러기 위해서 눈에 보이는 환경만을 보지 마시고 마땅히 보아야 할 하나님의 섭리로 보내진 룻을 바라보시기 바랍니다. 그것을 응시할 수 있는 우리의 시선이 신앙의 수준을 말하는 것입니다.

통합적 설교 예제 (2)

*설교 제목: 헤세드(사랑)의 나눔을 선택하며 살아야 할 이유
*설교 본문: 룻기 2:4-23절

서론

룻기의 핵심 단어는 "헤세드"라고 말할 수 있습니다. 헤세드는 다양한 말로 번역이 가능하지만, 그 중에 하나가 바로 은혜에 기초한 "사랑"입니다. 이 헤세드의 사랑이 룻기를 관통하는 중심 단어입니다. 아니 룻기만이 아니라 우리 인생살이에 있어서 가장 중요한 미덕이 있다면 그것은 바로 헤세드의 사랑일 것입니다. 저는 오늘 바로 그 헤세드의 나눔을 선택하며 살아야 할 이유에 대하여 말해보려고 합니다. 그렇다면 우리가 헤세드의 나눔을 선택하며 살아야 하는 이유는 무엇입니까?

1. 그래야만 다른 사람들을 아름답게 피어나게 만들 수 있기에…

룻기가 말하는 헤세드의 특징은 흘려보내는 사랑을 말합니다. 기본적으로 사랑은 폭포가 흐르듯이 위에서 아래로 흘러가는 것입니다. 줄 수 있는 자리에 있는 사람이 곤경에 처한 사람에게 무엇인가를 나누어 주는 것이라고 할 수 있습니다. 은혜에 기초하여 누리게 된 것을 움켜쥐는 것이 아니라 펼치는 것입니다. 그러한 헤세드의 사랑이 나누어지고 흘러가게 될 때, 그 사랑을 받는 자들이 아름다운 꽃으로 피어나게 되는 것입니다. 이것이 바로 주님께서 죄악 된 세상 속에서 신자된 우리들의 삶을 통하여 이루시려는 것입니다. 죄의 힘 앞에 이끌려 가는 사람들, 빗나간 사

랑으로 구멍 난 가슴을 안고 살아가는 사람들을 사랑으로 대접하여 다시 세우는 사역을 감당하라고 우리를 부르신 것입니다. 결국 우리가 사는 이유는 헤세드의 사람으로 살아가기 위해서입니다. 그것이 우리들의 삶에 주어진 가장 중요한 사명입니다. 어느 신학자는 삶이란 세 가지 다른 단어로 표현 될 수 있다고 합니다. 삶은 "살음", "사름", "살림"으로 풀어낼 수 있습니다. 삶은 "살음" 그러니까 "사는 것"입니다. 동시에 살되 사르며 (불태우며) 살아갑니다. 우리는 무언 가를 불태우며 삽니다. 에너지를 불태워 무엇인가를 위하여 달려갑니다. 다른 이들을 위하여 희생의 길에 자신을 기꺼이 내어주는 것입니다. 어째든 삶은 "사름"입니다. 또한 이렇게 우리 자신을 사름으로서 그 결과로 다른 이들의 생명을 살리는 사람으로 살아야 합니다. 그러기에 곧 삶은 다시 말하면 "살림"입니다.

오늘 본문에는 삶을 살아가되 자신을 불태워(희생하여) 다른 이들을 살리는 이들의 모습을 보게 됩니다. 그들은 바로 "보아스" 와 "룻"입니다. 그들은 죄의 힘에 이끌려 사는 세상에서 진정한 사랑(헤세드)의 힘으로 살아가는 모습이 어떤 것인지를 보여줍니다. 우리는 오늘 본문에서 하나님의 헤세드가 위에서 아래로 폭포가 흐르듯, "보아스"에게서 "룻"에게로 다시 "룻"에게서 "나오미"에게로 흘러가고 있는 것을 보게 됩니다. 보아스와 룻이 자신들을 불태워 다른 이를 살리는 역할을 멋지게 감당하고 있음을 봅니다. 그것을 차례대로 살펴보겠습니다.

-보아스로부터 룻에게로 흐르는 사름과 살림의 역사:
-보아스가 자신을 사름:
본문의 보아스가 자신을 사르는 사람으로 등장합니다. 그는 자신의 밭에 들어온 한 가련한 여인을 위하여 정말 지나칠 정도의 친절을 베풀어 줍니다. 저는 이것은 보아스 편에서 대가를 지불하는 사랑의 자세가 있었기에 가능한 것이었음을 강조하고 싶습니다. 밭에서 일하는 사환들과 식솔들에게 시기와 오해를 사기에 충분합니다. 자! 이야기를 5절에서부터 시작해 보겠습니다. 밭에 나온 보아스는 추수하는 일꾼에게 낯선 여인의 정체를 묻습니다. 그녀가 룻인 것을 알고 마치 철이 자석에 끌리듯 그렇게 보아스는 그녀에게 온갖 배려를 아끼지 않습니다. 8절에서 룻을 딸로 부르며 이삭을 주우러 절대로 다른 밭에 가지 말고 여기에 있으라고 신신당부를 합니다. 그 당시 추수가 한두 달 정도 걸렸다고 하는데, 그 기간 동안 자신의 밭에서 소녀들과 함께 이삭을 주울 것을 허락합니다. 아니 허락 정도가 아니라 그렇게만 해 준다면 영광이라는 듯이 룻을 붙잡아두려고 합니다. 9절에서는 소년들에게 명하여 룻을 건들지 못하게 보호 조치를 취해 줍니다. 또한 소년들이 떠온 물을 마음껏 마시게 합니다. 이것은 굉장한 것입니다. 보통 물은 소녀들이 떠오는데, 소년들이 물을 길어온 이유는 거리가 멀었기 때문입니다. 그 당시에 물은 매우 귀합니다. 그것을 내부인이 아니라 이방인에게, 그것도 이삭줍기 하는 여인에게 마시게 한 것입니다. 12절에는 그것도 모자라 보아스는 그녀에게 최상의 축복의 멘트를 날립니다. 꼭 연애 때 남자들이 애인의 마음을 사로잡기 위해 지극 정성을 다하는 모습 같아 보입니다. 이 정도 되면 주변 사람들의 인상이 찌푸려지기에 충분합니다. 도가 지나쳐 보입니다. 그러나 보아스는 아랑곳 하지 않고 계속 더 나아갑니다. 14절에 보면 식사를 할 때 보아스가 룻에게도 식탁에 앉게 합니다. 그리고 자세하게 떡을 먹는 방법을 알려 줍니다. 소스를 찍어 먹으라고 합니다. 사람들이 다 보고 있는데 볶은 곡식을 룻 앞에만 수북이 쌓아놓게 합니다. 이것은 그저 밥 한 끼 대접하는 정도의 이야기가 아닙니다. 비천한 이방 여인을 식탁 공동체 가운데 초대해 주는 것입니다. 자신의 확대된 가족으로 받아들이고 있는 것입니다. 이쯤 되면 주변 사람들의 속이 부글부글 끓게 될 것입니다. "아니 해도 너무하네. 둘이 무슨 특별한 사이야" "왜 저 여자에게만 특권을 주는 거야" "그동안 우리 주인님을 정말 존경했는데, 이건 아니지." 그런데 여기가 끝이 아닙니다. 계속 해서 15-16절 보시면 이제는 아예 이삭줍기가 아니라, 곡식 단 사이에서 줍게 하고 곡식 다발에서 낟알들을 일부러 떨어뜨리라고 합니다. 정말 해도 해도 너무합니다. 이쯤 되면 밭에 일하는 나머지 사람들이 분노할 정도가 된 것입니다. 보아스는 그것을 감지했습니다. 그래서 16절 마지막에 아주 재미난 표현을 쓰고 있습니다. "그에게 줍게 하고 꾸짖지 말라 하느라". 꾸짖지 말라는 것은 열이 받아서 행동하지 말라는 뜻입니다. 보아스가 룻에게 주는 지나친 대접에 대한 불만을 품고 행동하지 말라고 하는 것입니다. 보아스는 지금 매우 위험한 행동을 하는 것입니다. 룻을 향한 이러한 일방적인 배려, 다시 말하면 치우친 편들기가 공동체를 시기심으로 불타게 할 수 있음을 보아스는 알았습니다. 룻에 대한 지나친 환대로 인하여 그동안 잘 지내온 사환들과의 관계가 와해될 수도 있습니다. 보아스가 불청객/방해꾼으로 끼어들어온 이방 여인 룻을 돕는 것이 이런 문제를 야기 시킬 수 있음에도 불구하고 그는 전혀 아랑곳하지 않고 그녀에게 헤세드의 사랑을 흘려보냅니다. 가련한 여인 룻을 극진히 대접하는 것이 하나님이 기뻐하시는 행동이라는 것을 확신했기 때문입니다. 그것이 주님이 기뻐하시는 일이라면, 자신에게 설사 손해가 되어도 대가를 지불하겠다는 자세입니다. 보아스는 룻에게 마치 빚을 갚아야 하는 사람처럼 행동합니다. 룻을 위해서 자신을 내어줍니다. 자신을 사르는 것입니다.

-룻을 살림:

그래야 하는 이유가 무엇입니까? 그것으로 룻이 멋지게 피어오를 수 있기 때문입니다. 보아스가 자신을 불사름의 자리로 내어줌으로써 룻이 살아납니다. 룻은 신앙의 결단을 하고 자신의 고국을 버리고 신앙의 땅으로 와 있습니다. 그 땅에 오기만 하면 모든 것이 보장이 될 줄 알았습니다. 아니 적어도 마음껏 신앙생활은 할 수 있을 줄 알았습니다. 그러나 현실은 냉혹한 것이었습니다. 기본적인 생계의 문제가 해결되지 않는 환경에서 하나님만을 예배하는 자리로 나갈 수는 없는 노릇이었습니다. 힘이 빠집니다. 막막합니다. 그 현실을 극복하기 위하여 이삭줍기를 결심한 것입니다. 누군가의 은혜 입기를 바라며 밭으로 나아갑니다. 만일 허탕을 치고 돌아온다면 룻은 정말 좌절하고 말 것입니다. 그러한 위기의 상황 앞에 있는 룻을 잡아준 사람이 바로 보아스인 것입니다. 민폐를 끼치는 자신을 극진히 대접해 주는 보아스 앞에서 룻은 살아납니다. 감격으로 피어오르게 됩니다. 역시 하나님이 자신의 기대를 저버리지 않으시는 분임을 확인하게 됩니다. 그것으로 다시 일어설 용기를 얻게 됩니다. 그러한 그녀의 모습이 10절과 13절에서 나옵니다. 10절에서 룻은 감격합니다. "룻이 엎드려 얼굴을 땅에 대고 절하며 그에게 이르되 나는 이방 여인이거늘 당신이 어찌하여 내게 은혜를 베푸시며 나를 돌보시나이까 하니"라고 말합니다. 보아스를 통하여 전해지는 하나님의 헤세드의 사랑에 감동하는 것입니다. 그녀가 보아스라는 인생에게 절을 하지만 실상은 하나님께 엎드리는 것입니다. 13절에도 보아스가 축복 하자 이렇게 대답합니다. "룻이 이르되 내 주여 내가 당신께 은혜 입기를 원하나이다 나는 당신의 하녀 중의 하나와 같지 못하오나 당신이 이 하녀를 위로하시고 마음을 기쁘게 하는 말씀을 하셨나이다 하니라." 은혜 입기를 원한다는 것은 보아스에게 앞으로 더 도와달라는 뜻이 아닙니다. 보아스가 베푼 은혜가 너무나 크다는 것을 다르게 표현하는 말입니다. 그 은혜로 인하여 비천한 인생에 기쁨과 위로가 찾아오게 되었다는 것입니다. 보아스가 위험을 감수하고 흘려보내는 사랑이 룻을 다시 살아나게 합니다. 이러한 살아남이 바로 부활인 것입니다. 우리가 헤세드를 나누며 살아야 하는 이유는 우리의 희생(불사름)을 통하여 룻을 부활케 하기 위함입니다. 헤세드가 있어야 부활이 이루어질 수가 있는 것입니다.

–룻으로부터 나오미에게로 흐르는 사름과 살림의 역사

보아스가 자신을 사름으로 룻을 살린 것처럼, 이제 룻이 나오미에게 동일한 역사를 이루는 통로가 되는 것을 보게 됩니다. 이것이 바로 오늘 본문 17절에서 23절에 자세히 나와 있습니다.

-룻이 사름:

보아스처럼 룻도 나오미에게 자신을 사르는 존재입니다. 룻은 오늘 본문 이전의 1-3절에 보시면 자신을 희생의 제단 위에 드려 나오미를 구하는 여인으로 등장하고 있는 것을 봅니다. "이삭줍기"가 바로 그것을 여실히 드러내는 모습이라고 할 수 있습니다. 더 나아가 오늘 본문 17절 이하에서부터 보시면 이런 사름의 모습이 또 한 번 나옵니다. 17절에서 그녀가 보리를 많이 주어 그것을 떨었다고 하는데 그것이 바로 한 "에바"쯤 된다고 합니다. 한 "에바"란 약 20키로 정도 되는 무게입니다. 보리 20키로 이면 보름은 족히 먹을 수 있을 것입니다. 어느 분은 이 타작 작업을 간결하게 언급하는 것을 통하여 룻이 가벼운 마음으로 일을 하고 있는 것을 말한다고 합니다. 그녀는 하루 종일 이삭줍기의 고단함보다는 이렇게 귀한 것을 보시고 기뻐하실 시어머니 생각에 피곤한 줄을 모릅니다. 20키로 보리를 들고 가는 것이 쉽지 않았을 것이지만 한 걸음에 달려갔을 것입니다. 그런데 보리만 가지고 간 것이 아닙니다. 한 가지를 더 가져갑니다. 그것이 무엇인지를 알기 위해서는 조금 전의 식사 장면으로 되돌아가야 합니다. 보아스가 베풀어 준 식사 자리에 룻은 배불리 먹었습니다. 그런데 혼자 그것을 먹을 수 없어서, 18절에 보시면 거기서 배불리 먹고 남긴 것을 몰래 싸 들고 온 것입니다. 우리가 뷔페식당이나 돌잔치에 가시면 하는 일입니다. 룻이 얼마나 그 시어머니를 생각하는 여인인지를 이 설명에서 확인하게 되는 것입니다. 룻도 역시 남편도 없이 시어머니를 모시면서도 나오미에게 빚진 사람처럼, 무슨 엄청난 빚을 갚아야 할 사람처럼 행동합니다. 자신을 온전히 사릅니다. 하나님의 헤세드를 흘려보냅니다. 사랑을 나누고 있는 것입니다.

-나오미를 살림:

그것으로 어떤 일이 벌어집니까? 나오미가 살아납니다. 사름으로 인하여 살림의 역사가 펼쳐지게 됩니다. 19절입니다. 나오미가 룻에게 이렇게 귀한 대접을 해 준 사람에 대하여 복을 빌고 있습니다. 20절에서 그가 여호와께로 복을 받기를 원한다고 말합니다. 자! 나오미가 살아난 모습입니다. 1장 21절과 비교해 보시면 그녀의 달라진 모습을 금방 알 수 있습니다. 거기서 나오미는 전능자가 자신을 괴롭게 하셨다고 했던 여인이었습니다. 그랬던 여인이 이제는 여호와의 이름으로 상대에게 진심으로 복을 빕니다. 나오미가 새로워진 것입니다. 그녀가 룻을 기적 같이 인도하시는 하나님의 역사를 목도하면서 다시 살아나게 된 것입니다. 하나님과 화해하는 자리로 나아가고 있는 것입니다. 보아스의 헌신으로 룻이 부활했듯이 룻의 헌신으로 인하여 나오미가 부활하게 된 것입니다.

여기에 우리가 힘들어도 헤세드를 선택하며 그것을 흘려보내야 하는 이유가 있는 것입니다. 그것은 고통으로 가득 찬 세상을 살아가는 사람들에게 그것만을 재료삼아 인생을 반죽하지 못하게 하기 위함입니다. 오늘 본문의 룻과 나오미는 심한 고통으로 아파하는 여인들입니다. 그녀들에게 헤세드의 사랑이 또 다른 인생을 반죽할 만한 재료가 되지 않았다면 비극적인 인생을 살다가 사라져버리고 말 것입니다. 그러나 보아스가 전해주는 헤세드의 사랑으로 인하여 그들의 인생에는 고통이라는 반죽과 사랑이라는 반죽이 함께 섞이게 된 것입니다. 죄의 힘보다 강력한 것은 사랑의 힘 입니다. 죄로 인해 야기된 인생의 모든 아픔과 상처의 이야기가 이끄는 힘은 강력합니다. 그것만을 재료로 사용하면 인생은 피폐해집니다. 거기에 하나님의 사랑 이야기가 흘러들어가야 합니다. 그 때 어떤 일이 벌어지나요? 고통이라는 반죽과 사랑이라는 반죽이 섞이게 되었습니다. 그것으로 인하여 사랑의 이야기가 고통의 이야기를 극복하게 만들어 놓았습니다. 보아스의 헤세드를 받은 룻이 부활했고, 룻의 헤세드를 통하여 나오미가 부활하게 된 것입니다. 그렇습니다. 고통은 사랑과 버무려 져야 그 고통이 우리의 삶의 "거름"이 됩니다. 만일 그렇지 못하면, 고통으로만 재료를 삼고 살면 그 고통은 우리를 썩게 하는 "오물"이 되고 맙니다. 그래서 우리 주님은 우리로 하여금 하나님의 헤세드를 흘러 보내는 사람이 되라고 하시는 것입니다. 죄와 고통의 힘에 짓눌려 살아가는 우리 주위의 많은 사람들이 그 헤세드의 사랑에 접촉되어야만 고통을 거름으로 만들며 승리할 수 있기 때문입니다. 고통을 멋진 거름으로 만들어주는 힘이 사랑에 있습니다. 우리의 고통이 하나님의 헤세드의 사랑과 만나 거름이 되어야 고통의 크기만큼 향기로운 꽃이 피어오릅니다. 꽃향기가 납니다. 그러나 하나님의 사랑이 없으면 고통은 오물이 되기에 고통이 많을수록 오물이 많아지게 되는 것이고 악취가 진동하게 되는 것입니다. 기독교가 사랑인 이유는 고통이라는 재료만으로 인생을 써내려 가는 사람들을 일으키는 종교가 되어야 한다는 뜻입니다.

하나님께서 보아스를 부르셔서 룻에게 흘려보내게 하신 그 헤세드의 사랑과 또한 룻을 부르셔서 나오미게 흘려보내려고 하신 그 헤세드의 사랑을 이제 우리들이 전달하는 통로가 되기를 원하십니다. 우리의 남은 생애 동안 이 사명을 감당해야 합니다. 그런데 그것이 말처럼 그렇게 쉽지 않습니다. 사랑을 흘러 보내는 사명을 이루기 위해서 우리가 반드시 취해야 할 자세가 요구됩니다.

저는 지금까지 헤세드를 흘러 보내는 사랑이라고 말씀드렸습니다. 그 사랑이 나눔의 형태로 전달되어야만 고통 하는 사람들이 살아나고, 아름답게 피어오르게 된다고 했습니다. 그것이 바로 우리들이 헤세드의 사랑을 선택하며 살아야 하는 이유입니다. 그러나 그것이 전부는 아닙니다. 우리가 헤세드를 선택하며 살아야 하는 또 다른 이유가 있습니다.

II. 그래야만 내가 아름답게 피어오를 수 있기에…

룻기의 헤세드는 한 방향 소통이 아닙니다. 하나님께서 헤세드의 사랑을 명하신 이유는 고작 한 방향 소통을 위한 것이 아닙니다. 하나님이 원하시는 것은 양방향 소통입니다. 일차적으로 헤세드는 폭포가 내려가는 것처럼, 중력의 원리처럼 위에서 아래로 내려가는 한 방향 소통이 맞습니다. 무엇인가를 줄 것이 있는 사람이 그것을 필요로 하는 사람에게 흘려보내는 사랑이 헤세드입니다. 풍성한 양식과 자상한 배려심을 가지고 있는 보아스가 이방에서 온 가련한 여인 룻에게로 나누어주는 사랑입니다. 또한 젊음과 적극적인 삶의 자세를 가지고 있던 룻이 자신의 인생을 마라라고 탄식하는 시어머니에게 흘러 보내는 사랑입니다. 그것으로 사랑을 받은 사람이 다시 살아납니다. 부활에 이르게 됩니다. 꽃으로 피어오르게 됩니다. 그러나 그것이 전부가 아닙니다. 보아스에게서 룻에게로, 룻에게서 나오미에게로 흐르던 헤세드가 반대 방향으로 흘러갈 분위기를 오늘 본문은 느끼게 해 줍니다. 20절 이하에 보십시오. 룻이 자신을 이렇게 선대한 사람의 이름이 보아스라고 하자, 그 사실 앞에서 나오미가 하나님의 임재를 느낍니다. 영적인 민감함을 회복합니다. 그래서 뭘 알려 줍니까? 그가 기업 무를 자라고 합니다. 기업 무를 자는 전통적으로 형제가 자손 없이 죽으면 가장 가까운 형제가 죽은 형제의 아내와 결혼하여 아들을 낳아 주어 죽은 형제의 대(代)를 잇게 하거나(신 25:5), 가까운 친척이 가난하여 팔아버린 땅을 다시 찾아 주어야 했고(룻 4:5), 또 친족이 억울하게 죽었다면 그 살해자를 찾아 피의 복수를 해주어야 하는 의무와 권리를 가진 사람을 말합니다. 지금 나오미는 룻에게 호의를 베풀어 준 사람이 바로 기업 무를 자, 보아스 임을 알고 전율합니다. 그것이 전부가 아닙니다. 이제 그녀가 룻에게 간곡히 당부합니다. 21-23절입니다. 절대로 추수 마칠 때까지 소년들에게 가까이 하지 말 것을 말합니다. 불미스러운 일이나, 소년들과 눈이 맞으면 안 되기에 소녀들과만 함께 있으라고 말하는 것입니다. 나오미는 벌써 룻을 보아스의 아내로 만들기 위한 작전에 돌입한 것입니다. 정말 나오미의 촉이 살아 있지요? 이렇게 나오미의 영적 센스가 살아납니다.

역시 노장은 죽지 않습니다. 그 영적 센스로 룻에게 진정한 축복의 길, 회복의 길을 알려 줍니다. 나오미가 헤세드의 사랑을 받기만 하는 것이 아니라 다시 되돌려 줍니다. 오늘 본문에서는 나오지 않지만, 3장에서는 룻이 가장 노골적인 프로포즈를 보아스에게 하게 됩니다. 그것으로 보아스는 세상에서 가장 현숙한 여인을 아내로 맞이하는 복을 누리게 됩니다. 룻이 그저 보아스에게 헤세드를 받기만 하는 것이 아니라 되돌려 줍니다. 보아스-룻-나오미에게 흘러가던 한 방향의 흐름이 이제는 역으로 나오미-룻-보아스에게로 역 방향 소통으로 나아가고 있습니다. 이로 인하여 드디어 양방향 소통이 이뤄지게 된 것입니다. 이것이 우리가 헤세드를 다른 이들과 함께 나누며 살아야 하는 이유 중에 이유입니다. 하나님은 우리가 그저 헤세드를 다른 이들에게 나눠 주는 사람이 되는 것을 목표로 삼지 않습니다. 주고받는 사람이 되게 하시려는 것입니다. 헤세드를 주어야 헤세드를 돌려받게 되는 것입니다. 사랑을 주어야 사랑을 되돌려 받게 되기에 헤세드를 늘 선택하며 살라고 하시는 것입니다. "보아스"가 흘려보낸 헤세드로 궁극적으로 피어난 사람은 보아스입니다. 룻이 흘려보낸 헤세드로 궁극적으로 피어난 사람은 역시 룻입니다. 이것이 하나님이 이루시려는 헤세드를 통한 공동체의 모습입니다. 하나님이 원하시는 공동체는 "헤세드로 살리고 헤세드로 살아나고"라는 말로 요약될 수 있습니다.

 그렇다면 "헤세드는 그저 흘려보내고 내 것을 다 소진하는 그런 사랑이 아닙니다. 오히려 흘려보내고 더 충만히 채워지는 사랑인 것입니다. 이렇게 보면 헤세드는 그야말로 쌍방향적인 소통"이라고 할 수 있습니다. 2003년도에 권상우 주연의 "천국의 계단"이라는 드라마에서 히트를 친 유행어가 있습니다. 그것은 "사랑은 돌아오는 거야"입니다. 저는 이것을 "부메랑 사랑"이라고 말하고 싶습니다. 즉 사랑은 상대를 위한 것이고 동시에 나를 위한 것이라는 뜻입니다. 헤세드는 남을 유익되게 하고 궁극적으로 나를 유익되게 하는 부메랑 사랑입니다. 헤세드가 상대를 아름답게 피어나게 할 뿐만이 아니라, 궁극적으로는 나를 아름답게 피어오르게 합니다. 이것이 사실이라면 저는 분명히 말씀드릴 수 있습니다. 우리가 일방적으로 헤세드의 사랑을 흘러 보내야 한다고 억울해 할 필요가 없습니다. 일방적으로 주는 사랑은 없습니다. 그것이 다 나를 위한 보험입니다. 우리가 준 것을 반드시 되돌려 받게 될 것입니다. 12절에 보시면 보아스의 입을 통하여 룻이 행한 선한 일로 인하여 "여호와께서 네게 보답하시기를 원한다"고 축복합니다. 우리 하나님은 보답해 주시는 분이십니다. 오늘의 주인공들은 모두 심은 대로 거둔 사람들입니다. 어느 분의 표현처럼, 우리가 선한 삶을 위해서 심는 것은 하나님을 채무자로 만드는 것입니다. 우리가 헤세드를 심으면 하나님은 그것을 갚아주시기 위해서 바빠지신다는 뜻입니다. 우리 하나님은 빚지고 못 사시는 분입니다. 그래서 반드시 갚아 주시는 것입니다. 오늘 본문에서 헤세드를 심은 사람들에게 되갚아 주시기를 기뻐하신다는 것을 나오미의 마지막 모습을 통하여 확인시켜 주고 있습니다. 룻기 3-4장에 가시면 더욱더 분주하게 움직이시는 하나님을 보게 될 것입니다.

심은 대로 거두게 하시는 하나님 앞에서 꼭 헤세드를 심으시는 여러분이 되시기를 부탁드립니다. 만일 죄를 심고, 악을 심고, 상처를 심고, 상대의 가슴에 아픔을 심으면 그에 대한 징계와 심판도 반드시 따라오게 될 것입니다. 지혜로운 인생은 우리 하나님을 사랑의 채무자 되게 하는 사람입니다. 어리석은 인생은 우리 하나님을 심판의 채무자가 되게 하는 사람입니다.

우리 하나님은 우리가 흘려보낸 헤세드의 사랑을 다시 되돌아가게 하시는 쌍방향적 소통을 위하여 바빠지시기를 원하시는 분이십니다. 우리를 통하여 양방향적 소통이 가능케 되기를 원하십니다. 그런 세상을 꿈꾸고 계십니다. 그 꿈을 이루시기 위하여 먼저 하나님께서 우리에게 헤세드를 흘려보내신 것입니다. 그러나 그저 사랑을 흘러 보내시는 것이 하나님의 사랑의 전부가 아닙니다. 그렇다면 기독교는 자비의 종교일 수는 있어도 사랑의 종교는 아닙니다. 자비는 어쩐지 그냥 한 방향의 소통만을 위한 단어같이 느껴집니다. 물론 하나님은 그런 차원(자비)의 사랑을 주십니다. 그것을 아가페적인 사랑이라고 합니다. 그러나 그 정도로 하나님의 사랑을 정의하는 것은 온전한 것이 아닙니다. 더 나아가야 합니다. 하나님은 아가페적인 절대 희생의 사랑으로 우리를 대하시면서도 또한 우리들이 반응하는 사랑을 원하십니다. 우리가 그 분을 사랑하기를 원하십니다. 흔히 남녀 간의 육체적인 사랑이라고 하는 에로스적인 사랑도 하나님은 우리에게 원하시는 분이십니다. 남녀가 결혼을 통하여 진정으로 하나 되듯이 그렇게 하나님께서 우리에게 그런 양방향 소통의 사랑을 원하시는 분이십니다. 그래서 그분에게는 거룩한 질투가 있습니다. 우리가 하나님 외에 다른 것을 사랑하는 것을 못 보십니다. 그러기에 우리는 하나님의 사랑을 받고 그 분을 전심으로 사랑해야 하는 것입니다. 이제 하나님과 그런 양방향 소통을 이루는 사람들이 이 사랑을 이웃에게 나누는 전달자가 되기를 원하십니다. 우리가 할 일은 그 일방적인 사랑을 주는 것입니다. 그러면 하나님이 빚진 자가 되십니다. 우리가 준 그 일방적인 사랑이 다시 우리에게 되돌아와 우리를 살리게 하십니다. 이것이 바로 룻기가 말하는 헤세드의 사랑과 나눔의 교훈인 것입니다.

사랑하는 성도 여러분!
우리는 큰 성공을 위해서 사는 사람들이 아닙니다. 우리는 헤세드의 사람이 되기 위해 사는 것입니다. 우리는 나만을 위해서 사는 사람이 아닙니다. 남에게 헤세드의 사랑을 나누어 주기 위해 사는 사람입니다. 나만을 위해 사는 사람은 평범한 사람입니다. 그러나 남을 살리기 위해 작은 일상에서부터 헤세드의 사랑을 나누며 사는 사람은 비범한 사람입니다. 미로슬라브 볼프라는 사람은 그의 책 "베풂과 용서"에서 이렇게 말했습니다.

"소파에 앉아서 맥주나 탄산수를 들고 옆에는 인스턴트식품을 차려 놓고 몇 시간씩 TV를 시청하는 사람이 있다. 그것은 평범한 삶이다. 이웃 사람이 소유한 것보다 더 비싼 자동차를 차고에 주차시키려는 이유로 24시간 내내 일하는 사람이 있다. 그것 역시 평범한 삶이다. 그러나 소파에서 일어나 자녀와 놀아주거나, 시간과 에너지를 들여 죄수를 가르치거나 노인들의 이야기를 귀담아 들어주는 사람도 있다. 그것은 비범한 삶이다. 왜 그런가? 무언가를 베풀고 있기 때문이다. 모든 선물은 성과 속 사이에 가로막힌 장벽을 무너뜨리고, 속된 것을 성스럽게 변화시킨다. 선물을 베푸는 사람의 삶은 비범하다. 그 사람은 하나님께서 자신의 선물을 흘려보내시는 통로가 되었기 때문이다."

사랑하는 여러분!
하나님이 우리에게 주신 가장 위대한 선물인 헤세드를 흘려보내는 통로가 되십시다. 그것이 우리의 몫입니다. 우리가 해야 할 일을 할 때, 하나님께서 일하실 것입니다. 반드시 양방향 소통이 되게 하실 것입니다. 양방향 사랑의 소통이 이뤄지는 우리 가정, 우리 공동체가 되기를 주님의 이름으로 축원합니다.

Appendix 논문 (1)

부흥 시대의 설교를 통해 본
현대 설교의 통합적 진로 모색

이 우 제 (백석대학교 설교학)

I. 서론

러시아 속담에 "과거에 안주하는 사람은 한쪽 눈을 잃은 것이지만, 과거를 잊어버린 사람은 두 눈을 다 잃은 것이다."라는 말이 있다.[1] 과거 역사를 인식하는 우리들의 태도에 따라서 현재를 온전한 시각을 상실한 채 한쪽 눈의 기능으로만 살아가는 사람이 될 수도 있고, 두 눈 모두를 잃어버린 소경으로 살아갈 수도 있음을 의미하는 것이다. 과거를 그대로 모방하여 오늘에 재현하려는 사람들이 전자에 속한다면, 과거를 아예 망각이라는 강물에 떠내 보내는 사람들은 후자에 속한다고 하겠다. 이렇게 우리들의 과거 역사에 대한 인식이 현재적 삶을 향한 진로를 결정하는 절대적인 근거가 되기 때문에 우리가 교회역사를 깊이 있게 연구하여 가치 있는 교훈들을 오늘을 위한 바른 지침으로 받아들일 필요가 있다. 우리는 온전한 시력을 회복하기 위해서 과거에 귀를 기울어야만 한다. 현대 설교의 진로를 위하여 우리가 되돌아보아야 할 무수히 많은 역사적 유산들 중에 현재 초미의 관심거리로 논의되고 있는 주제는 아마도 생명력 있는 말씀이 강단에서 선포되었던 시기의 설교일 것이다. 우리가 익히 알고 있는 것처럼, 설교사적으로 볼 때, 기독교 신앙이 흥왕하던 때는 언제

---

1) 마크 쇼, 「비전」 조정규 · 임종원 역 (서울: 예영 커뮤니케이션, 2005), 10.

나 능력 있는 강단이 존재하고 있었다. 그 강단에서 울려 퍼지는 생명력 있는 말씀으로 교회가 사탄의 권세를 부수고 영광스러운 승전가를 부를 수 있었던 것이다. 마치 칠흑 같은 어두운 역사 가운데서 세례요한이 능력 있게 말씀을 전했을 때, 무리, 세리, 군병이 차례로 걸어 나아와 "우리가 무엇을 하리이까?"라고 자신들의 갈 길을 물었던 것 같이, 성경과 교회사는 능력 있는 말씀 사역은 세상의 돌아옴과 주의 백성들의 심령 속에 부흥의 불꽃이 타오르게 하는 일에 결정적인 원인이 되었음을 증언하고 있다. 흥미롭게도 오순절 성령 강림으로 시작된 강력한 부흥의 역사는 무엇보다도 먼저 설교를 뒤바꿔 놓았다. 무기력한 설교에서 생명을 살리고 사람들의 가슴에 불을 지피는 설교가 회복된 것이다. 이러한 강력한 설교를 가능케 했던 오순절의 역사는 "제2의 오순절"이라고 불리는 16세기 종교개혁으로 이어지게 되었다. 종교개혁은 목숨을 걸고 말씀의 우위성을 회복하려는 영적 부흥운동이었고, 영적 대각성 운동이었다. 모든 세기에 일어난 영적 부흥과 각성의 이정표가 되었던 종교 개혁은 17세기의 청교도 운동과 18세기의 휫필드, 웨슬리, 에드워즈가 중심이 된 영적 부흥 운동에 그 바톤을 넘겨주게 되었다. 그리고 간헐적이기는 해도 19, 20세기의 복음주의 운동과 선교 운동을 통해 부흥의 횃불이 전달되었다.[2] 놀라운 점은 이 부흥과 갱신의 근저에는 강력한 말씀사역이 존재하였고, 그로 인해 회중들의 삶이 변화되는 역사가 일어났다는 점이다.

    그렇다면 하나님께서 영광스럽게 시대를 깨웠던 작고 큰 영적인 부흥과 각성의 시기의 설교정신과 형태가 점차로 세상문화의 기준을 따라가는 현대적 설교사역의 정황가운데 어떤 교훈을 제공하는가?

    이 논문에서는 러시아 속담이 던져주는 권면에 유념하면서 크게 두 가지로 나눠서 해답을 찾아보고자 한다. 먼저 과거를 망각하여 두 눈의 시력을 모두 잃어버리지 않기 위해서 과거의 교훈과 연속성을 찾고자하

---

2) 정성욱, 「개혁 & 개혁」(서울: 부흥과 개혁사, 1999), 16.

는 노력을 기울일 필요가 있다. 하나님이 굽이쳐 흐르는 역사의 골짜기마다 사용하셨던 부흥과 각성 시대의 설교자와 설교가 우리에게 주는 메시지의 특징을 요약하면 설교 본질에 대한 회복이라고 말할 수 있을 것이다. 시대가 아무리 바뀌어도 설교의 본질은 결코 바뀔 수 없기에 우리들이 행하는 설교는 본질에 충실했던 위대한 역사적 전통과의 연속적인 측면을 가지고 있어야 한다. 그러나 또 한 가지 고려해야 할 것은 우리가 과거의 역사를 맹목적으로 모방하지 않아야 한다는 점이다. 과거에 안주함으로서 한쪽 눈의 기능을 잃는 우를 범하지 않기 위해서 우리는 과거의 교훈에 대한 현재적인 적실성(relevance)을 심도 있게 고민할 필요가 있다. 이것이 바로 과거와의 불연속적인 측면이다. 여기서 우리가 주의해야 할 것은 불연속성이라는 말이 과거와의 단절을 의미하는 것이 아니라 과거에 대한 구태의연한 답습을 넘어서 그것을 수정, 보완, 그리고 통합하는 것을 의미한다는 점이다. 과거는 무비판적인 모방을 위해서라기보다는 창조적인 선용을 위하여 사용되어야 한다. 설교란 다름 아닌 각 시대의 회중을 향해 말을 걸어오는 행위이기 때문에, 불변적인 요소에 가변적인 요소를 조화시키는 통합적 관점의 새로운 형식을 고찰할 필요가 있다고 할 수 있다.

II. 위대한 유산으로서 영적 부흥과 설교의 본질 회복

우리는 지금 그동안 우리를 지탱시켜주었던 절대적 진리의 기반을 상실한 "터"가 무너진 시대를 살아가고 있다. 절대 기준과 가치관이 무너진 시대는 자신의 소견의 옳은 대로 행하는 상대적 가치관이 팽배하게 되는 시기이다. 이러한 현상은 우리들이 행하는 설교사역의 분야에도 결코 예외일 수 없다. 점차로 현대 설교학은 "설교란 과연 무엇인가? 설교는 왜 하는가?"에 대한 물음보다는 "설교를 통해 어떻게 청중의 현실적인 필요나 현대적인 문제의 해답을 줄 수 있는가?" 라는 질문에 과도하게 집중하고 있음을 본다. 이러한 경향은 우리의 설교를 값싼 싸구려 복음의 제시나 성경 본문과 교리를 상실하면서까지 과도하게 청중의 구미에 맞는 메시지로 전락시켜 버렸다.[3] 신설교학(new homiletic)적 경향으로 대변되는 다양한 설교 이론들이 전통적인 설교 한계를 넘어가려는 대안들로 제시되었다. 현대의 무기력한 강단을 치유하기 위한 자구책이었을 것이다. 그들의 선한 동기를 이해하지 못하는 바는 아니다. 그러나 과연 이러한 시도가 우리의 설교적 위기를 타개할 수 있는 근본적인 대안이라고 말할 수 있을까? 정창균 교수는 이러한 지극히 "인본주의적인 진단"으로 인한 "현상학적인 해답"은 우리가 직면한 문제를 해결하기 보다는 더 심각한 문제인 설교의 "존재론적인 위기"를 낳았다고 진단한다.[4]

우리의 문제를 제대로 풀기 위해서는 청중들을 가장 심도 있게 변화시켰던 과거의 부흥과 각성 시대의 전통 속에서 발견할 수 있는 설교의 본질을 찾아내는 일이다. 위대한 영적 각성과 부흥이 펼쳐질 때마다 하나님에 의해 사용되었던 설교적 유산들을 통해 현재 우리들이 행하는 설교 사역의 방향성을 진단하고 놓쳐서는 안 되는 설교의 신학적 독특성을 점검해야만 한다. 특별히 과거와의 연속성의 측면[5]에서 설교사역의 본질

---

3) Murray A Capill, *Preaching with Spiritual Vigour* (Glasgow: Christian Focus Publications, 2003), 9-10. 카필은 현대의 설교학이 갖고 있는 위기를 성경의 메시지를 무시한채 과도한 현실에 대한 필요를 채우려는 시도라고 지적하고 있다. 그의 이야기를 들어보자. *"some have sought to modify both the content of their preaching and style of delivery in order to be more 'relevant'. Instead of simply preaching on biblical texts or doctrines, they have felt it better to discuss contemporary needs, problems, and issues in the most approachable manner possible. They seek to address felt needs in user-friendly way. Their preaching is not 'preachy' but conversational.*

4) 정창균, 「고정관념을 넘어서는 설교」(수원: 합동신학대학원 출판사, 2002), 94. 정창균은 "설교 자체의 핵심이 되는 신학적 특성에 대해 충분한 주의를 기울임이 없이 대화의 형식이나 기술들을 개발하려는 그들의 시도들은 편협한 현상주의적 접근이라고 할 수 있다. 이러한 접근은 '청중을 잃는' 현상에만 집중하며 무슨 방법을 통해서든 '청중을 얻는 것'에만 주력할 뿐이다. 사실, 단절된 청중과의 의사소통 통로만을 재건하려는 시도들은 오히려 현대 설교에 또 다른 위기를 불러일으키는 모순을 낳는다. 그것을 설교의 '존재론적 위기'로 특징지어질 수 있다."고 말한다.

5) Karen Tye, *Basics of Christian Education* (Louis: Chalice, 2000), 23. *"One of the purposes of education, then, is to ensure a "continuity of vision, value, and perception so that the community sustain its self-identity." In other words, education has to do with continuity, with helping to carry forward across time the traditions and teachings that from the core and shape the life of a people. However, Brueggemann also says that communities must be able to survive and be relevant and pertinent in new situation. For this to happen, education must be concerned with what he calls "discontinuity," or an emphasis on new ways of thinking.*

규명을 "하나님 영광을 추구하는 설교", "사도적 케리그마를 회복하는 설교", "복음의 능력을 회복하는 설교"의 메시지로 나눠서 각각 설명할 필요가 있다. 이러한 세 가지 회복의 영역은 현대 설교학이 깊이 영향 받고 있는 3가지 세속 문화적 관점들 즉 구경꾼 중심주의적 태도, 소비자 중심주의적 태도, 테크닉 중심주의적 태도에 대한 처방으로 제시되고 있다.

2-1 재미를 추구하는 설교에서 하나님의 영광을 위한 설교의 목적 회복

부흥과 각성시대의 설교로부터 한국교회가 주의를 기울여야 할 첫 번째 교훈은 설교사역에 있어서 하나님 중심적인 목적 회복이라고 말할 수 있다. 기독교적 설교란 단순히 현대 청중들과의 성공적인 대화의 길을 모색하는 의사소통 방법을 넘어서는 신적 커뮤니케이션의 측면, 즉 영적인 본성을 가지고 있다. 영적인 본성이 점검되지 않은 채 행해지는 단지 청중들의 귀를 즐겁게 만드는 설교는 궁극적으로 회중의 삶을 변화시키는 힘을 상실하게 되는 설교답지 못한 설교이다. 설교가 세속적 강연이나 연설과 다른 이유가 여기에 있다. 오늘날 현대 설교학적 경향에서 눈에 띄게 나타나는 현상은 바로 이러한 영적인 본성을 강조하는 설교를 찾아보기 힘들게 되었다는 점이다. 현대 설교학의 주된 관심은 인간 경험에 호소하는 설교를 만드는 일이다. 복음을 다시 새롭게 경험시키려는 시도자체가 잘못이라고 말할 수는 없지만, 문제는 그것을 이뤄내는 방식에 있어서 과도하게 메시지의 모든 관심을 청중의 흥미와 재미에 호소하는 점이다. 이런 경향은 성경을 오직 경험론적인 안경을 끼고 바라보게 함으로서 현대인의 기호에 우선순위를 두고 설교를 전개하게 만드는 우를 범하게 만들었다. 이러한 설교적 방향성이 갖고 있는 위험은 신학(theology)과 인간학(anthropology) 사이의 균형 상실이다. 신학적 반성이 없는 세속적 인간학

In other words, one of the purposes of education is to help things change, to help transform old traditions and teachings in order to bring new life to a people. For Brueggemann , "education must attend both to processes of continuity and discontinuity in order to avoid fossilizing into irrelevance on the one hand, and relativizing into disappearance on the other hand."

으로 떨어졌다는 것이 문제이다. 이것을 건전한 성육신적 설교 신학의 관점으로 비판한다면, 현대 설교적 경향이 지나치게 인간적인 국면이나 실존적인 측면에 의존하다가 설교가 갖는 신적인 측면 혹은 성경적인 관점을 망각하는 우를 범하게 되었다고 지적할 수 있다.[6]

이렇게 설교를 청중의 흥미 유발에만 초점을 맞추려는 시도는 그들의 설교학이 지나치게 현대 지배적인 서구 문화의 경향을 신학적 비판 없이 수용한 것에 기인한다고 볼 수 있는데 그 대표적인 정신이 바로 "구경꾼"(spectator)문화를 따라가는 것이다. 현대인은 지루함을 견디지 못하고 늘 새로운 재밋거리를 찾아다니고 있다.[7] 현대인들은 그 어느 때보다도 더 재미있는 일로 자신의 삶을 채워야 만족하는 "오락 욕구"에 중독되어 있다. 문화의 거울 노릇을 하는 텔레비전은 한마디로 이 시대의 형편이 어떠한지를 잘 대변하고 있다. 모든 프로그램이 흥미와 놀이 위주로 짜여 있는 것을 볼 수 있다. 그러다보니 텔레비전은 청중의 관심을 사로잡기 위해 쉼 없이 우리의 정신을 혼미케 하고 끊임없이 변화를 추구하며 우리를 흥분상태 가운데 온통 열광하도록 만든다. 어느 사람이 잘 정의하였듯이 텔레비전은 "눈으로 씹는 껌"이다. 재미라는 단물이 있을 때까지만 씹고 버리는 껌 말이다. 이런 찰나적인 재미에 노출된 현대인은 늘 오락 거리를 찾아다니는 "죽도록 즐기기" 경향으로 치달아 가게 된다. 이에 대해 데이비드 핸더슨의 말을 들어보자: "…이렇게 되면 계속하여 일정 수준 이상의 자극이 몰려오기를 원한다. 사람들은 그들에게 휘몰아치는 줄거리를 따라잡기 위해 전개되는 이야기에 폭 빠져들고 싶어 한다. 사람들은 무언가 끊임없는 움직임, 무지막지하게 큰 소리, 계속하여 생각을 하지 않아도 되는 춤에 빠져서 사는 것을 좋아하게 되고, 또 그렇게 살기를 원한다."[8]

---

6) William Willimon, "Turning an Audience into the Church," *Leadership 15, no. 1 (Winter 1994)*, 30.
7) ibid.
8) David Henderson, *Culture Shift (Grand Rapids: Baker Book, 1998)*, 77.

현대 설교학은 심하게 말하면 바로 이 구경꾼 문화에 사는 청중을 사로잡는 메시지를 전해야 할 필요성을 역설하면서 등장한다. 신설교학의 창시자인 크래독은 청중들에게 지루함을 주는 것은 죄라고 단정하면서, 지루함을 깨는 설교의 길을 제시하게 된다. 1971년, 크래독이 귀납적 설교라는 이름으로 전통적인 설교에 대한 패러다임 전환을 주장한 이래로 새로운 설교학은 탄력을 얻어 다양한 이론과 제목으로 확대되어가고 있지만 그 공통적인 전제는 구경꾼을 만족시키는 복음전달의 방식이라는 점을 부인할 수 없을 것이다. 이것이 사실이라면, 현대 설교학이 추구하는 설교의 목적은 세상문화와 아무런 차이가 없는 구경꾼을 즐겁게 하는 사역으로 전락해 버릴 위험이 있다. 구태의연한 태도로 변화하는 시대의 청중을 대하는 전통설교의 한계를 지적하려는 새로운 설교적 접근을 역설하는 그들의 순수한 의도를 이해하지 못하는 바는 아니다. 그러나 설교의 목적을 시청자의 관심을 사로잡기 원하는 텔레비전 프로그램 제작자의 목적과 일치시키려는 자세는 어떤 경우에도 용납되어질 수 없다. 그것이야말로 세상 문화에 무릎 꿇게 되는 설교의 굴욕이기 때문이다.

부흥과 각성시대의 설교는 설교의 목적이 회중을 즐겁게 하는 것 이상의 문제라는 것을 이론적으로만이 아니라 실증적으로 알게 해주는 성경과 교회역사의 아름다운 유산이다. 인간은 깊이 있는 삶을 망각케 하는 감각적인 쾌락이나 오락만으로는 살 수 없는 존재이다. 재미는 우리 삶을 구성하는 일부이기는 해도 우리가 추구해야할 가장 중요한 가치는 아니다. 피조물인 인간에게 최고의 가치는 재미보다 하나님을 추구해 가는 것이다. "인생의 제일 되는 목적은 하나님을 영화롭게 하고 그를 영원히 즐거워하는 것"이다. 기독교인의 삶의 목적이 그러하다면, 설교의 중심 주제와 목적도 역시 하나님 영광이어야 한다. 존 파이퍼의 주장처럼, "설교자의 목표는 바로 사람들의 영혼 속에 하나님의 주권과 영광이 부흥할

수 있도록 하는 것이다."⁹⁾

흥미로운 질문은 그렇다면 설교를 통한 하나님의 영광은 어떻게 확보되는가? 설교자가 인간에 대한 메시지로부터 하나님에 관한 메시지를 말하는 것으로 충분한가? 그렇지 않다. 부흥시대 설교자들에게 하나님의 영광을 위한 설교는 사변적이고 추상적으로 하나님을 설명하는 것이 아니다. 오히려 그들에게 하나님의 영광은 회개를 통한 회중의 회심으로 나타나게 된다. 즉 현대 설교가 세상 문화의 정신을 따라 삶을 즐기는 사람을 더 즐겁게 하는 것을 추구하고 있다면, 위대한 부흥 시대는 사람을 진정한 회심을 통하여 하나님 앞에 세우고 또 다시 하나님 앞에 세우는 것으로 하나님을 영화롭게 하기를 추구한다.

하나님의 영광은 단지 설교가 하나님을 언제나 언급하거나 모든 본문을 신 중심적인 관점으로 풀어간다는 차원에서 확보되는 것이기 보다는 오히려 하나님의 은혜를 경험한 설교자를 통하여 회중가운데 단회적으로 발생하는 "진정한 변화"로서의 회심의 역사와 또한 회중 가운데 반복적으로 일어나는 "지속적인 변화"로서의 회심의 역사로 펼쳐지게 되는 것이다.¹⁰⁾ 그 좋은 실례를 바로 부흥 시대의 설교자인 조나단 에드워즈에게서 발견할 수 있다. 그는 설교를 포함한 자신의 모든 사역의 가장 큰 목적을 하나님의 영광에 두면서도 설교의 핵심을 회중의 "구원(회심)에 관한 설교"에 집중하고 있다.¹¹⁾ 하나님의 영광은 회심을 통한 중생과 계속적인 영혼의 각성과 부흥을 통해 이뤄진다. 참된 회심을 통해 구원을 경험한 자로 지속적인 회심의 과정인 성화의 길을 걷게 됨으로서 하나님께 영광 돌리는 삶으로 이끌리게 된다.

---

9) 존 파이퍼, 「하나님의 방법대로 설교하십니까」 이상화 역 (서울: 엠마오, 1995), 84.
10) 구원에 이르는 중생으로의 회심은 단회적이다. 그러나 "중생 받은 자로 하여금 그들의 의식적인 생활 가운데서 믿음과 회개를 통하여 하나님께로 돌아오게 하는 하나님의 행위"로서의 회심은 지속적이다. 김남준, 「영적 기상도를 본다」(서울: 두란노, 1997), 127-128.
11) 이승진, "조나단 에드워즈의 설교 연구," 「복음과 실천」 제 10권 (서울: 한국 복음주의 실천신학회, 2005), 25.

2-2 소비자 중심적 설교에서 케리그마적 설교의 내용 회복

부흥과 각성시대의 설교로부터 한국교회가 주의를 기울여야 할 두 번째 교훈은 설교사역에 있어서 사도적 케리그마 선포를 통한 설교 내용의 회복이라고 말할 수 있다. 설교란 단순히 현대 청중들을 위한 도덕적 강화나 윤리적 교화를 넘어서는 선포된 특별한 메시지, 예수 그리스도 안에서 하나님께서 행하신 사역을 전하는 것이다.[12] 사도들이 선포했던 그리스도의 복음이 점검되지 않은 채 행해지는 단지 청중들의 생활을 교정하고 교육하는 설교는 좋은 충고(good advice)는 될 수 있어도 좋은 소식(good news)은 될 수 없는 것이다. 그리스도의 복음만이 하나님과의 관계가 멀어져 죽음 가운데 있는 이들의 생명을 살리는 유일한 치유와 구원 그리고 영생의 메시지가 된다. 사도행전에 등장하는 한 간수가 "내가 어떻게 하여야 구원을 얻으리이까?"라고 절규하였을 때, 사도를 통해 제시된 대답은 바로 "주 예수를 믿으라. 그리하면 너와 네 집이 구원을 얻으리라"라는 긴박한 복음의 메시지이다.[13] 이렇게 죄로 인하여 하나님과의 관계가 소원하여져서 소망이 없는 인생들에게 전해져야 하는 긴박한 메시지는 예수 그리스도의 생명의 복음이다. 그리스도 외에는 인생의 참된 치유가 불가능하기 때문이다.

안타깝게도 오늘날 현대 설교학의 두드러진 경향은 바로 이러한 죽어가는 영혼들에게 하나님의 사랑과 구속을 보여 주면서 죄를 깨닫게 하고 예수를 믿도록 독려하는 복음 중심적 설교가 점차 자취를 감추고 있다는 점이다. 다드(C. H Dodd)는 현대 설교의 최대 위기를 "비기독교 세계에 대한 기독교의 공중 선포"라고 정의되는 케리그마를 상실한 채 행해지는 단순한 인간적인 필요성에 호소하는 권면이나 교훈 그리고 설명으로 흐르는 것이라고 옳게 지적하고 있다.[14] 현대의 설교학의 주된 관심은 청중

---

12) 그레이다누스, 「구약의 그리스도 어떻게 설교할 것인가: 하나의 현대적 해석학 방법론」, 김진섭, 류호영, 류호준 역(서울: 이레서원, 2002), 40.
13) Ibid., 43.
14) 다드, 「설교의 원형과 그 발전」 채 위 역(서울: 신생사, 1965), 5.

의 상황과 그들의 느껴진 현실적 필요(felt need)에 대한 개인적이고 심리 치료적인 복음을 제시하는데 집착되어 있다. 물론 그들이 문제 해결식의 설교의 방식을 통해 나름대로 청중들의 상황에 대한 처방으로 그리스도를 추구하고 있는 것이 사실이지만, 문제는 그들이 제시하는 처방이 지극히 성경 내러티브의 핵심 인격이신 그리스도의 정체성을 사실적으로 묘사하고 있다기보다는 청중의 욕구를 충족시켜주는 그리스도에 초점을 맞추고 있다는 점에 있다. 거기서 성경이 제시하는 그리스도 중심의 복음의 메시지와 사도적 케리그마는 실종되어버리게 된다.

이렇게 청중의 느껴진 필요에서 출발하여 그들의 욕구를 만족 시키는 설교는 "소비자"(consumer)로서 청중을 대하려는 우리시대의 소비자 중심주의적 견해에 기인한 것이라고 할 수 있다. 세상의 기업들은 온통 마케팅 전략으로 소비자의 구매를 촉진시키기 위한 치열한 전쟁을 벌이고 있다. 현재 비즈니스 세계에서 소비자는 단순한 고객이 아니라 섬기고 받들어져야 할 왕으로 여겨지고 있다. 소비자 문화는 새롭게 청중의 구미를 사로잡는 세련된 상품이 계속 봇물처럼 쏟아져 나오게 만들어 더 많은 선택권을 구매자에게 제공해 준다. 이러한 소비자 중심주의에 길들여진 현대인은 '내게 꼭 맞는 것'을 찾아다니며, '나의 필요를 채워주는 것'을 진리로 여기는 삶의 태도를 갖는다.

현대 설교학은 어찌 보면 바로 이 소비자 문화에 사는 청중에게 호소하는 실용적이고 필요중심의 설교(need-oriented preaching)의 길을 제안하고 있다고 볼 수 있다. 현대 마케팅 전략의 영향력 아래서, 복음은 생산품으로 여겨지고, 설교자는 생산자로 회중은 소비자로 취급되고 있다. 이러한 구조 가운데서 생산품과 생산자는 모두 소비자를 만족시키기 위해서 존재한다. 항상 중심에는 소비자들인 회중이 존재하게 된다. 소비자들인 회중은 절대적 주권을 가지고 있으며, 어느 경우에든지 옳다.[15] 이

---

15) 핸더슨, 91.

러한 견해는 설교에 있어서 그동안 상대적으로 무시했던 회중의 위상을 끌어올린 점과 기독교 신앙이 회중에게 던져주는 유익을 어느 정도 설명했다는 점에서 상당히 고무적인 공헌을 했다고 말할 수 있다. 그러나 그럼에도 불구하고 이들의 견해는 기독교의 복음의 메시지를 송두리째 왜곡 시킬 수 있는 위험이 있다. 어떤 의미에서 기독교의 복음은 소비자 문화의 시각에서 인식되는 것처럼 경쟁적인 종교 상품들 가운데 어느 하나가 아니다. 오히려 기독교 복음은 자기를 부인하고 주님을 따라야 하는 결단의 요청이다. 회중이 우선이 아니라 복음의 메시지 속에 담겨진 주님의 뜻이 최우선이다. 우리가 전하는 메시지는 청중이 필요를 따라 취사선택할 수 있는 메시지가 아니라, 준엄한 명령이요 반드시 따라야 할 삶의 방식이다.

다양한 부흥과 각성 시대의 설교의 공통적인 특징은 바로 회중을 개인적인 선호도로 메시지를 구매할 수 있는 소비자로서 취급하는 것이 아니라, 회심이 필요한 개종자로 취급하고 있는 점이다. 회중들의 개종을 위해 필요한 메시지는 사용자에게 편리한 복음이 아니라, 예수님에 대한 케리그마 선포에 있다. 왜냐하면 케리그마 설교의 목적이 다름 아닌 허물과 죄로 죽은 자들로 하여금 구원에 이르게 하는 것이기 때문이다. 그렇다면 어떤 이들은 사도적 케리그마를 회복해야 한다는 논증에 대하여, 1세기 이교도적인 상황 가운데 있는 사도적 케리그마 설교를 21세기의 설교를 위한 교훈으로 제시하는 것이 과연 타당 한가?라는 질문을 던질 수 있을 것이다. 이에 대한 답을 작금의 한국 교회가 직면한 교회 밖 상황과 교회내의 상황의 위기 국면이라는 점으로 나눠 설명해 보기로 하자. 분명히 우리들이 직면한 세상의 외적인 상황은 1세기와는 큰 차이를 가지고 있다. 그러나 우리의 자녀들이 성경과 친숙하지 않은 후기 기독교 문화 속에서 자라고 있다는 점에서 1세기의 정황과 유사하다고 할 수 있다. 톰슨의 주장대로, 환경적으로는 차이가 있지만, 영적인 상태 면에서는 동일하거나 어쩌면 더 심각한 지경에 놓여 있기 때문에 한국 교회 강단은 다시 사도적 케리그마의 설교를 회복해야만 한다.[16] 또한 사도적 케리그마 설교가 교회내에서도 여전히 필요한 이유는 교회에 넘쳐나는 비 중생인과 중생한 기독교인들 때문이다. 우리가 교회 생활을 하는 모든 사람을 중생자로 여기는 것은 지나친 낙관론이다. 회심하지 못한 채 교회에 출석하는 많은 비 중생인들이 있다. 이들에게 케리그마 설교가 절대적으로 요구되어진다. 비록 케리그마가 불신자를 회개케 하는 목적을 가지고 있지만, 그것은 여전히 중생한 그리스도인들에게도 필요하다. 흔히 "개심자들을 위한 윤리적 교훈적" 가르침을 케리그마와 구별되는 디다케로 표현하지만, 이 둘을 날카롭게 구별하는 것이 불가능하다. "디다케는 하나님의 우아한 케리그마이다. 케리그마는 하나님의 기술된 디다케이다." 이장의 주제와 관련하여 강조하고자 하는 것은 디다케가 청중의 마음을 사로잡는 기능을 감당하려면 사도적 케리그마의 내용이 토대가 되어야만 한다는 점이다. 이렇게 디다케도 케리그마에 기초를 두고 있다면 개심자들의 윤리적이고 성화적인 삶의 변화를 이루는 설교는 케리그마적 디다케 설교가 될 것이다.[17]

2-3 테크닉에 의존하는 설교에서 성령의 주권적 사역에 의존하는 설교의 능력 회복

부흥과 각성시대의 설교로부터 한국교회가 주의를 기울여야 할 세 번째 교훈은 설교사역에 있어서 성령의 주권적 역사를 통한 설교의 회복이라고 말할 수 있다. 설교란 단순히 현대 청중들을 위한 설교자 개인의 인간적이거나 인위적인 노력이 아니라, 성령의 능력 부으심을 통한 사역이다. 성령의 능력 부으심이 전제되지 않고 전달되는 테크닉이나 방법론에 의존하는 설교에서는 설교자가 주체가 되고 성령이 설교자의 불완전을

---

16) James Thompson, *Preaching like Paul: Homiletical Wisdom for Today* (Louisville: Westminster John Knox Press, 2001), 1-2.
17) 김남준, 「영적 기상도를 본다」, 156.

통해 생긴 균열을 메워 주는 존재로 기능하게 된다. 이러한 입장은 "다만 성령의 나타남과 능력으로" 설교할 것을 천명했던 바울의 정신과는 배치되는 것이다. 오직 성령의 능력만이 말씀 선포 사역의 효력을 발생케 한다. 그 대표적인 실례가 주님이 제자들로 하여금 오순절 성령강림을 기다리게 하신 누가복음 24:49와 그 결과로 주어진 사도행전 2장의 메시지이다.

제자들은 이미 주님으로부터 3년 동안 제자 훈련 과정(?)을 이수하였고, 부활을 목격한 사람들이었다. 그들의 사명이 복음을 지식으로 전달하는 것이었다면 충분한 자격을 갖춘 셈이다. 그러나 주님은 제자들에게 반드시 증인이 되려면 한 가지 선행 조건이 필요하다고 말씀 하신다. 그것은 약속하신 성령을 통해 위로부터 능력을 입히울 때까지 기다리는 것이다. 사도행전 2장은 오순절 성령 강림을 통한 능력이 부어짐을 통해 어떤 결과가 생기게 되었는지를 밝히고 있다. 놀라운 것은 성령 강림 사건은 무기력하게 세상과 하나님 사이의 회색지대에 속한 신앙적 삶을 살던 베드로 사도를 능력 있는 말씀의 선포자로 세워놓은 점이다. 성령의 능력으로 전달되는 설교를 통해 세상 사람들이 어찌 할꼬 하며 갈 길을 묻는 역사가 펼쳐지게 된다. 그 뿐만 아니라, 교회가 세상의 가치관을 뛰어넘어 재산을 함께 공유하는 참된 생명을 나누는 공동체로 변화되어진다. 모두 위로부터 부어주시는 성령의 능력으로 증거 하는 말씀 때문에 생겨진 결과였다.

이 문제와 관련해서 오늘날 조국 교회강단이 직면한 중대한 문제는 영적인 열정에 사로잡힌 능력 있는 설교가 자취를 감추고 대신에 방법론에 의존하는 설교가 주인행세를 하고 있는 점이다. 마치 이러한 현상은 부흥(revival)은 사라지고 부흥주의(revivalism)만 남아 있는 모습이라고 말할 수 있을 것이다. 그렇다면 부흥은 무엇이고 부흥주의는 무엇인가? 마크 쇼는 에드워즈가 말하는 부흥을 다음과 같이 정의 한다: "진정한 부흥이란 하나님 안에서 누리는 기쁨과 하나님의 영광과 위대하심에 대한 관념을 회복시키는 성령의 주권적인 기름 부으심이다."[18] 부흥에 대한 용어적 혼란을 피해야 할 것을 역설하면서 백금산 목사는 "부흥을 1) 교회 위에 2) 주권적으로 3) 성령을 부어주시는 사건이라"고 주장한다. 첫째, 부흥의 일차적인 대상은 불신 세상이 아니라 교회이다. 부흥이 임하면 교회의 성도들은 다시 살아나 영적 생명력을 회복하게 된다. 둘째, 부흥의 주체는 하나님이시지 사람이 아니다. 그래서 부흥회나 부흥을 위한 모임을 갖는 것과 부흥이 임하는 것은 별개의 문제이다. 부흥은 전적으로 하나님의 주권에 속하는 하나님의 일이다. 셋째, 부흥의 내용은 성령을 한량없이 부어주심이다.[19] 이에 반해서 부흥 주의(revivalism)는 인간적인 방법론을 통하여 부흥을 생산해 낼 수 있다는 자세를 말한다. 부흥 주의의 모델을 제시한 사람은 찰스 피니(Charles Finney)이다. 부흥을 철저하게 하나님의 주권적인 사역으로 강조한 에드워즈와는 달리, 찰스 피니는 부흥을 인간적인 노력의 소산물이며 치밀한 계획과 과정을 따르게 되면 맛볼 수 있는 경험이라고 보았다.[20] 이러한 피니의 견해는 인간의 역할을 강조하면서 하나님의 은혜를 최소화하게 만들었다. 이 과정에서 설교자의 방법론은 성령님의 주권적인 사역을 대치하는 오류를 범하게 되었다. 이것이 인간적인 테크닉에 의존하는 설교사역의 명백한 한계이다.

그렇다면 참된 부흥을 추구하기 위해서 한국 교회의 강단이 시급히 회복되어야할 것은 부정적인 측면에서 찰스 피니의 인간중심적이고 테크닉 의존적인 입장을 배격하는 것이고, 긍정적인 측면에서는 영적인 긴박감 가운데 신 중심적인 관점을 견지한 상태로 성령의 특별한 기름 부으심을 갈망하는 설교를 전하는 것이다. 여기서 분명히 점검해야 할 두 가지 사항이 있다. 첫째로 테크닉 의존적인 입장을 배격하는 것이 테크닉 사용을 거절하는 것은 아니라는 점이다. 인간이 쓸 수 있는 방법론은 중립

---

[18] 마크 쇼, 171.
[19] 백금산, "왜 신앙 부흥과 회개는 함께 가나", 「목회와 신학」173호 (2003/11), 112.
[20] 보다 자세한 내용을 위해서는, 이안 머레이, 「성경적 부흥관 바로 세우기」(서울: 부흥과 개혁사, 2001), 61-86을 보라.

적 가치를 갖는다. 방법론을 사용하는 것 자체가 비 성경적인 것이 아니라 어떻게 사용하느냐 하는 것이 중요하다. 실례로 바울도 수사학 자체를 거절하지는 않는다. 수사학을 육신의 방법으로 의존하는 것을 거절할 뿐이다. 둘째로 성령의 기름 부으심을 갈망하는 것이 신비한 체험 자체에 탐닉되는 것이 아니라는 점이다. 성령의 능력이 회복되는 설교를 통해 우리는 단순히 초자연적인 능력이나 감정주의에 근거한 은사를 추구하는 것이 아니라, 그리스도를 더 깊이 알아가게 하기 위함이다. 성령은 그리스도의 영이기 때문에 그 분이 능력으로 임하는 곳에는 그리스도에 대한 분명한 지식과 풍성한 임재가 넘치게 된다. 이 사실을 로이드 존스는 명확하게 설명하고 있다: "우리는 성령의 능력이 필요함을 인식합니다.…그러나 성령이 행하시는 최상의 사역은 우리 주 예수 그리스도께서 말씀 하셨듯이 주 예수 그리스도를 영화롭게 하는 것입니다.…'보혜사 곧 아버지께서 내 이름으로 보내실 성령 그가 너희에게 모든 것을 가르치시고 내가 너희에게 말한 모든 것을 생각나게 하시리라'(요 14:26). 그러므로 성령께서 행하시는 최상의 사역은 주 예수 그리스도를 가르치고 주 예수 그리스도께 관심을 집중시키는 일입니다.…모든 것이 주 예수 그리스도께 집중되어 있습니다. 100년 전 부흥이 임했던 모든 나라가 즐겨 불렀던 찬송가들은 주 예수 그리스도의 인격에 관한 것입니다. 오늘날도 부흥의 체험을 하는 곳마다 역시 마찬가지입니다."

III. 위대한 유산으로서 영적 부흥과 설교 형식의 재고

지금까지 조국 교회가 성경과 교회 역사의 위대한 유산인 부흥과 각성 시대의 설교 정신을 본받아야 것을 살펴보았다. 한국 교회의 설교가 살아나려면 부흥시대와의 연속성의 측면에서 설교 본질을 회복해야 할 필요성은 아무리 강조해도 지나치지 않을 것이다. 시대가 아무리 바뀌어도 설교의 본질은 불변적이기 때문이다. 그러나 우리들의 진정한 말씀 사역은 단순히 과거의 유산을 그대로 모방하는 것에 그쳐서는 안 된다. 시대의 상황은 늘 바뀌기 때문에 설교 형식은 늘 가변적이다. 예를 들어 부흥 시대의 설교의 모체가 되고 있는 "청교도 방식의 설교 스타일"을 그대로 오늘에 재현하려는 것은 바람직한 태도가 아니다. 우리시대의 설교의 방향성에 대하여 개탄하면서, 위대한 청교도 "리차드 백스터"의 설교적 지혜를 본받아야 할 것을 역설하고 있는 머레이 카필(Murray Capill) 조차도, 청교도 시대의 설교 스타일 혹은 설교 형식을 그대로 모방한다면 우리는 이 시대의 청중과 의사소통하는데 있어서 낭패를 보게 될 것이라고 경고한다.[21] 우리에게 진실로 요구되는 것은 역사적 부흥 시대의 설교들에 대한 단순한 재현이 아니라, 과거의 정신과 우리가 살고 있는 시대정신과의 깊은 대화에 있다. 우리는 지금 숨 가쁘게 변화하고 있는 포스트모더니즘 정신이 호령하는 시대를 살아가고 있다. 과거 유산의 위대한 정신을 밝혀주는 "설교 본질"에 대한 교훈은 흔들림 없이 오늘의 것으로 수용하되, "설교 형식"은 언제나 시대를 살아가는 청중의 정황을 고려하여 보다 진일보한 모습으로 옷을 갈아입을 필요가 있다. 과거와의 연속적인 측면만이 아니라 과거와의 불연속적인 측면을 심도 있게 고려해야만 본문의 메시지를 우리 시대의 청중들의 삶의 자리에로 효과적이고 적실하게 연결시킬 수 있다. 그래서 이 장에서는 부흥과 각성 시대에 전형이었던 과거 선포식 설교의 특징과 그것에 대한 현대 설교학의 도전을 살펴볼 것이다. 이를 통해 전통적인 선포식 설교에 새로운 설교 형식이 줄 수 있는 공헌이 무엇인지를 논할 것이다. 여기서 강조하고자 하는 것은 우리 시대의 청중의 삶을 변화시키는 통합적이고 절충적인 설교형식에 대한 필요성이다.

---

21) Capill, 185. 그의 설명을 보다 자세히 들어보기로 하자: "One of the greatest mistake we can make in seeking to follow the example of the Puritans is to imitate their style. If we look and sound as though we were recently transplanted from the seventeenth century, we will completely fail to communicate truth as they did. If we speak in old English, with 'thees' and 'thou'; if we deliver stodgy sermons that can only be digested by the most devout and scholarly hearers; if we use illustrations sparingly and awkwardly, not daring to be in any sense modern lest we undermine our age-old message, then we have settled for but a caricature of Puritanism, not the spirit of it."

3-1 "선포식 설교"의 특성

선포식 설교는 전통적인 설교의 전형적인 스타일이었다. 부흥과 각성 시대에도 거의 예외 없이 강력하게 복음을 선포하여 사람을 회심에 이르게 하고, 더 성숙한 삶을 향한 교훈으로 인도하는 설교가 주류를 이루었다. 어떤 비판이 가해진다고 해도 "선포식 설교"는 설교자들이 포기해서는 안 되는 귀중한 유산이다.[22] 절대적인 기반을 잃어버린 채 살아가는 우리 시대의 청중에게 어쩌면 분명한 삶의 기준을 강력하게 선포하는 설교가 더욱더 절실히 요구되는 것이다. 문제는 선포식 설교가 청중에게 영적인 척도를 제시하는 권세 있는 말씀으로 쓰여야지 그들을 억압하고 그들에게 권위를 내세우는 설교가 되어서는 안 된다. 진리에 대한 자신을 갖되 진리 전달에 있어서는 온유함과 겸손함을 가져야만 한다. 갈수록 하찮게 여겨지는 선포식 설교가 다시 한 번 더 우리 시대가운데 귀한 전통으로 살아날 수 있는 길을 모색해야 하는 이유가 여기에 있다고 하겠다.

부흥과 각성 시대의 전형이 되었던 선포식 설교의 갱신을 위해서는 선포식 설교가 과연 무엇이고 어떤 설교의 구성과 전달의 특징이 무엇인지를 아는 것이 필수적이다. 전통적인 선포식 설교를 "이성적 논증으로 분명한 논지를 설명하는 강력한 삶의 결단을 촉구하는 설교"로 정의하고 싶다. 이것을 보다 세분화해서 설명하면 선포식 설교는 1) 명제를 구체적으로 제시하는 설교 2) 이성에 호소하는 설교 3) 강력한 삶의 결단을 촉구하는 설교라고 말할 수 있다.

첫째로 선포식 설교는 명제적인(propositional) 특성을 가지고 있다. 명제적이라는 것은 설교자가 성경에서 얻어낸 해답 혹은 개념을 일방적으로 청중들에게 전달하는 설교를 의미한다. 성경이 명제적인 진리를 담고 있음을 부인할 수 없지만, 명제적 형식의 설교는 히브리적 사고에서 보다는 헬라적 사고를 통해 기독교적인 설교의 주류를 형성하는 형식으로

---

[22] 피터 마스터스, 「영혼의 의사」, 손성은 역(서울: 부흥과 개혁사, 2002)을 참조하라.

자리 잡게 되었다. 계몽주의의 영향력으로 정착된 명제적 스타일은 먼저 본문에서 설교의 중심 명제가 될 수 있는 중심 주제를 선정하여 그 중심 주제를 지지하는 3-4개의 대지를 통해 설명하고 예증하면서 권하여 그 것을 청중의 삶에 적용하는 방식을 취하게 된다. 이렇게 명제적 스타일은 연역적 논리전개와 깊은 연관성을 가지게 되었다. 예를 들어 탕자의 비유를 설교할 때, "하나님은 사랑이시다"는 명제를 서론에서 제시하고 본론에서는 세 가지 대지로 하나님의 사랑이 과연 어떤 것인지를 설명하고 예증하고 적용하는 한 후 결론에 이르게 되는 설교이다. 이러한 설교는 연역법의 어원의 의미에서 알 수 있듯이 "무엇으로부터 이끌어 내는 것"(de ducere; lead from)으로 본문의 자료를 배열하는 것에 중심을 둔 형식을 취하게 된다.[23]

둘째로 선포식 설교는 이성에 호소하는 특성을 가지고 있다. 전통적인 선포식 설교가 중심 주제를 지지하는 세 가지 대지를 통한 논증을 전개해 연역적이고 명제적 설교로 나아가기 때문에, 설교는 자연스럽게 이성에 호소하는 형태를 띠게 된다. 예를 들어 기독교에 입문한 초신자에게 하나님의 구속적인 사랑을 논증해 가려고 한다면, 선결조건은 "구속"이 무엇인지에 대한 이해를 주는 것일 것이다. 선포식 설교가 인지적인 측면(cognitive aspect)을 중시하는 지식 전달형태로 나아가는 이유가 바로 여기에 있다. 성경에 대한 바른 지식과 깨달음이 없이는 힘 있게 진리를 따라 살 수는 없다.

흔히 우리 시대가 느낌을 중시한다는 점에서 성경에 대한 지식을 전제하고 설교를 전개해 나가거나 심지어 지식을 간과하려는 태도는 선포식 설교를 주장하는 사람들이 우려하는 바이다. 선포식 설교의 회복을 꿈꾸는 설교자 마스터스(Masters)는 감정에 호소하는 설교 스타일은 허구적 분위기를 조성하는 천박한 설교라고 단죄하면서, 선포식 방식은 반드시 이

---

[23] 김운용, 『새롭게 설교하기』(서울: 예배와 설교 아카데미, 2005), 303.

성에 호소해야 한다고 주장하고 있다.[24] 이성의 우선성에 대한 강조는 부흥 시대의 설교자 조나단 에드워즈와 그의 강력한 추종자 로이드 존스에게서 분명히 확인된다. 에드워즈가 비록 신앙의 정서를 강조하고 있지만, 그 신앙의 정서는 반드시 지성에 기초하여야 한다. 지성의 관문을 통해서만이 정서는 움직이게 된다는 것이 그의 지론이다. 지성의 고양을 위하여 이성과 논증을 활발하게 사용하고 있는 것을 본다.[25] 로이드 존스도 진리는 먼저 인간 지성을 지나 감성과 의지로 나아가게 된다고 역설하고 있다.[26]

셋째로, 선포식 설교는 회중에게 메시지를 직접적으로 촉구하는 특성을 가지고 있다. 선포식 설교는 직접적인 전달 방식으로 청중에게 강력한 촉구를 선호한다. 부흥과 각성 시대에는 그 어느 때 보다도 직접적인 결단을 촉구하는 설교 스타일이 주류를 이루고 있었던 것을 알 수 있다. 특히 그들은 직접적인 선포방식으로 강력하게 회중을 죄에 대한 확신에 이르게 할 수 있다고 보았다. 마스터스는 현대에 유행하는 흥미와 구도자 중심의 예배 분위기와 설교의 형태와는 달리, 선포식 설교를 주창하는 이들은 "성령께서 축복하신 직접적인 선포라는 방법은 영혼을 사로잡아 죄에 대한 확신을 주기 위해서 하나님이 사용하시는 유일한 방편"이라고 믿었다.[27] 직접적인 선포를 통한 죄의 자각은 자신들의 비참을 위해 죽으신 그리스도의 은혜와 복음을 확실하게 붙잡게 할 수 있다.

조나단 에드워즈가 1741년 6월 8일 노샘프톤의 앤필드 마을에서 행한 "진노하시는 하나님의 손 안에 있는 죄인들"(Sinners in the hands of Angry God)이라는 설교는 바로 그 확실한 예증이 되고 있다. 에드워즈는 현대인들이 거북하게 느끼는 지옥에 대한 실상을 경고적 메시지로 전달하고 있음을 본다.

---

24) 마스터스, 「영혼의 의사」, 145.
25) George M. Marsden, *Jonadan Edwards: A Life* (New Heaven & London: Yale University Press, 2003), 221.
26) 마틴 로이드 존스, 「진정한 기독교」, 전의우 역(서울: 복 있는 사람, 2004), 121.
27) 마스터스, 「영혼의 의사」, 139.

지금 지옥에서 고통을 당하는 많은 사람들은 하나님의 진노의 맹렬함을 당하고 있습니다. 그러나 하나님께서는 지금 지상에 있는 큰 무리들에 대해 훨씬 더 크게 분노하고 계십니다. 의심할 여지없이 바로 이 자리에 있는 많은 사람들에게도 그러실 것입니다. 지금 지옥의 불 속에 있는 많은 이들에 대해 하나님께서 분노하시는 것보다 더 크게 분노하고 계실 것입니다. 다만 그것을 모르고 평안하게 있을 뿐입니다.

하나님께서 이들을 붙잡은 손을 놓아 당장에 그들의 생명을 거두시지 않는 것은 그들의 악함을 생각하지 않거나 분개하지 않아서가 아닙니다. 하나님의 분노는 그들을 향해 불타오르고 있으며, 저주는 잠들지 않고 있습니다. 그들을 위해 무저갱이 준비되어 있고, 불이 이미 예비 되어 있으며, 용광로가 활활 타올라 뜨거워져 있어 그들을 받을 준비를 하고 있습니다. 불꽃이 격노하게 거센 모습을 보이고 있습니다. 번쩍이는 칼이 뽑혀서 그들을 향해 내려질 준비가 되어 있으며, 무저갱이 그들 아래서 입을 벌리고 있습니다.

이렇게 직접적인 선포를 통해 회중을 주님이 원하시는 새로운 삶으로 인도하는 설교에 충실 했던 부흥시대의 설교자들은 자신들의 사명을 하나님으로부터 보내심을 받은 대사로 인식하고 있었다. 대사는 자기가 받은 메시지의 내용이 무엇이든지 사실 그대로를 가감 없이 외쳐야 하는 고지자(crier)의 임무를 수행해야 한다.

정리하면 선포식 설교는 명제를 서론에서 제시하고 그 명제를 설명과 예화를 사용하여 논증하며 강력한 촉구로 귀결 짓는 설교의 방식이다. 설교자가 신적 권위를 가지고 회중의 삶의 진정한 변화를 꿈꾸는 선포식 설교의 영향력은 2000년 교회 역사가 증명하고 있다. 선포식 설교는 무엇보다도 본문을 체계적이고 논리적으로 설명하여 회중에게 쉽게 적용할 수 있기에 성경의 어떤 주제나 교리를 명확하게 가르칠 수 있는 강점이 있다.

3-2 선포식 설교에 대한 비판과 미완성의 도전

교회 역사가 입증한 선포식 설교가 가지고 있는 장점에도 불구하고, 선포식 설교의 한계를 지적하는 움직임이 생겨지게 된다. 그것이 바로 1970년대에 태동하게 된 귀납적 설교와 그 정신을 계승하는 내러티브 설교, 현상학적 설교, 그리고 이야기식 설교들로 대변되는 신설교학이다. 신설교학의 주창자들은 전통적인 선포식 설교가 가지고 있는 약점을 집중 공략하면서 새로운 설교 사역을 향한 당찬 청사진을 제시한다. 그들이 가지고 있는 전통적인 선포식 설교에 대한 비판의 핵심골자는 선포식 설교가 갖는 성경의 성격에 대한 일방적 이해와 회중을 정당한 설교의 파트너로 고려하지 못한 실패로 요약될 수 있을 것이다.

인간 지성에 호소하며 논증을 선호하는 선포식 설교는 주로 교훈적이고 교리적인 설득을 중시하는 설교 방식을 채택하기 때문에, 성경 본문의 절반 이상을 차지하고 있는 스토리를 설교하는 경우에, 성경 스토리가 가지고 있는 역동성을 놓치게 된다. 지극히 본문을 파편화시켜서 청중을 향한 즉각적인 적용을 선호하기 때문에 스토리 해체 현상이 일어나게 된다. 이것을 결코 사소한 문제라고 말할 수 없을 것이다. 기독교 묵상가인 켄가이어는 우리가 성경을 해석하고 묵상하는 방식의 한계를 이렇게 지적한다. "시로 보아야 할 성경을 우리는 원리 책자로 공부한다. 아름다움으로 보아야 할 성경을 우리는 신학 논문으로 공부한다. 낭만으로 보아야 할 성경을 우리는 성경 역사 기록으로 공부한다. 사랑으로 보아야 할 성경을 우리는 행동 규범으로 공부한다."

새로운 설교를 주창하는 사람들이 전통적인 선포식 설교가 갖는 성경의 본질적 성격, 즉 성경 장르에 대한 몰이해 보다 더 심도 있게 지적하는 부분은 변화하는 시대의 청중에 대한 인식 부족이다. 그들은 전통적인 설교가 영상매체 시대와 포스트모더니즘 시대의 사람들을 이해하지 못한 채 설교하기 때문에 낭패를 보고 있다고 진단한다. 비록 이러한 진단이 옳은 것인지에 대한 심도 있는 토론이 벌어질 수 있겠지만, 그들이 이런 비판을 제기하는 데는 나름대로의 이유가 있다. 전통적인 설교는 주로 본문의 내용에 치중하지 청중에 치중하고 있지는 않다는 것은 사실이다. 구체적으로 예를 들자면, 전통적인 선포식 설교가 주로 설교의 중심 주제를 만들어 그것을 전개해 나갈 때에 주로 본문을 체계적으로 설명하는데 치중한 나머지 청중과의 연결되는 지점을 제대로 고려하지 않는 약함을 가질 수 있다. 이것을 토마스 롱(Thomas Long)이 한 가지 예로 설명하고 있다. 전통적인 선포식 설교에 서 있는 설교자가 시편 19편으로 제시하는 설교 아웃라인은 다음과 같다:

제목: 하나님은 어떻게 우리에게 말씀하시는가?
I. 하나님은 자연을 통해서 말씀 하신다 (19:1-6)
  A. 삶의 조용한 과정에서
  B. 세상의 우주적 경이에서
II. 하나님은 자신의 말씀을 통해 말씀 하신다 (19:7-11)
  A. 성경에서
  B. 하나님의 사람의 설교와 가르침에서
III. 하나님은 삶의 경험을 통해서 말씀 하신다 (19:12-14)
  A. 실패와 죄의식에서
  B. 좀 더 신앙적이 되기 위한 굶주림에서

어떻게 보면 이러한 설교 개요는 크게 문제가 되지 않을 수도 있을 것이다. 그러나 토마스 롱은 이러한 설교는 단순한 논리적인 방식으로 정보를 짜 맞추는 본문의 자료 배열에 머물게 되지 청중을 설교에 참여시킬 수 있는 효과적인 커뮤니케이션이 될 수 없다고 적절하게 지적한다. 좀 더 심하게 말하면, 이러한 청중의 참여나 기대감을 저하시키는 방식으로 전개되는 전통적인 설교는 자칫하면 청중을 향한 메시지의 적실성을 잃어버릴 수 있다. 존 스타트의 표현대로 설교는 성경적 세계와 현대의 세계라는 두 개의 다리를 연결하는 작업이다. 바람직한 설교는 성경적이면서도 현대적이어야 한다. 아무리 성경적이어도 현대적이지 못하면 우리의 메시지는 회중을 향한 의미를 상실하게 된다.[28]

이러한 전통적인 설교에 대한 문제제기는 새로운 설교의 방식을 제언하는 것으로 이어지게 된다. 그들이 주로 주장하는 설교의 형식은 위에서 언급한 전통적인 선포식 설교의 특징을 거절하는 극단적인 입장으로 이동하고 있음을 보게 된다. 그들이 품고 있는 변화하는 시대를 향한 새로운 설교를 만들고자 하는 의도가 선함에도 불구하고, 그들의 이론은 또 다른 일방적인 태도로 전락하게 된다. 극단은 또 다른 극단을 부르는 양극화 현상을 초래할 뿐 현명한 답이 될 수 없다. 오늘날 많은 학자들이 그들의 도전을 우려 섞인 심정으로 바라보는 이유가 바로 여기에 있는 것이다. 그들이 가지고 있는 전통적인 설교를 거절하는 새로운 이론을 3가지로 정리하면 다음과 같다.

첫째로, 비명제적인 설교를 제시하여 명제적 설교를 낡은 것으로 거절한다. 선포식 설교와는 달리 새로운 설교학적 경향은 성경이 명제를 가지고 있음을 부인하지 않지만, 그것이 우리 시대의 청중들에게 전달될 때 명제적으로 선포되는 것을 용인하는 것은 아니라고 본다. 현대인은 일방적인 선포를 선호하지 않는 문화 속에 살아가고 있기 때문에 현대인의 느껴진 필요와 삶의 경험에 호소하는 설교가 요구된다고 주장한다. 이러한 형식에 대한 방향전환은 연역법을 거절하는 귀납적 논리 전개를 새로운 대안적 카드로 제시하기에 이르게 된다. 귀납적 논리는 구체적인 인간 경험과 필요라는 개별적인 이야기로부터 일반적인 답을 도출해 내는 형식이다. 라틴어 어원이 갖는 의미처럼, 귀납법은 "무엇으로부터 이끌어 내는 것"이 아니라 "무엇으로 이끌어 가는 것"이라고 할 수 있다. 그러다 보니 자연스럽게 설교는 명제의 선포로 제시되기보다는 설교자와

---

28) 존 스타트, 「존 스타트 설교론」, 원광연 옮김 (서울: 크리스찬 다이제스트, 2004), 143-191.

청중이 함께 답을 찾아가는 여정(journey)이 된다. 설교자는 답을 제시하는 사람이기 보다는 독자에게 답을 찾게 하는 사람이다. 귀납적인 논리가 설교 구성에 있어서 중요한 화두로 떠오른 것은 진리의 말씀을 접근해 가는 다양한 전달의 길을 제시한다는 측면에서 긍정적인 가치를 가지고 있으나, 귀납적인 설교에 대한 배타적인 의존은 믿음의 공동체를 세우거나 지탱해 나가는데 현격한 한계를 드러내고 만다. 확실한 명제가 제시되지 않은 채 추구되는 개인의 경험에 발맞춰가는 개별적인 회중 스스로의 결론을 도출케 하는 설교가 전통적인 설교를 대치해 버리게 될 때, 심각한 우려는 예수님의 정체성에 대한 확실한 선포를 통하여 세워지는 교회 공동체의 정체성과 응집력이 약화될 수밖에 없는 점이다.[29]

둘째로, 이야기와 이미지를 중심으로 감성에 호소하는 설교를 제시하여 이성과 논리 중심의 설교를 낡은 것으로 거절한다. 이야기와 이미지를 중시하는 경향은 현대 문화의 가장 지배적인 특징이다. 이야기와 이미지는 지식전달이 목적이 아니라 새로운 느낌을 창조하는 것에 목표를 두게 된다. 이러한 방식을 채택하여 신설교학은 성경을 접근할 때 사실 대조 기능(referential function)으로 대변되는 정보적 측면보다는 시적기능(poetic function)으로 대변되는 심미적 측면에 우선순위를 둔다. 찰스 캠벨이 이들이 성경의 장르는 무시한 채 전적으로 비유들에 집중하고 있다고 지적한 것은 그들이 얼마나 일방적으로 정서적 영역(affective domain)에 치중한 설교를 만들기를 원하는지를 보여주는 예가 된다.[30] 그들이 주장하는 이성에서 감성에 주안점을 두는 설교적 경향은 설교가 인지적 측면에 호소하는 것이 전부가 아니라 전인적인 학습 영역(learning domains)에 호소해야 할 점을 인식케 했다는 점에서 긍정적인 기여가 있다고 볼 수 있다. 그러나 그들의 엄연한 한계는 성경 장르를 고려하지 않고 일방적인 선포

---

29) Thompson, 10.
30) Charles Campbell, *Preaching Jesus: New Directions for Homiletics in Hans Frei's Postliberal Theology* (Grand Rapids: Eerdmans, 1997), 173-4.

식 설교를 선호한 전통 설교에 대한 비판을 그대로 답습하고 있다는 점이다. 그들은 모든 본문을 비유 스타일로 접근하려고 든다. 만약에 그들의 이론처럼, 이성적 설득이 사라지고 대신에 느낌과 감성에 호소하는 설교가 표준이 된다면, 기독교의 신앙을 공교하게 하는 믿음의 반영적인 영역(affective dimensions of faith)을 상실케 된다. 톰슨의 주장처럼,[31] "믿음은 이해(understanding)를 추구하기 때문에, 설교는 항상 믿음 안에서 더 깊은 가르침을 위한 기회가 되어 왔다. 이야기, 상징, 그리고 메타포는 환기시키는(evocative) 기능을 감당하지만, 궁극적으로 그것들은 반영(reflection)을 필요로 한다. 이야기가 공동체의 정체성을 형성시켜주지만, 궁극적으로 공동체의 응집력은 공동체 이야기에 대한 해석을 필요로 한다."

셋째로, 간접적인 선포 스타일로 직접적으로 회중의 결단을 촉구하는 설교를 낡은 것으로 거절한다. 새로운 설교학적 움직임의 저변에는 전통적인 권위에 대한 반발이 자리 잡고 있다. 과도하게 높여진 설교자의 권위에 대하여 도전하면서 그들은 "권위 없는 자처럼" 설교할 것을 주장한다. 권위 없는 자로서 설교자는 더 이상 "이렇게 살아야 합니다." "이것을 행하십시오."라는 식의 직접적인 촉구를 해서는 안 되고, 오직 청중이 그런 결단을 할 수 있도록 설교를 구성해야 한다고 본다. 그들은 권위적인 설교를 지양하고 오직 설교자와 청중이 원탁의 의자에 함께 둘러앉는 개념의 민주적인 설교(democratic sermon)를 이상적인 선포 스타일로 제시하고 있다. 그들의 주장이 갖는 강점은 설교자의 권위가 본문의 권위보다 더 높은 위치에 올라가 있는 일부 설교자들의 자세를 교정시켜주어 보다 하나님의 말씀에 충실하게 의존해야 할 것을 역설하고 있다는 점이다. 그러나 그들이 주장하는 간접적 선포가 주류가 될 때, 청중을 향해 권세를 가지고 말하거나 청중의 삶의 변화를 위해 구체적인 행동을 요구하는 차원을 무시 할 수 있다. 하나님의 말씀은 우리를 향해 하나님이 기뻐하

---

31) Thompson, 9.

시는 삶을 향한 결단과 윤리적인 권면을 강하게 촉구하고 있기 때문에, 그것을 직접적으로 선포하지 않는 설교는 주님의 분부를 간과하는 것이며 그것으로 청중의 삶을 변화시킬 수 있는 권위를 상실한 설교가 될 수 있다. 성경은 내러티브 전통에서 조차도 이야기와 함께 그 이야기에 응답하라는 부르심을 분명히 선언하고 있다. 톰슨은 다시 이 사실을 다음과 같이 입증하고 있다: "이야기조차도 청중의 삶을 향한 요구와 뒤섞여져 있다.…출애굽기에서의 강력한 하나님의 행위에 대한 내러티브는 십계명을 위한 기초를 이루고 있다. 하나님 나라에 대한 예수님의 선포는 회개하라는 부르심을 위한 기초가 된다(막 1:15). 바울 서신에서도 복음의 이야기는 그 공동체적인 삶에 대한 요구를 함축하고 있다."[32]

지금까지 논의한 것을 정리하면, 새로운 설교적 경향은 전통적인 선포식 설교를 대치할 수 있는 대안이 되기에는 미완성의 도전에 불과하다. 전통적 설교의 한계를 넘어가려는 시도에도 불구하고, 동일한 오류를 범하기도 하고, 그들이 추구하는 일방적 태도 때문에 또 다른 양극화 현상을 야기 시키기도 한다. 그러나 그럼에도 불구하고 이 설교학적 시도는 전통적인 선포식 설교가 포스트모더니즘 시대의 청중을 위한 적실성 있는 선포의 방식으로 거듭날 수 있는 비전을 제시해 주고 있다고 감히 말할 수 있다. 선포식 설교의 취약점으로 비판 받고 있는 청중과의 접촉점 혹은 청중의 참여를 극대화 시킬 수 있는 길을 제시하고 있다고 볼 수 있다. 그것을 필자는 통합적 설교의 방식이라는 제목으로 연이어 논의할 것이다.

3-3 통합적 관점에서 바라보는 선포식 설교

부흥과 각성 시대의 주류를 형성하고 있는 전통적인 선포식 설교가 다시 우리시대의 청중을 사로잡는 힘 있는 설교가 되려면, 본질의 회복뿐

---
32) Ibid.

아니라 형식의 회복도 절실히 요구되어진다. 이를 위해 우리에게 필요한 마인드는 조화와 상호 통합의 정신이다. 본문 중심과 청중 중심이 함께 어우러질 때, 연역적 논리와 귀납적 논리가 더불어 춤을 추게 될 때, 강력한 선포와 내러티브적 개방성이 상호적으로 공존하게 될 때, 다시 말해서 전통적인 선포식 설교가 새로운 부대에 담기게 될 때, 우리의 설교는 이 시대 청중을 위한 적실성 있는 메시지가 될 수 있다.

본격적으로 이런 양자가 함께 공존하는 설교의 형식을 고찰하기 전에 이와 같은 두 요소의 조화를 가장 잘 드러내고 있는 성경적인 증거를 설교자 나단의 설교 형식에서 찾을 수 있을 것이다. 범죄한 다윗에게 하나님의 말씀을 대언해야 하는 나단의 환경은 전통적인 선포식 설교에서의 주된 설교자의 이미지인 하나님의 대사로서의 사명과 비슷한 긴박감과 진지함을 가지고 있다고 할 수 있을 것이다. 더욱이 나단이 다윗을 회개를 통해 하나님 앞에 세우려는 목표로 설교했다는 점에서도 전통적인 선포식 설교와 맥을 같이한다고 말할 수 있을 것이다.

그러나 여기서 흥미로운 것은 그가 이런 목적을 어떤 방식으로 이루고 있는지를 살펴보는 것이다. 이점이 밝혀질 때, 전통적인 선포식 설교가 다시 우리 시대의 회중을 하나님 앞에 세우는 각성을 이루기 위해 어떠한 형식을 추구해야 하는지에 대한 해답의 실마리를 풀 수 있을 것이다. 나단은 목숨을 건 위험한 설교(?)를 명제를 제시하고 대지를 나누는 논리적으로 증명해 가는 방식으로 풀어가는 전통적인 선포식 방식으로 전개하지 않는다. 오히려 그는 극적인 역전의 상황을 염두 해 두면서 다윗의 죄에 대한 각성, 즉 회심과 변화의 촉구를 위해 반전플롯(reversal plot)을 사용하고 있는데, 이것은 결코 우연이라고 말할 수 없다. 설교자 나단의 의도적인 구상에서 나온 설교 형태이다. 나단의 설교는 마치 신 설교학적 이론의 대부 격인 "내러티브 설교"(narrative preaching)의 창시자 유진 로우리의 모호함에서 해답으로 나아가는 과정에서 전략적으로 해답을 지연시키는 형태에 가깝다고 할 수 있다.

나단의 설교는 크게 나누면 고대에 있을 법한 구체적인 예화인 비유로 시작하여 다윗의 반응을 이끌어 내는 부분(1-6)과 강력한 죄에 대한 책망으로 다윗의 회개에 이르게 하는 부분(7-15a)으로 구성되어져 있다. 결국 나단이 비유를 통해 다윗의 반응을 유도해 내고, 대 반전을 기대하며 자신의 설교를 전개시켜간다는 점에서 현대적 관점으로 말하면 신 설교학적 정신을 수용하고 있다고 해석할 수 있다. 그러나 결론 부분에 이르러서는 다시 비유에서 사형에 해당한다고 말한 그 사람이 바로 당신이라고 직접적으로 다윗의 죄를 공격한다. 돌려서 말씀을 전하거나 간접적으로 느끼게 하지 않고 그는 직접적이고 직선적으로 말씀을 선포한다는 점에서 결국 전통적인 선포식 설교와 같은 정신에 있다고 주장할 수 있다. 비록 나단의 설교가 현대 설교와 같이 분석할 수 있는 설교의 전문이 다 기록되어 있는 것도 아니고, 아주 특수한 역사적 정황 속에서 전개된 한 개인을 향한 설교이기 때문에 모든 기독교적 설교의 유일한 모델로 제시하는 것은 무리가 있지만, 통합적이고 조화를 이루는 설교 형태에 대한 암시를 주기에는 충분하다고 믿는다.

그렇다면 전통적인 선포식 설교를 업그레이드 할 수 있는 보다 구체적인 통합적 정신을 구현하는 설교 형식은 어떤 것일까? 이에 대한 대답으로 필자가 제시하고 싶은 설교의 방식은 청중을 심도 있게 고려하면서도 본문의 음성을 담아낼 수 있는 성육신적 모델이다.

기본적으로 성육신은 예수님이 우리 가운데 찾아오셔서 우리를 위해 허리를 굽히신 사건이다. 성육신의 신비 가운데 신적인 요소와 인간적인 요소가 함께 절묘하게 조화를 이루게 된다. 하늘에 속한 초월적 이야기가 땅으로 침투해 들어와 내재적 사건이 된다. 이렇게 성육신적인 균형 잡힌 만남을 추구하는 설교를 선교학적 용어로 표현한다면, '신학적 문화화'라고 정의할 수 있다. 신학적 문화화란 신학으로 대변되는 본문의 정체성을 어느 순간에도 포기하지 않으면서 구체적인 상황 속에 살아가는 청중을 향한 적실성 있는 메시지를 구체화 시키는 것을 의미한다.³³⁾ 또한 찰스 크래프트(Charles Kraft)는 이것을 "역동적 대등 문화 변혁"(dynamic-equivalence transculturation)의 길이라고 정의한다. 이것은 곧 텍스트의 번역 과정에 대한 선교학적이고 커뮤니케이션적인 용어이다. 만약 우리가 한국말 성경을 토고 원주민들의 언어로 번역해 주는 임무를 맡았다고 가정해 보자. 어떤 자세를 견지하게 될 것인가? 일단 본문이 가지고 있는 원어적 의미를 충실히 밝히려고 노력할 것이다. 더 나아가 청중이 이해할 수 있도록 수신자 지향적으로 본문을 수신자의 언어 속으로 성육화(incarnate)시키게 될 것이다.³⁴⁾ 이면에서 크래프트는 설교자의 임무가 다름 아닌 번역자의 임무임을 역설 한다: "설교자의 임무는…메시지를 바르고 유익하게 해석하여 청자들의 삶에 적용 시키고자 하는 설교자들의 임무와 본질적으로 동일하다."³⁵⁾

결국 용어가 어떻게 쓰이든지 간에 그 용어가 담고 있는 본질에 있어서는 동일하다. 절대적인 진리를 구체적인 상황 속에 적절히 연관시키는 것이다. 이때 진리의 초문화적인 측면과 대안적 해답을 타협하지 않고 철저한 본문 중심적인 입장을 견지하면서도, 현재의 문화적 장애들을 넘어 진리에 대한 바른 이해를 전하여 그것이 오늘을 사는 청중들에게 관련성이 있는 메시지가 되게 하는 것이다.

우리의 주제로 돌아와 부흥과 각성 시대의 주류를 형성하였고 지금도 맹위를 떨치는 선포식 방식의 설교가 진정으로 회중을 고려하는 성육신적 메시지가 되기 위해서 필자가 제안하고자 하는 것은 상황적 관점에서 시작하여 규범적 관점을 밝히고 실존적 관점에서 마치는 설교의 방식이다. 정종성 교수³⁶⁾는 존 프레임 교수의 제안을 인용하여 이것을 설교의 삼각형 구조라고 칭한다. 첫째로, 상황적 국면을 위해서 언제나 설교

---

33) 정홍호, 「복음과 상황화」(서울: CLC, 2004), 188.
34) 찰스 크래프트, 「기독교와 문화」(서울: CLC, 2006), 431-436.
35) ibid.
36) 정종성, 「비유 해석과 설교의 이미지 메이킹」(서울: 백석 대학교 기독 신학 대학원 강의안, 2006), 135-37.

를 듣는 회중의 구체적인 문제가 무엇인지를 묻는 것에서부터 설교를 시작하는 것이다. 이것은 청중의 필요에 설교를 정초시키는 과정으로서 이 설교가 어떤 목적 혹은 목표를 이루기 위해 전달되어야 하는 지를 분명히 설정하게 해준다. 둘째로, 규범적 국면에서는 성경이 그 문제에 대하여 무엇이라고 말씀하시는가를 물어보게 된다. 우리의 상황적인 문제를 해결해 줄 수 있는 성경의 음성을 들어야 한다. 즉 본문이 밝히고 있는 세상을 전복시킬 수 있는 대안적 음성을 찾는 것이다. 여기서 중요시해야 하는 것은 설교자의 주관적인 견해를 주님의 말씀으로 전하는 일을 피하기 위해서 반드시 해석학적으로 건강함이 유지되어야 한다는 것과, 본문의 메시지가 청중에게 산만하게 전달되지 않도록 중심주제와 대지들을 명료하게 제시해야 한다는 점이다.[37] 마지막 세 번째로, 실존적 국면에서는 그 사람이 그 문제에 어떻게 반응해야 하는가를 물어야 한다. 설교의 궁극적인 목표는 단순히 지식을 전달하는 것이 아니라 전인적인 삶의 변화를 추구하는데 있다. 이면에서 설교는 적용적이어야 한다. 흔히 우리가 설교의 적용을 설교의 끝부분에 간단히 덧붙이면 되는 것으로 여기는 태도를 취하는 것은 옳은 것이 아니다. 전체 설교가 적용을 향해 달려가야 하는 것이기에 적용이 곧 설교라고 말할 수 있다. 그러나 설교가 진행되어져 가면서 적용은 점점 더 구체적이고 직접적이 되어야만 한다. 3대지 설교에서 실존적인 국면이 분산되어 드러날 수 있지만, 그 실질적인 클라이맥스는 결론 부분에 도달해서이다. 이전의 실존적인 국면이 잘 다뤄졌다면 결론 부분에서 보다 강력한 선포를 통하여 삶의 변화를 촉구할 수 있게 된다.

    정리하면 부흥과 각성 시대의 소중한 유산인 전통적인 선포식 설교는 규범적 측면을 잘 드러낼 수 있는 강점이 있다. 그러나 상황적이고 실존적인 측면을 상대적으로 간과 할 위험이 있다. 예를 들어 말씀의 뜻만 제

---

[37] 켄 데이비스, 「탁월한 설교가 유능한 이야기 꾼」김세광 역 (서울: 예영 커뮤니케이션, 1998), 20.

대로 전하면 회중의 필요에 호소하는 설교를 만들 필요도 없고, 구체적인 적용을 설교자가 하지 않아도 성령께서 친히 감당하신다는 나이브한 태도로 설교할 수 있다. 상황적 측면과 실존적 측면에 대한 보완이 절실하다. 또한 설교의 논리 전개 방식에 있어서도 귀납적 흐름에서 연역적 흐름으로 진행해 나가는 혼합형 같은 것이 선포식 설교의 일방적 태도를 극복할 수 있는 한 제안이 될 수 있을 것이다.

IV. 결론

이상의 논의들을 통하여 우리는 부흥과 각성 시대의 설교가 현대 설교적 경향에 대하여 어떤 경종을 울려주는지를 살펴보았다. 신설교학의 강력한 태풍 가운데 영향을 받고 있는 현대 설교 사역은 지극히 세속 문화적인 관점을 신학적 반성 없이 수용하고 있다. 이처럼 신학적 관점이 상실된 채 행해지는 세상 문화적 관점의 설교는 기독교 메시지의 본질을 손상시키게 되었기에, 무엇보다도 시급한 일은 부흥과 각성 시대의 설교 정신을 회복하는 것이다. 죽기까지 재미를 즐기는 오락주의의 수용으로 점차 퇴색되어 가고 있는 하나님의 영광을 위한 설교가 회복되어야 한다. 또한 고객은 언제나 옳다는 소비자 중심주의 정신의 수용으로 퇴색되어가는 케리그마 설교의 회복이 시급하다. 마지막으로 최첨단 기술 문명의 수용으로 테크닉에 의존하는 문화를 추종함으로써 점차 퇴색하고 있는 성령의 능력을 통한 설교가 회복되어야 한다. 이렇게 부흥 시대의 정신을 따라 설교의 본질이 바뀌는 것은 절대적 우선순위이기는 하지만 이 시대에 청중을 변화시키는 설교적 지혜의 모든 것은 아니다. 상황이 끝없이 변화하기 때문이다. 상황이라는 변수를 고려하지 않은 채 추구되어지는 설교 갱신은 반쪽짜리 처방일 뿐이다.

참으로 성경적이면서도 현대적인 메시지가 되기 위해서는 새로운 형식에 대한 열린 마음이 필요하다. 청교도와 부흥 시대의 유산인 선포식 설교는 오늘까지 거룩한 영향력을 끼쳐왔으며, 교회를 세워내는 주류에 속하는 설교 방식이었다. 하지만 급변하는 시대적 환경의 변화는 전통적 선포식 설교가 업그레이드될 필요성을 제안하고 있다. 새 술은 언제나 새로운 부대에 담아야 한다. 전통적 선포식 설교의 본문 중심성과 신설교학의 청중 중심성, 전통적 선포식 설교의 연역적 접근과 신설교학의 귀납적 접근이 퓨전 되어야 할 필요성이 있다. 아무쪼록 우리의 설교가 본질에 있어서 과거의 영광을 회복하고, 형식에 있어서 새로운 설교 사역의 장점을 수용하여 성도를 각성시키는 도구로 쓰여 지기를 소망한다. 우리는 하나님이 이 시대 가운데 주의 놀라운 부흥을 경험케 허락하시기를 기도한다. 그러나 하나님의 절대주권에 속하는 부흥을 수동적으로 기다리고 있지만은 않는다. 부흥이 없는 날에도 우리는 부흥 시대의 설교자들처럼 철저하게 하나님 앞에 서서 관계를 새롭게 만들고, 세상을 깊게 파악하여 이 세상을 위한 메시지의 형식을 마련하는 일에 게으르지 않을 것이다. 김남준 목사의 다짐으로 이 논문을 마무리 하고자 한다.[38]

부흥이 오지 않아도 우리는 항상 하나님을 섬길 것이다. 한 편의 설교로 수많은 죄인들을 거꾸러뜨릴 수 있는 능력이 없다고 할지라도 우리는 죄를 지적하고 회개를 촉구하는 설교를 그치지 아니할 것이다. 말씀을 가르칠 때, 많은 사람들이 회심하는 축복이 없다고 할지라도 우리는 진리와 양심을 따라 가르칠 것이다. 커다란 감동을 받고 그렇게 살기로 결심한 사람이 없어도 우리는 성도들에게 거룩한 삶을 살도록 촉구할 것이다.…우리는 죽는 날까지 그 일을 계속할 것이다. 그러나 우리는 울면서 그 일을 할 것이다. 하나님이 거룩한 부흥을 주시면 이룰 수 있는 위대한 결과와 그렇게 수고하여서야 얻을 수 있는 적은 성과 사이의 차이 때문에 우리는 눈물을 흘릴 것이다. 우리가 힘을 다하여 애써도 변화되지 않는 교회와 세상 때문에, 좋으신 주님을 그렇게 초라하게 섬기는 처지 때문에 흐느끼면서 섬길 것이다. 부흥을 주시도록 기도하면서…

---

38) 김남준, 「거룩한 부흥」, 399.

Appendix 논문 (2)

Sidney Greidanus의 설교 연구:
현대 설교의 한계를 극복하는 대안을 중심으로

이우제 (백석대학교)

I. 들어가는 말

홍수가 나면 정작 마실 물이 없어지게 된다. 한국 교회의 현실이 이와 같다고 할 수 있다. 우리 시대에 설교는 홍수처럼 쏟아져 나오고 있지만, 여전히 성도들의 삶에는 변화가 없고, 하나님의 대안 공동체인 교회는 무기력한 모습으로 역사의 비탈길로 곤두박질치고 있다. 어두운 세상은 자신들의 죄악을 회개하지 않은 채 점점 더 패역의 길을 걷고 있는 실정이다. 왜 사람들은 설교 홍수 시대에 정작 마실 물이 없어서 목말라하고 있는 것인가? 이 질문에 대한 답을 설교자 Martin Lloyd-Jones라는 걸출한 설교자는 참된 설교자들 대신에 거짓된 강단꾼들(pulpiteers)의 설교가 득세하게 되는 것에서 발견하고 있다.[1] 강단꾼들이 강단을 점령하게 되면서 설교는 하나님의 말씀이 의미하는 바를 제대로 밝히려고 하기 보다는 당시의 유행이나 청중들의 욕구, 그리고 그들의 여흥(entertainment)을 위한 도구로 전락해 버리게 되었다. 설교자의 임무는 청중이 원하는 것을 주는 것이 아니라 청중에게 진정으로 필요한 것을 주는 것이다. 그가 말하는 청중들에게 정말로 필요로 하는 것은 다름 아닌 "사도적 방식

---

1) D. Martin Lloyd-Jones, *Preaching and Preachers* (Grand Rapids: Zondervan, 1971), 13. 설교자가 가져야 하는 하나님의 말씀에 대한 올바른 자세를 알려면 이승진, "조나단 에드워즈의 설교 연구", 『복음과 실천신학』(2005년 가을호): 19-46을 보라.

을 따라서 설교되는 것이다."라고 주장하고 있다.[2] 사도적 방식의 복음을 전하는 설교란 한마디로 성경을 충실하게 강해하는 설교라고 말할 수 있을 것이다. Haddon W. Robinson은 설교의 중심 주제나 교리, 대지들이 모두 성경 말씀에서 나오는 것이어야 한다. 그러나 중요한 것은 성경을 충실히 강해하는 설교란 어떤 하나의 방법론이 아니라, "설교자의 생각을 굴복시켜 성경 본문을 충실히 드러내려고 하는 설교를 위한 철학이 되어야 한다."라고 주장한다.[3] 결국 성경을 강해하고자 하는 철학과 실천의 부재는 설교의 풍요 속에서 영적인 빈곤을 만드는 주범이 된 것이다. 이것이 사실이라면 결국 예일 대학교 교수인 Leander Keck의 "기독교의 모든 갱신은 설교의 갱신을 통하여 이루어졌다. 또한 모든 설교의 갱신은 성경적 설교의 재발견으로부터 가능해진다."는 주장은 결코 지나친 표현이 아닐 것이다.

우리가 현대설교가 가지고 있는 문제점을 극복하는 설교적 방향성을 Sidney Greidanus에게서 찾아야 하는 이유가 바로 여기에 있다고 하겠다. 그의 설교적 이론과 실제가 유일한 대안이거나 방법론이라고 말할 수는 없겠지만, 성경을 제대로 강해하는 설교가 어떠해야 하는지에 대한 충분하고도 만족할 만한 답을 제시해 준다고 확신하기 때문이다. Greidanus는 1970년에 개혁파 신학의 요람이라고 할 수 있는 화란 자유대학에서 Sola Scriptura: Problems and Principles in Preaching Historical Texts라는 학위 논문으로 박사학위를 취득한 후, 지난 40년 가까운 시간 동안 미국의 칼빈 신학교에서 성경을 제대로 드러내는 강해적 설교를 가르치는 일에 있어서 현격한 업적을 남겼다고 할 수 있다. 그의 설교학 이론은 처음부터 현대 설교가 안고 있는 한계를 어떻게 극복할 수 있는지를

---

2) 박완철,『개혁주의 설교의 원리』(수원: 합신대학원 출판사, 2007), 230. 로이드 존스가 말하고 있는 사도적 방식의 설교의 원리를 가운데 특별히 바울의 관점을 통찰력 있게 논증해 주는 책을 위해서는 Thompson, *Preaching like Paul: homiletical Wisdom for Today*을 참조하라.
3) Haddon W. Robinson, *Biblical Preaching: The Development of Delivery of Expository Messages* (Grand Rapids: Baker Book House, 1980; reprint, 2001), 21.

그 출발점으로 하고 있다. 그의 이론은 줏대 없이 다양한 설교학 이론을 짜깁기하거나 남의 이론들을 모자이크식으로 엉성하게 엮어 놓은 설교학이 아니다. 오히려 그 자신이 굳게 신봉하고 있는 신학적 안목을 중심 초점으로 하여 현대 설교학의 움직임을 비판적인 시각으로 조명하고 그 한계를 넘어서려고 태클을 걸고 있는 모습을 보게 된다. 그렇다면 그가 처음부터 극복하고자 하는 현대 설교의 한계는 무엇인가? 그것은 세 가지로 정의 될 수 있는데, 첫째는 자의적 해석 혹은 원자적 해석의 한계를 극복하고자 하는 시도이며, 둘째는 인간 중심적 설교의 한계를 넘어서려는 시도이고, 마지막으로는 설교가 무미건조한 신학적인 논술이나 강연이 되는 것을 극복하고자 하는 시도라고 할 수 있다. 이 세 가지 문제점들을 각각 본문 중심적인 빅 아이디어 설교, 그리스도 중심적 설교, 그리고 적실한 설교로 그 대안을 제시하고 있다.

II. 펴는 글

1. 현대설교의 문제점과 대안점: 자의적인 본문 해석 설교나 원자적 설교를 극복하는 본문 중심적 주제 설교(Textual-Thematic Sermon)

1) 현대 설교의 문제점으로 자의적이고-원자적 설교

Greidanus는 설교가 성경을 충실히 말할 때에만 권위가 있다고 굳게 믿고 있기에, 성경을 말한다는 명목 아래 본문의 뜻을 제대로 드러내지 못하는 설교의 문제를 심각하게 지적한다. 그에게 있어서 본문의 의미를 제대로 밝히지 못하는 설교는 두 가지로 요약할 수 있다. 첫 번째는 자의적(주관적) 해석으로 나아가는 설교자의 자기 의도가 주가 되는 설교이다. 그가 말하는 성경적 설교를 위한 기본전제는 성경 본문이 설교 내용 전체를 구속해야 한다는 것이다. 여기서 성경 본문이라고 말할 때 그것은 성경 저자의 의미를 지칭한다. 성경 원저자의 의미와 의도가 설교 전체를 지지하는 설교가 되어야 한다. 그렇게 되기 위해서는 본문을 역사적, 문학적, 그리고 신학적인 관찰과 연구를 통해서 전해야 할 메시지의 중심 주제를 발견하는 것이 중요하게 요구되는 것이다. 현대 설교의 문제는 이런 심도 있는 성경 해석의 원리들을 따라서 생겨지기 보다는 설교자의 의도나 자기 전제가 주된 사상이 되고 본문이 종속적 혹은 보조적인 사상이 되는 데 있다.[4] 이 때 본문은 설교자가 말하고자 하는 바에 대한 증빙 구절(proof-text)로 전락해 버리게 되는 것이다. 그에 따르면, 이런 형태의 설교가 설교일 수 없다고 말할 수는 없지만, 그렇다고 해서 성경의 중심을 관통하는 설교는 아닌 것이다. 단지 본문의 중심 메시지를 스쳐 지나가는 설교일 뿐이다. 시급히 회복되어야 할 설교는 본문의 중심 메시지(핵심)를 드러내는 설교인 것이다.

두 번째로 그가 지적하고 있는 현대 설교의 문제점은 강해 설교라는 이름으로 행하고 있는 "원자적 설교"라고 말할 수 있다. 한국 교회에 강해설교를 소개한 사람들은 여럿이지만, 실제로 강해설교를 뿌리내리게 만든 장본인은 아마도 Lloyd-Jones가 아닐까 생각된다. 그의 설교학의 영향을 받아서 한동안 한국교회의 강단은 한 절, 한 단어를 가지고 몇 주를 강해하거나 한 권의 책을 몇 년에 걸쳐 설교하는 것이 마치 이상적인 강해설교라고 생각하는 경향이 자리 잡게 되었다. 그러한 설교의 형태가 갖는 나름대로의 장점이 있는 것이 사실이지만, Greidanus는 이런 설교가 본문을 최소 단위까지 잘게 쪼개는 원자적 설교(atomistic sermon)이지 바람직한 강해 설교는 될 수 없다고 주장한다. 원자적 설교의 문제는 설교를 위한 중심 아이디어가 생길 수 없는 곳에서 유능한(?)설교를 행하게 된다는 데 있다. 그의 지론은 적어도 설교가 구성되려면 사상이 구성될 수 있는 한 문단(paragraph)은 확보되어야 한다고 본다. 왜냐하면 그 정도의 구절이 있어야 비로소 거기서 중심 아이디어를 추출할 수 있기 때문

---

4) 이러한 설교를 위한 실례를 위해서는 다음을 참조하라. Thomas Long & Cornelius Plantinga, *A Chorus of Witnesses* (Grand Rapids: Eerdmans, 1994), 131.

이다.[5] 이런 이유로 그는 성경적인 설교의 시발점을 선택된 본문이 하나의 메시지의 단위, 즉 절이나 단편이 아니라 문학적 단위를 가지는 것이어야 한다고 주장한다.[6]

2) 대안점으로 본문 중심적인 중심주제 설교

현대의 설교자들에게 만연되어 있는 자의적이고 원자적인 설교에 대한 처방을 위해서 Greidanus는 본문 중심적인 중심주제 설교 (Textual-Thematic Sermon)를 대안으로 제시하고 있다. 한국어로 번역하면 본문 중심의 주제설교라는 용어의 오해를 피하기 위하여 설명이 요구된다. 본문 중심적 설교(Textual Sermon) 라는 것은 본문을 충실하게 다루는 설교라는 말로 쉽게 이해될 수 있으나 주제설교(Thematic Preaching)라는 말은 용어적인 혼돈이 생길 수 있다. 흔히 우리가 생각 하는 주제설교란 이렇게 이해된다. 설교자가 어떤 사회적이고 시사적이며 상황적인 주제를 가지고 설교 본문을 설교자가 다루려는 주제 혹은 관심사를 뒷받침해 줄 수 있는 근거를 본문에서 찾아 엮어가는 설교를 말한다. 정인교는 이러한 이유로 주제설교를 정치설교 혹은 상황설교 때로는 교리적인 설교라는 말로도 쓰일 수 있다고 주장한다.[7] 그러나 지금 Greidanus가 말하는 주제설교라는 것이 전통적으로 우리가 생각하는 주제설교와 동일한 의미라고 말할 수 없다. 정인교 교수에 따르면, 주제설교는 영어로 "Topical preaching"이라고 할 수 있다면, Greidanus가 말하고 있는 주제설교로 사용하는 "Thematic preaching"라는 용어는 오히려 Robinson이 주장하는 하나의 중심 주제를 전달하는 빅 아이디어(Big-idea)설교에 더 가깝다고 할 수 있다.[8] 결국 Greidanus가 꿈꾸는 성경적인 설교는 본문을 있는 그대로 사실적으로 드러내는(expose)설교를 말하는 것이다. 선택된 본문 안에 다양

---

5) Sidney Greidanus, *The Modern Preacher and the Ancient Text* (Grand Rapids: Eerdmans, 1988), 122.
6) Sidney Greidanus, *Preaching Christ from Old Testament* (Grand Rapids: Eerdmans, 1999), 294-295.
7) 정인교, 『설교학 총론』(서울: 대한 기독교서회, 2003), 291-292.
8) 정인교, 『설교학 총론』, 292.

한 주제들을 하나의 중심적 아이디어로 모아서 대지를 구성하는 강해설교라고 말할 수 있을 것이다. 그에게 있어서 설교에서 가장 중요시 여겨져야 하는 것은 본문이다. 설교의 권위는 본문을 충실히 다룰 때 생겨진다고 믿기에 좋은 설교의 첫 번째 기준은 성경의 의미와 의도를 전하는 성경 중심적 설교(Bible-centered preaching)이다.[9] 보다 구체적으로 그 성경 중심적 설교는 어떤 방식으로 본문이 제시되는 설교냐고 묻게 될 때, 그것은 하나의 중심 주제를 전달하는 차원의 중심 주제 설교라고 말할 수 있을 것이다.

(1) 설교를 위한 본문의 중심 주제 선정

Greidanus에게 있어서 모든 설교는 하나의 중심 메시지를 전하는 것이어야 한다. 즉 설교란 선택한 본문의 모든 요소들을 흩어진 개체들로서 다루는 것이 아니라 하나의 지배적인 주제(one overriding theme)안에서 통합적으로 다루어져야만 한다. 이면에서 중심 주제(Central Theme)란 설교 본문의 통합적 사상을 진술한 간추림이라고 할 수 있다. 비록 중심 주제를 강조하는 것이 Greidanus의 설교 이론에서만 발견되는 독특한 강조는 아니라고 할 수 있지만[10] 이 중심 주제를 선정하는 것이 중요한 이유는 그에게 있어서 단순히 말할 거리를 제대로 찾는다는 것만이 아니라, 이제 곧 나오게 될 그의 탁월한 설교적인 관점, 즉 구속사적이고 그리스도 중심적 설교를 위한 기초를 이루고 있기 때문이다. 그의 판단에 따르면, 중심 아이디어를 따라 진행 될 때 도덕주의나 인물 중심적 설교에서 주류를 이루는 원자적 설교를 극복할 수 있는 기초가 될 수가 있다. 특별히 한국적 설교 안에서 이러한 고래심줄 같이 든든히 세워져야 하는 본문의 중심 아이디어가 제대로 잡히지 않아서 본문의 의도가 실종된 채 설교자 임의대로 본문을 해석하고 적용하게 되는 설교들이 주류를 이루는 것

---

9) Greidanus, "On Criticizing Sermons," *The Banner*(Aug 13, 1984), 8-9.
10) Keith Willhite & Scott M Gibson, *The Big Idea of Biblical Preaching: Connecting the Bible to People* (Grand Rapids: Baker Books, 1998)을 보라.

을 보게 된다. 이러한 설교를 극복하기 위한 처방으로 무엇보다도 우선적으로 설교자에게 요구되는 과제는 심도 있는 해석학적 과정들을 통하여 분명한 설교의 중심 아이디어를 추출해내는 것이다.[11]

Greidanus는 본문이 중심적으로 무엇을 말하는지를 주어와 술부로 구성되어진 한 문장으로 집약적으로 표현되어야 한다고 주장한다. 단순히 설교에서 다루게 될 주어(subject)나 제목(topic)이 정해지는 것으로 중심주제가 설정되었다고 보아서는 안 되고 간결한 문장의 형태로 주제를 진술하는 것이 바람직하다고 그는 권고한다. 예를 들면, "복음" 혹은 "능력"같은 하나의 개념만을 드러내는 주제어(주어)는 완전한 사상이 될 수 없다. "주의 복음은 사람을 살리는 능력을 가지고 있다"는 좋은 중심 주제가 될 수 있다. 왜냐하면 이 간결한 문장은 그 주어(복음)에 대하여 무엇인가를 말해주기 때문이다. 예를 들어 창세기 11:1-9의 중심 주제어는 인간의 교만이 될 수 있다. 그러나 그것만으로는 불완전하다. 거기서 어떤 설교를 전개할 수 있는 아이디어가 아직 생겨지지 않는다. 그러나 그가 제시하는 것처럼, 만약 우리가 이 본문의 주제를 "바벨에서 주님이 그들 자신의 세속적인 왕국을 건설하여 하나님의 다가오는 왕국을 무너뜨리려고 위협하는 교만한 자들을 흩으신다."로 진술될 때, 이 본문이 명백히 무엇을 말하고 있는지 그리고 어떻게 다루어 나가야 할지에 대한 분명한 방향설정을 할 수 있게 된다.[12] 비록 본문의 주제가 설교의 주제와 언제나 일치하는 것은 아니고 때로 구약의 중심 주제가 정경적이고 그리스도 중심적 시각으로 바뀔 수 있으나, 그러한 경우에도 설교의 중심 주제는 본문의 중심 주제와 분리되어질 수 없다. 이러한 차이 때문에, 예를 들면 구약 성경의 의식법 같은 본문들은 오늘날 우리에게 주는 의미가 그것의 원래 의미와 반드시 일치하지는 않지만, 오늘날의 의미는 반드시 그 이후에 주어진 계시에 비추어서 분명하게 드러나게 될 원래의 의미에 근거해

---

11) Greidanus, *Modern Preacher*, 131.
12) Greidanus, *Preaching Christ from the Old Testament*, 345.

야 하며 그것의 확장이어야 한다. 본문의 주제와 설교의 주제 양자는 구약 교회를 향한 메시지와 오늘의 교회를 향한 메시지의 연속성 때문에 자주 같을 수 있다. 이 둘의 관계를 정리해서 말하면 본문 중심의 강해설교에서 설교의 중심 주제는 본문의 중심 주제에 근거해야 하지만 설교의 중심 주제는 지금 여기에 있는 회중들을 위한 설교의 구체적인 초점을 표현해야 한다. 설교의 중심 주제는 인간 문화의 변화뿐만 아니라 구속 역사와 하나님 계시의 전진을 고려할 필요가 있다.

이렇게 밝혀진 설교의 중심 주제가 갖는 기능을 그는 몇 가지로 설명하고 있다.[13] 첫째 기능은 올바른 궤도 안에서 설교가 유지되게 하는 것이다. 현대 설교자가 가장 경계해야 할 것이 설교가 산만해지는 것이다. 이때 청중은 설교에 집중하기 보다는 잡념에 사로잡히게 된다. 설교의 중심 아이디어는 설교가 궤도에서 이탈하지 않도록 만들어 준다. 설교의 중심 주제와 관련된 두 번째 기능은 설교의 통일성을 확보하는 것이다. 설교의 모든 대지는 중심 주제와 연관되어야 하고 중심 주제를 지지하지 않는 대지는 적합하지 않다. 설교의 중심 아이디어는 전 설교의 내용과 대지를 지배하게 된다. 설교의 중심 주제와 관련된 세 번째 기능은 그것이 설교의 움직임을 자극한다는 데 있다. 현대 설교학에서는 설교의 움직임을 중요하게 다루고 있다. 계지영 교수가 말하는 것처럼, 설교는 점차로 클라이맥스로 향하여 움직여나가야 한다. 설교의 초반부에 클라이맥스를 체험하고 설교의 중반, 후반부에는 감정 수치가 점점 하강 곡선을 그려서는 안 되며, 설교의 후반부에서 경험될 클라이맥스를 위하여 감정 수치가 상승해야 한다. 각 대지는 다음 번 대지로 설교를 인도해야 하며, 모든 대지는 연속적으로 잘 이어져야만 한다.[14] 이러한 각 대지의 연관들 가운데서 클라이맥스로 나아가는 설교에 기여하는 것이 바로 설교의 중심주제가 명확히 잡힐 때이다. 마지막 네 번째, 설교의 중심 주제

---

13) Greidanus, *Modern Preacher*, 139-140.
14) 계지영, 『현대 설교학 개론』(서울: 한국 장로교 출판사, 1999), 91-92.

의 기능은 설교의 적용을 위한 방향을 제공해 준다는 점이다. 그에게 적용은 단순히 산발적으로 본문에서 따로 떼어 낸 요소들을 현대적 상황으로 끌고 들어와 연관성과 적절성을 억지로 부여하는 것이 아니다. 오히려 적용은 한발의 총알로 과녁을 명중시키듯이 중심 주제의 핵심을 설득력 있게 현재화 혹은 상황화 시키는 것이다. 이를 위해서 본문의 중심 아이디어는 필수적이라고 할 수 있다.[15]

(2) 설교의 목적(goal) 선정

그에게 있어서 본문 중심의 빅 아이디어 설교의 전개를 위해서 고려해야 하는 또 하나의 중요한 요소는 설교의 기능을 분명히 규명하는 것이다. 이것을 설교의 목적이라고 지칭할 수 있을 것이다.[16] 성경적 강해설교는 단순히 "본문이 말하고자 하는 것"을 설교를 통해 말하면 되는 문제가 아니라 "본문이 행하고자 하는 것"을 설교에서 행할 수 있도록 하는 것이다. 전통적인 강해설교는 성경 본문이 말하고자 하는 것을 설교에서 말하는 것만으로 설교의 임무를 다했다고 생각하는 경향이 지배적이었다. 그러나 최근에 이르러 그를 위시한 많은 학자들은 본문이 성도들에게 의도하고 있고 행하고자 하는 것을 정하기까지 아직 온전한 강해설교가 완성된 것은 아니라고 주장한다. 왜냐하면 설교라는 것이 단순히 본문에 대한 지식이나 정보의 전달의 문제가 아니라 청중들로부터 믿음, 복종, 사랑, 열심, 기쁨, 찬양, 기도 등과 같은 기대된 반응을 이끌어내는 것이기 때문이다. 설교의 목표는 왜 이 설교가 선포되어져야 하는지를 진술하는 중요한 작업이다. 그것은 청중의 감지된 필요에 대한 집중적인 반응이라고 그는 주장한다. 좋은 교사는 단순히 교과목을 전수할 뿐 아니라, 그 교과목을 가르침으로써 얻어지는 목표를 따라 그 수업 내용을 교수하게 되는 것처럼, 좋은 설교자도 설교의 주제를 어떤 목표를 따라 전달할 것을 정해야 한다. 분명한 설교 목표에 대한 의식이 설정되지 않

---

15) Greidanus, *Modern Preacher*, 139-40.
16) Greidanus, *Modern Preacher*, 173-74.

아도 그 설교가 청중들에게 흥미로울 수 있을지 모르지만 그러나 그 설교가 한 가지 이루지 못하는 것은 사람을 변화시키는 것이다.[17]

그와 동일한 시각에서 Thomas Long은 설교의 기능을 강조한다. 그의 설명에 의하면, 초점 진술(A focus statement)은 주제에 대한 간결한 서술인데 설교의 주제를 통제하고 하나로 만들어 준다. 간략하게 말해서 이는 무엇에 관한 진술인데 반해, 기능 진술(A function statement)은 설교가 회중에게 어떤 일이 일어나기를 바라는가 하는 것이다. 설교는 분명히 듣는 사람들을 향한 기대된 변화를 위한 의도가 있다. 다시 말해서 이는 회중의 변화를 위한 희망이라고 말할 수 있다고 그는 주장한다.[18] 예를 들어 창세기 22:1-14의 설교의 초점 진술이 "하나님이 그의 백성이 살 수 있도록 희생양을 준비하신다."가 된다면 본문이 행하고 있는 것을 나타내는 기능 진술은 "하나님의 백성에게 용기를 북돋아 신실하신 구원의 주님을 신뢰하도록 함"이 될 수 있다.

2. 현대설교의 문제점과 대안점: 인간 중심적 도덕주의적 설교를 극복하는 하나님 중심적-그리스도 중심적 설교(Theocentric-Christocentric Preaching)

1) 현대 설교의 문제점으로 인간 중심적 도덕주의적 설교를 위한 잘못된 선택

현대 설교학 분야에서 Greidanus가 논증하는 성경적 설교의 가장 큰 공헌이 있다면 아마도 인간 중심적, 도덕주의적 설교를 극복하는 구속사적인 설교에 있을 것이다. 그가 저술한 책들[19] 모두가 이 주제와 맞물려

---

17) Kellderman, 칼빈 신학교 강의안, 2-3.
18)) Thomas Long, Witness of Preaching, 서병채 역,『설교자는 증인이다』(서울: CLC, 1998), 130.
19) 그가 저술한 여러 권의 책들이 한국어로 번역되어 있다. 그의 첫 번째 책, *Sola Scriptura: Problems and Principles in Preaching Historical Text* 는 권수경 역,『구속사적 설교의 원리』(서울: 학생신앙운동, 1997)로, 두 번째 책, *The Modern Preacher and the Ancient Text: Interpreting and Preaching Biblical Literature* 는 김영철 역,『성경 해석과 성경적 설교』(서울: 여수룬, 1998)으로, 그리고 *Preaching Christ from Old Testament* 는 김진섭, 류호영, 류호준 역,『구약 그리스도 어떻게 설교할 것인가』로 번역되어 있다. 아직 번역되지 않은 책은 작년에 출판된 *Preaching Christ from Genesis: Foundations for expository preaching* 는『창세기 프리칭 예수』(서울: CLC, 2010)로 번역되었다.

있는 것을 본다면 한 평생 그가 해결하고자 했던 고민이 무엇이었는지를 쉽게 가늠할 수 있게 된다. 하나님 중심적-그리스도 중심적 설교를 위하여 그가 먼저 일관되게 거절하는 현대 설교의 문제점을 아래 몇 가지로 요약할 수 있을 것이다. 그는 이것을 설교자들이 설교를 할 때 인간 중심적 안목의 설교를 만들기 위해서 취할 수 있는 선택들이기는 하지만, 이러한 선택들은 잘못된 것이라고 비판한다. 설교를 행할 때 흔히 범하는 잘못된 선택들을 크게 세 가지로 정리해서 설명해 보기로 하자. 첫째, 직접적인 단순 적용(Direct Transference/ Simplistic application)을 들 수 있다. 직접 적용은 시대적인 갭을 무시한 채 과거의 본문을 그대로 현재화시키는 것이다. 예를 들어 학개 1:7-11을 설교하면서 그 때 하나님의 백성들이 성전을 짓게 하셨으니 우리도 성전을 지어야 한다는 식으로 연결시키는 것이다. 또한 요한복음 13장에서 예수님이 제자들의 발을 씻기신 장면을 가지고 지도자는 마땅히 상대의 발을 씻겨주어야 한다거나 세족식의 근거를 마련하는 태도이다. 이러한 해석의 문제는 원래의 역사적-문화적인 환경을 무시하는 것뿐 아니라 하나님 중심 혹은 그리스도 중심적 메시지를 찾는 데 실패하게 만든다. 그리스도를 설교 안에 제시할 수 있는 어떤 위치도, 공간도 허락하지 않는다. 설사 그리스도처럼 이렇게 하자고 말할 수 있다고 해도, 거기서 그리스도의 독특성을 파괴하는 메시지로 나아가게 된다.

둘째, 잘못된 풍유적 해석(Allegorizing)을 들 수 있다. 이 해석의 의도에는 근본적으로 그리스도를 설교를 통해 드러내고자 하는 선한 열심에서 시작된 것임을 인정할 수 있다. 그래서 기독교의 복음을 변증하려고 했던 동기는 이해할 수 있지만, 그들이 전하는 그리스도 혹은 그리스도에게로 나아가는 방식은 성경의 본래의 의미를 왜곡한 채 그리스도에게로 나아가는 방식이 될 가능성이 높다.

셋째, 도덕주의적 접근(Moralizing)을 들 수 있다. 청중에게 연관성이 있는 설교를 하려다가 우리가 가장 흔하게 빠지는 함정이 도덕주의적 설교의 형태이다. 이것은 사실 Greidanus만이 비판하는 것이 아니라, 동일 그룹에 있는 학자들, 심지어 모범적인 해석을 선택한 사람들조차도 동일한 목소리로 경고하고 있다. 마치 설교가 "무엇 무엇을 하라"와 "무엇 무엇을 하지마라"로 가득 채워지는 아주 단순하고 교훈적인 메시지를 추구해 가는 것이다. 윤리적인 권고는 결코 잃어서는 안 되지만, 이렇게 하나님과 그리스도 중심적 메시지를 잃고 설교가 단지 윤리 수업시간이나 덕성 함양을 위한 훈계로 나아가는 설교는 성경이 기본적으로 하나님의 자기계시라는 점을 망각하는 자세이다. 이러한 접근법이 진리적인 요소를 담고 있지 않은 것은 아니지만, 그것이 지나치게 신적인 요소를 상실한 채 영웅전식의 해석으로 치달아가는 것을 그는 비판한다.

2) 대안점으로 하나님 중심적-그리스도 중심적인 설교를 위한 적절한 선택들

지금까지 지적한 세 가지는 설교자들이 피해야 할 금기 사항이다. 그의 탁월한 공로는 이 금기 사항을 지적하는 데 머무는 것뿐만 아니라 우리가 올바른 방향으로 구속사적 설교를 행할 수 있는 이론적인 토대를 제시하고 있다는 점이다. 동일하거나 유사한 입장을 견지하는 학자들과 설교자들은 많이 있지만 그 가운데서 그의 구속사적 혹은 그리스도 중심적 설교 이론의 공헌은 그가 인간 중심적-도덕적 설교를 거절하는 것에만 머물지 않고 그리스도를 발견하는 자리에까지 나아갈 수 있는 적법한 길을 제공해 준다는 점이다. 이를 통하여 구속사적인 설교라는 이름 아래 행해지고 있는 잘못된 구속사적 설교나 협의적 의미의 구속사적인 설교를 극복하고자 노력하고 있다. 이를 위해서 무엇보다도 우리가 두 가지 염두에 두어야 할 사항들이 있다. 첫째로 그에게 있어서 그리스도는 나가는 문이 되어야 한다는 점이다. 그리스도를 중심적으로 설교한다고 해서 완성된 계시의 자리에서 이전 계시를 향해 본문을 읽어 들어가는 방식(reading into)은 거절되어야 한다. 왜냐하면 이렇게 될 때 각각의 본문이

가지고 있는 지평이 훼손될 수 위험이 생길 수 있기 때문이다. 예를 들어 보면, 그에게 주된 관심은 구약, 특히 역사적 본문(historical Text)에 있는데, 구약의 역사적 본문을 다룰 때 주의할 점이 바로 이것이다. 구약의 역사적 본문을 신약의 지평으로 먼저 이해하고 읽어 들어가서는 안 된다. 원래의 구약의 지평에서 들여다보고 후에 신약의 지평으로 나아가는 방식으로 전개되어야 한다. 이를 위해서 그는 구약을 본문으로 삼아 선포하는 설교는 반드시 "하나님 중심적"이어야 한다고 주장하고 있다. 그리스도 예수를 선포하더라도 "그리스도 중심적 하나님 이야기가 아니라 하나님 중심적인 그리스도(Theocentric Christology)이야기가 되어야 할 것을 강조한다. 그래서 초창기에 그는 하나님 중심이 곧 그리스도 중심이라고까지 주장해 왔다. 그러나 최근에 하나님 중심이 그리스도 중심으로 바뀌어야 하고 그리스도 중심이 하나님 중심보다도 크다고 주장하기에 이르게 된다. 두 번째로, 그가 협의적인 구속사적 설교를 넘어서기 위해서 강조하는 것은, 그에게 구속사적 설교의 범위는 그리스도의 인격과 사역에 국한 되지 않고 그리스도의 교훈으로까지 확대되고 있다는 점이다. 그의 설교학을 마치 모든 본문을 예수님의 탄생-죽으심-부활-승천으로 연결하거나 그의 독특한 인격을 설명하는 작업으로 축소해서 생각해서는 안 될 것이다. 오히려 그의 구속사적 범주는 그리스도의 교훈까지 나아감으로 보다 완성된 계시의 빛과 신약의 보다 넓은 전망 가운데 한 본문을 읽어갈 것을 주장하는 것으로 이해해야 할 것이다.[20]

그러면 이제 보다 구체적으로 인간 중심적 해석으로부터 하나님 중심-그리스도 중심적인 방식으로 나아갈 수 있는 유효한 방식들은 무엇인지를 살펴볼 필요가 있을 것이다. 그것은 한 마디로 본문을 본문이 기록되어진 그 자체의 역사적 정황 속에서 이해하는 원리들과 그것을 정경과 구속사적인 역사 안에서 이해할 수 있는 길을 통해서이다. 본문을 역

---

20) Greidanus, *Preaching Christ from Old Testament*, 8-9.

사적 정황 가운데서 이해한다 함은 성경의 본문을 문학적 해석, 역사적 해석, 신 중심적 해석으로 바라보아야 한다는 의미이다. 그러나 이러한 해석은 거기서 멈추어서는 안 되고, 문학적 해석은 정경적 해석으로, 역사적 해석은 구속 역사적 해석으로, 신 중심적 해석은 그리스도 중심적 해석으로 나아가야 하는 것이다. 이 원리에 입각해서 그리스도에게로 나아갈 수 있는 원칙들이 있다. 그것을 7가지 선택으로 설명하고자 한다.[21]

(1) 점진적 구속 역사의 길

이는 구속사의 전 흐름의 과정을 따라 그리스도에게로 나아가는 방식이다. 예를 들어 이사야 11:1-16의 중심 주제는 "새로운 다윗 혈통의 왕이 그의 의로운 통치의 결과로 흩어진 남은 자들을 회복시키시기 위하여 올 것이다."가 될 수 있을 것이다. 일단 이 주제가 제대로 선정된 것이라면, 점진적 구속 역사의 길은 성경 전체의 구속 역사의 흐름 가운데서 이 본문이 어떻게 이전의 구속사적인 흐름과 연결되고 이후의 구속사의 점진적 발전에 기여하게 되는지를 추적해 가는 것이다. 특별히 예수 그리스도의 최종적인 왕국과 관련하여 어떤 관련을 갖는지를 규명하는 데서 클라이맥스에 도달하게 된다. 이 점진적 구속사의 길은 다음과 같이 전개되어 질 수 있다: 아담과 하와를 향한 회복의 약속(창 3:15)/ 애굽에서 이스라엘을 구출(출 3:9-10, 27)/ 다윗을 통해 블레셋으로부터 구출(삼하 8:2-13)/ 다윗이 후손에 대한 회복의 약속(삼하 7:12-13; 시 89:4)/ 포로 됨에서의 구출(에스라 1:1-4)/ 신약으로 오면 새로운 다윗 왕이 자기 백성을 구출(눅 1:68-71; 막 13:27; 롬 15:11-13)/ 특별히 그리스도가 유대인과 이방인을 모으심 (요 10:16)/ 마지막으로 새 하늘과 새 땅에서의 회복(계 21:3-5; 22:16).

(2) 약속과 성취

약속과 성취는 가장 중요한 그리스도에게 나아가는 설교적 선택 가운

---

21) 보다 자세한 내용을 위해서는 Greidanus, *Preaching Christ from Old Testament* 6장을 보라.

데 하나가 된다. 특별히 선지서 약속은 이중적인 성취를 증거 한다. 구약 안에서 그리고 신약의 그리스도 안에서 그 온전한 성취를 본다. 이사야 55:1-13은 "하나님께서 온전한 구원을 위하여 포로 가운데 있는 이스라엘이 그에게로 돌아오도록 초청하신다."가 중심 주제가 될 수 있을 것이다. 이 약속은 이중적으로 성취되는데 먼저, 에스라 2:1에서 B.C 538년에 하나님에 의해 성취되고, 요한복음 7:37-39에서 예수 그리스도 안에서 성취된다. 그리고 그 최종적인 성취는 역사의 마지막에 성취될 것이다(계 22:17).

(3) 모형론

모형론은 신약의 구원 역사 안에 있는 응답하는 실체들에 대한 신적으로 설립된 모델이나 그림자 혹은 예상 형태로 여겨지는 구약의 사람들과 제도들과 사건들을 의미한다. 종종 모형론은 풍유적 해석으로 나아가는 경우가 허다하다. 그러나 알레고리와 모형론의 차이는 하나님의 역사성 즉, 역사 속에서 주권적으로 역사하시는 하나님에 대한 성경적인 가르침이 전제되느냐 그렇지 않느냐의 문제이다. 출애굽기 17:8-16에서 여호수아의 승리는 예수 그리스도가 십자가에서 사탄을 무찌르는 승리의 모형이 될 수 있다.

(4) 유비(analogy)의 길

이 방법은 가장 쉽게 구약을 신약의 그리스도 중심적 메시지로 연결시킬 수 있는 방식이다. 유비는 하나님의 과거에 역사하셨던 것과 동일한 방식 안에서 오늘도 역사 안에서 계속적으로 일하신다는 기본적인 전제에 기초한다. 여기서 하나님과 이스라엘의 관계는 하나님과 교회의 관계와 유비를 이루게 된다.

(5) 통시적 주제들의 길

이것은 본문이 제시하는 주제들을 따라서 신약과 그리스도에게 이르는 것이다. 이사야 11:1-16에서 주제는 하나님의 회복이다. 그 회복의 주제를 신구약을 통해 전개해 가는 것이다. 점진적 구속역사의 길과 유사하다.

(6) 신약 성경 관련 구절의 길

구약을 설교할 때 신약성경에서 짝이 될 수 있는 성경을 찾아서 연결하는 방식이다. 이를 위한 예를 이사야 55:1-13은 신약의 요한복음 7:37-39와 계시록 22:17로 연결이 가능하다.

(7) 대조의 길

이것은 구약과 신약을 대조하는 것이다. 다니엘 3:1-30에서 다니엘의 세 친구의 구원은 일시적이었지만 예수 그리스도 안에 있는 하나님 백성의 구원은 현재적이고 영원할 것이다.

그레이다누스는 설교시에 반드시 위의 7가지 선택 가운데 하나를 선택하여 그리스도에게 연결해야함을 주장함으로써 바른 성경 신학적 안목으로 그리스도에 도달하는 그리스도 중심적 메시지를 확보할 것을 주장하고 있다.

3. 현대설교의 문제점과 대안점: 이원론적인 적용의 방식을 극복하는 적실성 있는 설교(Relevant Preaching)

1) 현대 설교의 문제점으로 적실성의 문제에 대한 그의 이론에 대한 적절치 못한 비판

지금까지 살펴본 두 가지 사항들, 즉 설교가 성경을 충실히 드러내는 강해적인 설교와 모든 성경을 하나님의 구원 역사의 정점인 그리스도 중심적으로 전개해가도록 만드는 구속사적인 설교는 우리에게 아주 익숙한 내용일 수 있을 것이다. 그러나 마지막 세 번째 대안인 적실성 있는 설교의 방향성은 다소 그의 설교학 이론에서 도외시된 부분으로 생각하기 쉽다. 예를 들면, 데릭 토머스(Derek Thomas)와 같은 비판[22]일 것이다.

이들도(본문을 강조하고 구속사적인 설교방식의 지지자들-역자 주) 역시 성

---

22) 돈 키슬러, 『최고의 개혁 설교자들이 말하는 설교 개혁』, 조계광 역 (서울: 생명의 말씀사, 2002), 90.

경 본문을 해석하고, 심지어는 연속 설교를 하기도 한다. 하지만 이들은 성경 본문을 역사적으로 발전해 온 하나님의 구원 계획에 짜 맞춘다. 이런 형태의 설교는 구원사의 흐름을 다루는 데 많은 시간을 소비하게 된다. 이런 설교를 처음 들을 때는 손에 땀을 쥐듯 흥미진진하다. 하지만 여러 번 듣다보면, 늘 구원 역사를 반복하는 내용이 나오기 때문에 지루하게 느껴진다. 더욱이 이런 설교는 도덕적인 적용을 피하려고 하기 때문에 청중은 자신의 삶과는 무관한 한 편의 드라마를 듣는 것으로 끝나는 경우가 많다. 즉 지적으로는 많은 것을 깨닫게 되지만, 마음에는 별다른 감동을 받지 못한다. 이처럼 구원사적인 설교는 많은 지식과 정보를 제공함에도 불구하고 삶의 변화를 촉구하는 적용이 전혀 이루어지지 않는다. 그 대표적인 예가 바로 시드니 그레이다누스이다.

데릭 토마스가 구속사적인 설교의 한계를 잘 지적했다는 점에서 그의 주장에 일리가 있다고 할 수 있지만, 그가 Greidanus를 삶의 변화를 촉구하는 적용을 무시하는 대표적인 설교 신학자로 거명한 것은 지나친 표현이다. 필자의 입장으로는 그가 Greidanus의 설교학을 잘못 이해하거나 피상적 이해를 하고 있다고 말할 수밖에 없어 보인다. Greidanus가 자신의 설교학 이론에서 구속사의 흐름이 지나치게 강조되고 있는 것은 사실이지만 그렇다고 해서 그가 적실성 있는 메시지나 삶의 적용의 중요성을 결코 무시한다고 볼 수는 없다. 오히려 그의 설교학의 앞의 두 가지 논의는 바로 적실성을 가진 설교를 하기 위한 필수적 요건이라고 해도 지나친 표현이 아닐 것이다. 이에 대한 증거가 바로 그의 『The Modern Preacher and the Ancient Text』이라는 책의 6-7장을 설교의 형식과 적실성 있는 설교의 길을 역설하는데 할애하고 있다는 점에서 분명히 확인할 수 있다. 많은 한국교회 목회자들이나 학자들에게 그레이다누스가 직간접적으로 영향을 끼치고 있는 것이 사실이지만, 그의 설교학을 논하면서 그의 설교학 이론에 있어서 핵심이 되고 있는 적실성의 문제, 혹은 적용의 문제를 도외시하는 것을 볼 때 안타까움을 금할 수밖에 없다. 그는 설교를 지나치게 원론적이고 과중한 신학적인 무게감을 중시하는 쪽으로 이끌어 마치 설교가 아니라 육중한 신학 강의처럼 전락하는 그러한 설교를 비판하고 있다. 또한 적용을 마치 본문 설명이 다 마쳐진 후에 부록처럼 달라붙게 되는 사족으로 폄하되는 견해에 대하여도 반대 입장을 분명히 하고 있다. Greidanus는 J. Adams의 설교적 입장에 동조하면서 모든 설교는 처음부터 적용을 향해 달려가야 한다고 주장할 정도이다. 전체 설교가 적용을 향해 가지 못하고, 그저 설교의 한 부분에 적용을 가지고 있는 설교를 그는 이원론적인 설교의 길이라고 비판한다. 이러한 설교는 청중들에게 이원론적인 경청을 만들어 청중과의 접촉점을 상실케 하는 주된 이유라고 주장한다. 그러므로 Greidanus의 설교학이 적용을 무시하거나 적용 없는 설교를 주장하고 있다고 보는 견해는 지나친 편견이거나 심도 깊은 연구를 상실한 무지의 소치라고 밖에 말할 수 없다.

2) 대안점으로 이원론적 경향을 극복하는 설교

오히려 중대한 논의의 핵심이 되어야 할 부분은 Greidanus가 적실성 있는 메시지 혹은 적용을 강조하느냐 그렇지 않느냐의 문제가 아니라 어떤 방식으로 적실성을 논의하고 있는가의 문제로 모아져야 할 것이라고 본다. 예를 들어서 그가 주장하는 적실성 있는 메시지는 원자적 해석과 설교를 행하는 사람들처럼 각각의 단어나 문장을 즉각적으로 적용으로 옮기는 방식과는 출발점에서부터 다르다.[23] 청교도 설교자들이 추구하는 방식과도 예리한 각을 세우며 뚜렷한 차이점을 드러내고 있다. 이 부분에 대하여 우리들이 다른 어떤 견해 차이를 가질 수 있고, 그러한 차원에서 행해지는 비판이라면 수용할 수 있으리라고 본다. 그렇다면 이제 그가 역설하는 적실성 있는 메시지를 위한 주된 강조점이 무엇인지를 살펴볼 필요가 있다. 그가 주장하는 적실성 혹은 적용이라는 것이 그 출발

---

23) 류응렬, "청중을 변화시키는 설교에 대한 고찰,"『복음과 실천신학』(2008년 여름호): 112.

점에서부터 흔히 일반적으로 설교자들이 주장하는 적실성과 적용의 방식과는 다소 차이가 난다. 흔히 우리가 주장하는 성경 적용의 전제는 이렇다.[24] 현대를 살고 있는 우리와는 어떤 연관성도 찾아보기 어려운 아주 오래되고, 진부한 고대 본문을 설교자가 이 시대를 위한 살아 있는 메시지로 만드는 것이라고 생각한다. 이러한 주장의 가장 일반적인 이론이 바로 John Stott의 '두 세계 다리 놓기 방식'의 설교이다.[25] Stott를 추종하는 많은 사람들에게 고대 세계와 현대라는 건널 수 없는 엄청난 시간적 문화적 종교적인 간격을 메우기 위한 의도로서 두 세계의 다리를 놓는 것으로 이 간격을 극복하고자 하려는 시도는 적실성 있는 설교를 만드는 핵심으로 여겨지고 있다. 그러나 Greidanus가 심각하게 도전장을 던지는 것은 과연 이러한 주장의 출발점 혹은 전제가 옳은가? 라는 것이다. 그에게 있어서 설교의 주된 임무는 적실성 없는 고대의 화석화된 본문을 설교자가 적실성 있게 만드는 것이 결코 아니라고 지적하고 있다. 이것이야말로 바로 성경과 오늘의 청중을 연결하는 거짓된 해결책으로 이원론적인 경향으로 흐르게 만든 주범이 된다고 보았다. 이원론적인 경향이란 한마디로 설교를 과거의 그 때와 관련된 것을 주로 서술하는 객관적인 설교와 오늘의 문제와 관련된 것을 주로 다루는 주관적인 설교를 함께 연합시키는 것으로 이해하는 자세이다. 좀 더 자세히 말하면 객관적인 설교는 도그마적인 진리들이나 역사 안에서 발생하는 구속적 사실들 같은 청중들 외부에 있는 진리의 프리젠테이션과 연관되어진다. 반면에 주관적인 설교는 구속의 내면적 실현, 내적 경험 같은 이들 진리들의 개인적인 동화를 강조한다. 이원론적인 설교에 취하게 되는 주된 설교 형식은 본문에 대한 객관적인 설명이 끝나고 청중들에 대한 주관적인 적용으로 나아가는 것을 선호하고 있다. "주해가 다 된 후에 자 이제 주해가 되었으니

---

24) 이를 위해서는 그의 첫 번째, *Sola Scriptura: Problems and Principles in Preaching Historical Biblical Texts*와 *The Modern Preacher and the Ancient Text*, 8장을 보라.
25) 다리놓기 설교를 위해서는 John Stott, *Between Two Worlds: The Art of Preaching in the Twentieth Century* (Grand Rapids: Eerdmans, 1992)를 보라.

적용을 실시하고자 합니다."라는 것이 일반적인 그동안 전통적인 설교학이 지향해왔던 설교의 패턴이라고 할 수 있다. 다소 지나친 표현이기는 하지만, 그레이다누스는 이러한 이원론적인 접근이야말로 청중들에게 설교의 적실성을 반감시키는 주된 원인이 되었다고 진단하고 있다.

그렇다면 이러한 이원론을 극복하는 설교 방식은 무엇일까? 이를 위해서 다양한 설교적인 접근이 요구되고 있지만, 그 중에 Greidanus가 가장 힘 있게 강조하는 바는 적용적 설명(applicatory explication)의 방식이다. 적용적 설명 혹은 주해는 심지어 본문을 설명하는 부분에서부터 적용을 염두에 두는 의식적인 노력을 기울이는 설교이다.[26] 그가 굳이 이러한 용어를 사용하면서까지 역설하고자 하는 바는 현대 설교자들이 쉽게 빠지는 이분법적인 사고를 극복하면서 설교의 처음부터 마지막까지 적용을 향해 달려 나아가는 설교가 되어야 할 것을 주장하기 위해서이다. 설사 "그 때"(then)에 대한 주해라고 해도 단순히 과거의 일들에 대한 설명이나 나열, 지식의 전달이 아니라 적용적인 안목을 가지고 나아가야 할 것과 적실성 있는 메시지를 위한 치밀한 준비 작업으로 이해해야 하는 것이다. 이를 위해서 그는 오래된 본문을 현대의 청중에게 적절한 말씀이 되게 하기 위해서는 먼저 본문의 적실성을 발견해야 할 것을 설교자들에게 주문하고 있다. 그에게 성경 본문은 객관적이지도 주관적이지도 않다. 복음은 구원을 위한 하나님의 능력이 되는 케리그마이자, 선포요, 기쁜 소식이다. 오래된 본문으로서의 성경이 우리 밖에 있는 객관적인 말씀인데 그것을 설교자가 적절하게 만드는 주관적 작업으로 설교를 이해하려고 드는 것은 잘못된 생각이다. 만약 본문 자체가 적실성을 가지고 있지 못하다면 그것을 오늘의 청중을 위해 적실성 있게 선포하려는 시도 자체가 무의미하게 된다. 이 때 적실성 있게 적용되어질 수 없다. 적실성 있는

---

[26] "As a matter of fact, it is usually through the perception of the text's relevance in the past that it begins to speak all the more relevantly in the present. Even the presentation of the past relevance of the text aims, therefore, at disclosing its present relevance. In that sense the whole sermon is applicatory explication."

선포로서 성경이 이미 원래의 독자들에게 적용된다는 것을 분명히 인식하지 못한 채 행해지는 적실성을 만들려는 설교는 말씀 자체가 보유하고 있는 오늘의 청중을 변화시키는 능력보다는 유능한 설교자의 본문을 다루는 기술이나 방법론에 의존하게 되는 오류에 빠지게 되는 것이다. 그러나 이 땅에 누구도 하나님의 자리를 대신 할 수는 없다는 것이 그의 기본적인 생각이다. 잘 생각해 보면, 그의 주장은 우리가 흔히 놓치고 있는 바를 정확히 지적하고 있는 것이라고 말할 수 있다. 성경 본문이 적실성을 가지고 있지 못하다면, 과연 어떤 설교자가 그것을 적절하게 만들 수 있단 말인가? 본문이 기록될 당시에 본문이 적용을 염두에 둔 것이 아니라면 설교자의 어떤 노력에도 불구하고 설교는 오늘의 청중의 삶을 관통할 수 있는 적실성 있는 메시지가 될 수는 없을 것이다. 우리가 본문을 오늘의 청중에 적용할 수 있는 절대적인 근거는 오직 성경 본문이 기록되었을 때 이미 당시의 청중의 필요에 부응하는 적실성 있는 메시지로 적용되었기 때문일 것이다. 그것이 일단 전제 되어야만 원래적으로 적실성을 가진 본문을 오늘의 청중에게 다시 재현하는 설교자의 역할이 가능하게 되는 것이다. 이러한 차원에서 본다면 적실성 있는 메시지 혹은 적용은 단지 청중과의 관계에서 풀 수 있는 문제만이 아니라 본문의 지평과 청중의 지평이 함께 상호적으로 맞물려 있다고 보아야 한다. 결국 설교의 적실성은 얼마나 그 설교가 현대적인 메시지를 담고 있는가의 문제로 제한될 성격의 문제가 아니라, 본문 자체가 원래부터 가지고 있는 적실성을 찾아가는 본문과의 연관성에서 출발해야 한다. 본문을 오늘의 청중에게 연관성 있게 만드는 문제는(우리가 소위 말하는 적용) 본문 자체의 그 당시 독자들을 향해 담보하고 있던 적실성(본문의 일차 독자들과의 연관성)을 어떻게 찾을 수 있는가? 하는 것이 절대적인 관건이 된다. 결국 현대인을 위한 적실성 있는 설교가 되기 위해서는 설교자들이 성경의 케리그마적인 특성을 가지고 있다는 점과 어느 시대를 막론하고 인생들이 이 사도적 케리그마적 메시지를 절대적으로 필요로 한다는 견해 안에서 객관주의와 주관주의의 이원론을 극복할 수 있을 때 펼쳐지게 되는 것이다. 왜냐하면 본문의 메시지는 그 시대의 일차적 청중을 염두에 두고 쓰여진, 청중을 향한 적용적 메시지일 뿐 아니라 동시에 모든 시대를 향한 주님의 적실성 있는 메시지이기 때문이다. 이것이 바로 하나님의 말씀이 가지고 있는 연속적 측면이다. 시대를 초월해서 말씀하시는 하나님과 인생들이 그 말씀을 필요로 하는 죄인들이라는(인간의 본성) 사실에 있어서 연속성을 갖는다.

그러나 여전히 남아 있는 문제는 성경이 이스라엘과 초대교회라는 역사적–문화적 상황 가운데 전달되었는데 오늘날 교회는 최첨단 정보화 시대라는 전혀 다른 정황들을 어떻게 연결시킬 수 있는가? 하는 것이다. 여기서 불가피하게 우리는 그 말씀이 "그 때에 의미했던 것이 무엇인가?"와 "그것이 오늘 우리에게 의미하는 것이 무엇인가?"로 구분해서 찾아가게 된다. 이 때 중요한 것은 위에서 지적한 것처럼 그가 적용적 설명(주해)이라는 방식을 통해서 본문의 설명이 적용에 봉사하도록 해야 할 것을 주장하고 있음을 명심하는 것이다. 적용적 설명(주해)은 결국 주해(explication)와 적용(application)을 구분하지만 분리시키지 않고 어제 이스라엘과 초대교회를 향해 적실성 있는 메시지로 적용되었던 말씀을 오늘의 교회에 다시 적실성 있는 메시지로 옮겨 오게 하는 그의 설교 신학의 근간을 형성하는 부분이라고 할 수 있을 것이다.

이제 그렇다면, 보다 구체적으로 설교의 적실성을 위해 숙고해야 할 수없이 많은 것들 가운데 세 가지를 간략하게 설명하고자 한다.

(1) 성경저자의 오리지널 청중에게 전하고자 한 메시지

첫째로, 보다 적실성 있는 메시지를 위해 설교자는 선택한 설교 본문을 오늘을 위한 의미가 무엇인지를 결정하기에 앞서서, 성경 저자가 자신의 원래 청중들에게 전하려고 했던 것이 무엇인지를 밝혀야 한다. 특별히 역사적 본문을 설교할 때에는 이것을 바르게 찾을 때에 구속사적인 안목에서 적용을 만들 수 있는 방식을 확보하게 되는 것이다. 그는 조언

하기를 역사적 본문이 담고 있는 적실성을 유지하기 위해서는 비교의 주요한 초점을 본문 안에 있는 인격(인물)들과 우리들 사이의 관계, 즉 성경 본문의 인물을 현대화 모범의 실례들로 적용하기 보다는 각 본문들이 어떻게 처음의 청중들의 필요에 들려졌는가를 찾아내어서 그것을 오늘의 청중에게 새롭게 들리도록 해야 하는가 사이의 비교가 되어야 한다. 저자가 자신의 원래 독자에게 가졌던 상황의 적실성은 오늘날 현대적 상황을 향한 적실성으로 이끌어가야만 한다.

(2) 설교 안에 회중의 참여 독려

둘째로, 보다 적실성 있는 설교를 위해 설교자는 다양한 방식으로 회중들을 설교 안에 적극적인 참여자가 되도록 해야 한다. 불가피하게 우리의 설교는 설교자가 말하고 회중이 듣게 되는 방향으로 나아가게 되지만, 그것이 일방 통행적 설교를 묵인하거나 무비판적으로 인정해야 될 것을 용인하는 것은 아니다. 청중이 얼마나 적극적으로 우리의 설교 안에서 참여하는가 하는 것이 적실성 있는 설교의 관건이 된다. 그는 설교 안에 회중들의 참여를 증진시키기 위해 네 가지를 제시한다. 먼저는 구체적인 청중의 필요를 언급해야 한다. 설교자가 청중의 필요에 민감하고 그것을 말씀을 통해 해결점을 제시하려는 자세에 따라 청중은 영향을 받는다. 물론 우리가 모든 회중의 필요를 다 언급할 수는 없다. 그러므로 한 구체적인 필요 안에서 전 교인들을 하나로 묶어낼 수 있다. 왜냐하면 인간의 영적인 필요와 인생살이를 하면서 직면하게 되는 필요가 대동소이하기 때문이다. 다음으로 그는 전인에 호소하는 설교가 되어야 할 것을 강조한다. 전 인격적 반응으로 하나님 앞에 나아가도록 독려하는 데 말씀은 효율적으로 청중들에게 적용될 수 있다. 또한 그는 대화를 사용할 것을 제안한다. 마지막으로 구체적으로 생생한 언어를 사용할 것을 주장한다.

(3) 다양한 형식으로 전달하기

셋째로, 보다 적실성 있는 설교를 만들기 위해서는 설교자는 다양한 형식으로 메시지를 전달할 필요가 있다.[27] Greidanus는 흔히 연역적이고 구속사적인 강해설교자로 사람들에게 인식되고 있다. 그것이 그가 즐겨 사용하고 가르치는 설교의 형태인 것은 사실이다. 그러나 그가 설교의 형식을 굉장히 소중히 여기는 것을 동시에 인정해야 한다. 실재에 있어서 다소 차이가 있지만, 기본적으로 이론상으로 그는 한 형식을 일방적으로 고수하기 보다는 성경의 장르와 청중의 상황 안에서 다양한 형식을 인정하면서 다양한 방식의 설교를 제안하고 있다. 그는 적어도 우리가 네 가지 형식 안에서 설교를 전달할 수 있다고 본다: 연역적, 귀납적, 연역-귀납적, 귀납-연역적 형식이다. 그가 생각한 성경적 설교는 단순히 내용이 본문의 중심 주제를 잘 설명하고 그리스도 중심적인 메시지를 확보했다고 해서 끝나는 것이 아니고, 그 형식에 있어서도 성경적이어야 한다는 것이 그의 지론이다. 형식에 따라서 설교는 아주 다른 모습으로 청중의 마음을 사로잡게 된다. 형식이 가지고 있는 기능은 다음 몇 가지로 정리될 수 있다. 첫째로, 설교의 형식은 설교 본문의 형태를 고쳐서 새로운 모양을 만들어 준다. 둘째로, 설교의 형식에 의해 청중의 반응을 결정한다. 셋째로, 형식은 청중의 기대의 방향을 결정해 준다. 넷째로, 형식은 흥미를 끌기도 하며 유지하기도 한다. 다섯째로, 형식은 청중의 참여도를 결정한다. 마지막 여섯째로 청중의 태도를 결정해 준다.[28] 그는 Fred Craddock을 인용하면서, 아주 구체적인 여러 가지 형식들을 아래와 같이 열거 한다: "그것이 무엇인가? 그것은 어떤 가치가 있는가? 사람이 어떻게 그것을 얻을 수 있는가?/ 탐구하고 설명하고 적용하라/ 문제, 해결/그것이 아닌 것, 그것인 것/ 이것 또는 저것/ 이것 그리고 저것/ 약속과 성취/ 모호함, 분명함/ 주요전제, 소전제, 결론/ 이것은 아니고 이것도 아니고 더구나 이것도 아니고, 또 이것도 아니고 바로 이것/ 플래시백

---

27) 그가 추구하는 다양한 형식을 알기 위해서는 Greidanus, The Modern Preacher and the Ancient Text, 141-156을 보라.
28) Ibid., 141-142.

(Flashback)-현재에서 과거로 다시 현재로 장면의 전환/ 더 작은 것부터, 더 큰 것으로…"29)

III. 닫는 말

우리들이 지금까지 현대 설교의 문제점을 극복하기 위한 대안으로 Greidanus의 설교 신학의 이론을 다루었던 이유는 그의 설교학이 갖는 실용성 때문만이 아니라, 성경과 신학의 충실도 때문이다. 또한 그 안에서 나름대로 적실성 있는 설교를 제시하려는 그의 진지한 태도 때문이라고 말할 수 있다. 많은 현대의 설교자들에게 그의 설교 이론은 그리 인기 있는 방식이 아니다. 오늘의 설교학의 대세는 보다 쉽고, 보다 여흥을 불러일으킬 수 있고, 보다 실존적인 체험을 강조하며, 보다 청중이 부담 없이 듣기 원하는 그저 가벼운 만담 같은 설교를 만들 수 있는 노하우를 알려주는 것이다. 현대 설교자들은 단기간에 소기의 목적을 달성할 수 있는 효력 있는 설교 방법론을 원하고 있다. 그의 설교학은 이러한 시대의 흐름과는 거리가 먼 설교학이다. 오히려 그의 설교학은 신학적인 든든한 기초 위에서 세워진 무게 있는 설교를 주창한다. 그래서 그의 설교학 교과서를 읽다 보면 쉬운 설교의 노하우나, 설교 잘하는 요령이나, 청중을 사로잡는 방법론적인 화려함을 가르치는 데 관심을 기울이기 보다는 (물론 이런 것들을 도외시하지는 않지만) 해석학이나 성경 신학의 깊은 우물에서 길어 올리는 설교에 관심을 기울이고 있음을 보게 된다. 그의 고민은 유능한 설교자의 길을 제시하는 데에 있다기보다는 신실한 설교자의 길을 알려주는 데 있다고 할 수 있다. 비록 그가 우리들에게 화려하고 현란한 설교의 길을 제시하지는 않지만 본문의 신적 저자의 의도와 음성을 밝히 드러내어 전달하고자 하는 진지한 설교자들에게 바른 길을 제시하는 소박한(?) 설교의 길을 제시하는 선구자 노릇을 제대로 감당하고 있다고

---

29) Ibid., 156.

감히 말할 수 있을 것이다. 다시 한 번 그가 주장하는 성경적 설교를 정의해 본다면, 그것은 성경을 건강한 해석학적 틀을 통하여 연구하며 빅 아이디어를 찾아가는 강해적 설교를 의미한다. 뿐만 아니라 본문을 강해할 때, 성경이 하나님의 자기 계시의 표현이라는 사실을 존중하여 하나님 중심적이고 그리스도 중심적인 안목으로 성경을 해석하는 설교를 의미하는 것이다. 더 나아가 위의 두 가지를 통하여 청중들의 삶을 변화시키는 적실성 있는 설교를 의미하는 것이다.

참고문헌

1. 단행본

간하배.『현대신학 해설』. 서울: 개혁주의 신행협회, 1974.
강병도.『호크마 종합주석, 여호수아-룻기』. 서울: 기독지혜사, 2000.
강성구.『숨겨진 하나님』. 서울: 서로사랑, 1995.
　　　.『창조와 타락으로 본 구속사』. 서울: 서로사랑, 2010.
강신홍.『룻기서 강해』. 서울: 엘맨출판사, 2000.
강준민.『인생을 역전시키는 하나님의 은혜』. 서울: 도서출판 두란노, 2002.
계지영.『현대 설교학』. 서울: 한국장로교출판사, 1999.
김덕수.『삶의 변화를 일으키는 설교』. 서울: 쿰란출판사, 2007.
　　　.『삶의 변화를 일으키는 귀납적 강해설교』. 서울: 대서, 2010.
김서택.『주해가 있는 사사기 · 룻기 강해』. 서울: (주)기독교문사, 2009.
김성곤.『축복의 통로』. 고양: 도서출판 두날개, 2013.
김영산.『성경과 구속사』. 서울: 도서출판영문, 2000.
김운용.『설교의 새로운 패러다임』. 서울: 장로회신학대학교출판부, 2007.
　　　.『새롭게 설교하기』. 서울: 예배와 설교아카데미, 2015.
김의원, 민영진.『성서주석 사사기 · 룻기』. 서울: 대한기독교서회, 2007.
김의환.『도전받는 보수주의』. 서울: 생명의말씀사, 1978.
김종기.『설교준비, 이렇게 하라』. 서울: 기독교연합신문사, 2002.
김지찬.『요단강에서 바벨론 물가까지: 구약 역사서의 문예적-신학적 서론』. 서울: 생명의말씀사, 2003.
김창훈.『구약 장르별 설교』. 서울: 총신대학교출판부, 2015.
김홍규.『룻과 보아스의 사랑이야기』. 서울: 도서출판 영문, 1999.
구금섭.『구속사적 설교신학』. 서울: 한국학술정보(주), 2007.

류영모. 『룻기 새롭게 보기』. 서울: 서로사랑, 2010.
말씀목회공동체. 『슬로, 바이블』. 서울: 두란노, 2015.
민영진. 『이방 여인 룻 이야기』. 서울: 한국신학연구소, 2000.
박동현. 『구약성경개관』. 서울: 장로회신학대학교출판부, 2005.
박영근. 『오늘 대한민국을 설교하라』. 서울: 생명의말씀사, 2015.
박종칠. 『구속사적 구약성경해석』. 서울: 개혁주의신행협회, 1991.
_____. 『구속사적 성경해석』. 서울: 기독교문서선교회, 1992.
박현신. 『미셔널 프리칭』. 서울: 예영커뮤니케이션, 2012.
박형용. 『신약 성경 신학』. 수원: 합동신학대학원대학교 출판부, 2001.
배굉호. 『베들레헴을 향하여』. 서울: 도서출판 영문, 2001.
백동조. 『적용이 있는 효과적인 이야기식 설교의 기술』. 목포: 행복나눔, 2012.
변순복. 『하나님의 선택받은 민족의 삶의 역사서』. 서울: 도서출판 정금, 1998.
석원태. 『구속사적 설교신학원론』. 서울: 경향문화사, 1991.
성종현. 『설교의 원리와 실제』. 서울: 기독교연합신문사, 2005.
_____. 『구속사적 설교의 원리와 실제』. 서울: 도서출판 대서, 2016.
소재열. 『구속사 중심의 사사기 룻기 맥 찾기』. 서울: 도서출판 말씀사역, 1999.
송계성. 『귀납적 성경연구』. 서울: 생명의말씀사, 2000.
송병현. 『엑스포지멘터리 역사서 개론』. 서울: 국제제자훈련원, 2011.
_____. 『엑스포지멘터리 룻기·에스더』. 서울: 국제제자훈련원, 2014.
신성욱. 『청중을 사로잡는 설교의 삼중주』. 서울: 생명의말씀사, 2009.
신성종 외 19명. 『이렇게 설교해야 교회가 성장한다』. 서울: 도서출판 하나, 1994.
양성규. 『내러티브 룻기』. 서울: 도서출판 좋은땅, 2013.
윤상덕. 『텅 빈 여인 나오미와 룻의 안식』. 서울: 도서출판 예루살렘, 2009.
은준관. 『실천적 교회론』. 서울: 한들출판사, 2013.
이경숙. 『구약성서의 여성들』. 서울: 대한기독교서회, 1995.
이광호. 『구약신학의 구속사적 이해』. 서울: 도서출판 깔뱅, 2006.
이동원. 『이렇게 선택하라』. 서울: 나침반社, 1990.
_____. 『청중을 깨우는 강해 설교』. 서울: 요단출판사, 1996.
이승진. 『설교를 위한 성경해석』. 서울: 기독교문서선교회, 2008.

. 『교회를 세우는 설교 목회』. 서울: 기독교문서선교회, 2013.
이연길. 『이야기 설교학』. 서울: 쿰란출판사, 2003.
이우제. 『테마가 있는 설교』. 서울: 도서출판 대서, 2015.
이정현. 『해돈 로빈슨의 설교학』. 서울: 도서출판 지민, 2008.
이종록. 『보리밭 사랑』. 서울: 한국장로교출판사, 1999.
임세일. 『룻의 해피 엔딩』. 서울: 양무리서원, 2000.
정규남. 『구약개론』. 서울: 개혁주의신행협회, 1998.
정성구. 『개혁주의 설교학』. 서울: 총신대학출판부, 1994.
. 『신학과 설교』. 서울: 이레서원, 2008.
정성영. 『설교 스타일』. 서울: 한들출판사, 2004.
정인교. 『정보화시대 목회자를 위한 설교 살리기』. 서울: 생명의말씀사, 2000.
. 『설교학 총론』. 서울: 대한기독교서회, 2008.
정장복. 『설교 사역의 멘토링』. 서울: 예배와 설교아카데미, 2012.
정주채. 『룻기에 나타난 하나님의 파격』. 서울: 프리칭아카데미, 2006.
정창균. 『고정관념을 넘어서는 설교』. 수원: 합동신학대학원출판부, 2002.
조관호. 『은혜로 사는 사람들』. 서울: 도서출판그리심, 2005.
주승중. 『성경적 설교의 원리와 실제』. 서울: 예배와 설교아카데미, 2006.
차준희. 『역사서 바로 읽기』. 서울: 성서유니온선교회, 2013.
채경락. 『퇴고 설교학』. 서울: 성서유니온선교회, 2013.
. 『쉬운 설교』. 서울: 도서출판 생명의 양식, 2015.
최윤식. 『2040 한국교회 미래 지도』. 서울: 생명의말씀사, 2013.
한국기독교목회자협의회. 『한국기독교 분석리포트』. 서울: 도서출판 URD, 2013.
한국복음주의 실천신학회 편. 『복음주의 설교학』. 서울: 기독교문서선교회, 2003.
한국여자신학자협의회. 『새롭게 읽는 성서의 여성들』. 서울: 대한기독교서회, 1994.
홍영기. 『설교의 기술』. 서울: 교회성장연구소, 2007.
황창기. 『성경 신학이란 무엇인가』. 서울: 기독교문서선교회, 1988.

2. 번역서

Achtemeier, Elizabeth.『구약, 어떻게 설교할 것인가』. 이우제 역. 서울: 도서출판 이레서원, 2010.
Akin, Daniel, 외 2인.『본문중심으로 설교하라』. 김대혁 역. 서울: 이든북스, 2012.
Alexander, T. Desmond & Brian S. Ronser 편저.『성경 신학 사전』. 권연경 외 3인 역. 서울: 한국기독학생회출판부, 2011.
Allen, Ronald J.『34가지 방법으로 설교에 도전하라』. 허정갑 역. 서울: 예배와 설교아카데미, 2007.
Anderson, Kenton C.『설교자의 선택』. 이웅조 역. 서울: 한국성서유니온, 2009.
Arnold, Bill T. & Bryan E. Beyer.『구약의 역사적 신학적 개론』. 류근상·강대홍 역. 고양: 크리스챤출판사, 2009.
Arthus, Jeffry D.『목사님 설교가 다양해졌어요』. 박현신 역. 서울: 베다니출판사, 2010.
Bartholomew, Craig G. & Micheal W. Goheen.『성경은 드라마다』. 김명희역. 서울: 한국기독학생회출판부, 2009.
Baumann, J. Daniel.『현대 설교학 입문』. 정장복 역. 서울: 도서출판엠마오, 1994.
Berkhof, Louis.『성경해석학』. 박문재 역. 서울: 크리스챤다이제스트, 2008.
Bodey, Richard Allen.『설교 해부학』. 권숙 역. 서울: 기독교문서선교회, 2002.
Braga, James.『설교 준비』. 김지찬 역. 서울: 생명의말씀사, 1998.
Brooks, Phillips.『설교론 특강』. 서문강 역. 고양: 크리스챤다이제스트, 2001.
Bruce, F. F.『요한복음』. 서문강 역. 서울: 도서출판 로고스, 1996.
Brueggemann, Walter.『텍스트가 설교하게 하라』. 홍병룡 역. 서울: 성서유니온선교회, 2013.
Bush, Frederick W.『Word Biblical Commentary 룻기·에스더』. 정일오 역. 서울: 도서출판 솔로몬, 2007.
Buttrick, David.『시대를 앞서가는 설교』. 김운용 역. 서울: 도서출판 요단, 2001.
Cahill, Dennis M.『최신 설교 디자인』. 이홍길·김대혁 역. 서울: 기독교문서선교회, 2010.
Campbell, Charles L.『프리칭 예수』. 이승진 역. 서울: 기독교문서선교회, 2001.
Carrick, John.『레토릭 설교』. 조호진 역. 서울: 도서출판 솔로몬, 2008.

Chapell, Bryan.『그리스도 중심의 설교』. 김기제 역. 서울: 도서출판 은성, 2007.

　　. 『그리스도 중심 설교 이렇게 하라』. 안정임 역. 서울: 도서출판 CUP, 2015.

Childs, Brevard S. 『구약정경개론』. 김갑동 역. 서울: 대한기독교출판사, 1999.

Chisholm, Robert B. Jr. & David M. Howard Jr.『역사서를 어떻게 해석할 것인가』. 류근상 · 한정건 역. 고양: 크리스챤출판사, 2007.

Cilliers, Johan H.『설교심포니 살아있는 복음의 음성』. 이승진 역. 서울: 기독교문서선교회, 2014.

Clowney, Edmund P.『구약에 나타난 그리스도』. 서울: 네비게이토출판사, 1993.

　　.『설교와 성경신학』. 류근상 역. 고양: 크리스챤출판사, 2003.

Cox, James W.『설교학』. 원광연 역. 고양: 크리스챤다이제스트, 1999.

Craddock, Fred B.『설교』. 김영일 역. 서울: 컨콜디아사, 2003.

　　.『권위 없는 자처럼』. 김운용 역. 서울: 예배와 설교아카데미, 2010.

　　.『크래독의 설교 레슨』. 이우제 역. 서울: 도서출판대서, 2012.

Davis, Ken.『탁월한 설교가 유능한 이야기꾼』. 김세광 역. 서울: 예영커뮤니케이션, 1998.

Doriani, Daniel M.『적용, 성경과 삶의 통합을 말하다』. 정옥배 역. 서울: 성서유니온선교회, 2009.

Dorsey, David A.『구약의 문학적 구조』. 류근상 역. 고양: 크리스챤출판사, 2003.

Edwards, J. Kent.『강단의 비타민 일인칭 강해 설교』. 김창훈 역. 서울: 기독교문서선교회, 2008.

　　.『깊은 설교』. 조성헌 역. 서울: 기독교문서선교회, 2012.

Elliot, Mark B.『당신의 설교는 창조적입니까』. 성종현 역. 서울: 그루터기하우스, 2006.

Fee, Gorden D. & Douglas Stuart.『성경 해석 방법론』. 김의원 역. 서울: 기독교문서선교회, 2004.

　　.『성경을 어떻게 읽을 것인가』. 오광만 · 박대영 역. 서울: 성서유니온선교회, 2008.

Freedman, David Noel & James D. Smart.『구약성서 이해의 요점』. 이희숙역. 서울: 종로서적, 1995.

Gibson, Scott M.『구약을 설교하기』. 김현회 역. 서울: 도서출판 디모데, 2009.

Goldingay, John.『구약 해석의 접근 방법』. 김의원 · 정용성 역. 고양: 크리스챤다이제스트, 1995.

. 『선악과 이후』. 장종현 역. 서울: 기독교연합신문사, 2000.

Goldsworthy, Graeme. 『성경신학적 설교 어떻게 할 것인가』. 김재영 역. 서울: 성서유니온선교회, 2002.

. 『복음과 하나님의 나라』. 김영철 역. 서울: 성서유니온선교회, 2006.

. 『복음중심 해석학』. 배종열 역. 서울: 기독교문서선교회, 2010.

Graham, Billy 외 11인. 『영혼을 살리는 설교』. 이승진 역. 서울: 도서출판 좋은씨앗, 2008.

Grant, Reg & John Reed. 『탁월한 설교 이렇게 하라』. 김양천·유진화 역. 서울: 도서출판프리셉트, 1996.

. 『파워 설교』. 김양천·유진화 역. 서울: 도서출판프리셉트, 2007.

Green, Joel B. & Michael Pasquarello Ⅲ. 『내러티브 읽기 내러티브 설교』. 이우제 역. 고양: 크리스챤출판사, 2006.

Greidanus, Sidney. 『구속사적 설교의 원리』. 권수경 역. 서울: SFC출판사, 1997.

. 『성경해석과 성경적 설교』. 김영철 역. 서울: 여수룬, 1998.

. 『구약의 그리스도 어떻게 설교할 것인』. 김진섭·류호영·류호준 역. 서울: 이레서원, 2009.

. 『창세기 프리칭 예수』. 강정주·조호준 역. 서울: 기독교문서선교회, 2010.

Groningen, Gerard Van. 『구약의 메시야 사상』. 유재원·류호준 역. 서울: 기독교문서선교회, 1999.

Hamilton, Victor P. 『역사서개론』. 강성열 역. 서울: 크리스챤다이제스트, 2005.

Hartner, Achim & Holger Eschmann. 『다시 설교를 디자인하라』. 손성현 역. 서울: 도서출판 MC, 2014.

Haynes, Stephen R. & Steven L. Mckenzie. 『성서비평 방법론과 그 적용』. 김은규·김수남 역. 서울: 대한기독교서회 2000.

Heisler, Greg. 『성령이 이끄는 설교』. 홍성철·오태용 역. 서울: 베다니출판사, 2008.

Henry, Matthew. 『메튜핸리 주석 여호수아·사사기·룻기』. 정충하 역. 고양: 크리스챤다이제스트, 2009.

Hession, Roy. 『룻기 강해서』. 정갑중 역. 서울: 기독교문서선교회, 2011.

Howard, David M. Jr. 『구약 역사서 개론』. 류근상 역. 고양: 크리스챤출판사, 2002.

Jensen, Peter.『하나님의 계시』. 김재영 역. 서울: IVP, 2008.
Kaiser, Walter C. Jr.『구약성경신학』. 류근상 역. 고양: 크리스챤출판사, 2001.
Kaminski, Carol M.『구약을 읽다』. 이대은 역. 서울: 죠이선교회, 2016.
Klink, Edward W. Ⅲ. & Darian R. Lockett.『성경신학의 5가지 유형』. 신윤수 역. 서울: 부흥과개혁사, 2015.
Kreuzer, Siegfried & Dieter Vieweger.『구약성경 주석 방법론』. 김정훈 역. 서울: 기독교문서선교회 2011.
Ladd, George Eldon.『신약신학』. 신성종 · 이한수 역. 서울: 대한기독교서회, 2009.
Lawrence, Michael.『목회와 성경 신학』. 윤석인 역. 서울: 부흥과개혁사, 2011.
Lischer, Richard.『설교신학의 8가지 스펙트럼』. 정장복 역. 서울: 예배와 설교아카데미, 2011.
Long, Thomas G.『성서의 문학유형과 설교』. 박영미 역. 서울: 대한기독교서회, 1995.
　.『증언하는 설교』. 이우제 · 황의무 역. 서울: 기독교문서선교회, 2007.
Lowry, Eugene L.『설교자여 준비된 스토리텔러가 돼라』. 이주엽 역. 서울: 요단출판사, 1999.
　.『이야기식 설교 구성』. 이연길 역. 서울: 장로교출판사, 2002.
　.『신비의 가장자리에서 춤추는 설교』. 주승중 역. 서울: 예배와 설교아카데미, 2008.
MacArthur, John.『하나님이 선택한 비범한 여성들』. 조계광 역. 서울: 생명의 말씀사, 2011.
Maccartney, Dan & Charles Clayton.『성경해석학』. 김동수 역. 서울: IVP, 2001.
Massey, James Earl.『설교의 디자인』. 차호원 역. 서울: 도서출판 소망사, 1995.
Mathewson, Steven D.『청중을 사로잡는 구약의 내러티브 설교』. 이승진 역. 서울: 기독교문서선교회, 2006.
McDill, Wayne.『강해설교를 위한 12가지 필수기술』. 최용수 역. 서울: 기독교문서선교회, 2014.
Merrill, Eugene H., 외 2인.『역사서신학』. 류근상 역. 고양: 크리스챤출판사, 2011.
Meyers, Robin R.『설득력 있는 설교의 비밀』. 이호형 역. 서울: 쿰란출판사, 1999.
Miller, Calvin.『세상에서 가장 쉬운 설교 만들기』. 채두일 역. 고양: 도서출판 청우, 2004.
　.『청중을 사로잡는 설교자』. 최예자 역. 서울: 도서출판 프리셉트, 2006.

Miller, Paul E. 『사랑하다, 살아가다』. 윤종석 역. 서울: 도서출판 복 있는 사람, 2015.
Mohinny, Bruce. 『목사님, 설교가 아주 신선해졌어요』. 오태용 · 김광점 역. 서울: 베다니출판사, 2000.
Nelson, Richard D. 『The Historical Books』. 이윤경 역. 서울: 대한기독교서회, 2015.
Penington, C. & M. R. Chartier. 『말씀의 커뮤니케이션』. 정장복 역. 서울: 대한기독교서회, 1990.
Peterson, Eugene H. 『이 책을 먹으라』. 양혜원 역. 서울: 생명의말씀사, 2006.
_____. 『메시지 구약 역사서』. 김순현 외 2인 역. 서울: 도서출판 복있는 사람, 2012.
Phillips, W. Gary. 『Main Idea로 푸는 사사기 · 룻기』. 이중순 역. 서울: 도서출판 디모데, 2009.
Pieterse, H. J. C. 『청중과 소통하는 설교』. 정창균 역. 수원: 합신대학원출판부, 2009.
Piper, John Stephen. 『하나님의 섭리』. 서경의 역. 서울: 엔크리스토, 2012.
Powell, Mark Allan. 『서사비평이란 무엇인가』. 이종록 역. 서울: 한국장로교출판사, 2000.
Pratt, Richard L. Jr. 『구약의 내러티브 해석』. 이승진 · 김정호 · 장도선 역. 서울: 개혁주의신학사, 2010.
Quicke, Michael J. 『전방위 설교』. 이승진 역. 서울: 기독교문서선교회, 2012.
Reed, John W. & Eugene H. Merrill. 『룻기 · 사무엘상 · 하』. 문동학 역. 서울: 도서출판 두란노, 1997.
Richard, Ramesh. 『삶을 변화시키는 7단계 강해설교 준비』. 정혁 역. 서울: 도서출판 디모데, 2014.
Ridout, Samuel. 『사사기 룻기 강해』. 서울: 전도출판사, 1994.
Ringgren, Helmer., 외 2인. 『국제성서주석 아가/애가/에스델/룻기』. 박영옥역. 서울: 국제신학연구소, 1997.
Robertson, Palmer. 『계약신학과 그리스도』. 김의원 역. 서울: 기독교문서선교회, 2008.
Robinson, Haddon W. 『탁월한 설교에는 무언가 있다』. 김창훈 역. 서울: 도서출판 솔로몬, 2009.
_____. 『강해설교』. 박영호 역. 서울: 기독교문서선교회, 2011.
Robinson, Haddon W. & Craig Brian Larson. 『성경적인 설교와 설교자』. 전의우 외 4인.

서울: 두란노아카데미, 2006.

Robinson, Haddon W. & Torrey W. Robinson.『1인칭 내러티브 설교』. 전광규 역. 서울: 도서출판 이레서원, 2009.

Sakenfeld, Katharine Doob.『현대성서주석 룻기』. 민경진 역. 서울: 한국장로교출판사, 2001.

Satterwaite, Philip & Gorden Mcconville.『역사서』. 김덕중 역. 서울: 한국성서유니온선교회, 2011.

Schmit, Hans-Christoph.『구약, 어떻게 공부할 것인가』. 차준희 · 김정훈 역. 서울: 대한기독교서회, 2014.

Smith, Steven W.『본문이 이끄는 장르별 설교』. 김대혁 · 임도균 역. 서울: 아가페북스, 2016.

Stott, John.『현대교회와 설교』. 정성구 역. 서울: 생명의 샘, 2002.

.『설교론』. 원광연 역. 고양: 크리스챤다이제스트, 2005.

Stuart, Douglas.『구약 주석 방법론』. 박문재 역. 고양: 크리스챤다이제스트, 2004.

Sunukjian, Donald R.『성경적 설교의 초대』. 채경락 역. 서울: 기독교문서선교회, 2009.

Thomas, Derek 외 10인.『최고의 개혁 신학자들이 말하는 설교 개혁』. 조계광 역. 서울: 생명의말씀사, 2003.

Thompson, James W.『바울처럼 설교하라』. 이우제 역. 고양: 크리스챤출판사, 2008.

Tolmie, D. F.『서사학과 성경 내러티브』. 이상규 역. 서울: 기독교문서선교회, 2008.

Trimp, C.『설교학 강의』. 고서희 · 신득일 · 한만수 역. 서울: 기독교문서선교회, 1986.

Vanhoozer, Kevin J.『구약의 신학적 해석』. 조승희 역. 서울: 기독교문서선교회, 2011.

Vos, Geerhardus.『구속사와 성경해석』. 이길호 · 원광연 역. 서울: 크리스챤다이제스트, 1998.

.『성경 신학』. 이승구 역. 서울: 기독교문서선교회, 2000.

Whittaker, Bill D.『설교 리모델링』. 김광석 역. 서울: 요단출판사, 2002.

Wiersbe, Warren W.『룻기 · 에스더서 강해 헌신하여라』. 안보현 역. 서울: 생명의말씀사, 1996.

.『상상이 담긴 설교』. 이장우 역. 서울: 요단출판사, 1988.

.『역동적 설교』. 고영민 · 김기원 역. 서울: 엘멘출판사, 2001.

Willhite, Keith & Scott Gibson. 『빅 아이디어 설교』. 이용주 역. 서울: 도서출판 디모데, 2002.
Willimon, William H. & Richard Lischer. 『설교학 사전』. 이승진 역. 서울: 기독교문서선교회, 2003.
Wilson, Paul Scott. 『네 페이지 설교』. 주승중 역. 서울: 예배와 설교아카데미, 2010.
Wolters, Albert M. & Goheen, Michael W. 『창조 타락 구속』. 홍병룡 역. 서울: 한국기독학생회출판부, 2007.
York, Hershael W · Bert Decker. 『확신 있는 설교』. 신성욱 역. 서울: 생명의말씀사, 2008.

3. 학위 논문 및 기타 문헌

【학위 논문】

김진숙. "구속사적 성경해석에 따른 구속사적 설교 연구." 석사 학위논문, 국제신학대학원대학교, 2011.
오동일. "Biblical Narrative 읽기 이론과 실제: 룻기 Plot 연구를 중심으로." 석사 학위논문, 총신대학교대학원, 2002.
정인경. "구조분석을 통한 룻기 해석." 석사 학위논문, 한영신학대학교대학원, 2008.

【기타 문헌】

강민호. "설교 적용 어떻게 할 것인가?." 「목회와신학」1 (2015): 76-80.
강성열. "구약성경에 나타난 사랑." 「그말씀」8 (2013): 8-11.
권호. "현대설교의 한 흐름: 장르가 살아있는 설교." 「교회와 문화」31 (2013): 143-178.
김명찬. "영상과 웹 시대의 새로운 설교형태 '네 페이지 설교'." 「목회와신학」3 (2010): 82-94.
김수영. "성경 주해의 4가지 방법." 「목회와신학」1 (2015): 64-69.
김윤희. "헤세드의 세 사람." 「사사기 · 룻기를 어떻게 설교할 것인가」(2009): 515-525.
김중은. "룻기의 구조와 신학." 「그말씀」9 (2003): 20-27.
＿＿＿. "룻기의 구조 및 신학." 「사사기 · 룻기 어떻게 설교할 것인가」(2009): 393-405.

김지은. "새로운 미래를 연 나오미와 룻의 연대."「한국여성신학」3 (2000): 9-21.
김지찬. "역사서와 기독론적 설교: 여호수아 5장 1-9절을 중심으로."「그말씀」12 (2002): 50-59.
김진수. "구약 내러티브의 해석과 설교."「신학정론」6 (2013): 35-62.
김창훈. "귀납적 설교."「헤르메네이아 투데이」45 (2008): 55-70.
_____. "구약 역사서 어떻게 설교할 것인가."「복음과 실천신학」(2009): 316-352.
_____. "구약의 내러티브 본문, 어떻게 설교할 것인가."「헤르메네이아 투데이」51 (2011): 11-27.
류응렬. "구속사적 설교."「신학지남」75 (2008): 60-91.
_____. "예수님처럼 설교하라."「신학지남」(2009): 150-175.
_____. "설교의 새바람, 새 설교학이란 무엇인가?."「3인 3색 설교학 특강」(2010): 101-113.
문상기. "설교의 구속사적 이해와 현대 설교의 과제."「현대 사회와 예배·설교사역」(2002): 191-217.
민영진. "룻기." 연세목회자 세미나, 6 (2006): 21-24.
박성환. "가르치는 설교: 새로운 하이델베르크 요리문답 설교."「복음과 실천신학」 30(2014):114-170.
변종길. "구속사적 설교의 의미와 한계."「그말씀」11 (1998): 14-23.
성주진. "길 위의 탐색."「사사기·룻기 어떻게 설교할 것인가」(2009): 487-497.
_____. "하나님의 주권과 섭리."「사사기·룻기 어떻게 설교할 것인가」(2009): 527-547.
신성욱. "설교준비의 기본, 충분한 본문 석의."「목회와신학」1 (2013): 38-44.
안광복. "설교의 방법(2) 귀납법적 설교."「3인 3색 설교학 특강」(2010): 253-264.
오택현. "요셉의 화해와 하나님의 섭리."「그말씀」317 (2015): 84-103.
오현철. "한국적 상황에서의 주제설교."「목회와신학」12 (2008): 94-101.
유연희. "〈여성의 눈으로 읽는 구약성서〉 차이와 세대를 넘어서: 오르바, 룻, 나오미 이야기."「새가정」5 (2006): 33-39.
이달. "내러티브 본문의 인물 해석과 설교."「헤르메네이아 투데이」42 (2008): 65-79.
이문식. "설교적 관점에서 본 룻기 이해."「사사기·룻기 어떻게 설교할 것인가」(2009):

413-414.

이상욱. "내러티브 설교의 평가와 전망."「신학과목회」11 (2005): 259-284.
이상홍. "연역적 설교."「헤르메네이아 투데이」45 (2008): 39-54.
이성혜. "룻기에 나타난 헤세드."「개혁논총」9 (2010): 9-39.
이승진. "성경의 문학형식과 설교 형식의 연관성."「헤르메네이아 투데이」57(2008): 15-38.
_____. "신앙공동체 활성화를 위한 설교 방안에 관한 연구."「복음과 실천신학」21 (2010): 99-123.
_____. "내러티브 본문의 설교 작성 지침."「헤르메네이아 투데이」51 (2011): 53-72.
_____. "복음과 상황의 설교학적인 상관관계: 성경의 내러티브 본문에 대한 설교의 적용방안을 중심으로."「성경과 신학」59 (2011): 105-135.
_____. "설교의 적실성과 적용."「설교 한국」5 (2012): 27-55.
_____. "구속사 관점에 기초한 설교 목회."「신학정론」31 (2012): 127-160.
_____. "생명을 살리는 설교 -구원의 과정에 적용되는 구속사 설교-."「생명과 말씀」7 (2013): 35-73.
이연길. "성도의 귀를 여는 설교 작성법."「목회와 신학」2 (2015): 56-59.
이우제. "균형잡힌 성경신학적 설교를 위한 제언."「신학지남」9 (2004): 296-313.
_____. "성경신학적 설교의 미래와 진로."「진리논단」13 (2006): 719-720.
_____. "포스트모더니즘 시대의 설교적 진로."「3인 3색 설교학 특강」(2010): 10-19.
_____. "성육신적 설교 신학 정립을 위한 고찰."「3인 3색 설교학 특강」(2010): 20-28.
_____. "'상황화'의 이슈를 통해 바라본 본문과 청중의 관계."「3인 3색 설교학 특강」(2010): 59-68.
_____. "Sidney Greidanus의 설교 연구: 현대 설교의 한계를 극복하는 대안을 중심으로."「복음과실천신학」27(2013): 335-367.
_____. "하나님 나라 관점으로 바라본 '차별화된 복의 선언'으로써의 팔복에 대한 이해."「복음과 실천신학」34(2015): 103-150.
전창희. "설교에서 '이야기'의 등장과 발전에 관한 연구."「신학과 실천」(2010): 161-192.
정성구. "구속사적 설교의 원리와 방법."「신학지남」12 (1987): 14-60.

정인교. "설교의 위기를 극복하는 설교 리모델링."「한국교회 설교 분석」(2009): 126-140.
_____. "이 시대에 효과적인 세 가지 설교 방식."「목회와신학」(2013): 77-87.
정창균. "구속사적 설교론의 근거와 제기되는 문제들."「그말씀」11 (1998): 6-13.
_____. "기독론적 설교의 당위성과 한계성."「신학정론」24 (2006): 497-516.
_____. "대지설교 작성 이론과 실제."「헤르메네이아 투데이」45 (2008): 97-114.
_____. "효과적인 설교 전달과 설교 형식의 다양화."「신학정론」27 (2009): 291-321.
주승중. "설교의 다양한 형식(1)."「교육교회」3 (2000): 32-37.
_____. "설교의 다양한 형식(4) 서사 설교-이야기 설교."「교육교회」6 (2000): 23-29.
_____. "설교의 다양한 형식(5) 귀납법적인 설교."「교육교회」7/8 (2000): 27-32.
채규현. "보이지 않는 하나님, 헤세드의 하나님."「사사기·룻기 어떻게 설교할 것인가」(2009): 499-513.
황성일. "룻기의 신학과 메시지."「光神論壇」12 (2014): 5-29.

【미간행】
성종현.「구속사를 드러내는 그리스도 중심적 설교」. 미간행: 백석대학교 기독전문대학원, 2016.

Appendix 참고 문헌

류응렬, "청중을 변화시키는 설교에 대한 고찰," 『복음과 실천신학』. 2008년 여름호: 111-132.

박완철, 『개혁주의 설교의 원리』서울: 합신대학원 출판부, 2007.

정인교, 『설교학 총론』 서울: 대한 기독교 서회, 2007.

이승진, "조나단 에드워즈의 설교 연구," 『복음과 실천신학』. 2005년 가을호: 19-46.

Greidanus, Sidney. *Sola Scriptura: Problems and Principles in Preaching Historical Text*. 권수경 역. 『구속사적 설교의 원리』. 서울: 학생신앙운동, 1995.

Greidanus, Sidney. *The Modern Preacher and the Ancient Text: Interpreting and Preaching Biblical Literature*. Grand Rapids, Ml.: Wm B. Eerdmans Publishing co., 1988.

Greidanus, Sidney. *The Modern Preacher and the Ancient Text: Interpreting and Preaching Biblical Literature*. 김영철 역. 『성경 해석과 성경적 설교』. 서울: 여수룬, 1998.

Greidanus, Sidney. *Preaching Christ from Old Testament*. 김진섭 · 류호영 · 류호준 공역. 『구약의 그리스도 어떻게 설교할 것인가?: 하나의 현대적 해석학 방법론』. 서울: 이레서원, 2005.

Greidanus, Sidney. *Preaching Christ from Genesis: Foundations for expository preaching*. 강정주 · 조호진 역. 『창세기 프리칭 예수』. 서울: CLC, 2010.

Greidanus, "On Criticizing Sermons," *The Banner*. Aug 13, (1984):7-10.

Kistler, Don. *Feed My Sheep*. 조계광 역. 『최고의 개혁 설교자들이 말하는 설교 개혁』. 서울: 생명의 말씀사, 2002.

Lloyd-Jones, D. M. *Preaching and Preachers*. Grand Rapids: Zondervan, 1972.

Long, Thomas & Plantinga. Cornelius. *A Chorus of Witnesses*. Grand Rapids: Eerdmans, 1994.

Robinson, Haddon W. *Biblical Preaching: The Development of Delivery of Expository*

Messages. Grand Rapids: Baker Book House, 1980; reprint, 2001.

Stott John. *Between Two Worlds: The Art of Preaching in the Twentieth Century*. Grand Rapids: Eerdmans, 1992.

Willhite, Keith & Gibson, Scott M. *The Big Idea of Biblical Preaching: Connecting the Bible to People*. Grand Rapids: Baker Books, 1998.

Narrative Preaching